GOD'S GENERALS

Why They Succeeded and Why Some Failed

치유사역의 거장들

왜 그들은 성공할 수 있었고 또 어떤 이들은 실패하였는가?

왜 그들은 성공할 수 있었고 또 어떤 이들은 실패하였는가?

치유사역의 거장들

추천의 글들

그리스도의 몸인 교회가 능력 있는 교회가 된다면 그것은 바로 성령님의 역사입니다. 성령님께서는 신실하고 겸손한 하나님의 종들에게 성령님의 기름을 부으셔서 사용하심으로 자신의 계획을 이루십니다. 로버츠 리아돈의 이 책은 위대한 믿음의 사람들의 삶을 볼 수 있는 거작이라고 할 수 있습니다. 이 책은 하나님의 당신에 대한 계획을 조속히 이루는데 말할 수 없는 도움을 줄 것입니다.

피터 와그너 박사

풀러 신학교, 교회 성장학 교수, 파사데나, 캘리포니아

20세기에 활동하였던 위대한 성령 사역자들의 삶들을 한 권의 책으로 압축한 대작이 나오게 되어 기쁘기 그지없습니다. 치유 사역의 개척자로 추앙 받는 저의 어머니 애미 샘플 맥퍼슨의 이야기가 이 책에 실리게 되어 이 책의 가치가 더욱 뛰어납니다.

랄프 케이 맥퍼슨

포스퀘어 복음 국제 교회의 총재, 로스앤젤레스, 캘리포니아

로버츠 리아돈이 이 책을 저술함으로 말미암아 우리는 죤 알렉산더 도위, 마리아 우드워스-에터와 잭 코를 비롯한 여러 위대한 치유 사역자들에 대해 더 잘 알 수 있게 되었습니다. 저자의 가르침이 아시

아 지역에 있는 젊은 교회들에게 미친 영향은 실로 지대합니다. 새 천년에 새로 일어날 하나님의 사역자들이 20세기에 활동했던 위대한 영성 치유 사역자들의 흥망 성쇠를 다룬 이 책을 통해 배울 수 있는 교훈은 결코 작지 않으리라 믿습니다.

히 콘

씨티 하비스트 교회 목사, 씨티 하비스트 성경 훈련 센타 총재
싱가폴

나는 이 책의 저자 로버츠 리아돈이 십대 소년이었을 때부터 그를 잘 알고 있었습니다. 이 책에 실린 하나님의 열두 장군들 중의 한 명인 잭 코에 대한 정보를 주기 위해 나는 그를 몇 번 만났던 적도 있습니다. 나는 저자의 근면성을 높이 치하함과 아울러 저자의 삶과 사역의 열매를 가늠할 수 있는 이 책이 세상에 그 모습을 드러내게 된 것에 대해 기쁨을 감출 수가 없습니다. 이 책은 우리가 어떻게 하면 하나님의 능력을 소유한 자가 될 수 있는지를 실질적으로 배울 수 있게 해주는 역사적 가치가 있는 책이라 아니할 수 없습니다.

잭 코 주니어

국제 복음 전도자, 크리스찬 펠로우쉽 총재, 달라스, 텍사스

로버츠 리아돈은 19세기와 20세기에 가장 훌륭한 치유 사역자들의 삶과 사역에 관한 연구에 이십 년이란 기간을 바친 이 분야의 최고의 사람입니다. 이 책을 통해서 우리는 이들의 삶과 사역을 통해 나타난 수많은 기적과 이사를 접할 수 있을 뿐 아니라 이들이 어떻게 능력자가 되었고 또한 왜 실수하였는지도 알 수 있게 됩니다. 로버츠 리아

돈의 이 책은 위대한 사역자들의 능력과 영성이 넘치는 사역의 현장으로 독자 여러분들을 이끌고 갈 것입니다. 이 책은 최근 백년간 활동했던 위대한 하나님의 능력 사역자들의 삶을 한 권의 책으로 묶은 최초의 책이기에 이 책이 근대 기독교 역사에서 차지하고 있는 비중은 결코 작지 않을 것입니다.

폴 지 챠펠 박사

오랄 로버츠 대학, 신학교, 대학원 학장, 털사, 오클라호마

일반적으로 개척자들은 어려움을 많이 겪습니다. 하나님께서 크게 쓰신 하나님의 개척자들도 이에 예외가 있을 수 없습니다. 그들은 또한 실수하는 경우가 많았습니다. 그들이 실수하였던 이유는 그들 앞에 선 사람들이 없었기 때문입니다. 오순절과 은사운동에 관한 탁월한 역사 연구가인 로버츠 리아돈은 영성 치유 사역의 거장들에 대한 연구를 참으로 성실히 수행하였습니다. 나는 이 책에 등장하는 거장들이 가졌던 믿음과 능력이 이 책을 읽고 있는 독자들에게 선이되는 역사가 일어날 것을 기대합니다. 그리고 여러분들은 이들 위대한 사역자들의 사역을 통해 보여준 실수를 통해서 큰 교훈을 얻을 것입니다.

제랄드 코츠

국제 개척자 단체(Pioneer International)

오순절의 역사는 사도행전의 초대 교회에서부터 시작하여 지금까지 이루어지고 있습니다. 하나님께서는 우리 모두가 성령님으로 채움받기를 원하십니다. 로버츠 리아돈은 이 책에서 우리가 하나님의 능

력자들의 삶을 배움으로 그들의 능력이 우리의 능력이 되게 할 뿐 아니라 그들이 저지른 실수가 우리의 삶에서 다시는 재현되지 않도록 우리를 올바른 사역과 삶의 길로 인도하여 주고 있습니다. 영성 사역에서의 거장들의 삶에 대한 방대한 연구가 현 시대의 신자들과 사역자들에게 주는 유익은 실로 대단합니다. 여러분들을 오순절적인 삶으로 이끌 이 책을 여러분들에게 적극적으로 추천하는 바입니다.

콜린 다이비디

켄싱톤 템플 교회 목사, 런던, 영국

바치는 글

나는 이 책을 다음의 세 분께 바칩니다.

먼저 나는 이 책을 내가 담임으로 있는 캘리포니아 주 어바인에 위치한 기독교 대사 센타 교회(Embassy Christian Center)의 부목사 부부인 레리 버든과 케씨 버든에게 바칩니다. 이 두 분은 신실하며 충성스러우신 분들이십니다. 이 두 분은 하나님께서 나에게 주신 가장 좋은 선물입니다.

그 다음에 나는 싱가폴에 위치한 씨티 하비스트 교회의 히 콩과 썬 콩 목사 부부에게 이 책을 바칩니다. 이 두 분은 우리가 같이 지내는 동안 나에게 많은 용기와 사랑을 주었던 분들입니다. 이 두 분들과의 교제는 나에게 큰 유익을 가져다 주었습니다. 나는 비록 이 두 분들과는 수천 마일 떨어져서 살고 있지만 그 두 분들은 나를 그분들의 교회의 공식 회원이 되도록 허락해 주셨습니다.

마지막으로 나는 이 책을 플로리다 주에 있는 성령 생명 크리스천 센터의 리차드 페린칩과 가일 페린칩 목사 부부에게 바칩니다. 수년동안 이 두 분께서는 나에게 극진한 충성과 우정을 보내주셨습니다. 나는 이 분들과 함께 여러 나라에서 같이 설교도 하고 사역도 하였습니다. 나를 친구로 받아 주신 이 두 분께 진정으로 감사의 말씀을 올립니다.

나의 형제들이여, 하나님께서 우리를 부르셨습니다. 그 부르심을 중간에 결코 포기하지 맙시다.

차례

소개의 글

그리스도 안에서 동역자이며 나의 가까운 친구이기도 한 로버츠 리아돈이 심혈을 기울며 만든 이 책을 나는 여러분에게 적극 추천하는 바이다. 이 책에는 하나님의 큰 부흥이 이 땅에 부어질 때 그 통로로 쓰임 받았던 위대한 인물들의 삶과 사역에 대한 이야기가 실려있다. 여러분들은 이 책을 통하여 그들의 장점과 단점들을 접하게 될 것이다.

이 책은 한 개인이 쓴 책이라기보다는 성령 하나님께서 쓰신 책이라고 보아야 한다. 여러분은 이 책을 통해 하나님은 우리의 현재의 존재와 능력을 보고 우리를 쓰시는 것이 아니라 우리의 미래와 가능성을 보시고 우리를 쓰심을 알게 될 것이다.

영감으로 가득 찬 이 책을 읽는 동안 당신은 엘리야의 하나님이었고 치유 사역의 거장들의 하나님이셨던 분이 또한 당신의 하나님이라는 사실에 깨닫고 감격해 할 것이다. 이 책을 읽기 전에 먼저 성경의 히브리서 11:1~12:2을 읽고 거기에 나오는 인물들과 이 책에 나오는 인물들의 믿음과 능력들을 비교해 보기를 원한다.

하나님은 어느 시대건 보통 사람들을 택하셔서 크게 쓰신다. 그러나 청함을 받은 자는 많되 택함을 입은 자는 적다(마 22:14). 이 시대에도 하나님께서는 사람들을 청하시고 택하시고 계신다. 하나님께 쓰임 받고자 하는 자는 믿음의 주요 온전케 하시는 예수님을 바라보아야 한다(히 12:2).

나는 이 책이 영성에 관한 고전적인 책으로 남으리라 믿는다. 이 책은 사람들이 보기에 하잘 것 없는 사람들도 하나님의 손에 붙들린 바 되면 크게 쓰임 받는다는 사실을 명백히 보여주고 있다. 이 책에서 저자 로버츠 리아돈의 하나님의 거장들에 대한 날카로운 비판과 충고는 당신의 삶과 사역에 실질적인 힘을 부어줄 것이다.

하나님께서 쓰신 하나님의 위대한 사역자들은 대부분의 경우 생각이 단순하고 고등교육을 제대로 받지 못한 사람들이 대부분이었다. 그러나 하나님께서는 겉을 보지 않고 속을 보신다. 하나님께서는 이들을 부르셨고, 이들은 그분의 부르심에 순종하였다. 그래서 그들은 더 이상 길가에 버려진 돌이 아니라 하나님의 손에 붙들린 바 된 다이아몬드 원석이 되었다. 하나님께서는 이들을 갈고 다듬어 귀하게 쓰신 것이다. 하나님께서 이들을 쓰셨다면 당신도 분명 쓰실 것이나.

당신도 하나님께 쓰임 받기를 원하는가?

모리스 세룰로 박사
모리스 세룰로 세계 선교 총재, 샌디아고, 캘리포니아

머리말

내 아들 로버츠 리아돈은 오래 전부터 하나님께서 크게 쓰셨던 사람들의 삶과 사역에 큰 관심을 가지고 있었다. 그가 자라나는 것을 옆에서 쭉 지켜보았던 로버츠의 어머니인 나는 그의 영적 진보를 두 가지 측면에서 이해해 보았다.

첫번째로, 로버츠의 할머니는 위대한 사역자들의 천막 집회에 참석하였던 경험을 바탕으로 로버츠가 어렸을 적부터 그에게 위대한 사역자들의 삶과 사역에 대해 생동감 넘치고 재미있게 이야기 해 주었다. 이런 이야기들이 내 아들 로버츠의 삶과 사역에 미친 영향은 결코 적지 아니하다.

두번째로, 로버츠가 열 두 살이 되었을 때에 주님이 그에게 나타나셔서 하나님께서 크게 쓰신 하나님의 남녀 종들의 삶에 대하여 공부하라고 지시하셨다. 주님은 로버츠에게 "이 공부가 바로 내가 너를 앞으로 쓰기 위해 너에게 시키는 훈련 중의 하나이다"라고 말씀하셨다.

이후 로버츠는 이 명령에 순종하여 하나님의 위대한 사역자들의 삶과 사역을 열심히 공부하여 왔다. 공부를 즐겨했던 나와 할머니의 영향을 받은 덕택에 로버츠는 어렸을 때부터 손에서 책을 놓지 않았다. 그리고 많은 날들동안 나와 내 아들 로버츠는 집안의 서재에 앉아 밤늦게까지 책과 씨름을 하곤 하였었다.

그렇게 주님을 만나 주님으로부터 그런 명령을 받은 이후로 로버츠는 주로 하나님의 부흥에 관한 책들을 파고 들었다. 그리고 그런 책들에 실린 하나님의 위대한 사역자들의 삶에 대해 더 자세히 알기 위해 그는 이와 연관된 책들을 모조리 뒤졌다. 그리고 그는 이미 고인이 된 거장들의 친지 친척들을 찾아다니기까지 하며 그들에 대한 자료들을 모았다. 하나님은 이러한 로버츠를 지켜주셨다. 그리고 그는 이들의 친지와 후손들을 만나면 그것으로 끝나지 않고 이들과 좋은 관계를 계속 유지하였다. 그랬기에 그는 이들로부터 생각한 것보다 훨씬 더 많은 자료들과 정보들을 얻을 수 있었다.

그는 이러한 일을 하는데 있어서 결코 지치는 법이란 없었다. 그가 중학생이었을 때 그는 이미 에반 로버츠나 요한 웨슬레와 같은 사람들의 자료를 얻기 위해 해외에 있는 사람들에게까지 연락을 취하였다. 그가 위대한 하나님의 사람들에 대해 파고들면 들수록 그에게는 더 많은 문이 열렸다. 그가 하나님의 명령에 기쁘게 순종했으므로, 하나님께서 그에게 많은 문들을 열어 주신 것이다. 로버츠처럼 하나님의 위대한 사역자들의 삶과 사역에 대해 연구하고 있는 사람들은 그가 알아내고 발굴한 자료들을 경이감에 차서 바라보며 로버츠에게 어떻게 해서 그 좋은 자료들을 얻게 되었느냐고 여러 번 묻곤 하였다. 그러면 그는 단지, "요청하니 주시더군요"라고 간단히 대답하곤 하였다.

내 아들 로버츠가 이런 연구들을 한창 하고 있을 당시 나는 오랄 로버츠 대학의 교직원으로 일하면서 동시에 그 대학의 학생으로 공부하고 있었었다. 그 당시 그는 연구를 위해 주로 성령 연구 센터에서 많은 시간을 보내었다. 그는 두 세번의 여름방학 기간동안 이 연구소에서 자원 봉사자로 일하면서 자신이 필요한 연구를 병행하였다. 오랄 로버츠 대학 측에서 어느 날 로버츠가 모은 자료들을 보고 깜짝 놀라며 이 자료들을 좋은 값에 사겠다고 제안하였다. 로버츠는 이 제안을 놓고 고민하였다. 그러나 나는 아들에게 팔지 말라고 하였다. 오늘날 그가 모은 귀한 자료들은 그가 운영하는 성경대학의 종교 개혁가 및 부흥 사역자 도서관에 잘 보관되어 있다.

로버츠는 정말로 순결한 마음으로 하나님께서 크게 쓰셨던 하나님의 남녀 종들에 대한 연구를 해왔다. 내가 믿기로 로버츠는 설교를 시작한 열 여섯에 최근 백년간 활동했던 하나님의 거장들에 대한 연구를 상당부분 완료하여 그의 설교에 이 사람들을 인용하기 시작하였다. 그러나 그가 어떤 특수한 훈련을 누구로부터 받았거나, 누구와 줄이 닿아서 그런 일들이 일어난 것은 절대로 아니다. 그는 하나님의 명령에 진실하게 순종하였을 뿐이다. 그 결과 하나님께서는 그를 지금 국제적인 사역자로 쓰고 계시다. 이 책을 읽는 독자 여러분들도 하나님의 명령에 순종하여 하나님의 때에 잘 쓰임 받기를 원한다.

영적인 거장들의 삶을 연구하는 것이 로버츠에 대한 하나님의 계획이기에 그는 앞으로도 계속해서 영적 거성들의 삶과 사역에 매진할 것이다. 예수님의 재림이 점점 다가오는 이때에 로버츠는 하나님께서 앞으로 자신을 세계적으로 쓰실 것에 대비하여 또한 자신이 연구해 왔던 것을 더욱 발전시키기 위하여 그의 사역 단체 안에 영적 거장에 관한 연구를 지속적으로 담당할 연구부서를 이미 설치하여 놓았다.

캐롤 리아돈

로버츠 리아돈 미니스트리 부총재, 어바인, 캘리포니아

감사의 글

나는 개인적으로 다음의 두 사람에게 감사를 드린다.

이 책을 교정하여준 데니스 커밍스과 연구 담당 부장 라우렐 맥도날드가 바로 내가 특별히 감사드리고 싶은 바로 그 두 사람이다. 이 두 사람은 한 팀이 되어 그간 책을 교정하고 사람들을 인터뷰하고 하나님의 거장들에 대한 연구를 하는 데 많은 시간을 바친 분들이다. 이들의 노고가 없었으면 이 책이 세상에 그 빛을 보지 못하였을 것이다. 하나님께서 나에게 내리신 명령을 수행하는데 있어서 이 두 사람은 나에게 참으로 많은 도움을 준 나의 친구들이다.

두 분 친구들이여, 감사합니다.

로버츠 리아돈

서문

내가 열 두 살 되었을 때에 나는 환상을 보았다. 그 환상 속에서 주님이 나타나셔서 나에게 위대한 설교가들의 삶을 연구하고 그들이 어떻게 해서 성공하였고 왜 실패했는지에 대해서 배우라고 말씀하셨다. 그 환상을 본 날부터 나는 나의 삶의 대부분을 교회사 연구에 바쳐왔다.

세상적으로 훌륭한 사람들이 죽으면 사람들은 그들의 업적을 연구한다. 그러나 하나님의 위대한 사역자들이 죽으면 믿는 우리는 무엇을 하여왔나? 주님은 우리가 그들의 사역으로부터 귀중한 교훈을 배워 예수님의 몸인 교회에 덕이 되는 일들을 하시길 원하신다. 나의 이들에 대한 연구 목적은 그들을 찬양하거나 비판하기 위함이 아니다. 내가 그 분들을 연구한 이유는 여러분들이 그들의 삶으로부터 교훈을 받아 하나님의 일을 하는데 도움을 주기 위함이다.

이 책이 기록된 거장들은 우리와 같은 인간일 뿐이다. 여기에 기록된 그 어느 사람도 초인은 없다. 그들은 우리와 마찬가지의 성정을 가진 인간일 뿐이다. 나는 그들의 눈물과 웃음 그리고 성공과 실패에 대하여 기록하였다. 그들은 한결같이 사람들의 비난을 받았고 사람들의 배신을 경험하였을 뿐 아니라 사람들의 칭송과 존경과 협조도 받았던 사람들이다.

그러나 나는 이 책을 쓰면서 어떻게 그들이 하나님의 부르심을 받았고 어떻게 그들의 삶과 사역에서 하나님의 능력이 나타나게 되었는지 그리고 그들이 무엇을 배웠으며 어떻게 사역했으며, 어떻게 하나님을 위하여 이 세상을 뒤흔들어 놓게 되었는지를 피력하였다.

지금 활동하고 있고 앞으로 활동할 사역자들도 이 위대한 믿음의 거장들이 범했던 실수를 동일하게 범할 것이다. 그리고 앞으로 이들이 이루어 놓았던 업적에 버금가는 업적을 이룰 사람들이 계속 나타날 것이다. 해 아래서 새 것은 없는 것이다. 만일 해 아래 새 것이 있다면 그것은 바로 당신이란 존재일 것이다.

하나님의 뜻을 이루기 위해선 개인의 의지 이상의 것이 필요하다. 그것은 바로 성령님께서 주시는 힘이다. 당신이 만일 이 책을 열린 마음으로 읽어간다면 하나님께서는 당신에게 무엇을 고쳐야하고 무엇을 강화해야 하는지를 가르쳐 주실 것이다. 나는 이 책이 하나님을 위한 당신의 사역에 축복이 됨으로 말미암아 하나님의 영광이 온 세상을 덮도록 하는 일에 크게 쓰임받게 되기를 간절히 원하는 바이다.

로버츠 리아돈

역자의 글

하나님은 우리의 아버지이시다. 하나님은 우리를 자녀 삼으신 후 많은 사랑을 우리에게 부어주신다. 우리는 그 사랑을 받아 자라난다. 자라난 자는 하나님의 쓰임을 받는다. 그러나 또한 하나님께서는 우리의 현재를 보시고 쓰시는 것이 아니라 미래를 보시고 우리를 택하여 사용하신다.

여기에 실린 열두 명의 위대한 하나님의 사람들 중 출신과 학벌이 좋은 사람은 한 사람도 없다. 그들은 세상 사람들이 쳐다볼만한 건덕지가 별로 없는 사람들이었다. 그러나 하나님께서는 이들을 크게 쓰셨던 것이다.

이들에게서 발견되는 공통점이 네 가지 있다. 먼저 그들은 모두 예수 그리스도를 구주로 영접하였을 때의 체험을 평생 기억하고 있었다. 두 번째로 이들은 하나님의 능력이 자신들의 삶을 통해 역사하기를 강렬하게 소원하였다. 세 번째로 이들은 환상을 통해 하나님이나 예수님을 직접 만났다. 네 번째로 이들은 사람들의 비난에 주눅들지 않고 자기의 가야할 길을 끝까지 갔다.

나는 이 책을 번역하는 동안 하나님의 능력을 받아 하나님의 일을 하고 싶은 마음이 전에 없이 충만해졌다.

간절한 마음으로 이 책을 읽는 독자 여러분들에게는 이 책을 읽는 동안 하나님의 위대한 복음 전도 치유 사역자들이 받았던 영성과 능력이 전이되는 일이 반드시 일어나리라고 나는 믿는다.

이 열두 명의 위대한 사역자들은 우리와 같은 나약한 인간이었다. 그들은 그들의 삶과 사역을 통하여 큰 실수를 저질렀고 이로 인해 엄청난 고충과 타격을 입었다. 또한 이 실수가 계기가 되어 그들이 이룩한 사역에 종말을 고하기도 하였다. 또한 이들은 한결같이 사람들의 비난을 받았다. 그러나 사람들의 비난이 그들이 하나님으로부터 받은 비전을 무너뜨릴 수 없었다. 하나님께서 이 열두 명의 사람들을 쓰셨다면 나와 당신을 못쓰실 이유가 없다. 하나님의 일을 하고자 하시는 분들에게 이들의 실패와 성공의 교훈을 통해 많은 도움을 받아 독자 여러분의 사역과 삶에 큰 진전이 되어지는 일들이 일어나기를 간절히 원하는 바이다.

역자 **박미가** 목사

2002년 12월 경기도 덕정리에서

CHAPTER ONE

John Alexander Dowie

"The Healing Apostle"

치유의 사도 (The Healing Apostle)

- 존 알렉산더 도위 -

"'그가 비가 오도록 기도하면 정말로 비가 올까? 그가 비가 오도록 기도했는데도 비가 안오면 그는 엘리야가 아니지. 그가 만일 겁쟁이라면, 비가 오게 하는 기도를 못할 거야. 그러면 그에 대한 평판은 점점 나빠지는 것이지.' 라고 모인 사람들이 중얼거렸다.

"마침내 그 설교자는 강대상 뒤에서 무릎을 꿇고 기도하기 시작하였다. 그러자 그 곳에 모인 사람들이 그를 따라 같이 기도하였다. '하나님 우리 아버지, 이 땅에 가뭄이 심하게 들었습니다. 이 땅의 황무함을 보시고 비를 내려 주옵소서.'

"그 설교자는 기도를 멈추고 '이제 곧 비가 억수같이 쏟아질 것입니다, 그러니 여러분, 물이 불기 전에 지금 빨리 집으로 돌아가세요' 라고 사람들에게 말하기 시작하였다. 그러자 큰 우뢰 소리와 함께 비가 억수같이 퍼붓기 시작하였다."

오늘날 존 알렉산더 도위(John Alexander Dowie)의 놀랍도록 격정적인 사역에 대해 자세히 알고있는 사람들은 그리 많지 않다. 지금부터 약 백년 전에 활동하였던 도위의 전도 사역과 치유 사역으로 인해 그 당시의 교회와 사회는 적지 않은 영향을 받았다. 죤 알렉산더 도위는 결코 물러서지 않는 담대한 믿음의 소유자였던 동시에 하나님께서 주신 비전을 그의 삶에 이룩한 사람이었다. 그의 사역으로 인해 줄잡아 수백만 명의 사람들이 예수 그리스도를 구주로 영접하였다. 그의 사역이 비록 비극으로 끝을 맺긴 하였지만 지금껏 죤 알렉산더 도위와 같이 엄청난 생동력을 가지고 사역을 하였던 치유 사역자는 이 세상에 거의 없다. 특히 그의 사도적 사역은 세상을 온통 바꾸어 놓았다. 그는 예수 그리스도는 어제나 오늘이나 영원토록 동일하시다는 메시지를 가는 곳마다 줄기차게 전하였다. 그의 이런 사역의 결과 그 당시 기독교계에 풍미하였던 서로에 대한 배타적 태도들과 기독교 지도자들 사이에 널리 퍼져있던 영적인 무기력감이 일시에 타파되었다.

반면에 많은 목회자들과 신문들 그리고 시 당국자들이 죤 알렉산더 도위를 비난하였으며 폭도들은 그를 공격하기까지 하였다. 그러나 그는 이런 비난과 핍박 속에서도 하나님의 부르심을 받은 사도로서의 신념을 굽히지 않았다. 그는 사람들의 핍박을 오히려 하나님께서 주시는 상급으로 생각하며 사도로서의 직분을 수행해나갔다.

반면에 많은 목회자들과 신문들 그리고 시 당국자들이 죤 알렉산더 도위를 비난하였으며 폭도들은 그를 공격하기까지 하였다. 그러나 그는 이런 비난과 핍박 속에서도 하나님의 부르심을 받은 사도로서의 신념을 굽히지 않았다. 그는 사람들의 핍박을 오히려 하나님께서 주시는 상급으로 생각하며 사도로서의 직분을 수행해 나갔다.

평범하지 않은 소년

존 알렉산더 도위는 1847년 5월 25일 스코트랜드의 에딘버그에서 태어났다. 그의 아버지 존 도위와 그의 어머니 머래이(Murray) 도위는 자신의 아들 존 알렉산더 도위가 나중에 커서 하나님의 은혜를 받아 사람들에게 많은 유익을 주는 사람들이 되기를 바랬다. 그래서 도위의 부모는 그에게 하나님의 은혜라는 의미의 '존'과 도와주는 사람이라는 뜻의 '알렉산더'를 합쳐 존 알렉산더 도위라고 이름을 지어주었다.

존 알렉산더 도위의 집은 가난하였다. 어린 시절 그는 몸이 병약하여 학교에 결석을 자주 하곤 하였지만 반 학생들 중에서는 가장 총명하고 의욕이 많은 학생이었다. 도위의 부모는 이런 도위를 위하여 최선을 다해가며 올바른 신앙으로 지도하였다. 그 결과 도위는 일찍부터 어린이 성경공부 그룹에 참여하였고, 크면서 한번도 올바른 신앙생활의 테두리를 벗어나 본적이 없었다.

도위는 이미 여섯 살 때에 성경을 일독하였다. 그는 이렇게 성경을 통독하면서 믿음을 점차 키워나갔다. 그는 특히 그 당시 스코틀랜드에 풍미하였던 금주운동(Temperance Movement)의 영향을 받아서 어렸을 때부터 술과 음주에 대해 매우 비판적인 시각을 가지고 있었다. 그래서 그는 하나님의 그에 대한 특별한 부르심과 인도하심을 느끼지 못하였던 어린 나이임에도 벌써 그 나라의 금주운동에 서명함으로써 금주운동에 적극적으로 참여하였다.

그는 종종 아버지를 따라 거리 설교 모임과 기독교 집회에 참석하여 올바른 삶에 대한 지식을 조금씩 쌓아나갔다. 그러나 그때까지 도위는 자신이 중생한 크리스천이라는 확신이 없었다. 그렇게 바른 어린 시절을 지내던 그가 하루는 길거리에서 복음을 전하는 거리 설교자 헨리 라이트(Henry Wright)의 설교를 듣게 되었다. 그때 그는 그의 설교를 듣고 나서 예수 그리스도를 자신의 삶의 주인과 구원자로 모셔드리게 되었다.

이 후 일곱 살이 되자 도위는 하나님께서 자신을 하나님을 위해 헌신하는 전문 사역자로 부르신다는 확신을 가지게 되었다. 그러나 일곱 살의 그로서는 하나님의 부르심에 대해 어떻게 대답하고 실행해야 되는지를 알 길이 없었다.

도위는 열 세 살이 되었을 때 부모님을 따라 호주로 이주하였고 그 곳에서 첫 육 개월간을 머물렀다. 호주에서 처음으로 머무르는 동안 그는 아르바이트도 할 겸해서 집 근처의 삼촌이 경영하는 신발가게에 나가서 삼촌의 일을 거들어 주었다. 그 후 그는 삼촌 가게를 나와 이곳 저곳에서 허드렛 일을 하였다. 그가 비록 그 당시에 천한 일에 종사하긴 하였지만 사람들은 그를 결코 평범한 소년으로 보진 않았다. 사람들은 그가 나중에 커서 훌륭한 사업가가 될 것이라고 생각하였다. 얼마 후 도위는 일년에 이 백만 불의 매출 실적을 올리고 있던 어느 회사의 동업자 중 한 사람을 도와주게 되었다.

그는 그때 사업을 밑바닥에서부터 배우느라고 몸은 비록 힘들었지만 하나님께서 자신을 전시간 사역자로 부르시고 계시다는 생각만은 떨쳐버릴 수가 없었다. 그리고 그는 그 당시 목사들이 성경 진리들 가운데 놓치고 있는 부분들이 있다는 사실을 이미 알고 있었다.

그는 그때 사업을 밑바닥에서부터 배우느라고 몸은 비록 힘들었지만 하나님께서 자신을 전시간 사역자로 부르시고 계시다는 생각만은 떨쳐버릴 수가 없었다. 그리고 그는 그 당시 목사들이 성경 진리들 가운데 놓치고 있는 부분이 있다는 사실을 이미 알고 있었다. 그 놓치고 있는 부분은 하나님은 치유하시는 하나님이라는 부분이었다. 청소년 시절에 도위는 이미 성경의 귀한 진리 중의 하나가 하나님의 치유라는 점에까지 생각이 미치고 있었다. 그가 이런 생각을 하기까지에는 다음과 같은 사연이 있었다. 그는 어렸을 때부터 몸이 약하여 자주 병에 걸렸었고 특히 청소년기에는 극심한 소화 불량에 걸려 고생하였다. 그러던 중 그는 하나님의 치유에 관한 책을 읽고 나서 하나님께 간절한 기도를 드렸다. 자신의 몸이 낫게 해달라고 하나님께 간절히 기도 드린 후에 그는 완전히 자신의 병이 고침 받은 경험을 하였던 것이다.

스물 한 살이 되자 도위는 드디어 하나님의 부르심에 따라가는 삶만을 살기로 결단하였다. 그리고 그는 그 동안 모아 놓았던 돈으로 장차 하나님을 위한 전시간 사역자가 되기 위해 준비하는 데 사용하였다. 그리고 그가 전시간 사역자가 되기로 결심한 지 십 오 개월 후에 그는 호주를 떠나 에딘버그 대학에 입학하여 신학과 정치학을 공부하기 시작하였다. 그러나 도위는 그 대학의 교수들의 무기력한 태도에 대해 못마땅해 하였다. 그가 교수들에 대해 자주 반기를 들자 학교측에서는 그러한 죤 알렉산더 도위를 별로 달갑게 생각하지 않았다. 그 당시 그는 말씀에 대한 목마름이 극에 달해 성경을 읽게 되면 성경에 나오는 이야기들을 마치 그림책 보듯이 낱낱이 다 기억하였다. 이때 그가 습득한 그림식 성경 이해 방법은 훗날 그의 설교 사역에 큰 도움을 주었다.

에딘버그 대학에서 공부를 하는 동안 죤 알렉산더 도위는 에딘버

그 대학 병원에서 무급 말씀 사역자로 봉사하게 되었다. 도위는 그 병원에서 말씀 사역자로 봉사하는 동안 그 당시 꽤 이름을 날렸던 의사들과 사귈 수 있었다. 그리고 그는 그러한 기회를 통하여 하나님의 능력과 의사의 능력의 차이가 얼마나 큰 지를 자연스럽게 배우게 되었다. 도위는 어느 의사가 인턴들이 보는 앞에서 환자를 마취시킨 후 수술을 하면서, 인턴들에게 자신은 이 환자를 치료하는 것이 아니라 환자의 암 덩어리만을 절제할 뿐이라는 말을 하였다는 이야기를 간접적으로 들었다. 그리고 그는 그 병원에서 근무하는 동안, 의사들이 환자의 상태를 더 악화시키는 여러 경우들을 자신의 눈으로 직접 목격하였다. 그리고 그는 의사들이 자신들의 입으로 의술은 마치 깜깜한 밤바다를 헤매는 배와 같아서 환자를 완전히 고치기에 역부족이라는 말을 들은 적이 몇 번 있었다. 이러한 병원에서의 경험을 통하여 도위는 의술과 의약품의 효능에 관해서 부정적인 생각을 갖게 되었다.

오늘날에도 도위가 의학에 관한 비판적인 태도를 보인 것에 대해 별로 좋지 않게 말하는 사람들이 많이 있는 것이 사실이다. 그러나 나는 그 당시의 의술 수준이 지금의 의술 수준에 비하면 말할 수 없이 낙후하였다는 사실과 도위는 그 당시 의술의 맹점을 자신의 귀와 눈으로 직접 듣고 보면서 그 나름대로의 정확한 판단을 하고 있었다는 사실을 고려해서 그를 이해하여야 한다고 생각한다. 도위는 단지 그 당시의 의사들이 환자의 가족들에게는 환자에 대해 낙관적으로 말하면서 실제론 그렇지 않은 적이 많았다는 것을 지적한 것 뿐이었다. 그는 없는 살림에 적지 않은 돈을 탕진한 환자와 그의 가족들이 결국은 아무것도 건지지 못하고 실망하여 집으로 돌아가는 모습을 자신의 눈으로 여러번 보아왔었다. 그렇기에 이에 대한 해답을 찾던 중에, 그는 본격적으로 치유 사역을 하게 된 것이고, 의학의 한계점을 보고 느낀 그대로 사람들에게 이야기하게 된 것이다.

에딘버그 대학에서 학생으로 지내던 어느 날 존 알렉산더 도위는 호주에 계신 아버지로부터 연락을 받고 아버지의 유산 문제로부터 자신을 자유롭게 하도록 하기 위해 급히 호주로 돌아갔다. 그러나 그는 바로 그 유산 문제 때문에 경제적으로 극심한 어려움에 처하게 되었다. 그러나 경제적 어려움에 처해 있으면서도 그가 하나님을 위한 전시간 사역자가 되기로 결정하였던 마음만은 결코 변하지 않았다.

그러던 중 그는 호주 알마에 있는 한 회중교회로부터 말씀 사역자로 봉사해 달라는 요청을 받았다. 그의 임무는 그 교회 및 그 교회와 자매 결연을 맺은 여러 교회들을 순회하면서 설교하는 것이었다. 그래서 그는 그 요청을 받아들여 순회 설교를 다니기 시작하였다. 그러나 그의 설교는 너무도 강했고 직설적이었으며 그의 사역 방법은 과격하여 그는 사람들의 환영을 별로 받지 못하였다. 그러나 존 알렉산더 도위는 비전의 사람이었다. 사람들이 비록 그를 좋아하지도 않고 그의 설교를 별로 받아들이지 않았음에도, 그는 사람들의 미지근한 신앙 태도와 회개치 않는 신앙 자세에 대해 질타하는 설교를 계속하였다. 그러던 어느 날 더 이상 이런 미지근한 교회의 교인들을 상대로 설교하는 것은 시간 낭비일 뿐이라고 판단한 도위는 필요한 물질이 그 교회를 통해 채워지고 있음에도 불구하고 그 교회를 미련 없이 사임하였다.

그가 사표를 제출하자 바로 맨리비치에 있는 회중교회에서 그를 담임목사로 초청하였다. 처음엔 그 회중교회 교인들이 그를 따뜻하게 맞아들였다. 그러나 그는 그 교회에서도 사람들이 하나님의 말씀에 둔감하고 회개하는 심령이 부족한 것을 보고 크게 실망하였다. 그러나 그는 이번에는 그 교회에서 목회 생활을 계속하기로 작정하였다. 그러면서 그는 남은 시간에 하나님의 말씀을 열심히 공부하며 하나님의 때를 묵묵히 기다렸다.

그는 하나님께서 자신을 하나님의 일꾼으로 부르셨다고 생각하였다. 그러나 그는 이 일을 어디서부터 어떻게 시작하여야 할지를 몰랐다.

그는 하나님께서 자신을 하나님의 일꾼으로 부르셨다고 생각하였다. 그러나 그는 이 일을 어디서부터 어떻게 시작하여야 할지를 몰랐다. 그렇다고 해서 그 어떤 다른 사역을 할 수 있는 환경도 되지 못하였다. 그래서 그 회중교회에서 목회를 하는 동안 그의 마음은 별로 편안치 못하였다.

그는 큰 교회로 가길 원했다. 그러다가 1875년 호주 시드니의 외곽에 있는 유톤의 큰 교회에서 그에게 담임 목회자로 와달라는 요청이 있자 그는 그 요청에 응낙하여 그 교회로 자리를 옮겼다. 그는 그 교회에 있는 기간동안 앞으로의 사역에 중요한 발판이 마련되는 경험 곧 치유에 대한 하나님의 계시를 받는 경험을 다음과 같이 하였다.

"메리가 죽어가고 있어요. 빨리 좀 와주세요."

도위가 유톤의 교회에서 부임한지 얼마 안되어 시드니 시의 외곽인 그의 교회가 있는 지역에 전염병이 돌아 사람들이 많이 죽는 일이 발생하였다. 그러자 그 곳 사람들은 공포에 떨며 어쩔 줄을 몰라 하였다. 그가 그 교회에 부임한 첫 몇 주 동안에 그의 교인 약 40여명이 전염병으로 죽었다. 그래서 그는 쉴새없이 교인들의 장례를 치렀다. 어디를 가나 병자와 망자들이 있었다. 그는 교인들이 죽어 나가는 것을 보고 슬픔을 억누르며 하나님께 기도를 드리며 매어 달렸다. 그는 기도를 통해 하나님께서는 이들을 살려줄 수 있는 능력이 얼마든지 있으신 분이시라는 사실을 하나님께 상기시켜 드렸다. 젊은 목사 도위가 훗날 이 당시를 회상하면서 쓴 글의 일부를 살펴보자.

"나는 지친 몸과 마음으로 호주 시드니 외곽에 있는 뉴톤의 회중교회 목사관 서재에 앉아 있었다. 나는 오늘까지 벌써 사십 여 명의 교인들을 땅에 묻었고, 병든 교인들의 가정을 삼십 집 가량 찾아 다녔다. 자기의 자녀들을 고쳐주시겠다고 약속하셨던 아버지 하나님은 지금 도대체 어디 계시단 말인가? 기도해도 들어주지 않는 하나님. 그러나 나는 그분이 손이 짧아 우리를 구하시지 못하시는 분이 아니란 사실을 알고 있다. 내가 고통속에 숨을 거두는 사람들을 위해 기도해주고 위로해 줄 때 어떤 사람들은 이런 나와 내가 믿는 하나님을 비웃고 있구나. 사단이라는 아버지와 죄라는 어머니 사이에서 태어난 것이 질병일진데, 이 질병이란 놈들이 내 교인들을 죽이고 있구나. 누가 우리를 이 사망에서 구해줄 것인가?

나는 죽어 가는 교인들로 인해 말할 수 없는 슬픔에 짓눌려 고개도 들지 못한 채 울고 있었다. 나의 타는 가슴을 식혀주기에 역부족인 쓴 눈물이 나의 뺨을 타고 하염없이 흘러내렸다. 나는 설교할 내용을 놓고 하나님께 기도 드리기 시작하였다. 그런데 갑자기 성령 하나님께서 사도행전 10장 38절 말씀에 대한 감동을 나에게 주셨다. 그러자 빛이 내 앞을 비추는 것과 같이 느껴졌다. 사단은 우리를 죽이는 놈이요, 그리스도는 우리를 치료하시는 분이시라는 확신이 들었다. 그러자 나는 흐르던 눈물을 닦았다. 신적 치유에 대한 믿음이 나에게 충만해 진 것이다. 나는 이제 치유의 방법을 깨달았다. 나는, '하나님, 이제 나는 죽어 가는 사람에게로 가서 사단은 우리를 죽게 하지만 예수님은 그런 우리를 지금 살리신다 라고 외치겠습니다. 예수님께서는 어제나 오늘이나 영원토록 동일하시다라는 메시지를 외치겠습니다' 라고 소리쳤다.

그때 누군가가 방문을 세차게 두드렸다. 나는 힘차게 일어나 방문을 열었다. 두 사람이 문 앞에 서 있었다. 그들은 '목사님, 빨리 나오세요. 와서 기도해 주세요. 메리가 죽어가고 있어요' 라고 말하였다. 나는 급히 집을 빠져 나와 거리를 뛰어가기 시작했다. 나는 이윽고 죽어가고 있다는 메리의 방안으로 들어갔다. 그녀는 목에서 가래소리를 내며 침대에 누워있었다. 그녀는 몸의 통증을 참으려고 이를 갈고 있었다. 그녀를 쳐다보고 있는 나의 마음속에는 사단을 향한 증오심이 가득 찼다.

하나님께서는 나에게 사단을 찌를 수 있는 칼을 주셨다. 그 칼로 사단을 찔러 쓰러뜨리기 전에는 칼을 칼집에 도로 집어넣지 않으리라고 나는 굳게 결심하였다. 그 방에 있던 예수님을 믿는 의사가 조용히 나에게 다가와 말을 걸었다. '목사님, 하나님은 알다가도 모를 분입니다' 그러자 나는 소리치듯 그에게 대답하였다. '의사 양반, 하나님께서 이 소녀를 죽이고 있는 것이 아닙니다. 바로 우리를 속이는 사단이 이 소녀를 죽이고 있는 것입니다. 그리스도는 마귀의 일을 멸하려고 이 땅에 오셨습니다' 라고 나는 그 의사에게 소리쳤다."

존 알렉산더 도위의 담대한 대답에 깜짝 놀란 의사가 소녀가 누워

있는 방을 말없이 빠져나갔다. 그러자 도위는 메리의 어머니에게 왜 자신을 이곳에 불렀는지 물어보았다. 그러자 그녀는 메리가 낫도록 기도해 달라고 불렀노라고 말하였다. 도위는 이 말을 듣자 지체하지 않고 죽어가고 있는 소녀 옆으로 가더니 하나님께 소리 높여 기도하였다. 그러자 이내 소녀의 가래소리가 사라졌다. 그녀의 어머니는 자신의 딸이 쥐 죽은 듯이 잠자코 있자, 깜짝 놀라 자신의 딸이 죽은 것 같다고 도위에게 말하였다. 그러자 도위는, **"죽은 것이 아닙니다. 나은 것입니다. 열이 많이 내려갔군요"**라고 대답하였다.

얼마 후 그 소녀는 어머니에게 너무 오랫동안 자서 미안하다고 말하며 지금 기분이 매우 좋다고 말하였다. 그리곤 침대 위에 앉아 차려온 음식을 먹기 시작하였다. 그녀 주위에서 그녀를 지켜보고 있던 사람들은 그녀가 순식간에 완쾌된 것을 보고 기뻐하며 하나님께 '감사합니다 하나님'이라는 말을 연발하였다. 도위는 그녀의 옆방에서 역시 병으로 앓고 있는 그녀의 동생과 언니에게도 가서 치유를 비는 기도를 하였다. 그러자 그들도 역시 병 고침을 받았다.

죤 알렉산더 도위의 가족 사진. 우에서 좌로: 죤, 글래드스톤, 지니, 에스더

이 기적적인 신적 치유가 일어난 이후부터는 도위의 교인들이 한 명도 죽지 않았다. 그리고 이미 전염병에 걸려있던 교인들은 증세가 점점 나아가기 시작하였다. 죤 알렉산더 도위가 하나님으로부터

받은 치유에 대한 이러한 놀라운 계시(깨달음)로 인해 이제 곧 한 시대를 풍미하게될 존 알렉산더 도위의 치유 사역이 그 닻을 서서히 올리기 시작하였다.

결혼의 종소리

이러한 놀라운 계시를 받고 나서 도위는 결혼하고 싶은 마음이 생겼다. 그래서 그는 누구와 결혼할까를 심각하게 생각해 보았다. 그러자 그는 자신이 지금 자신의 사촌 여동생인 지니(Jeanie)를 사랑하고 있다는 사실을 깨닫게 되었다. 그는 이제 지니 없이는 도저히 살수 없을 것 같았다. 그의 가족 친지들이 모여 이 문제를 놓고 격론을 벌인 끝에 이 둘의 결혼은 승낙되었다. 그러자 존 알렉산더 도위는 스물 아홉이 되던 1876년 5월 26일에 사촌 여동생 지니와 결혼하였다. 결혼 이후 이 둘은 힘을 합해 훗날 큰 사역으로 발전하게 될 복음 전도 치유 사역을 힘차게 시작하였다.

도위와 지니는 결혼 다음해인 1877년에 첫 아들 글래드스톤(Gladstone)을 얻었다. 그런데 도위가 재정에 관한 어떤 중대한 일에 결정을 잘못 내리는 바람에 도위의 가정은 재정적으로 곤란을 겪게 되었다. 그래서 하는 수 없이 도위는 아내와 아들을 아내의 친정 집에 돌려보내어 당분간 그곳에서 지내도록 조치하였다. 그러나 이 일로 인해 아내의 친정 식구들이 도위를 불신하게 되었다. 이 때 도위는 여러 가지로 힘들었으나 그는 그의 비전만은 굳게 붙들고 있었다. 도위는 이 기간 동안 아내에게 보낸 편지를 통해 **"내 머리로는 현재 왜 우리가 이런 고통을 당해야 되는지를 다 이해할 순 없소. 그러나 나는 우리의 미래가 밝다는 사실은 확실히 알고 있소. 힘을 냅시다"**라고 말하였다.

이 세상에 미래가 없는 하나님의 사역이란 없다. 그러나 우리가 이 미래를 향해 첫 발을 내디뎌야 바라던 미래가 현실로 다가온다. 실망에 빠져 있는 하나님의 사람들이여, 도위처럼 하나님의 약속의 말씀을 굳게 붙들고 우리 앞에 놓여있는 선한 싸움을 경주하자. 만일 우리가 문제가 있다고 뒤로 물러선다면 사역은 잘 풀려나가지 않게 되고 그러다 결국 마귀가 쳐놓은 그물에 빠지고 말게 된다. 하나님께서 당신을 어떤 특정한 분야의 사역자로 불렀다고 모든 것이 다 술술 풀려나가는 것은 절대 아니다. 더군다나 마귀가 그런 일이 일어나지 못하도록 하기 위해 온갖 작전을 다 펴기 때문에 더 더욱 그렇다. 그러므로 우리는 마귀와의 전쟁에서 싸워야 한다. 마귀는 우리의 비전에 낙망이라는 화살을 던진다. 물론 하나님의 천사들이 우리를 도와준다. 그러나 이 싸움에서 이기기 위해서는, 하나님의 사역이 성공토록 하기 위해서는, 우리가 주도권을 가지고 앞서 행해야 한다.

종교 행위는 더 이상 용납 못해!

이렇게 재정적으로 어려운 시기에 죤 알렉산더 도위는 자신이 그동안 몸담아 왔던 교단을 떠나기로 결정하였다. 그는 교단 지도자들의 하나님에 대한 차갑고도 무감각한 태도를 이해할 수 없었다. 또한 도위는 이런 사람들과 계속 어울리다보면 자신도 그렇게 될 것 같아 그점이 싫었다. 그는 종교 지도자들의 차갑고 냉랭한 설교와는 달리 기회만 있으면 사람들에게 열정적인 설교를 하였다. 그리고 그 덕분인지는 몰라도 그가 맡고 있는 교회의 출석 인원은 그동안 두 배나 증가하였다. 그러나 교단 지도자들은 왜 그의 교회가 성장하였는지에 대해서는 관심도 없었다. 그는 시간이 흐르면 흐를수록 교단 지도자들의 정치놀음에 자신도 물들어 가는 것 같아 괴로워하였던 것이다.

그러다 보니 자연적으로 교단 지도자들과 도위 사이에는 좋지 않는 관계가 형성되었다. 점차 교단 지도자들이 그의 사역에 대해 불만을 표시하게 되자 도위는 어쩔 수 없이 자신의 사역을 변호하여야만 하는 입장에 처하게 되었다. 그가 담임하고 있는 회중교회가 교단의 간섭을 더 이상 받지 않아야 되겠다고 생각하고 교단 탈퇴를 고려하는 과정에서 도위가 아내에게 보낸 편지에는 다음과 같은 문구가 들어있다.

"교단 지도자들은 개 교회 목회자의 힘을 빼앗아 간 후, 목회자를 단지 교단을 위한 하나의 도구로 전락시킨다오. 그러다 결국 개 교회 목회자들은 세상적으로 되고 영은 메마르게 되지요. 결국은 그들은 하나님을 위해서 아무 쓸모도 없는 존재가 되어 버리는 것이라오. 결국 목회자들은 무감각과 세상 사람들이란 짐에 억눌려 더 이상 운항할 수 없는 배처럼 되는 것이지요."

그가 교단에 남아 있는다면 그에게 적당한 보수와 얼마 만큼의 명예는 찾아올지도 모른다. 그러나 그가 원했던 것은 부흥이었다. 교회가 깨어난다면 부흥은 저절로 찾아올 것이다. 그러나 그의 눈에는 그 차가운 교단 지도자들이 변화될 것 같아 보이지 않았다. 그래서 그는 교단을 떠날 것인가 말 것인가를 부득불 결정하여야만 하였다. 그는 종교성이 강한 교회들과 그런 류의 교회에 다니는 사람들을 조사해 보았다. 또한 교회 밖의 사람들에 대해서도 생각해 보았다. 예수님이라면 과연 누구에게로 가셨을까? 예수님이라면 교회 밖의 사람들에

그는 이제 죽어가고 있는 불신자들이 있는 세상 속으로 들어가서 평생 동안 예수님께서는 어제나 오늘이나 영원토록 동일하시다는 말씀만을 전하는 사람이 되기로 결단하였다.

게 나가셔서 복음을 전하셨을 것이다. 이러한 여러 가지 점들을 고려하며 심사숙고한 끝에 그는 자신에 대해 냉소적으로 대하는 사람들을 떠나기로 결정하였다. 그는 이제 죽어가고 있는 불신자들이 있는 세상 속으로 들어가서 평생 동안 예수님께서는 어제나 오늘이나 영원토록 동일하시다는 말씀만을 전하는 사람이 되기로 결단하였다.

1878년에 교단을 탈퇴한 도위는 독자적으로 사역을 펼치기 위해 호주 시드니에 있는 왕립 극장(Royal Theater)을 집회 장소로 얻었다. 수백 명의 사람들이 남들과는 다른 존 알렉산더 도위의 설교를 듣기 위하여 왕립 극장으로 몰려왔다. 그러나 그는 그 곳을 빌리는 비용을 혼자서 계속 감당하기가 버거웠다. 집회에 참석한 사람은 경제적으로 풍요로운 사람들이 아니어서 많은 헌금이 들어오지 않았다. 그 결과 그는 그 곳에서의 사역을 오래가지 않아 중단할 수밖에 없었다. 그러나 그는 좌절하지 않았다. 그는 생각 끝에 그의 전 재산을 팔아 사역에 투자하기로 하였다. 그는 자신의 집을 처분하고 가족과 그 자신은 아주 싼 집으로 옮겼다. 그러자 그의 사역은 번창하기 시작하였다. 그는 그 때 이런 힘든 결정을 내리고 난 후 다음과 같이 말하였다.

> **"내가 평소 아껴왔던 나의 손때가 묻은 소중하고 비싼 가구들이 세상으로 팔려나갔습니다. 가구가 팔려나가고 없는 빈자리에는 예수님의 발 앞에 앉기를 원하는 세상 사람들이 대신 들어와 앉았습니다."**

부흥과 치유에 대한 열정으로 가득 찬 도위는 반대파의 공격을 무시하고 그 당시에 만연하고 있었던 교회의 악들을 기회가 있는대로 맹 비난하기 시작하였다. 또한 그는 현 교회에 대해 비판하는 자신의 글을 담은 소책자를 수없이 많이 찍어낸 후 사람들을 시켜 도시 전체에 무한정 배포하였다. 그러자 도위로부터 공격을 받았다고 생각한 교회 목회자들이 일제히 들고 일어났다. 그러나 존 알렉산더 도위는 무사안일한 태도를 보이는 종교 지도자들을 계속해서 비판하였다. 그리고 그는 반대파들의 극심한 비난에도 전혀 동요의 기미를 보이지 않았다. 도위는 한번은 소책자들을 뿌린 것과 연관하여 자신을 비난하는 어느 목회자에게 다음과 같이 말하였다.

"당신의 나에 대한 비판은 당신의 목회와 교회의 현재 상태처럼 힘이 없습니다. 나는 누가 그런 소책자들을 뿌렸는지 알고 있습니다. 그건 참 잘한 일이지요."

기존 교회들과 그 당시 사회의 비 도덕성에 대한 회개 촉구는 하나님의 부르심에 순종하여 도위가 외쳐야 할 분야 중의 하나였다. 하나님은 도위를 택하셔서 그 시대와 교회에 대하여 사도적 메시지를 전하게 하신 것이다. 내 생각으로 치유 사역과 죄 짓지 말라는 메시지는 도위처럼 같이 강하게 선포하여야 한다. 왜냐하면 죄로 인하여 병이 야기되기 때문이다. 어쨌거나 도위는 그의 지혜롭고 발빠른 대처로 인해 벌떼처럼 들고 일어나는 목회자들의 반대를 어느 정도는 잠재울 수 있었다. 그러나 그렇다고 해서 모든 일이 다 잘 무마된 것은 아니었다. 왜냐하면 보이지 않는 곳에서 그의 반대파들이 모여 그를 다시 공격하기 위하여 공작을 꾸미기 시작하였기 때문이었다.

하나님의 부르심에 대한 오해

도위는 사도의 직분에 대한 이해가 전혀 없이 치유 사역을 시작하였다. 그러나 그는 분명 하나님께서 부르신 교회 개혁을 위한 사도였다. 그는 사도의 기름 부음의 권능을 가지고 그 당시의 종교 지도자들의 나태상을 신랄히 비판하였다. 그러나 그 당시 그런 그의 사역을 제대로 이해하는 사람은 거의 없었다. 그리도 도위 자신조차도 사도의 부르심과 직능에 대해 충분한 이해를 하지 못하고 있었다. 그 결과 그는 사도가 범해서는 안 되는 몇 가지 실수를 저질렀다. 그 중에 하나가 바로 그가 정치에 관여한 사건이었다.

도위의 사역이 꽃을 피우자 그의 영향력이 온 나라 전체에 퍼지기 시작하였다. 그러던 어느 날 도위의 정치적인 역량과 지도력을 높게 평가한 금주 협회에서 그에게 국회의원에 출마할 것을 강력히 권유하였다. 그는 처음에 금주 협회의 이러한 추천을 극구 사양을 하였다. 그러나 시간이 점점 지나면서 도위는 자신이 만일 국회의원이 된다면 이 호주 나라에 보다 더 좋은 영향을 미칠 수 있게 될 것이라는 생각을 갖게 되었다.

그가 국회 의원에 출마하자 그를 싫어하는 술 판매 협회와 이들과 결탁한 정치가들은 많은 돈을 써가며 그를 조직적으로 중상모략하기 시작하였다. 그러나 존 알렉산더 도위는 이들의 비난과 중상모략에 전혀 굴하지 않고 국회의원 선거에서 당선되기 위하여 총력을 기울였다. 그러나 결과는 패배였다. 그가 패배하자 그의 과격한 설교로 인해 피해를 본적이 있었던 지방 신문들은 낙마한 그를 무차별 공격하였다. 그가 선거에 실패하자 그는 목회자로서의 신뢰를 잃었다. 그 결과 그의 본래의 사역 규모가 현저히 줄어들게 되었고 그가 담임하고 있는 교회는 큰 타격을 입게 되었다.

하나님께서는 도위에게 좋은 은사들과 지도력을 주신 후에 그를 사도로 부르셨다. 그런 그가 하나님께서 부르신 분야의 사역에 매진하지 않고 왜 굳이 정치가의 길을 가려고 하였는지에 대해서 정확히 밝혀진 바가 없다. 추측컨대, 그는 아마도 기존 교회에서 그의 예언자적 메시지를 받아들이지 않자 그는 세상에 나가 그 메시지를 외치려고 하였고, 이를 더 크게 벌려보고자 정치가가 되려 하였을 것이다. 그러나 그는 분명 이 점에서 실수하였던 것이다. 그는 하나님의 부르심과 하나님의 시간을 잘못 계산하였던 것이다.

하나님께서는 개인이나 단체 모두 하나님의 시간표에 따라 움직이기를 원하신다. 하나님의 시간표에 따라 움직이면 전진이 있으나 그렇지 않으면 아무리 노력해도 퇴보가 있을 뿐이다. 하나의 나라도 이러한 원칙에 의해 영적으로 전진할 수가 있다. 세상의 일을 시행하는 데에도 호기가 있듯이 영적인 일에도 해야할 때가 있고 하지 말아야 할 때가 있다. 그러므로 우리의 삶에서 올바른 때에 하나님 일을 성취하기 위해서는 성령님의 인도에 민감해야한다. 하나님을 위해 하는 일이라고 무조건 열심히 하기만 하면 된다고 생각하는 것은 큰 잘못이다. 그렇다면 우리는 어떻게 나와 내가 소속한 단체나 교회에 대한 하나님의 올바른 시간을 알 수 있을까? 그에 대한 대답은 바로 기도와 중보기도이다. 기도와 중보기도를 하는 사람에게는 하나님께서 자신의 시간을 가르쳐 주신다.

정치가와 정치는 진정한 의미에서 세상을 좋게 할 수도 없고 좋게 한 적도 없다. 이러한 사실은 세상 정치와 교회 정치에 다 적용된다. 나는 하나님의 능력으로 확실히 변화된 영혼만이 악법을 좋게 개정할 수 있다고 믿고 있다. 정치가란 대다수의 사람의 행복을 위하여 사람들과 대화하거나 타협하는 사람이다. 그러나 하나님께서 택하신 사도는 하나님의 말씀을 사람들에게 타협 없이 제시만할 뿐이다. 이러한 사도들의 외침을 받아들이고 안 받아들이고는 각자에게 달려있다. 그러므로 정치가의 기능과 사도의 기능은 분명히 서로 다르다. 그러므로 사도로 부르심을 받은 존 알렉산더 도위는 국회의원 선거에 출마하지 말았어야 옳았다.

그리고 도위는 선거 기간 중에 하나님의 치유 메시지를 전하는 것을 접어두는 실수를 범했다. 그는 하나님의 부르심의 영역을 벗어나 단지 자신의 개인적인 생각으로 더 많은 사람들에게 영향을 미쳐보겠다고 작정하였다. 쉽게 말해 그는 개인적인 야망을 이루어 보려고 하였던 것이다. 그 결과 그의 호주에서의 삶은 파국을 맞았다.

각처에서 몰려오는 사람들

> 하나님께서는 그에게 많은 능력을 다시 부어 주시기 시작하셨다. 그러자 그에게 성령님의 은사와 하나님의 계시가 그 전과는 비교도 되지 않을 만큼 많이 부어져서 수천 명이나 되는 병자들이 그의 집회에서 고침을 받았다.

도위는 마침내 자신이 국회의원 선거에 출마한 것에 대한 잘못을 뉘우치고 나서, 1880년에 치유 사역을 재개하였다. 그 결과 하나님께서는 그에게 많은 능력을 다시 부어주시기 시작하셨다. 그러자 그에게 성령님의 은사와 하나님의 계시가 그 전과는 비교도 되지 않을 만큼 많이 부어져서 수천 명이나 되는 병자들이 그의 집회에서 고침을 받았다. 그렇게 좋은 결과가 난 이유는 간단하다. 그가 실수를 인정한 후 하나님께 회개하고 성령님께 온전히 순복하였기 때문이었다. 그러나 도위의 사역에서 하나님의 능력이 나타나면 나타날수록 이에 비례해서 그에 대한 비난도 증가하였다. 한번은 그를 반대하는 사람들이 힘을 합하여 그가 일하고 있는 사무실의 그가 앉는 의자 밑에 폭탄을 설치한 적이 있었다. 그 폭탄은 그가 사무실에서 퇴근하기 수 시간 전에 터지도록 설치되어 있었다. 도위는 자신을 죽일 폭탄이 자신이 앉은 의자 밑에 설치되어 있는 줄도 모르고 그 사무실에서 자기가 해야할 일을 하고 있었다. 이 때 그는 "일어나 집으로 돌아가라"라는 하나님의 소리를 들었다. 처음에 그는 이 소리의 뜻을 몰라 계속 의자에 앉아 있었다. 그는 이 동일한 하나님의 소리를 세 번째 듣게 되자 비로소 코트를 손에 집어들고 사무실을 빠져나갔다. 사무실을 떠난 지 몇 분 후에 도위는 사무실로부터 몇 블록 떨어진 자신의 집에 도착하였다. 그가 집에 도착하자마자 폭탄은 터졌고 그는 무사하였다.

1888년이 되자 도위는 하나님께서 자신을 미국과 영국으로 부르신다는 성령님께서 주시는 감동을 강하게 받았다. 그래서 그는 같은 해 6월에 미국 캘리포니아 주의 샌프란시스코를 방문하였다. 미국의 신문들은 그의 미국 방문 소식을 대서 특필하였다. 그러자 캘리포니아 주에 거하는 수많은 사람들이 도위의 집회에 참석하려고 그가 집회를 열고 있는 장소에 몰려왔다. 그는 아침부터 밤까지 집회 장소에 모인 병자들을 한사람 한사람씩 기도해 주었다.

그에게는 그만의 치유 기도 원칙이 있었다. 그에게 기도 받으려면 반드시 그리스도인이어야 하였고, 그리스도인이라고 하더라고 자신이 아직까지 해결하지 못하고 있는 죄를 치유 기도를 받기 전에 반드시 하나님 앞에 회개하여야 하였다. 도위는 만일 자기에게 기도 받기 위해 나온 사람에게서 아직도 회개하지 않은 죄가 있다는 것을 성령님의 감동으로 알게되면 그 사람을 향해 의로운 분노를 표출하곤 하였다. 그리고 그는 치유 기도를 해줄 때, 한사람을 놓고 매우 오랫동안 기도해 주었다. 그래서 그는 한꺼번에 많은 사람들을 기도해 줄 수가 없었다. 그러나 그에게 일단 기도를 받고 난 사람은 거의 대부분 치유 받았다.

하나님의 사람을 거절하다

존 알렉산더 도위의 미국 샌프란시스코 집회로 인해 많은 사람이 치유를 받게되자, 그는 연이어 캘리포니아 주의 여러 해안 도시들을 돌며 큰 집회들을 인도하였다. 그는 이 즈음 미국의 저명한 여성 치유 사역자 마리아 우드워스-에터 (Maria Woodworth-Etter)를 만났다. 그러나 도위는 같은 치유 사역자로서 그녀와 그녀의 사역을 세워주었어야 함에도 오히려 그녀의 사역을 비난하였다. 나는 이것을 비극이라고 본다. 도위가 큰 실수를 한 것이다. 공짜로 들어온 떡을 놓친 것이다.

우리는 이 세상에 살면서 많은 사람들을 만난다. 그러나 만나는 사람 모두가 우리에게 축복을 가져다주는 것은 아니다. 많은 사람들은 우리에게 해를 끼치고 우리 곁을 떠난다. 그러나 하나님께서 보내주시는 사람을 만나 교제를 하면 우리에게 축복된 일이 일어난다. 하나님께서 만나게 해주는 사람을 만나 교제하는 원칙이 우리를 행복으로 인도한다. 이러한 원칙은 평신도 건 사역자 건 동일하게 적용될 수 있다. 우리가 일상생활에서 만나는 대부분의 사람들은 그저 그냥 만나는 사람들이다. 그러나 일상생활에서 하나님께서 보내어 주시는 사람을 만나는 경우는 극히 드물다. 일생동안 그런 사람은 손으로 꼽을 정도이다.

하나님께서는 그 어떤 목적으로 마리아 우드워스-에터를 존 알렉산더 도위에게 보내주셨다. 나는 도위와 그의 가족들이 하나님께서 보내준 사람 마리아 우드워스-에터를 거절함으로 그들에게 돌아올 큰 축복을 차버렸다고 생각한다. 여자를 무시하던 그 시대에 도위는 마리아 우드워스-에터가 여자 사역자라는 이유로 또한 자신이 남자 사역자라는 자부심을 가지고 마리아 우드워스-에터를 거절하고 그녀의 훌륭한 복음 전도 치유 사역을 평가절하 하였다. 죤 알렉산더 도위는 딱 한번 마리아 우드워스-에터의 집회에 참석하였다. 그때 그는 설교단 앞으로 나가서 마이크를 잡고는 마리아 우드워스-에터가 하나님의 사람이라고 사람들 앞에서 그녀를 추켜세워 주었다. 그러나 그것으로 그만이었다. 이후 도위는 기회가 있을 때마다 그녀와 그녀의 사역이 잘못되었다며 그녀를 계속 비난하였다.

도위가 에터를 비난한 이유 중의 하나는 도위가 에터의 사역 방법이 틀렸다고 잘못 오해하였기 때문이다. 그러나 도위는 한번도 에터를 개인적으로 만나 그녀의 사역 방법을 놓고 에터와 허심탄회하게 의견을 교환하지 않았다. 도위는 사역자마다 사역하는 방법이 다른 수도 있다는 사실을 인정하지 않고 자신의 사역 방법만이 유일하게 옳은 방법이라는 잘못된 견해를 견지하고 있었다. 분명히 마리아 우드워스-에터도 하나님으로부터 치유에 대한 계시를 받아서 사역하는 하나님께서 쓰시는 하나님의 사역자였다. 그리고 솔직히 말해서 마리아 우드워스-에터는 죤 알렉산더 도위보다 성령님에 대해 더 민감하였고 사역시 성령님에게 더 많이 의지하였다. 그리고 성령에 관한 한은 마리아 우드워스-에터가 죤 알렉산더 도위보다 분명히 한 수 위였다. 그렇기 때문에 둘의 관계가 좋았더라면 에터가 도위에게 많은 도움을 주었을 것이다. 가령 에터는 도위에게 사역을 하면서 적당히 휴식할 수 있는 방법을 가르쳐 주었을 수도 있다. 도위는 휴식에 관한한 거의 문외한이었다. 어떤 경우 도위는 우매하게 마흔 네 시간이나 쉬지 않고 사역을 한 계속한 경우도 있다. 이렇게 자기 몸을 제대로 관리하지 못하는 책임은 반드시 사역자 본인이 져야한다. 또한 도위가 에터를 받아들였더라면 도위는 에터를 통해 그 당시 활동하던 훌륭한 치유 사역자들을 더 많이 만날 수도 있었을 것이다. 도위가 에터를 거절한 결과 도위는 일생동안 다른 치유 사역자들과 별로 사귈 기회를 갖지 못했고 단지 몇몇 사람의 교회 지도자들과 인간 관계를 유지하였을 뿐이었다.

도위는 희대의 영적 사기꾼이었고 심지어는 자신을 재림 예수라고 주장하였던 제이곱 슈와인퍼쓰(Jacob Schweinfurth)와도 일대일로 만난 적이 있고, 저명한 무신론자 로버트 잉거솔(Robert Ingersoll)과도 대화를 나누었지만, 하나님께서 그에게 보낸 하나님의 사람 마리아 우드워스-에터와는 한번도 개인적으로 만난 적이 없다는 사실은 참으로 아이러니컬하다 아니할 수 없다.

여러분들은 하나님께서 보낸 사람과의 교제를 거절하지 말라. 만나는 사람과 동역자는 많아도 하나님께서 보낸 사람은 많지 않다.

마침내 본거지를 마련하다

도위에게 집중적으로 비난의 화살이 부어지는 일이 빈번해지자 이러한 비난에 대해서 대처하는 도위의 실력이 점점 좋아졌다. 핍박을 통하여 그의 지혜와 명철은 오히려 증가할 뿐이었고 이제 그는 그를 향한 반대파들의 비난에 거의 동요하지 않았다.

미국 전역 전도 여행을 마친 죤 알렉산더 도위는 미국의 일리노이 주 시카고 외곽의 에반스톤이라는 곳에 정착하고 싶은 마음이 생겼다. 이러한 그의 속마음을 알아차린 시카고의 여러 신문들은 그가 거짓 선지자 또는 사기꾼이라며 그를 비난하였다. 그러나 도위는 이런 비난의 기사에도 아랑곳하지 않고 자기가 하고자 하였던 일을 착착 진행시켜 나갔다.

그 당시 시카고 도시에는 온갖 죄악이 범람하고 있었다. 한 마디로 악한 지역 영이 시카고를 잡고 있었던 것이다. 그래서 그는 시카고에 그의 사역의 본거지를 마련함으로써 시카고와 미국 전역에 영적인 좋은 영향을 미치길 원하였던 것이다.

그는 시카고 집회에서 섬유종으로 죽어가고 있던 한 여자를 위해 기도해 주었다. 그는 이 여자를 위해 기도해 주기 전에 만일 이 여자가 자신의 기도를 받고 섬유종에서 고침받으면 하나님께서 자신을 시카고로 옮기시길 원하신다는 싸인으로 받아드리겠다고 내심 생각하였다. 기도의 결과는 놀라운 것이었다. 기도 받기 전 그 여자의 코코넛 크기로 자란 섬유종은 이미 온몸 전체로 퍼져있는 상태였다. 그러나 그 여자가 도위의 치유 기도 반고 나자 그녀의 몸 안에 있던 모든 섬유종들은 순식간에 사라졌다. 시카고의 신문들이 이 여자의 기적적인 치유 소식을 자세히 보도하였다. 도위는 이 여자의 치유에 용기를 얻어 시카고에 그의 치유 사역 본부를 설치하였다. 물론 그의 대적들은 그의 이러한 조치를 싫어하였다. 그러나 그는 그것에 별 신경을 쓰지 않았다.

> 그는 박람회장 앞에 조그만 통나무집을 짓고는 입구 위에 "시온 성전 (Zion Tabernacle)"이라는 간판을 달고 그 옆에는 "그리스도가 답이다." 라고 쓰인 깃발을 세웠다.

그 때 마침 시카고에서 세계 박람회가 열리고 있었다. 그는 박람회장 앞에 조그만 통나무집을 짓고는 입구 위에

"시온 성전(Zion Ta-bernacle)"이라는 간판을 달고 그 옆에는 "그리스도 답이다"라고 쓰인 깃발을 세웠다. 그리고 그는 밤낮을 가리지 않고 연속해서 집회를 열었다. 비록 처음 시작은 미약하였으나 사람들이 점점 많이 그의 시온 성전에 찾아오기 시작하였다. 그래서 나중에는 사람들이 치유 기도를 받기 위해서 성전 밖에서 눈을 맞기도 하고 추위에 떨기도 하며 줄을 서서 기다리는 일까지 벌어졌다.

호주에서 한 때 크게 사역했던 그는 이제 시카고를 근거지로 옮겨 미국 전역을 향한 치유 사역의 닻을 정식으로 올렸다. 그가 시카고 사역을 시작한 지 얼마도 되지 않아 그의 치유 사역이 크게 빛을 발하였다. 그러자 시카고 도시 전체가 들썩거리기 시작하였다. 도위는 치유의 메시지를 전할 뿐 아니라 모인 사람들에게 하나님의 치유의 능력도 현장에서 직접 보여주었기 때문에 많은 사람들이 몰려올 수밖에 없었다. 얼마나 많은 사람들이 그의 집회 장소에 몰려와 치유를 받았던지 급기야는 그 도시의 의사들의 수입이 줄어들게 되는 일이 일어났다. 그런 능력있는 치유 사역을 하면서 도위는 예전에 호주에서 사역할 때 그랬던 것처럼 하나님에 대해 첫사랑이 식은 시카고 시내의 수많은 전통적이요 종교적인 교회들을 심하게 비판하였다. 그러자 시카고 내의 종교적 교회들이 타격을 받아 그들 교회의 주일 예배 참석 인원이 줄어들게 되었고 따라서 이러한 교회들의 수입도 줄어들게 되었다. 그러자 시카고 시의 신문사들과 교회들과 의사들은 연합 전선을 펴서 도위의 사역을 심하게 방해하기 시작하였다. 그러나 그들의 그 어떤 방해 공작도 도위의 사역과 명성에 큰 영향을 주진 못하였다. 오히려 그들의 방해 공작은 도위의 사역과 명성을 더 드높여 주었을 뿐이었다.

감옥에 갇히다

시온 장막에 수많은 병자들이 몰려들었다. 그러나 그 많은 사람들을 다 수용할 수는 없었다. 그래서 도위는 방이 여러 개 달린 개인 집들을 여러 채 구입하여 "치유의 집(Healing Homes)"이라는 간판을 달고 병자들을 받아들이며 치유사역을 확장시켜 나갔다. 도위는 치유에 집에 들어온 병자들은 병이 나을 때까지 그곳에서 숙식을 하면서 시온 장막에서 열리는 예배에 매일 참석하도록 하였다. 그리고 그 치유의 집에서는 입소한 병자들에게는 치유에 대한 믿음이 증가하도록 치유에 관한 말씀을 매일 가르쳤다. 그러나 시카코 디스페치(Chicago Dispatch)라는 지역 신문은 도위가 세운 치유의 집을 미친 사람들의 소굴이라고 비난하며 도위의 치유의 집 사역을 격하하는 기사를 자주 내보내었다.

어떻게 하면 도위를 공격하여 그의 사역을 파국으로 몰아갈까 하고 궁리를 하던 도위의 대적들은 도위가 치유의 집을 개원하자 드디어 실마리가 풀렸다고 좋아하였다. 1895년이 되자 도위는 대적들에 의해 무면허 의료 행위로 고소된 후 경찰에 체포되었다. 물론 이 고소는 전혀 근거가 없는 고소였다. 더군다나 도위 자신이 치유의 집에서는 절대로 약을 먹을 수가 없다는 규칙을 제정한 장본인이었기 때문에 그가 무면허 의료 행위를 했다는 것은 말도 되지 않았다. 도위는 이 고소 사건을 해결하기 위해 저명한 변호사를 고용하였다. 그러나 그 변호사는 법적인 일에만 관여할 뿐 도위의 영적인 사역에까지는 변호를 해 줄 수 없었다. 그래서 도위는 재판관 앞에서 하나님의 소명에 대하여 말하면서 스스로를 변호할 수 밖에 없었다.

법정에 선 도위의 지혜에 찬 자기 변호에 대해 배심원들은 별 반응을 보이지 않았다. 도위가 자신의 무죄를 강력히 주장하였음에도 불구하고, 재판관은 그에게 벌금형을 선고하였다. 그러나 도위는 이에 굴하지 않고 더 많은 소송 비용이 듦에도 불구하고 이 판결에 불복하여 고등 법원에 항소하였다. 고등 법원은 이 사건을 세밀히 검토한 후 지방 법원에서의 결정이 잘못되었다고 판단하여 이 사건을 지방 법원으로 되돌려 보냈다.

시카고 경찰 당국은 도위의 대적들의 사주를 받아 한해 동안 도위를 무려 백여 차례나 체포하였다. 경찰은 그가 그렇게 여러 번 체포되면 낙망하여 하던 치유 사역을 포기할 것이라고 생각하였던 것이었다. 그러나 그는 이러한 혹독한 핍박에도 용기를 잃지 않았다. 오히려 계속되는 체포에 면역력이 생겼고, 대적에게 맞서서 싸울 수 있는 용기와 능력이 배가되었다. 그리고 이러한 연속되는 체포에 의해 그의 사역은 오히려 가속도가 붙었다.

사단은 사람들을 통해 하나님의 능력이 나타나는 것을 두려워한다. 이 경우도 사단이 사람들을 통해 도위를 공격한 것이다. 그러나 그는 하나님의 보호아래서 안전하였고 그의 영적 권위는 도리어 증가하였다. 하나님의 능력이 마귀의 힘보다 강하다는 진리가 증명된 셈이다. 초자연적인 것은 자연적인 것에 무릎을 꿇지 않는 법이다.

치유의 잎사귀

존 알렉산더 도위의 대적들은 자신들의 작전이 실패로 돌아가자 다른 작전을 구상하였다. 그것은 바로 도위 사역의 우편 체계를 교란하는 작전이었다.

1894년에 도위는 "치유의 잎사귀(Leaves of Healing)"라는 뉴스레터를 발행하여 전국에 배포하기 시작하였다. 이 뉴스레터에는 치유에 관한 그의 설교와 사람들의 간증들과 가르침들이 실렸다. 도위는 이 간행물에 많은 사랑과 노력을 쏟고 있었다. 그렇기에 그는 이 치유의 잎사귀를 "나의 작은 하얀 비둘기"라고 부르기까지 하였다.

도위는 이 치유의 잎사귀란 뉴스레터에 자신의 치유에 관한 견해를 밝히는 글을 올렸는데 그의 필치는 매우 강하였다. 그는 교회의 죄를 사정없이 공개하고 사회의 악을 철저히 고발하는 글과 교회 지도자들의 무능과 무사안일을 여지없이 꼬집는 글을 썼다. 이러한 고발의 글에 타격을 받는 사람들은 다시 음모를 꾸며 도위에 대한 재공격을 시도하였다.

그러나 그의 대적들과는 반대로, 많은 사람들이 그의 도전적인 글을 좋아하였다. 자신들이 하고 싶었던 이야기를 도위가 스스럼없이 글로 표현하자 도위의 글을 읽은 사람들은 십 년 묵은 체증이 내려가는 듯한 느낌을 가졌다. 도위의 글이 하도 인기를 끄니, 그의 대적들까지도 그의 글이 실린 치유의 잎사귀를 구독하는 일이 벌어졌다. 그 결과 치유의 잎사귀의 발행 부수는 빠르게 증가하였다. 그러자 도위는 신이 나서 치유의 잎사귀에 더 많은 돈과 노력을 투자하였다.

시카고 우체국장은 신앙심이 깊은 카톨릭 신자였다. 그런데 어느 날 도위를 대적하는 사람이 로마 교황의 무오설은 잘못되었다는 도위의 글이 실린 치유의 잎사귀 한 권을 그 우체국장에게 가져다주었다. 이 글을 읽은 우체국장은 매우 분노하여 치유의 소리 간행물의 우편 등급을 도위에게 불리하게 바꾸어 버렸다. 그 결과 도위는 그 전보다 열 네 배나 더 많은 발송비를 내어야만 비로소 치유의 소리를 전국에 배포할 수 있게 되었다.

그러나 이러한 우체국장의 조치에 굴복할 도위가 아니었다. 그는 실제로 열 네 배의 발송비를 내며 치유의 소리를 발송하였는데, 그 간행물 속에는 그의 호소문이 실렸다. 그는 그 호소문에서 워싱톤 디씨에 있는 미국의 정치가에게 탄원서를 서로 서로가 보내어 자신이 당하는 억울함을 알려 달라고 전국에 흩어져있는 수많은 치유의 소리 독자들에게 호소하였다. 이러한 도위의 호소문에 대한 독자들의 호응은 대단하였다. 그 결과 미 전역을 대표하는 우체국장이 그의 편이 되었다. 그리고 도위는 자신을 지지하는 정치가들을 찾아가서 자신을 비난한 기사가 실린 신문을 그들에게 보여주었다. 그러자 도위를 비난한 글을 실었던 신문의 신문 편집인은 즉각 해임되고 그 신문은 경고처분을 받았다. 해임 당한 신문 편집인은 도위의 눈에 가시와도 같은 존재로서 도위를 가장 핍박하였던 사람이었다. 그런데 그 편집인은 해고된 후 다른 일로 고소되어 감옥에 간 후 영원히 사람들의 뇌리에서 사라지는 신세가 되었다.

이런 시끄러운 일들로 인해 정치가들의 도움을 받기 위해 워싱톤 정가에 발걸음을 몇 번 하였던 도위는 그 바람에 당시 미국 대통령이었던 윌리암 맥킨리(William McKinley)와도 친분을 갖게 되었다. 도위는 맥킨리 대통령을 사적으로 만난 자리에서 자신과 자신의 사역팀은 맥킨리 대통령을 위해 계속 기도하겠노라고 말하였다. 이 말에 대해 대통령은 감사와 예우로 답하였다. 대통령의 곁을 물러나면서 도위는 대통령의 경호대장에게 자신이 보기에는 대통령이 위험한 상태에 처하는 일이 앞으로 일어날 것 같다고 말해주었다. 그리고 사역지로 돌아온 도위는 중보 기도자들에게 맥킨리 대통령의 신변 안전을 위해 기도해 달라고 특별히 부탁하였다. 그러나 이러한 도위의 맥킨리 대통령에 대한 예언적 경고에도 불구하고 미국의 제 삼대 대통령이었던 윌리암 맥킨리는 1901년 9월 6일 뉴욕 주 버펄로에서 저격을 당하였다. 그리고 저격 당한지 9일 후 사망하였다.

"시온이 도래하다"

1896년 말이 되자 도위를 대적하던 사람들이 힘을 잃고 잠잠해졌다. 그러자 도위의 영향력은 시카고 시 전체로 퍼져나갔다. 한때 그를 백여 차례나 체포했었던 시 경찰이 이제는 도위의 편이 되어 도위의 요청만 있으면 언제라도 그를 보호해 주게 되었다. 그리고 도위를 지지하는 사람들에 의해 선출된 사람이 시카고의 시장이 되는 일도 일어났다. 이러한 일련의 일들로 인해 도위는 큰 힘을 얻었다. 이제 도위는 시내 어느 곳에서건 반대파의 방해를 받지 않고 치유하시는 하나님에 대한 설교와 치유 사역을 마음껏 하게되었다. 도위는 이제 용기 백배하여 "칠십인들(The Seventies)"이라고 불리는 그의 팀원들을 시카고의 각 구역마다 찾아가서 길거리에서 아무런 제지도 받지 않고 마음껏 복음을 전하게 하였다.

도위가 적극적으로 시카고 전역에서 복음을 전하자, 시카고의 거의 모든 시민들이 복음을 접하게 되었다. 그리고 도위는 일주일에 대략 천명이 넘는 사람들을 위해 치유 기도를 해 주었다. 버파로 빌 코디(Buffalo Bill Cody)의 조카딸인 새디 코디(Sadie Cody)는 치유의 잎사귀를 읽는 도중에 몸의 병이 낫는 기적을 체험하였다. 아브라함 링컨의 사촌인 아만다 힉스(Amanda Hicks)와 릴리안 예오만스 박사(Dr. Lillian Yeomans), 에프 에이 그레이브스 목사(F. A. Graves), 죤 지 레이

> 도위가 적극적으로 시카고 전역에서 복음을 전하자, 시카고의 거의 모든 시민들이 복음을 접하게 되었다.

크(John G. Lake)의 부인, 그리고 미 상원의원의 부인 등이 도위의 사역을 통하여 병을 고침 받았다.

하나님께서 수여한 사도의 권위를 마음껏 사용한 결과 도위는 시카고 도시 전체를 하나님의 말씀과 능력으로 장악하게 되었다. 그는 시카고에서 가장 큰 실내 집회 장소가 딸린 빌딩 전체를 얻어 그의 사역본부인 시온 장막을 그곳으로 옮겼다. 그 장소는 최소 육 천명이 동시에 예배를 드릴 수가 있는 큰 장소였다.

이제 존 알렉산더 도위는 사도의 원칙에 입각한 교회를 세운다는 그의 꿈을 점점 이루어가고 있었다. 사도행전에서 일어나는 일이 일어나는 사도행전적인 교회를 세우고 싶어하였었던 그의 꿈이 드디어 이루어져 가고 있는 것이다. 그는 그해 1월에 큰 컨퍼런스를 개최함과 아울러 그렇게도 꿈꾸어왔던 사도행전 적인 교회를 세웠다. 그리고 그는 그의 사역을 "카톨릭적인 그리스도인의 사역(Christian Catholic Work)"이라고 명명하였다. 여기서 그가 쓴 카톨릭이란 단어는 로마 카톨릭교와는 전혀 관계가 없다. 카톨릭이란 말의 원래 의미는 "전 우주적인(univesal)"이라는 의미를 담고 있다. 그래서 그의 "카톨릭적인 그리스도인의 사역"은 그의 사역이 한 교단에 속하지 않는 범 교회적인 사역이라는 뜻을 내포하고 있다.

그는 그의 교회가 현존하는 교회들과는 다른 새 교회라고 주장하지 않았다. 그는 단지 그의 교회가 초대 교회 시대 이후 잃어버렸던 하나님의 좋은 것들을 회복하는 회복의 교회가 되길 원했다. 그는 신학에는 "새(new)"라는 글자가 없었다. 그는 자기의 교회와 신학을 새로운 것이라고 주장하는 사람들은 자신의 생각을 잘못 읽고 있는 것이라고 말하였다. 이렇게 해서 세워진 그의 "그리스도인 카톨릭 교회(Christian Catholic Church)"는 세운지 수년만에 교인이 무려 수만 명이 되었다.

나는 에베소서 4장 11~13절에 명시된 오중 사역이 오늘날에도 적용되어야 한다고 믿고 있다. 예수님의 열두 사도가 죽자 사도직이 교회에서 없어졌다는 일부 신학자들의 주장은 잘못된 주장이다. 예수님의 열두 제자들이 죽자마자 사도를 통하여 교회를 세우시고자 하시는 하나님의 계획도 덩달아 죽어 없어진 것이 절대로 아니다. 성령님께서 역사하시는 올바른 교회를 세우시고자 하시는 하나님의 계획은 예수님의 재림 때까지 바뀌지 않는다. 사람들의 신학과 사상에 따라 하나님의 교회에 대한 계획이 좌지우지 되지는 않는다. 교회와 신학자들이 싫어한다고 하나님께서 자신의 계획을 철회하시겠는가? 기독교 역사를 살펴보면 예수님의 12사도 보다 훨씬 더 많은 수의 사도들이 있어 왔다. 우리는 하나님께서 그동안 잃어 버렸던 사도의 직분을 오늘날의 교회에 회복시키시고 계심을 알아야 한다.

에베소서 2장 20절에는 교회가 사도와 선지자들의 터 위에 세워지며 예수님은 교회의 모퉁이 돌이라고 기록되어 있다. 이 말씀의 내면에는 예수님의 열두 제자가 비록 죽어도 다른 수많은 사도들이 일어나 이 지구상에 수많은 교회를 세운다는 의미가 분명히 담겨있다. 하나님께서는 사도들에게 초자연적인 권세를 주셔서 교회를 세우게 하신다. 그러나 수백 년간 이러한 사도에 대한 올바른 이해가 부족했던 것이 사실이다. 도위는 기존 교회들이 오랫동안 잃어버렸던 사도의 직분을 교회에 다시 되돌려 놓는 일을 한 것이다. 나는 도위의 사역이 결국 실패로 돌아간 이유가 그가 사도 직분을 교회에 회복시켰기 때문이라고는 생각하지 않는다. 그러나 나는 하나님께서 그에게 주신 사도의 권위와 직책을 잘못 해석하여 이 권위를 남용하였기 때문에 결국에는 그의 사역이 실패하고 말았다고 생각한다. 한 마디로

왼쪽 끝에 죤 알렉산더 도위가 앉아있고 오른 쪽 끝에 그의 아내 제니가 앉아있다. 크리스챤 카톨릭 교회에서 치유 받은 사람들이 내버리고 간 보행 보조 기구들을 벽에 전시한 사진.

호주에서 설교하는 도위

사망하기 전에 찍은 도위의 마지막 사진

그는 자신의 영적인 능력을 과대평가하였던 것이다.

도위가 사도적 교회를 세운지 처음 삼 년간 그의 교회는 놀랍게 발전하였다. 그래서 사람들은 이 삼년간의 기간을 '도위의 황금기' 라고 불렀다. 이러한 놀라운 성공에 크게 고무되자 점점 자만해진 도위는 하나님을 위한 새로운 도시를 건설한다는 잘못된 계획을 세우게 되었다.

도위는 자신의 도시 건설 계획이 사람들에게 곡해되어 알려지면 파생될 문제와 반대를 예상하여 그 나름대로 치밀한 작전을 세웠다. 그리고는 은밀하게 이 계획을 하나씩 실행해 나갔다. 그는 먼저 교회와 도시 사람들의 관심을 다른 곳으로 돌려놓고 일을 진행하기 위해, 의사와 약과 마귀를 하나님을 대적하는 삼대 악으로 규정하였다. 그런 후 그는 이 삼대악과 대항하여 하나님을 위한 거룩한 전쟁을 할 것을 사람들에게 촉구하는 설교를 하기 시작하였다. 그리고 그는 몇 달 동안 의사, 약과 마귀의 사악성을 사람들에게 경고하고 이들과 대항하여 싸울 것을 촉구하는 설교만을 계속하였다. 그러자 도위의 대적들이 다시 들고 일어났다. 들고 일어난 도위의 대적들은 도위의 이러한 공격을 막는 데에만 온 신경을 썼다. 대적들이 그럴동안, 도위는 사람들을 시켜 하나님의 도시를 건설할 싼 땅이 시카고 근교에 있는지를 알아보도록 지시하였다. 그러자 그들은 얼마 되지 않아 시카고 북쪽 사십 마일 가량에 위치한 육천 육백 에이커의 드넓은 땅을 찾아내었다. 도위는 한 날을 택하여 사람들에 눈에 띄지 않도록 평민 복장을 한 후 그 지역을 방문하여 그 지역이 과연 적합한 지역인지를 살펴보았다. 그리곤 얼마 후 그 땅을 대적들 몰래 구입하였다. 그의 "시온 도시 건설 계획"은 이렇게 착수되었다.

1900년 정월 초하루 전날 밤에 도위는 시온 도시 건설을 위한 시온 투자 협의회를 조성하였음을 교회 사람들에게 알렸다. 그러자 놀랍게도 많은 사람들이 그 계획을 환영하였다. 곧이어 도시 건설을 위한 분과 위원회가 설치되고 땅의 정지 작업이 시작되었다. 그리곤 얼마 후 그 땅에 집들이 세워지기 시작하였다. 그는 이 땅을 사람들에게 팔지 않고 최장 천 백년간 분할 임대하였다. 그리고 임대 계약서에는 임대 기간을 명시함과 아울러 시온 도시 내에서는 그 어떤 사람도 담배, 술 및 돼지고기를 팔거나 먹거나, 마시거나, 피울 수 없다는 점을 명시하였다. 이제 그 도시 내에는 수많은 집들과 도로 시설, 수도 전기 시설 그리고 우체국을 비롯한 많은 관공서 건물들이 지어지기 시작하였다. 이 도시 건설 사업이 시작된 지 이년이 지나자 사람들이 살지 않았던 이 드넓은 지역은 서서히 도시의 모습을 드러내기 시작하였다.

엘리야 콤플렉스

도위의 이러한 하나님의 이상 도시 건설이 한창 진행되고 있을 즈음, 그의 측근들은 도위의 삶과 사역에 어떠한 변화가 왔음을 알아차렸다. 그 변화는 도위가 이 시온 도시 건설 기간동안 치유 설교와 사역은 하지 않고 그의 모든 힘을 도시 건설에 집중한 것이었다. 도위는 자신 스스로를 이 도시 건설의 총감독으로 임명하였다. 그는 그의 힘으로 도시를 장악하고자 하였던 것이다. 그의 힘이 워낙 컸기에 아무도 그런 그의 의도를 저지할 순 없었다. 그가 하나님의 사도로의 부르심을 망각하고 엉뚱한 일에 신경을 쓰기 시작하자 문제가 하나 둘씩 생겨나기 시작하였다.

> 이제 그는 불행하게도 하나님께서 원래 부르셨던 사역은 잊어버리고 본인을 엘리야라고 생각하기 시작하였다.

시온 도시가 한창 건설될 즈음 몇몇 목회자들이 그를 찾아와서 그가 바로 성경에 예언된 말세에 나타날 엘리야라고 추켜세웠다. 이 말을 들은 도위는 말도 안 되는 소리라고 하며 그런 말을 하는 그 사람들을 꾸짖었다. 그들이 떠나가자 그들이 한 말이 도위의 뇌리를 떠나지 않았다. 그리곤 얼마 되지 않아 그 사람들의 "당신이 엘리야가 아니면 도대체 누가 엘리야의 일을 하겠습니까?"라는 말을 그만 진리로 받아들였다.

죤 알렉산더 도위는 하나님께서 그에게 맡기신 사도의 직분을 지키며 치유 사역을 통한 교회 회복의 일을 계속 하기만 하였어도, 사람들이 그를 엘리야라고 부추기는 말에 현혹되어 마귀의 놓은 덫에 빠지지 않았을 것이다. 이제 그는 불행하게도 하나님께서 원래 부르셨던 사역은 잊어버리고 본인을 엘리야라고 생각하기 시작하였다. 그리고 그는 한 걸음 더 나아가 시카고 뿐 아니라 미국의 모든 주요 도시들에다 하나님의 시온 도시들을 건설할 계획을 세웠다. 그리고 최종적으로는 예루살렘에 시온 도시를 건설한다는 원대한 계획을 세우기에 이르렀다. 그리고 그는 예루살렘 주위에 있는 이슬람 국가들의 땅도 대대적으로 매입하여 하나님의 도시들을 건설해 나감으로써 앞으로 도래할 천년왕국 시대를 준비한다는 계획도 세웠다.

도위는 이제 제 정신이 아니었다. 마귀에게 완전히 속은 것이다. 그가 이러한 계획을 세우자 그는 말씀대로 설교하지 않게 되었다. 이때부터 그의 설교는 그의 계획을 공격하는 대적들을 비난하는 내용으로 가득 채워졌다. 그리고 그는 부자들로 하여금 하나님의 도시 계획에 돈을 투자하도록 하는 투자 유치 설교와 강의를 연속적으로 해 나갔다. 그러나 그의 이러한 잘못을 지적해주는 사람은 아무도 없었고,

그 또한 그 누구의 자문도 구하지 않았다. 그리고 그는 그의 계획에 반대될 모든 물적 인적 요소들을 사전에 다 제거해 버렸다.

매디슨 스퀘어에서 당하다

그 전까지 도위는 하나님의 부르심에 합당한 사역을 하다가 사람들의 핍박을 받았었다. 그러나 그가 시온을 건설하면서부터는 그의 권위와 명성을 유지시키기 애쓰다가 핍박을 받기 시작하였다. 이제 그의 온 관심은 시온 도시 건설이었다. 그렇게 함으로 자신의 영향력과 성공을 증대시키는 것의 그의 목표였다.

그가 얼마나 헛된 자만심에 들떠있었는지는 그가 뉴욕을 방문하였던 사건으로 잘 알 수 있다. 이 사건의 발단은 그 당시 감리교의 감독이었고 동시에 감리교 교단신문의 발행인이었던 버클리 박사(Dr. Buckley)에 의해 제기되었다. 버클리 박사는 도위에게 인터뷰를 요청하였고, 도위는 이번 기회에 자신의 시온 도시 건설 계획을 타 교단 관계자들에게 알려 그들의 지지를 이끌어 낼 수 있는 절호의 기회라고 생각하고 버클리 박사의 인터뷰 요청을 수락하였다. 그러나 인터뷰의 결과는 그의 예상과는 정 반대였다. 인터뷰를 끝낸 버클리 박사는 교단 신문에 그의 시온 건설 계획을 비판하면서 죤 알렉산더 도위를 사람들을 파멸로 이끌어 가는 희대의 영적 사기꾼이며

시온 도시의 총 감독이었던 시절 대제사장 옷을 입고 있고 죤 알렉산더 도위

미치광이라고 표현하였다. 또한 도위의 계획과 그의 추종자들은 조만간 파산할 것이라며 도위를 맹비난 하는 글을 올렸다. 이에 도위는 매우 분노하였다. 그는 버클리 박사에 의해 실추된 자신의 명예를 회복할 궁리를 골똘히 생각한 후 다음과 같은 일을 시도하였다.

그는 그 당시 재정적인 압박 상태에 있었음에도 불구하고 뉴욕의 메디슨 스퀘어 가든을 빌린 후 기차 여덟 량을 통째로 전세 내어 자신을 따르는 수천 명의 사람들을 뉴욕 시의 메디슨 스퀘어 가든으로 실어날랐다. 그는 자신이 가지고 있는 사람들의 동원 능력을 세상에 알림으로 그의 힘과 역량을 과시하고자 하였던 것이다. 하나님의 사람을 옳은 길을 인도하였던 도위는 이제 한낱 자신의 명성을 유지하기에 바쁜 추한 한 인간으로 전락하였다. 그의 이러한 계획은 분명 잘못된 육적인 계획이었다. 그의 이런 행동은 사람들로부터 받은 감정적인 상처에 기인하였다. 그는 버클리 박사에게 복수하고자 하였던 것이다.

그가 계획하였던 메디슨 스퀘어 가든에서의 집회는 완전한 실패로 끝나고 말았다. 그곳에 집결한 수천 명은 도위를 지지하기 위해서 왔지만 또 다른 수천 명은 도위의 집회를 방해하기 위해서 왔던 것인데 이러한 사실을 존 알렉산더 도위는 전혀 몰랐다. 도위가 메디슨 스퀘어 가든에 마련된 단상으로 올라가 마이크를 잡는 순간 그를 반대하는 수천 명의 사람들이 일시에 일어나 퇴장하였다. 도위는 갑작스럽게 이런 일을 당하자 말할 수도 없이 당황하였다. 그래서 그는 단상에서 그가 원래 말하려고 했던 내용을 사람들에게 제대로 전달하지 못하였다. 더군다나 이러한 대규모 집회에 대해 아무 신문도 보도를 하지 않았다. 이로 말미암아 자신의 힘을 과시하려하였던 그의 계획은 수포로 돌아가고 말았다.

운명적 종말

이 때부터 시온 도시 건설 계획은 재정난에 부딪혔다. 그러자 도위는 재정난을 타개해 보려고 많은 돈을 들여가며 전국 순회 모금 집회를 다녔다. 그러나 그가 방문하는 대부분은 도시들은 그를 향한 마음의 문을 재빨리 닫아버렸다. 그를 진심으로 환영하는 도시들은 거의 없었다. 그러나 다행히도 그에게 기적적인 사건이 하나 일어났다.

그가 전국 순회 도중 캘리포니아 주에 있는 포모나 라는 도시에 들렀을 때였다. 이 당시 포모나 시에는 극심한 가뭄이 들어 이 지역 사람들이 가뭄으로 많은 피해를 입고 있었다. 이때 도위가 이 도시를 방문한다는 사실을 안 한 기자가 도위에게 가서 "만일 당신이 당신의 주장대로 정말 엘리야라면 이 곳에 비가 오도록 기도해 보십시오"라고 말하였다. 그러자 도위는 그의 밀대로 그의 집회가 마칠 즈음 그 곳에 비가 오도록 해달라고 하나님께 기도하였다. 그런데 이게 왠일인가? 집회 참석자들이 집회가 끝나 집에 돌아가려고 하는 데 억수처럼 비가 쏟아지는 것이 아닌가?.

캘리포니아 주에서의 집회를 끝내면서 그는 멕시코에 "시온 농장" 라는 농업 기업체를 세운다는 구상을 하였다. 그의 "시온 농장" 건설 계획이 성공을 하면 이곳에서 나오는 이익으로 시온 건설로 인한 재정의 적자를 메울 수 있을 것이라고 생각하였다. 그러나 그 당시 그의 추종자들은 도시 건설에 돈을 투자하였다가 잘 풀리지 않자 경제적으로 큰 타격을 입었다. 그러자 그의 추종자들은 도위가 제시한 도시 건설 계획이 공중누각에 불과함을 깨닫고 그를 향하여 열렸던 마음 문을 닫아버렸다. 그러니 누가 그의 "시온 농장" 건설 계획에 투자하겠는가? 그들은 나중에 자신들이 안 먹고 안 입어가며 시온 건설을 위해 희생하는 동안 도위는 값비싼 파티를 열고 세계일주를 다니며 호화 사치 생활을 하였다는 사실을 알고 매우 분노하였다.

이제 도위가 도시 건설에 뛰어든 것은 그를 향한 사람들의 핍박을 이겨보기 위한 시도였다는 이야기가 사람들 사이에 돌기 시작하였다. 그러나 나는 이것이 소문에 불과하다고 믿는다. 도위는 비록 하나님으로부터 사도의 권위와 치유의 기름부음을 받은 하나님의 사람인 것은 분명하였지만 그 역시 성공하고 싶었고 능력을 보다 더 많이 가지고 싶어한 사람이었다. 나중에 이에 관하여 도위 자신은 다음과 같은 후회의 말을 하였다.

"사도가 되려면 높아져서는 안됩니다. 사도가 될수록 낮아져야 합니다. 그러나 나는 이 점에 있어서 부족하였습니다. 나는 충분히 낮아지지 못했습니다. 나는 높은 직책의 사도가 되기에는 충분히 겸손하지도 못했고 나에게 주어진 굴욕을 충분히 참아내지도 못했음을 인정합니다."

예수님께서는 우리에게 지체치 말고 세상으로 나가라고 말씀하셨지 우리끼리 한군데 모여서 공동체 생활만 하라고 말씀하신 적이 없으셨다. 여기서 우리는 사도행전에서 나오는 신자들끼리의 공동 생활이 사실 그렇게 오래 지속되지 않았음을 주지할 필요가 있다(행 2:44~47; 5:1~10). 초대교회 교인들에 대한 핍박이 시작되자 사도행전의 사람들은 지구상 여러 곳으로 뿔뿔이 흩어졌다(행 8:1). 그들이 세상 곳곳으로 뿔뿔이 흩어진 이유는 마태복음 28장 19~20절의 말씀을 이루기 위함이었다. 우리는 세상의 빛으로서 흑암 세상으로 들어가 세상을 잡고 있는 흑암의 권세를 물리쳐야 한다. 신자들끼리 모여 있기만 하면 어두운 세상에서 빛의 올바른 역할을 감당할 수가 없다. 고로 믿는 사람들끼리 모여 살자는 도위의 시온 도시 건설 계획은 올바른 계획이 아니었다.

많은 훌륭한 기독교 지도자들이 핍박을 받은 것이 사실이지만 핍박을 이기어 내었다고 자동적으로 지도자가 되는 것은 아니다. 많은 사역자들이 비록 핍박은 이겨내었을 망정, 권력과 성공이 주는 유혹은 이겨내지 못해 올바른 지도자로 성장하지 못하였다. 진정한 영적 지도자는 성공이 가져다는 권세를 올바로 사용하고 자신의 분야에서 끝까지 정진하는 사람이다. 보통 사람들은 성공했다고 생각하는 순간 교만하여지는 경우가 많다. 그리고 자신도 모르는 사이에 육적인 것이 나와 성공을 바탕으로 사람들을 조종하여 더 큰 성공으로 나가려고 한다. 그러나 그러다가는 결국 망한다.

하나님께서 주시는 성공은 세상 성공과는 다르다. 우리는 하나님께서 부르신 분야에만 정진하자. 그렇지 않으면 세상 야욕이 자신도 모르는 사이에 우리를 꽁꽁 묶어버린다. 영의 더 높은 단계로 오를 때마다 자신이 하나님 보시기에 정말로 겸손한 사람인지를, 그리고 세상 영광을 정말로 버렸는지를 점검해야한다. 그래야 안전하게 나갈 수 있고 갑작스레 망하지 않는다. 그리고 한 단계 더 올라갈 때마다 더욱 더 바빠

많은 사역자들이 비록 핍박은 이겨내었을 망정 권력과 성공이 주는 유혹은 이겨내지 못해 올바른 지도자로 성장하지 못하였다. 진정한 영적 지도자는 성공이 가져다는 권세를 올바로 사용하고 자신의 분야에서 끝까지 정진하는 사람이다.

지기 쉬우므로 각별히 조심하여야 한다. 하나님과의 교제 시간을 지속적으로 갖고 사람들과의 인간 관계도 그리스도 안에서 더욱 깊어져야한다. 그렇지 않으면 당신이 이룬 성공이 결국 당신을 파멸로 이끌 것이다.

나는 하나님에게 순종하면 성공은 보장된다고 믿고 있다. 그러므로 하나님께 순종하는 삶을 사는 사람은 만일 성공하지 못하면 어떡하나 하는 불안감을 가져서는 안 된다. 우리는 우리의 계획을 접어놓고 하나님의 계획을 따라가는 삶을 살아야 한다. 자신의 계획을 접는다는 것은 참으로 힘든 작업이다. 자신의 계획을 접는 일은 우리가 하나님에 대해 목말라할 때 가능해 진다. 하나님을 목말라 하면 하나님을 만날 수 있다. 하나님을 만난 자는 자기 계획을 쉽게 접는다. 모세가 그랬고 바울이 그랬다. 우리의 성공을 뒤로하고 하나님을 성공시켜 드리려고 할 때 우리는 하나님께서 우리에게 맡기신 사역의 다음 단계로 전진할 수 있다.

도위는 이제 자신이 마지막 교회 시대의 첫 번째 사도라는 것을 사람들에게 알리고 싶었다. 그래서 자신의 이름에 도위라는 성을 빼어버리고 자칭 "첫 사도 존 알렉산더(John Alexander, First Apostle)"라고 불렀다. 그리고 그는 문서에 싸인할 때도 존 알렉산더 도위라고 쓰지 않고 "첫 사도 존 알렉산더"라고 썼다. 그가 그런 짓을 한지 얼마 되지 않아 그는 설교 도중 심장발작을 일으켜 쓰러졌다. 그 후 그는 두 번 다시 설교를 할 수가 없었다. 그가 심장병에서 회복하는 동안 시온 시의 지도자들이 모여 회의를 한 결과 그를 시온 시 건설의 총감독 자리에서 축출해 버렸다.

도위는 자신의 잃어버린 지위를 재탈환 하고자 많은 노력을 기울였으나 그의 시도는 결코 성공하지 못하였다. 그는 그후 실로의 집

(Shiloh House)이라고 명명된 그의 집에서 몇 년을 거하다가 1907년 3월 9일 소천하였다. 그의 죽음에 관하여 브이 브이 바네스(V. V. Barnes)는 다음과 같은 글을 썼다.

> "죤 알렉산더 도위는 그의 생의 마지막 날 밤에 사람들을 그의 주위에 모아놓고 침대에 누워 말씀을 전하였다. 그는 그날 밤 자다 깨다 하면서 설교하였다. 그때 그는 자신이 수천 명의 사람들 앞에서 설교하고 있다고 착각하였다. 그는 또한 하나님의 올바른 원칙을 전한다고 생각하며 침대에 누워 설교하였다. 그러나 그는 말씀을 전하다 잠이 들었다. 그가 다시 깨면 예전에 해왔던 세대주의식의 설교만 지루하게 되풀이하였다. 아침이 되자 그는 '나는 주의 군사'라는 찬양을 하였다. 그러더니, '천년시대가 이미 도래하였노라. 나는 이제 다시 돌아와 수천 년을 지낼 것이다'라는 말을 마지막으로 숨을 거두었다."

그렇게도 위대한 사역을 펼쳤던 인물이 어떻게 그렇게 슬픈 종말을 맞을 수 있을까? 그리고 왜 그는 비극적인 종말을 맞이하였나? 나는 그가 그렇게 된 이유가 하나님의 대한 부르심의 영역 밖으로 나가서 일했기 때문이라고 생각한다. 그는 영의 원칙을 분명히 잘못 적용하고 있었다.

그러나 분명 하나님께서는 도위를 시카고에서 활동하도록 그를 그곳으로 인도하셨다. 그리고 그는 하나님께 순종하여 시카고로 가서 그 도시를 영적으로 흔들어 놓았다. 도위가 시카고에서 사역하던 동안 그는 하나님의 약속을 성실히 수행하였고 그 기간 동안 세상 공중권세 잡은 자가 그를 비록 공격하기는 하였지만 그가 하나님의 영원 원칙을 준수하였기 때문에 그는 든든히 서 있을 수 있었다. 그러나 그가 그의 활동 범위를 시카고 밖으로 옮기자 그는 개인의 영달과 권세를 추구하게 되었고 마귀는 그것을 빌미로 그를 결국 무너뜨렸다. 그리고 나중에는 그의 생명도 앗아가고 말았다. 그가 하나님의 부르심의 영역 밖으로 나간 결과 마귀는 그의 사역에 최후의 일격을 가하였던 것이다. 이러한 일격으로 그의 가족들은 죽었고 결혼은 파탄났으며 결국 그까지 여러 가지 병이 한꺼번에 겹쳐 죽고 말았던 것이다.

우리는 이런 도위의 죽음을 교훈 삼아 하나님의 우리에 대한 부르심의 영역 밖으로 나가서는 안된다는 사실을 명심하며 사역하자. 하나님께서는 각자를 특정한 사역의 분야로 부르셨다. 우리는 이 분야를 끝까지 지켜야한다. 죤 알렉산더 도위는 도시를 짓는 대신 신학교나 교회를 지었어야 했다. 그러면 신학교와 교회를 통해 수많은 훌륭한 사역자들이 배출되었을 것이다.

죤 알렉산더 도위는 주님 곁으로 갔다. 그의 종말을 지켜본 사람들은 도위가 말년에는 조금 정신을 차려 원래의 믿음으로 되돌아 왔다고 말하였다. 그리고 적지 않은 수의 사람들이 도위가 그의 삶의 마지막 때에 원래의 부드러움과 사랑을 회복했다고 말하였다. 그리고 시온 시 건설의 짐을 벗고 버리고 홀가분한 생활을 하였다고 한다. 오늘날도 일리노이 주에는 시온 시가 남아있다. 그러나 그가 죽은 후 시온 시의 지도자들은 사분 오열되었다. 아무도 도위의 능력과 권세를 대신할 사람은 없었던 것이다.

우리가 배울 수 있는 위대한 교훈

텍사스 주 달라스에 있는 그리스도를 위한 열방 대학(Christ for the Nations)의 창시자이며 죤 알렉산더 도위의 일대기를 저술한 바

있는 고든 린세이(Gordon Lindsay)는 도위의 사역은 "교회사에서 유례없는 실물 교육"을 우리에게 안겨주었다고 말하였다. 사역에 관한 한 그의 삶은 열정으로 흘러 넘쳤다. 우리는 존 알렉산더 도위의 삶과 사역을 고찰한다는 구실로 그를 의도적으로 깎아 내려서는 안 된다. 그가 하나님의 부르심 밖으로 벗어난 삶을 살았던 실수는 그가 세운 업적과는 별개로 놓고 평가하는 것이 옳은 것이다.

설혹 역사가들이 그를 영적인 사기꾼으로 규정지을지라도 그는 분명 하나님께서 부르신 참 하나님의 사람이었다. 도위는 그가 실수를 저지르고 있는 중에도 방송 설교를 시작함으로써 기독교 라디오 선교 방송과 텔레비전 선교 방송의 선구자가 되는 기록을 남겼다. 그의 사역은 결국 실패로 끝났다. 그러나 그럼에도 불구하고 그의 사역을 통하여 수없이 많은 훌륭한 사역자들이 배출되었다. 여기에 그중 몇 사람을 적어 보자.

> 설혹 역사가들이 그를 영적인 사기꾼으로 규정지을지라도 그는 분명 하나님께서 부르신 참 하나님의 사람이었다.

남아프리카 공화국에서 크게 활동하였던 위대한 사도 존 지 레이크(John G. Lake), 치유 사역을 통해 수백만의 영혼에게 빛을 가져다준 에프 에프 보스워드(F. F. Bosworth)와 그의 형제 비 비 보스워드(B. B. Bosworth), 그리고 텍사스 주 달라스에 초교파 대학인 그리스도를 위한 열방 대학을 건설한 고든 린세이, 그리고 치유 십자군을 창설한 레이몬드 티 리치(Raymond T. Richey)와 오순절의 아버지로 불렸고 캔자스 주 토페카에 성경학교를 세웠던 찰스 파햄(Charles Parham), 이들 모두가 그의 영향을 크게 받은 훌륭한 사역자들이다. 이 외에도 그의 사역에 영향을 받은 많은 사람들이 능력 치유 선교사로 활동하였거나 선교 방송국을 건설하여 활동하였다.

존 알렉산더 도위의 사역을 통하여 수백만의 사람들이 예수 그리스도를 구주로 영접하였다는 사실도 그의 빼어 놓을 수 없는 업적들 중의 하나이다. 그는 분명 하나님께서 크게 쓰신 위대한 치유 사역자였다. 그의 메시지를 통하여 미지근한 신앙 생활을 하던 수없이 많은 사람들이 하나님을 목말라 하는 사람들로 변하였다. 그의 회개를 촉구하는 사도적 메시지를 통하여 수많은 마약 상습자와 술 중독자들이 회개하였고 이를 통하여 사회가 정화되었다. 그러나 그의 실패를 통하여 배울 수 있는 위대한 교훈이 있으니 그것은 하나님의 부르심의 영역을 벗어나지 말라는 것이다. 하나님께서 맡기신 것에 당신의 생명을 걸고 그 사명을 끝까지 완수하라. 그러면 나머지는 하나님께서 책임져 주신다.

참고도서

1. Gordon Lindsay, *John Alexander Dowie: A Life Story of Trials, Tragedies and Triumphs* (Dallas, TX: Christ for the Nations, 1986)
2. *This We Believe*, Handbook of the Christian Catholic Church, 7.
3. Lindsay, *John Alexander Dowie, A Life Story*, Introduction.

CHAPTER TWO

Maria Woodworth-Etter

"Demonstrator of the Spirit"

성령님의 증명자 (Demonstrator of The Spirit)

- 마리아 우드워스-에터 -

"주님께서는 연합과 사랑의 영을 사람들에게서 불러일으키라는 특별한 사명을 나에게 주셨습니다. 하나님께서는 지금 전 세계적으로 하나님에 대해 배고파하며 '하나님, 오셔서 우리에게 나타나 주십시오'라고 말하는 사람들을 일으켜 세우시고 계십니다. 우리는 사랑의 성령님을 필요로 하고 있습니다. 우리는 또한 기사와 이적을 필요로 하고 있습니다."

오순절과 성령님이라는 관점으로 볼 때 사도행전 이후로 마리아 우드워스-에터만큼 성령님의 나타나심을 강력하게 사람들에게 증거해 보인 사람은 없었다. 그녀는 극렬한 반대에도 주저치 않고 자신의 작은 손을 하늘 높이 들어 하늘나라에 있는 성령의 불을 잡아 이 땅에 뿌렸던 능력과 비전의 여인이었다. 그녀는 자신의 몸은 비록 이 세상에 있었지만 그녀의 영은 하늘에서 살면서 하나님의 초자연적인 능력을 이 땅 사람들에게 보여주었다. 그녀는 세상 나라의 명성을 뒤로 접고 하늘의 나라의 명성을 얻기 위해 하나님의 친구가 되기를 굳게 맹세하였고 또한 맹세한 대로 살았던 믿음의 여인이었다.

마리아 우드워스-에터는 1844년 오하이오 주 리스본의 한 작은 농촌에서 태어났다. 제 삼 대각성 운동(the Third Great Awakening)의 초창기에 그녀는 십대 초반의 소녀였다. 그녀는 십대 초반의 나이에, 정확히 말해서 열 세 살의 나이에 예수 그리스도를 그녀의 주와 구원자로 영접하였다. 그녀가 예수님을 영접하도록 도움을 주었던 설교가는 그녀가 밝게 비추는 빛과 같은 삶을 살게 될 것이라고 예언하였다. 그러나 그 설교가는 이런 예언적인 말을 하면서도 그녀가 나중에 전세계로 퍼져나가게 될 오순절 운동의 선봉자가 될 것이라는 사실은 전혀 모르고 있었다.

이미 젊은 시절에 마리아 우드워스-에터는 하나님의 부르심을 받고 일생을 주님을 위하여 살기로 헌신하였다. 마리아 우드워스-에터는 훗날 자신의 예수 영접 당시를 회상하며, **"예수님께서는 나에게 '큰 거리와 울타리가 있는 거리로 나가라. 그리고 그곳에서 나의 잃어버린 양들을 모으라' 라고 말씀하셨습니다"**라고 기록한 적이 있다. 하나님께서 그녀를 사역자로 부르셨음에도 그녀는 처음에는 자신이 여자에 불과하다는 사실에 꽤 오랫동안 망설였다. 그녀가 자라나던 때는 19세기 중엽으로 여자에게는 투표권도 주어지지 않았던 시대였다. 또한 여자가 설교한다는 것은 상상도 할 수 없었던 시절이었다. 더군다나 처녀가 설교한다는 것은 더욱 더 생각할 수 없었다. 그래서 마리아 우드워스-에터는 주님께서 자신을 사역자로 부르셨다고 믿고, 어떻게 하면 여자 사역자가 될 수 있는지를 몰라 고민하다가, 자신이 하나님의 부르심을 감당하기 위하여서는 선교사와 결혼하면 되겠다는 막연

"예수님께서는 나에게 '큰 거리와 울타리가 있는 거리로 나가라. 그리고 그곳에서 나의 잃어버린 양들을 모으라' 라고 말씀하셨습니다"

한 생각을 가지게 되었다. 그래서 그녀는 그렇게 되기 위해서는 우선 교육을 받아야 되겠다고 생각하여 정식 대학에 등록하여 하나님의 부르심을 차분히 준비해 나가기 시작하였다.

그러나 대학에서 공부하는 도중 농사를 지으시던 아버지가 갑자기 살해당하셨다는 소식을 받았다. 아버지의 사망 후 그녀의 단란했던 가정은 어려움을 겪게 되었다. 이에 마리아 우드워스-에터는 하던 공부를 중간에 포기하고 고향으로 돌아와 하나님의 주신 꿈은 뒤로 접어둔 채 남은 가족들을 돌보며 예수님을 믿는 평범한 시골 처녀로 살아가게 되었다.

"천사들이 내 방에 들어오더니..."

미국에 시민 전쟁(Civil War)이 있었던 시절에 그 전쟁에 참석하였다가 머리 부상으로 귀향한 피 에이취 우드워스(P. H. Woodworth)라는 청년이 있었다. 마리아는 그 청년을 만나 사귀다가 선교사가 아닌 그 청년과 결혼하였다. 결혼 후 그 둘은 농사일을 시작하였지만 하는 족족 모든 농사가 실패하였다. 그러자 모든 것이 가망이 없는 것처럼 보여졌다.

결혼 후 얼마 되지 않았는데도 마리아 우드워스-에터는 벌써 여섯 자녀의 어머니가 되었다. 주님은 그녀를 사역자로 부르셨지만 그녀는 집안 일에만 매달렸다. 그녀는 하나님의 부르심에 응답하고 싶었으나 그렇게 하기엔 상황이 허락하지 않았다. 무려 여섯 자녀들을 돌보아야 하였고, 그녀의 남편은 하나님의 일엔 전혀 관심이 없는 사람이었으며, 그녀 자신마저 몸이 성치 않았다. 그러다가 비운이 그 집에 들이닥치는 일이 발생하였다. 그것은 바로 그녀의 여섯 자녀 중 다섯 자녀가 병으로 사망한 사건이었다. 마리아 우드워스-에터는 이 비운 속에서도 죽지 않고 살아남은 딸 하나를 위해 자신을 추스르며 어려움을 딛고 일어났다. 그리고 슬픔과 절망에서 헤어나올 줄을 모르는 남편에게 위로의 말을 하며 살아갔다. 이러한 어려움 가운데서도 마리아 우드워스-에터는 신앙을 굳게 지켰고 하나님을 절대로 원망하지 않았다.

환상에서 천사들이 그녀의 방으로 들어와 그녀의 손을 잡고는 초장을 지나고 호수와 숲을 지난 후 강을 건너 황금물결 넘실대는 서쪽의 논으로 그녀를 데리고 갔다. 논에서 그녀가 설교를 하기 시작하자 벼들이 쓰러졌다.

그녀는 자녀 다섯을 한꺼번에 잃고 나서는 머리에 계속 통증을 느꼈다. 그녀는 통증의 이유를 알고 싶었다. 그리고 그녀는 그토록 어려운 상황에서도 결코 포기하지 않고 성경을 읽으며 혼자 성경을 공부하기 시작하였다. 그녀는 계속 성경을 읽으면서 하나님께서는 비록 여자라고 하더라도 남자들과 다름없이 사용하신 깨달았다. 그녀는 특히 하나님께서는 남자와 여자 모두에게 하나님의 영을 보낸 부어주신다는 성경 말씀에 용기를 얻었다. 그리고 그녀는 가끔 하늘을 쳐다보며, **"주님, 나는 설교할 수 없어요. 무슨 말을 해야될지도 몰라요. 교육도 못 받았어요"** 라며 소리치곤 하였다. 그러면서도 그녀는 계속 성경을 읽었고 하나님께서 그녀를 부르셨다는 사실과 현실사이에서 오랫동안 씨름하며 그에 대한 해답을 성경에서 찾으려고 애를 썼다. 이러한 성경만 읽던 시기를 회상하며 그녀는 훗날에, **"내가 성경을 읽어나가면 나갈수록 나는 이렇게 밖에 할 수 없는 나 자신과 나의 나쁜 환경에 대해 점점 더 화가 났습니다"**라고 술회하였다.

그러던 중 마리아 우드워스-에터는 환상을 보게 된다. 환상에서 천사들이 그녀의 방으로 들어와 그녀의 손을 잡고는 초장을 지나고 호수와 숲을 지난 후 강을 건너 황금물결 넘실대는 서쪽의 논으로 그녀를 데리고 갔다. 논에서 그녀가 설교를 하기 시작하자 벼들이 쓰러졌다. 그러자 예수님께서 그녀에게, '네가 설교하면 벼들이 쓰러지고 사람들이 쓰러질 것이다'라고 말하였다. 이런 환상을 보고 난 그녀는 하나님의 부르심에 **"네"**라고 하지 않는 한 자신은 결코 행복한 삶을 살지 못할 것이라는 사실을 깊이 깨달았다. 이 위대한 환상을 경험한 후 그녀는 하나님께서 자신을 부르셨던 부르심에 겸손히 **"네, 이제는 순종하겠습니다"**라고 응답하였다. 그리고 나서 그녀는 하나님께 자신이 이제 사역을 하려면 능력이 필요한데 그 능력을 달라고 간절히 기도하였다.

여자는 약자가 아니다

이 글을 읽고 있는 여자분들 중에서 하나님께서 사역자로 부르신 분들이 있다. 나는 지금 그런 분들에게 말한다. 그런 분들 중에는 하나님께서 주신 환상을 보았고 하나님으로부터 사람들을 자유케 할 기름 부으심을 이미 받은 분들이 있다. 그리고 또한 이 글을 읽고 있는 여자분들 중에는 하나님께서 축사 및 치유 사역을 통하여 사람들을 자유케 하라고 부르심을 받은 사람들이 있다. 또 어떤 분들은 자신이 여자라는 사실과 자신이 처한 환경 때문에 주눅들어 있거나 사역을 접고 있다. 이런 사람들에게 말한다. 사악한 종교의 영과 낙담의 영이 당신이 여자라는 것을 빌미로 하나님의 당신에 대한 부르심을 말살시키려고 하였다는 사실을 알아채고 이러한 흑암의 세력의 공격을 담대히 물리쳐야한다. 종교성이 강한 교회일수록 여자 특히 젊은 여자와 그들의 사역을 억압한다. 그러나 당신은 하나님의 부르심에 조건 없이 응답하여야한다.

만일 마리아 우드워스-에터가 하나님의 부르심에 진작에 순응하였다면 그녀의 자녀는 죽지 않았을 것이다. 이 말은 마리아 우드워스-에터가 순종하지 않았기 때문에 하나님께서 그녀의 다섯 자녀들의 목숨을 빼앗아갔다는 말이 절대로 아니다. 그녀의 다섯 자녀를 죽인 것은 하나님께서 아니라 바로 마귀였다. 하나님께서는 생명을 주시는 분이시기 때문에 절대로 죽음을 주실 수 없다. 하나님의 부르심에 마리아 우드워스-에터가 순종하지 않으므로 마귀가 이를 빌미로 마리아 우드워스-에터와 그녀의 가족에게 공격을 가한 것이다. 그러므로 이 글을 읽는 여러분들이여, 하나님의 부르심에 담대히 순종하기를 배우라. 담대함은 하나님의 능력을 끌어당기며 당신과 당신의 사역을 비난하는 사람들을 잠잠케 한다. 또한 만일 당신이 여자라면 훌륭하고 강한 여 사역자를 만나 그 밑에 들어가 인내하며 겸손히 배우라. 만일 당신이 하나님의 부르심에 순종하길 원하는 여자라면 여기에 있는 마리아 우드워스-에터가 했던 말이 당신에게 큰 용기를 줄 것이다.

"그리스도안에서 존경하는 자매님들게 말합니다. 여러분들이 나의 이 말을 들을 때 그리스도의 영이 당신 위에 임하기를 바라고 하나님께서 여러분들을 통해 성취하시고자 하시는 일들이 이루어지기를 나는 간절히 바랍니다. 이제는 여자들이 일어나 어둔 세상에 빛을 비추어야 합니다. 지금은 자매 여러분들이 갖고 있는 하나님께서 주신 은사와 재능을 썩히지 말고 하나님의 영광을 위하여 써야할 때입니다. 그러면 하나님의 강하신 손이 여러분들과 함께 하실 것이고 하나님께서 여러분들에게 '내가 너를 떠나지 아니하리라' 라고 말씀하시며 여러분들에게 용기를 더하여 주실 것입니다. 연약함에 머물러 있지 마십시오. 하나님께서는 여러분과

같이 연약한 자들을 들어 쓰심으로 세상에서 강한 자들을 무안하게 하시는 분이십니다. 여러분들은 하나님의 사랑받는 하나님의 위대한 딸들입니다. 우리 모두 분연히 일어나 죽음의 골짜기에서 죽어 가는 사람들에게 생명을 나누어주십시다. 모세와 아론만 일어났나요? 미리암도 지도자로서 쓰임 받았음을 기억하십시오. 여선지자 드보라의 역량의 없었더라면 바락도 힘을 쓰지 못하였을 것입니다. 하나님께서는 남자, 여자, 어린아이 가릴 것 없이 모두를 사용하십니다. 하나님께서 사용하신 여자들은 구약에서는 한나, 훌다 등이 있고 신약에서는 안나, 사도 바울의 동역자였던 뵈뵈, 나깃수, 드리베나, 버시, 율리아, 그리고 예수님을 도왔던 마리아들과 그들의 자매들이 있습니다. 오늘날 하나님 나라를 위한 사역자들과 하나님의 포도원에서 일하도록 부르신 하나님의 일꾼 중들에 여자들의 숫자가 점점 더 많아지고 있습니다."

만일 당신이 부르심을 입었다면 당신은 그 부르심에 응답하여야만 한다. 즉각 응답만 하라. 그리하면 나머지는 하나님께서 인도하시고 책임지신다.

집회 장소가 울음바다가 되다

사람과 벼가 쓰러지는 환상을 보고 나서 하나님께 순종하기로 결단한 마리아 우드워스-에터는 먼저 자신이 살고 있는 동네에서 처음으로 설교를 하기 시작하였다. 그녀는 설교를 하기 위해 사람들 앞에 섰을 경우 무슨 말을 해야 할지 몰라 두려워하였다. 그러나 하나님께서는 그녀에게 가서 서기만 하면 내가 너의 입술에 나의 말을 넣어줄 것이라고 말씀하셨다. 그리고 하나님께서는 마리아 우드워스-에터와의 그런 약속을 신실하게 지키셨다. 그녀는 처음에 동네 사람들을 모아놓고 설교하기 시작하였는데 모인 사람들 대부분이 그녀의 친척들이었다. 그러나 그녀가 그들 앞에 서서 담대한 마음으로 설교를 하자 놀라운 일이 일어났다. 그것은 바로 그녀가 환상에서 본대로 사람들이 울면서 마루에 쓰러지는 일이 일어난 것이다. 그리고 쓰러졌던 사람들은 일어난 후 눈물을 흘리며 집으로 돌아갔다. 이제 그 지방에서 마리아 우드워스-에터를 초청하는 교회가 늘어나기 시작하였다. 여러 교회의 목회자들에 마리아 우드워스-에터를 찾아와서 자신의 교회를 소생시켜 달라고 그녀에게 요청하였다. 곧 그녀의 사역은 서쪽으로 확장되기 시작하여 아홉 번의 부흥 집회를 연속적으로 하였고 이 백 번이나 설교를 하였으며 백 명이 넘게 나오는 교회 두 개를 개척하였다. 하나님께서는 마리아 우드워스-에터를 존중하셨고 그녀의 잃어버렸던 수년간의 기간동안 그녀가 당했던 아픔들을 비교적 짧은 시간 안에 복구시켜 주셨다. 이 글을 읽고 있는 중에 마음이 뜨거워지는 자매님이 있을텐데, 바로 그 자매님은 앞으로 마리아 우드워스-에터와 같은 일을 하게 될 것이다.

그녀는 어느 날 귀신의 굴(Devils Den)이라고 이름 붙여진 동네에서 설교를 하고 있었다. 그 동네 역사상 그 동네에 들어와 성공한 설교자는 아직 한 명도 없었다. 그 동네 사람들이 마리아 우드워스-에터가 자신들의 동네에 들어왔다는 소문을 들었다. 그러자 동네 사람들은 그녀가 혼비백산하여 달아나는 모습을 보기 위하여 비아냥거리는 태도로 그녀의 집회에 참석하였다. 그러나 마리아 우드워스-에터 자매는 이곳에서 그녀가 어떻게 해야 할지를 잘 알고 있었다. 그녀는 하나님께 간절히 부르짖는 기도로 그 동네의 닫혀있던 하늘 문을 열어 그곳의 악한 영과 영적 전쟁을 하였다. 그리고 난 후 그 동네에서 집회를 열었다.

마리아 우드워스-에터가 그 동네에서 삼일간 설교하고 찬양을 인도하였다. 그러나 집회를 인도한지 삼일이 지나도 그 동네 사람 그 아무도 마리아 우드워스-에터의 설교에 은혜를 받지 못했다. 마지막으로 그녀는 하나님께서 자신에게 주신 영적 권위를 발휘하여 중보기도를 강하게 하였다. 그리고 그 중보기도를 통해 그 동네를 장악하고 있는 공중 권세 잡은 자를 땅에 떨어뜨렸다. 그녀는 하나님께 하나님의 위대한 권세가 자신이 인도하는 집회 장소에 나타나 사람들의 교만한 목이 부러지게 해달라고 기도하였다. 그렇게 기도한 날 그녀가 인도한 집회 장소는 사람들의 울음바다가 되었고 많은 사람들이 자신의 죄를 통회하고 자복하였다. 설교할 줄을 몰라 두려워하였던 마리아 우드워스-에터를 통해 그 동네가 생긴 이래 가장 큰 하나님의 역사가 그 곳에서 일어난 것이다.

대적을 물리치는 능력

하나님께서는 패배하라고 우리를 사역자로 부르신 것이 아니다. 그분은 그 어떤 어려움이 있더라도 결국은 사역에 성공하라고 우리를 부르셨다. 이 글을 읽고 있는 당신이 지금 사역에 어려움을 겪고 있는가? 구슬피 울지도 말고 불평도 하지 말라. 그리고 또한 구구한 변명도 하지 말라. 그 대신 기도하라. 변명하면 힘을 잃는다. 머리를 설레설레 흔들며 도망가지도 말라. 하나님께서 당신에게 주신 하나님의 자녀로서의 영적 권세를 사용하여 마귀를 대적하고 그의 권세를 무력화시켜라. 기도를 통해 마귀에게 빼앗겼던 권세를 다시 찾아 하나님의 영이 사람들의 심령에 임하게 되는 일이 당신의 사역을 통해 마음껏 일어나도록 하라.

마리아 우드워스-에터는 악한 영들을 묶는 기도를 통하여 그녀의 영력을 길러나갔다. 그녀는 이제 여러 마을들과 교회들 사이에서 능력이 대단한 부흥사로 알려지기 시작하였다.

사람들이 쓰러지다

마리아 우드워스-에터는 집회에서 성령님께서 임했을 때 사람에게 쓰러지는 현상이 일어나는 분야에 있어서는 거의 선발 주자였다. 오늘날 미국과 유럽의 수많은 교회들은 예배 도중에 사람들이 쓰러지는 것을 당연한 것으로 받아들이고 있다. 하나님께서 그녀에게 보여주셨던 벼가 쓰러지는 환상이 그녀가 인도하는 집회에서 일어나기 시작한 것은 그녀가 오하이오 주 서부의 한 작은 교회에서 설교하면서부터였다. 이 교회에서 마리아 우드워스-에터가 설교할 때 사람들은 쓰러져 입신(trance)에 들어갔다. 이런 현상은 그녀가 인도하는 집회의 특징이 되어버렸고, 이로 인하여 그녀는 그 당시 이런 현상을 이해하지 못하는 교회 목사들로부터 극심한 핍박을 받았다. 그 당시까지만 해도 그런 현상을 이해하고 있던 교회는 전무하였다. 이와 관련하여 마리아 우드워스-에터 자신은 다음과 같이 기록하였다.

"열 다섯 명이 하나님의 자비를 구하려고 설교단이 있는 교회의 앞쪽으로 달려나오기 시작했습니다. 그들은 달려나오는 도중에 남자나 여자나 가릴 것 없이 모두다 바닥에 마치 죽은 사람처럼 쓰러졌습니다. 나는 이런 것을 본적이 여태껏 한번도 없었기에 매우 놀랐습니다. 그러나 나는 이내 이것은 하나님께서 하시는 것이라고 생각하였습니다. 그러나 나는 왜 이런 현상들이 일어나는지를 설명할 수가 없었습니다. 나는 사람들에게 무어라고 말해야 될

지를 몰랐습니다."

> 마리아 우드워쓰-에터는 집회에서 성령님께서 임했을 때 사람에게 쓰러지는 오순절적인 현상이 일어나는 분야에 있어서는 거의 선발 주자였다.

사람들은 바닥에 얼마동안 누워 있다가 벌떡 일어났다. 일어난 사람들은 얼굴 표정이 환해져 하나님을 찬양하는 것이 아닌가? 마리아 우드워스-에터는 이렇게도 밝고 즐거운 분위기 속에서 사람들이 예수님을 영접하고 하나님을 찬양하는 것을 본 적이 없었다. 이곳에서 이런 일이 일어나는 것을 같이 보고 같이 경험한 목사들과 장로들은 너무도 감격하였다. 그때 그 장소에 있었던 목사들과 장로들은 울면서 오순절의 권능을 다시 나타내신 하나님을 찬미하였다. 이 집회 이 후부터는 마리아 우드워스-에터가 설교를 끝내고 나서 사람들에게 예수 영접할 사람은 앞으로 나오라고 말하면 수백 명의 사람들이 그리스도를 영접하기 위해 앞으로 달려나가다가 벼가 쓰러지듯이 쓰러지는 현상이 자주 일어났다.

"입신"에 관한 소문

사람들의 입을 통하여 그날 일어난 일이 천지사방으로 퍼지기 시작하였다. 수많은 사람들이 성령님의 기름부음을 체험하기 위하여 그녀의 집회에 몰려들었고 비방자들과 호기심을 가진 사람들도 몰려들었다. 그리고 그 중에는 사람들을 따라 별 이유없이 참석한 사람들도 많았다. 한번은 열 다섯 명의 의사들이 입신 현상을 조사하기 위하여 그녀의 집회에 참석하였다. 그 중 한 명은 세계적 명성을 얻고 있는 의사였는데, 바로 그 의사의 집회에 대한 조사에 대하여 그녀는 다음과 같이 기술하였다.

"그 의사는 사람들이 쓰러지는 현상이 하나님의 능력 때문에 일어나는 현상이라는 것을 인정하지 않았습니다. 그는 같이 온 의사들이 하나님의 능력 때문에 사람들이 쓰러지는 것이 아니라는 것을 증명하여 주기를 은근히 바랬습니다. 그는 조사를 하기 위하여 집회장소로 들어갔습니다. 그는 그 곳에서 그 어떤 새로운 단서를 얻기 바랬을 것입니다. 그러나 놀랍게도 그는 그가 들어간 집회장소에 그의 아들이 있음을 발견하였습니다. 그를 본 그의 아들이 그에게 다가가 자신을 위해 기도해 달라고 요청하였습니다. 그 순간 하나님께서 그에게 그의 과거와 미래에 대한 환상을 보여 주셨으므로 그는 아들을 위해 기도해 줄 수가 없었습니다. 그래서 그는 아들을 위해 기도해 주는 대신에 오히려 자기 자신을 위하여 기도하기 시작하였습니다. 그러자 그 의사는 교회 바닥에 넘어졌고, 넘어지자마자 곧 입신에 들어갔습니다. 그리고 그는 입신에

노중에서 : 맨 오른쪽이 마리아 우드워스-에터

들어가서 끔찍한 지옥을 보았습니다. 그는 자신이 지금 지옥에 떨어지고 있다는 사실을 알았습니다. 그래서 그는 지옥 체험을 하면서 지옥이 얼마나 고통스러운 곳인지를 경험하였습니다. 입신에서 깨어난 그는 예수님을 구주로 영접하였습니다. 그 후 그는 그리스도를 위하여 세상의 영혼들을 구원하는 사람이 되었습니다."

마리아 우드워스-에터의 기록에 보면 재미있는 에피소드들이 있는데 그중 몇 가지를 소개해 본다.

한번은 젊은 청춘 남녀들이 파티를 열면서 재미 삼아 입신을 흉내내어 보았다. 그러자 하나님의 능력이 정말로 그들을 덮어버렸다. 그러자 그들의 입신에 대한 조롱은 갑자기 하나님께 자비를 구하는 울부짖음으로 변하였다.

한번은 세계를 여행하며 돌아다니던 어떤 남자가 호기심에서 마리아 우드워스-에터의 집회에 참석하였다. 그는 율법적으로 하나님을 믿던 사람이었다. 그는 그녀의 집회에서 사람들이 강대상 앞쪽에서 성령님의 능력으로 쓰러지자 뒷자리에서 이 쓰러진 사람들을 손가락으로 가리키며 쓰러지는 현상은 성령에 의한 현상이 아니라고 같이 참석한 친구에게 말하였다. 그런 후 그는 더 확실히 조사해보기 위해 앞쪽으로 걸어나갔다. 그러나 강대상 근처에 도달하기도 전에 그 자신도 하나님의 능력으로 쓰러져서 두 시간 동안 교회 바닥에 누워있었다. 그동안 하나님은 그에게 천국과 지옥의 환상을 보여 주셨다. 그리고 하나님은 천국과 지옥 둘 중에서 하나를 택하라고 그에게 말씀하셨다. 그는 그 자리에서 하나님을 선택하였고 구원을 받았다. 얼마 후 일어난 그는 하나님을 찬미하기 시작하였다. 이 남자는 깨어나더니 자신이 예수님께서 누군지도 모른 채로 종교적이요 율법적인 생활만을 하며 보낸 지난 육 년간을 후회한다는 말을 사람들 앞에서 간증하였다.

이런 좋은 일들이 마리아 우드워스-에터의 집회에서 일어났는데도 이 지역 신문들은 그녀의 사역을 비판하였다. 또한 그녀의 사역의 타당성을 의심하는 목회자들이 교인들에게 그녀가 인도하는 집회에는 절대로 참석하지 말 것을 촉구하면서 만일 그런 집회에 참석하다가는 자칫 광신에 빠질 것이라며 얼토당토 않는 겁을 주었다. 그러나 그것이 오히려 그녀의 집회에 대한 선전효과가 되었다. 그녀의 집회에서는 몰려든 수많은 사람들이 구원받았다. 또한 그녀의 집회에서는 수천 명의 사람들이 한꺼번에 성령님의 능력 아래서 쓰러져서 죽은 것과 같이 되었다. 심지어는 집회 참석 후에 집으로 돌아가던 사람이 성령에 의해 죽은 것처럼 쓰러진 경우도 여러 번 보고되었다. 또한 집회 참석하였던 사람들이 집회장소에서 수 마일이나 떨어진 집에 있을 때에도 동일한 현상들이 일어났다.

입신(trance)이란 무엇인가? 입신은 하나님께서 사람들에게 나타내 보이시는 환상의 네 방법중의 하나이다. 그러면 하나님께서 사람들에게 나타나 보이시는 네 가지 방법들에 대해서 한번 살펴보자.

첫 번째 방법은 "내적 환상"(inner vision)이다. 내적 환상은 사람의 영이나 속 사람이 보는 그림이다. 이 내적 환상을 본 사람에게는 크게 유익되는 일이 일어난다.

둘째 방법은 "열린 환상"(open vision)이다. 이 환상은 눈을 뜬 상태에서 보이는 환상이다. 이것은 마치 텔레비전을 보고 있는 것과 같은 현상이다. 열린 환상을 통해서 하나님께서 당신에게 보여주고 싶은 장면들이 눈앞에서 스크린처럼 펼쳐지는 것이다.

세 번째는 꿈에 보는 환상이다.

네 번째 마지막 환상이 바로 우리가 입신이라고 부르는 "입신 환상"(trance vision)이다. 이 경우 하나님께서 몸의 활동을 최저치로 떨어뜨리신 후 보여주시므로 이 환상을 보는 사람은 죽은 사람처럼 가만히 있는 경우가 많다. 이때 죽은 것처럼 된 사람은 지옥과 천국을 보게되는 경우가 대부분이다.

마리아 우드워스-에터의 사역 스타일은 그 당시 다른 사역자들의 사역 스타일과는 사뭇 달랐다. 그녀는 예배 참석자가 예배의 역동성에 기여하는 것을 절대로 막지 않았다. 그녀가 활동하였던 1800년도 말엽에 거의 대부분의 교회는 이념과 침묵만을 강조하는 생동감 없는 교회였다. 그러나 1800년대 후반의 정적인 교회와는 달리, 마리아 우드워스-에터는 예배 때 성령님이 주시는 질서 안에서 사람들이 하나님 앞에서 기쁘게 소리지르고 즐거운 마음으로 춤추고 찬양하여야 된다고 믿었다. 그녀는 하나님의 임재에 육체가 반응하지 않는 것은 하나님에 대한 배교요 배신이라고 생각했다. 하나님 나라에는 기쁨과 찬양과 춤이 있으므로 교회 예배도 하나님 나라의 임재가 있다면 그런 기쁨과 찬양과 춤이 나올 수밖에 없다고 그녀는 믿었던 것이다.

그러나 1800년대 후반의 정적인 교회와는 달리, 마리아 우드워스-에터는 예배 때 성령님이 주시는 질서 안에서 사람들이 하나님 앞에서 기쁘게 소리지르고 즐거운 마음으로 춤추고 찬양하여야 된다고 믿었다. 그녀는 하나님의 임재에 육체가 반응하지 않는 것은 하나님에 대한 배교요 배신이라고 생각했다

광란인가 하나님의 임재에 의한 자유함인가?

나는 오늘날의 교회들이 하나님에 대해 자신의 사랑을 표현하는데

제약을 가하기 때문에 하나님께서 이에 대해 몹시 섭섭하게 생각하실 것이라고 생각한다. 사람들이 하나님에 대해 자신 속에 있는 것을 표현하지 않는다면 하나님도 이런 무표정한 우리에게 대해 동일하게 무표정하실 것이다. 어떤 사람들은 교회에서의 감정 표현을 별로 좋게 생각하고 있지 않다. 또 어떤 사람들은 우리 정서상 그런 것이 맞지 않는다고 생각한다. 그렇게 말하는 사람들도 교회를 벗어나면, 가령 집에서나 야외에서는 자유자제로 감정표현을 하며 행동한다. 잘못된 종교적인 이유로 인해 교회에서만은 조용하고 거룩하게 행동하여야 한다고 생각하는 것은 잘못된 것이다. 그렇게 생각하는 사람들에게 나는 이렇게 묻고 싶다. 천국은 조용한 곳입니까? 천국에서는 사람들과 하나님께서 근엄한 표정만 짓고 있답니까? 천국은 기쁨으로 춤추고 찬양하는 곳이다. 그것도 쉬질 않고 끊임없이 그렇게 한다. 조용한 사람들이 천국에 가면 깜짝 놀랄 것이다. 왜냐하면 천국에는 에너지와 생명이 흘러 넘치기 때문이다. 예수님이 우리에게 가르쳐 주신 주기도문의 내용대로 뜻이 하늘에서 이루어진 것 같이 땅에서 이루어진다면 우리는 교회 건 어디에서건 주님을 기쁘게 춤으로, 손놀림으로, 온몸으로 높여야 마땅하다.

죽은 듯 잠잠한 교회는 하나님의 축제가 필요한 교회이다. 우리가 원하건 원하지 않건 상관없이, 하나님의 운행하심이 인간에게 찾아오면 인간은 하나님을 경험한 벅찬 감격을 표현을 할 수밖에 없다. 어떤 사람이 나에게, "로버츠 형제님, 춤추고 소리지르는 곳에는 하나님께서 계시지 않습니다"라고 말한 적이 있다. 소리지르고 춤추는 것 자체가 하나님은 아니다. 그러나 사람들이 하나님의 능력의 임재를 경험하게 되면 소리지르고 춤추는 반응을 보이는 경우가 얼마든지 있다. 당신이 만일 전기가 통하고 있는 전선을 만졌다면 당신은 아무일 없다는 듯이 무표정하게 가만히 있는가, 아니면 소리지르고 뛰는가? 전기가 통하는 전선을 만졌는데도 팔짝 뛰는 당신이 어찌 하나님을 만졌는데 가만 있겠는가? 하나님께서 당신을 만지면 당신은 반드시 반응할 것이다. 당신이 만일 "극단적인 행동은 위험합니다. 잘못되면 어떡합니까?"라고 말한다면 나는 그렇게 말하는 당신에게, "당신은 구더기 무서워 장 못 담급니까?"라고 묻고 싶다.

빛과 진리에 집중하면 거짓은 떠나간다. 하나님의 능력이 임하면 우리는 기뻐할 수밖에 없다. 기쁨은 표현되어야 한다. 우리가 기쁜 일을 경험하면 기뻐하는 것이 당연하지 않는가? 하나님은 자신을 진정으로 예배하는 자들을 찾으신다. 하나님을 성령 안에서 경배하여 보자. 만일 당신이 "그렇게 뛰면서 예배하면 사람들이 흉봐요"라고 말한다면 나는 그렇게 말하는 당신에게 "뛰면 사람들이 흉봅니다. 그러나 뛰지 않으면 하나님께서 흉봅니다. 당신은 사람들 보라고 예배드리나요? 아니면 하나님 보라고 예배드리나요?"라고 말할 것이다. 진리는 거짓을 이긴다. 사람들은 진리를 핍박하는데 그 이유는 이해가 부족해서이다. 그렇게 예배시간에 사람들이 춤추고 뛰는 것을 욕하는 사람도 하나님의 만지심을 경험하면 그 순간 생각이 바뀌어 그들과 같이 기뻐 뛰며 하나님을 찬양할 것이고, 또한 쓰러질 것이다.

혹시라도 당신이 만일 교회에서 뛰고 춤추고 쓰러지다가 교인들이 줄어들어 교회 헌금이 줄게되면 어떡하나 라고 걱정하는가? 돈이 당신의 하나님인가? 하나님을 얻고 돈을 잃는 편이 오히려 낫지 않을까? 예수 안에 있는 하나님의 영이 사람들을 예수님께로 인도하지 당신의 계획과 능력이 인도하는 것이 아니지 않는가? 성령님에게 순종하면 예수님께서 높임을 받는다. 만일 당신이 교회의 지도자거나 목회자라면 당신은 교인들에게 하나님에게 순종하라고 설교하지 않는가? 그렇다면 그렇게 설교하는 당신은 왜 성령 하나님께는 순종하지 못하는가? 성령님은 하나님이 아니신가? 아버지 하나님과 성령 하나님을 왜 차별대우하는가? 당신은 삼위 일체의 하나님을 가르치지 않았는가? 성령님께서 하나님의 마음을 헤아린다고 성경은 말하지 않는가? 아버지 하나님은 당신이 성령 하나님에게 순종하길 원하신다. 성경은 성령으로 인도함 받는 자들이 바로 하나님의 자녀라고 말하고 있다(로마서 8:14). 그러므로 교역자들이여, 성령 하나님의 인도함을 받으라!

만일 당신이 성령님의 인도함을 받는다면 당신의 교회에 하나님께서 부어주시는 환상이 증가할 것이다. 우리는 교회와 교인들을 괴롭히는 악령을 이기고 교회의 산적한 문제를 해결하는데 성령님의 인도함을 받아야한다. 뉴에이지가 풍미한 지금, 많은 교회에서는 뉴에이시의 확산은 담대히 방지하지 못하면서, 교회에 성령 하나님께서 주시는 현상들이 확산되는 것은 담대히 방지하고 있다. 참으로 한심한 일이다. 영계에는 하나님과 사단이 있다. 하나님을 제대로 따르지 못하면 마귀를 따르게 되어있다. 예수님과 뉴에이지는 한편이 아니다. 어떤 사람들은 너무 영적인 것을 추구하면 사람들이 뉴에이지라고 손가락질 할 것을 두려워한다. 그러나 그렇지 않다. 우리가 하나님의 영을 따라가면 우리는 더욱 더 정결해지는 일이 일어난다.

당신의 교회가 성령 하나님의 운행하심에 열려있는 교회가 되도록 하라. 이에 관하여 영의 선배들로부터 배우라. 주의 영이 계신 곳에는 자유함이 있다. 하나님의 운행하심에 열린 교회가 되면 교인들이 활기가 생기고 그 결과 교회는 반드시 부흥한다. 나는 지금 교단이나 교회 지도자들이 교회를 조정하는 것을 비판하고 있는 것이 아니다. 신자들은 하나님에 대해 목말라하고 있고 자신의 죽어 가는 영을 살리기 위해 몸부림치고 있다. 그들은 정말로 성령님께서 주시는 자유함 누리기를 원하고 있다. 영에 목마른 사람들은 비행기 타고 대륙을 건너와 하나님의 새로운 운행하심과 나타나심을 경험하기까지 하고 있다.

사람들이 쓰러지고 회심하다

마리아 우드워스-에터 자매가 마흔 살이 되자 그녀의 이름과 사역은 전국에 알려지게 되었다. 여러 교단에서는 이제 서서히 그녀의 능력을 인정하기 시작하였다. 그녀는 죽어 가는 교회들을 살려놓았고, 불신자들이 즐겁게 신앙생활을 할 수 있도록 하였기 때문에 여러 교단들에서 비로소 그녀를 인정하기 시작한 것이다. 많은 의사들, 변호사들 그리고 바람 피우던 사람들이 그녀를 통해 구원을 받고 하나님의 사람이 되었다. 그녀의 집회에는 항상 사람들과 성령님으로 가득 찼다. 1885년 어느 도시에서 집회가 끝내자 그녀의 집회에 참석한 그 도시에 살고있는 수많은 사람들이 그전에 그들이 저질렀던 범죄를 더 이상 하지 않게 되었다. 그러자 도시의 범죄률이 현격히 줄어들어 그 도시의 경찰들이 할 일이 없어지게 된 적도 있었다.

한 신문기자는 마리아 우드워스-에터 자매에 대해 다음과 같은 좋은 기사를 썼다.

> "그녀는 먹이를 채는 고양이처럼 사람들에게 접근하며 사람들의 의사와는 상관없이 사람들을 쓰러뜨렸다. 그리고 그녀는 사람들이 누워있는 동안 하나님의 우물에 가서 은혜의 성령님을 잔뜩 길어다 생명수에 목말라하는 사람들에게 부어주었다."

이렇게 마리아 우드워스-에터의 사역이 승승장구하고 있던 어느 날 주님께서는 그녀에게 병자들을 위한 치유 기도 사역을 시작하라고 말씀하셨다. 그러한 하나님의 요청을 받은 그녀는 치유 기도를 하게되면 원래 그녀가 하고 있던 복음 전파 사역이 지장을 받을까봐 처음에는 주저주저하였다. 그러나 하나님은 마리아 우드워스-에터에게 계속 치유 사역을 하라고 말씀하셨다. 그러자 그녀는 마침내 이 명령에 순복하였다. 그녀는 우선 하나님의 말씀 중 치유에 관한 부분들을 집중적으로 공부한 후 치유에 관한 설교를 사람들에게 하기 시작하였다. 그녀가 하나님의 명령대로 복음전파와 치유사역을 병행해나가자 치유되는 것을 현장에서 확인한 불신자들이 예수님을 너 많이 영접하였다. 그리고 어떤 때는 수천 명이 한꺼번에 예수님을 영접하기도 하였다.

그녀는 우선 하나님의 말씀 중 치유에 관한 부분들을 집중적으로 공부한 후 치유에 관한 설교를 사람들에게 하기 시작하였다. 그녀가 하나님의 명령대로 복음전파와 치유사역을 병행해 나가자 치유되는 것을 현장에서 확인한 불신자들이 예수님을 더 많이 영접하였다.

마리아 우드워스-에터는 자신의 집회에서 성령님께서 나타나시는 것은 **"새로운 것이 아니라 교회가 잃어버렸던 것을 회복하는 것이다"** 라고 설교하며 그 시대에 풍미했던 신학에 사로잡히지 않고 성령님의 인도함만을 받아서 말씀을 전하고 사역하였다.

한번은 그녀가 설교를 끝내자 회개의 영이 그 장소에 강하게 임하였다. 그러자 사람들이 강대상 앞으로 뛰쳐나오면서 "우리가 어떻게 해야 합니까?"라고 하나님에게 울부짖었다. 마리아 우드워스-에터는 이 일에 대해 훗날 다음과 같이 기록하였다.

"그 때 그 장소에 있던 사람들은 성령 하나님의 강한 임재 하심

마리아 우드워쓰-에터가 세운 인디애나 주에 있는 에터 장막 교회

아이오아 주, 씨욱 시티

성경 책을 들고 있는 말년의 마리아 우드워쓰-에터
그녀는 말년에 항상 이처럼 흰색 옷을 입고 사역하였다

하나님의 품에 안긴 마리아 우드워쓰-에터

에 의해 바닥에 꿇어앉았다. 하나님께서 자신의 자녀들 위에 임한 것이다. 그러자 순교 당하기 전 스데반의 얼굴에서 빛이 났듯이 사람들의 얼굴에서도 빛이 났다. 그리고 그 자리에 있던 많은 사람들에서 성령님의 은사들이 나타났다. 또 어떤 사람들은 전시간 사역자로 헌신하였고 어떤 사람들은 복음전하는 자로 헌신하였다. 많은 사람들이 치유의 은사를 받았다. 그리고 무려 수백 명의 사람들이 회개하고 예수 그리스도를 그들의 참 구주로 영접하였다."

쉽지 않았던 서부 집회

사람들이 자신의 집회에서 쓰러지는 현상이 일어나고 나서부터 마리아 우드워스-에터는 계속해서 사람들의 핍박과 비난을 받았다. 그러한 비난은 남자 사역자도 견디기 힘든 비난이었기에 여자인 그녀로서는 그런 비난을 감당하기가 더 더욱 힘들었다. 더군다나 그녀의 남편은 불신앙의 사람이지 않는가?

캘리포니아 주의 오클랜드에서 말썽 많은 집회를 인도하는 동안 그녀의 남편의 불신앙이 드러났다. 그녀는 이 집회 기간동안 남편과 따로 지냈다. 그러면서 그녀는 남편과 헤어질 결심을 하였다. 그리고 이십 육 년간의 험난한 결혼 생활 끝에 그녀는 드디어 남편과 이혼하였다. 이혼한지 일년 반도 못되어 그녀의 남편은 다른 여자와 결혼하였다. 그리고 이혼 후 그는 또한 공개석상에서 마리아 우드워스-에터와 그녀의 사역을 비난하였다. 그 후 얼마 지나지 않은 1892년 6월 21일 그녀의 전 남편 피 에이치 우드워스(P. H. Woodworth)는 장티프스에 걸려 사망하였다.

마리아 우드워스-에터는 그와 같이 살았을 때 서로 관계가 좋지 않았다. 그리고 이미 그와는 이혼하였음에도 불구하고 그녀는 그의 장례식 뿐 아니라 하관식에도 참석하는 훌륭한 모습을 보여주었다.

마리아 우드워스-에터가 당한 가장 큰 시련은 그녀가 미국 서해안 쪽에서 사역할 때 겪은 시련이었다. 그녀는 미 중서부에서 그랬듯이 미국 서부에서도 많은 사람이 그녀의 집회를 통해서 그리스도를 영접할 것으로 생각하였다. 그래서 그녀는 1889년 미국 서부 해안의 오클랜드에 도착하자 팔천명의 사람들이 한꺼번에 들어가 예배를 드릴 수 있는 대형 천막을 구입하였다. 곧 그 천막에는 입신과 성령님의 나타남을 구경하러온 사람들로 꽉 들어찼다.

그러나 그녀가 오클랜드 지역에서 여러 집회들을 인도하고 있는 동안 심한 핍박이 그녀를 강타하였다. 깡패와 갱들이 그녀의 집회를 방해하였던 것이다. 이 난동꾼들은 마리아 우드워스-에터가 있는 근처의 난로 안에 폭발물을 몇 차례 몰래 집어넣었다. 그러나 다행히 이 일로 인해 다친 사람은 아무도 없었다. 한번은 폭풍우가 심하게 불어닥쳐 집회 중 천막이 무너지는 일이 일어나기도 하였다. 그리고 그녀는 자신을 죽이겠다는 협박도 받았다. 엎친 데 덮친 격으로 신문은 연일 그녀의 집회에 대한 비난의 기사를 내어보냈다. 그러자 그녀의 사역을 놓고 그 지역 목회자들이 찬반 두 편으로 나뉘어져 서로 상대방을 비방하기 시작하였다. 그리고 집회 훼방꾼들이 그녀의 집회장소를 아수라장으로 만들어 그녀를 낙망케 하기도 하였다. 이런 일들로 인하여 그녀를 잘 모르는 사람들은 마리아 우드워스-에터가 그녀의 집회에 참석한 사람들을 광신자로 만드는 것으로 오해하기 시작하였다. 또한 사람들이 그녀의 신조에 대해 오해를 하여 그녀가 집회를 열려고 하면 시 당국에 그녀를 고발하여 집회를 못 열게 하기도 하였다.

그럼에도 불구하고 마리아 우드워스-에터는 하나님께서 떠나라고 할 때까지 오크랜드를 떠나지 아니하였다.

그녀의 집회에서 갱들이 너무 자주 난동을 부리자 오클랜드 경찰서 측에서는 경비원들을 고용하여 그녀가 집회를 인도하는 중에 경비를 서게 하였다.

그녀의 집회에서 갱들이 너무 자주 난동을 부리자 오클랜드 경찰서 측에서는 경비원들을 고용하여 그녀가 집회를 인도하는 중에 경비를 서게 하였다. 그러나 고용된 경비들이 경험이 없는 사람들이어서 난동을 제대로 진압하지 못하였기 때문에 이 방법은 별 효과를 보지 못하였다.

한번은 마리아 우드워스-에터가 미국 서해안에 재앙이 닥쳐 서해안이 초토화될 것이라는 예언을 사람들 앞에서 하였다. 그러자 신문에서 그녀를 공공의 적으로 매도하였다. 그들은 사실 마리아 우드워스-에터의 말을 오해하여 그렇게 반응한 것이었다. 그러자 마리아 우드워스-에터의 예언을 빌미 삼아 거짓 예언자들이 미국 서해안에 대한 거짓된 심판을 남발하기 시작하였다. 그 바람에 지역 일대가 큰 혼란에 빠지게 되었다.

마리아 우드워스-에터의 사역을 두둔하는 목회자도 많았지만 비난하는 목회자도 적지 않았다. 그녀의 사역을 비판한 사람가운데 한 명은 바로 저명한 치유 사역자 존 알렉산더 도위였다. 그녀가 미국 서해안에서 집회를 인도할 때 존 알렉산더 도위는 공개적으로 그녀의 집회에서 나타나는 쓰러지는 현상을 "입신 복음주의"(trance evangelism)를 가장한 거짓 현상"이라고 비아냥거렸다. 그 당시에 존 알렉산더 도위의 수준에서 치유사역을 하던 사람은 마리아 우드워스-에터밖엔 없었다. 그러므로 도위는 마리아 우드워스-에터가 여자로서 자기 보다 큰 사역을 할까봐 두려웠던 것이다. 마리아 우드워스-에터는 도위의 공격에 대해 다음과 같은 글을 통해 자기 자신을 단 한번만 공개적으로 변호하였다.

"도위는 내가 주최하는 집회에 와서 수천 명 앞에서 자신은 하나님의 능력이 이렇게 크게 임하는 것과 놀랍게 역사하는 것을 본 적이 없으며 모든 사람들이 나의 사역의 협력자가 되어 줄 것을 부탁하였다. 그러나 그것이 다였다. 이일 후 그가 여러 해안 도시에서 집회를 인도하면서 나의 사역을 비난하였다. 그는 자신의 사역이 엉망이 될 정도로 나의 사역을 비난하는 데 온 신경을 썼다. 그가 모든 일을 제쳐두고 나를 비난한 이유는 내 집회 때 사람들이 하나님의 능력에 의해서 쓰러지기 때문이었다. 그러나 나는 한 번도 사람들을 쓰러뜨린 적이 없다. 그들이 그냥 쓰러진 것이다. 성령님이 그렇게 한 것이다.

"그는 샌프란시스코에서 나를 비난하는 강의를 두세 차례 하면서 나를 사단과 한 패거리라고 말하였다. 많은 사람들이 그의 강의를 듣기 위하여 먼길을 찾아 왔으나 그의 강의에 염증을 느껴 그의 강의를 듣다 말고 그 자리에서 나와버렸다. 그럼에도 불구하고 나는 사람들에게 나는 그의 친구이며 나는 그를 그리스도 안의 한 형제자매처럼 대한다고 말해주었다. 또한 나는 그가 나를 대적하는 것이 아니고 말씀과 주님을 대적하는 것이라고 말하곤 하였다. 나는 또한 사람들에게 그를 하나님의 손에 맡기고 우리는 우리의 사명만을 묵묵해 감당해 나가자고 말하였다.

"나는 또 사람들에게 그의 사역이 어떻게 되어 나가는지 주시해 보라고 말하였다. 내 생각에 앞으로 그가 불명예로 퇴진할 것이다. 그러나 그가 죽은 후에도 나는 살아서 내가 하고 있는 사역을 계속할 것이다."

마리아 우드워스-에터는 그녀의 예언적 말대로 죤 알렉산더 도위가 죽고 나서도 17년을 더 살았다.

마리아 우드워스-에터가 오클랜드 집회에서 하나님의 재앙이 서해안에 내릴 것이라고 말한 것이 실수일수도 있다. 왜냐하면 이 말로 인해 그녀는 극심한 곤란을 당했기 때문이다. 그녀가 이 예언을 했을 때가 1890년이었다. 이 예언을 한지 16년이 지난 1906년 미국 역사에 남을 대지진이 미국 서해안의 도시인 샌프란시스코를 강타하여 엄청난 피해를 입혔다. 그녀의 예언이 적중한 것이다.

마리아 우드워스-에터 자매가 오클랜드에 머무르며 집회를 인도하는 동안 좋은 친구 몇 명을 사귀었다. 그중 한 사람이 케리 쥬드 몽고메리(Carie Judd Montgomery)였다. 케리는 동해안 쪽에서 집회를 인도하려는 계획을 가진 여자 사역자였다. 마리아 우드워스-에터와 케리 쥬드 몽고메리는 이후에도 오랫동안 우정을 유지하였다. 케리와 그녀의 남편은 오클랜드에 평화의 집(Home of Peace)을 열어 오순절 운동의 확산에 많은 기여를 하였던 사람이다. 이 후 몽고메리 부부는 마리아 우드워스-에터 자매의 사역에 강력한 후원자가 되었다.

"하나님께서 주신 선물"

이러한 연속적인 어려움 가운데서도 마리아 우드워스-에터에게 좋은 일이 전혀 없었던 것은 아니었다. 하나님께서는 그녀가 홀로 사역을 꾸려나가는 것을 원치 않으셨다. 그녀가 첫 남편과 이혼한지 십년이 지난 어느 날 그녀는 알칸소 주 핫스프링 출신의 훌륭한 인물인 사무엘 에터(Samuel Etter)를 만났다. 하나님께서 그녀에게 딱 맞는 남편을 보내준 것이다. 이 둘은 1902년에 결혼하였다. 마리아 우드워스-에터는 자신의 남편이 된 사무엘 에터를 너무도 존경하여 사람들에게 그를 "하나님께서 주신 선물"이라고 자주 소개하였다. 후일 그녀는 그에 대해 다음과 같은 글을 썼다.

"그는 내가 가장 어려운 때 나와 함께 하여준 사람이었다. 그는 결혼 후에도 계속 나에게 변함없이 대해 주었다. 그는 하나님의 말씀과 성령님의 은사, 성령님의 역사들을 나와 같은 관점에서 이해하고 있었다. 그는 또한 광신주의를 배격하였다. 그는 기도하였고 설교하였고 찬양하였다. 그가 설교단에 섰을 때 그의 진가는 유감없이 발휘되었다. 하나님은 나의 필요를 아시고 그 사람을 통하여 사역의 부족함을 채워주셨던 것이다."

마리아 우드워스-에터가 사무엘 에터와 결혼한지 삼 년이 지나자 그녀는 그 때부터 공중집회에 자신의 모습을 칠 년간 드러내지 않게 되었다. 왜 그녀가 그렇게 오랜 기간동안 집회를 열지 않았는지에 대해서는 알려진 바가 없다. 칠 년 후 그녀는 다시 옛날과 같은 동일한 능력으로 집회를 인도하기 시작하였다. 물론 이 둘의 사랑도 예전과 동일하였다. 남편 사무엘 에터는 아내 마리아 우드워스-에터의 사역을 안팎으로 도왔다. 그는 마리아 우드워스-에터의 글과 책을 배포하는 일도 맡아서 처리하였다. 사무엘 에터가 고문 겸 발행인으로 있던 마리아 우드워스-에터 자매 사역회는 다음과 같은 여러 권의 책들을 발간하였다.

1 복음전도자 마리아 벨라 우드워스의 삶과 사역과 경험*(Life, Work, and Experience of Maria Beula Woodworth)*

2 엠 비 우드워스-에터의 40년의 사역을 통해 일어난 하나님의 이사와 기적*(Marvels and Miracles God Wrought in the Ministry of Mrs. M. B. Woodworth-Etter for Forty Years)*

3 엠 비 우드워스-에터의 40년의 사역을 통해 일어난 하나님의 이적와 기사*(Signs and Wonders God Wrought in the Ministry of Mrs. M. B. Woodworth-Etter for Forty Years)*

4 찬양집*(Song Books)*

5 신유에 관한 질문과 답*(Questions and Answers on Divine Healing)*

6 성령 행전*(Acts of the Holy Ghost)* (이 책은 나중에 "이적과 기사에 관한 일지" *[A Diary of Signs and Wonders]* 라는 이름으로 재발간 되었음)

마리아 우드워스-에터 자매의 책들은 계속 재판되었다. 그 중 어떤 책들은 다른 나라 말로도 번역되었다. 그러나 오늘날 그녀의 책은 거의 남아있질 않다. 나는 어떤 사람으로부터 수천 달러에 그녀의 책을 사라는 제안을 받은 적이 있으나 돈으로 그녀가 적어 놓은 것의 가치를 측정하여서는 안 된다는 생각에 그 제안을 거절하였다.

사무엘 에터는 마리아 우드워스-에터 자매의 남편이자 친구였으며 또한 마리아 우드워스-에터 사역회의 발행인이었으며 고문이었다. 또한 그는 마리아 우드워스-에터의 사역의 참된 조력자였고 그녀의 말대로 그녀에게 "하나님께서 주신 선물"이었다. 그는 또한 고귀한 성품의 소유자였다. 그는 결혼 십 이년 후 사망하기 전까지 그녀의 사역에 없어서는 안될 귀한 존재로 활동하였다.

핍박, 문제들 그리고 고소 사건들

마리아 우드워스-에터는 성결 운동(the Holiness Movement)을 하는 복음 전도자들 중에서는 유일하게 방언을 인정한 인물이었다. 오늘날 사람들은 그런 그녀를 "오순절 성결"(Pentecostal Holiness) 설교가라고 부른다. 그녀는 성결 교리를 대변하는 교단측 주장과 방언을 둘 다 수용하였다. 거의 대부분의 목회자들이 성령님의 나타나심과 이에 대한 교리를 이해도 못하고 있을 당시에 마리아 우드워스-에터는 담대히 공중 앞에서 자신의 입장과 신학을 변호한 수준 있는 사역자였다. 그런 그녀는 자주 사람들에게 자신은 자신의 교리를 변호하는 것이 목적이 아니라 사람들을 예수 그리스도에게 인도하는 것이 목적이라고 이야기하곤 하였다.

> 마리아 우드워쓰-에터는 성결 운동(the Holiness Movement)을 하는 복음 전도자들 중에서는 유일하게 방언을 인정한 인물이었다.

마리아 우드워스-에터 자매는 반대파의 면전에서도 자신을 일을 담대히 계속할 수 있는 능력을 소유한 여자였다. 그녀는 자신의 목숨을 위협하는 상황하에서도 집회를 마칠 때까지는 집회를 인도하던 도시를 절대로 떠나지 아니하였다. 그녀는 하나님께서 자신의 보호자라는 사실을 너무도 확실히 믿고 있어서 어떤 위험이 닥쳐와도 당당할 줄 알았다. 어떤 경우에는 난동꾼들이 마리아 우드워스-에터의 반대파로부터 일당을 받고 그녀의 집회에 와서 난동을 부렸다. 이런 난동에 대해 그녀는 훗날 다음과 같이 기록하였다.

"나는 위협받으며 살아왔다. 나는 언제 어디서건 피격되거나 습격 당할 수 있었다. 설교 도중에, 아니면 집회를 끝내고 집으로 가

다가, 또는 집회를 인도하러 가다가 피격 당할 수 있었다. 그러나 나는 한번도 그들로부터 도망가거나 그들과 타협한 적이 없다. 주님은 항상 나에게 권능을 부어주셨고 내 속의 두려움을 없애 주셔서 나로 하여금 사자같이 담대하게 하셨다. 혹시 사람들이 나를 저격하거나 살해하고자 한다면 그런 일이 일어나기 전에 하나님께서 그들을 먼저 죽이실 것임을 나는 익히 알고 있다. 나도 그들이 그렇게 되길 원한다."

한번은 어떤 사람이 그녀의 모임을 깨기 위해 나타났다. 그는 그녀가 서있는 단상 바로 앞까지 걸어가더니 그녀에게 온갖 저주와 욕설을 퍼부었다. 그러자 갑자기 그의 목에서 목소리가 나오지 않기 시작하였다. 하나님의 능력이 그의 목소리를 빼앗아 갔던 것이다. 그러자 성령에 사로잡힌 그녀는 그가 앞에 서있는데도 그 사람이 자신의 앞에서 자신의 집회를 방해하고 있다는 사실을 전혀 의식하지 못하고 계속 말씀을 전하였다. 나중에 신문에서 그 사람을 인터뷰하여 그 집회에서 도대체 어떤 일이 일어났었는지를 묻자 그는 기자에게 화가 나서, "당신이 가서 직접 가서 알아보면 될 것 아닙니까?"라고 대답하였다.

마리아 우드워스-에터는 그녀의 사역 기간동안 무려 네 번이나 고소를 당했다. 그러나 그중 세 번은 그녀가 법정에 서지 않고서도 잘 해결되었다. 그녀는 무면허 의료행위와 입신 빙자 최면술 사용 혐의로 뉴잉글랜드에서 집회할 때에 단 한번 법정에 선 일이 있다. 이때 많은 사람들이 관심있게 이 사건을 지켜보았다. 많은 사람들이 이때 법정에 그녀의 변호인으로 출두하여 자신들이 그녀의 집회에서 경험한 바를 배심원들에게 이야기하였다. 법정 안의 많은 사람들은 이들의 변호를 지켜보며 마치 자신들이 사도행전 속에 들어와 있는 것 같은 느낌을 받았다. 베델 성경학교를 세웠던 위대한 작가 이 케이 케년(E. K. Kenyon)도 마리아 우드워스-에터를 변호하기 위하여 법정에 섰다. 케년은 그 후 위대한 치유 사역자가 되었다. 케년은 많은 책을 저술한 작가로서 현재 전세계의 성경학교들에서 그가 펴낸 책들을 교제로 사용하고 있다.

마리아 우드워스-에터는 모든 피부 색깔의 사람들을 모두 다 사랑한다는 이유로도 사람들로부터 많은 비난을 받았다. 그녀는 아프리카 출신, 인디안 출신, 백인 가릴 것 없이 평등하게 사랑하였다. 그녀는 흑인 교회에서 여러 번 설교하였고 흑인 설교가들이 주최하는 부흥회를 적극 지지하여 주었다. 그녀는 또한 자비로 인디안 부락에 가서 머무르며 그들에게 사랑을 부어주었다. 그녀는 빈부 가릴 것 없이 그 어느 누구든 평등하게 취급하였다. 마리아 우드워스-에터 자매는 모든 피부 색깔의 사람들을 빈부귀천 남녀노소 구별 없이 골고루 사랑하였던 것이다.

"서커스도 아닌데..."

그녀의 사역 전체를 전반적으로 상세히 다룬 책은 아직 나와 있지 않다. 그녀는 겸손하였고 겉으로 보기엔 평범한 시골 할머니처럼 생겼다. 그러나 그녀의 죄와 질병과 마귀에 대한 장악력은 실로 대단하였다. 그녀에게 너무도 많은 곳에서 집회 요청이 들어와 그녀는 이 요청들을 다 들어 줄 수 없었다. 그러나 일단 그녀가 초청 받아 집회를 하면 그 집회에서 일어난 일들에 대한 이야기들이 거의 예외 없이 전국으로 퍼져나갔다.

그 중의 한 예가 한 젊은 목회자 에프 에프 보스워스(F. F. Bosworth)가 초청한 텍사스 주 달라스에서 있었던 집회였다. 이 집회는 유월부터 십이월까지 무려 육 개월간 지속되었는데 이 집회가 끝난 후 달라스는 오순절 부흥의 중심 도시라는 명성을 얻게 되었다.

어느 날 밤 세 명의 종교적인 옷차림을 한 목회자들이 마리아 우드워스-에터의 집회 장소에 들어왔다. 그들은 앉을 자리를 찾기 위해 두리번거렸으나 빈자리를 찾을 수가 없었다. 그러자 안내원들이 강사 목사님들이 앉는 강대상 위에 있는 자리로 그들을 인도하였다. 그들은 처음엔 사양하더니 결국 그 자리에 앉았다. 그래서 그 집회에 참석한 모든 사람들이 그들의 행동을 빤히 마주 바라볼 수 있었다. 예배는 여느 때처럼 잘 진행되어 가고 있었고 하나님의 능력도 여느 때와 같이 강하였다. 이 때 이 세 사람 중에서 가장 고지식하게 보이는 목회자 한 명이 바닥에 쓰러지더니 쥐 죽은 듯이 가만있었다. 그러자 나머지 두 명의 목회자는 이를 보고도 못 본 척하며 쓰러진 동료 목사를 애써 무시하며 의자에 여전히 앉아 있었다. 그러자 의자에 남아있는 두 목회자 중 한 목회자가 쓰러졌다. 그리고 나서 바로 나머지 세 번째 목회자도 동일하게 쓰러졌다. 이 세 사람은 세시간 동안이나 바닥에 누운 채로 가만히 있었다. 그리곤 일어난 이 세 사람은 어리둥절한 표정을 지으며 출구 쪽으로 슬며시 사라졌다.

수천 명이 달라스로 왔다. 그중 어떤 사람들은 이천 마일이나 떨어진 먼 곳에서 병약한 사람들을 데리고 왔다. 어떤 한 사람은 낙상으로 갈비뼈 세 개가 부러진 사람이었는데 마리아 우드워스-에터의 기도를 받자 부서진 갈비뼈 세 개 모두가 순식간에 붙어버렸다. 이 사람은 기도를 받자 처음엔 고통을 못 이겨 하다가는 기도를 다 받고 나서는 자기 가슴을 살며시 만져보더니 고통이 사라진 것과 붓기가 없어진 것과 조각난 뼈들이 다시 붙여진 것을 알고는 매우 기뻐하였다.

한 남자는 폐결핵에 걸려죽어 가고 있었으며 동시에 심한 염증으로 몸이 너무도 썩어서 몸에 구멍이 나 있고 몸에는 뼈만 남아있었다. 그는 침대에 눕혀져 있는 상태로 집회 장소에 운반되었다. 그런데 마리아 우드워스-에터가 기도하자 하나님의 능력이 그 남자에게 임했다. 그러자 그 남자는 그 자리에서 벌떡 일어나더니 사람들 앞에서 이리 저리 뛰어 다니기 시작하였다. 그 후 그 남자는 같이 온 일행과 함께 덜컥거리는 마차도 아랑곳하지 않고 이 마차를 타고 집으로 돌아갔다. 그리고 그때부터 하루에 사 파운드씩 몸무게가 늘어갔다.

마리아 우드워스-에터 자매의 손이 닿자 그의 타는 듯한 고통이 순간적으로 사라졌고 뻣뻣하게 굳었던 목이 부드러워졌다. 그는 목을 전후좌우로 움직이더니 단상으로 걸어나와 사람들에게 간증하기 시작하였다.

한번은 얼굴과 목에 퍼진 암으로 고생하는 한 사람이 집회에 참석하였다. 이 사람은 암으로 인한 고통이 너무 극심하였는데 주최측의 배려로 집회 첫날 기도를 받을 수 있었다. 마리아 우드워스-에터 자매의 손이 닿자 그의 타는듯한 고통이 순간적으로 사라졌고 뻣뻣하게 굳었던 목이 부드러워졌다. 그는 목을 전후좌우로 움직이더니 단상으로 걸어나와 사람들에게 간증하기 시작하였다.

어느 날 밤 집회에서는 서로 모르는 장님과 귀머거리 세 사람들이 단상에서 서로 부둥켜안고 하나님을 찬미하였다. 왜냐하면 하나님께서 방금 이들의 눈을 뜨게 해주셨고 귀가 들리게 해 주셨기 때문이었다. 이를 지켜보고 있던 많은 사람들이 눈시울을 적셨다. 이를 보고 사람들이 그리스도를 영접하였다. 이 세 사람 중 한사람이 앞에서 이렇게 간증하였다.

"마리아 우드워스-에터 자매가 손가락을 나의 혀뿌리에 대고 또한 내 귀 속에 집어넣고 나서 '듣지 못하게 하고 말못하게 하는 귀신아 나오라'라고 명하자 하나님께서는 곧 나의 귀를 열어주셨고 나의 잃어버린 목소리를 되찾아 주셨습니다."

암과 폐결핵을 동시에 앓고 있는 여인이 있었다. 이 여자는 그야말로 해골 그 자체였다. 달라스의 모든 의사들이 그녀에게 더 이상 손을 대는 것을 포기한 상태였다. 많은 사람들은 마리아 우드워스-에터가 그녀를 위해 기도해 주기 전에 그녀는 숨을 거둘 것이라고 생각하고 있었다. 침대에 실려온 그녀는 마리아 우드워스-에터 앞에 놓여졌다. 그러나 마리아 우드워스-에터의 기도가 끝나자 그녀는 곧 치유 받아 일어나 뛰기 시작하였다. 그후 그녀는 마리아 우드워스-에터의 남은 밤 집회에 계속 참석하였다. 그녀는 치유 받은 후 매일 몸무게가 늘어나기 시작하였다.

유명한 치유 복음전도자며 목사였던 에프 에프 보스워드(F. F. Bosworth)는 마리아 우드워스-에터의 달라스 집회에 대하여 이렇게 기록하였다.

"나의 초청으로 인해 시작된 마리아 우드워스-에터의 달라스 집회에는 사람들이 꽉 들어차서 발 디딜 틈조차 없었고 단상 위마저도 사람들로 빈 공간이 없었습니다. 참석자들의 대부분은 병자거나 구원을 얻기 원하는 불신자 또는 성령 세례를 받기 원하는 사람들이었습니다."

집회 때마다 성령님의 능력은 강력하게 나타났다. 인디애나 주에서 온 어떤 신문기자는 "쑈도 아니고 서커스도 아니요 정치 집회도 아닌데 이렇게 많은 차들이 한 곳에 모인다는 것이 신기하기만 하다"라는 이 집회에 관한 글을 기사화하였다. 또 다른 신문사의 어느 기자는 오페라 극장의 공연을 예약한 사람들이 다 마리아 우드워스-에터의 집회에 참석하는 일도 벌어져서 이 오페라 극장의 주인도 도대체 무슨 일이 있기에 극장이 텅텅 비는 지를 알기 위해 마리아 우드워스-에터의 집회에 참석하는 일도 있었다는 내용의 기사를 내어 보냈다.

잘못된 교리로 인한 소란

로스앤젤레스의 기독 사업가 알 제이 스캇(R. J. Scott)이라는 사람이 달라스에서 개최되고 있는 마리아 우드워스-에터 집회에 참석하였다. 그는 이미 그의 아내와 같이 아주사 거리 부흥 집회에 참석하여 성령세례를 받았던 사람이었다. 그런데 아주사 운동이 시들해지자 스캇은 로스앤젤레스에 다시 하나님의 부흥의 불이 지펴져서 도시가 연합되게 할 방도를 간구하고 있던 중이었다. 그러던 차에 그는 마리아 우드워스-에터의 집회에 관한 소식을 듣게 되었던 것이다. 그래서 그는 그녀의 교리가 자신의 교리와 일치하면 마리아 우드워스-에터를 로스앤젤레스로 초청하여 집회를 열 계획을 세웠다. 마리아 우드워스-에터에 집회에 참석한 후 그는 그녀의 사역에 크게 용기를 얻었다. 알 제이 스캇은 마리아 우드워스-에터가 식어가는 로스앤젤레스를 다시 하나님의 불로 뜨겁게 할 적임자라고 판단하고 그녀에게 로스앤젤레스에 와서 "꿈의 천막 집회"를 열어달라고 요청하였다. 이 제의를 쾌히 승낙한 마리아 우드워스-에터는 얼마 후 로스앤젤레스에서 집회를 열게되었다.

기대하였던 바와 같이 수천 명의 군중들이 로스앤젤레스에서 열린 그녀의 천막 집회에 몰려들었다. 집회는 밤낮을 가리지 않고 매일 계속되었다. 멀리서 온 사람들이 수많은 천막들을 세워 그 천막 안에서 먹고 자고 하면서 그녀의 집회에 계속 참석하였다. 너무도 많은 천막들이 넓은 지역에 세워졌다. 그러자 사람들은 서로 만나기 쉽게 그 천막 지역이 있는 통로들에다 이름을 붙여 "찬양 거리", "할렐루야 통로", "영광 거리" 등으로 부르기 시작하였다.

1913년에 있었던 이 로스앤젤레스 세계 천막 집회의 결과는 대단히 좋았다. 그러나 반면 이 집회를 계기로 초기 오순절 운동이 갈라지게 되었다. 이 집회 때부터 "오직 예수(Jesus Only)", "하나됨 (Oneness)" 또는 "새 이슈 (New Issue)"등의 교리들이 생겨 초기 오순절 운동에 혼선이 생기기 시작하였다.

그 발단은 존 지 쉐프(John G. Scheppe)라는 사람이 이 천막 집회에 참석하게 됨으로 시작되었다. 쉐프는 이 집회에 한번 참석하고 나더니 예수 이름에 대한 큰 깨달음이 왔다며 집회에 참석한 사람들을 상대로 예수의 이름으로만 세례 받아야 한다는 것과 성부 성자 성령님의 이름으로 세례 받은 사람은 예수의 이름으로 세례를 다시 받아야 된다고 말하였다. 그러자 사람들 사이에 이 가르침을 두고 큰 분란이 일어났다. 이 집회를 유치한 스캇은 이 집회를 통해 그리스도의 몸이 하나되기를 원하였다. 그러나 쉐프로 인해 그 결과는 정반대가 되었던 것이다. 이 소란은 그 시대에 일어났던 기독교 분열 중 가장 큰 분열로 발전하게 되었다.

이 일 후에 곧 오순절 운동은 교리를 달리하는 여러 다른 분파들로 나누어지게 되었다. 마리아 우드워스-에터 자매는 이 문제를 해결하려고 노력하였다. 그녀는 기독교 사역에 있어서 가장 중요한 것은 예수님께서 재림하기 전에 가능한 한 많은 사람들이 하나님의 자녀가 되어야 하는 것이라고 믿었다. 그리고 그녀는 그렇게 되도록 하기 위하여서는 기사와 이적을 동반한 말씀 전파가 선결 요건이라고 믿었다. 그녀의 이러한 신조는 "당신 속에 있는 은사를 무시하지 말라"라는 제목의 그녀의 설교에 잘 나와있다. 그 설교 중 일부를 여기에 소개해보자.

이 일이 일어나고 나서 마리아 우드워스-에터는 사람들에게 "하나됨"의 교리는 마귀가 계획하였던 속임수 중에서 가장 큰 속임수였다고 말하였다.

"만일 어떤 사람이 하나님께서 이 땅에 보내신 하나님의 대사라면, 그 사람은 사람들간의 분열을 잠재우는 사람이어야 한다. 모든 사소한 논쟁은 중지되어야 한다. 이미 십자가 상에서 이루어진 구원과 성화를 자기 취미에 맞게 다시 뜯어고침으로 인하여 빗어지는 논쟁들이 도대체 왜 필요하단 말인가? 이 논쟁들로 인해 얼마나 많은 그리스도인들이 지금 상처받고 있는가? 사도 바울은 자신이 전한 복음이 말로만 사람들에게 이른 것이 아니라 성령님의 나타남과 능력으로 사람들에 전해신다고 분명히 천명하였다. 그러므로 우리도 하나님의 말씀이 전해질 때 하나님의 능력과 성령님께서 나타나서 많은 사람들이 우리가 전하는 하나님이야말로 살아계신 참 하나님이심을 믿게되고, 이로 인해 예수님을 구세주로 영접하게 되는 것이다."

이 일이 일어난 후 마리아 우드워스-에터는 자신의 집회에서는 강단에 선 설교자는 절대로 사소한 신학적인 논쟁거리를 주제로 설교하지 못하도록 조치하였다. 이 일이 일어나고 나서 마리아 우드워스-에터는 사람들에게 "하나됨"의 교리는 마귀가 계획하였던 속임수 중에서 가장 큰 속임수였다고 말하였다.

하나님의 전기에 감전된 사람들

로스앤젤레스에서 초청을 받아 집회를 인도하는 동안 마리아 우드워스-에터 자매의 마음은 편치 않았다. 처음 그는 주 강사로 예약 받아 그 도시로 갔으나, 그가 여자 설교가라는 이유로 주최측에서 남자 설교가에게 저녁 시간 집회를 맡기고 그녀에게는 오전 집회를 맡겼다. 그런데 저녁 설교를 담당한 설교가들이 "하나됨"의 교리에 대해 설교하였던 것이다. 또 이에 한술 더 떠서 주최측에서는 마리아 우드워스-에터에게 오후 예배 시간에 맞추어야 하므로 오전 예배 설교를 짧게 해달라고 요청하였다. 이러한 조치에도 불구하고 그녀의 설교와 사역을 통해 수백 명의 사람들이 치유의 기적을 경험하였다. 그녀는 자신의 순서를 마칠 시간이 되어 천막을 떠날 때에는 사람들에게 손을 흔들었는데 들리는 말에 의하면 그녀가 손을 흔들 때 많은 사람이 치유 받았다고 한다. 한번은 어떤 소년이, "그녀가 그녀의 작은 손을 흔들자 성령님의 능력이 우리 모두를 감전시켰습니다"라고 말하였다.

그녀의 사역을 통해 침대에 누워있던 병약자가 걸었고, 귀머거리가 듣고, 장님이 눈을 뜨고, 관절염이 순간적으로 사라졌고, 종양이 없어졌으며 수종 환자가 고침을 받았다. 사람들이 교리 싸움을 하건 말건 상관없이, 마리아 우드워스-에터 자매의 집회에 왔던 모든 병들이 예수 그리스도의 발 앞에 무릎을 꿇었고, 성령님의 불은 내려와 병들을 다 없애버렸다.

엘리자벳 워러스(Elizabeth Waters)라는 여자는 마리아 우드워스-에터의 집회에 참석하였던 자신의 경험을 다음과 같이 표현하였다.

"모든 것이 마치 어제의 일처럼 생생합니다. 나와 내 친구가 휠체어에 앉아 계신 어머니를 모시고 우리가 사는 곳에서부터 예닐곱 블록 떨어진 곳에서 열리고있었던 마리아 우드워스-에터의 집회에 참석하였지요. 건장한 신체를 소유한 두 사람이 휠체어를 번쩍 들어 어머니를 단상위로 올려 놓았습니다. 단상 위에는 휠체어 탄 사람들 여러 명이 이미 와서 줄을 지어 기다리고 있었습니다. 그날은 날씨가 너무 더워, 저의 어머니는 자꾸 집으로 가겠다고 말씀하셨지만 나는 기도 받고 가시라고 계속 우겼습니다. 하나님을 찬양합니다. 마리아 우드워스-에터 자매가 휠체어에 앉아 있는 저의 어머니에게 그녀가 서있는 쪽으로 걸어오라고 손짓하였습니다. 그러자 어머니는 고개를 끄떡이더니 일어서려고 애를 썼습니다. 이때 마리아 우드워스 -에터 자매가 다가와 어머니의 가슴을 탁 치자 어머니는 마치 전류에 감전된 사람처럼 되더니 휠체어를 박차고 일어나 단상 위를 이리 저리 소리지르며 뛰어 다니

마리아 우드워쓰-에터와 그녀의 사역팀, 1924년

기 시작하였습니다. 나는 이런 광경을 결코 본적이 없었습니다. 집회를 마치고 집에 돌아오는 동안, 무려 이년 동안이나 휠체어에만 앉아있어서 아직도 뼈가 약해지신 어머니가 자꾸 걷겠다고 고집하자 나는 안된다고 말하며 어머니를 휠체어에 강제로 앉히고 집으로 모셔왔습니다."

장막 이야기

사십 오 년간 미국 전역을 돌아다니며 수천 번의 설교를 하던 어느 날 마리아 우드워스-에터는 인디애나폴리스의 서쪽 지역에 장막교회(tabernacle)를 지으라는 하나님의 목소리를 듣게 되었다. 그 즈음 많은 사람들이 마리아 우드워스-에터에게 자신들이 사는 지역에 와서 교회를 개척하라고 요청하였다. 그리고 많은 도시의 시 당국자들도 자기네 도시에다 교회를 지으라고 마리아 우드워스-에터에게 요청하였던 것이다. 그러나 그녀는 하나님의 명령에 따라 인디애나 주 인디애나폴리스에다 장막을 지었다. 하나님께서 장막 교회를 지으라고 지정해 주신 인디애나폴리스는 또한 그 당시 미국의 중심 도시 중의 하나였다. 마리아 우드워스-에터의 스타일에 따라 예배가 진행된 이 장막교회는 오늘날 오순절 교회의 모델이 되었다. 그녀의 집은 새로 지은 장막교회 바로 옆에 마련되었고 그녀는 그녀의 마지막 육 년간의 삶을 그 장막교회에서 사역을 하며 보냈다.

> "장막 교회에서는 사람들이 설교단 앞으로 나아가는 도중에 통로 바닥에 그대로 쓰러져버렸습니다"

그 당시 미국에 큰 규모의 교회는 거의 없었다. 1918년 마리아 우드워스-에터는 그 당시로서는 미국에서 가장 큰 규모였던 오백 석 규모의 장막교회를 짓고자 하였는데 그 경비가 적지 않는 액수였다. 그녀는 그때까지 한번도 헌금을 강조한 적이 없었다. 이 장막교회를 지을 때, 마리아 우드워스-에터는 사람들에게 생전 처음으로 경제적인 후원자가 되어줄 것을 요청하는 편지를 발송하였다. 후원금이 각지에서 답지하자 교회는 별 탈없이 지어져 1918년 5월 19일 교회 헌당 예배를 드렸다. 그 당시 마리아 우드워스-에터보다 더 큰 교회를 세웠던 사람은 단 한 명뿐이었는데, 그 사람은 마리아 우드워스-에터 스타일로 사역을 하고 있었던 유명한 여성 복음 전도자 애미 샘플 맥퍼슨(Aimee Semple McPherson) 뿐이었다.

마리아 우드워스-에터 자매는 그 장막교회를 자신의 사역의 본부로 사용하였다. 그녀는 동역할 부목회자들을 고르는데 탁월한 눈을 가졌다. 부목회자를 잘 쓴 결과 그 교회는 그 후에 비록 장소를 옮기기는 하였지만 오늘날까지도 하나님의 성회 교단 소속이 되어 존재하고 있다. 많은 사람들이 미국 전역에서 와서 그녀의 장막교회의 집회에 참석하였고 그중 일부는 아주 그 교회의 교인이 되어버렸다. 그 중 한 사람은, "장막교회에서는 사람들이 설교단 앞으로 나아가는 도중에 통로 바닥에 그대로 쓰러져 버렸습니다"라고 말하였다. 그는 이어서 "마리아 우드워스-에터 자매가 그렇게 하라고 시키거나 최면술 걸거나 술수를 쓴 것이 아닙니다. 하나님께서 그렇게 하신 것입니다"라고도 말하였다.

루마니아 출신 가족에게서 일어났던 믿을 수 없는 일을 여기에 소개한다. 이 가족의 딸이 폐결핵을 앓고 있었는데 오순절 교단에 속한 어느 교회의 여자 교인 두 사람이 이 가정에 들어와서 병든 딸을 위하여 기도하자 그 딸이 병에서 완전 해방되었다. 기도한 여인들이 오순절 교단의 사람들인 것을 안 루마니아 가족들은 딸의 병이 낫자 자신이 살고 있는 집 주위에 오순절 교회가 있는지 찾아다니다가 마리아 우드워스-에터의 장막교회의 예배에 참석하게 되었다. 그들이 처음 그 장막교회의 예배에 참석한 날 암에서 치유함 받은 어떤 자매가 강단에 서서 이십 팔 분간이나 아무도 알아듣지 못하는 방언으로 설교하였다. 그 당시 그 예배에 참석한 사람들은 마리아 우드워스-에터 자매가 왜 그 사람이 자신들이 알아듣지도 못하는 방언으로 그렇게 오랫동안 설교하는 것을 허락하였는지를 이해하지 못하였다. 그러나 그 이유가 그 다음 주일날 밝혀졌다. 이 자매는 바로 자신이 전혀 배운 적도 들어본 적도 없는 루마니아 방언으로 설교하였던 것이었다.

예배에 처음으로 참석한 루마니아 가족은 루마니아어로 설교를 듣자 깜짝 놀랐다. 이 루마니아 가족 중에서 아버지만 영어를 조금 말할 수 있을 뿐 아무도 영어를 이해하는 사람은 없었다고 한다. 나중에 이 희한한 기적에 대해 마리아 우드워스-에터와 장막교회의 교인들은, "다른 교회에서도 우리 장막교회에서처럼 기적들이 다반사로 일어나기를 간절히 원합니다"라고 말하였다.

이 장막교회에서 일어난 많은 기적 중 재미있는 기적 하나는 폐결핵에 걸려 몸 안에 주먹만한 혹이 생긴 어느 소년에게 일어난 기적이다. 그 소년의 어머니가 그 소년을 마리아 우드워스-에터에게 데리고 가자 마리아 우드워스-에터는, **"자 이제 성령님의 칼로 이 혹을 짤라 냅니다"**라고 말하며, 그녀의 손에 있던 성경으로 그 소년의 목을 살짝 쳤다. 그러자 그 소년의 혹이 없어지고 그 소년은 폐결핵에서 나음 받았다.

위인은 위인을 만난다

장막교회 시절 마리아 우드워스-에터는 애미 샘플 맥퍼슨을 만났다. 그 당시 애미 샘플 맥퍼슨은 여자 말씀 자역자로서 이곳 저곳 돌아다니며 복음을 전하고 있었다. 애미 샘플 맥퍼슨은 마리아 우드워스-에터 자매를 사랑하여 우드워스-에터에 관한 기사와 책과 설교는 몽땅 구해 읽으며 우드워스-에터 만나기를 간절히 사모해왔었다. 내 개인적인 생각으로 그렇게 하면서 애미는 하나님의 부름심에 대한 자신의 영력을 키워온 것 같다.

애미가 우드워스-에터를 처음 만나기 위해 인디애나폴리스에 오기 전에 인플루엔자 병이 퍼져 그 도시에 통행 제한령이 내려졌는데, 애미가 그 도시에 도착하기 전날 그 통행제한령이 해제되었다. 그래서 애미는 아무 제재도 받지 않고 애미의 집회에 참석할 수 있었다. 애미가 기록한 1918년 10월 31일의 일기에는 이런 글이 적혀있다.

> "나는 지난 수년간 마리아 우드워스-에터 자매을 만나고 싶어했고, 최근 몇 달 동안에는 더욱 더 그리하였다. 나는 그녀의 집회에 참석하여 그녀의 설교를 너무도 듣고싶어 했었다. 내일이면 나는 그녀의 집회에 참석하여 드디어 나의 오랜 꿈을 이루게 된다. 하나님께 영광!"

마리아 우드워스-에터를 만난 직후 애미의 동일한 일기장에는 이런 글이 실려있다.

> "우리는 함께 기뻐하였고 주님을 찬양하였다. 하나님의 능력이 우리에게 떨어져서 우리는 하나님께서 부어주시는 축복의 소나기

를 듬뿍 맞았다."

마리아 우드워스-에터를 만난 다음 날 애미 샘플 맥퍼슨은 기쁨에 젖어 인디애나폴리스를 떠나 다음 집회 예정지인 캘리포니아 주로 향하였다. 그녀는 분명 마리아 우드워스-에터와의 만남을 영원히 잊지 못하였을 것이다.

한편 애미 샘플 맥퍼슨을 만나고 나서 마리아 우드워스-에터의 생각이 어떠했는지에 대해서 마리아 우드워스-에터 자신은 한번도 자신의 의사를 표현해본 적이 없었다. 그러나 마리아 우드워스-에터와 같이 자주 전도여행을하였던 버싸 슈나이더(Bertha Schneider)의 말을 빌리면 마리아 우드워스-에터의 일행이 애미가 주최하는 집회에 참석한 적이 있었다고 한다. 그리고 이때 마리아 우드워스-에터는 애미의 사역이 쇼같이 느껴지고 애미의 행동에 과장이 들어가 있고, 사람들을 인위적으로 끌어당기는 요소가 있다는 말을 하였었다고 한다. 그래서 결국 마리아 우드워스-에터는 애미의 집회에 참석하지 않았다고 한다. 나는 개인적으로 마리아 우드워스-에터 자매가 성결교 배경을 가지고 있기 때문에 애미 샘플 맥퍼슨에 대해 그렇게 느끼는 것이 당연한 것이며 그녀가 그렇게 말했을 때 애미에 대한 그 어떤 비판적인' 의도없이 그렇게 말하였다고 생각한다.

그 당시에 활동하였던 많은 위대한 설교가들이 마리아 우드워스-에터의 장막 교회를 방문하였다. 마리아 우드워스-에터 자매가 영국의 전설적인 복음 전도자 스미스 위글스워스(Smith Wigglesworth)를 만난 것으로는 전해지지 않고 있지만 많은 사람들은 스미스 위글스워스가 마리아 우드워스-에터의 제자였다고 생각한다. 스미스 위글스워스는 실제로 마리아 우드워스-에터 사역에서 몇 가지를 택하여 자신의 사역의 모토로 삼았다. 1925년 마리아 우드워스-에터가 죽은 후 스미스 위글스워스는 마리아 우드워스-에터의 장막교회에서 몇 번의 집회를 가진 바 있다.

하나님께서는 오늘날 교회에 초자연적인 기적을 회복시키시고 계신다. 여러분들 중 어떤 분들은 이 책을 읽으면서 자신의 사역과 비교하여 어떤 불안함을 느끼시는 분들도 있을 것이다. 또 여러분들 중에는 하나님의 은사를 받았거나 받아서 사람들을 치유하라는 하나님의 명령을 수행하여야 하는데 교회 사정상 그렇게 하지 못하여 답답해하시는 분들도 계실 것이다. 또 이 책을 읽으시는 분들 중에는 하나님께서는 병자를 고치기를 이렇게도 원하시는 분인 줄을 이 책을 통해 처음으로 알고서 혼란스러워 하시는 분들도 있을 것이다. 사람들이 자유함 받는 것을 보는 것이 하나님의 큰 기쁨이시다. 예수님은 마귀의 일을 멸하려고 이 땅에 오셨지 마귀가 인간에게 못된 짓을 하는 것을 꾹 참고 놔두시기 위하여 이 땅에 오신 것이 아니다. 오늘날 교회는 마귀에게 눌린 사람들이 자유하게 되는 사역을 하여야 한다. 그렇게 될 때 사람들에게 생명을 주셨던 예수 사역이 회복되는 것이다. 내가 하는 일을 너희들도 하게 될 것이라고 말씀하신 예수님께서 삼년 반 동안 하신 일은 하나님 나라 복음 전파와 축사 치유사역이였다. 고로 예수님의 몸인 교회는 예수님께서 삼년 반 동안 하셨던 일을 하여야한다. 그러므로 교회는 복음만 전해서는 안 된다. 설교만 해서는 안 된다. 교회는 당연히 복음 전파와 축사 치유를 균형 있게 하여야 한다.

수많은 그리스도인들이 편안한 신학만을 선호하고 맛있는 신학만 골라먹는다. 하나님 자신의 말씀이 치우침 없이 전해지고 또한 전해진 말씀이 실제로 증명되어지는 일이 일어나기를 하나님은 원하신다. 그리고 이러한 이유 때문에 예수님께서 피를 흘리시고 죽임을 당하셨다. 사도행전을 읽어내려 가노라면 우리는 사도들이 말씀 전파와 아울러 성령님의 능력으로 치유 사역과 기적 사역을 하였음을 알게 된다. 이러한 사도들의 초대교회의 사역이 오늘날의 교회에 회복되어야만 한다. 마리아 우드워스-에터 자매는 평생동안 하나님의 일을 하면서 초대교회의 사도들이 하였던 것과 동일한 사역만을 하였다. 물론 그렇게 하는 것을 마귀가 싫어하였다. 그러기에 그녀는 사람들에게서 온갖 핍박을 받았다. 사람들의 핍박을 두려워하지 말고 마리아 우드워스-에터 자매가 하늘로부터 받아 사람들에게 날랐던 성령님의 봉홧불을 우리도 이어받아 날라야한다.

선구자

1924년 여름은 마리아 우드워스-에터에게는 힘겨운 계절이었다. 그녀의 나이 이미 80세, 위염과 수종에 걸려 몸은 약해질 대로 약해져 있었는데, 자신의 하나 밖엔 남지 않는 유일한 혈육인 딸이 60세를 일기로 숨을 거두었다는 전갈을 받았다. 이제 그녀의 가족 중에서는 그녀 자신만 유일하게 살아있을 뿐이었다. 그녀는 연약한 몸을 이끌고 딸의 장례식 예배에 참석하여 설교를 하였다. 이 자리에서 그녀는 사람들에게 무덤을 쳐다보지 말고 하늘을 쳐다보라고 설교하였다.

다른 사람 같으면 포기하였을 팔순이란 나이에도 마리아 우드워스-에터는 계속하여 하나님의 말씀을 전하였다.

그해 마리아 우드워스-에터의 몸은 너무도 쇠약하여져서 걸을 수도 없을 지경이 되었다. 그러나 그녀는 설교만큼은 계속하였다. 장막교회측에서는 몸이 불편한 그녀를 위해 아주 편안한 나무 의자를 마련하여 주었다. 사람들이 마리아 우드워스-에터가 앉아있는 이 나무의자를 매일 그녀의 집에서 교회까지 운반해 놓았다. 설교가 끝나면 사람들이 의자에 앉은 마리아 우드워스-에터를 의자 채로 집으로 옮겨 놓곤 하였다. 나무 의자에 앉아있던 마리아 우드워스-에터가 힘을 써서 간신히 일어나게 되면 그녀는 언제 아팠느냐는 식으로 힘차게 설교하였고 능력은 예전처럼 여전히 나타났다. 그러나 의자에 도로 앉으면 그녀는 쇠약한 상태로 돌아갔다.

다른 사람 같으면 포기하였을 팔순이란 나이에도 마리아 우드워스-에터는 계속하여 하나님의 말씀을 전하였다. 비행기가 없었던 그 시절, 항상 검소하게 지냈던 그녀는 한여름에도 에어콘 하나 없이 불편한 생활을 감수하며 여러 도시를 돌아다니며 집회를 인도하는 삶을 살아왔다. 어느 때는 돈이 없어 길가에 텐트를 치고 자기도 하였다. 그녀는 일생동안 수없이 많이 마차와 기차를 타고 다녔다. 그러나 이 모든 열악한 환경과 고된 여행에 대해 그녀는 한번도 불평의 말을 한 적이 없었다.

그녀가 소천하기 삼주 전에 주님이 그녀에게, "내가 너를 이제 곧 데려가겠다"라고 말씀하셨다. 이 때 어느 한 여인이 마리아 우드워스-에터에게 꽃다발을 한아름 선물하였다. 이 때 그녀는 꽃다발을 받고 나서, **"이제 나는 곧 꽃이 만발한 곳으로 영원히 떠날 것입니다"**라고 말하였다. 이 당시 그녀는 자신의 집을 방문한 사람들한테도 설교를 하였다. .

그녀의 죽음에 대해 어거스트 파이히(August Feich)라는 사람은 이렇게 기술하였다.

"그녀가 죽기 며칠전 그녀는 나의 손을 잡은 후 나를 자신이 누워있는 침대 옆으로 끌어 당겼습니다. 그리곤 나에게, '파이히 형제님, 나는 이제 곧 모든 인간들이 갔던 길을 갈 것입니다. 그 사실을 알고 계십니까?' 라고 나에게 물었습니다. 이에 나는 '네, 잘 알고 있습니다' 라고 대답하였습니다. 그러자 마리아 우드워스-에터 자매는, '당신은 나의 사역을 수년간 신실하게 돌보아 주었습니다. 나는 하나님께서 나에게 주셨던 동일한 축복을 당신에게도 주실 것을 압니다. 이제 나는 당신을 더 이상 격려하여 줄 수 없게 될 것입니다' 라고 말하였습니다."

"그녀가 마지막으로 눈을 감았습니다. 죽은 그녀의 눈은 팔순 노파의 눈이라고는 믿어지지 않을 만큼 젊어 보였습니다. 죽기 직전까지 그녀의 기억력은 생생하였습니다. 그녀는 침상에 누워 있는 기간 동안 항상 그 어느 누구와도 대화하고 상담하는 것을 한 번도 꺼려한 적이 없었습니다. 그녀에게는 어느 때라도 사람들이 찾아와서 말을 걸었고 상담을 받았습니다. 어떤 사람은 기도 받으러 왔고, 어떤 사람은 그녀에게 기도를 해 주기 위해 왔습니다. 그녀는 죽기 직전까지 침대에 누워 한 손을 아픈 사람 위에 얹고는 치유를 비는 기도를 하였습니다. 그럴 때에 그녀는 자기 자신도 지금 죽어가고 있다는 것을 알면서도 그렇게 남을 위한 기도를 한 것입니다. 그녀는 그녀의 사역기간 동안 '우리의 몸이 녹슬게 되어 못쓰게 되기보다는 다 써서 못쓰게 되는 편이 훨씬 좋습니다' 라고 계속적으로 말하여 왔습니다."

팔십 세에 그녀가 주님의 영원한 집으로 돌아갈 때까지 그녀는 이미 자신의 여섯 자녀와 두 남편을 땅속에 묻었다. 그녀는 미국 전역을 돌아다니며 수천 번의 설교를 하였다. 그녀는 난동꾼과의 싸움에서 승리하였고 사악한 목회자들과의 싸움에서도 승리하였다. 그녀는 여자도 하나님의 종으로 사역할 수 있는 길을 터놓았고 엄청난 기사와 이적이 동반되는 능력 사역의 불길을 지폈다.

그녀는 교육을 받지 못한 사람이었고 신학교는 근처에도 가보지 못한 사람이었다. 그녀는 하나님께서 어떤 원리로 치유하시는지에 대해서는 한번도 설교하여 본적이 없다. 그녀의 설교는 단순하였다. 그녀는 자신을 온전히 하나님께 맡겨드렸고 기사와 이적에 대한 철저한 믿음을 갖고 사역하였다. 마리아 우드워스-에터의 소원은 복음으로 사람들이 예수님을 믿고 성령님으로 인도함 받는 삶을 살아가는 것을 보는 것이었다. 그녀는 눈물을 흘리며 사람들에게 예수님께로 돌아오라고 호소하였다. 그녀의 가르침과 사역은 하나님의 성회(Assemblies of God) 교단과 포스퀘어(Foursquare) 교단을 위시한 다른 유사한 교단들이 생기게 되는 계기를 마련해 주었다.

오늘날 살고있는 마리아 우드워스-에터의 후손들

나는 1977년이 되어서야 비로소 마리아 우드워스-에터의 직계 후손들에 관하여 알게 되었다. 마리아 우드워스-에터의 4대 손인 톰 슬레빈(Tom Slevin)이 자기 가족의 뿌리를 찾다가 자신의 조상이 바로 마리아 우드워스-에터라는 사실을 알게 되었다. 그는 또한 마리아 우드워스-에터가 세운 교회가 자신이 출석하고 있는 교회 근처에 위치하고 있다는 사실도 알게 되었다. 그는 자신의 어머니에게 마리아 우드워스-에터에 대해 물어 보았으나 별로 신통한 대답을 듣지 못하였다. 슬레인은 이에 포기하지 않고 그녀에 대한 정보를 얻기 위하여 도서관을 돌아다니며 책과 신문을 뒤졌다. 그렇게 한지 얼마 되지 않아 그는 마리아 우드워스-에터의 설교를 구입할 수 있게 되었다. 그는 마리아 우드워스-에터의 설교를 읽다가 그 설교에 푹 빠져 버렸다.

슬레인은, "내가 그녀의 책을 읽었을 때 그녀의 책에 기록된 기적들이 과장된 기록이라고 생각하였습니다. 그래서 나는 도시 곳곳을 돌아다니며 그녀에 관한 기록들이 사실인지를 확인해 보았습니다. 나는 그 당시 그녀에 대해 쓴 신문기사들을 찾아 읽고 그녀의 책에 기록된 기적들이 사실이었음을 확인할 수 있었을 뿐 아니라 신문에 나온 기적 기사들은 그녀의 사역을 통해 실제로 일어났던 수많은 기적들의 일부분에 불과함도 알 수 있었습니다"라고 말하였다.

그러자 슬레인과 그의 어머니는 마리아 우드워스-에터의 생애에 대해 더 많이 알고 싶은 생각이 들었다. 그래서 슬레인과 그의 어머니는 마리아 우드워스-에터의 집회에 여러 번 참석하였던 로스코 러셀(Roscoe Russell)이라는 복음 전도자를 만나보았다. 로스코 러셀은 병에 걸린 소년시절 마리아 우드워스-에터의 집회에 참석하였을 때 마리아 우드워스-에터가 성경으로 그의 목을 살짝 치자 병이 낳았던 바로 그 사람이었다. 슬레인의 어머니가 기도 받기 위하여 로스코 러셀에게 다가가자 복음 전도자 로스코 러셀은 슬레인의 어머니에게, "마리아 우드워스-에터의 기도에 응답하셨던 하나님의 능력이 지금 여기서도 동일하게 역사하고 있습니다. 하나님은 당신의 간구에 응답하실 것입니다"라고 말하였다. 그후 슬레인의 어머니는 마리아 우드워스-에터가 세웠던 교회의 교인으로 등록하였다.

슬레인은 자신의 조상인 마리아 우드워스-에터와 스미스 위글스워스를 비교한 후 하나님과의 관계에 있어서 두 사람은 비슷하다는 결론을 내렸다. 슬레인은 또한 1913년에 존 지 레이크와 마리아 우드워스-에터가 만난 사실도 밝혀내었다. 그의 말에 의하면 마리아 우드워스-에터를 만나 후부터 존 지 레이크는 사람들에게 "마리아 우드워스-에터 어머니처럼 기도하세요"라고 자주 말하였다고 한다.

나의 의견

나는 마리아 우드워스-에터 자매의 사역이 지금까지도 계속 이어져 내려오고 있다고 생각한다. 하나님의 모든 사역에는 기사와 이적이 반드시 동반되어야 한다. 만일 그렇지 않다면 그 사역은 껍데기만 남는 사역이다. 만일 당신의 사역이 진정으로 주님의 명령을 따르는 사역이라면, 기사와 이적은 반드시 수반된 것이다.

만일 당신의 사역이
진정으로 주님의 명령을
따르는 사역이라면,
이사와 기적은 반드시
수반된 것이다.

사역의 방법과 스타일은 시대마다, 사람마다 다를 수 있는데 이는 각 사람마다 특성이 다르고 시대마다 복음 전파 대상 그룹의 문화와 생각이 다르기 때문이다. 그러나 어떤 사역이 옛날과 같은 동일한 능력으로 역사한다면 옛 사역자의 "겉옷"(mantlc)이 그 다음 세대의 사람에게로 전해졌음을 뜻한다. 여기서 "겉옷"이라는 말은 한 사람에게 임했던 능력을 의미한다. 한 사람의 겉옷은 다른 사람에게 전달되어 영의 사역이 계속 이어져나가는 것이다.

이러한 나의 개인적인 관점에서 본다면 마리아 우드워스-에터의 겉옷을 취한 사람은 바로 애미 샘플 맥퍼슨이다. 그리고 애미 맥퍼슨의 겉옷을 취한 사람은 캐더린 쿨만(Kathryn Kuhlman)이다. 캐더린 쿨만은 기적을 일으키는 능력이 대단하였던 여자였다. 그녀는 성령에 대한 목마름이 대단하였던 사람이었다. 1990년대와 2000년대인 오늘날, 캐더린 쿨만의 겉옷은 베니 힌(Benny Hinn)이 취하였다. 그러나 베니 힌 자신은 자신의 겉옷이 하나님께로부터 직접 온 것이라고 주장하며 캐더린 쿨만과의 연관성을 부인하고 있다. 베니 힌은 플로리다 주 올란도에서 활동하는 위대한 설교가며 세계적인 치유 사역자로 그의 활동 무대는 지금 전 세계로 넓혀져 나가고 있다.

녹슬게 하지 말라

마리아 우드워스-에터는 미국 전역에 걸쳐 전무후무한 사역으로 수많은 사람에게 그리스도의 자유함를 가져다준 인물이 되었다. 마리아 우드워스-에터의 업적을 기렸던 어느 한 여자의 기도문을 살펴보자.

"하나님께서는 마리아 우드워스-에터를 자신의 종으로 부르신 후 그녀에게 능력을 부어 주셨고 그녀를 지켜 보호해 주셨습니다. 그리고 그녀가 많은 여자들의 어머니, 곧 '이스라엘의 어미'가 되게 하셨습니다. 나는 그렇게 하신 하나님께 영광을 돌립니다. 그녀에게 부어진 하나님의 사랑이 오늘날 우리에게도 동일하게 부어지기를 간절히 원합니다. 아멘"

이 땅에 기사와 이적이 지금도 재현되고 있다. 아니, 이 땅에 기사와 이적이 예전보다 훨씬 더 증가하고 있다. 나는 여러분이 이러한 기사와 이적을 체험함으로써 하나님의 말씀에 힘을 실어주는 사람들이 되길 원한다. 하나님께서는 다른 사람이 아닌 바로 당신을 통해 기사와 이적을 베풀어주시는 분이심을 믿으라. 그 어떤 신학도 당신이 이러한 기사와 이적의 사역으로 나가는 것을 방해케 허락하지 말라. 능력을 사모하여 당신의 삶을 승리로 장식하라. 마리아 우드워스-에터 자매의 이 말을 당신의 삶의 모토로 삼으라.

"우리의 몸이 녹슬게 되어 못쓰게 되기보다는 다 써서 못쓰게 되는 편이 훨씬 좋습니다."

마지막 종착역에 도착할 때까지 정지하지 말라. 당신이 이미 찾았던 그 답을 못 찾은 수많은 사람들이 답을 찾기 위해 이 암흑 세상 속에서 헤매고 있음을 항시 생각하라.

참고도서

1. Wayne E. Warner, *The Woman Evangelist* (Metuchen, NJ and London: The Scarecrow Press, Inc., 1986)
2. Maria Woodworth-Etter, *A Diary of Signs & Wonders* (Tulsa, OK: Harrison House, Reprinted from 1916ed.)
3. Maria Woodworth-Etter, *Life & Testimony of Mrs. M. B. Woodworth-Etter*
4. Aimee Semple McPherson, *This is That*, (Los Angeles, CA: Echo Park Evangelistic Assoc., Inc., 1923)

CHAPTER THREE

Evan Roberts

"Welsh Revivalist"

웨일즈 부흥의 주역 (Welsh Revivalist)

- 에반 로버츠 -

이 책에 나온 열두 명의 하나님의 장군들에 관한 이야기 중에서 웨일즈 출신의 치유 사역자 에반 로버츠의 이야기가 가장 슬픈 이야기이다. 웨일즈 남부의 광산 지역 출신인 이 젊은 설교가는 세상을 떠들썩하게 한 웨일즈 부흥운동의 주역이 되었다. 그러나 경험 미숙과 마귀의 공격으로 또한 제한적인 계시로 인하여 그의 사역은 그리 오래 가지 못하고 전성기를 맞기 전에 막을 내렸다.

이 글을 읽을 독자 여러분들은 이 장에 실린 에반 로버츠의 이야기가 그를 비판하기 위한 목적으로 씌어진 글이 아님을 알아주었으면 한다. 이 글을 통하여 그의 삶을 접하게 될 여러분들은 그의 실수로부터 교훈을 배워서, 여러분들의 사역에 이용하길 바란다. 그래서 여러분의 사역에 부어주신 하나님의 기름부음을 중도에 상실치 않고 계속 유지하게 되길 원한다. 또한 여러분들의 마음을 끝까지 지킴으로써 하나님의 부흥의 불이 정작 당신에게 떨어졌을 경우 이 불을 잘 유지 관리하길 바란다.

석탄촌에서 태어나다

에반 죤 로버츠(Evan John Roberts)는 1878년 6월 8일 아버지 헨리 로버츠(Henry Roberts)와 어머니 한나 로버츠(Hannah Roberts) 사이에서 태어났다. 에반 로버츠의 부모는 신실한 신앙인으로서 칼빈의 장로교와 요한 웨슬레의 감리교를 둘 다 받아들였다. 이러한 이유로 인해 에반은 어렸을 때부터 부모로부터 신앙교육을 제대로 받았다. 에반은 아주 어렸을 때부터 남다른 감수성과 총명성을 보여주었다. 그는 어렸을 때부터 장차 커서 하나님의 부흥의 불씨를 붙일 수 있는 능력의 씨를 갖고 있었다. 그의 식구들은 모두가 하나님의 말씀을 사랑하였고 또한 열심히 땀을 흘리며 일을 하였던 사람들이었다. 그리고 그의 식구는 각자가 다 자기의 성경을 가지고 있었다. 그리고 식구들 모두는 자신의 성경책들을 하도 많이 읽어서 그 성경책들은 한결같이 너덜너덜 하였다.

> 에반은 아주 어렸을 때부터 남다른 감수성과 총명성을 보여주었다.

여러분의 자녀들이 하나님의 부흥을 불씨를 이 땅에 심는 역할을 하도록 하기 위해서는 어렸을 때부터 신앙교육을 잘 받아야한다. 부모들은 자신의 자녀가 그렇게 되도록 하기 위해서 하나님께 올바로 기도하는 법을 가르쳐 주어야 하고 스스로 하나님의 말씀을 공부하는 방법을 가르쳐 주어야한다. 그리고 어떻게 하나님을 제대로 경배하는지도 가르쳐 주고 또한 삶을 통해 경배적 삶의 본을 보여 주어야한다. 부모들이 자녀들을 어른 예배에 참석시키지 않고 교회 주일학교에만 따로 맡겨둔다면 커서 하나님의 큰 종으로 되기는 힘들다. 나는 지금 자녀들을 주일학교를 보내지 말라는 말을 하는 것이 아니다. 교회 유아원과 유치부에서는 아이들을 잘 돌보아 준다. 그러나 내 말은 아이들에게 하나님을 어렸을 때부터 배우고 접하는 기회를 자주 줌으로 말미암아 하나님의 사람이 되도록 조기교육을 시키자는 말이다. 그렇게 된다면 하나님의 부흥의 불이 이 땅에 떨어질 때, 어렸을 때부터 훈련받은 그들이 하나님의 불을 전해주는 데 크게 쓰임을 받게 된다는 말이다.

하나님의 부흥의 불이 어떻게 해야 꺼지지 않고 계속 붙어나갈 수가 있을까? 과거에 일어났던 많은 부흥들과 부흥에 관여했던 하나님의 사람들은 다음 세대를 별로 염두에 두지 않는 실수를 범하였다. 그래서 일단 붙은 부흥의 불이 다음 세대로 연결되어 붙어나가지 않았다. 그렇기 때문에 하나님께서는 이미 꺼진 부흥의 불길을 다시 붙이기 위해서 다음 세대가 올 때까지 기다리셨다. 한번 붙은 부흥의 불이 그 세대에 반드시 꺼져야 하는 것은 아니다. 하나님의 불이 꺼지지 않고 계속 다음 세대들에게로 전해지면 얼마나 좋겠는가? 어린이들이라고 무시해서는 안 된다. 어린이들은 연약하지만 영적인 민감성에 있어서는 어른들보다 뛰어나다. 또한 어린이들은 어른들 보다 쉽게 배우고 빨리 받아들이는 장점이 있다. 이런 면에 있어서는 어린아이들은 마치 마른 스펀지가 물을 빨아 드리듯 새로운 것을 잘 빨아들인다. 그러므로 어렸을 때 잘 가르쳐 놓아야 하는 것이다. 만일 당신에게 어린 자녀가 있다면 당신은 그 어린 자녀를 신앙적으로 잘 지도함으로써 하나님의 부흥을 예비하는 사람이 되도록 하는 것이다. 에반 로버츠의 부모들은 이런 점에 있어서 일등 부모였다.

에반 로버츠에게는 강인한 면도 있었는데 이 역시 부모의 영향이 컸다. 에반 로버츠가 어렸을 때 광산에서 광원으로 일하던 그의 아버지가 광산 사고를 당하는 일이 발생하였다. 그래서 그 사고 후로는 더 이상 일을 할 수가 없었다. 그러자 그의 아버지는 어린 에반 로버츠를 자신이 일하던 광산에서 일하도록 하였다. 그러자 어린 에반 로버츠는 하던 공부를 중단할 수 밖에 없었다. 그러나 그는 이런 아버지의 조치에 대해 불평 한마디하지 않았다.

그는 어렸을 때부터 성경을 암송하였고 항상 성경을 손에 끼고 살았다. 그는 심지어 광산 갱내에서 작업을 하면서도 성경을 갱내의 틈 속에다 숨겨놓고 작업을 하곤 하였다. 그러던 중 한번은 갱내에서 화재가 나 갱내의 모든 물건이 거의 다 타버렸다. 나중에 불탄 자리에 가보니 그의 성경은 표지만 그슬려진 채 타지 않고 남아있었다. 에반 로버츠는 불에 그슬려진 성경을 가지고 다니면서 시간만 있으면 성경 구절을 암송하였다. 그리고 매일 아침 에반 로버츠는 갱도 입구에 서서 출근하는 광부들에게 오늘의 성경 구절을 말해주며 그 성경을 작업하면서 외우라고 광부들을 신앙으로 격려하곤 하였다. 그리고 저녁이 되면 그 광부들에게로 가서 오늘의 성경 말씀으로부터 무슨 진리를 깨달았는지를 질문하곤 하였다. 그 당시 에반 로버츠의 독촉으로 성경을 외우던 광부들 중에 에반 로버츠가 나중에 하나님의 큰 일꾼으로 지라나게 될 것을 미리 알고 있었던 광부는 한 사람도 없었다.

"예수라면 어떻게 할 것인가?"

에반 로버츠는 같은 또래의 아이들과는 전혀 달랐다. 그는 한번도 아이들과 어울려 운동을 하거나 놀거나 나쁜 농담을 하지 않았다. 그는 광산에서의 일이 끝나면 집으로 곧바로 돌아온 후 집에서 일 마일가량 떨어진 모리아 교회(Moriah Chapel)로 가곤 하였다. 그가 열세 살이 되었을 때 그는 처음으로 하나님을 만나는 경험을 하였다. 이때 그는 주님을 위하여 살기로 결정하였다. 목사님이 설교 중에 하신 "만일 예수라면 어떻게 하였을 것인가"라는 말씀 한마디가 그의 삶을

> 같은 또래의 청소년들이 이성을 사귀는 데에 많은 시간을 허비했음에 반해 에반 로버츠는 교회에서 어른들과 성경에 대해 토론하는 데에 많은 시간을 보냈다.

바꾸어 놓았던 것이다. 이 말을 들은 후 그의 뇌리에서는 이 말이 떠나지 않았다. 그는 하나님께 나아가는 삶을 살면 살수록 자신에게, **"내가 예수라면 그분을 위해 무엇을 하여야 하는가?"**라는 질문을 더 심각하게 던졌다.

그는 하나님에 대한 배고픔으로 가득 차서 그의 손에 들어온 기독교에 관한 서적은 닥치는 대로 읽어나갔다. 그는 또한 그가 번 돈을 아껴 악기들을 사서 연주하기 시작하였다. 그런데 그는 누구한테도 연주법을 배우지 않았다. 그럼에도 불구하고 그는 악기들을 혼자 연습하여 잘 연주할 수가 있었다. 그가 그렇게 악기를 잘 소화할 수 있었던 이유도 바로 그가 가진 하나님에 대한 열정 때문이었다. 그는 무슨 일을 하든 남보다 빨리 습득하였고 성품과 인격도 같은 또래의 다른 아이들에 비해서 월등하였다. 그리고 에반 로버츠의 문학 실력은 유달리 뛰어나 그의 시와 수필들이 일찍부터 그가 살고있는 지역 신문에 실리기도 하였다.

같은 또래의 청소년들이 이성을 사귀는 데에 많은 시간을 허비했음에 반해 에반 로버츠는 교회에서 어른들과 성경에 대해 토론하는 데에 많은 시간을 보냈다. 그러자 교회의 장로회에서는 에반 로버츠를 청소년 주말 성경 토론반의 지도자로 임명하였다. 그런데 그가 이 성경 토론반을 맡고 나서 얼마 되지 않아 광산 폭발 사고로 인해 광산회사가 타격을 입는 일이 일어났다. 이 일로 인해 그는 더 이상 이 광산에서 일을 할 수가 없게 되었다. 그래서 그는 일자리를 찾아 다른 곳으로 가야만 하였다. 그는 일자리를 찾기 위하여 눈물을 머금고 성경 토론반의 지도자 자리를 사임하고 그가 살고있던 곳의 북쪽에 위치한 마운틴 애시라는 곳으로 갔다. 그러나 그는 그곳으로 가면서도 영적인 위대한 일이 그곳에서 그를 기다리고 있음을 전혀 눈치채지 못하였다.

"나의 가슴은 지금 기사와 이적을 고대하는 마음으로 불타고 있습니다"

그 당시 하나님의 능력에 대하여 이해를 하고 있거나 관심이 있는 사람은 거의 없었다. 사람들은 그저 교회에 아무 생각 없이 다닐 뿐이었고 영적인 것에는 무지하였다. 그러나 에반 로버츠만은 그렇지 않았다. 그는 하나님을 더 많이 경험하기를 원하였고 많은 시간들을 남들을 위하여 중보기도하는 데 보냈다. 에반 로버츠가 너무도 그러다 보니 스무 살이 되자 주위의 사람들이 그를 오해하여 그를 "신비주의 경향이 있는 열성 신자"라고 부르게 되었다. 그에 대한 여러 소문들이 사람들에게 퍼져나갔는데, 그 소문 중 하나는 그가 길거리에 걸어갈 때면 얼빠진 사람처럼 한숨을 내쉬거나 입술을 빠르게 움직이며 길거리에서 움직이지 않고 가만히 서 있기만 한다는 소문이었다. 그리고 그가 성경을 너무 깊이 묵상하다 자주 식사시간을 잊어버리곤 한다는 소문도 들렸다. 그리고 그는 실제로 밤늦게까지 신앙의 친구들과 부흥을 놓고 기도하고 토론하곤 하였다.

에반 로버츠를 걱정하는 목사님들이 하루는 그를 만나 그에 대한 안 좋은 소문을 그에게 전해주며 그를 걱정하는 말을 하였다. 그러자 그는 걱정할 일이 전혀 아니라는 듯이 **"성령님이 저를 감동시켰고 저는 그분이 주시는 감동대로 행동하였을 뿐입니다"**라고 말하였다. 그를 걱정하는 친구들의 권유로 그는 미국에서 온 정신과 전문의 휴즈 박사에게 진찰을 받은 적이 있다. 휴즈 박사는 에반 로버츠를 진찰한 후 에반 로버츠가 종교적 광신병(religious mania)에 걸렸다고 진단하였다. 에반 로버츠의 신앙 친구는 에반 로버츠의 하나님에 대한 열심에 대해 다음과 같이 말한 적이 있었다.

> "우리는 자주 같이 모여 밤늦게 까지 성경을 읽고 기도하곤 하였습니다. 그럴 때 에반 로버츠는 자주 혼자 성령 안에서 신음하는 듯한 소리를 내거나 무얼 부르는 듯한 소리를 내었습니다. 에반 로버츠가 하나님께 뭐라고 말하는 소리를 나로선 이해할 수 없었지만 그런 소리를 듣는 나에게는 거룩한 두려움이 몰려왔습니다."

비록 사람들은 그런 에반 로버츠를 이해할 수 없었다. 그 당시 에반 로버츠는 성령에 줄곧 사로잡혀 있어서 그런 행동을 하긴 하였지만 본인도 자신의 행동에 대해 완전히 이해할 수 없었다.

한번은 그가 어느 교회 교인들의 기도 요청을 받고 빌리쓰 웰스라는 곳으로 간 적이 있었다. 그곳 교회 교인들은 그의 기도를 받자 심령이 녹아 내렸다. 기도가 끝나자 그 교회 담임 목사님이 그에게 그가 앞으로 전시간 사역자가 되는 것이 좋겠다고 말하였다.

그는 전시간 사역자가 되는 문제를 놓고 심사 숙고한 끝에 그 목사님의 말씀을 하나님의 말씀으로 받아들여 장차 전시간 사역자가 되기로 결정하였다. 이후 그는 그 교회의 도움으로 그 교회와 연관된 열두개의 교회에서 한 교회당 두 번씩 설교하기 시작하였다. 그의 설교를 들은 사람들은 큰 감동을 받았다. 하루는 에반 로버츠가 자신의 설교를 통해 사람들이 은혜 받은 이유에 대해 그의 친구에게 다음과 같은 말을 하였다.

"하나님께 기도하면 하나님은 응답해 주시지. 그리고 또한 노력도 해야해. 그리고 성령에 관한 하나님의 약속을 믿음으로 받아들여야 하지. 그런 후 나는 믿음을 갖고 설교에 임하지. 그러면 사람들은 은혜를 받지."

이즈음 에반 로버츠는 자신의 한 친구에게, **"나는 요즘 하나님께 자네와 내가 성령에 사로잡히게 해달라고 기도하고 있다네"**라고 편지한 적이 있다. 그리곤 얼마 후 성령님께서 어느 날 에반 로버츠를 너무 사로잡자 그가 누워있는 침대가 흔들리는 일이 일어났다. 이 일 후 그는 매일 밤 한 시면 자동적으로 잠이 깨어 새벽 다섯 시까지 네 시간 동안 하나님과 친밀한 교제를 하였다. 새벽 다섯 시에 잠이 든 그는 아침 아홉 시에 다시 일어나 낮 열두 시까지 다시 기도로 하나님과 교제 시간을 보냈다.

웨일즈 부흥의 산실인 모리아 교회

1903년이 되자 에반 로버츠는 하나님께서 웨일즈 지방에 큰 부흥을 보낼 계획이 있다는 것에 대해 영적으로 미리 지각하게 되었다. 그 당시 에반 로버츠는 그가 어렸을 때부터 다녔던 모리아 교회에서 설교하면서 설교 중에 **"나는 나의 손을 뻗쳐 하나님의 불을 만지고 있습니다. 나의 심령은 하나님의 기사와 이적에 대해 목말라하고 있습니다"**라는 말을 자주 하였다.

여기서 한가지 짚고 넘어가야 할 것이 있다. 하나님의 부흥이 이 땅에 도래하기 전에 반드시 한 사람의 심령 속에 부흥이 먼저 도래한다. 먼저 사람의 심령이 부흥되지 않고서 자동적으로 어떤 지역에 하나님의 부흥이 도래하는 법은 없다. 하나님의 부흥이 도래되기 위해 기도하는 한 사람의 심령이 우선적으로 하나님의 부흥을 경험하지 않고는 그 어디에도 부흥은 일어나지 않는다는 말이다.

이 즈음에 웨일즈 지방의 거의 모든 교파들이 부흥을 놓고 기도하고 있었다. 에반 로버츠가 출석하고 있던 모리아 교회는 칼빈 사상을 신봉하고 있었다. 그래서 에반 로버츠는 "인간, 죄 그리고 구원"에 관한 한 철저한 교육을 받았었다. 그 당시 목회자를 지망하는 대부분의 예비 사역자들은 자신이 속한 교단의 위대한 설교가들의 설교를 그대로 모방하였다. 그러나 에반 로버츠는 그렇지 않았다. 에반 로버츠는 성경 학교에 입학하여 다니기 시작하다 중간에 포기하였다. 성경 학교가 성령님으로 불타는 그를 묶어 놓을 수가 없었던 것이다.

"나를 꺾으소서"

1904년은 에반 로버츠에게는 힘든 한해였다. 그는 이 한해 동안 사람들이 원하는 것과 성령님이 원하는 것 사이에서 방황하였다.

에반 로버츠의 절친한 기도 친구였던 시드니 에반스(Sidney Evans)가 하루는 그에게 와서 기쁨에 들뜬 목소리로 자신이 조금 전에 하나님께 완전히 헌신하기로 결정하였다는 것을 에반 로버츠에게 자랑스럽게 말하였다. 이 이야기를 끝까지 다 듣고 난 에반 로버츠는 왠지 자신의 마음에 먹구름이 밀려오는 것을 느꼈다. 자신은 그 친구처럼 하나님께 완전하게 헌신할 수 없을 것 같은 생각이 들었다. 그러자 그는 이 생각에 사로잡혀 점점 더 깊은 우울증에 빠져들기 시작하였다. 그의 사역 전체에 우울한 기운이 스며있었던 것은 어쩌면 이 일이 계기가 되었을 수도 있다. 그리고 그는 이때부터 이 세상 그 어느 누구도 그를 진정으로 이해하고 위로해줄 수 없음을 철저히 깨달았다.

그해 9월 에반 로버츠의 친구들은 에반 로버츠에게 세쓰 여호수아(Seth Joshua)라는 가난한 복음 전도자의 설교를 들으러 가자고 하였다. 에반 로버츠는 그때까지 세쓰 여호수아라는 이름을 들어 본 적이 없었다. 그 당시 세쓰 여호수아 목사는 자신의 능력의 외투를 물려줄 엘리사를 일으켜 달라고 하나님께 기도해 온 사람이었다. 에반 로버츠가 세쓰을 만나고 나자 세쓰가 입고 있던 능력의 외투를 에반 로버츠가 물려받은 것과 같은 일이 에반에게 일어났다. 즉 에반 로버츠가 세쓰 여호수아 목사님을 만난 이후 많은 사람들이 애송이 설교가에 불과한 에반 로버츠의 설교를 들

> 에반 로버츠에 의해 하나님의 큰 부흥의 불이 붙기 시작했을 때, 그의 설교를 듣겠다고 몰려드는 사람들 중에는 목회자들도 많았고 영국과 웨일즈에서 내노라하는 저명한 목사들도 여럿 있었다.

겠다고 몰려들기 시작한 것이다. 에반 로버츠에 의해 하나님의 큰 부흥의 불이 붙기 시작했을 때, 그의 설교를 듣겠다고 몰려드는 사람들 중에는 목회자들도 많았고 영국과 웨일즈에서 내노라하는 저명한 목사들도 여럿 있었다.

에반 로버츠가 세쓰 여호수아 목사를 처음 만났을 때 에반 로버츠는 그의 설교를 잠자코 듣고 있기만 하였다. 설교를 끝낸 여호수아 목사는 회중들을 향해 "우리의 교만한 목을 꺾으소서. 우리를 꺾으소서"라고 기도하기 시작하였다. 그러자 여호수아 목사님을 따라 그곳에 모인 전부가 동일한 기도를 하기 시작하였다. 이 기도를 따라 하던 중에 에반 로버츠의 심령에 어떤 변화가 생겼다. 에반 로버츠는 자신의 심령이 점점 뜨거워짐을 느꼈던 것이다. 집회가 끝나자 에반 로버츠의 친구들은 모두들 저녁을 먹기 위하여 여호수아 목사님의 집으로 발걸음을 향했지만 에반 로버츠는 그 친구들과는 따로 행동하였다. 그는 교회에 홀로 남아있었던 것이다. 그는 교회에 혼자 앉아 만일 성령님이 그를 지금 당장 만나려고 하신다면 마음의 문을 열고 그분을 온전히 받아드릴 수 없을 것 같은 두려움에 떨고 있었다. 이로 인해 그는 다시금 영적인 깊은 우울증에 빠져들었다.

에반 로버츠는 성령에 대해 오해를 하고 있었던 것이다. 그는 때에 따라 차도가 있기는 하였지만 이때 시작된 심한 우울증에서 거의 평생 동안 제대로 빠져 나오지 못하였다. 이 우울증 때문에 에반 로버츠는 후일 그의 사역의 중흥기 직전에 큰 실수를 범하였다. 만일 그가 성령에 대해 올바로 알고 있었더라면 그의 사역은 더 꽃 피었을 것이다. 그는 성령 하나님께서는 우리의 의사와 관계없이 강제적으로 일하시는 분이 아니시라는 사실을 몰랐다. 성령님은 절대로 사람들이 하길 원치 않는 일을 강제로 하게 하거나 받기 싫어하는 것을 억지로 받게 하시는 분이 아니시다. 성령님은 당신을 고문시키거나 당신을 우울증 걸리게 하거나 외롭게 만들기 위해서 이 땅에 오신 분이 아니시다. 성령님은 우리에게 자신감과 담대함과 용기를 주시기 위해서 오셨다. 그러므로 우리는 언제든지 그분께, "성령님, 오시옵소서"라고 담력을 가지고 요청할 수 있어야 한다. 그럴 때 성령님께서는 우리에게 오셔서 우리의 삶의 어떤 분야가 고침 받아야 하는 지를 가르쳐 주신다. 그리고 이런 일이 일어날 때 우리는 비로소 신앙의 성숙을 경험하게 된다. 하나님의 나라는 성령 안에서 의와 화평과 기쁨이다. 그런데 성령님께서 임하는 것에 대해 에반 로버츠가 심히 걱정하여 우울하게 된 것은 성령님의 역사가 아니었다. 에반 로버츠가 성령에 대해 이러한 진리를 알고 있었다면 그는 우울증에 빠지지 않았을 것이다.

그는 친구들이 식사하러 여호수아 목사님의 집으로 간 사이에 교회 안에서 홀로 앉아 하나님께 울며, **"나의 목을 꺾으소서. 나를 겸손케 하소서"**라고 계속 기도하였다. 그는 겸손케 되고자 하나님께 간절히 기도하였던 것이다. 그렇게 하나님께 기도를 간절히 드리자 갑자기 하나님의 사랑이 그에게 계시되었다. 그래서 그는 그날 하나님의 자신에 대한 뜻에 항복하여 마침내 자신의 마음의 문을 열고 성령님께서 자신의 마음속에 오시길 요청하였다. 그는 그 당시의 경험을 회상하며 훗날, **"나는 그때 하나님께서 그분의 사랑으로 나를 꺾으시는 경험을 하였습니다. 내가 꺾임을 당하자 내 가슴은 평화와 기쁨의 물결로 넘쳐 났습니다"**라고 말하였다. 이 일로 인해 이제 에반 로버츠는 하나님의 말씀을 전하는 자로서의 마음의 준비를 갖추게 되었다.

여러 사람들은 에반 로버츠가 하나님 자체보다 하나님께서 손에 가지고 계신 것들에 더 많은 관심을 표현하였다고들 말하기도 하였다. 그러나 그렇지 않다. 그의 사역의 중심에는 성령님에 대한 사랑과 하나님의 이 땅에 운행하심에 대한 관심이 자리잡고 있었다.

달에서 뻗어 나온 팔

에반 로버츠는 자주 환상을 보는 편은 아니었다. 그러나 그는 1904년 10월에 환상을 보았는데 그때 일어난 구체적인 정황은 다음과 같다.

에반 로버츠는 믿음의 친구인 시드니 에반스와 같이 밤에 정원을 걷고 있었다. 이때 그는 에반스가 하늘에 걸린 달을 물끄러미 바라다 보는 모습을 지켜보았다. 그리고 나서 에반 로버츠 자신도 에반스가 쳐다보고 있는 달을 쳐다보았다. 그러나 아무 것도 보이지 않았다. 그래서 에반스에게, **"자네 지금 뭘 보고 있는 거야?"**라고 물었다. 그때 갑자기 그도 에반스가 보고 있는 것을 보게 되었다. 그는 큰 팔 하나가 달에서 뻗어져 나와 웨일즈 지방 쪽으로 내려오고 있는 환상을 본 것이다.

그 당시 에반 로버츠는 수십만의 영혼들이 예수님을 영접하는 큰 부흥이 일어나게 해달라고 기도하고 있었었다. 그러던 중 그는 팔이 달에서 뻗어 나오는 환상을 보게 된 것이다. 그가 본 이 환상은 그의 기도에 대한 하나님의 응답이었다. 이 환상을 본 이후 그는 크게 용기를 얻어 그가 가려고 하였던 설교자의 길을 더 잘 매진하게 되었다. 이 환상을 본 이후 그는 웨일즈에 부흥이 일어나도록 하는 일에 일생을 바치기로 재 다짐하였다. 그리고 그는 **"우리는 성령님 없이는 아무**

일도 할 수 없다"라고 외치며 하나님의 부르신 분야로 한층 더 매진하기 시작하였다. 그러나 이러한 그의 성령님에 대한 열성이 효력을 나타낸 적도 있었지만 또 어떤 때는 그의 열성이 너무 지나쳐 오히려 역효과를 낸 적도 있었다.

가령 에반 로버츠가 성령님의 옹호자가 되는 데 있어서 도가 지나치다 보니 때로는 그가 예배 인도 중에 성령님을 방해하고 성령님에게 신실하지 못한 예배 태도를 보이는 사람이 있으면 그는 지체없이 그렇게 하는 사람을 많은 사람들 앞에서 혹독하게 책망하였다. 이러한 그의 잘못된 태도에 못마땅해 하는 사람들은 이런 그를 광신자라고 불렀다. 그리고 에반 로버츠의 친구들조차도 그의 이런 지나친 태도를 걱정하였다. 에반 로버츠는 이렇게 과격하게 행동하다가도 또 언제 그랬냐는 듯이 금방 원래 상태로 돌아와 주위의 사람들에게 어떻게 하면 하나님의 평강을 경험하며 살 수 있는 지에 대해서 가르치곤 하였다.

잃어버린 열쇠들

에반 로버츠는 이제 드디어 담임 목사의 배려로 모리아 교회에서 연속적인 작은 집회를 열게되었다. 달의 환상을 본 그해 10월 31일에 에반 로버츠가 모리아 교회에서 설교를 함으로 시작된 이 작은 모임은 갈수록 참석하는 사람들이 증가하여 결국은 큰 부흥으로 발전하였다. 그리고 이 모임은 이주간이나 계속 되었다.

이 당시 젊은 설교자
에반 로버츠는 강대상에서
내려와 교회당 내의
통로를 왔다갔다하며
설교하였다. 그리고
몇 안 되는 사람들에게
다가가 질문을 던지기도
하며 설교하였다.

1905년 2월

에반 로버츠가 인도한 이 작은 모임의 첫 집회에는 단지 불신자 몇 명이 포함된 소수의 사람들만 참석하였다. 이 당시 젊은 설교자 에반 로버츠는 강대상에서 내려와 교회당 내의 통로를 왔다갔다하며 설교하였다. 그리고 몇 안 되는 사람들에게 다가가 질문을 던지기도 하며 설교 하였다. 그 당시 그런 식으로 설교를 하는 사람들은 에반 로버츠 외에는 아무도 없었다. 그 집회의 목적은 참석자들을 앞으로 도래할 부흥을 위한 준비 기도자로 훈련시키는 것이었다. 그는 이 집회를 통하여 그의 이런 목적을 충분히 달성하였다. 에반 로버츠는 이 집회에서 하나님의 부흥이 도래하고 퍼져나가도록 하기 위해서는 사람들이 성령에 대한 성경적 이해를 하고 있어야 하며 아울러 성령님의 운행하심에 동역자가 되어야 한다고 설교하였다. 에반 로버츠가 다니는 모리아 교회는 에반 로버츠의 영향을 받았기에 심지어는 어린이들까지 성령님이 모리아 교회에 부어지기를 합심하여 기도하곤 하였다.

에반 로버츠가 인도하는 그 집회가 열기를 점점 더해가자 그는 신실한 사람들을 보내달라고 하나님께 기도하였다. 그가 중보기도를 인도하면 강력한 중보기도의 영이 예배장소에 임하였다. 그리고 그가 인도하는 집회는 대개의 경우 자정을 넘어서도 계속 되었다. 한번은 그의 집회에 참석한 모든 사람들이 새벽이 될 때까지 에반과 함께 밤새도록 중보기도만 드린 적이 있었다. 이렇게 소수의 중보기도자들이 에반과 함께 중보기도를 드리자 그들로 인한 영적인 영향력이 전 도시로 점차 퍼져나가기 시작하였다. 어떤 때는 새벽 네 시까지도 집회가 안 끝나고 있었다. 그러면 교회 밖에서는 새벽기도회에 참석하려는 사람들이 집회가 끝나기를 줄을 서서 기다리고 있기도 하였다. 이런 일들이 일어나자 웨일즈 전역에 에반 로버츠의 이름이 알려지게 되었다.

이러한 부흥의 소용돌이가 전국으로 퍼져나가자 사람들은 에반 로버츠를 주목하기 시작하였다. 그러나 에반 로버츠는 자신을 이 부흥의 지도자라고 생각하지는 않았다. 그 뿐만 아니라 그는 사람들이 자신을 지도자로 부르지 못하도록 조치하였다. 그리고 그는 사람들이 그를 사진 찍는 것을 허락하지 않았다. 한번은 신문기자와 인터뷰할 때 신문기자가 그를 찍으려고 하자 그는 이를 제지하였다. 그 결과 오늘날 그의 사진은 별로 남아있지 않다. 단지 그의 가족들이 소장하고 있는 그의 사진 몇 장만 남아있을 뿐이다.

에반 로버츠의 집회에서 일어나는 현상의 특징은 성령에 의한 웃음, 울음, 춤, 기쁨 그리고 상한 심령의 치유였다. 신문에서는 그의 집회에서 일어나는 이런 희한한 현상들을 독자들에게 알리기 시작하였다. 그러자 에반 로버츠가 인도하는 집회에서 일어나는 현상들에 대한 이야기가 전국적으로 알려지기 시작하였다. 때로는 취재 차 나온 기자들이 에반 로버츠의 집회에서 은혜를 받고 예수님을 영접하기도 하였다. 이러한 그의 집회를 통해서 붙기 시작한 부흥의 불은 웨일즈 전국으로 퍼져나갔다. 그러자 심지어는 술집과 영화관들이 장사가 안돼 문을 닫는 일이 속출하기 시작하였다. 그리고 창녀들이 변화 받아 그가 인도하는 성경공부를 비롯하여 여러 성경 공부 모임에 참석하기 시작하였다. 그리고 오랫동안 꾼 돈을 갚지 않는 사람들이 돈을 갚는 일이 여기 저기서 발생하였다. 그리고 가정에서는 경제적인 책임을 지지 않고 술만 마시던 아버지들이 일찍 귀가하는 일이 일어났다. 정말로 이 땅에 하나님 나라가 도래한 현상이 전국 각지에서 일어나기 시작한 것이었다.

에반 로버츠가 주축이 된 웨일즈 부흥 집회들의 특징은 성가대가 없고 특별 순서가 없다는 것이다. 그리고 헌금시간도 없었고 찬송가도 없었고 집회를 위한 무슨 조직 위원회다, 집회 집행 위원장이다, 고문이다 하는 조직이 없었고 찬양 인도자도 없었고 집회를 신문이나 라디오에 돈을 내어가며 광고하는 일도 없었다.

하나님에 대해 갈급해 하고 말씀과 은혜를 사모하던 각 교단의 총회장들을 비롯한 기라성 같은 지도자들도 에반 로버츠의 집회에 참석하였다. 그리고 웨일즈의 어느 도시에서는 어느 하루를 정하여 그 도시의 모든 교회의 목회자들이 모두다 교단 구별 없이 자신이 담임을 맡고 있지 않은 타 교단의 교회에서 설교를 하기도 하는 놀라운 일도 벌어졌다. 이 일로 인하여 이 지역을 중심으로 교단과 교회간의 장벽이 무너지고 교회 목회자들은 교단을 뛰어넘어 서로 한마음이 되어 연합하는 일이 벌어졌다. 그 당시까지만 해도 여자가 교회의 예배에서 대표 기도를 하거나 교회 활동을 하는 것은 매우 드물었는데, 에반 로버츠가 일으킨 부흥을 계기로 교회 안에서의 남녀 차별이란 장벽이 허물어지기 시작하여 각 교회에서 여자가 대표기도를 하는 일들이 일어나기 시작하였다. 그리고 에반 자신도 기회가 있을 때마다 국가간, 교파간, 남녀간의 장벽이 허물어져야 한다고 힘주어 설교하였다.

웨일즈 부흥 운동의 특징은 다음 네 가지로 요약될 수 있다. 첫째, 하나님께 죄를 회개함. 둘째, 비밀스럽고 은밀하게 행하여 왔던 일을 백일하에 하나님 앞과 사람들 앞에 드러냄. 셋째, 공개석상에서 예수 그리스도를 주인과 구주로 고백함. 넷째, 성령님만 의지하는 삶을 살겠다고 맹세함.

이러한 것이 그 당시 에반 로버츠가 주도한 웨일즈 부흥 운동의 특징이었다. 그 당시 부흥을 일으켰던 이 네 가지의 특징들은 오늘날 일어나는 부흥에도 동일하게 적용되어야 한다. 그러나 엄격히 말하면 오늘날 전 세계에서 일어나고 있는 부흥들에는 회개가 그 당시보다는 약하다. 이러한 경향은 오늘날의 설교가들이 개인의 죄 보다는 사회의 죄를 들추어내는 데에 초점을 두기 때문이라고 나는 생각하고 있다. 그리고 사람들이 하나님의 은혜와 자비 측면을 강조하는 반면 하나님의 심판 측면은 소홀히 하기 때문이라고 생각한다. 우리는 지금 값싼 은혜의 시대에 살고 있는 것이 아니다. 예수님은 우리에게 정의를 주시기 위하여 피 값을 지불하셨음을 알아야 한다. 회개해야 하나님 나라에 들어간다는 사실은 영원한 진리이다. 회개는 하나님께서 보내주신 부흥이라는 구름 안에 우리가 계속 머무를 수 있도록 하여 주는 힘이다.

우리는 하나님 사랑을 우리의 그 어떤 우선 순위보다 더 위에 놓아야한다. 나는 젊은 시절 야구를 무척 좋아하였다. 그러던 어느 날 하나님보다 야구를 더 사랑하고 있다는 것을 깨닫고 나서는 야구를 중단하였다. 그러자 하나님은 나에 대한 계획을 수립하셨다. 그리고 나는 그 부르심에 응답하였다. 그러자 나의 기도에 힘이 생기기 시작하였다. 하나님과 회복된 기도의 삶은 즐거움 그 자체였다. 독자 여러분은 자신이 하나님보다 더 사랑하는 것이 없나 점검해 보라. 그리고 만일 그 어떤 것이 하나님보다 위에 있으면 이를 회개하고 하나님을 삶의 우선 순위의 맨 위에 놓으라. 그래야 묶여있던 삶과 사역이 풀린다.

"하나님은 나를 담대하게 만드셨습니다."

에반 로버츠가 인도하는 집회는 다른 사람들이 인도하는 집회와는 사뭇 달랐다. 그의 집회는 두 여자 인도자가 앞에서 예배를 인도함으로 시작되었다. 앞에서 두 여자 중에서 한 여자가 사람들에게 성령님께 자신을 비어드리라고 참석자들에게 말하기 시작한다. 그러면 다른 편에선 여자는 애절한 목소리로 눈물을 흘리며 찬양을 하기 시작한다. 사람들은 이런 두 여인의 집회 인도 시작 순서를 "분위기 띄우기"라고 불렀다. 한 여자의 찬양이 끝났는데도 에반 로버츠가 설교단 앞으로 나오지 않을 때가 종종 있었는데, 이때 사람들은 으레 에반 로버츠가 자기 자리에서 무릎을 꿇고 울며 기도하는 모습을 관찰할 수 있었다. 그럴때면 사람들은 그의 그런 모습을 보고 큰 감동을 받았다. 많은 사람들은 에반 로버츠의 설교가 유창해서 은혜 받은 것이 아니라 그의 눈물로 기도하는 모습을 보고 은혜 받았다고 말하였다. 아주사 스트리트(Azusa Street)라는 책을 발간한 바 있는 프랭크 바틀맨(Frank Bartleman)은 그의 글에서 에반 로버트를 관찰하였던 어느 사람의 말을 이렇게 인용하였다. "에반 로버츠는 영적인 고뇌에 빠져 설교하다 말고 설교 도중에 쓰러지기도 하였습니다. 그런 일이 일어나면 그 집회에 참석한 많은 사람들도 그와 같이 쓰러지는 일이 일어났습니다."

> 에반 로버츠는 자신에게 하나님의 기름부음이 임하는 것을 느끼지 못하는 경우 기름부음이 임할 때까지 설교를 하지 않고 가만히 자기의 자리에 앉아있기만 하였다.

그의 집회에서는 사람들이 예배도중 갑자기 무릎을 꿇고 큰 소리로 기도하는 일이 자주 일어났다. 또한 집회 중에 성령님께서 주시는 기쁨과 슬픔의 파도가 사람들을 덮치곤 하였다. 그럴 때면 여자들은 통로 쪽으로 나와 무릎을 꿇고 기도하였고 남자들은 울거나 웃으며 기도를 드렸다. 그러나 그의 집회에서는 성경을 찾아 읽거나 악기 연주를 하지는 않았다. 그러나 은혜 받은 사람들이 스스로 혼자 일어나 찬양을 하는 적은 간혹 있었다. 때론 주일 오전 대예배 중에도 하나님의 강한 임재가 나타나 사람들이 점심 식사하는 것도 잊어버리고 신령과 진정으로 예배드리기도 하였다. 이런 일은 적어도 웨일즈 지방에서는 이제껏 없던 일이었다. 집회가 며칠씩 계속되는 경우에, 어떤 날은 저녁 예배 전체가 기도로만 이루어지는 경우도 있었다. 그리고 그럴때면 에반 로버츠는 통로를 왔다갔다하며 팔을 휘젓거나 손뼉을 치거나 몸을 위 아래로 계속 뛰어주곤 하였다.

그의 집회 성공에 대한 이야기가 전국적으로 회자될 즈음 많은 사람들은 젊은 설교가 에반 로버츠에 대한 평가를 어떻게 해야될지 몰라 전전긍긍 하였다. 그 당시에 사람들은 눈을 부라리며 무섭게 설교하는 목사들만 보아왔었다. 그러나 에반 로버츠는 절대로 목소리를 높여 설교하는 법이 없었다. 그래서 사람들은 그를 "조용한 설교자"라고 부르기도 하였다. 에반 로버츠는 자신에게 하나님의 기름부음이 임하는 것을 느끼지 못하는 경우 기름부음이 임할 때까지 설교를 하지 않고 가만히 자기의 자리에 앉아있기만 하였다. 한번은 그는 설교하지 않고 교회의 세 번째 앞줄에 세시간 동안 앉아있더니 세시간 후 일어나 단상으로 가더니 단지 15분만 설교하고 들어가 앉은 적도 있었다.

그 당시 대부분의 사람들은 근엄한 얼굴을 하고 준엄하게 하는 설교에 익숙해 있었다. 그러나 에반 로버츠는 그 반대였다. 설교하는 그의 얼굴은 항상 밝았다. 한번은 한 목회자가 그의 집회에서 구원받은 서른 세 명의 명단을 읽자 그는 어린아이처럼 기뻐하며 자신의 팔로 그 목사님을 꼭 껴안으며, **"하나님께 영광 돌립니다"**라고 한 적도 있었다.

이러한 부흥의 결과로 전국적으로 출판된 성경이 모두 바닥나 새 성경책을 구하기가 하늘의 별 따기 보다 힘들게 되었다. 그리고 또한 놀라운 것은 웨일즈의 석탄 산업이 새로운 국면으로 접어드는 일이 일어났다는 사실이다. 왜냐하면 웨일즈에서 부흥이 일어나기 전에, 광부들은 말들을 사용하여 석탄을 실어 날랐는데, 광부들은 말들에게 움직이도록 명령할 때 꼭 욕이 섞인 명령어들을 사용하였다. 그런데 광부들이 은혜를 받자 더 이상 말에게 욕이 들어가지 않는 명령을 내렸다. 그러자 말이 말귀를 못 알아듣고 전혀 움직일 생각을 안 해 광산에서 일하는 모든 말들을 다시 훈련시켜야 하였기 때문이었다.

그러나 이런 놀라운 하나님의 부흥에도 투덜거리는 사람들이 있었다는 사실은 참으로 흥미롭다 아니할 수 없다. 이들 불평자들은 어디에나 있기 마련이다. 이들은 에반 로버츠가 인도하는 예배에 질서가 없고 엉망이라고 투덜거렸다. 그리고 그들은 예배시간이 열두 시간 이상씩 지속되니 예배가 너무나 길다고 투덜거렸다. 에반 로버츠가 연속적으로 집회를 인도하자 사람들이 그의 건강을 염려하기 시작하였다. 그런 염려에 대해 에반 로버츠는 다음과 같이 말하였다.

"내가 피로하냐고요? 절대로 그런 일은 없습니다. 하나님은 나에게 새 힘을 공급해 주십니다. 수천 명이 와도 끄떡없습니다. 내 몸은 밤낮 없이 성령님의 전기로 가득 차 있습니다. 나는 한 잠도 자지 않고 다음 집회를 인도할 수 있습니다."

밝혀진 바에 의하면 에반 로버츠가 인도하는 집회에 처음으로 하나님의 부흥의 불이 떨어지고 나서 첫 두 달 동안 그는 거의 먹지도 않고 자지도 않았다. 단지 그는 하루에 두세 시간만 잘 뿐이었다.

휴식이 필요해지다

이제 나는 정말로 중요한 말을 하겠다. 이것은 사역자라면 반드시 알아야 하는 중요한 것이다. 하나님의 사역을 오랫동안 지속하기를 원하는 사역자는 반드시 하나님께서 만드신 이 우주의 법칙을 지켜야 한다. 그러한 우주의 법칙 중의 하나가 바로 몸의 법칙이라고 불리는 법칙이다. 영이 육보다 세고 강한 것이 사실이다. 그렇지만 우리가 세상에서 사는 동안에는 영은 반드시 육을 통해서만 활동한다. 그러므로 하나님의 일을 하는 사람들은 영이 올바로 활동하도록 육을 잘 돌볼 책임이 있다. 만일 우리가 이 법칙을 무시하여 몸을 돌보지 않고 사역만 계속한다면 몸에 병이 나게 되고 심한 경우 사망한다. 그리고 몸이 죽으면 영은 떠날 수밖에 없다. 여러분은 혹시 죽은 시체가 하나님의 일을 하는 것을 본적이 있는가? 하나님은 각자가 자신의 몸을 잘 관리하도록 각자에게 책임을 맡기셨다. 그리고 누구의 몸이든지 예외 없이, 몸은 반드시 관리되어지고 자주 쉬어 주어야 한다. 굳이 쉬실 필요가 없으신 하나님께서도 육일간의 창조 끝에 하루를 쉬심으로 우리에게 휴식과 안식의 모범을 보이셨음을 우리는 명심하여야 한다.

나의 경우 기름 부음이 임하면 나의 몸은 생기가 돌며 몸이 하나님의 뜻에 순복하기 시작한다. 그렇게 되는 이유는 기름부음이 몸에 생기를 가져다주기 때문이다. 그러나 그러한 기름부음이 일어나는 동안에도 나의 몸은 활동에 필요한 산소를 계속적으로 요구한다. 가령 아무리 기름부음이 세게 일어나도 나의 몸은 호흡할 수 있는 산소를 요구하며 또한 영양분을 요구하며 그리고 휴식을 요구한다. 우리의 몸은 아직까지는 완전히 영화된 몸이 아님을 잊어서는 안 된다. 성숙한 사역자는 영만 아니라 몸도 돌보는 사역자이다. 영이 역사한다고 숨을 안 쉬는가? 만일 이 몸의 법칙을 무시하면 아무리 훌륭한 사역자도 반드시 조만간 병나 죽는다. 몸은 정기적으로 휴식시켜 주어야 한다는 것이 철칙이다. 병에 걸리면 하나님 음성도 잘 안 들리고 사역도 잘할 수 없다. 부흥이 일어나면 사역할 일이 많아진다. 그러므로 부흥 기간 동안에는 더욱 더 각별히 몸을 챙겨야 한다. 괜히 하루 이틀 잘 나간다고 객기를 부리다가는 큰 코 다친다. 그래서 병원에 입원한 저명한 영성 사역자들이 한두 명이 아니며, 단명한 치유 사역자들 또한 한두 명이 아니다. 하나님께서 쓰시는 큰 그릇이 되기 위해서는 영만 아니라 마음과 몸을 철저히 관리하여야 한다. 에반 로버츠는 몸 관리를 잘못하여 그의 사역은 일찍 그 종말을 고하였다. 이는 참으로 안타까운 일이라 아니할 수 없다.

웨일즈 부흥이 일어나고 나서 얼마 지나지 않아 에반 로버츠는 감정적인 면에 있어서 자신이 억압을 받고 있음을 암시해 주는 말을 내뱉기 시작하였다. 그러나 그는 이를 무시하고 계속 이 도시 저 도시로 돌아다니면서 무리하게 사역을 계속하였다. 그러면서 그는 가는 곳마다 잃어버린 영혼들을 구원해야 한다고 설교하였다. 그의 친구가 그의 건강을 걱정하여 좀 휴식하는 것이 좋겠다고 권고하기라도 하면 에반 로버츠는 그런 제안에 매우 강하게 반발하며 하나님께서 일하시니 자기도 일해야 한다고 주장하였다. 그런 일이 지속되자 그의 몸이 서서히 망가지기 시작하였다. 그러나 그럼에도 불구하고 하나님의 능력은 그를 통하여 계속 흘러나왔다. 한번은 신문에서 그의 집회에 참석하여 죄를 깨닫고 통회 자복하는 사람들에게 몸이 떨리는(shake) 현상이 나타났다고 보고하였다.

세계로 퍼지는 부흥의 불

에반 로버츠의 집회에 참석한 사람들은 하나님의 초자연적인 경험들을 하였다. 에반 로버츠는 참석자 누구나 감지할 수 있을 정도의 하나님의 임재를 집회 장소마다 끌어 다녔다. 그래서 형식적으로 주일 예배만 참석하는 사람들이 그의 집회에 참석하면 하나님의 임재를 경험하게 되었고 이로 말미암아 예배 참석자들의 정결함과 거룩함이 단시간 안에 증가하곤 하였다. 에반 로버츠는 설교를 자주 하는 편이 아니었다. 그리고 그는 다른 곳에서 집회를 인도할 때면 의례 세 명의 여자 찬양자들을 꼭 데리고 다녔다. 그 세 명의 이름은 에니 데비스(Annie Davies), 메기 데비스(Maggie Davies) 그리고 에스 에이 존스(S. A. Johns)였다. 많은 경우 이 여자들이 하나님으로부터 메시지를 받아 찬양이라는 형식으로 사람들에게 직접 전하였다. 에반 로버츠는 성령님이 예배 중에 운행하실 때는 그 어떤 사람이라도 성령님의 운행하심을 방해해서는 안 된다고 믿고 있었다. 그래서 특히 이 자매들이 찬양을 할 때 누군가가 그 분위기를 방해하는 행동과 말을 하면 그는 그 즉시로 그런 사람을 지적하여 꾸짖었다. 만일 예배 인도자가 성령 하나님께서 예배에 주도권을 잡도록 허락하지 않고 예배 인도자 자신이 예배의 주도권을 잡아가면 그 예배 인도자는 하나님께서 주신 권세를 남용하는 것이라고 그는 생각하였다.

그는 또한 성령님을 보이지 않는 능력으로 보지 않고 사람들의 존귀와 찬양을 받으셔야 하는 인격체로 보았다. 그래서 예배도중 한두 사람이라도 예배에 신실하게 참여하지 않는 사람이 있으면 그는 즉각 일어나서, **"지금의 예배 분위기는 한마디로 성령님께서 도저히 여기에 계실 수 없으실 정도이군요"**라며 격하게 말하며 예배 장소를 떠나가 버리곤 하였다.

> 신문들은 에반 로버츠의 집회로 인하여 도시 역사상 최고로 많은 외지인들이 한꺼번에 몰린 기록을 남긴 도시들이 여럿이 생겼다는 사실을 앞다투어 보도하였다.

에반 로버츠가 지방 도시로 순회 집회를 하면 그 도시의 많은 사람들이 그의 집회에 참석하였다. 한번은 삼천 명이 사는 어느 소도시에서 집회할 때에 그 도시의 삼분의 일이나 되는 사람들이 그의 집회에 참석하기도 하였다. 대개의 경우 집회시간 보다 훨씬 전에 사람들이 집회 장소에 도착하여 앉을 자리를 잡았다. 그래서 늦게 도착한 사람들은 할 수 없이 밖에서 예배를 드려야 하는 경우가 허다하였다. 그리고 또한 에반 로버츠가 집회를 인도하면 다른 도시 사람들이 한꺼번에 많이 그가 집회를 인도하는 도시에 몰려들었다. 신문들은 에반 로버츠의 집회로 인하여 도시 역사상 최고로 많은 외지인들이 한꺼번에 몰린 기록을 남긴 도시들이 여럿이 생겼다는 사실을 앞다투어 보도하였다.

그리고 이런 일들이 일어나자 에반으로 인한 웨일즈 부흥 소식이 세계 각국으로 퍼져나갔다. 그래서 남아프리카 공화국, 러시아, 인도, 아일랜드, 노르웨이, 캐나다 그리고 폴란드 등지에서 많은 사람들이 웨일즈로 몰려오기 시작하였다. 그리고 미국 사람들은 단체로 에반 로버츠의 집회에 참석한 후 자기네 나라로 돌아가 자신이 에반 집회에 참석하였다는 것을 자랑삼아 이야기하기도 하였다. 대부분의 외국 사람들은 에반 로버츠의 집회에 참석한 후 웨일즈의 부흥의 불을 자기네 나라에다 옮겨놓길 원했다. 그리고 실제로 웨일즈의 부흥의 불이 여러 나라들에서 붙여지는 일들이 일어났다. 이럴 즈음 미국 캘리포니아 출신으로 복음 전도자인 동시에 저널리스트인 프랭크 바틀맨이 에반 로버츠에게 편지를 하였다. 이 편지에서 프랭크 바틀맨은 어떻게 하면 동일한 부흥의 불을 미국에도 붙일 수 있을 지를 에반 로버츠에게 물어보았다. 이 편지를 필두로 에반과 바틀맨은 부흥에 관해 여러 차례 서신 왕래를 하였다. 에반 로버츠는 답장에서 미국에서도 웨일즈와 동일한 부흥이 일어나기를 위해 자신과 자신의 중보 기도팀이 기도하겠다고 말하였다. 또한 그는 미국에도 동일한 부흥이 일어나기 위해서는 몇 가지 조건이 갖추어져야 한다고 편지하였다. 이 편지 왕래 후 바틀맨은 1906년 일어난 미국 아주사 거리 부흥의 산증인이 되었다. 그리고 아주사 거리 부흥을 책으로 생생하게 남긴 장본인이 되었다. 이러한 여러 가지 사실들을 놓고 볼 때 에반 로버츠가 붙인 웨일즈 부흥의 불은 전 세계인들의 하나님을 향한 갈급함을 증가시킨 계기가 된 것이 분명하다.

혼동과 와해

1905년이 되자 에반 로버츠가 이상해지기 시작하였다. 이때부터 그는 "주님의 고통"에 동참하고 싶다는 말을 자주 하였다. 그리고 그는 처음엔 부드럽게 기쁨에 차서 예배를 시작하다가 갑자기 뛰어 일어나 팔을 흔들며 순수한 맘으로 예배를 드리지 않는 사람들 향하여 비난의 말을 쏟아놓는 일이 자주 발생하였다. 그리고 심한 경우는 그런 사람들을 보고 위협적인 어투로 예배 장소에서 떠나달라고 요청을 하였다. 한편 그 즈음 에반 로버츠는 자신의 내면에서 나오는 여러 종류의 음성들을 들었는데 그 자신 어느 목소리가 하나님의 소리인지를 정확히 분간을 하지 못하여 힘들어 하였다. 그렇기에 그는 자신이 하나님 목소리가 아닌 것을 하나님의 소리인줄로 잘못 알아듣고 사람들

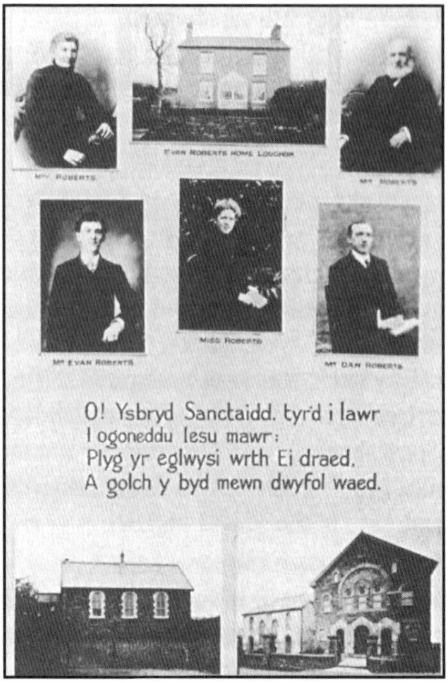

에반 로버츠 어머니 (상좌), 로버츠의 집 (상중), 에반 로버츠의 아버지 (상우)
에반 로버츠 (중좌), 미쓰 로버츠 (중중), 댄 로버츠 (중우)

에반 로버츠의 기념비

웨일즈 부흥의 주역 에반 로버츠

에반 로버츠와 그의 찬양 사역 도우미들

말씀을 묵상하고 있는 에반 로버츠

친구들과 함께 차를 타고가는 에반 로버츠

성령 충만한 에반 로버츠

에게 잘못 전할까봐 전전긍긍하기도 하였다. 그는 이러한 그의 이러한 자신의 문제점을 믿음의 친구였던 시드니 에반스에게 솔직히 털어놓은 적도 있었다. 또한 이 당시 에반 로버츠는 자신 속에 어떤 죄된 것이 조금이라도 남아있는지를 끊임없이 체크하였다. 그런데 이것이 도가 지나쳐 병적이기까지 하였다. 그리고 그는 사람들이 하나님을 높이는 대신에 자신을 높일까봐 지나치게 걱정하였다.

그럼에도 불구하고 부흥의 열기는 점점 더 그 강도를 더해갔고 에반 로버츠 속에 있던 성령님의 여러 은사들은 더욱 강하게 나타났다. 그 당시 사람들은 성령님의 은사에 대해서는 별로 아는 바가 없었다. 그런데 에반 로버츠가 사람들 속에 있는 잘못된 것과 죄된 영에 대해 족집게처럼 끄집어내곤 하자, 성령님의 은사들, 특히 지식의 말씀의 은사에 대해 전혀 몰랐던 사람들은 그에게 강한 텔레파시가 있다고 말하기도 하였다. 에반 로버츠는 자신에게 나타난 은사를 거부감 없이 잘 사용하였다. 그렇지만 그가 은사에 대해 사람들에게 말하거나 가르치지는 않았다.

그의 은사가 얼마나 강하였는지에 대해 좀 더 말해보자. 그는 설교 도중에 갑자기 말을 중단하고 손가락으로 가령 이층 발코니 쪽을 가리킨다든지 하며 그곳에 앉아 있는 사람 중의 한 사람이 구원받아야 한다고 말하곤 하였다. 그가 그런 말을 마치면 거의 이삼 초 내에 에반 로버츠가 손가락으로 가리켰던 곳에 있던 사람들 중 한 사람이 여지없이 무릎을 꿇고 울면서 하나님께 죄를 자복하기 시작하곤 하였다. 또한 그는 어떤 경우에는 특정한 죄의 이름까지 말하며 회개할 것을 촉구하기도 하였다. 그리고 또 어떤 경우는 말씀을 전하다 말고 집회 장소 밖으로 나가 밖에서 모여 있는 사람들 중 한 사람에게 다가가 그 사람이 지은 특정 죄를 그 사람만 알아들을 수 있게 말하곤 하였다.

그러면 그 사람은 즉시 그 자리에서 무릎을 꿇고 회개하곤 하였다.

그러나 이러한 정확한 지식의 말씀의 은사가 나타났음에도 그가 내면에서 들려오는 여러 가지 음성 때문에 고민하고 있었다는 사실은 매우 흥미롭다. 그러나 그는 이러한 현상과 정신적 불안에 대해 그 어떤 사람의 상담도 받지 않았다. 그리고 자기 식으로 계속 집회를 밀고 나갔다. 그러자 결국 그의 마음과 몸은 이러한 잘못된 내면의 소리들을 더 이상 견디어내지 못할 정도가 되었다. 그는 너무도 지친 몸과 마음 때문에 더 이상 집회를 인도할 수 없게 된 것이다. 그래서 그는 할 수 없이 예정된 그의 모든 집회를 취소하였다.

"저런 사람들이 문제다"

앞으로 예정된 에반 로버츠의 모든 집회들이 취소되었다는 말을 전해들은 사람들은 동요하고 흥분하기 시작하였다. 그리고 실망한 사람들은 그의 집회가 계속되어야 한다고 강력하게 주장하였다. 이에 에반 로버츠는 절대적 안정과 휴식이 요구됨에도 불구하고 지친 몸과 마음을 질질 끌며 다시 집회를 열기 시작하였다.

그러나 그의 마음이 안정되지 못한 상황하에서 그는 그전보다 자주 사람들의 신실치 못함을 더 강도 높게 비난하였다. 그가 특정 사람들을 손가락으로 가리키면서 **"저런 사람들이 문제입니다"**라고 이야기하기 시작하자 사람들에 속에 있는 하나님에 대한 갈증이 채워지는 일은 점점 감소하고, 사람들이 에반에 대해 반감을 갖은 일은 점점 증가하기 시작하였다. 그래서 결국 웨일즈의 모든 사람들이 이러한 에반 로버츠의 태도를 비난하기 시작하였다. 그리고 사람들은 그를 "최면술사", "전시 효과만 노리는 사람", "이단자"라고 부르기 시작하였다. 이에 화가 난 에반 로버츠는 그의 집회에 한두 사람이라도 신실치 못한 사람이 참석하면 그 예배에 참석한 모두가 하나님 앞에 신실치 못한 사람들이라고까지 공개적으로 말하였다. 그리고 한번은 어떤 사람을 지적하며 그 사람은 위해서는 절대로 기도해 주지 말라고까지 말하기도 하였다.

일이 이쯤 되자 그를 둘러싼 비난과 정죄가 여기 저기에서 난무하기 시작하였다. 그리고 이를 두고 여러 신문들 역시 들고일어나 그를 싸잡아 공격하였다. 그런데 엎친 데 덮친 격으로 그의 집회에 방해꾼들이 나타나 그를 "거짓 부흥의 불을 나르는 자" "신성 모독자"라고 소리치며 그의 집회를 방해하였다. 이에 에반 로버츠의 친구들은 사람들에게 에반 로버츠가 아직 경험이 부족해서 그러니 이해해 달라며 흥분한 사람들을 진정시켰다.

이럴즈음 에반 로버츠의 몸과 마음은 이미 돌이킬 수 없을 정도로 무너져 있었다. 그래서 그는 예정된 모든 집회들을 다시금 취소하였다. 그러자 이번에는 그를 비난하던 사람들이 주축이 되어 그의 이러한 조치를 환영하였다. 이 기회에 그의 대적들은 그가 균형 잡히지 못한 잘못된 사역자라며 그에게 비난의 화살을 더욱 더 쏘아대었다. 그러자 그의 집회를 통해 구원을 받은 수많은 사람들은 자신이 받은 구원의 정통성에 대해서 의심을 품게 되었다. 그래서 그들은 혹시 에반 로버츠의 집회에 참석하여 자신들이 구원받은 것은 사실은 사단에게 속아 가짜 구원을 받은 것일지도 모른다라고 생각하게 되었다. 에반 로버츠를 진찰한 한 정신과 의사는 에반 로버츠가 계속되는 정신적 쇼크로 인하여 신체와 뇌에 손상이 왔다고 진단하였다.

큰 영광, 큰 고통

일부 사람들은 에반 로버츠의 집회와 그를 극심하게 비난하였다. 그러나 에반 로버츠의 사역과 말씀을 사모하는 사람들은 모든 집회를 중단한 후 휴식 중에 있는 에반 로버츠의 설교를 듣고싶어 에반 로버츠의 비서에게 자신들의 의견을 전달하였다. 이 요청을 전달받은 에반 로버츠는 이들의 요청을 수락하여 자신의 집회 일정을 다시 짠 후 이를 신문에다 광고하였다.

다시 집회가 열리던 첫날 집회 장소 안은 물론 그 장소 앞의 도로마저 인산인해를 이루었다. 그런데 집회가 시작되기 바로 직전에 에반 로버츠의 비서가 단상으로 올라갔다. 그리곤 "에반 로버츠 목사님으로부터 다음과 같은 전갈이 왔습니다. 성령님께서 에반 로버츠 목사님에게 설교하는 것을 허락하지 않으셔서 에반 목사님이 오늘은 설교하실 수 없으시답니다. 오늘 집회는 취소되었습니다. 그러므로 모두들 집으로 돌아가십시오"라고 광고하였다. 그러자 사람들은 실망하고 분노하였다. 에반 로버츠의 친구들은 그가 성령님의 지시만을 따른다며 하나님께 예배드리러 온 수많은 사람들을 이런 식으로 다시 돌려보내는 행태를 이해할 수가 없었다. 에반의 친구들은 그가 너무 스트레스를 많이 받아 성령님을 핑계되고 그런 조치를 취하였다고 생각하였다.

이제 에반 로버츠는 두문 불출하고 성경 읽기와 기도에만 전념하였다. 그렇게 몇 달을 쉰 그는 다시 사역을 재개하기 위하여 사람들 앞에 나타났다. 그러자 그의 사역 초기에 나타났던 능력이 동일하게 나타났다. 에반 로버츠는 자신이 인도하는 집회에서 예전과 같은 능력이 나타나자 자신을 하나님께서 잠든 교회들을 깨우도록 특별히 사용하시는 하나님의 사자로 생각하게 되었다.

그가 그 자신을 그렇게 생각해서 그런지 그는 다시금 그의 원래의 부드러움을 상실하고 공개석상에서 종교 지도자들을 심하게 비난하고 특정 교회들을 비난하였다. 또한 그는 심지어 자기가 지금 집회를 인도하고 있는 이 교회는 반석 위에 세워진 교회가 아니라고 말하기까지 하였다. 이에 발끈한 그 교회 사람들이 들고 일어났다. 그 후 에반 로버츠는 그가 그렇게 말하였던 바로 그 교회에서 주 강사 대신으로 서야하는 경우가 있었는데, 그는 설교시간이 되었는데도 강대상으로 올라가지 않고 두 시간이나 버티고 있었다. 이에 화가 난 목회자들이 그를 질타하자 그는 미련 없이 그 교회 밖으로 나가버렸다. 그후에 다시 그 교회 안으로 들어온 에반 로버츠는 사람들에게 집회는 계속될 것이니 걱정하지 말하고 말하였다. 그날 밤 다시 그 교회의 강대상 앞에 선 에반 로버츠는 에스겔서 34장을 편 후 사람들에게 웃는 얼굴로 진정한 목자는 어떤 사람이어야 하는지를 설교하였다.

> 에반 로버츠는 자신이 인도하는 집회에서 예전과 같은 능력이 나타나자 자신을 하나님께서 잠든 교회들을 깨우도록 특별히 사용하시는 하나님의 사자로 생각하게 되었다.

이러한 연속되는 어려움에 에반 로버츠의 정신 상태는 점점 재기 불능의 상태로 내달았다. 그래서 그는 이제 별 것 아닌 것에 신경을 곤두세우곤 하였다. 그리고 사람들이 별 생각 없이 한 말을 자신에 대한 공격으로 받아드리고 자주 발끈 화를 내곤 하였다. 그리고 그는 사람들이 예수님을 바라보아야지 사역자를 바라보아서는 안 된다고 말하며 자주 화를 내었다. 이러한 에반 로버츠의 정신적 우울 상태는 시간이 갈수록 더 심해졌다.

그러다가 1906년 여름에 에반 로버츠는 북부 웨일즈 지방에서 열린 목회자들과 교회 지도자들만을 위한 케직 사경회식 부활절 연합집회를 인도하게 되었다. 이때 그의 정신과 감정은 완전히 망가져 있었다. 그는 이 케직 집회에서 그가 받은 고통은 예수님께서 2000년 전에 받았던 고통과 동일한 고통이라고까지 말하였다. 그 집회를 인도할 당시 그의 몸과 마음은 그의 말대로 너무도 망가져 있었던 것이 사실이었다. 그는 정말로 회복 불능상태에 있었던 것이었다.

이세벨의 영이 접근하다

이 케직 사경회에서 에반 로버츠는 제씨 펜-루이스 부인(Mrs. Jessie Penn-Lewis)을 만났다. 제씨 펜-루이스 부인은 영국 출신의 부호였으며 또한 목사였다. 그러나 웨일즈 지방에서는 그녀의 사역이 신학적인 문제를 야기한다며 그녀의 사역을 별로 달갑지 않게 생각하였다. 웨일즈의 목회자들은 그녀의 가르침은 사람들이 도가 지나칠 정도로 십자가 고난을 받도록 부추긴다고 보고, 그녀의 그러한 가르침이 웨일즈에 발붙이지 못하도록 하기 위해서 그녀를 거절하였다.

그러던 중 제씨 펜-루이스 부인이 에반 로버츠가 십자가 고난에 대해 설교하는 것을 듣게 되었다. 그의 설교를 듣고 난 제씨 펜-루이스는 에반 로버츠의 십자가 고난에 대한 견해가 자신의 견해와 일맥상통 하다고 생각하였다. 그래서 그녀는 그 어떤 목적을 가지고 에반 로버츠에게 접근하였다. 그러면서 그녀는 자신의 친구들에게는 에반 로버츠가 너무 심신이 지쳐있는 상태이고 자기만이 이러한 에반 로버츠를 잘 돌보아 줄 수 있으므로 에반 로버츠를 만나는 것이라고 말하였다. 에반 로버츠를 만난 제씨 펜-루이스 부인은 에반 로버츠에게 그가 고통받은 이유는 그의 가르침이 너무도 뛰어나기 때문이라고 말하

제씨 펜-루이스 부인과 그녀의 남편 펜-루이쓰

여 에반 로버츠를 위로하였다. 그리고 제씨 펜-루이스 부인은 자신이 얼마나 고통에 빠진 그를 잘 도와줄 수 있는 적임자인지를 누누이 설명하였다. 에반 로버츠는 이러한 제씨 펜-루이스 부인의 말을 차츰 신뢰하게 되었다. 에반 로버츠가 제씨 펜-루이스 부인을 만나지 한 달이 채 되지도 않았을 즈음 에반 로버츠는 이미 그녀와 매우 친한 사이가 되었다. 그런데 그럴 즈음 에반 로버츠는 그의 생애에 있어서 네 번째의 극심한 우울증을 경험하게 되었다.

최근에 발견된 편지를 근거로, 제씨 펜-루이스 부인이 에반 로버츠에게 접근한 것은 어떤 숨은 의도가 있어서였다는 사실이 밝혀졌다. 좀 더 자세히 말한다면, 제씨 펜-루이스 부인은 자신이 주장하는 십자가 고난 신학이 옳다는 것을 사람들에게 증명하기 위하여 에반 로버츠를 끌어들인 것이었다. 에반 로버츠를 만난 제씨 펜-루이스는 자신이 웨일즈 목회자들에 의해 얼마나 타격을 입었는지를 에반 로버츠에게 호소하듯 털어놓았다. 또한 그녀는 그렇기 때문에 자신은 웨일즈에는 다시는 오지 않겠노라고 말하며, 에반 로버츠에게 그도 웨일즈에서 동일한 타격을 입었으니 자신과 같이 영국으로 가자고 요청하였다.

에반 로버츠는 그러한 제씨 펜-루이스 부인의 의견에 따랐다. 즉 에반 로버츠는 자신의 고향이었고 사역의 본거지였던 웨일즈를 떠나 제씨 펜-루이스 부부를 따라 영국으로 갔다. 영국으로 간 에반 로버츠는 제씨 펜-루이스 부부가 제공하는 영국 우드랜드에 있는 그들 부부 소유의 집에서 거의 은둔 상태로 기거하기 시작하였다. 그리고 그런지 얼마 후 제씨 펜-루이스 부부는 에반 로버츠에게 새 침대와 기도실이 있는 집을 지어주었다. 그러자 에반 로버츠는 그때부터 자신의 침대에서 거의 하루 대부분을 보냈다.

열왕기상 21장?

> 이러한 제씨 펜-루이스 부인의 잘못된 가르침을 여과 없이 받아들인 에반 로버츠는 이때부터 모든 초자연적인 은사 사용은 잘못된 것이라고 생각하게 되었다.

영국의 우드랜드에서 에반 로버츠가 칩거생활에 들어가자 제씨 펜-루이스 부인은 에반 로버츠를 매일 같이 찾아와 그에게 그의 사역을 통해 그가 저지른 실수가 어떤 실수였는지는 말해주었다. 이 당시 에반 로버츠의 판단력은 많이 흐려져 있었다. 그렇기 때문에 에반 로버츠는 제씨 펜-루이스 부인이 말해주는 것을 여과 없이 그대로 받아들였다. 에반 로버츠는 그녀가 자기에게 말해주는 내용이 진리가 아니라 단지 그녀의 사견일 뿐이라는 사실을 알아채지 못하였다.

한번은 제씨 펜-루이스 부인이 에반 로버츠를 만난 자리에서 그 동안 에반 로버츠가 사용해 왔던 은사의 진위성에 대한 문제를 제기하였다. 그러면서 그녀는 에반 로버츠가 사역에서 우울증을 경험하였던 이유는 바로 거짓 은사를 사용하였기 때문이라고 주장하였다. 그러면서 그녀는 에반 로버츠에게 그가 온전히 자기 자신을 십자가에 못박지 않았기 때문에 마귀에게 속은 것이라고 말하였다. 이런 말을 계속 듣자 에반 로버츠는 자기가 사용한 은사가 마귀가 준 거짓 은사라는 제씨 펜-루이스 부인의 말을 옳다고 받아들였다. 그래서 그는 자신이 거짓 은사를 사용하는 바람에 그동안 많은 사람들을 혼동 속으로 몰아넣었고 그 결과 극심한 우울증에 걸리게 되었다고 생각하였다.

이러한 제씨 펜-루이스 부인의 잘못된 가르침을 여과 없이 받아들인 에반 로버츠는 이때부터 모든 초자연적인 은사 사용은 잘못된 것이라고 생각하게 되었다. 그리고 성령님께서 올바로 임하도록 하기 위해서는 정말로 자신이 사용하였던 지혜보다 더 큰 지혜가 필요하다고 생각하게 되었다. 에반 로버츠가 이렇게까지 된 것은 그가 심신이 거의 제 기능을 상실한 상태에서 제씨 펜-루이스 부인의 잘못된 가르침을 반복해서 받았기 때문이었다.

에반 로버츠가 자신의 복음적 설교를 들은 수많은 사람들이 예수 그리스도를 영접한 것은 그가 마귀로부터 은사를 잘못 받았기 때문이 아니란 사실을 간과한 것은 너무도 안타까운 사실이다. 외국에서 온 수많은 사람들이 그를 통해 하나님의 부흥의 불을 받아 그 불을 전 세계에 붙여나간 것은 분명히 마귀의 장난이 아니었다는 사실을 왜 생각해 내지 못하였는지 모르겠다.

그는 분명히 성령님의 역사로 인하여 또한 하나님께서 그에게 부어주신 성령님의 능력과 은사로 인하여 가는 곳마다 하나님의 복음과 회개의 메시지를 외쳐 하나님의 사역을 올바르게 하지 않았던가? 그리고 그 자신 성령 안에서 정결함과 신실함을 추구하지 않았던가? 그에게 필요하였던 것은 은사의 폐기가 아니라 휴식과 안식이었던 것을 그는 왜 몰랐던가? 그는 쉬어야 할 때 쉬지 않아서 우울증이 왔고, 그 결과 마귀가 기뻐하는 사역의 중단으로까지 이른 것이지, 결코 그가 초자연적인 은사들을 마귀로부터 받기 때문에 그런 것이 아니었다.

만일 이러한 것들에 대해 에반 로버츠 자신이 한번만이라도 깊이 있게 생각해 보았더라면 그는 절대로 제씨 펜-루이스 부인의 작전에 걸려들지 않았을 것이다. 이러한 그의 잘못된 결론으로 인하여 에반 로버츠는 그의 은사를 절대로 다시 쓰지 않기로 결정하였다. 이러한 일련의 사실들은 참으로 우리 모두를 슬프게 한다.

다시는 설교단에 서지 않다

에반 로버츠를 사람들로부터 완전히 격리시킨 제씨 펜-루이스 부인을 사람들이 비난하였다. 그러자 그녀는 어떤 복음전도 부흥사에게 편지를 써서 자신은 심신이 지친 에반 로버츠를 보호하고 있으며 그로 인해 에반 로버츠는 자신의 잘못된 사역으로부터 돌이킴 받고 있는 중이라며 자신을 변호하였다. 그후 그녀는 또 다른 편지에서 지금은 에반 로버츠가 자신의 도움으로 영적으로 크게 성장하고 있으며 앞으로 에반 로버츠는 자신의 사역의 협력자가 될 것이라고 하였다.

내 생각으론 제씨 펜-루이스 부인이 자신의 사역과 자신의 이름을 사람들에게 알리기 위해서 에반 로버츠를 이용한 것이 거의 확실하다고 본다. 에반 로버츠를 만나기 전에 그녀는 별로 이름 없는 사역자에 불과하였다. 그녀는 그녀의 신학과 가르침에 무게를 실어줄 저명한 사람이 필요하던 차에, 힘이 다 쇠진한 에반 로버츠가 그녀 눈에 띄었던 것이다. 만약 그녀가 진정으로 에반과 동역하길 원했다면 그녀는 에반 로버츠를 만난 후 그에게 설교할 기회를 충분히 주었어야 옳았다.

에반 로버츠가 제씨 펜-루이스 부부 소유의 집에 격리되어 있는 동안, 어느 목회자와 에반 로버츠의 친구가 에반 로버츠를 방문하여 그에게 영적으로 큰 힘이 될 만한 위로의 말을 해주었다. 그러나 그러한 위로 방문 한번으로는 심신이 멍든 에반 로버츠를 회복시키기에는 역부족이었다. 이들의 방문 후 일년이 지나서야 에반 로버츠의 마음과 몸이 다소나마 회복될 수 있었다. 그 결과 그는 겨우 다시 자신만의 힘으로 걸을 수가 있었다.

에반 로버츠가 스스로 걸을 수 있게 되었을 때 에반 로버츠의 담당 의사는 에반 로버츠에게 오래 살고 싶으면 절대로 설교해서는 안 된다고 말하였다. 이러한 의사의 권고를 적극적으로 찬성한 사람은 바로 제씨 펜-루이스 부인이었다. 그녀가 그 의사의 의견을 찬성한 저변에는 어떤 딴 의도가 깔려있었음이 분명하다.

에반 로버츠가 웨일즈에서 갑자기 자취를 감추자 그에 의해 예수님을 영접하였던 수많은 사람들은 에반 로버츠가 얼마나 힘들었었는지는 전혀 생각지도 않고 에반과 에반 로버츠를 데리고 간 제씨 펜-루이스 부인을 심하게 공격하였다. 그들은 자신들이 에반 로버츠를 전혀 만나지 못하도록 에반 로버츠를 격리시킨 제씨 펜-루이스 부인에 대해 몹시 못마땅해 하였다. 그러나 에반 로버츠는 그녀를 비난하는 사람들에게 제씨 펜-루이스 부인은 자신을 도와주도록 하기 위하여 하나님께서 보내주신 믿을 만한 사람이라는 것과 그녀에 의해 비로소 자신의 영적인 눈이 올바로 뜨였다고 말해주었다. 또한 에반 로버츠는 자신은 그 부인이 마련해준 집에서 자유롭게 지내고 있다고 말함으로 제씨 펜-루이스 부인을 진심으로 두둔하였다. 그러나 실상은 제씨 펜-루이스 부인에 의하여 에반 로버츠는 눈뜬 장님이 되었던 것인데 에반 로버츠는 이 사실을 전혀 몰랐던 것이다.

혈육의 정을 끊다

에반 로버츠는 점차 혈육과의 만남을 기피하기 시작하였다. 한번은 그가 매우 병약한 상태에 있었을 때 그는 그의 어머니가 위독하다는 전갈을 받았다. 그러나 제씨 펜-루이스 부인은 이 전갈을 받고 이 소식이 병약한 상태의 에반 로버츠에게 악영향을 줄 것 같아 그에게 이 소식을 알리지 않았다. 그리고 나서 얼마 지나지 않아 에반 로버츠의 아버지가 에반 로버츠를 만나려고 그가 있는 곳까지 직접 찾아왔다. 그러나 에반 로버츠는, **"나는 더 큰 영적인 사업을 위해 헌신하여야 할 몸이므로 나의 혈육과의 모든 정을 끊어야만 합니다"**라고 말하며 아버지를 의도적으로 만나지 않았다.

> 아무리 훌륭한 영성 사역자라 하더라도 또는 영성이 아무리 대단한 사람이라고 하더라도 혈족과의 관계를 단절시켜서는 안 된다.

아무리 훌륭한 영성 사역자라 하더라도 또는 영성이 아무리 대단한 사람이라고 하더라도 혈족과의 관계를 단절시켜서는 안 된다. 여러분이 혈족들과 같이 생활하건 아니건 간에, 중요한 것은 그들과 좋은 관계를 유지해야 한다는 사실이다. 옛말에 피는 물보다 진하다는 말이 있는 데 정말 그렇다. 특히 여러분의 부모님은 많은 경우에 있어 여러분이 잘되길 바라고 또한 그것을 위해 기도하고 염려해 주시는 분들이다. 만일 여러분의 부모님이 신실한 그리스도인이라면, 이 세상 모든 사람들이 여러분을 대적한다 해도 그 분들만은 여러분 편이 되어주실 분들이다. 핏줄을 끊는 것은 어떻게 보면 자신의 존재를 부인하는 행위이다. 예수 믿지 않는 집안에서 처음으로 사역자가 된 사람들은 특히 핏줄을 끊기가 쉽다. 그러나 절대로 그렇게 해서는 안 된다. 존 알렉산더 도위가 그 한 예인데 그는 그의 성까지 갈아 버렸다. 그 결과 그의 사역은 파멸로 치닫고 말았던 것이다. 부모를 공경하라는 하나님의 명령을 저버린 사역자는 더 이상 하나님의 사람이 아니다. 왜냐하면 이 계명은 하나님께서 우리에게 명하신 첫 계명이요 약속이기 때문이다. 그렇기 때문에 하나님께서는 에베소서 6장 2~3절 말씀을 통하여 우리가 부모를 공경할 때 이 땅에서 잘되고 장수한다라고 말씀하신 것이다.

그러므로 이 말씀에 근거하여 볼 때 만일 당신이 당신의 가족과 혈족의 정을 끊어 버리거나 등한시하면 당신의 삶에 하나님의 평강이 없어지고 당신은 하나님의 약속대로 장수하지 못하고 일찍 죽는다. 만일 당신이 영적으로 너무 뛰어나기 때문에 가족을 버려야 한다면 그렇게 하지 말고 오히려 그들을 사랑하고 받아줌으로 당신이 영적으로 뛰어나다는 것을 보여주어야 마땅하다. 절대로 가족과 부모를 버리지 말라.

남의 권세 이용한 여자

제씨 펜-루이스 부인이 에반 로버츠를 격리시키고 있는 동안 그녀는 자신이 저술한 책을 출판하면서 에반 로버츠의 도움을 받았다. 그 결과 그녀는 1913년 성도들의 전쟁(War on the Saints)이라는 책을 출간하였다. 이 책을 출간하면서 그녀는 육년 간 기도 가운데서 터득한 진리를 담은 책이라고 밝혔다. 이 책은 사실 알고 보면 제씨 펜-루이스와 에반 로버츠 두 사람의 이름으로 출판되었어야 옳다. 그러나 이 책의 출판으로 명성을 얻은 사람은 제씨 펜-루이스였다. 그녀는 서문에서 이 책은 사람들의 영적인 문제점들을 밝혀 해결해 주기 위한 목적으로 출판한다고 밝혔다. 그러나 사실 이 책은 온갖 영적 질병들을 모아 논 책에 불과하다. 이 책이 출판된 지 일년이 지났을 때 에반 로버츠는 이 책이, **"하나님의 백성들을 갈라놓고 혼미케 하는 좋지 않는 책이다"**라고 말하였다.

그렇게 이야기했던 그가 이 책이 출판될 당시에는, **"나는 평생 제씨 펜-루이스 부인처럼 그렇게 영적으로 성숙한 사람을 만나 본 적이 없다. 그녀는 진정 영적인 것에 관한 한 베테랑이다"**라고 말하였었다. 그가 그렇게 말한 것은 그녀를 좋게 생각하여 그렇게 그녀를 치켜세운 것에 불과하다. 이러한 에반 로버츠의 치켜세움에 고무된 그녀는 이러한 영적 질병들에 대한 그녀만의 해법을 에반 로버츠에게 영어로 출판할 것을 에반 로버츠에게 독려하였다.

한 때 전 세계를 하나님의 성령님으로 주름잡았던 세계적인 부흥전도자가 한 여인의 모략에 속아 어떻게 그녀의 하수인으로 전락될 수 있었는지에 대해 이해하기란 그리 쉽지가 않다. 그러나 이 둘의 이야기는 마치 성경에서 엘리야와 이세벨의 이야기에 견줄 수 있고 삼손과 데릴라의 이야기에 견줄 수 있다. 이런 일들은 역사를 통해 계속 반복되어 일어나고 있음을 우리는 거울 삼아야 할 것이다.

그녀의 그림자에 갇혀 지내다

에반 로버츠와 제씨 펜-루이스는 한 팀이 되어 극복자(The Overcomer)라는 기독교 잡지를 발행하기 시작하였다. 여기서 에반 로버츠는 매호마다 신앙 수필 한 편씩을 기고하였고 나머지의 글들은 제씨 펜-루이스 부인이 다 관장하였다. 나는 제씨 펜-루이스가 자신의 사역을 넓히고 자신의 이름이 알려지게 하기 위하여 이 신앙 잡지를 만들면서 그 전에도 그랬던 것처럼 에반 로버츠를 이용하였다고 생각한다. 이 잡지는 오순절 사역자들을 규탄하고 오순절 사역자들의 사역은 마귀로부터 나왔다고 주장하였다. 이 잡지의 발행 부수는 그후 오만 부까지 육박하였고 이 잡지는 영국, 유럽, 북 아메리카, 남아프리카, 한국 그리고 중국 등의 나라로까지 보내졌다.

1913년 제씨 펜-루이스 부인이 병으로 앓아 눕게되자 에반 로버츠가 그 잡지에 실려야할 모든 글들을 당분간 혼자 쓸 수밖엔 없었다. 그러나 얼마 지나지 않아 병에서 일어난 제씨 펜-루이스는 그 잡지를 폐간시켰다. 그리곤 곧 "기독교 일꾼 콘퍼런스(Christian Workers Conferences)"란 큰 집회를 열어서 자신 혼자 설교를 담당하였고 에반 로버츠는 집회기간 동안 기도실에 남아 몇 사람들만 상담하도록 하였다. 한 세대를 하나님의 성령님으로 주름 잡으며 세계에 부흥의 불을 붙였던 사람이 어떻게 기도실에 처박혀 몇 사람만을 상담해 주는 자로 격하될 수 있단 말인가?

제씨 펜-루이스 부인은 사람들의 이러한 의문에 대해 자신은 단지 의사가 에반 로버츠가 다시는 설교를 하지 말아야 된다고 하였으므로 설교할 수 없는 에반 로버츠에게 상담을 맡기는 것이라고 변명하였다. 그러나 이것도 실상은 에반 로버츠를 이용한 것에 불과하다. 이 콘퍼런스 기간동안 에반 로버츠의 상담을 받았던 어떤 사람은, "나는 정말 에반 로버츠가 보여준 족집게 같은 영적인 정확함에 놀랐습니다. 그는 사람들의 문제가 무엇인지를 정확히 집어내었습니다. 그의 영적 분별력과 진단 능력은 대단했습니다"라고 이야기 하였다.

제씨 펜-루이스 부인이 시작한 기독교 일꾼 컨퍼런스는 몇 년간 지속되었지만 사람들의 인기를 끌지 못하였기 때문에 결국은 문을 닫고 말았다. 한편 에반 로버츠는 자신의 막힌 사역의 탈출구를 기도학교(The Prayer School)를 통해 찾았다. 이 기도학교는 1908년에 열렸던 스완시 컨벤션(Swansea Convention) 기간 동안 세워졌던 "기도 파수꾼(The Prayer Watch)"라는 모임에서부터 생겨난 학교였다. 에반 로버츠는 이 기도학교에서 참석자들에게 어떻게 가정과 사역자들과 교회들을 위해서 효과적인 중보기도를 할 수 있는지에 대해서 가르쳤다. 또한 그는 이 기도학교에서 가르치는 동안 기도에 관한 여러 편의 글을 발표하였다. 에반 로버츠의 기도 학교를 통해 가르침을 받은 수많은 목회자들은 이구동성으로 에반 로버츠의 가르침을 통해 기도에 대해 많은 사실들을 배웠고 실제 사역에 적용할 수 있었다고 말하였다.

에반 로버츠가 기도에 대한 강좌를 열어나가자 그의 시들었던 영은 다시 살아나기 시작하였다. 그의 식어버렸던 영의 불이 다시 지펴지기 시작하였던 것이다. 그는 때로 기도 파수꾼의 모임을 인도하는 도중에도 기도 방으로 들어가서 혼자서 기도의 단맛에 빠지곤 하였다.

기도의 파수꾼 모임이 처음 얼마동안은 에반 로버츠가 기거하였던 제씨 펜-루이스 소유의 집에서 몇 사람들이 모인 가운데만 이루어졌다. 이때 에반 로버츠는 기도 방으로 들어가 문을 잠그고는 남들을 위한 중보기도에 전념한 적이 여러 번 있었다. 이 당시 에반 로버츠는 자신의 친구에게 자신의 삶이 기도만으로 점철되어 평생 중보기도만 함으로써 남들을 돕고 싶다는 말을 하였다.

에반 로버츠는 마치 중보기도자로 부르심을 받아 흥분한 사람처럼 중보기도의 삶을 살기 시작하였다. 그는 주로 기독교 지도자들과 세상에 흩어진 신자들을 위하여 중보기도하였다. 한번은 프랑스의 구세군 책임자 중의 한 사람이 그에게 영적 전쟁에 대한 질문을 하자, 에반 로버츠는 다음과 같이 대답하였다.

"누가복음에 보면 '낙망치 말고 기도하라' 라는 말은 있지만

'낙망치 말고 설교하라'라는 말은 없습니다. 설교하기는 쉽습니다. 그러나 기도는 쉽지 않습니다. 기도하려면 우선 아무도 당신의 기도를 방해하지 않는 장소가 있어야 합니다. 그리고 기도 중에는 흑암의 세력들과 영적 전쟁을 하여야 합니다. 그러한 기도를 통해서 마귀와의 영적인 전쟁에서 승리의 비결들을 터득하게 됩니다."

이 당시 에반 로버츠는 자신의 친구에게 자신의 삶이 기도만으로 겸철되어 평생 중보기도만 함으로써 남들을 돕고 싶다는 말도 하였다.

에반 로버츠의 이러한 표현을 고려해 볼 때 에반 로버츠는 이 즈음 사람들 앞에서 설교하는 것보다 혼자 기도하는 삶을 살기로 결정한 것이 분명하다. 사실 그는 칩거 생활을 시작한 이후 사람들과 너무나 오랫동안 떨어진 삶을 살아왔기에 더 이상 사람들 앞에 나서는 것을 원치 않았던 것같다. 이러한 에반 로버츠의 대인 기피 행동 양상에 대하여 제씨 펜-루이스 부인은 이렇게 기록하였다.

"그가 한 방안에 여러 사람들과 같이 있다고 해도 사람들이 그에게 가서 말을 걸기란 쉽지 않았습니다."

이렇게 에반 로버츠는 펜-루이스 부인의 일방적 조치로 인해 사람들과 떨어진 삶을 팔 년간이나 살았다.

에반 로버츠의 삶은 복잡하였다. 제시 펜-루이스 부인이 에반 로버츠의 명성과 사역을 그녀 자신의 목적을 이루는데 사용하려 하였음에도 불구하고 에반 로버츠가 이를 수용하였다는 사실은 매우 흥미롭다. 에반 로버츠가 처음 제씨 펜-루이스 부인을 만났을 당시 에반 로버츠는 그녀의 제의를 따라갈 수밖엔 없었다. 그 이유는 그가 그 당시 매우 심한 우울증에 걸려있는 힘없는 상태의 사역자였기 때문이었다. 그럼에도 불구하고 젊은 로버츠가 그녀의 집에 팔 년간이나 머무르며 그녀에게 예속되어 있다는 것은 잘 이해가 되지 않는다. 펜-루이스 부부가 그에게 마련해준 거처가 그에게 너무 안락하였기 때문인가? 아니면 그가 이제는 더 이상 그의 설교에 대한 확신을 갖지 못해서인가? 아니면 너무 자신감을 잃은 그가 누군가를 의지하고 싶기 때문이었을까? 이 시점에서 우리가 알 수 있는 사실은 단지 에반 로버츠는 더 이상 사람들 앞에 서기를 원치 않기 시작한 때에 펜-루이스 부인이 그에게 접근하여 그가 원하는 거처와 환경을 제공해 주었다는 사실이다.

"다시 부흥이 올까요?"

제씨 펜-루이스와 에반 로버츠는 결국 갈라섰다. 왜 제씨 펜-루이스와 에반 로버츠가 갈라서게 되었는지에 대해서는 확실히 알려진 바가 없다. 1920년이 되자 에반 로버츠는 글을 써서 그녀의 사역을 돕는 일을 중단하겠다고 발표하였다. 이러한 에반 로버츠의 조치에 대해 제씨 펜-루이스 부인은, "비록 에반 로버츠가 나와는 같이 일하진 않았지만, 그는 그 나름대로 자신의 일을 추진해 나갔습니다"라고 말하였다.

그리고 1919년과 1921년 사이에 에반 로버츠는 영국 써섹스 지방의 브리톤이란 곳으로 이사하였다. 그리곤 타자기 한대를 구입한 후 자기 나름대로 여러 소책자들을 저술하였다. 그러나 그 내용은 별로 정리가 되지 않은 것이었고 성경에 대한 인용도 책의 내용과는 동떨어진 것이 많았다. 그래서 그런지는 몰라도 출판된 소책자들은 사람들의 시선을 별로 끌지 못하였다.

이제 심신이 많이 회복된 에반 로버츠는 고향의 친구들에게 그간 자신에게 보내준 사랑과 관심에 감사하며 시간이 허락하면 친구들을 만나고 싶다는 편지를 보내었다. 그 시기에 영국과 웨일즈는 서로 심한 적대관계에 있었다. 그렇기 때문에 이 시기에 에반 로버츠가 웨일즈에 있는 사람들의 도움 없이 자신의 고향인 웨일즈로 돌아가기란 양국의 대립적인 정치 상황으로 볼 때 그리 쉽지는 않았다. 그 당시 웨일즈 사람들, 특히 에반 로버츠의 집회에서 예수님을 영접한 사람들은 에반 로버츠가 자신들을 버리고 웨일즈를 떠났던 과거의 일에 대해 아직도 분이 풀리지 않고 있었다. 또한 그들은 에반 로버츠가 글로써 에반 자신이 마귀에게 노략질 당해서 은사를 잘못 사용하였다는 글을 쓴 사실에 대해 아직도 분노하고 있었었다. 다시 말해 그들은 자신들의 위대한 영적 지도자로 여겼던 에반 로버츠가 자신이 했던 모든 것에 대해 의구심을 표시하였던 것에 대해 못마땅해 하였던 것이다. 그들은 또한 에반 로버츠가 웨일즈를 떠날 수밖엔 없었던 때의 심정은 어느 정도 이해했겠지만 그가 정말로 자신들의 곁을 떠난 것에 대해서는 그래도 불만이었다. 이러한 때에 에반 로버츠가 웨일즈에 다시 돌아오고자 하였던 것이다.

에반 로버츠는 자신이 소속된 교단 관계자에게 자신이 웨일즈로 돌아가고 싶다는 편지를 썼다. 이 편지를 읽은 교단 관계자는 이 편지를 공문화 한다는 조건으로 에반 로버츠가 웨일즈로 돌아오는데 협조하겠다고 답장하였다. 에반 로버츠는 이 조건을 받아들여 그는 자신이 원하는 때에는 언제나 고국에 돌아갈 수 있는 길이 열리게 되었다.

1926년에 에반 로버츠의 아버지가 병이 들었다. 그래서 에반 로버츠는 아버지가 계신 고국 웨일즈에 들렀다. 그의 가족들은 그를 반겼다. 그의 가족들은 그가 혈육과의 정을 끊은 것에 대해 다 용서하였다. 그리고 그가 귀국하자 어느 교회에서 그에게 설교를 해달라고 요청을 하였다. 에반 로버츠는 의사가 설교를 다시는 하지 말라는 것을 염두에 전혀 두지 않고 그 설교 요청을 수락하였다. 그는 자신을 초청한 교회에서 하나님의 말씀을 다시 전하였다. 그의 설교를 들은 사람들은 비록 에반 로버츠의 나이가 이제는 중반에 접어들었지만 말씀에 대한 그의 영성은 예전과 동일함에 놀랐다. 그의 목소리에서는 예전의 은혜로움이 다시 베어 나왔다. 이제 그가 다시 웨일즈에 돌아와서 설교를 시작했다는 소문이 웨일즈 북부지방에 파다하게 퍼져나갔다. 그러자 이러한 소식에 들뜬 사람들은 "에반에 의해 웨일즈에 예전의 부흥이 다시 올 수 있었으면 좋겠다"라고 이구동성으로 말하였다.

1927년이 되자 제씨 펜-루이스 부인은 폐에 생겨난 어떤 병이 원인이 되어 사망하였다. 이 당시 에반 로버츠는 웨일즈로 영구 귀국하는 것을 고려하고 있다가 제씨 펜-루이스 부인이 사망하자 미련없이 웨일즈로 영구 귀국하였다. 제씨 펜-루이스 부인이 사망하기 전에도 여러 차례 웨일즈에 여러 차례 들렸던 적이 있었던 에반 로버츠는 그녀가 죽자 그때에서야 비로소 영구 귀국하였다는 사실은 흥미롭다 아니할 수 없다.

"방이 빛으로 가득 찼습니다"

> 여러 사람은 에반 로버츠의 이 말을 들었을 때 그들의 몸에는 전기가 흘렀고 마치 그가 과거에 가져왔던 부흥을 다시 몰고 올 것 같은 예감이 들었다는 말들을 하였다.

에반 로버츠의 아버지는 1928년에 사망하였다. 장례식에서 아버지에 대한 조사가 한창 낭독될 때 에반 로버츠는, **"우리 슬퍼하지 마십시다. 우리 아버지는 죽은 것이 아니라 부활하신 것입니다. 이**

진리를 우리 모두 받아들이고 기뻐하십시다"라고 사람들에게 외쳤다. 이 장례식에 참석하였던 여러 사람은 에반 로버츠의 이 말을 들었을 때 그들의 몸에는 전기가 흘렀고 마치 그가 과거에 가져왔던 부흥을 다시 몰고 올 것 같은 예감이 들었다는 말들을 하였다.

사실 이 장례식 후에 에반 로버츠에 의해 비록 짧은 기간 동안이나마 다시 부흥이 찾아왔는데 그 부흥은 모리아 교회의 집사들이 에반 로버츠에게 특별 집회를 열어달라고 요청함으로 시작되었다. 에반 로버츠가 웨일즈로 돌아와 다시 설교를 시작하였다는 소문이 웨일즈 전 지역에 퍼져 나갔다. 그러자 이 소식을 들은 수많은 사람들이 에반 로버츠가 있는 북부 웨일즈로 몰려들었다. 그리고 에반 로버츠가 사는 도시의 사람들은 일을 끝내자마자 에반 로버츠가 설교하는 집회 장소로 달려갔다. 그래서 예배시간 두 시간 전에 그의 집회 장소는 사람들로 꽉 들어차게 되었다. 그리고 예배 장소 안으로 들어가지 못한 사람들은 근처 골목과 길거리에서 예배가 시작되기만을 기다렸다. 젊은 사람들도 자신의 부모들에게 말로만 들어왔던 훌륭한 설교가 에반 로버츠의 설교를 듣기 위해 그 장소로 몰려왔다. 에반 로버츠는 조용히 사람들에게 나타나 하나님의 말씀을 예전처럼 유창하게 전했다.

이러한 짧은 부흥 기간동안 에반 로버츠는 여러 교회를 돌아다니면서 설교를 하였고 그 설교를 통하여 그는 사람들에게 교회 안에 들어온 물질주의에 대하여 강도 높게 질타하였다. 한번은 한 부모가 자신의 자녀를 데리고 에반 로버츠가 있는 기도실에 들어와 자신의 자녀를 위해 기도를 해달라고 에반 로버츠에게 부탁하였다. 에반 로버츠가 이 어린아이를 위해 기도해 주기 시작하자 어두컴컴하던 그 방에 하나님의 빛이 들어와 방안이 환해지는 기적이 일어났다. 그러자 그 방에 있던 사람들은 감격하여 목소리를 높여 하나님을 찬양하였다. 이 소식을 접해들은 기도실 근처에 작업을 하고 있던 인부들은 하던 일손을 놓고 기도실로 달려와 사람들과 하나님을 찬양하였다. 그러자 그 근처의 시장에서 장을 보고 있던 사람들도 장보기를 중단하고 그 기도실 쪽으로 달려와 같이 하나님을 찬양하는 일이 벌어졌다. 이윽고 사람들이 점점 더 많이 몰려들어 기도실 근처의 길가에는 하나님을 경배하는 사람들로 넘쳐 났다. 이때 그 장소에 있었던 사람의 말을 빌리면 에반 로버츠는 계속적으로 몰려오는 사람들 중에서 귀신들린 사람들에게는 축사의 사역을, 병 걸린 사람들에게는 치유 사역을 하였고, 그러한 사역을 하면서 그는 그에게 임한 예언의 은사도 십분 발휘하였다고 한다. 그러나 그는 또한 그러한 와중에 사람들이 방언을 말하려고 하면 귀신들렸다 생각하고 이를 저지시키는 실수도 범했다고 한다. 또한 어떤 사람들은 에반 로버츠가 이때 치유 사역을 하고 축사 사역을 하였기 때문에 에반 로버츠가 오순절 계통의 사역자가 되었다고 말하기도 하였다. 이러한 작은 부흥의 기간동안 치유 및 축사가 특히 많이 나타났다. 이러한 일이 있은 후 이 삼년도 안되어 에반 로버츠는 사람들 앞에서 완전히 사라졌다.

성공의 뒤안길

1931년이 되자 에반 로버츠는 사람들의 뇌리에서 잊혀진 사람이 되었다. 그는 이제 오스왈드 윌리암스(Oswald Williams) 부인이 제공한 거처에서 소일하며 하루 하루를 보냈다. 윌리암스 부인은 순수한 마음으로 그에게 안식처를 제공하였고 그곳에서 에반 로버츠는 그의 말년을 보내며 가끔 시를 쓰거나 친구 목회자들에게 편지를 보내곤 하였다. 그리고 남는 시간에는 스포츠를 관람하거나 연극을 보러

다녔으며 또한 하루를 요약하는 일기형식의 글을 매일 썼다. 그리고 1949년 5월이 되자 에반 로버츠는 두문불출 한 체, 침대 위에서만 시간을 보냈다. 1950년 9월에 그가 쓴 일기형식의 글을 살펴보면 그가 그 시기에 병중에 걸려 있었음을 알 수 있다.

1951년 1월 29일 에반 로버츠는 72세를 일기로 이 세상에서의 삶을 마감하고 하나님의 품으로 돌아갔다. 그리고 그의 육신은 북 웨일즈에 있는 모리아 교회의 가족 묘지에 안장되었다. 그가 죽은지 몇 년이 지나지 않아 모리아 교회 앞에는 그를 기념하는 기념탑이 세워졌다.

그의 장례식은 장례식이라기 보다는 그의 업적을 찬양하는 예배라고 해야 옳았다. 그의 장례식에는 에반 로버츠를 사랑하였지만 최근 수년간 그를 만나볼 수 없었던 수백 명의 사람들이 참석하여 그가 평소에 즐겨 불렀던 찬양들을 불렀다. 그가 죽자 많은 찬사가 그에게 쏟아졌다. 웨스턴 메일(The West-erm Mail)에 실렸던 그에 대한 찬사 하나를 여기에 소개한다.

> "에반 로버츠는 특이한 삶을 살았던 인물입니다. 젊었던 시절 그는 그에게 임한 성령님으로 수많은 나라를 뒤흔들어 놓았습니다. 그는 수많은 어려움을 통해 말년에 세상을 바라보는 그의 시각을 바꾸었습니다. 그렇지만 자신의 믿는 종교적 신념만은 끝까지 고수하였습니다."

에반 로버츠는 영적 대각성이라는 하나님께서 주신 열쇠로 위대한 부흥이라는 문을 연 사람이다. 그는 웨일즈 지방에 하나님의 성령님의 운행하심을 대단위로 끌어당긴 하나님의 위대한 장군임에 틀림이 없

> 아무리 영적으로 위대한 사람이라도 하나님의 부흥을 혼자만의 힘으로 퍼뜨리거나, 이미 퍼진 부흥을 지속시킬 순 없다. 그가 붙인 부흥의 불은 후 세대의 사람에 의해서 계속 이어졌었어야만 하였다. 그러므로 웨일즈의 부흥의 불이 오래가지 못한 책임을 그를 위시한 몇몇 지도자들에게만 돌려서는 안 된다.

다. 그러나 그가 사망한지 반세기가 지난 지금 시점에서 웨일즈 지방에서 그가 가져왔던 부흥의 자취를 찾아보기란 그리 쉽지 않다. 그와 그가 가져왔던 부흥은 그를 통해 하나님의 부흥을 경험한 사람들의 가슴 속에 조금 남아있을 뿐이다.

왜 그가 가져온 부흥이 이처럼 옛날의 기억 속으로 사라진 일이 되고 말았을까? 아무리 영적으로 위대한 사람이라도 하나님의 부흥을 혼자만의 힘으로 퍼뜨리거나, 이미 퍼진 부흥을 지속시킬 순 없다. 그가 붙인 부흥의 불은 후세대의 사람에 의해서 계속 이어졌었어야만 했다. 그러므로 웨일즈의 부흥의 불이 오래가지 못한 책임을 그를 위시한 몇몇 지도자들에게만 돌려서는 안 된다.

에반 로버츠의 삶과 사역을 둘러싸고 몇 가지 풀리지 않는 의문들이 있다. 어떤 사람은 하나님께서 그를 이년간은 부흥의 불을 지피는 부흥가로 그리고 나머지의 삶은 중보기도자로 부르셨다고 말하기도 하였다. 만일 이 말이 진실이라면 그는 훌륭한 중보사역자의 삶을 살았다고 말할 수 있다. 그러나 그의 삶의 후반기에서 발견되는 일기 형식의 글에는 비관적 어조의 글들이 많이 실려있음을 볼 때 그는 그가 사람들의 뇌리에서 떠나 있는 동안 자신을 성공적인 중보기도자라고 생각하기보다는 외롭고 실패한 사역자로 보았던 것 같다. 그러기에 그는 설교하기를 중지한 이후에도 그가 마땅히 해야할 역할이 무엇인지를 계속 찾아왔었다고 볼 수 있다.

나는 에반 로버츠가 세상 전체에 부흥을 지필만한 영적 부담감을 충분히 가진 인물이라고 본다. 그러나 문제는 그가 그러한 능력을 충분히 발휘하지 못하였다는 데에 있다. 그 원인 중의 하나는 그가 자신과 같은 영적 수준으로 따라붙어 주지 못하는 사람들을 너무 감정적으로 쏘아붙인 데에 있다. 그러기에 이러한 그의 잘못된 태도를 받아들여 주지 않는 사람들에 의해 그는 큰 심적 타격을 받아 극심한 우울증에 연속적으로 빠져들었던 것이다. 그러기에 그는 이러한 경험을 못 이겨 사람들 앞에 나서는 것을 극히 주저하게 되었던 것이다. 이러한 그의 성향으로 인해 그는 더 큰 일을 할 수 있었음에도 불구하고 일찌감치 사역의 일선에서 물러날 수밖에 없었다. 만일 그렇지 않았더라면 그가 붙인 부흥의 불은 더 많은 지역으로 퍼져 나갔을 것이고 그 결과 그는 세상에 더 크고 좋은 영향을 미쳤을 것이다.

그의 실패라면 실패인 사역을 통하여 우리는 영적인 부흥의 귀중한 원리를 배울 수 있으니 그것은 바로 하나님의 위대한 불이 제대로 붙여지고 세상 각지로 퍼지기 위해서는 부흥자의 영혼 뿐 아니라 마음과 몸도 건전히 관리되어야 한다는 사실이다. 영적인 배고픔이 영에서 시작됨은 분명한 사실이다. 그러나 영이 육을 살리는 것이라는 주장만을 펴며 몸을 돌보지 않고 쉼없이 사역만 계속한다면 부흥의 불은 쉽사리 꺼지고 만다. 하나님의 말씀이 강하게 퍼지기 위해서 사역자는 반드시 자신의 몸을 잘 관리하고 마음도 강하게 가져야 한다. 영만으로는 안 된다는 말이다.

하나님의 사역자는 하나님의 부흥의 불과 이에 상응하는 인간의 사역이 오래 지속되도록 하여야 할 책임을 지니고 있다. 당신의 몸을 건강하게 지속적으로 관리하라. 당신의 지정의가 마귀의 노리개가 되지 않도록 잘 관리하라. 그리고 당신의 영을 하나님의 계획에 순복시켜라. 그러면 당신을 통해 하나님의 부흥이 역사할 때 당신은 크게, 오래, 그리고 성공적으로 쓰임을 받을 수 있을 것이다.

참고도서

1. Brynmor Pierce Jones, *An Instrument of Revival: The Complete Life of Evan Roberts 1878-1951*, (South Plainfield, NJ: Bridge Publishing, 1995)

CHAPTER FOUR

Charles F. Parham

"The Father of Pentecost"

오순절의 아버지 (The Father of Pentecost)

- 찰스 파햄 -

"예수 그리스도의 재림의 때가 점점 가까워 올수록 교회는 초대 교회의 사도들이 보여준 하나님의 능력을 다시 세상 사람들에게 보여줄 것입니다. 오순절에 임했던 능력이 교회를 통해 다시 나타나고 있습니다. 기독교는 능력의 종교이며 세상은 교회를 통해 나타나는 능력을 보길 원하고 있습니다. 그러므로 하나님의 능력이 여러분들을 통해 나타나야만 합니다."

찰스 폭스 파햄은 교회가 너무도 오랫 동안 상실해 왔던 질병의 치유와 성령 세례를 교회에 되돌려 놓은 사람이다(파햄은 방언을 하면 성령 세례를 받은 것으로 보았음). 1900년대의 초기 40년 동안 바로 이 찰스 에프 파햄이 외친 오순절적인 메시지에 의해 전세계의 수많은 사람들이 변화를 받았다.

> 1901년에 찰스 파햄이 세상을 향해 "성령 세례의 증거는 방언을 말하는 것이다"라고 선포함으로써 초대교회에 있었던 오순절의 진리가 교회에 회복되기 시작하였다.

찰스 파햄의 사역의 결과 일어난 기적의 수는 그 숫자를 헤아릴 수 없을 정도로 많다. 너무도 많은 사람들이 그의 사역을 통해 구원받고 몸이 치유 받았으며 또 속에 있던 귀신들이 쫓겨나갔고 하나님으로부터 성령 세례를 받았다. 1901년에 찰스 파햄이 세상을 향해 **"성령 세례의 증거는 방언을 말하는 것이다"** 라고 선포함으로써 초대교회에 있었던 오순절의 진리가 교회에 회복되기 시작하였다. 그러나 복음주의자는 찰스 파햄의 그런 주장을 받아들이지 않았다. 찰스 파햄의 이러한 선언으로 인해 그는 수없이 많은 핍박과 비난을 견뎌내어야만 하였다. 그러나 핍박이 클수록 그의 힘은 강해졌고 그의 믿음은 점점 굳어져만 갔다.

소들이 돌아올 때까지 설교하다

찰스 폭스 파햄은 1873년 6월 4일 태어났다. 윌리암(William)과 앤 마리아 파햄(Ann Maria Parham)을 부모로 미국 아이오와 주 무스케인에서 태어난 찰스 파햄은 태어난 지 얼마 되지 않아 남쪽에 있는 캔자스주 체니로 이사하였다. 찰스 파햄의 부모들은 자신들을 미국의 개척자로 생각하고 살았으며 매우 가난하고 힘든 삶을 살았다. 찰스 파햄의 어린 시절은 불행하였다. 그는 생후 육 개월이 될 때부터 열병을 앓아서 자주 침대에 누워 있었다. 그리고 다섯 살 경에는 심한 경련을 일으켰는데 그 결과 앞머리가 부었다. 그래서 그때의 영향으로 그의 머리는 보통 사람에 비해 비정상적으로 커졌다. 그리고 찰스 파햄의 어머니는 찰스 파햄이 일곱 살이 되었을 때에 세상을 떠났다.

네 명의 아들들을 남겨둔 채 어머니가 숨을 거두자 일곱 살의 찰스 파햄은 외로움과 슬픔을 이길 길이 없었다. 찰스 파햄은 자신이 어려서 병에 걸려 자리에 누워 있었을 때 어머니가 자신을 정성껏 간호해 주던 생각이 나서 서럽게 울었다. 어머니는 숨을 거두기 직전 찰스 파햄을 쳐다보며, "찰리야 커서 꼭 훌륭한 사람이 되어라"라고 말하였다. 어머니의 이 말을 들었을 때 어린 찰스 파햄은 하나님의 임재가 자신의 몸과 영혼을 덮는 것을 느꼈다. 그리고 그는 엄마에게 하늘나라에서 다시 만나자고 말했다. 어머니의 이 마지막 한마디가 찰스 파햄의 앞날에 결정적 영향을 미쳤다. 어머니의 그 한마디는 나중에 파햄이 하나님을 위한 전시간 사역자가 되는 데에 결정적인 영향을 미쳤던 것이다. 찰스 파햄의 아버지는 아내가 사망하자 하리엣 밀러(Harriett Miller)라는 젊은 여성과 재혼하였다. 하리엣 밀러는 파햄의 가족들을 사랑하였으며 파햄 가족에게는 없어서는 안 될 귀한 존재가 되었다.

찰스 파햄은 아홉 살이라는 어린 나이임에도 불구하고 관절염에 걸려서 고생하였다. 그 결과 그의 관절 마디가 굵어져 버렸다. 그가 나중에 관절염을 치료받긴 하였으나 그 관절염의 후유증으로 그의 피부색깔에 이상이 왔다. 또한 어린 찰스 파햄의 위에 촌충이 침범하여 심한 위장병에 걸렸다. 찰스 파햄은 이 위장 장애를 치료하고자 삼 년간 약을 복용하였다. 그런데 이 약으로 인한 부작용으로 그는 그 삼 년간 전혀 키가 자라지 않았다. 이렇게 힘들었던 아홉 살 때에 찰스 파햄은 하나님의 사역자로 부르심을 받았다. 그는 그의 형제들을 따라 주일학교에 참석하여 일찍부터 하나님을 알기 시작하였다. 그는 구원받기 전부터 자주 **"내가 만일 하나님의 말씀을 전하지 아니하면 나에게 화가 임할 것이다"**라고 생각하였었다.

그는 하나님의 부르심을 준비하여야 한다는 마음가짐으로 좋은 책들을 열심히 읽어나갔다. 그 당시 캔자스 주는 현대화 되지 않았고 도서관 시설도 없었지만 그는 성경과 함께 역사책들을 모아나갔다. 그는 어린 시절 시간이 날 때마다 형들의 소치는 일을 도와주었다. 그런데 이 경험이 나중에 그가 커서 하나님의 사역을 하는 데 큰 도움을 주었다. 그는 소들이 풀을 뜯어먹는 들판에 나가 홀로 천국에서부터 지옥에 걸치는 여러 가지 주제들을 놓고 설교하곤 하였다.

관통한 "빛"

찰스 파햄은 혼자서 그렇게 많은 양의 공부하는 것에 대해 한번도 후회한 적이 없었다. 이때 혼자 한 공부가 훗날 그에게 많은 도움을 준 것은 당연한 일이다. 그가 그 당시 살았던 고장엔 교회도 없었고 목사도 없었다. 그리고 그를 가르쳐줄 선생님도 한 분 없었다. 그렇기 때문에 찰스 파햄은 혼자서 성경을 공부할 수밖에 없었다. 그는 한번도 신학을 체계적으로 배울 기회가 없었고 교회의 전통도 그에게 주입된 적도 없었기에 그는 백지상태에서 성경을 읽었고 읽는 그대로 믿고 받아들였다. 열 세 살이 될 때까지 그는 단지 두 번만의 설교를 들었을 뿐이었다. 그 두 번의 설교중 한 설교는 그로 하여금 예수님을 그의 구세주로 영접케 하는 계기를 만들어 주었다.

파햄은 예수 영접 시에는 반드시 회개함이 있어야 된다고 믿고 있었다. 그렇다고 해서 그가 어떤 눈물을 흘린다든지 하는 감상주의를 동경한 것은 절대로 아니었다. 한번은 길을 걸어가다가 구원받고 싶다는 강한 생각이 찰스 파햄을 사로잡았다. 그 생각이 너무도 그를 사로잡자 그는 구원을 위한 기도조차도 하기 힘들 지경이었다. 그래서 그는 기도하는 대신 "나 지금 십자가로 가까이 갑니다"라는 찬송을 불렀다. 그 찬송가의 삼절을 부르고 있는 중에 그의 마음속에 자신이 구원받았다는 확신이 갑자기 들었다. 이런 구원 경험에 대해 그는 나중에, **"하늘로부터 강한 빛 한 줄기가 갑자기 번개 치듯 내려와 내 영**

혼을 관통하여 나는 심히 떨었습니다"라고 회고하였다. 그 순간부터 그는 결코 자신의 구원에 대해 두 번 다시 의심하지 않았다.

"너 설교하겠니?"

이러한 극적인 구원 경험 후 찰스 파햄은 교회에서 주일학교 교사로 봉사하기 시작하였다. 그리고 열 다섯 살이 되자 그는 교회에서 설교를 하기 시작하였는데 그 결과는 매우 좋았다. 그리고 설교를 시작한 그 다음 해, 그러니까 그가 열 여섯 살이 되었을 때에 그는 서남 캔자스 대학에 대학생으로 입학하였다.

대학에 들어가서도 하나님을 위해 사역자가 되고 싶은 그의 마음은 시종여일하였다. 그러나 그는 대학에 들어가 사람들과 사귀면서, 세상 사람들이 교회와 목회자에 대해 좋지 않게 생각하고 있다는 사실을 알게 되었다. 그리고 또한 하나님의 사역자들은 거의 모두가 경제적으로 궁핍하게 산다는 사실도 알게 되었다. 이러한 사실들을 알고 실망한 그는 전임 사역자 대신 다른 직업을 갈망하게 되었다. 그러자 그는 자연히 하나님의 부르심을 뒤로하게 되었던 것이다.

> 대학에 들어가서도 하나님을 위해 사역자가 되고 싶은 그의 마음은 시종여일하였다. 그러나 그는 대학에 들어가서 사람들과 사귀면서, 세상 사람들이 교회와 목회자에 대해 좋지 않게 생각하고 있다는 사실을 알게되었다.

어렸을 적에 관절염으로 고생하였던 그는 의사가 되기로 결심하였다. 그래서 그는 대학에서 의사가 되기 위한 예비 과정들을 이수해 나갔다. 그렇지만 그는 하나님께서 자신을 사역자로 부르셨다는 생각에 마음이 편하지 않았다. 그러던 중 그는 다시 관절염으로 인한 고열로 고생하게 되었다.

약 한달 간의 고열로 고통 가운데 있던 찰스 파햄의 육체는 약해 질대로 약해졌다. 그를 진찰하기 위하여 급히 왕진한 의사는 그가 오래 살지 못하고 죽을 것이라고 말하였다. 그는 혼수 상태에 빠져들었다. 이러한 혼수상태에서도 찰스 파햄은 "너 설교하겠니? 너 설교하겠니?"라는 소리가 그의 귓전을 맴도는 것을 알게 되었다. 이 소리를 들은 파햄은 하나님께서 자신을 다시 부르셨다는 사실에 가슴이 설레었다. 그러나 그는 목회자가 되어 가난하게 살기는 싫었다. 그래서 그는 하나님에게, **"하나님 내가 먹고 살 걱정 안 하게만 해 주신다면 설교하겠습니다"**라고 소리쳤다.

찰스 파햄은 혼수 상태에서 진통제 주사를 맞았다. 혼수 상태에 있는 동안에도 그는 정신만 들면 주기도문을 반복하여 외웠다. 그러다가 어느 순간에 "뜻이 하늘에서 이루어진 것같이 땅에서도 이루어지리다"라는 말하는데 정신이 맑아짐을 느꼈다. 그리고 그 순간 하나님은 참으로 위대하시다라는 깨달음이 그를 덮쳤다. 바로 그 순간 자신이 믿는 하나님께서 이 세상을 창조하셨고, 이 세상을 창조하신 하나님께서 자신의 질병도 치료하실 수 있는 분이라는 확신이 들었다. 그래서 그는 곧 바로 **"당신이 원하시면 내가 낫겠나이다"**라고 소리쳤다. 그러자 그의 몸의 뼈마디가 풀리면서 그의 병들었던 여러 장기들이 치유 받았다. 이 때 그는 발목만 내놓고는 그의 모든 신체 부분이 회복되는 기적을 체험하였던 것이다.

이제 그의 몸은 건강해졌다. 그러자 어느 한 교회에서 그에게 말씀을 전해달라는 요청을 하였다. 그는 하나님께 만일 발목마저 낫게 해

주신다면 하나님을 위해 일생을 바치겠노라고 말하며 어느 나무아래서 기다시피 하면서 하나님께 기도하였다. 바로 그 순간 그의 몸에 강한 전류가 그의 발목을 타고 흐르는 것을 느꼈다. 그 일로 인해 그의 마지막 남은 발목병이 완전히 나았다.

능력을 받은 시골뜨기

찰스 파햄은 열 여덟 살 때 캔자스주 통가녹씨 라는 곳 근처에 있는 기쁜 계곡 학교에서 생애 첫 복음 전도 설교를 인도하였다. 그 당시 통가녹씨 근처의 기쁜 계곡 학교와 그 주위에 사는 사람들은 그의 존재에 대해 거의 아는 바가 없었다. 그는 설교를 하기 위해 통가녹씨 라는 동네에 들어가자, 맨 먼저 근처에 있는 산에 올라갔다. 그리고 그는 산꼭대기에서 그 동네를 바라보며 두 손을 뻗치고 하나님께서 그 동네를 복음화 시켜달라고 간절히 기도하였다.

통가녹씨에서 한 첫 설교에 많은 수의 사람이 모이긴 하였지만 분위기는 전혀 뜨겁지 않았다. 그리고 설교를 끝냈는데도 교인들의 반응은 별로 시원치 않았다. 그렇지만 예배가 끝날 즈음에 몇 사람들이 예수님을 그리스도로 영접하였다.

파햄의 처음 설교한 이 예배에 티쓸웨이트 부부(The Thistle-waites)가 참석하였다. 이 부부는 파햄의 집회에 참석한 후 집으로 돌아가 자신들이 이 집회에 참석하여 느낀 점을 자신의 딸 사라에게 이야기해 주었다. 사라는 통가녹씨에서 자라나 캔자스 시에 있는 학교에 다니고 있었다. 사라가 학교에서 집에 돌아왔을 때는 찰스 파햄이 인도하였던 예배가 이미 끝난 후였다. 그러나 교회측에서 찰스 파햄에게 다음 주일도 다시 와서 설교해 달라고 부탁하였다.

그래서 그 다음 주일날 세련된 외모의 사라는 찰스 파햄의 설교를 처음으로 듣게 되었다. 사라는 찰스 파햄을 처음 본 순간 꽤 놀랐다. 사라는 그 동안 목회자는 세련된 모습을 지닌 사람이란 인식을 가지고 있었는데 찰스 파햄은 전혀 그렇게 생기지 않았고 또 세련되게 설교하지도 않았다. 또한 그 당시의 많은 설교가들이 설교문을 미리 다 적어놓고 그대로 읽어 내려가면서 설교하였던 반면 파햄은 설교문 없이 오직 성령님의 인도함을 받아서만 설교하였던 것이다. 찰스 파햄은 평생동안 한번도 설교문을 보고 설교한 적이 없었다. 그날 찰스 파햄의 설교를 들은 사라는 그의 설교에 큰 은혜를 받았다. 사라는 그의 설교를 듣고 자신이 예수님을 얼마나 제대로 따르고 있지 않는가를 깨닫고, 자신의 믿음 없음을 하나님 앞에 회개하였다. 또한 그날 그녀는 앞으로 자신의 삶을 주님께 온전히 바치는 삶을 살기로 재 헌신하였다. 이후 사라와 찰스 파햄은 가까운 사이가 되었다. 그리고 나중에 이 둘은 서로에게 영원한 반려자가 되었다.

교파라구요? 더 이상은 아닙니다!

찰스 파햄이 19살이 되자 캔사스주 유도라에 있는 감리교회에서 그를 담임 사역자로 청빙을 하였다. 그 당시 찰스 파햄은 저녁에는 린우드라는 곳에 있는 어느 교회에서 저녁 예배 설교를 담당하고 있었다. 그는 이 린우드에 있는 교회의 주일 저녁 설교를 계속한다는 조건하에 그 감리교회를 담임하게 되었다. 그리고 찰스 파햄이 담임으로 가게 된 감리교회에 사라와 사라의 가족들이 출석하기 시작하였다.

그 감리교회는 조금씩 성장하고 있던 교회로 최근에 새 성전을 지어 입당한 교회였다. 감리교단의 지도자는 찰스 파햄이 설교가로서의 자질이 있다는 사실을 간파하고 그에게 그 교회를 담당할 수 있는 모

그 당시 그를 비난하는 사람들이 너무 많았기 때문에 그는 이런 식으로 가다가는 자신이 결국 사역을 못하게 될 것 같다는 생각까지 하게 되었다. 그러던 어느 날 그는 기도를 깊이 하고 있었다. 그러던 중, "나는 사람들이 나에게 대해 어떻게 생각하는지에 대해서는 전혀 관심이 없노라"라는 하나님을 음성을 들었다.

든 권한을 줄 계획이었다. 그러나 챨스 파햄과 교단 지도자들과의 관계는 점점 좋지 않게 발전해 나갔다. 챨스 파햄은 사람들이 무어라고 말하건 꿈쩍 않고 성령님의 인도함만을 받는 사람이었다. 그는 그를 통해 예수님을 믿게된 사람들에게 꼭 감리교회만 고집하지 말고 아무 교회나 다니라고 충고하였다. 그는 천국에 가기 위해서 어느 교단 교회만 나가야 된다는 말이 성경엔 없다는 말과 교단 사람들은 예수님에 대해 가르치기보다는 교단 교리를 가르치며 쓸데없이 시간만 보내는 사람들이라고 말하기도 하였다. 그러니 자연적으로 교단 지도자들과 챨스 파햄 사이의 관계가 좋아질 리가 없었다. 이러한 교단과의 갈등사이에서 어려움을 겪고 있었던 챨스 파햄은 교단과의 불편한 관계에 대해 다음과 같이 말하였다.

"교단 지도자들의 쓸데없는 지시에 의해 교단 소속 목회자들의 사역이 제한 받고 있다는 사실을 저는 깨달았습니다. 저 자신도 또한 교단의 최고 지도들과의 관계에서 어려움을 겪고 있습니다. 이렇게 되다가는 결국 내가 교단을 탈퇴하는 경우도 발생할지도 모릅니다. 나는 교단 힘의 강화만을 주장하는 교단주의에는 절대로 동의할 수 없습니다. 물론 내가 그런 주장을 계속하면 난 더 많은 핍박을 받을 것입니다. 예수님을 주님이라고 부르는 사람들의 속이 어떻게 그렇게도 좁은지 알다가도 모를 일입니다."

찰스 파햄의 부모는 찰스 파햄이 소속한 교단을 좋게 생각하여 그 교단을 강력하게 지지하였던 사람들이었다. 찰스 파햄이 자신이 소속한 교단을 탈퇴하자 그의 부모는 파햄의 이런 행동을 못마땅하게 생각하였다. 그래서 파햄은 자신이 담임으로 있던 감리교회를 사임한 후 자신을 아들처럼 여기는 사람들에게로 가서 그들과 함께 머무를 수밖에 없었다.

이제 다시 외롭게 된 찰스 파햄은 하나님께서 자신을 인도해 주시기만을 기도하였다. 그 당시 그를 비난하는 사람들이 너무 많았기 때문에 그는 이런 식으로 가다가는 자신이 결국 사역을 못하게 될 것 같다는 생각까지 하게 되었다. 그러던 어느 날 그는 기도를 깊이 하고 있었다. 그러던 중, "나는 사람들이 나에게 대해 어떻게 생각하는지에 대해서는 전혀 관심이 없노라"라는 하나님을 음성을 들었다. 이 하나님의 음성에 크게 고무된 찰스 파햄은 성령님의 인도함을 받아서만 하나님의 일을 하리라고 다짐하였다. 이제 그는 그 어떤 교단과의 연계도 끊고 복음 전도 사업에만 매어 달려 학교든 홀이든 교회든 그 어디든 상관하지 않고 성령님이 집회 중에 임하시는 집회만을 열게 되었다.

한번은 찰스 파햄이 서부 캔자스에서 집회를 인도하는 동안 사귀고 있던 여자 사라에게 청혼 편지를 썼다. 이 편지에서 찰스 파햄은 자신의 미래는 불확실하지만 확실하신 하나님만을 신뢰하는 삶을 살겠다고 말하면서 자신과 같이 하나님만을 신뢰하는 가정을 꾸려 보자며 사라에게 청혼하였다. 그 편지를 쓴 날로부터 육 개월 후인 1896년 12월 31일 찰스 파햄과 사라는 사라의 할아버지 집에서 결혼식을 올렸다.

너 자신을 치유하라!

찰스 파햄 부부는 1897년 9월 첫 아들 클로드(Claude)를 얻었다. 그러나 첫 아들을 얻는 기쁨도 잠깐, 찰스 파햄은 어찌하다 그만 심장병에 걸리게 되었다. 좋다는 약은 다 써 보았지만 그의 심장병은 오히려 악화될 뿐이었다. 그런 와중에 첫 아들 클로드 마저도 열병에 걸리게 되었다. 병에 걸려있던 찰스 파햄은 아들을 자신의 가슴에 품고 아들의 병이 낫게 해달라고 하나님께 간절한 기도를 드렸다. 그렇지만 아들의 열병은 나을 줄을 몰랐다. 의사들도 찰스 파햄의 아들 클로드의 병이 낫지 않는 원인을 결국 찾아내지 못하였다.

이런 힘든 와중에 찰스 파햄은 중병환자가 있으니 빨리 와서 치유기도를 해달라는 요청을 받았다. 그는 기도 요청을 받자 병든 몸을 이끌고 중병환자가 있다는 집으로 찾아가 그 환자를 위해서 기도해 주었다. 찰스 파햄이 중병환자를 위해 열심히 기도를 하자 그에 귀에, "의원아, 너를 고치라(눅 4:23)"라는 예수님의 말씀이 울려왔다. 그러자 그의 내면 속에서 치유에 대한 믿음이 솟구쳤다. 그러자 하나님의 치유의 능력이 자신 안에 들어왔다는 확신이 들었다. 그리고 조금 후 그는 자신의 심장병이 다 나았다는 사실을 깨닫게 되었다.

너무 기뻐 황급히 집으로 돌아온 찰스 파햄은 자신의 아내 사라의 손을 붙잡고 자신이 조금 전에 경험한 것을 자세히 말해주고 나서, 자신의 손을 병들어 누워있는 아들의 머리 위에 얹고 치유를 비는 기도를 하였다. 기도가 끝나자 그는 집안에 남아있던 모든 약들을 쓰레기통에 갖다버렸다. 그리곤 그는 이제부터는 하나님의 말씀만 의지하여 병을 고치겠다고 스스로 다짐하였다. 그러자 곧 아들의 열은 가라앉았다. 그 후 아이는 다 나아 아무 탈없이 건강하게 자라났다.

나는 이 시점에서 찰스 파햄에 관해 몇 가지 점을 독자 여러분에게 말씀드리고 싶다. 찰스 파햄의 치유 사역에 대해 많은 사람들이 잘못 오해하고 있는 점들이 있다. 그가 활동하였을 당시 대부분의 의사들은 크리스천들이 아니었다. 그리고 그 당시 의사들은 치유에 관해 성경의 입장과는 반대되는 입장을 견지하고 있었다. 찰스 파햄이 약을 던져버린 것은 하나님으로부터 음성을 들었기 때문이었다. 찰스 파햄은 약만을 의지하여 병을 고치는 것은 예수 그리스도의 십자가 죽음으로 인한 피 값을 부인하는 것이라고 믿었다. 치유에 관한 하나님의 계시가 그에게 내려오자 그는 이 계시를 그대로 받아들였다. 치유에 관한 그의 이러한 확신은 그의 가족들도 점차 받아들이게 되었다. 따라서 찰스 파햄이 자신의 집에서는 약을 허용하지 않았다는 것을 우리는 이해하는 입장에서 받아들여야 한다. 그러나 그는 가족 이외의 사람에게 결코 약을 모두 내버리라고 말한 적이 한번도 없었다. 그는 약 문제에 대해서는 각자가 알아서 결정하여야 한다는 점을 처음부터 분명히 하였다. 그러나 대부분의 경우 한 사람이 하나님으로부터 계시를 받거나 큰 확신 속에 거하면 그러한 계시와 확신은 주위의 사람들에게 퍼져나가게 마련이다. 기독교의 어떤 사람들은 병에 걸렸을 때 하나님을 의지하지 않고 약을 의지하는 것이 죄이라고 가르치는데, 찰스 파햄은 결코 그렇게 가르친 사람이 아니었다. 그러므로 그동안 찰스 파햄의 치유사역에 대해 오해를 하고 있었던 사람들은 이번 기회에 그 오해를 풀기 바란다.

치유의 복음만 전하기로 맹세함

찰스 파햄은 자신과 자신의 아들이 기적적으로 병이 낫는 경험을 한지 얼마 되지 않아 일 주일 사이에 자신의 가장 친한 친구 두 명을 연속적으로 잃게 되었다. 마음이 찢어지게 아픈 찰스 파햄은 친구의 무덤 앞에서 그의 일생을 결정하게 되는 중요한 맹세를 하였다. 이때의 상황은 그의 글에 다음과 같이 기록되어 있다.

> **"나는 나의 절친했던 두 친구의 무덤 앞에 무릎을 꿇었다. 나의 사랑하는 두 친구가 죽기 전에 내가 만약 그리스도의 치유의 능력을 그들에게 전하기만 하였더라도 이 친구들은 죽지 않았을 것이다. 그날 나는 두 친구의 무덤 앞에서 평생 치유의 복음만 전하기로 맹세하였다."**

그후 찰스 파햄과 그의 가족은 캔자스주 오타와로 이주를 하였다. 그리고 찰스 파햄은 오타와에서 치유 집회를 본격적으로 인도하게 되었다. 치유 집회 기간동안 그는 하나님의 치유에 관해서만 줄기차게 전하였다. 그러자 그 오타와 집회에서 수종에 걸려 삼일밖에 살지 못한다는 의사의 사형선고를 받은 한 여자가 순간적으로 치유 받았다. 그리고 한 눈먼 젊은 여인은 찰스 파햄의 집회에서 가슴이 뜨거워지는 느낌을 받은 후 바로 눈이 떠지는 기적을 체험하였다. 후에 이 젊은 여인은 되찾은 시력으로 바느질하는 것을 배워 바느질일로 생계를 해결하게 되었다고 한다.

> 그 당시 치유에 관한 설교를 하는 설교가는 거의 전무한 상태였다.

그 당시 치유에 관한 설교를 하는 설교가는 거의 전무한 상태였다. 물론 그 당시 존 알렉산더 도위와 마리아 우드워스-에터의 치유 사역이 사람들에게 큰 반향을 불러일으키고는 있었지만 찰스 파햄이 사역하고 있는 캔자스주까지는 그들의 영향이 미치지 못하고 있었다. 찰스 파햄의 집회를 통해 일어난 명백한 치유의 결과를 놓고 사람들 사이에 뜨거운 논쟁이 벌어지기 시작하였다. 그리고 그의 치유 능력을 의심하는 어떤 사람들은 이러한 치유가 귀신의 장난이라고 주장하기까지 하였다. 이런 말을 들은 찰스 파햄은 낙담하여 두문불출하고 기도를 계속하며 치유에 관한 성경구절을 하나씩 하나씩 종이에 적어나가기 시작하였다. 그러자 그는 성경에서 수많은 치유에 대한 문구를 발견하게 되었고, 치유는 구원과 함께 예수님이 이 땅에 가지고 오신 하나님의 사역이라는 사실을 확실히 깨닫게 되었다. 찰스 파햄은 그가 깨달은 이 사실을 사람들에게 힘차게 전하였다. 그러자 그에 대한 핍박은 오히려 더 거세어졌다. 이에 찰스 파햄은 이 핍박을 피하기 위해 기도하는 수밖에 없었다. 그러던 중 병든 사람들이 와서 치유 받을 때까지 먹고 쉴 수 있는 치유의 집을 마련하면 되겠다라는 생각이 기도 중에 떠올랐다. 이러한 치유의 집에 대한 생각이 떠오르게 되자 찰스 파햄은 기뻐서 어쩔 줄을 몰랐다.

치유의 집을 마련하다

1898년 추수 감사절 날 찰스 파햄의 아내 사라는 딸을 낳았다. 찰스 파햄 부부는 새로 태어난 딸에게 에스더 마리(Esther Marie)라는 이름을 지어주었다. 마리가 태어난 후 얼마 되지 않아 찰스 파햄은 캔자스주 토페카에 그가 원했던 치유의 집을 마련하였다. 그리고 그 집의 이름을 "벧엘"이라고 지었다. 이 치유의 집에서는 아픈 사람들이 와서 치유 받는 동안 가족과 같은 분위기에서 지낼 수 있었다. 치유의 집 일층에는 예배처와 독서실과 책자 발간실이 있었고 이층에는 창문이 딸린 열 네 개의 방들을 마련해 놓았다. 이 방들의 창가에는 항상 꽃이 있는 화분들을 놓아두어 전체가 가정과 같은 따스한 분위기가

들도록 하였다. 이 치유의 집에서는 치유 예배가 매일 드려졌다. 찰스 파햄은 이러한 치유 예배를 통해 치유에 관한 성경의 가르침을 심도 있게 가르쳤다. 그리고 또한 찰스 파햄은 병자를 한 사람씩 한 사람씩 앞에 놓고 치유를 비는 기도를 낮밤 구별없이 드렸다.

또한 이 치유의 집에서는 목회자와 복음 전도자들을 위한 특별 교실도 만들어서 전문 사역자들에게 치유에 관한 깊이 있는 가르침과 훈련을 실시하였다. 이 치유의 집에 온 사람들 중에는 고아들도 있었고 실직자들도 있었다. 찰스 파햄은 직업이 없이 치유의 집에 들어온 실직자에게는 직장을 마련해 주기도하였다.,

이 찰스 파햄이 운영한 치유의 집을 방문하였던 한 사람은 이 곳에서의 경험을 다음과 같은 글로 표현하였다.

> "벧엘과 같은 아름다운 이름을 가진 집이 이 세상에 또 있을까? 이 집은 분명히 하나님의 집이다. 이 집에서 이루어지는 모든 일들이 아름답고 온화하다. 그 어느 방엘 들어가도 하나님의 부드러운 임재가 느껴지는 것 같다. 이 집은 정말로 영원한 하나님의 집이요 믿음의 집이다."

이제 찰스 파햄은 격주로 "사도의 믿음(Apostolic Faith)"이라는 치유에 관한 뉴스레터를 발간하기 시작하였다. 처음에는 이 뉴스레터를 돈을 받고 팔았다. 그러나 이 뉴스레터에 이사야서 55장 1절을 꼭 공부해 보라는 문구를 넣은 후부터는 이 치유 뉴스레터를 사람들에게 무상으로 공급하였다. 이 "사도의 믿음(Apostolic Faith)"이라는 뉴스레터에는 치유를 경험한 사람들의 간증들과 찰스 파햄이 치유의 집에서 치유에 관하여 설교하였던 내용들이 실렸다.

찰스 파햄은 하나님께서 벧엘이라고 이름 붙여진 치유의 집에 소요되는 많은 경비를 책임져 주신다는 사실을 굳게 믿고있었다. 한번은 다음 날까지 벧엘의 집 월세를 내어야 하는 데 수중에는 돈이 한푼도 없었던 적이 있었다. 찰스 파햄은 하나님을 의지하며 기도하는 방법 밖에는 다른 방법이 없었다. 그래서 그는 하나님께 월세를 달라고 밤새 기도하였다. 그 다음날 벧엘을 방문한 어떤 사람이, "간밤에 하나님께서 나를 깨우시며 벧엘에 가서 돈을 갖다 주어라라고 말씀하시는 바람에 잠을 잘 수가 없었습니다"라고 말하며 봉투 하나를 내미는 것이었다. 나중에 봉투를 열어본 찰스 파햄은 그 봉투 속에 있는 금액이 정확히 그날 치러야 할 월세에 해당하는 금액인 것을 알고는 너무 놀랐다. 또 한번은 그날까지 은행에 얼마의 돈을 납부해야 하는 데 돈이 많이 부족하였다. 그래서 그의 수중에 있는 돈 몇 푼만이라도 받아 달라고 사정을 하기 위해 은행 쪽으로 걸어가고 있었다. 은행으로 걸어가는 도중에 한 사람을 만났는데 어떤 사람이 찰스 파햄에게 돈 봉투를 건네주는 것이었다. 은행에 도착하여 돈 봉투를 열어본 찰스 파햄은 그 봉투에 든 돈의 액수가 정확히 은행에 내야할 돈의 부족분임을 알고 너무도 신실한 하나님을 마음속 깊이 찬양하게 되었다. 이 외에도 찰스 파햄은 일생동안 하나님께서 주시는 물질 공급의 기적들을 수없이 많이 체험하였다.

1900년 3월에 찰스 파햄 부부는 두 번째 아들을 낳았다. 찰스 파햄은 이 아들의 이름을 자신의 이름을 따서 찰스(Charles)라고 지었다. 그리고 치유의 집 벧엘의 규모가 점점 커지게 되자 찰스 파햄 가족은 목사관을 따로 얻어 나가서 살게 되었다. 그러던 어느 날 찰스 파햄은 치유의 집 사역을 다른 사람에게 맡기고 자신은 또 다른 치유 사역을 찾아 나가야 되겠다는 결심을 하였다. 그 결심을 하자 찰스 파햄은 벧엘의 집 치유 사역을 두명의 신실한 목회자에게 일임하였다. 그리고 나서 그는 시카고와 뉴욕과 메인을 방문하여 하나님의 신실한 사람들을 만나고 돌아왔다. 이 방문의 결과 그의 하나님에 대한 갈급함은 더욱 더 간절해졌으며 그의 영은 더욱 더 새롭게 되었다. 이 방문에 대하여 챨스 파햄은 다음과 같이 기록하였다.

"나는 이번 방문을 통해서 많은 사람들이 성화(sanctification)에 대해서는 어느 정도 알고 가르치고 있으나 이 세대가 가기 전에 하나님께서 부어주실 놀라운 능력에 대해서는 잘 알지도 못하고 있고, 사람들에게 가르치지도 않고 있다는 사실을 다시금 확인 할 수 있었습니다."

이번 방문으로 인해 그가 이룩한 치유와 능력에 대한 세밀한 관찰이 그로 하여금 하나님의 새로운 진리의 세계와 사역으로 인도하는 중요한 계기가 되었다.

후광에 둘러 쌓이다

치유의 집을 통한 치유 사역이 큰 성공을 거두자 챨스 파햄 주위의 사람들이 그에게 성경학교를 해보라고 권유하였다. 이에 챨스 파햄은 성경학교를 세우는 문제를 놓고 두문불출하며 금식 기도를 하기 시작하였다. 그러던 중 1900년 10월 챨스 파햄은 토페카에 있는 아름다운 장식으로 건축된 건물을 구입하였다.

이 돌 궁전 신학교의 바깥벽은 적벽돌과 흰색 돌로서 치장되어 있었으며 바깥쪽으로 나있는 계단 꼭대기에는 관망대가 위치하고 있었다. 그리고 관망대로 연결된 복도 끝 쪽에는 기도실이 위치하고 있었다. 그가 이 건물에서 성경학교를 시작하자 모든 성경학교의 학생들은 관망대 끝 쪽에 위치한 기도실에서 하루에 세시간씩 기도하였다.

그리고 그는 이 건물을 "돌 궁전"(Stone' s Folly)라고 불렀다.

이 건물은 영국 양식의 성 모양으로 생긴 건축물로서 건축자가 이 건물을 짓다가 돈이 바닥나자 건축을 도중에 중단한 건물이었다. 일층과 이층을 연결한 나선 모양의 층계는 백향목과 향나무등 값비싼 나무로 되어있었고 그 위에는 무늬가 놓여져 있었다. 그리고 삼층은 평범한 나무로 장식되어 있었다.

이 돌 궁전 신학교의 바깥벽은 적벽돌과 흰색 돌로서 치장되어 있었으며 바깥쪽으로 나있는 계단 꼭대기에는 관망대가 위치하고 있었다. 그리고 관망대로 연결된 복도 끝 쪽에는 기도실이 위치하고 있었다. 그가 이 건물에서 성경학교를 시작하자 모든 성경학교의 학생들은 관망대 끝 쪽에 위치한 기도실에서 하루에 세 시간씩 기도하였다.

"돌 궁전"을 하나님께 바치던 날, 몇몇 사람들이 기도실에 들어가 기도할 때에, 그중 몇 사람이 하늘에서 폭포수가 내려와 그 돌 궁전

캔사스 주, 토페카의 돌 궁전 건물. 찰스 파햄은 이 건물을 성경 학교로 사용하였다.

쪽을 향해 떨어지는 환상을 보았다. 이 환상은 앞으로 다가올 일에 대한 예언적 환상이었다.

찰스 파햄의 성경학교는 하나님을 위해 헌신한 모든 그리스도인과 사역자들에게 개방되었다. 하나님의 말씀을 깊게 공부하여 삶에 적용하는 삶을 살기 원하는 많은 사람들이 그 학교에 등록하였다. 학생들은 돈이 부족하였음에도 믿음으로 이 학교에 등록하였던 것이다. 이 성경학교에 등록한 모든 학생들은 이곳에서 하나님의 말씀을 공부할 때 하나님께서 그들의 필요를 채워주신다는 믿음을 갖고 학교 공부를 시작하였다.

이 성경학교 학생들은 12월에 회개, 구원, 성화, 치유, 재림 등에 대한 시험을 보았다. 그런데 찰스 파햄이 어느 날 학생들에게 이 시험 외에 과외로 성경의 사도행전에 나타난 성령님의 역사에 대해 삼일 후에 리포트를 써서 제출하라고 하였다. 학생들에게 이런 숙제를 내어주고 난 찰스 파햄은 캔사즈 시의 어느 교회에서 집회를 인도하였다. 며칠간의 집회를 마치고 돌아온 찰스 파햄은 학생들의 밤 기도회를 인도하게 되었다. 찰스 파햄은 밤 기도회를 인도하기 전에 자신이 내준 사도행전에 역사했던 성령에 대해 학생들이 제출한 과제물을 읽어보았다. 학생들이 제출한 과제물을 다 읽어보고 난 찰스 파햄은 너무도 놀랐다. 왜냐하면 제출한 학생들의 리포트들의 결론이 모두 비슷하였기 때문이었다. 그 결론은 사도행전에서 나타난 성령님께서 부어지는 수많은 사건들에게서 공통적으로 일어난 일이 바로 다른 방언으로 말하게 되는 일이었다는 결론이었다.

이 사실은 찰스 파햄을 매우 흥분하게 만들었다. 사도행전의 이러한 동일한 해석을 놓고 찰스 파햄과 학생들은 매우 들뜬 기분이었는데, 이런 들뜬 분위기 속에 밤 기도회에 참석하기 위해 약 75명의 학생들이 성경학교 예배장소에 모였던 것이다.

예배를 드리고 있는 장소에 그 어떤 거룩한 분위기가 가득 들어찼다. 그 때 아그네스 오스만(Agnes Osman)이라는 여학생이 앞으로 나아와 찰스 파햄에게 자신이 성령님의 세례를 받도록 기도해 달라고 요청하였다. 이 여학생은 선교사로 나가려고 준비하는 학생으로서 성령의 능력으로 충만한 받은 후에 선교지에 나아가 힘차게 사역하기 위하여 찰스 파햄에게 그러한 요청을 하였던 것이다. 찰스 파햄은 처음엔 이 여학생의 요청을 거절하였다. 그러나 결국 그 여학생의 머리 위에 겸손히 손을 얹었다. 그러자 놀라운 일이 일어났다. 이 때 일어난 놀라운 일에 대해 찰스 파햄 자신은 다음과 같이 기록하였다.

> **"내가 그 여학생의 머리에 손을 얹자 그 여학생의 머리와 얼굴엔 후광이 비치기 시작했고 그 여학생은 내가 알아들을 수 없는 중국말 방언을 하기 시작하였습니다. 나는 그 여학생이 하는 말을 따라 하기가 힘들었습니나."**

아그네스 오스만 학생은 찰스 파햄의 기도를 받기 전부터 관망대 끝쪽 복도에 있는 기도실에서 기도할 때 동일한 방언으로 기도하곤 하였었는데 찰스 파햄의 안수를 받자 하나님의 초자연적 능력으로 방언이 더 잘 터져 나왔다고 나중에 고백하였다.

불의 혀

이 자리에 모인 많은 학생들이 아그네스 오스만이 중국 방언으로 말하는 것을 목격하자 오스만이 기도하여 방언이 터졌다는 기도실로

기도실로 들어선 그는 12개의 다른 교단에서 와서 공부하는 목회자 신학생들이 무릎을 꿇고 손을 높이 들고 모두가 다 방언으로 기도하는 모습을 목격하게 되었다. 그는 그 광경을 보고 너무도 놀랐다. 그중 일부의 학생들은 하나님의 능력이 임하여 몸을 떨고 있었다.

몰려가 이박 삼일간을 그 기도 방에서 하나님께 기도하며 하나님을 기다렸다.

1901년 1월 찰스 파햄은 토페카의 한 교회에서 설교를 하면서 자신의 돌궁전 성경학교에서 일어난 신기한 경험을 사람들에게 이야기하였다. 그러면서 그 자신도 이제 곧 방언을 받게 될 것 같다는 말을 하였다. 찰스 파햄이 그렇게 말한 바로 그날 밤에 그는 그 교회에서의 설교를 끝내고 자신의 성경학교로 돌아왔다. 학생들이 기도실에서 기도하고 있다는 이야기를 전해 듣자 그는 기도실로 올라가 보았다.

기도실로 들어선 그는 12개의 다른 교단에서 와서 공부하는 목회자 신학생들이 무릎을 꿇고 손을 높이 들고 모두가 다 방언으로 기도하는 모습을 목격하게 되었다. 그는 그 광경을 보고 너무도 놀랐다. 그중 일부의 학생들은 하나님의 능력이 임하여 몸을 떨고 있었다. 그때 한 여학생이 찰스 파햄에게 다가와 자신이 바로 조금전 이 기도방안에 들어서자 "불의 혀"(tongues of fire)가 갈라지는 것 같은 것이 자기의 머리 위에 떨어졌다고 말하였다.

자신이 본 광경에 충격을 받은 찰스 파햄은 즉시 기도실에 있는 책상 뒤에 무릎을 꿇고 하나님을 찬양하기 시작하였다. 그는 하나님께 자신도 학생들이 받은 동일한 축복을 받게 해달라고 기도하였다. 그 순간 찰스 파햄은 하나님께서 자신을 세상으로 부르시는 소리를 들었다. 이 소리를 들은 찰스 파햄의 마음속에는 이제부터는 가는 곳마다 성령 세례의 진리를 전하게 될 것이라는 확신이 들어찼다. 이와 동시에 이러한 진리를 전할 때 엄청난 핍박을 받게 될 것이라 예감도 들었다. 그러나 그는 그 자리에서 자신이 이제껏 치유에 관한 말씀을 담대히 사람들에게 전하였듯이, 오순절 역사와 성령 세례에 관한 성경 말씀도 담대히 전할 것이라고 다짐하였다. 그런데 그런 다짐을 한 바로 그 순간 찰스 파햄은 학생들이 받았던 동일한 성령님으로 채움 받아 다른 방언으로 말하기 시작하였다. 이러한 방언의 경험을 놓고 그는 훗날 다음과 같이 술회하였다.

> **"바로 그 순간 나의 입안이 약간 비틀어지는 것 같은 느낌이 왔습니다. 그러자 바로 하나님의 영광이 나에게 떨어져 나는 스웨덴 방언으로 하나님을 경배하기 시작하였습니다. 조금 지나자 그 스웨덴 방언이 다른 방언들로 바뀌어 나가기 시작하였습니다."**

이 돌 궁전에서 일어난 하나님의 놀라운 역사가 신문기자, 언어학 교수, 정부 언어 통역관리들의 관심을 사로잡았다. 조사단들이 돌 궁전에서 일어나고 있는 놀라운 일들을 전세계에 알리기 위하여 성경학교에 모여들었다. 이들은 학생들이 다른 방언으로 말하고 있는 현장을 목격하고 이들이 전 세계 여러 나라의 말로 기도하고 있다는 사실에 동의하였다. 신문들은 첫 면에 "오순절! 오순절!"이라는 제목 아래 특별 기사를 내어보내고, 신문팔이 소년들은, "오순절에 대해 읽어보세요"라고 소리치며 신문을 팔기 시작하였다.

1901년 1월 21일 찰스 파햄은 자신이 경험한 다른 방언에 대해 설교하면서 성령님의 세례에 관한 이야기로 설교 시간 전체를 채웠다.

초자연적인 곳에 이르는 문

오늘날 어떤 사람들은 방언은 더 이상 없다라는 주장을 아직도 고수하고 있다. 그러나 오늘날 기사와 이적이 더 이상 없다면 방언도 하지 않아야 한다. 성령님의 나타나심이 오늘날 더 이상 존재하지 않는다면 방언하는 사람이 없어야 한다는 말이다. 그러나 현재 방언을 하는 신자는 너무도 많아 그 수효를 세기란 쉽지 않다. 오늘날 방언이 없다면 방언이 주는 유익이 우리에겐 더 이상 필요치 않아야 한다. 그러나 그렇지 않다. 우리가 이 땅에서 사는 한 기사와 이적 그리고 방언은 존속될 것이다. 사도행전의 초대교회가 경험했던 일들은 오늘날의 교회들도 경험하여야 하고 또 실제로 경험하고 있다. 예수님께서 영원한 제물인 어린양이 되셔서 죽으셨으므로 단지 양을 죽이는 제사만 없어졌을 뿐 기사와 이적은 계속 존재한다.

방언기도를 하게되면 당신의 영 안에 하나님의 뜻이 잉태된다. 그러므로 방언으로 기도한다는 것은 영으로 기도한다는 말이며, 우리의 생각과 이성으로 기도하지 않는다는 말이다. 영으로 기도하게 되면 하나님께서 자신의 영을 우리에게 부어주신다. 그래서 이를 통해 우리가 영적으로 건강하게 되는 일이 일어나며 또한 우리는 이를 통하여 우리를 향한 하나님의 뜻을 더 잘 알 수 있게 된다. 인간의 언어로 어떤 상황을 놓고 기도할 때에는 기도에 한계성이 있다. 그러나 우리가 영으로 기도를 하게 되면 이성의 영역이 아닌 성령님의 영역에서 기도하게 되므로, 그 결과 각 상황에 맞는 하나님의 뜻대로 기도하게 되는 것이다. 그리고 성경은 이러한 사실을 명백히 가르치고 있다.

성경의 방언에는 세 가지 경우가 있다. 첫 번째 경우는 하나님의 초자연적인 능력이 임해서 자신도 모르게 이 세상 어느 국가의 말을 하는 경우이다(행 2:8~11). 두 번째 경우는 공공예배 시에 사람들 앞에서 방언을 하면 방언을 통역하는 사람이 통역을 하여 그 결과 거기에 모인 회중들이 위로받고 세움받는 경우이다(고전 14:27~28). 마지막 세 번째 경우는 방언기도를 통하여 방언하는 사람이 담대해지고 힘을 얻으며 삶의 방향성을 제시받고, 이 방언 기도를 통해 가장 강력한 중보기도가 이루어지는 경우이다(고전 14:4; 유 20; 롬 8:26~27; 엡 6:18).

만일 당신이 방언으로 대표되는 성령님의 세례를 아직 받지 못하셨다면, 하나님께 간절히 간구하여 성령 세례를 받길 원한다. 방언은 어떤 특정한 그리스도인들만 할 수 있는 것이 절대로 아니다. 신자라면 누구나 다 방언을 할 수 있다. 만일 당신이 방언기도하는 것을 생활화 한다면 방언기도가 주는 영적 유익으로 인해 분명히 당신의 삶은 영적으로 한 단계 올라갈 것이다.

"나의 병이 나았습니다. 당신이 방언을 할 때 당신의 방언은 내가 어렸을 때 어머니의 무릎 위에 앉아서 들었던 시편 23편 말씀으로 내 귀에 들려왔으며 내 나라 말로 들려왔습니다."

영의 아버지

찰스 파햄이 방언을 하면서부터 그의 삶과 사역은 날개를 달기 시작하였다. 그리고 그의 가정에는 전에 볼 수 없었던 하나님께서 주시는 평화가 찾아왔다. 찰스 파햄은 미국 전역을 돌아다니며 성령 세례가 임한 것을 사람들에게 직접 보여주며 성령 세례에 관하여 설교하기 시작하였다. 한번은 설교단에서 그가 방언을 하기 시작하자 예배에 참석하였던 사람들 중의 한 사람이 일어나더니, "나의 병이 나았습니다. 당신이 방언을 할 때 당신의 방언은 내가 어렸을 때 어머니의 무릎 위에 앉아서 들었던 시편 23편 말씀으로 내 귀에 들려왔으며 내 나라 말로 들려왔습니다"라고 말하였다. 이 이야기는 찰스 파햄의 방언 사역 시에 일어난 셀 수 없는 기적들에 대한 간증들 중에서 단 하나의 간증일 뿐이다. 이제 그의 집회를 통해 그의 집회에 참석한 수없이 많은 사람들에게서도 방언 현상이 일어나기 시작하였다. 찰스 파햄의 이런 성령 세례 사역이 잘 되어나가자 많은 사람들이 그를 비방하기 시작하였다.

그러자 찰스 파햄의 가정에 비극적인 일이 벌어졌다. 찰스 파햄이 막내아들 찰스가 1901년 3월 6일 죽은 것이다. 찰스 파햄의 가정은 슬픔에 휩싸였다. 그를 비방하는 사람들은 찰스 파햄이 약을 쓰지 않았기 때문에 살릴 수 있는 아들을 죽였다고 말하였다. 이 말을 들은 찰스 파햄은 더욱 더 큰 아픔에 빠졌다. 더군다나 찰스 파햄을 사랑하였지만 하나님의 치유는 믿지 않는 사람들은 이번 기회에 치유사역을 그만 두라고 그에게 강력히 충고하였다. 그러나 찰스 파햄은 이들의 권고를 무시하고 하나님과 그분의 능력에 대한 자신의 믿음을 견고히 지켜나갔다. 그 결과 그의 기적을 일으키는 사역은 더욱 큰 힘을 얻고 뻗어나가기 시작하였다.

1901년 가을 성경학교가 있었던 토페카의 돌 궁전이 다른 사람의 손에 넘어갔다. 찰스 파햄은 돌 궁전의 새 소유주에게 만일 그 건물을 세상적인 장소로 사용한다면 하나님께서 그 건물을 파멸시킬 것이라고 예언적 경고를 하였다. 건물의 새 소유주는 찰스 파햄의 예언적 경고를 무시하고 세상 목적으로 그 건물을 사용하기 시작하였다. 그러자 같은 해 12월 그 건물에 화재가 발생하여 건물을 더 이상 쓰지 못하게 되었다.

찰스 파햄은 돌 궁전을 판 후 캔자스 주의 한 집에 세를 들었다. 이 때쯤 찰스 파햄은 전국을 돌아다니며 성령 세례 사역을 하고 있었는데 집회 때마다 교파를 초월하여 전국에서 몰려온 수백 명의 사람들이 그의 집회에 참석하여 성령 세례를 받고 병을 치유 받는 일들이 일어났다. 찰스 파햄의 사역을 좋아하는 사람은 아주 찰스 파햄 편이 되어 그를 두둔하였다. 그러나 그렇지 않은 사람들 극단적으로 찰스 파햄을 싫어하였다. 그러나 사람들이 그를 싫어하더라도 그는 누구에게라도 그의 따뜻한 씀씀이와 부드러운 태도를 보여주었다. 캔자스 주에서 발행되는 한 신문은 이러한 찰스 파햄의 이러한 부드러운 태도를 칭찬하면서 "사람들이 찰스 파햄에 대해 뭐라고 말하든 상관없이 그의 사역은 역사상 그 어떤 사람의 사역보다 잘 되어 나가고 있다"라고 보도하였다.

1901년이 되자 찰스 파햄은 광야에서 외치는 자의 소리(A Voice Crying in the Wilderness)라는 제목의 책을 그의 생애의 첫 저술로 출간하였다. 이 책은 구원, 신유, 성화에 관한 그의 설교 모음집이었다. 그 책이 출판되자 전세계의 수많은 목회자와 사역자들이 그 책을 구입하여 그가 주장하는 바가 무엇인지에 대해 공부하기 시작하였다.

찰스 파햄은 1902년 유월 다시 아들을 낳아 그에게 필립 알링톤(Philip Arlington)이라는 이름을 지어주었다. 그리고 그 즈음부터 사람들은 그를 오순절의 아버지라고 부르기 시작하였다. 그리고 그 결과 찰스 파햄 밑에는 수많은 영적 자녀들이 생겨나기 시작하였다. 찰스 파햄은 그의 영적 자녀들이 진리 안에서 올바로 성숙하도록 그들에게 많은 도움을 주었다. 1903년에 그가 인도하였던 한 집회에서 성령님이 매우 강하게 나타나시는 역사가 일어났다. 그러자 이 집회 이후 챨스 파햄의 가르침은 그 깊이를 더해 갔다. 그러나 챨스 파햄은 사람들이 자기를 오순절 운동의 지도자로 생각하는 것을 매우 싫어하였다. 그러나 그럼에도 불구하고 그의 사역에 많은 성령 세례가 부어진다는 것은 그 어느 누구도 부인할 수가 없었다. 그러나 그는 성령님으로 인해 사람들에게 나타나는 외적인 현상보다는 성령님의 인격적인 면을 훨씬 더 중요하게 생각하였다. 그런 까닭에 그는 성령님의 나타남으로 인한 현상에 치중하는 일부 잘못된 사람들을 강력하게 비판하였다. 성령에 의해 나타나는 현상에 대한 그의 부정적인 견해는 그가 이제 곧 일어날 아주사 부흥 운동을 격렬하게 반대하는 계기가 되었다. 그는 아주사 부흥 운동에 성령님께서 주는 여러 현상들이 강하게 나타나자, 아주사 운동이 잘못되어가고 있다고 아주사 부흥 운동을 강력하게 비판하게 된다.

대규모 집회

1903년 가을이 되자 챨스 파햄은 캔자스주 갈레나로 이사하였다. 이사를 마친 후 그는 그곳에 대형 천막을 세웠다. 그 천막은 이천 명이 동시에 모여 집회를 할 수 있는 큰 천막이었다. 그러나 그 천막마저 몰려든 사람들을 다 수용하기에 충분치 않았다. 그래서 그해 겨울 더 많은 사람을 수용할 수 있는 건물로 집회장소를 옮겼다. 그러나 그 건물 역시 몰려드는 사람들을 다 수용할 수 없게 되었다. 그러자 챨스 파햄은 집회 때에는 문을 활짝 열어 놓아 건물밖에 있는 사람들도 밖에서 그의 설교를 들을

> "많은 사람들이 이 집회를 헐뜯기 위하여 참석하였다가 마음을 바꿔 챨스 파햄의 기도 받기 위하여 기다렸다."

수 있도록 하였다. 그곳의 집회를 통해 수많은 사람들이 성령님의 강한 임재를 체험하였고 적지 않은 수의 사람들의 병이 치유받는 크나큰 하나님의 역사가 연속적으로 일어났다.

그런 대규모 집회 때에 모인 사람들을 일일이 다 기도해 줄 수 없게 되자 찰스 파햄은 사람들에게 1부터 10까지의 숫자 중 한 숫자가 적힌 카드를 나누어 주어 매일 하나의 숫자를 추첨하여 당첨된 사람만 기도해 주는 방법을 사용하였다. 그러나 나중에 찰스 파햄은 모든 사람들이 기도 받길 원하기 때문에 그런 방법을 더 이상은 사용하지 않았다. 이제 찰스 파햄은 밤을 지새워가며 한사람 한사람씩 기도해 주었다. 그러자 그는 잠을 못 자는 날이 많게 되었다.

요플린 헤랄드라는 신문과 씬시네티 인콰이어러 라는 신문은 이곳 갈레나에서의 찰스 파햄의 사역이 교회 역사상 가장 강력한 하나님의 능력이 나타난 집회였다고 그를 격찬하며 "많은 사람들이 이 집회를 헐뜯기 위하여 참석하였다가 마음을 바꿔 찰스 파햄의 기도 받기 위하여 기다렸다"는 내용이 담긴 기사를 내보내었다.

1904년 3월 16일 찰스 파햄 부부는 다시 아들을 낳아 윌프레드 찰스(Wilfred Charles)라고 이름지어 주었다. 이 아기가 태어나고 한 달 후 찰스 파햄 가족은 캔자스 주 박스터 스프링으로 이사하였다. 그런 후 찰스 파햄 부부는 캔자스 주를 돌아다니며 대규모 집회를 열기 시작하였다.

찰스 파햄은 모인 회중들에게 자신의 집회를 통해 예수 그리스도를 영접한 사람들의 숫자가 자신의 집회를 통해 치유받은 사람들의 숫자보다 많으므로 자신을 "치유 사역자"라고 부르는 것은 적합하지

돌 궁전 건물에 있던 신학교 성경학교 학생들과 함께

텍사스 주 휴스톤에서 전국 순회 사역팀과 함께, 1905년

않다고 말하였다. 그의 집회에 참관했던 어떤 사람은, "그의 설교는 처음부터 끝까지 성령에 관계된 설교였으며, 설교하는 그의 모습은 정결하면서도 웅대하여 참석자들을 사로잡고도 남았습니다"라고 말하였다.

그의 부흥 집회에는 흥이 있었다. 찰스 파햄은 이스라엘을 매우 사랑하여서 설교중 시간만 허락하면 이스라엘에 대한 말을 하였다. 그리고 그는 자주 그의 집회에 이스라엘 사람들이 입는 옷들을 전시하였다. 신문은 그의 이러한 특이한 점을 좋게 보도하였다.

찰스 파햄의 캔자스 집회에 참석하여 많은 은혜를 받은 어떤 사람이 있었다. 이 사람의 지극한 간청에 의해 1905년에 찰스 파햄은 텍사스주 오챠드를 방문하여 그곳에서 집회를 개최하였다. 찰스 파햄이 오챠드에서 집회를 인도할 때 그 장소에 너무도 많은 성령님께서 쏟아 부어졌다. 이날 이후 찰스 파햄은 이렇게 특별히 많은 성령님께서 부어진 날들을 "대 집회의 날"로 불렀다. 그리고 찰스 파햄은 이때부터 체계적으로 계획된 대규모 집회를 미국 전역을 다니며 열기 시작하였다. 그가 대규모 집회를 열기 시작하자, 이 대규모 집회가 잘 치러질 수 있도록 하기 위하여 많은 자원 봉사자들이 필요하게 되었다. 그러자 많은 사람들이 찰스 파햄에게 와서 자원 봉사를 하겠다고 약속하였다.

텍사스에서의 대 집회

첫 "대 집회의 날"은 텍사스 주 휴스턴에서 있었다. 찰스 파햄과 스물 다섯 명의 자원 봉사자들이 상호 협력하여 휴스턴에서의 대규모 초 교파 집회를 열심히 준비하기 시작하였다. 그들은 하나님의 능력을 더 많이 경험하기 원하는 사람들은 브린 홀이라는 장소로 오라며 사람들에게 대대적으로 집회를 광고하였다. 이때 신문들도 찰스 파햄의 편이 되어 그의 이스라엘 전시회를 두둔하며 기적이 넘쳐나는 찰스 파햄의 집회에 많이들 참석하시라는 광고성 기사들을 신문에 실어 주었다.

찰스 파햄은 대 집회가 끝나면 유대인들이 입는 의상을 입고 휴스턴 시내를 사람들과 함께 행진하곤 하였다. 이러한 시가 행진이 집회에 대한 광고효과를 내어 더 많은 사람들이 그의 집회에 몰려왔다. 찰스 파햄은 텍사스 휴스턴에서 대규모 집회를 끝내자 가족들이 거처하고 있는 캔자스 집으로 돌아왔다.

그러나 휴스톤 사람들은 찰스 파햄에게 휴스톤에서 다시 와서 집회를 열어 달라는 요청하였다. 그러자 찰스 파햄은 다시 자신의 팀과 같이 휴스톤으로 가서 대규모 집회를 다시 한번 시도하였다. 그러나 이번엔 여러 곳에서 어려운 일들이 발생하였다. 찰스 파햄의 사역 팀원들이 집회 시작하기 전에 먹은 음식이 잘못되어 모두 식중독에 걸린 일이 일어났다. 그러나 찰스 파햄이 식중독에 걸린 팀원을 놓고 치유 기도를 하자 식중독 증상이 즉각 사라지는 기적이 일어났다. 그리고 한번은 휴스톤에서의 집회 중에 누가 찰스 파햄이 마실 물에 독을 타 놓았다. 이 사실을 모르는 찰스 파햄은 독이 타있는 물을 마셨다. 그러자 조금 후 독이 온 몸에 퍼져 찰스 파햄이 바닥에 쓰러졌다. 쓰러진 찰스 파햄이 자신의 몸이 낫기를 기도하였다. 그러자 신기하게도 찰스 파햄의 몸은 금방 정상으로 돌아왔다. 나중에 그 컵에 남은 물을 조사하여 보니 누가 열 명의 성인 남자를 죽일 수 있는 분량의 독약을 그가 마시는 물잔에 사람들 몰래 타 놓았던 것이다.

찰스 파햄이 휴스톤 성경 학교를 세울 때 이 학교를 통하여 학생들에게 신학을 가르치려는 의도는 전혀 없었다.

이러한 심한 어려움과 핍박 속에서 지내던 어느 날 챨스 파햄은 휴스톤에 휴스톤 성경학교를 세우겠다는 발표를 하였다. 그리곤 자신의 본부를 1905년 겨울에 텍사스 주 휴스톤으로 이전하였다. 이 새로 세운 휴스톤 성경학교는 토페카에 있던 성경학교와 마찬가지로 학생들에게 일절 등록금을 받지 않았다. 그대신 학생들은 자신의 믿음으로 자신의 식비를 마련하여야 하였다. 이 학교에서는 군대식으로 모든 생활이 절도 있게 이루어졌다. 이 성경학교 학생들은 이런 학교 생활에 익숙하여지기 위하여 처음엔 고생하였다. 그러나 이러한 군대식 학교 생활에 학생 모두가 잘들 적응하였다.

챨스 파햄이 휴스톤 성경학교를 세울 때 이 학교를 통하여 학생들에게 신학을 가르치려는 의도는 전혀 없었다. 이 성경학교는 학생들이 하나님의 진리 안에서 살 수 있도록 실제적인 사역과 사역에 필요한 능력을 키워주는 학교였다. 학교측에서는 학생들이 기도를 많이 하도록 각별히 신경을 썼다. 학교가 생긴지 얼마 지나자 이 학교를 졸업한 훌륭한 목회자들과 선교사들이 전 세계로 나가 사역하기 시작하였다.

이 즈음 챨스 파햄은 휴스톤에서 윌리암 제이 세이모(William J. Seymour)란 흑인을 만나게 되었다. 그 당시 미국은 교육법으로 흑인과 백인이 같은 학교에서 공부할 수 없도록 막고 있었다. 물론 챨스 파햄이 세운 휴스톤 성경학교에서도 이 법이 지켜지고 있었는데 그 이유는 단지 그때까지 그 어떤 흑인도 이 성경학교에 입학 신청을 한 적이 없었기 때문이었다. 윌리엄 세이모는 흑인으로서 하나님 말씀에 대한 갈급함이 대단하였던 차에, 찰스 파햄을 만나 휴스톤 성경학교 입학을 허가해 달라고 요청하였다. 세이모의 하나님에 대한 열정에 감복한 찰스 파햄은 법을 어기면서까지 세이모를 자신이 세운 성경학교의 학생으로 받아들였다. 이 학교에서 공부하는 동안 세이모는 성령 세례에 대한 진리를 몸소 체험하게 되었다.

이후 이 학교를 다니던 중에 세이모는 캘리포니아 주 로스앤젤레스의 아주사 거리(Azusa Street)에 있는 아주 작은 교회(Mission)에 담임 사역자로 가게 되었다. 그런데 그에 의해 아주사 거리에 하나님의 부흥의 불이 붙여지기 시작하였다. 이 결과 윌리암 제이 세이모는 아주사 부흥 운동의 주역이 되어 기독교 역사에 기억되는 인물이 되었다.

얼마 후 휴스톤 성경 학교가 문을 닫게 되었다. 그러자 찰스 파햄은 자신의 가족들을 다시 캔자스로 돌려보냈다. 그리고 찰스 파햄 부부는 1906년 6월에 막내 아이를 낳게 되었다. 막내 아들을 낳자 찰스 파햄 부부는 이 아이의 이름을 로버트라고 지어주었다.

찰스 파햄은 전국으로 돌아다니며 집회를 계속 열어나갔다. 그러던 어느 날 찰스 파햄은 휴스톤 성경학교 흑인 학생이었던 윌리암 세이모로부터 로스앤젤레스 아주사 거리에 있는 작은 예배 처소에서 일어난 이상한 현상에 대한 설명이 곁들여진 편지 한 통을 받았다. 이 편지에서 윌리암 세이모는 찰스 파햄에게 빨리 아주사 거리로 와달라고 요청하였다. 윌리암 세이모가 편지에서 밝힌 이상한 현상이란 바로 아주사 거리 예배 처소에서 예배드리던 사람들에게 일어난 현상으로, 예배 중에 사람들이 몸을 꼬고 최면에 걸린 것과 같은 행동을 하는 현상이었다. 그래서 세이모는 자신의 스승인 찰스 파햄에게 자기가 사역하고 있는 아주사 거리의 작은 교회로 빨리 와서 이런 현상의 진위 여부를 분별하여 달라고 요청하였던 것이다. 그러나 이러한 요청에도 불구하고 찰스 파햄은 하나님께서는 자신이 계속 일리노이주 시온 시에 머무르기를 원한다고 판단하였다. 그래서 찰스 파햄은 윌리암 세이모의 요청에 즉각 반응하지 아니하였다.

시온 시에서 겪은 어려움

윌리암 세이모의 편지를 받기 전에 찰스 파햄은 존 알렉산더 도위가 세운 일리노이 주에 있는 하나님의 도시 시온 시에 들르게 되었다. 시온 시에 도착한 찰스 파햄은 그곳 시온의 공동체가 큰 시련에 빠져 있다는 사실을 접하게 되었다. 그 당시 시온 시의 사람들은 존 알렉산더 도위의 사역에 불신하고 있었다. 그리고 존 알렉산더 도위를 대신하여 시온 시의 실권을 장악하고 싶은 사람들이 서로 각축전을 벌이고 있었다. 찰스 파햄이 시온 시를 처음 방문하였을 당시 존 알렉산더 도위의 말에 속아 많은 돈을 시온 시 건설에 투자한 사람들은 큰 낭패를 맛보고 시름에 빠져있었다. 이들은 모든 희망을 다 잃고 낙망하고 있었던 것이었다. 이런 시온 시의 상황을 접하게 된 찰스 파햄은 이런 나쁜 상태가 자신의 사역을 위해서는 최고의 상태라고 판단하였다. 낙망하고 있는 시온 시의 시민들에게 용기를 줄 수 있는 것이 바로 자신의 사역에 나타나는 성령님의 나타남이라고 찰스 파햄은 판단하였던 것이다.

그러나 막상 시온 시에 도착하자 사람들이 찰스 파햄의 사역을 외면하였다. 심지어 그는 집회장소 마저도 구할 수가 없었다. 그래서 하는 수 없이 어느 호텔 운영자의 도움을 받아 간신히 개인 집을 집회장소로 빌렸다. 개인 집을 빌려 집회를 연 첫날 첫 집회 때에 사람들이 두 개의 방과 거실에 가득 들어찼다. 그리고 날이 갈수록 몰려온 사람들의 숫자가 늘어갔다.

이제 곧 찰스 파햄은 사람들을 수용하기 위하여 더 큰 집회 장소로 옮겼다. 그 장소는 그 당시 치유 사역을 크게 하고 있었던 에프 에프 보스워드(F. F. Bosworth)라는 사람의 집이었다. 매일 밤 찰스 파햄은 저녁 7시부터 보스워드의 집을 포함해 다섯 채의 집을 돌아다니면서 집회를 인도하였다. 그는 이 집 저 집을 재빨리 매일 밤마다 돌아다녔다. 그러자 그 결과 수백 명의 사역자들과 복음 전하는 자들이 성령 충만함을 받았다. 그리고 성령 충만한 이들 중 일부는 하나님의 말씀을 전하기 위하여 세계 각지로 선교사로 나가는 역사가 일어났다.

비록 시온 시가 그리스도인들의 거대한 공동체로 이루어진 시이긴 하였지만 찰스 파햄과 그의 사역에 관한 한 시온 시는 찰스 파햄에게 적지 않은 어려움을 가하였다. 시온 시에서 발행되는 신문은 찰스 파햄이 시온 시에 와서 집회를 인도하는 근본 목적은 죤 알렉산더 도위의 자리를 뺏기 위함이라고 보도하였다. 그리고 그 당시 시온 도시의 총감독이었던 죤 알렉산더 도위도 찰스 파햄의 설교와 행동거지가 잘못되었다며 공개적으로 찰스 파햄을 공격하고 나섰다. 그리고 이제 곧 시온 시의 새 감독으로 취임한 윌버 볼리바(Wilbur Voliva) 역시 찰스 파햄에게 시온 시를 떠나라고 요청하였다. 윌버 볼리바는 찰스 파햄에게 언제까지 시온 시에 머무를 것인지를 묻는 공개 서한을 보냈다. 이 편지를 받은 찰스 파햄은 **"하나님께서 여기에 있으라고 할 때까지 나는 이곳에 머물 것입니다"**라고 응수하였다.

1906년이 되자 찰스 파햄은 비로소 시온 시에서의 모든 집회를 마치고 윌리암 세이모가 급히 와달라고 요청하였던 로스앤젤레스의 아주사 거리로 향하였다.

떨고 구르는 아주사 거리 이야기

> 심지어 윌리암 세이모는 자신이 인도하는 집회 장소에 챨스 파햄이 들어오지 못하도록 조치하였다.

챨스 파햄은 윌리암 세이모가 로스앤젤레스로 떠날 때 겸손한 마음을 가지고 교회를 맡기 위해 휴스톤 성경 학교에서의 공부를 중단하고 떠난 것으로 알고 있었다. 텍사스에서 온 어떤 사람이 윌리암 세이모의 능력을 믿고 세이모에게 와서 자신과 함께 로스앤젤레스로 떠날 것을 요청하자, 윌리암 세이모는 그를 따라 로스앤젤레스로 간 것이었다. 하나님은 윌리암 세이모를 로스앤젤레스로 보내시며 그를 통하여 위대한 일을 할 계획을 갖고 계셨다. 그러나 이러한 하나님의 계획을 사단이 눈치채었다. 그리고 사단은 세이모가 하나님에게 크게 쓰임 받지 못하도록 공격을 계획하고 있었다. 윌리암 세이모는 챨스 파햄이 민든 휴스톤 성경 학교의 신학생이었던 적이 있었기에 자신이 로스앤젤레스 아주사 거리의 조그만 예배 처소에서 희한한 일들을 경험하자 이 사실을 자신의 스승인 챨스 파햄에 알려 도움을 요청하였던 것이었다.

챨스 파햄이 아주사 거리의 조그만 예배 처소에 와서 보고 그곳에서의 집회에는 어떤 광신적인 것이 있다고 판단하였다. 물론 그곳에서의 예배에는 성령님의 역사에 의해 나타나는 현상도 있었지만 그렇지 않은 현상도 있었다. 챨스 파햄은 아주사에서 두세 차례 집회를 인도한 후 자기의 제자 윌리암 세이모에게 집회에서 나타나는 현상에 관하여 이야기하면서, 시정해야할 몇 가지가 있으니 이를 고치라고 요구하였다. 그러나 챨스 파햄의 제자 윌리암 세이모는 챨스 파햄의 이러한 시정 요청을 거절하였다. 심지어 윌리암 세이모는 자신이 인도하는 집회 장소에 챨스 파햄이 들어오지 못하도록 조치하였다. 그러나 챨스 파햄은 로스앤젤레스를 떠나지 아니하고 큰 빌딩 하나를 얻어 아주사 거리에서 열린 윌리암 세이모 집회에 참석한 사람들을 상대로 그 집회를 통해 많은 사람들이 귀신이 들렀다며 대규모 축사 사역 집회를 열기 시작하였다.

이제 챨스 파햄은 윌리암 세이모가 교만한 영에 사로잡혀 있다고 생각하기 시작하였다. 그래서 챨스 파햄은 자신이 발간하는 뉴스레터 "데포지숀"에 윌리암 세이모를 겨냥하여, 광신자는 올바른 가르침을 받지 않도록 유혹하는 교만이라는 나쁜 악령에 사로잡힌다라는 요지의 글을 썼다. 여기에 그의 글 일부를 소개한다.

"이런 사람들은 자신의 경험을 빌미로 자신의 영적 상태가 남들보다 월등하다고 생각하여 올바른 가르침과 도움을 받지 않으려는 사람들입니다."

그는 이 글의 끝마무리에 그는 다음과 같은 글도 집어넣었다.

"나는 아주사 거리의 광신적 집회에 참석한 사람들이 잘못된 것을 빨리 깨닫고 그 집회에서 빠져 나오길 바랍니다. 그곳에서 빠져 나온 사람들이 올바르고 강한 훈련을 받게되면 그런 극단적인 아주사 거리의 집단에 대해 잘 대항할 수는 사람들이 될 수 있으리라고 나는 생각합니다."

"햄을 찢어라"

1906년 겨울이 되자 찰스 파햄은 로스앤젤레스에서 시온 시로 다시 돌아왔다. 시온 시에 다시 돌아온 파햄은 큰 규모의 집회를 계획하였다. 그러나 집회를 위한 마땅한 건물을 빌릴 수 없게된 찰스 파햄은 하는 수 없이 빈터에 천막을 칠 수밖에 없었다. 시온 시에서 다시 개최된 새해 첫날 밤 집회에서 그는 성령 세례에 관해 두 시간 동안이나 설교하였다. 이때 그의 설교를 듣고 참석한 사람들이 큰 감동을 받았다. 이때 감동받은 사람들 중 몇 사람이 찰스 파햄에게 와서 이 집회는 하나님께서 내리신 큰 부흥 운동의 시작이 될 집회라고 말하며 그를 격찬하였다. 그리곤 그들은 찰스 파햄에게 이제 시작된 이 큰 부흥 운동에 계속 매진하여 줄 것과 시온 시에 교회를 개척하여 대형교회로 성장시켜 준다고 약속만 하면 자신들이 그를 적극적으로 돕겠다고 말하였다.

그러나 찰스 파햄은 그들에게 자신이 시온 시에 온 것은 어떤 사심이 있어서 온 것이 아니라 시온 시가 하나님의 평화의 영을 받아 더 안정되고 영적으로 더 진보되도록 하기 위해서 온 것이라며 그들의 제안을 거절하였다. 찰스 파햄은 이미 미국에는 많은 교회들이 있으므로 자기가 교회하나 더 세운다고 뭐 크게 달라질 것은 없다라고 생각하였던 것이다. 그는 또한 자신이 전하는 성령 세례에 대한 진리의 메시지가 교회나 단체를 하나 더 세우는 것보다 훨씬 더 가치 있는 일이라고 생각하였다. 찰스 파햄은 자신의 밑으로 들어와서 성령 세례에 대해 배운 사람들이 나중에 나가서 자기 왕국을 세우는데 급급할까봐 심히 염려하였던 것이다.

이 일 후 찰스 파햄은 곧이어 자신이 발기인으로 있었던 사도 믿음 운동(The Apostolic Faith Movement)에서 탈퇴하였다. 그 당시 이 사도 믿음 운동은 미국 전역으로 퍼져나가 있었고, 이 운동의 지도자에 대한 나쁜 소문들이 사람들 사이에서 돌고있었다. 그러자 찰스 파햄은 그가 발간하는 뉴스레터를 통해 이 사도 믿음 운동에 대해 다음과 같은 글을 개재하였다.

"사도 믿음 운동에 대한 가르침이 일반적으로 잘 받아드려지고 있는 지금 이 시점에서 나는 사도 믿음 운동을 떠납니다. 나는 이제부터 하나님의 복음이 세계 각 곳으로 전파되는 데에만 매진할 것입니다."

찰스 파햄이 사도 믿음 운동을 떠나기로 결정하자 시온 시에 있는 많은 사람들이 그를 대적하기 시작하였다. 그래서 그는 시온 시에서의 집회를 일단락 짓고 그때부터는 캐나다와 뉴잉글랜드 쪽으로 다니며 하나님의 말씀을 전하기 시작하였다.

찰스 파햄이 캐나다와 뉴잉글랜드 지방에서 하나님의 말씀을 전하는 동안 그의 가족들은 계속 시온 시에 남아있었다. 그런데 시온 시에서 운영하는 학교에 다니고 있었던 찰스 파햄의 자녀들은 학교에서 학생들의 놀림을 받았다. 시온 시 사람들이 찰스 파햄을 대적하자 이 영향이 찰스 파햄의 자녀들에게까지 미친 것이었다. 시온 시에서는 돼지고기 먹는 것이 금지되어 있었는데 학생들은 찰스 파햄의 자녀들을 "파 햄, 파 햄"하면서 놀려대었다(찰스 파햄의 "햄"자가 가공된 돼지고기라는 뜻이고 "파"자는 "파트(part)"라는 말의 빠른 발음으로 자른다 또는 찢어버린다 라는 뜻을 지니고 있다. 그러므로 "파 햄"이라고 하면 "햄을 찢어버려라"는 뜻으로 찰스 파햄 가족을 위협하는 말임: 역자주). 이런 놀림을 받은 찰스 파햄의 자녀들은 자주 울면서 학교에서 돌아왔다. 챨스 파햄이 사도 믿음 운동에서 발을 빼었기 때문에 그의 자녀들이 이러한 핍박을 받은 것이었다. 이러한 일련의 핍박에 대해 챨스 파햄은 다음과 같이 말하였다.

> **"사도 믿음 운동에 관한 나의 입장은 시온 시에 거하는 수많은 사람들 중 단지 한 사람의 목소리에 불과한 것으로 대수롭지 않게 생각하여 주시기를 간절히 바랍니다."**

그러던 어느 날 챨스 파햄의 부인이 시온 시에 사는 한 사람으로부터 챨스 파햄을 중상 모략하는 편지를 받았다. 챨스 파햄 부인은 이 편지가 남편의 사역을 무력화시키기 위하여 조작된 근거 없는 거짓말 편지라고 사람들에게 말하였다. 그러나 그럼에도 불구하고 챨스 파햄의 가족에 대한 핍박은 줄어들 줄을 몰랐다. 핍박을 더 이상 견딜 수 없게되자 챨스 파햄의 부인은 자신의 자녀들을 데리고 캔자스주로 이사해 버리고 말았다.

스캔들: 지옥에서 온 불

교단 지도자들의 미움을 받고 있던 챨스 파햄이 스캔들에 연루되었다는 소문이 온 시온 시에 퍼져나가기 시작하였다. 이 당시 그를 제일 괴롭힌 있던 사람은 그 당시 시온 시의 총 감독인 윌버 볼리바였다. 챨스 파햄이 사도 믿음 운동의 발기인 자리에서 사퇴한지 얼마 되지 않아 챨스 파햄이 성적으로 부도덕한 일을 저질러 경찰에 연행되었다는 소문이 사람들 사이에 퍼

> 교단 지도자들의 미움을 받고 있던 챨스 파햄이 스캔들에 연루되었다는 소문이 온 시온 시에 퍼져 나가기 시작하였다.

지기 시작하였다. 심지어 와우케간 데일리 썬(Waukegan Daily Sun)이라는 신문은 찰스 파햄이 사도 믿음 운동의 요직에서 사임한 이유는 형사들에 의해 체포당했기 때문이란 보도를 내어보냈다. 그러나 나중에 이 신문사는 자신들이 내보낸 이 기사가 잘못되었음을 사과하는 기사를 다시 내어보냈다. 그러나 이미 이러한 잘못된 보도와 소문에 의해 찰스 파햄과 그 가족은 이미 엄청난 상처를 받았다.

1907년 여름 어느 날 찰스 파햄은 시온 연합으로부터 탈퇴한 샌안토니오 소재의 한 교회에서 설교를 하였다. 그런데 바로 그날 샌 안토니오 지역 신문인 샌 안토니오 라이트(San Antonio Light)는 "복음 전도자 찰스 파햄이 샌 안토니오에서 집회를 인도하는 도중 그의 친구 제이 제이 주르단(J. J. Jourdan)과 함께 간음 혐의로 체포되었다. 그 후 찰스 파햄은 천 달라의 보석금을 내고 풀려났다"는 기사를 내어보냈다. 이 기사를 접한 찰스 파햄은 몹시 분노하였다. 그는 즉시 변호사를 고용하였다. 그는 이러한 모함이 그를 가장 괴롭히고 있는 시온 시의 감독 윌버 볼리바의 짓이라고 생각하였다. 찰스 파햄이 시온 시의 한 교회에서 설교한 후 그 교회가 시온 연합에서 탈퇴한 일이 있었다. 찰스 파햄은 이 일에 대해 윌버 볼리바가 매우 분노하고 있으며 그 이유로 해서 자기를 이런 식으로 모함한다고 생각하였다.

찰스 파햄은 이러한 헛소문에 대해 자신의 결백이 밝혀질 때까지는 캔자스에서 살고 있는 자기 부인과 자녀들이 현재 자신이 집회를 인도하고 있는 샌 안토니오로 이사오는 것을 원치 않았다. 그러나 찰스 파햄에 관한 비방 편지를 이미 읽은 찰스 파햄의 부인은 부랴 부랴 짐을 싸서 캔자스를 떠나, 찰스 파햄이 있던 샌 안토니오로 이사하였다. 찰스 파햄은 변호사는 고용하긴 하였지만 실제로 윌버 볼리바를 고소하지는 않았다. 그래서 지금도 박스터 지방 법원에 남아 있는 기록을 살펴보면 실제로 이 사건에 대한 고소가 전혀 이루어지지 않은 것으로 기록되어 있다. 지방 신문에서도 더 이상 챨스 파햄의 기사를 내어보내지 않게 되자 이 사건은 사람들의 뇌리에서 쉽게 잊혀져 갔다.

세상 신문은 더 이상 이 사건을 다루지 않은 데에 반해 종교계의 몇몇 신문들은 챨스 파햄의 성적 부도덕 사건을 끈질기게 물고 늘어졌다. 특히 버닝 부시(Burnig Bush)라는 기독교 신문과 윌버 볼리바가 소속한 교회에서 발간하는 신문인 시온 헤랄드(Zion Herald)는 샌 안토니오 라이트(San Antonio Light)에 이미 실렸던 기사를 인용하기도 하고, 때로는 챨스 파햄의 고소와 관련된 증인들의 챨스 파햄에 대한 비방의 글들을 실어가며 챨스 파햄의 도덕성에 계속 흠집을 가하였다. 그러나 챨스 파햄의 스캔들 소식은 미국의 일부 지방에만 알려졌고 대부분의 지역에서는 이것에 대해 전혀 관심도 없었다. 그리고 챨스 파햄에 대한 나쁜 소문들을 역추적하면 항상 윌버 볼리바가 소속한 교회에서 발간하는 신문인 시온 헤랄드가 소문의 발원지임이 밝혀지곤 하였다.

고로 챨스 파햄에 관한 스캔들은 윌버 볼리바의 계획된 음모였던 것이 분명하였다. 윌버 볼리바가 이런 일에 앞장서서 선동한 것은 아닌 것으로 나중에 밝혀지긴 하였지만, 윌버 볼리바는 챨스 파햄 외에도 시온 시의 부감독을 위시한 여러 사람을 "간음자", "부도덕한 자"로 몰아세운 적이 있었던 사람이었다. 챨스 파햄의 협력자들은 법원에 명예 훼손죄로 윌버 볼리바를 고소하였으나 얼마 지나지 않아 이들은 이 고소를 취하하였다.

이 사건이 법정으로 가게 되면 윌버 볼리바 쪽에서 증빙할 자료가 있어야 하였을 것이므로 찰스 파햄의 부인은 자신의 남편에 관한 성적 부도덕과 연루된 소문을 낸 사람들은 어느 정도 찰스 파햄의 부도덕에 관한 증빙 자료들을 가지고 있었을 것이라고 생각하였다. 그러나 찰스 파햄은 언제가 때가 되면 진실이 밝혀질 것이라고 생각하며 입을 꾹 다물고 있었다. 그 후 찰스 파햄은 자신의 사십 회 생일날 다음과 같이 말하였다.

"지나간 나의 사십 년간의 삶을 통해서 가장 슬펐던 일은 나를 모함하는 사람들이 나와 나의 사역에 흠집을 냄으로 말미암아, 무고한 수많은 영혼들의 마음에 씻을 수 없는 상처를 주었다는 사실입니다."

그러나 찰스 파햄을 모함하였던 사람들은 하나님의 귀한 영혼들이 상처받고 하나님의 존귀한 사역들이 무너지는 것을 염두에 두었을 리가 없다. 그로부터 9년이라는 세월이 지나고 나서 찰스 파햄은 시온 시에서 설교를 하기 위하여 시온 시에 다시 돌아왔다. 그러자 월버 볼리바의 추종 세력들은 찰스 파햄을 비방하는 위조된 문서를 포스타로 만들어 거리 곳곳에 붙여놓았다.

갈릴리 호숫가를 걸어보다

많은 사람들은 그가 월가 볼리바의 공격으로 인해 이제는 더 이상 사역을 하게 될 수 없을 것이라고까지 생각하였다. 그러나 찰스 파햄에 대한 스캔들 모함 사건이 있은 후에도 찰스 파햄은 이에 굴하지 않고 전국을 돌아다니며 당당하게 집회를 계속 열었다. 그러던 중 1913년이 되자 찰스 파햄은 위치타에서 집회를 인도하다 몽둥이와 창으로 무장한 사람들의 습격을 받게 되었다. 그러나 챨스 파햄은 이때 친구의 순간적인 기지로 그 습격 장소를 무사히 빠져 나왔다. 그리고 위치타에서의 집회는 계획대로 치러졌다. 놀라운 사실은 이 위치타 집회에서 많은 사람들이 회개하고 치유받은 역사가 일어났다는 사실이다.

챨스 파햄은 심지어 자신의 동료라고 여겼던 사람들부터도 상처를 입기도 하였다. 그러나 그는 이에 굴하지 않고 하나님께서 가라는 도시에는 반드시 가서 집회를 열었다. 그는 심지어 로스앤젤레스로 다시 돌아가 집회를 열었는데 엄청나게 많은 사람들이 참석하여 이 로스앤젤레스 집회에서 2천명 이상이 구원받고 축사받고 치유받는 역사가 일어났다. 1924년 겨울에 챨스 파햄은 오레곤 주와 워싱톤 주에서 집회를 열었다. 고든 린세이(Gordon Lindsay)가 이 중의 한 집회에서 구원을 받는 일이 일어났다. 그후 고든 린세이는 텍사스 주의 달라스라는 도시에 그리스도를 위한 열방 대학(Christ For The Nations)이라는 큰 성경 대학교를 세우는 인물이 되었다.

> "나는 이 땅에서 영광스러웠던 삶을 마치려 하고 있습니다. 지금 나는 나의 생애의 커튼 저 편에 있는 새로운 삶에 대한 소망으로 가득 차 있습니다."

1927년 챨스 파햄은 친구들이 마련해준 돈으로 꿈에 그리던 예루살렘을 방문하게 되었다. 이 예루살렘 여행은 챨스 파햄에게 큰 기쁨을 안겨주었다. 그는 나사렛과 사마리아 지역을 방문하였고 예수님이 거니셨던 갈릴리 호숫가도 거닐어 보았다. 그는 이 곳에서 시편 23편을 묵상하며 예수님에 대한 깊은 체험을 하게 되었다. 이 후로 시편 23편은 그의 가장 좋아하는 성경구절이 되었다. 그는 팔레스틴 지역에서 목동들이 양들을 치는 모습을 보고 마음에 큰 평화와 위로를 받았다. 그후 그는 1928년 4월에 미국 뉴욕 하버로 돌아와 집회를 인도하면서 이스라엘에서 찍은 사진을 사람들에게 보여주었다. 이후로 찰스 파햄은 "시편 23편"이라고 명명된 이스라엘에서 찍은 슬라이드들을 집회 때마다 사람들에게 보여주는 것을 그의 큰 즐거움으로 삼았다.

"내게 강 같은 평화"

1928년이 되자 그는 지쳤고 온 몸에 힘이 없어졌다. 그래서 그는 그의 친구에게 자신의 사역이 거의 끝에 와있다라고 이야기 하였다. 실제로 그는 그의 한 친구에게 다음과 같이 편지를 하였다.

> **"나는 이 땅에서 영광스러웠던 삶을 마치려 하고 있습니다. 지금 나는 나의 생애의 커튼 저 편에 있는 새로운 삶에 대한 소망으로 가득 차 있습니다."**

1929년, 크리스마스가 지난 지 며칠이 되지 않은 어느 겨울 날 찰스 파햄은 가족들의 만류에도 불구하고 지치고 나약한 몸을 이끌고 텍사스 주 템플에서 예정된 집회를 인도하기 위하여 이스라엘에 관한 슬라이드를 가지고 그곳으로 갔다. 이로부터 며칠후 찰스 파햄의 가족들은 찰스 파햄이 템플 집회에서 슬라이드를 사람들에게 보여주는 도중에 심장병으로 쓰러졌다는 소식을 접하였다. 찰스 파햄은 쓰러진 후 곧 의식을 찾았는데 그는 이때 나머지 슬라이드를 사람들에 보여주어야 한다고 말하였다고 한다.

찰스 파햄이 쓰러졌다는 소식을 듣고 찰스 파햄의 가족들은 황급히 찰스 파햄이 있는 템플로 갔다. 그리고 그곳에서의 찰스 파햄의 나머지 집회는 취소되었다. 가족들과 측근들은 찰스 파햄을 다시 캔자스로 데리고 와야한다고 결정하였다. 그때 찰스 파햄은 심한 심장병으로 말도 제대로 할 수 없을 지경이었다. 찰스 파햄은 가족들의 부축을 받으며 기차를 타고 캔자스로 다시 돌아왔다. 그러나 그는 자신의 신조를 버릴 수 없다며 약 먹기를 극구 사양하였다. 그동안 그는 캘리포니아에서 사역하고 있는 자신의 아들 윌프레드가 오기만을 기다리며 약 안 먹고 버티면서, 약을 안 먹는 대신 기도를 해달라고 주위 사람들에게 부탁하였다.

찰스 파햄의 막내아들 로버트는 백화점 직원으로 일하다가 아버지가 쓰러지자 사표를 내고 아버지를 간호하기 시작하였다. 로버트는 금식하고 기도하며 병으로 쓰러진 아버지를 정성껏 돌보았다. 그러던 어느 날 로버트는 아버지에게 자신이 최근에 자신의 삶을 하나님께 바쳐서 전시간 사역자의 길을 가기로 결정하였다고 말씀드렸다. 이 말을 들은 찰스 파햄은 기쁨에 넘쳐 힘없던 목소리가 다시 돌아와 주위에 있던 사람들에게 힘찬 목소리로 다음과 같이 말하였다.

> 하나님께서 쓰셨던 부흥의 일꾼들이 그러했듯이 그도 평생 수없이 많은 핍박과 비방 속에 살아왔다. 그러나 그는 절대로 이런 핍박에 굴하지 않았다. 아무도 그의 치유와 성령 세례에 대한 신념을 무너뜨릴 수 없었다.

"나는 이제 주님을 만나게 됩니다. 그러나 나는 내가 사역을 크게 잘했다고 주님에게 자랑은 할 수 없음을 압니다. 그러나 이제 곧 만날 주님에게 나는 이 땅에서 정결하고 깨끗한 삶을 살았으며, 그분이 나에게 전하라는 메시지를 힘을 다해 전했노라고 자신 있게 말할 수 있습니다."

찰스 파햄의 아내 사라는 찰스 파햄이 그렇게 외쳤을 때 남편의 얼굴 모습은 너무도 자비스러웠으며 자신은 남편의 그토록 평화스런 모습을 영원히 있을 수 없을 것이라고 말하였다. 이 평화스런 찰스 파햄의 모습은 그가 평생 기도로 쌓아왔던 사역에 대한 하나님의 놀라운 기적을 생각할 때 나온 자연스런 모습이었다.

그의 이 땅에서의 마지막 날 하루 전에, 찰스 폭스 파햄은 **"내게 강 같은 평화가 넘친다. 나는 하루종일 이 평화를 느끼고 있다"**라는 말을 하였다. 밤이 되자 그는 "예수의 피에 능력이 있네"라는 찬송을 불렀다. 그러나 그는 힘이 없어 그 노래를 끝까지 마치지 못하자 나머지 부분은 가족들이 계속해 불러달라고 요청하였다. 가족들이 그 노래를 이어받아 끝까지 불렀다. 그러자 찰스 파햄은 그 찬양을 다시 불러달라고 요청하였다. 그 다음날인 1929년 1월 어느 날 찰스 폭스 파햄은 66세를 일기로 주님의 품으로 돌아갔다.

첫 눈으로 뒤덮인 곳에서 열린 그의 하관식에는 이천 오백 명의 조문객들이 참석하였다. 그 조문객들 중에는 전국 각지에서 온 유명한 목사님들이 많았다. 약 오십 명으로 구성된 찬양대가 조가를 불렀다. 전국에서 조위금이 많이 답지하여 그 돈으로 좋은 대리석으로 비석을 세웠다. 비석에는 그가 마지막 집회 때 읽었던 마지막 성경구절인 요한복음 15장 13절 말씀이 새겨졌다. "사람이 친구를 위하여 자기 목숨을 버리면 이에서 더 큰 사랑이 없나니"

정말로 신실하였던 사람

찰스 파햄의 사역을 통해 약 이 백만명 이상의 사람들이 예수 그리스도를 구세주로 영접하였다. 그의 집회에는 한번에 칠 천명 넘게 모인 적도 있었다. 그가 세웠던 토페카 성경학교에서 방언의 역사가 일어나기 전에도 방언하는 사람이 있긴 하였다. 그러나 찰스 파햄은 방언을 성령 세례의 증거로 삼아 이를 전파한 이 분야의 개척자임이 분명하다.

> 나는 여러분이 지금이라도 삶을 헛되게 쓰지 말고 진리를 전하는데 쓰길 원한다. 항상 진리 편에 서서 그 어떤 핍박이 와도 견디어 나가자.

하나님께서 쓰셨던 부흥의 일꾼들이 그러했듯이 그도 평생 수없이 많은 핍박과 비방 속에 살아왔다. 그러나 그는 절대로 이런 핍박에 굴하지 않았다. 아무도 그의 치유와 성령 세례에 대한 신념을 무너뜨릴 수 없었다. 어떤 사람들은 그가 백인 우월 집단으로 흑인들을 괴롭혔던 케이 케이 케이(Ku Klux Klan, 쿠 클럭스 클란)단을 지지하였다고 하여 그의 사역을 불신하기도 하였다. 그러나 찰스 파햄은 진실로 헌신적인 삶, 사랑을 보여주는 삶을 살았던 인물이다. 하나님은 소명에만 충실한 사람을 기뻐하신다. 찰스 파햄은 한번도 하나님께서 부르신 소명의 길을 벗어난 적이 없었다. 그는 정말로 신실한 사람이었다. 앞으로 우리에게 닥칠 환난을 이겨낼 유일한 무기는 신실함이란 무기임을 우리는 그의 삶을 통하여 배울 수 있다.

하나님은 우리의 섬김을 받고 싶어하시는 분이시다. 우리가 많은 사람들의 시선을 한 몸에 받건 가족들과만 지내건 상관없이 우리는 찰스 파햄처럼 신실한 사람이 되어야 한다. 오늘날처럼 달면 삼키고 쓰면 뱉어버리는 일이 비일비재한 시대에라도 하나님의 우리를 향한 신실하심에는 변화가 없다. 우리가 어떤 시대에 살더라도 하나님의 말씀 특히 고린도전서 4장 2절의 "맡은 자들에게 구할 것은 충성이니라"라는 말씀을 가슴깊이 세기고 신실한 삶을 살아가자.

하나님의 말씀과 그분의 약속을 굳게 믿고 환난을 뚫고 나갈 때 신실함이 생긴다. 먼 훗날 주님이 우리에게, "잘 하였도다 착하고 충성된 종아"라고 말씀하신다면 우리는 얼마나 좋을까? 그러나 그날에 주님이 우리에게, "너 날 위해 무엇을 하였느냐?"라고 말씀하시면 우리는 창피하여 고개를 들 수도 없을 것이다.

나는 여러분이 지금이라도 삶을 헛되게 쓰지 말고 진리를 전하는데 쓰길 원한다. 항상 진리 편에 서서 그 어떤 핍박이 와도 견뎌 나가자. 항상 우리에게 신실하신 하나님께 우리도 신실해보자. 자신이 믿는 신념을 바꾸지 말자. 항상 진리를 사수하기 위해 그 어떤 핍박도 이겨내는 사람이 되자.

참고도서

1. Mrs. Chales Parham, *The Life of Charles F. Parham*, (Birmingham, AL: Commercial Printing Company, 1930)
2. James R. Goff Jr., *Fields White Unto Harvest*, (Fayetteville and London: The University of Arkansas Press, 1988)

CHAPTER FIVE

William J. Seymour

"The Catalyst of Pentecost"

오순절의 촉매 (The Catalyst of Pentecost)

- 윌리엄 세이모 -

그녀는 손잡이가 있는 금테 안경을 낀 채 나를 주시하며, "목사님 난 성령세례도 믿고 성령님의 불도 믿습니다. 하지만 난 교회 안에서 사람들이 소리지르고 뛰는 것은 딱 질색입니다"라고 말하였다.

"자매님 나도 동감입니다. 그러나 성령을 받을 때 사람들에게 나타나는 현상들 중 어떤 현상은 보는 사람들의 맘에 들지 않을 수도 있어요. 사람의 맘에 들지 않는다고 하나님의 맘에 들지 않은 것은 아니지요. 너무 그런 것들에 괘념치 말고 성령을 받으십시오."

그녀는 내 말에 동의를 하지 않는 것 같이 입을 삐쭉거렸다.

"자매님 기도실에 들어가서 성령 세례를 받게 해달라고 하나님께 기도해 보세요. 그래서 성령 세례를 받은 후 소리치시거나 뛰길 원치 않으시면 하지 마십시오. 남들의 행동에 신경 쓰지 마시고 성령 세례를 받으세요."

그녀는 고개를 끄떡이며 "그렇게 해보지요"라고 말하였다.

조금 후 나는 거기서 칠십 걸음 가량 떨어진 나의 사무실에서

사무를 보고 있었다. 그때 갑자기 나의 귀청을 찢는 듯한 소리가 들렸다. 나는 재빨리 문을 열고 교회 안쪽을 쳐다보았다. 그때 나는 그녀가 포탄에 맞은 듯한 몸짓으로 기도실에서 막 나오는 것을 보았다. 그녀는 너무 기뻐서 뛰고 춤추며 소리를 질렀다. 비싼 금테 안경을 끼고 힘껏 세련된 척 행동을 하던 그 자매는 모든 체면을 다 내팽개치고 춤추며 몸을 휘젓고 울면서 방언과 영어를 섞어가며 소리를 지르고 있었던 것이다.

나는 미소를 지으며 그 자매에게로 다가가 "자매님의 행동에 난 전혀 관심이 없습니다"라고 넌지시 말을 꺼냈다.

그러자 그 자매는 체신머리없이 뛰며, "나는 성령 받았습니다"라고 소리 질렀다.

20세기 오순절 운동의 불을 처음 지핀 사람 윌리암 제이 세이모(William J. Seymour)는 로스앤젤레스의 아주사 거리(Azusa Street)에 있는 작은 마구간을 세계 역사에 남을 부흥 운동의 중심지로 만들어 놓았다. 방언으로 내변되는 성령 세례가 윌리암 세이모가 주축이 된 집회의 특성이었다. 윌리암 세이모는 아주사 거리에서 일어난 자그만 성령 세례 사건을 세계적인 운동이 되게끔 한 인물이었다. 아주사 거리 부흥 운동을 통하여 흑인, 백인, 남미인, 유럽인 가릴 것 없이 수많은 문화의 사람들이 아주사 거리 교회에 모여 함께 하나님을 경배하였다. 그리고 이를 통하여 종족, 민족, 나라간의 장벽이 무너지게 되었다. 아주사 거리 부흥의 기간은 그리 길지 않았다. 아주사 운동이 일어난 지 거의 백년이 지난 지금까지도 우리는 그때에 일어났던 부흥의 열매들을 먹으며 살고 있다. 아주사라는 이름은 기독교 역사에 잊혀질 수 없는 이름이 되었다.

> 아주사 거리 부흥 운동을 통하여 흑인, 백인, 남미인, 유럽인 가릴 것 없이 수많은 문화의 사람들이 아주사 거리 교회에 모여 함께 하나님을 경배하였다. 그리고 이를 통하여 종족, 민족, 나라간의 장벽이 무너지게 되었다.

아주사 거리 미션(Azusa Street Mission: 미션은 조그만 예배당을 지칭함:역자주)에 대한 말들이 사람들 사이에 회자되기 시작하였다. 이 미션에 오순절을 신봉하는 오순절의 개척자들이 모여 밤새 기도하고 축사 사역한다는 말이 퍼지기 시작하였던 것이다. 이들이 이곳에 모여 하나님의 말씀에서 약속된 바가 실제 삶 가운데 일어나기를 간절히 기도하였다.

이곳에 모인 사람들은 하나님의 약속된 말씀이 현재에도 동일하게 이루어져야 한다고 믿고 그런 기적적인 일이 일어나도록 능동적 행동을 취하였다. 가령 이 사람들은 벌레들이 농작물들을 갉아먹기 시작하면 실제로 그 벌레가 낀 밭에 같이 모여 하나님의 말씀에 의지하여 작물을 축복하고 해충들에게 없어지라고 명령하였다. 그러면 놀랍게도 이들의 이러한 명령에 의해 밭의 해충들이 박멸되는 일들이 일어났다. 그리고 이러한 일들은 실제 기록으로 아직까지 남아있다. 그들이 벌레들이 더 이상 번지지 않도록 예수의 이름으로 명하면 실제로 벌레들이 더 이상 번지지 않았던 것이다.

한번은 아주사 거리에 있는 미션에서 연기가 치솟자 인근의 사람들이 불이 난 줄 알고 근처 소방서에 연락하였다. 그러자 많은 소방서 대원들이 달려와서 불을 끌려고 하였다. 그러나 그들은 불난 곳을 찾을 수가 없었다. 이 연기는 나중에 아주사 거리 미션에 내려온 하나님의 영광의 구름이었던 것으로 판명되었다.

흑인 세이모

바다와 접한 늪지대 근처에 위치한 루지아나 주의 센터빌이라는 곳은 멕시코 만과 접경지역이었는데 바로 이곳에서 1870년 5월 2일 윌리암 세이모가 태어났다. 그의 아버지의 이름은 사이몬 세이모(Simon Seymour)이었고 어머니의 이름은 필리스 세이모(Phyllis Seymour)였다. 윌리암 세이모가 태어나기 몇 년 전 미국 정부는 노예제도를 폐지하였다. 이때부터 흑인들은 노예 상태에서 해방되었다. 그러나 백인 우월 주의자들이 만든 케이 케이 케이(Ku Klux Klan, 쿠 클럭스 클란)라는 단체가 생겨나 흑인을 죽이고 약탈하는 일이 벌어지기 시작하였다. 또한 노예 제도를 없애는 대신 짐 크로 법령(Jim Crow Law)이 발령되어 그 어떤 흑인도 공공의 혜택을 받지 못하게 하였다. 그래서 심지어 흑인은 교회에서 백인과 같이 예배드릴 수 없도록 조치하였다.

노예 법이 폐지되긴 하였시만 흑인이었던 윌리암 세이모의 부모들은 여전히 백인들의 밭을 일궈주어 살 수 밖에 없었다. 생계 유지를 위하여 윌리암 세이모도 어려서부터 부모의 일을 도와 주워야만 했다. 그 결과 그는 제대로 교육받을 수가 없었다. 그가 받은 교육이라면 그저 가지고 있는 성경책을 읽어 내려가는 것뿐이었다.

윌리암 세이모는 어렸을 때부터 영적인 것에 관심을 보인 총명한 어린이였다. 그는 성경을 읽으면서 예수님만이 인류에게 참 자유를 줄 수 있는 하나님이시라는 사실을 깨닫게 되었다. 그런 그는 어렸을 적부터 환상을 경험하며 예수님의 재림을 목말라 사모하였다.

25세가 되자 윌리암 세이모는 자신이 가난한 흑인이었기에 겪을 수밖에 없었던 천대와 수모로 인한 열등감을 벗어나고 싶었다. 그래서 그는 그때까지만 해도 흑인들이 별로 시도하지 않은 일을 시도하였다. 즉 그는 25세가 되자 남 루지에나에 있는 고향집을 뒤로하고 북쪽의 인디아나 주에 있는 인디아나폴리스라는 도시로 무작정 떠난 것이었다.

1900년에 실시된 미국의 인구 조사에 따르면 흑인 인구의 10퍼센트만이 미국의 남부를 떠나서 북부에 살고 있었다. 그런 시기에 윌리암 세이모도 남부를 떠나 북부로 간 몇 안 되는 흑인이 된 것이다. 그는 고향집을 떠나면서 인간이 만든 족쇄는 결코 영원할 수 없다는 신념을 가졌다.

새 단체에 들고 천연두에 걸리다

윌리암 세이모가 도착한 인디아나폴리스라는 곳은 사람들로 들끓고 있는 한창 번창해 가는 도시였다. 그러나 그곳에서 흑인들이 할 수 있는 사업이란 거의 없었다. 그런데도 불구하고 윌리암 세이모는 한 호텔의 웨이터로 일할 수 있게 되었다.

인디아나폴리스에 도착한 지 얼마 되지 않아 윌리암 세이모는 북감리 교단에서 운영하던 심슨 채플 감리 감독 교회(Simpson Chapel Methodist Episcopal Church)에 나가기 시작하였다. 이 교회는 복음은 모든 피부색깔의 사람들에 평등하게 전해져야 한다는 신조를 갖고 있었는데 바로 이 점이 윌리암 세이모의 마음을 끌었던 것이다. 그는 이 교회에 다니면서 예수님께서는 피부 색깔이 다르다고 사람들을 차별하는 분이 아니시란 사실을 더 구체적으로 체험하게 되었다.

그러나 얼마 지나지 않아 인디아나폴리스에는 흑백간의 갈등이 표면화되기 시작하였다. 그러자 윌리암 세이모는 인디아나폴리스를 떠나 오하이오 주 신시네티라는 도시로 주거지를 옮겼다. 이 새 도시에서 윌리암 세이모는 인디아나폴리스에서와 같은 감리교회를 찾았다. 그러나 그가 찾은 감리교회에서는 흑인에게 친절하지 않았다. 윌리암 세이모는 그때 감리교 창시자였던 요한 웨슬레(John Wesley)의 가르침을 따르고 있었다. 웨슬레는 기도, 거룩, 신유를 표방하였고 예수 그리스도 안에는 피부색깔 구별 없이 누구나 다 평등하다고 외쳤었다. 그러나 그가 보기엔 감리교 교회들도 역시 점점 더 인종차별 쪽으로 나가고 있었다.

> 윌리암 세이모는 이러한 하나님 부르심에 대해 바로 순종하지 못하였다. 그러자 그는 자신이 하나님의 부르심에 불순종하고 있는 것이 아닌가 생각되어 두려움에 떨며 깊은 고민에 빠지게되었다.

자신이 다닐 교회를 찾아다니던 윌리암 세이모는 저녁 빛 성도(Evening Light Saints)라는 기독교 단체에 들어가게 되었다. 이 단체는 나중에 하나님의 교회 개혁 운동(Chruch of God Reformation Movement)을 주도하는 단체가 되었다. 이 단체에서는 예배 시 악기를 사용하지 않았다. 그리고 이 단체에 소속한 여자들은 반지도 끼지 않았고 화장품도 사용하지 않았다. 춤을 추지도 않고 카드놀이도 하지 않았다. 겉으로 보기에 이 단체는 "아무 것도 해서는 안돼"라고 말하는 종교인 것처럼 보였다. 그러나 이곳에 소속된 사람들은 매우 행복해 보였다. 이 단체의 회원들은 믿음 안에서 주위의 상황이 아무리 나빠도 마음의 평강을 유지하였기에 행복하였던 것이다.

이 단체의 회원들은 새로 등록한 윌리암 세이모를 열렬히 환영하였다. 이 단체에 출석하기 시작하면서 윌리암 세이모는 하나님께서 자신을 전시간 사역자로 부르신다고 믿게 되었다. 그러나 윌리암 세이모는 이러한 하나님 부르심에 대해 바로 순종하지 못하였다. 그러자 그는 자신이 하나님의 부르심에 불순종하고 있는 것이 아닌가 생각되어 두려움에 떨며 깊은 고민에 빠졌다. 그러던 중 그는 뜻하지 않게 천연두에 걸리게 되었다. 그 당시만 해도 좋은 약이 없어 천연두에 걸린 사람들은 거의 대부분 사망하였었다. 윌리암 세이모는 삼 주 동안 심하게 앓고 나서 결국 죽지 않고 다시 살아났다. 그러나 그는 불행하게도 천연두의 후유증으로 한쪽 눈의 시력을 잃게 되었고 그의 얼굴은 심하게 얽어졌다.

그러자 그는 자신이 천연두에 걸린 것은 하나님의 부르심에 불순종한 결과라고 믿었다. 그래서 그는 하나님의 부르심에 지체없이 순종하기로 결정하고 저녁 빛 성도 단체에서 순회 복음전도자로서 안수를 받은 후 이곳 저곳 다니며 복음을 전하기 시작하였다. 물론 그는 그 어디에서도 보조비를 받지 않고 자비량으로 다니며 복음을 전하였다. 그 당시 그 단체에 소속된 사역자들 중에서 성도들의 헌금으로 살아가는 사람들은 거의 없었다. 윌리암 세이모는 그가 소속한 단체의 다른 사역자들처럼 하나님께서는 그가 필요한 모든 것을 공급하여 줄 것이라는 사실을 굳게 믿고 있었다. 그는 하나님께서 먹을 것 입을 것을 책임질 수 있으므로 전시간 사역자로 불렀다고 생각했던 것이었다.

오늘날 무슨 방언?

윌리암 세이모는 신시네티를 떠나 텍사스 주까지 여행하면서 복음을 전하였다. 그리고 그는 복음 전도 여행을 하던 중 텍사스 주 휴스톤에서 헤어졌던 가족을 만났다. 가족을 다시 만난 윌리암 세이모는 텍사스 주 휴스톤을 그의 사역의 거점으로 삼기로 결정하였다. 1905년 여름 어느 날 복음 치유 전도자 챨스 파햄은 휴스톤의 중심지에 위치한 브린 홀(Bryn Hall)에서 대규모 치유 집회를 끝낸 후 사람들과 같이 시가행진을 하고 있었다. 사람들은 "사도 믿음 운동"이라고 적힌 깃발을 들고 교통이 통제된 휴스톤의 거리를 행진하였던 것이다. 이 당시 그곳 신문들은 챨스 파햄의 휴스톤 집회에 대해 매우 긍정적인 보도를 내 보내고 있었다.

그 당시 휴스톤에는 여러 부류의 사람들이 섞여 살고 있었다. 고로 챨스 파햄의 집회에 온갖 부류의 사람들이 참석한 것은 당연한 일이었다. 이때 윌리암 세이모와 친하게 지내고 있었던 루씨 페로(Lucy Farrow) 부인이 챨스 파햄이 이끄는 휴스톤 집회에 정기적으로 참석하였다. 루씨 페로 부인은 챨스 파햄의 가족들과 친하게 지내고 있었고 챨스 파햄의 가족들은 루씨 페로 부인에게 친절히 대해주고 있었다. 그러던 어느 날 챨스 파햄은 페로 부인에게 자신의 자녀들의 가정교사가 되어줄 것과 자신의 가족들이 캔자스로 돌아가는 동안 가족들과 동행하여줄 것을 부탁하였다. 이러한 제의를 수락한 페로 부인는 평소 친하게 지내고있던 윌리암 세이모에게 자신이 담임하고 있었던 조그만 교회를 자신이 자리를 비운 두 달간만 돌보아 달라는 부탁을 하였다. 그리고 이러한 페로 부인의 제의를 윌리암 세이모는 쾌히 받아들였다.

이제 루씨 페로 부인이 캔자스에서 다시 휴스톤으로 돌아와 윌리암 세이모를 만났다. 페로 부인은 윌리암 세이모에게 자신이 챨스 파햄의 집에 머무르는 동안 경험하였던 방언에 대하여 이야기하였다.

그러자 윌리암 세이모는 페로 부인의 방언 간증에 큰 관심을 보였다. 그렇지만 방언에 관한 신학에 대해서는 반대하였다. 그러나 얼마 지나지 않아 그는 방언에 관한 루씨 페로 부인의 신학적인 견해를 수용하게 되었다. 그러나 그는 방언 교리는 받아들였음에도 방언하기를 원치는 않았다. 그러던 중 방언에 대한 자신의 견해를 저녁 빛 성도라는 단체에서 받아들이지 않자 윌리암 세이모는 서슴없이 그 단체에서 탈퇴하였다. 그 즈음 챨스 파햄이 휴스톤에 그해 12월부터 휴스톤 성경학교를 세우게 되었다. 그러자 루씨 페로 부인이 윌리암 세이모에게 파햄이 시작한 휴스톤 성경학교에 등록할 것을 강력히 권유하였다. 이 학교 학생으로 등록하라는 페로 부인의 제안을 받아들여 윌리엄 세이모 이 학교의 학생으로 등록하였다.

챨스 파햄의 휴스톤 성경학교 운영 방침은 그가 그 전에 캔자스 주 토페카에서 운영하였었던 성경학교 운영방침과 동일하였다. 모든 학생은 학교 안에서 지도 교사와 같이 생활하며 같이 기도하고 같이 성경공부를 하였고 학교에서는 학생들에게 등록금은 받지 않았다. 그러나 먹는 것과 입는 것은 하나님의 공급을 믿고 각자가 그 비용을 담당하여야 하였다. 물론 챨스 파햄은 윌리암 세이모가 자신의 학교 학생으로 들어오는 것을 환영하였다. 그러나 이때 입학한 윌리암 세이모는 그 당시 흑백분리 법률에 의해 학생들과 같이 자고 먹고 할 수가 없었다. 그래서 윌리암 세이모는 하는 수 없이 매일 집에서 학교까지 통학하여야 하였다. 아마도 그 당시 통학하며 공부한 학생은 윌리암 세이모가 유일하였을 것이다. 윌리암 세이모는 이 휴스톤 성경 학교에서 공부하는 동안 챨스 파햄의 신학 전체를 모두 다 받아들이지는 않았다. 그러나 윌리암 세이모는 챨스 파햄의 오순절에 관한 신학에만은 심취하였다. 그리고 윌리암 세이모는 그때 그 곳에서 배운 신학을 기초로 자신만의 신학을 정립해 나갔다.

사역 시작

윌리암 세이모가 휴스톤 성경학교를 들어간지 얼마 되지 않아 로스앤젤레스로 가서 사역할 기회가 그에게 찾아왔다. 윌리암 세이모는 자신이 확립한 신학을 기초로 오순절 교회를 새로 개척할 계획을 세우고 있던 1906년에 초에 미스 닐리 테리(Neely Terry)로부터 뜻하지 않은 한 통의 편지를 받았다. 닐리 테리는 과거 휴스톤에 있을 적에 윌리암 세이모가 페로 부인의 부탁으로 두 달 간 목회하였던 교회에 다니던 교인이었다. 특히 닐리 테리는 윌리암 세이모가 목회하였던 두 달간의 기간에 그 교회에 출석하였었다. 그녀는 그때 윌리암 세이모의 신사적이며 안정된 목회태도가 마음에 들어 그를 마음에 새겨두고 로스앤젤레스로 돌아갔던 것이다. 그녀는 로스앤젤레스에서 윌리암 세이모에게 편지를 보내어 나사렛 교회에서 떨어져 나온 작은 교회가 있는데 와서 그 교회의 목회자로 섬겨주었으면 좋겠다고 요청하였다. 이 편지를 읽고 난 윌리암 세이모는 이것이 하나님의 부르심이라고 생각하여 그녀의 제의를 수락하였다. 후일 윌리암 세이모는 이 일에 대하여 다음과 같이 서술하였다.

"하나님께서는 나를 텍사스 휴스톤에서 불러내어 로스앤젤레스로 이끄셨습니다. 주님께서는 로스앤젤레스에서 사는 한 여인의 마음을 움직이셔서 나를 그녀가 사는 지역으로 가게 하셨습니다. 나는 이것이 하나님의 인도하심이라고 믿었습니다. 나는 로스앤젤레스의 산타페 거리(Santa Fe Street)에 있는 조그만 교회를 담당하게 되었습니다. 나는 이 일을 통하여 하나님께서는 내가 필

요한 모든 것을 공급하여 주시는 분이심을 새삼 깨달을 수 있게 되었습니다."

그 도시의 영적 상태

그 당시 로스앤젤레스는 영적인 갈급함이 가득하였던 도시였다. 이 도시에 사는 사람들은 영적으로 어떤 일이 일어나기를 기대하고 있었다.

윌리암 세이모가 그 도시에 도착하기 전에 영적 부흥의 기운이 그 도시 전체에 감돌고 있었다. 새로운 세기에 접어들면서 하나님께서 그 도시에 새 일을 행하실 것이라는 영적 기대감에 사람들의 심령 속에 차오르기 시작하였다. 그리고 로스앤젤레스가 소속해 있는 남부 캘리포니아 주로 모여든 많은 복음 전도자들이 하나님의 불을 그 주 전체에 퍼트리기 위해 여기 저기서 집회를 열고 있었다. 또한 많은 그리스도인이 두세 사람씩 짝을 지어 그 도시 전체의 많은 가정들을 가가 호호 방문해가며 열정적으로 복음을 전하고 있었다. 이런 분위기가 말하여 주듯이 로스앤젤레스 시에 거주하는 많은 그리스도인들은 하나님에 대해 목말라하고 있었던 것이었다.

1906년이 되자 로스앤젤레스에는 중국인을 비롯해서 히스패닉 계통의 사람들에 이르기까지 다양한 종족의 사람들이 수없이 몰려들었다. 그 결과 미국의 여러 도시들 가운데서 로스앤젤레스는 다른 도시들보다 인종차별이 유난히 빠른 속도로 없어지고 있었다.

로스앤젤레스의 제일 침례교회의 담임목사인 죠셉 스메일(Joseph Smale)은 웨일즈에 가서 에반 로버츠의 주도하에 강력하게 일고 있는 웨일즈 부흥 운동에 삼 주간 참석하고 돌아왔다. 그래서 죠셉 스메일 목사님이 담임으로 있는 교회의 교인들은 스메일 목사님이 웨일즈에서 하나님의 불을 가지고 와서 자신들의 교회에 그 불을 붙일 것으로 기대하고 있었다. 죠셉 스메일 목사 또한 웨일즈에서 일어난 부흥을 로스앤젤레스에도 일어나기를 간절히 바라고 있었다.

프랭크 바틀맨(Frank Bartleman)이라는 이름을 가진 저널리스트요 복음전도자가 있었다. 바틀맨은 죠셉 스메일 목사와 동일한 비전을 갖고있는 사람으로서 죠셉 스메일 목사가 담임으로 있는 교회에 출석하고 있었다. 프랭크 바틀맨은 웨일즈에서 부흥을 일으키고 있는 주역 에반 로버츠에게 편지를 써서 어떻게 하면 웨일즈의 부흥의 불이 이곳 캘리포니아에도 붙어 많은 사람들이 구원받을 수 있을 지에 대해 자문을 구하였다. 이에 대해 에반 로버츠는 "나는 당신의 기도에 하나님께서 응답하시도록 기도하였습니다. 계속 그에 대한 믿음을 지키시어 캘리포니아를 구원하십시오"라고 답장하였다. 프랭크 바틀맨은 에반 로버츠가 보내온 편지를 읽었을 때에, 캘리포니아에서도 웨일즈에서와 같은 부흥의 불이 붙을 수 있다는 강한 믿음이 들어왔다고 훗날 술회하였다. 에반 로버츠는 이 편지에서 "웨일즈에서 일어난 부흥의 불은 전세계로 붙어 나가야만 합니다"라고 또한 적었다.

로스앤젤레스에서 일단의 흑인들이 모여 하나님을 목마르게 기다리며 하나님께 예배하고 있었다. 이 작은 그룹의 인도자는 쥴리아 허친슨(Julia Huchinson)이라는 이름을 가진 자매였다. 그녀는 자신이 소속된 교회가 가르치는 것과는 다른 교리를 자신이 주축이된 그룹에게 가르치다 그녀의 가족과 함께 그 교회에서 추방당하였다. 그러자 그녀는 자신의 그룹을 이끌고 윌리암 세이모가 장차 담임 목회를 하게 될 작은 모임으로 들어갔다.

쥴리아 허친슨 자매의 지도하에 있던 그룹은 다른 그룹과 합친 후 리차드 애스베리(Richard Asbery)의 가정집에서 모여 예배를 드리기 시작하였다. 그런데 그 모임이 점점 커져자 할 수 없이 산타페 거리에 있는 작은 예배 처소(Mission)를 빌려 자기네들끼리 목회자 없이 예배들이기 시작하였다. 이때 이들은 새 지도자, 특히 로스앤젤레스 출신이 아닌 다른 곳에서 온 새 지도자가 자신의 그룹을 맡아주면 그 그룹이 더 잘 성장할 것이라고 생각하였었다. 이때 애스베리의 사촌 조카인 미스 닐리 테리는 전에 텍사스 주 휴스톤에 있을 때 자신이 다녔던 교회의 임시 목회자 윌리암 세이모를 이 새 모임의 지도자로 추천하였다. 그러자 이 모임의 회원들은 이 문제를 놓고 기도를 해본 후에 윌리암 세이모가 자신들의 그룹을 맡는 것이 하나님의 뜻이라고 모두들 인정하게 되었다. 그러자 미스 닐리 테리가 윌리암 세이모에게 로스앤젤레스로 와서 자신이 모이고 있는 모임에 담임으로 와달라고 요청하는 편지를 띄웠던 것이다.

말씀을 담대히 외치다

로스앤젤레스에 도착한 윌리암 세이모는 그 도시에 스며들고 있는 하나님에 대해 갈급해 하는 영적 분위기가 있음을 직감하고 역시 잘 왔구나라고 생각하였다. 그리고 그는 하나님께서 자신을 이 도시에 보냈다고 다시 한번 확신하였다. 그가 그 작은 모임에서 첫 번째 설교를 할 때 많은 사람들이 모여 윌리암 세이모의 설교를 설레는 마음으로 경청하였다. 윌리암 세이모는 그의 첫 설교에서 신유와 그리스도의 재림에 대해 힘있게 전하였다. 그런 후 그는 두 번째 설교 때부터는 사도행전 2장 4절 말씀을 토대로 방언에 대한 말씀을 전하면서 방언을 하지 않고서는 성령세례를 받았다고 말할 수 없다고 가르치기 시작하였다. 물론 그는 사람들에게 자신은 아직도 방언을 하지 못하고 있다고 솔직하게 말하였다. 그럼에도 불구하고 그는 자신이 믿는 바를 담대하게 전하였던 것이다.

윌리암 세이모의 이러한 설교와 가르침에 대한 사람들의 반응은 두 갈래였다. 한 그룹은 그의 가르침을 옳다고 여겨 받아들였다. 그러나 다른 한 그룹은 그의 가르침이 틀렸다고 강하게 반발하였다. 그러던 어느 주일날 낮에 리(Lee)라는 교인이 윌리암 세이모를 자신의 집에 초청하여 함께 식사를 나누었다. 식사를 끝내고 예배 처소에 돌아온 윌리암 세이모는 자신의 숙소가 있는 그 예배당 안으로 들어갈 수가 없었다. 윌리암 세이모의 가르침이 잘못되었다고 굳게 믿었던 쥴리아 허친슨 자매가 윌리암 세이모와 같은 목회자는 자신의 그룹의 지도자가 될 수 없다고 외치며 그가 묵고 있는 예배당의 문을 열쇠로 잠가 버렸던 것이었다.

윌리암 세이모는 자신의 숙소가 있는 그 예배당 안으로 들어갈 수가 없었다. 윌리암 세이모의 가르침이 잘못되었다고 굳게 믿었던 쥴리아 허친슨 자매가 윌리암 세이모와 같은 목회자는 자신의 그룹의 지도자가 될 수 없다고 외치며 그가 묵고 있는 예배당의 문을 열쇠로 잠가 버렸던 것이었다.

이때 윌리암 세이모는 수중에 돈이 한푼도 없었고 또한 갈곳도 없었다. 이를 딱하게 여긴 리 부부는 하는 수 없이 윌리암 세이모를 자기 집으로 데리고 갔다. 윌리암 세이모는 그들이 내준 방안에서 문을 잠그고 금식하며 기도하기 시작하였다. 금식하며 기도한 지 며칠이 지났을 때 윌리암 세이모는 리 부부에게 같이 자신과 같이 기도하는 것이 어떻겠느냐고 제안하였다. 이를 타당하게 여긴 리 부부는 윌리암 세이모와 같이 기도하기 시작하였다. 그런데 이들이 기도에 전념

한다는 소문을 듣고 사람들이 이들의 기도 모임에 동참하기 시작하였다. 그리고 사람들은 이제 윌리암 세이모를 기도의 사람이라고 부르기 시작하였다.

쥴리아 허친슨 자매는 윌리암 세이모를 중심으로 사람들이 모여 같이 기도를 한다는 이야기를 듣고 윌리암 세이모와 성결회(the Holyness)의 목회자 사이에 성령세례에 대해 서로 토론하도록 자리를 마련하였다. 이 토론회에서 윌리암 세이모는 많은 사람들 앞에서 두렵긴 하였지만 자신이 믿는 바대로 사도행전 2장 4절 말씀을 근거로 성결회의 목회자들도 방언을 받지 못하였다면 그들은 아직도 성령세례를 받지 못하였다고 자기 주장을 소신껏 펼쳤다. 그는 또한 그 자리에서 문제는 자신에게 있지 않고 그 성경을 잘 모르고 있는 그들에게 있다고 강하게 외쳤다.

그 토론회에 참석하였던 한 목회자는 나중에 다음과 같이 진술하였다. "그 사람은 요지부동이었습니다. 난 평생 그렇게 자신을 잘 추슬러가며 자기의 주장을 확고히 전하는 사람을 본적이 없습니다. 그는 그 어떤 공격에도 추호의 요동도 하질 않았습니다. 우리끼리 논쟁하는 동안 그는 그의 의자에 앉아 줄 곧 미소짓고 있었답니다."

보니 브래 북쪽 거리(North Bonnie Brae Street) 214번지

윌리암 세이모의 침착한 지도력에 마음이 끌린 애스베리 부부는 윌리암 세이모에게 보니 브래 북쪽 거리에 있는 자신의 집에서 정기적으로 모임을 이끌어 달라고 부탁하였다. 윌리암 세이모는 이 제의를 승낙하여 1906년 2월 말부터 애스베리 부부의 집에서 작은 모임을 인도하기 시작하였다. 이 작은 모임에 모인 사람들은 이제 윌리암 세이모의 영향을 받아 모일 때마다 성령 세례를 받게 해달라고 하나님께 수 시간씩 기도하였다.

이때 윌리암 세이모는 자신의 모임에 참석한 사람들에게 루씨 페로 부인에 대해 말하면서 이 부인이 이곳에 오면 그 부인을 통해 우리가 다 성령 세례를 받을 수 있을 것이라고 말하였다. 이에 동의한 모인 사람들이 돈을 모아 휴스톤에 있던 페로 부인을 자신의 모임의 보조 사역자로 불렀다.

페로 부인이 도착하자 윌리암 세이모는 모두가 성령 세례를 받기 위해 열흘간 금식기도에 들어가자고 제안하였다. 그래서 그 모임의 사람들은 금식 기도에 들어가기 시작하였다. 그리고 금식을 시작한 그 다음 주 월요일에 리(Lee) 형제는 윌리암 세이모에게 자신의 집으로 와서 자신의 병든 몸이 낫도록 기도해 달라고 부탁하였다. 윌리암 세이모는 리의 부탁대로 리의 집에 도착하여 그의 머리 위에 치유의 기름을 바르고 손을 얹어 치유 기도를 하였다. 그러자 금방 리 형제의 병이 사라졌다. 이에 리 형제는 윌리암 세이모에게 자신의 머리 위에 손을 얹어서 자신이 성령 세례를 받을 수 있게 기도해 달라고 부탁하였다. 윌리암 세이모는 이제 리의 부탁대로 그의 손을 리 형제의 머리 위에 얹고 리가 성령 세례를 받게 해달라고 하나님께 기도하였다. 그러자 그 순간 리의 입에서 방언이 터져 나왔다. 리와 윌리암 세이모 두 사람은 뛸 듯이 기뻐하며 오후시간을 내내 같이 보내었다. 오후시간 동안 이 둘은 같이 길을 걸어가며 기도하기도 하였다.

이제 이 두 사람이 보니 브래 거리에 있는 애스베리의 집에 도착하였다. 그 때 그 집의 모든 방들은 사람들로 이미 꽉 들어차 있었고 각 방에서는 사람들이 열심히 기도하고 있었다. 윌리암 세이모가 예배를 인도하자 방마다 들어찬 사람들은 찬송도 하고 간증도 하며 같이 기도하였다. 기도가 끝나자 윌리암 세이모는 조금전 리 형제의 몸이 치유 받았다는 사실과 리 형제가 성령 세례를 받았다는 사실을 모인 사람들에게 광고하였다. 그러자 리 형제가 손을 들고 일어나더니 바로 방언을 하기 시작하였다. 그순간 많은 사람들이 무릎을 꿇고 성령세례 받게 해달라고 기도하기 시작하였다. 그러자 여섯 명의 입에서 방언이 터져 나왔다. 그 중에서 가장 먼저 방언이 터진 사람은 피아노 의자에 앉아 있다가 무릎을 꿇고 기도하기 시작한 제니 에반스 무어(Jennie Evans Moore)라는 자매였다. 제니 에반스 무어 자매는 그 후에 윌리암 세이모의 부인이 되었다.

여섯 명의 입에서 동시에 방언이 터지자, 몇몇 사람들은 집 현관 밖으로 뛰쳐나가며 예언하기 시작하였다. 그리고 그중 어떤 사람들은 성경 말씀을 외치기 시작하였다. 또 어떤 사람들은 거리까지 달려나가 온 동네를 돌아다니며 누구나 다 들을 수 있는 큰소리로 방언 기도하기 시작하였다. 애스베리의 딸은 자기의 방에 있다가 이러한 소란에 깜짝 놀라 밖으로 뛰쳐나왔고 애스베리의 아들도 놀란 토끼 눈을 하고 밖으로 뛰쳐나왔다. 이때 제니 에반스 무어는 피아노에 앞에 앉아 자신의 아름다운 목소리로 여섯 가지 다른 방언들로 찬양하며 방언통역도 병행하였다. 이때 이 집회는 밤 10시 이후까지 계속되었고 참석한 모든 사람들은 기쁨이 충만하여 하나님께 감사한 후 그 장소를 떠났다.

그로부터 삼일 동안 사람들은 매일 모여 "옛 오순절이 다시 회복되었다"라며 축제 분위기에 잠겼다. 이 소식은 사람들의 입을 통해 순식간에 도시 전체로 퍼져나갔고 서로 다른 문화를 갖고 있는 온갖 종류의 사람들이 애스베리의 집이 있는 보니 브래 북쪽 거리 214번지 모여들었다. 어떤 사람들은 방안에서 방언으로 기도하는 사람들의 소리를 들어보고자 애스베리의 집 창 밖에서 애타하며 기다리고 있기도 하였다. 방안에 있었던 사람들은 어떤 땐 소리를 지르기도 하였고 어떤 땐 조용히 앉아 있기도 하였다. 그리고 집안에 있던 많은 사람들은 성령님의 권능에 의하여 방바닥에 쓰러지기도 하였다. 방바닥에 쓰러져 있는 사람들 중에 어떤 사람들은 무려 세 시간에서 다섯 시간 가량이나 쓰러져 있기도 하였다. 어떤 경우는 그곳에서 치유가 일어나기도 하였다. 어떤 사람은 나중에 그때 일을 회상하며 다음과 같이 말하였다.

> "그때 나는 성령님께서 그 장소에 부어짐으로 일어난 소란한 소리에 끌려 그곳으로 가보았습니다. 그 당시 나는 정말로 걸어 다니는 종합병원이었습니다. 수없이 많은 약을 먹어도 소용이 없었습니다. 약해진 폐와 점점 자라나고 있는 암은 나의 목숨을 위협하고 있었습니다. 그곳에 당도하자 그곳에 모여있던 사람들이 나의 망가진 몸을 쳐다보며, '하나님께서 고쳐주십니다' 라고 말하였습니다. 그 당시 그곳에 부어진 하나님의 능력은 참으로 대단하였지요. 사람들이 '하나님께서 고쳐주십니다' 라고 말하면 사람들은 정말로 고침을 받았습니다. 나는 그 후 33년이 지난 지금까지 약 한 알 먹어본 적이 없고 의사 한번 찾아가 본적이 없습니다. 내가 그곳에 간 그날 주님은 날 구원하셨고 내가 성령 세례를 받도록 해주셨습니다. 그리고 그분은 그날로 나를 치료하셨으며 또한 나에게 말로 형언할 수 없는 기쁨도 주셨습니다."

이때부터 애스베리 집의 현관은 윌리암 세이모가 서서 설교하는 설교단이 되었다. 그리고 그의 집 앞 거리는 회중이 모이는 장소가 되었다. 한번은 사람들이 너무 많이 몰려드는 바람에 나무로 만든 현관이 사람들의 무게를 견디지 못하고 부서지는 일이 일어났다. 그러나 그 현관은 곧 복구되어 집회는 차질 없이 계속될 수가 있었다.

이 삼일간의 축제 마지막날 윌리암 세이모는 마침내 방언을 할 수 있게 되었다. 그날은 1906년 4월 20일이었다. 집회가 끝난 밤 사람들이 다 돌아가고 윌리암 세이모는 혼자 남았다. 그러자 그는 무릎을 꿇고 하나님께 방언을 받게 해달라고 기도하기 시작하였다. 이때 한 사람이 윌리암 세이모 옆에 무릎을 꿇고 윌리암 세이모가 방언을 받게 해달라고 기도하였다. 그러자 윌리암 세이모는 그렇게 받기를 고대하였던 방언을 받게 되었다.

아주사 거리 312번지

몰려든 많은 사람들로 인하여 애스베리의 집에서는 더 이상 집회를 계속하기가 불가능하게 되자 윌리암 세이모와 교회의 일꾼들과 힘을 합쳐 주위에 집회할 만한 장소가 있는지를 찾아보기 시작하였다. 그러던 중 그들은 애스베리의 집에서 좀 떨어진 약 반마일 가량의 긴 골목 끝에 위치한 한 건물이 그들의 눈에 띄었다. 이 건물은 감리교회가 있다가 오래 전에 철수한 적이 있는 낡은 이층 건물이었다. 그 당시 이층에는 몇 가구가 살고 있었고 일층은 불이나 비어있는 상태였다. 그리고 지붕은 원래 카톨릭식 지붕이었으나 콜타르를 발라 평평하게 개조되어 있었다.

> 이 건물을 얻을 당시 옥상은 창고였고 일층은 마구간이었다. 일층 실내에 달린 전등은 불이 들어오지 않았고 실내는 깨어진 창문들이 많아서 을씨년스럽게 보였다. 그는 이 건물을 매달 8불씩 내고 일층만을 쓰기로 주인과 계약하였다.

윌리암 세이모가 이 건물을 얻을 당

시 옥상은 창고였고 일층은 마구간이었다. 일층 실내에 달린 전등은 불이 들어오지 않았고 실내는 깨어진 창문들이 많아서 을씨년스럽게 보였다. 그는 이 건물을 매달 8불씩 내고 일층만을 쓰기로 주인과 계약하였다.

윌리암 세이모가 새로 허름한 건물을 얻었다는 소식이 전해지자 여러 곳에서 그를 돕겠다는 사람들이 나타났다. 순복음 교회(Full Gospel Church)의 목사인 에이 지 오스터버그(A. G. Osterburg)는 인부 몇 사람과 내부수리를 할 수 있는 얼마만큼의 돈을 지원하였다. 또한 자원 봉사자들이 새로 얻은 건물에 와서 바닥을 깨끗이 청소하고 벽을 씻어내었다. 큰 목재소를 운영하고 있었던 신실한 카톨릭 신자 제이 브이 멕네일(J. V. McNeil)은 내부 단장을 위한 필요한 목재들을 제공하였다. 그리고 교회 바닥에는 톱밥이 깔렸다. 판자들을 잘라 이어서 낮은 단상도 만들었다. 그리고 나무상자 두 개를 포개놓아 설교할 수 있는 강대상도 만들었다. 허름하게 보이지만 검소하게 단장된 새 예배 처소 곧 아주사 거리 312번지가 이렇게 세계적인 부흥의 장소로 탈바꿈하였다.

초기 단계

1906년 4월 18일 샌프란시스코에서 큰 지진이 일어났다. 이 지진은 미국에서 일어난 지진들 중 가장 규모가 큰 지진이었다. 샌프란시스코에서 지진이 일어난 다음 날 로스앤젤레스에서 작은 규모의 지진이 또 일어났다. 지진에 놀란 사람들과 자신의 죄를 회개하기 원하는 사람들 그리고 영에 갈급해하는 사람들을 모두 합쳐 수백 명의 사람들이 성령 세례를 경험하기 위하여 아주사 거리 312번지에 있는 새 예배 처소에 모여들었다. 아주사 거리에 접해있는 이 마구간이었던 교회에 모여든 사람들은 대부분 신분이 낮은 사람들이었다. 그러나 그 중에는 부자들도 종종 섞여 있었다.

아주사에서의 집회는 매우 독특하였다. 높은 단상이 없었고 윌리암 세이모는 회중들과 같은 높이에 앉았다. 의자들은 회중들이 서로 얼굴들을 쳐다볼 수 있도록 배치하였다. 집회는 미리 예정된 순서가 전혀 없이 즉흥적으로 진행되었으므로 아무도 어느 때 무슨 일이 일어나고 누가 설교를 하게 될지를 전혀 예측하지 못하였다.

초기 아주사 집회에서 사람들은 찬송가도 없이 그리고 악기 반주도 없이 함께 찬송하였다. 그리고 어떤 사람이 맨 먼저 찬양을 하기

아주사 거리 부흥이 일어났던 아주사 거리 312번지의 아주사 거리 교회 앞에 서있는 윌리암 제이 세이모

시작하거나 간증을 시작하면 그때가 바로 집회의 시작이었다. 그리고 프로그램이 미리 계획된 것이 전혀 없었다. 기름 부음 받은 자라면 나이, 성별, 피부색깔에 상관없이 하나님의 인도함에 따라 설교할 수 있었다. 집회 도중 그 어느 때라도 성령님의 감동이 있다고 생각되면 누구든 앞으로 나아와 자신들의 죄를 공개적으로 회개하였다.

설교는 아무나 할 수 있었다. 그리고 설교자는 영어를 위시한 그 어떤 언어로도 설교할 수 있었다. 영어가 아닌 말로 설교하면 통역을 할 줄 아는 사람이 나와 통역을 해주었다. 예배가 열 시간 내지 열 두 시간이나 쉬지 않고 진행되었다. 그리고 며칠간이나 밤낮없이 계속 예배를 드린 적도 여러 번이었다. 그렇게 오랫동안 예배드려도 참석자들은 성령에 힘입어서인지 지친 기색을 별로 보이지 않았다. 밤새도록 드린 예배가 새벽에야 끝나도 사람들은 집으로 돌아가지 않고 교회 건물 앞 거리의 가로등 불빛 아래 모여 주님에 대하여 서로 얘기하였다. 그리고 예배 때마다 기름부음이 가득 찼다. 어떤 사람이든 단상으로 나아가 설교를 하기 시작하면 성령에 충만한 회중들은 설교를 들으며 수건을 꺼내어 흐르는 눈물을 닦았다.

마더 존스(Mother Jones)라고 불리던 한 여자에 대한 흥미로운 이야기가 있다. 한번은 성령에 인도함 받지 않은 어떤 사람이 단상으로 나아와 설교를 하기 시작하였다. 그러자 맨 앞줄에 앉아있던 마더 존스는 재빨리 설교자 앞으로 나아와 설교자를 뚫어지게 쳐다보다가 그 사람에게, "당신은 기름 부음 없이 설교하신다는 사실을 아십니까?"라고 소리쳤다. 이에 그 사람은 설교를 중단하고 즉시 제자리로 돌아갔다. 이일이 있는 후 마더 존스의 이 사건이 사람들 사이에 알려지면서 성령님의 기름 부음을 받지 못한 사람은 결코 단상 앞에 나와 말씀을 전할 수가 없는 분위기가 교회 전체에 퍼졌다. 그 후에도 마더 존스에 의해 설교를 제지 받은 사람들이 여럿 있었다고 전해진다.

곧 모든 종류의 사람들이 아주사로 몰려들기 시작하였다. 이런 현상에 대해 프랭크 바틀맨은 그의 저서 아주사 거리(Azusa Street)에서 다음과 같이 서술하였다.

"아주사 거리에는 하나님만을 갈구하는 사람들도 많이 왔지만 그저 호기심에서 온 사람들도 있었고 불신자들도 많이 왔습니다. 이 모임에 대한 외부의 핍박도 문제였지만 내부의 문제는 더 심각하였습니다. 무당 점쟁이도 왔고 최면술사도 왔습니다. 그들은 여기에 와서 손님을 좀 끌어볼 심산이었습니다. 종교적 이단들도 자신들의 영역을 넓혀 보려고 왔습니다. 그들에게 이처럼 목 좋은 장소는 없었기 때문이었습니다. 이런 사실이 알려지자 사람들은 두려워하기 시작하였고 이 두려움이 성령님의 역사를 방해하였습니다. 많은 사람들이 이곳에 와서 귀신의 영향을 받을까봐 두려워하였던 것이었죠."

또한 프랭크 바틀맨은 그 책의 다른 부분에서 다음과 같이 기록하였다.

"아주사 부흥의 초창기에 사람들은 하나님의 임재라는 하나님의 법궤를 집회 때마다 집회 장소로 옮기려고 하였습니다. 그러나 하나님께서 이를 허락하지 않으실 때도 간혹 있었습니다. 주최측에서는 마귀의 영향을 받을까봐 참석자들이 두려워하는 것을 없애려고 최선을 다하였습니다. 두려움이 사람들에게 들어오면 우리는 같이 이 문제를 놓고 하나님께 기도하였습니다. 그러면 하나님께서 사람들 사이에 있는 두려움의 영들이 떠나도록 해 주셨습니다. 하나님께서 우리에게 승리를 주신 것입니다. 우리들의 기도를 통해 하나님의 임재가 예배가운데 들어왔습니다. 이 부흥의 모임을 이끌어 나가고 있던 지도자들이 경험이 부족하였습니다. 그러나 하나님의 힘은 대적들의 힘보다 항상 강하였습니다."

윌리암 세이모가 세련되지 못하고 경험이 없다는 이유 때문에 일부의 사람들은 윌리암 세이모를 극렬히 비판하였다. 그러나 하나님께서는 그 많은 사람들 중에서 윌리암 세이모를 지도자로 선택하였다. 하나님께서는 지위가 높고 경험이 많은 사람을 찾고 계신 것이 아니라 하나님을 위하여 자신을 비운 사람을 찾고 계셨던 것이다. 그럼에도 불구하고 사람들이 보기에는 윌리암 세이모의 경험부족이 문제가 된 것이다. 나는 지도자는 참 진리에 대해 누구보다 잘 꿰뚫고 있고 거짓이 올 때 이를 잘 간파하여 사람들이 진리 쪽에 눈을 항상 고정시킬 수 있도록 해줄 수 있는 사람이어야 한다고 생각한다. 거짓 진리는 기도하는 거룩한 지도사의 권세와 지혜를 이길 수가 없다. 이런 점에서 아주사 사람들이 기도를 많이 한 것은 참으로 잘한 일이다. 기도를 통해 지도자는 성령님의 능력을 입고 이 능력으로 진리와 거짓을 분별해 낼 수 있다. 하나님의 강한 지도자는 금에 섞인 불순물을 쉽게 분별해 낸 후 이 불순물을 제거할 능력이 있는 지도자여야 한다.

이러한 영적 혼동 속에서도 불구하고 아주사 집회는 밤낮으로 계속되었다. 이제 건물은 하루 종일 가동되었고 집회에서는 예수의 피와 거룩한 삶이 특히 강조되었다. 그리고 아주사 거리에 하나님의 사랑이 풍성히 부어지자 사람들이 쓰던 말이 순화되었다. 사람들은 성령님을 근심시키지 않기 위해 말과 행동을 조심하였던 것이다. 그리고 부자와 가난한 자, 식자와 무식자들이 같이 섞여 말씀을 같이 듣고 같이 설교하였다.

사람들로 가득 찬 거리

> 이곳에서의 하나님의 임재는 너무도 강해 건물 밖에 있는 사람들이 건물 안에 들어오기 전에 길거리에서 걷지 못하고 땅 바닥에 부복하기도 하였고, 부복하였다가 일어난 사람들 중 다수의 사람들에게서 방언이 터지곤 하였다.

아주사 거리에서 만난 어떤 사람은, "내 평생 살아온 날들보다 여기에 있는 여섯 달 동안이 훨씬 더 좋았습니다. 나는 이 두 블록을 차지하고 있는 이 거리에 자주 나와서 기도를 하여 생활에 활기를 찾곤 한답니다. 이곳에서 하나님의 임재는 너무도 뚜렷합니다"라고 말하였다.

이곳에서의 하나님의 임재는 너무도 강해 건물 밖에 있는 사람들이 건물 안에 들어오기 전에 길거리에서 걷지 못하고 땅바닥에 부복하기도 하였고; 부복하였다가 일어난 사람들 중 다수의 사람들에게서 방언이 터지곤 하였다.

여름으로 접어들자 아주사 거리에 모이는 사람들의 숫자는 점점 더 늘어나 어느 날에는 그 수가 수 천명에 달할 때도 있었다. 로스앤젤레스의 아주사 거리에 하나님의 임재가 가득하다는 소식이 전국적으로 퍼져나가면서 로스앤젤레스로 향하는 기차는 항상 만원이었다. 전국의 신문들은 세상 신문이건 기독교 신문이건 가릴 것 없이 이 놀라운 소식을 전하였다.

처음엔 윌리암 세이모가 경험이 없어 조금 방황하기도 하였으나 시간이 지나자 경험 많은 사역자 및 목회자들이 특히 성결회(the

Holiness) 쪽에서 많이 와서 이 부흥이 제대로 가닥을 잡도록 윌리암 세이모를 잘 도와주었다. 또한 전 세계에서 사역하던 선교사들도 아주사 거리에 하나님의 부흥이 떨어졌다는 소식을 듣고는 아주사 거리로 모여들었다. 이곳에 모였던 사람들 중 적지 않은 수의 사람들이 성령 세례를 받고 나서 선교사가 되어 복음을 만방에 전하기 위하여 스칸디나비아, 중국, 인도, 이집트, 아일랜드를 위시한 수많은 나라들로 나갔다. 윌리암 세이모가 처음 이곳에 왔을 때 예배처소의 문을 잠궈서 그를 애먹였던 쥴리아 허친슨 자매도 아주사 교회에 와서 성령 세례를 받고 선교를 한다며 아프리카로 떠났다.

캘리포니아 출신의 오웬 아담스(Owen Adams)라는 사람이 아주사에 와서 부흥을 체험하고 나서 캐나다로 갔다. 그는 거기서 애미 샘플 맥퍼슨의 첫 번째 남편인 로버트 샘플(Robert Semple)을 만났다. 오웬 아담스는 자신이 아주사에서 방언을 하게된 경험과 아울러 거기서 일어나고 있는 일들에 대해 로버트 샘플에게 말해주었다. 이 소리를 듣고 흥분한 로버트 샘플은 자신의 새 신부가 된 애미에게 오웬 아담스로부터 들은 아주사 부흥에 관해 이야기를 전해 주었다. 얼마 후 이 샘플 부부는 중국에 선교사로 갔다. 그런데 중국에서 애미 샘플 맥퍼슨의 남편 로버트 샘플이 말라리아에 걸려 사망하였다. 중국에서 돌아온 애미 샘플 맥퍼슨은 아주사 부흥에 대한 호기심을 누를 길이 없어 로스앤젤레스로 가게 되고, 거기서 그녀는 앞으로 도래할 그녀의 사역의 발판을 마련하게 되었다.

많은 사람들이 성령 세례에 대하여 그 당시 잘못된 해석을 내리고 있었다. 가령 많은 사람들은 사람들이 방언을 받는 이유는 하나님께서 그 사람을 선교사로 보내기 위해서라고 믿었다. 그 당시 사람들은

윌리암 세이모와
그의 부인 제니 에반스 세이모

윌리암 세이모

에프 에프 보스워드 (윗줄 가운데), 윌리암 세이모 (아랫줄 좌), 쟌 지 레이크 (아랫줄 우)

윌리암 세이모의 아버지

캘리포니아 주, 로스앤젤레스, 아주사 거리 312번지
아주사 거리 교회의 이층 부분, 겉에는 사도 믿음 선교 교회라고 쓰여져 있다.

하나님께서는 선교사가 갈 나라의 말을 방언으로 주신다고 믿었던 것이다.

점차 사람들은 윌리암 세이모를 진정으로 사랑하기 시작하였다. 윌리암 세이모는 성령에 감동되면 자신의 자리 앞에 놓인 나무상자에 사람들이 집어넣은 돈을 꺼낸 후 기도하듯 사람들에게 감사의 표시를 하곤 하였다. 그는 그때 교회에서 아무 봉급도 받질 않고 있었다.

오 불이나 십 불 짜리 지폐가 뒷주머니에서 살짝 삐져나온 채로 아주사 거리를 걸어가는 윌리암 세이모를 보기란 그리 어려운 일이 아니었다. 그 돈은 사람들이 그가 눈치 채지 못하게 그의 뒷 주머니에 몰래 찔러준 돈이었던 것이다. 그는 그것도 모르고 아주사 거리를 걸어다녔던 것이다.

하나님과 함께 하는 모험(Adventures With God)이라는 책을 저술한 존 지 레이크(John G. Lake)는 아주사 거리를 방문하고 나서 윌리암 세이모에 관한 글을 썼는데 그중 일부를 여기에 싣는다.

> "그 자리에는 의사도 변호사도 대학교수들도 많았다. 그들은 윌리암 세이모의 설교를 열심히 듣고 있었다. 아니 그들은 그의 말을 듣고 있는 것이 아니라 그의 속에서 흘러나오는 영을 듣고 있었다. 난 지금까지 윌리암 세이모처럼 하나님의 생명을 힘차게 쏟아내는 사람을 본적이 없다. 그는 내가 아는 그 어떤 사람보다 하나님을 많이 소유하고 있는 사람이었다. 그가 사람들을 끈 것이 아니라 그의 속에 있는 하나님께서 사람들을 이끈 것이다."

해외에 나가 활동하고 있는 선교사들을 귀국시켜 아주사 거리의 부흥을 맛보도록 하려는 선교단체들이 많아졌다. 그 결과 아주사 부흥을 경험한 수많은 선교사들이 아주사 거리의 부흥의 소식을 전세계로 가지고 나갔다. 아주사에서는 너무도 기적들이 많이 일어나 이 기적들을 일일이 다 기록하기란 쉽지 않다. 아주사에 관해 저술한 저자들 중 이곳에서 일어난 수많은 기적들을 다 알고 저술한 사람은 아무도 없다.

아주사 교회의 교인들은 어디를 가든 기름 한 병씩 가지고 다녔다. 그들은 가가호호 방문하며 복음을 전했고 아픈 사람을 만나면 그 사람에게 기름을 발라주며 치유를 비는 기도를 해주었다. 이들은 거리 모퉁이마다 모여 하나님을 찬양한 후 복음을 전파하였다. 수많은 자원 봉사자들이 와서 가난하고 배고픈 사람들에게 먹을 것과 옷가지들을 나누어 주었다. 정말로 우리를 흥분케 하는 좋은 일들이 아주사 거리 부흥 운동을 통해 많이 일어난 것이다.

사람들의 요칭으로 윌리암 세이모는 1906년 9월에 사도의 믿음(The Apostolic Faith)이라는 책을 발간하였다. 이 책이 발간된 지 몇 달이 지나지 않아 이미 이만 부가 전 세계로 발송되었고, 그 다음 해에는 사만 부 이상이 발송되었다. 이 책에서 윌리암 세이모는 우리들의 믿음이 옛 사도들의 믿음으로 돌아감으로써 그간 교회가 잃어버렸던 옛 설교, 부흥회, 천막 집회, 선교, 거리의 불쌍한 사람 돕기, 감옥 전도 등이 회복되어야 한다고 외쳤다.

이 책에서 그는, **"많은 사람이 왔다 가지만 세상은 아직 바뀌고 있지 않습니다"**라고 말하였다. 이로부터 몇 달 후 그는 다음과 같은 글을 썼다.

"예배 시간은 녹는 시간입니다. 모인 사람 모두가 녹아 하나가 되는 시간입니다. 한 덩이의 빵이 되고 그리스도 안에서 한 몸이 되는 시간입니다. 여기 아주사 교회(Azusa Misson)에는 유대인이나 이방인이나 구별이 없습니다. 자유자나 묶인 자나 구별이 없습니다. 어떤 피부 색깔이건, 어떤 옷을 입었건, 교육을 받건 못 받건 상관없습니다. 이곳에서는 그 어떤 사람도 하나님의 도구로 사용될 수 있습니다. 그렇게 하나님께서는 이곳에서 우리를 세우시고 계십니다. 이곳에 있는 사랑의 하모니는 너무도 달콤합니다."

인종차별이 심하였던 그 당시에 위와 같은 글은 과히 혁명적이라 할 수 있다.

쇠퇴하기 시작하다

아주사 운동에 대한 핍박은 밖이 아니라 안에서부터 시작되었다. 어느 해 가을 아침 몇몇의 회원들이 교회 바깥벽에 쓰여진 "사도 믿음 교회(Apostlic Faith Mission)"라는 글을 보고 이를 문제삼기 시작하였다. 그들의 주장은 이 세계적 부흥 운동이 윌리암 세이모가 성경학교 학생시절 그 학교의 교장이었던 찰스 파햄이 시작한 사도 믿음 운동의 한 지부로 전락해서는 안 된다는 주장이었다. 이러다간 아주사 부흥운동이 찰스 파햄 소속의 교회나 성경학교로 전락하겠다고 수군대는 사람들이 늘어나기 시작하였다. 어떤 사람은 이에 대해 다음과 같이 말하였다. "그때부터 그곳에선 문제가 발생하고 분파가 생기기 시작하였습니다. 그전에 있었던 성령님의 자유함이 점차로 감소하기 시작하였습니다. 그곳에 일어나는 사역들이 일개 평범한 교회의 그것과 같아지기 시작하였습니다. 교회가 조직이어서는 안됩니다. 교회는 유기체이어야 합니다."

그럴 때 쯤 플로랜스 크로포드(Florence Crawford)라는 여자가 미국의 서해안 도시인 씨애틀과 포트랜드에 아주사 전도 센타를 세웠다. 그 당시 로스앤젤레스 아주사 부흥운동 본부는 미국 서해안의 여러 지역에 아주사 부흥운동의 지부들을 두어 동일한 부흥이 미국 서부 해안지역 여러 곳에서도 일어나게 할 계획을 세웠었다. 그러나 이 계획은 결국 클라라 룸(Clara Lum)이라는 여자의 방해 공작으로 인해 실패로 돌아갔다. 이 일개 여인의 방해 공작으로 인해 아주사의 부흥의 불은 점점 사그러 들기 시작하였던 것이다.

그때까지 사람들은 방언하는 이유는 다른 나라에 선교사로 가기 위해서인 것으로 알고 있었다. 그래서 해당 나라에 도착하면 하나님께서 선교사에게 그 나라의 말로 설교하고 복음을 전할 수 있는 방언의 기적을 베풀어 주실 것으로 믿고 있었다. 그런데 실망스럽게도 방언하는 많은 사람들이 외국에 선교사로 나가도 그런 일이 벌어지지 않았다.

방언에 관한 오해들

아주사에서 구원을 받은 사람들은 방언을 받기 위해 성령님께서 오시기를 수 시간 동안 기다리곤 하였다. 그러자 방언을 받기 위해 반드시 여러 시간 동안 기다려야 하는 지에 대해 사람들 사이에 말들이 많았다. 성령님께서 이미 와 있는데도 그것을 모르고 성령님을 또 기다린다고 투덜거리는 사람들이 생겨났다.

또한 다른 방언으로 말하는 것에 대한 혼동도 있었다. 그때까지 사람들은 방언하는 이유는 다른 나라에 선교사로 가기 위해서인 것으로 알고 있었다. 그래서 해당 나라에 도착하면 하나님께서 선교사에게 그 나라의 말로 설교하고 복음을 전할 수 있는 방언의 기적을 베풀어 주실 것으로 믿고 있었다. 그런데 실망스럽게도 방언하는 많은 사람들이 외국에 선교사로 나가도 그런 일이 벌어지지 않았다. 그러자 당연히 방언에 대한 혼선이 생기기 시작하였다. 물론 타국의 말을 하는 방언이 성경에 나오긴 하기만 방언의 유익과 목적은 그것 한 가지만이 아니었던 것인데 그 당시 사람들은 그 사실을 잘 몰랐던 것이다. 아주사 부흥운동이 점점 성숙해 나가자 사람들은 방언이 기도의 언어인 것을 비로소 깨닫게 되었다. 또한 사람들은 방언을 받으면 성령 세례는 저절로 받는 것으로 알고 있었다. 즉 그들은 방언을 성령 세례를 받은 징표로 생각하였다.

이를 두고 사람들 사이에 많은 말들이 오고갔다. 성령 세례와 방언을 둘러싼 이러한 의견 대립을 고민하던 윌리암 세이모는 자신의 스승이었던 찰스 파햄에게 아주사로 급히 와서 집회를 인도하여 주고 또한 이에 대한 혼동을 가라앉혀 달라고 편지를 썼다.

광신, 가짜, 그리고 결별

윌리암 세이모는 찰스 파햄의 신학에 전적으로 동의하진 않았었다. 그래도 그의 생각에 경험이 많고 지도력이 풍부한 파햄이 아주사에 오면 현재의 야기된 여러 문제들을 해결해 줄 것이라고 기대하고 있었다.

윌리암 세이모 말고도 여러 사람들이 찰스 파햄에게 아주사로 빨리 와서 어떤 현상이 성령에 의한 것이고 어떤 현상이 거짓인지를 밝혀달라고 편지로 요청을 하였다. 그러나 이때 찰스 파햄에게 보낸 편지들의 내용이 현재까지 밝혀진 것은 거의 없다. 다만 파햄의 아내가 그때 아주사 쪽에서 보낸 편지들을 현재 소장하고 있노라고 말한 바는 있다. 여기에 그 당시 윌리암 세이모가 챨스 파햄에게 보낸 편지의 한 부분을 소개한다.

"우리는 파햄 선생님께서 오시면 큰 부흥의 새로운 불이 다시 시작될 것으로 고대하고 있습니다. 그래서 지금까지의 작은 불들이 다시 지펴져 하나의 큰 불로 되었으면 합니다."

그 당시 아주사 부흥을 둘러싸고 너무나 많은 분파들이 생기자 윌리암 세이모는 파햄의 도움을 요청하지 않을 수 없었다. 더군다나 윌리암 세이모는 파햄이란 인물은 초청의 편지를 보내지 않으면 절대로 아주사에 오지 않을 인물로 생각하였기에 편지를 보냈던 것이다. 그리고 그는 챨스 파햄이 오면 갈라진 여러 분파들을 하나로 다시 합쳐 줄 것으로 생각했다.

드디어 챨스 파햄이 아주사에 도착하였다. 윌리암 세이모는 사람들에게 챨스 파햄은 "하나님 나라의 복음에 관하여 나를 깨닫게 해준 나의 영적인 아버지"라고 소개하였다. 물론 그 당시 윌리암 세이모는 영적인 아버지와 같은 존재가 필요하였기 때문에 이러한 말은 거짓이 아니었다. 그러나 모든 것은 윌리암 세이모가 계획된 대로 진행되지 않았다. 챨스 파햄이 아주사 거리 교회에서 몇 차례의 설교를 끝내고 나서 윌리암 세이모를 불러 야단을 쳤다. 그러자 윌리암 세이모는 챨스 파햄이 두 번 다시 그의 교회에 오지 못하도록 조치하였다.

챨스 파햄이 무슨 말을 하였기에 윌리암 세이모가 그런 조치를 내렸는지는 정확히 알 수 없다. 비록 챨스 파햄과 윌리암 세이모가 교육

정도에 있어서는 매우 큰 차이를 보이긴 하였지만 성령세례에 관한 한 두 사람의 견해가 같은 것처럼 보였었다. 그런데 왜 그랬을까?

찰스 파햄은 아주사에서 첫 설교를 하기 전에 아주사 집회에 참석한 사람들의 움직임을 면밀히 관찰하였다. 그런데 찰스 파햄은 사람들이 이상한 동작을 하는 것을 보고 깜짝 놀랐다. 그가 보기에 그것은 분명히 광신적이 동작이었다. 물론 찰스 파햄도 자신의 집회에서 사람들이 보이는 일련의 이상한 현상들을 어느 정도는 수용하고 있었다. 가령 찰스 파햄의 집회에서도 사람들이 춤을 추거나 소리지르는 경우는 흔히 있었다. 그러나 아주사에는 사람들이 춤추고 소리지르는 것 외에도 몸을 심하게 떨었고(shake), 갑자기 몸을 뒤틀듯 움직였다(jerk). 이러한 행동을 파햄은 광신이나 거짓 현상 또는 마귀의 장난이라고 해석하였다. 파햄에게 신학을 배웠던 학생들은 훗날 파햄의 광신(fanaticism)에 대한 해석은 매우 편협하였었다고 평하였다. 물론 아주사 거리 교회의 예배에는 성령님의 임재로 인한 현상도 있었고 그렇지 않은 거짓 현상도 있는 것이 사실이었다. 그러나 그렇다고 해서 올바른 하나님의 임재까지 싸잡아 거짓이라고 말하며 하나님의 부흥의 불을 꺼버리는 찰스 파햄의 태도는 정말로 올바르지 않은 태도였다. 이에 반해 윌리암 세이모의 입장은 찰스 파햄의 입장과는 사뭇 달랐다. 그는 아주사 교회에는 각종 문화에서 다양한 사람들이 왔으므로, 한 문화의 시각으로 다른 문화 사람들의 행동 양상을 틀렸다고 판단할 순 없다는 태도였다. 그러므로 윌리암 세이모는 집회 참석자 각자가 알아서 자유롭게 행동하도록 하자는 주의였고 어떤 특정한 모션을 두고 그것이 가짜다 진짜다라고 판단할 수는 없다는 주장을 견지하였다.

윌리암 세이모는 성령님께서 하도록 그냥 놔두어 보자는 신학을 견지하고 있었던 것이다. 그는 어떤 사람이 거짓 행위나 거짓 현상의 몸짓을 보인다면 성령님은 그 사람에게서 떠날 것이므로 어차피 상관없다라고 생각하였다. 나는 윌리암 세이모의 이러한 주장에 전적으로 동감한다. 성령님은 절대로 사람에게 상처를 주시는 강압적인 하나님이 아니시므로 윌리암 세이모의 두고 보자는 식의 태도는 정말로 좋은 태도이다.

아주사에서 나타나는 현상에 대해 윌리암 세이모가 최면술을 쓴다며 말도 안 되는 비방을 하는 사람마저 생겨났다. 챨스 파햄도 아주사에서는 설교자가 사람들에게 최면을 건다는 주장을 폈다. 이러한 비난에 대한 윌리암 세이모의 반박문은 아직 발견되지 않았다. 그러나 여기 이와 관련된 챨스 파햄의 글을 소개한다.

"나 챨스 파햄은 바삐 로스앤젤레스에 도착하였습니다. 그곳에서 나는 정말로 놀랐습니다. 내가 생각했던 것보다 더 안 좋은 상황이었습니다. 사람들은 육의 현상을 나타내 보였습니다. 마치 무당의 조종을 받는 듯이 보였습니다. 설교단의 선 사람들은 성령세례를 받기 위해 애타하는 사람들을 최면술을 써서 광적인 상태에 이르도록 조정하였습니다. 물론 거기에서 많은 사람들이 성령님의 세례를 받는 일도 일어나긴 하였습니다.

"내가 설교를 두세 차례 마치자 나는 주최측에서 나를 더 이상 원치 않는다는 말을 들었습니다. 나는 텍사스에서 온 사역자들과 힘을 합쳐 그 대신 로스앤젤레스의 더블유 씨 티 유(W. C. T. U)에서 대규모 집회를 열었습니다. 거기서 수많은 사람들이 예수님을 영접하였습니다. 엄청난 치유의 역사가 일어난 것이지요. 아주사 집회에 참석하여 몸을 뒤틀었던 이삼백 명의 사람들이 나의 집회에 와서 축사 사역을 받았고 성령 세례에 대한 올바른 가르침을 받았습니다. 물론 방언을 받는 사람들도 있었습니다.

"나는 사람들이 아주사에서 잘못 받은 것에 대해 불쌍히 여기는 마음을 갖고 있습니다. 그러므로 내가 한마디 하겠습니다. 폐일언하고 쉽게 설명하겠습니다. 사람들은 아주사 모임에서 최면술에 걸렸고, 사이비 영에 잡혔고, 무당 점쟁이들과 강신술사들의 저주를 받아 경련을 일으키며 잘못된 황홀경에 쓰러졌습니다.

"위와 같은 현상은 결코 성령 세례가 가져다 준 현상이 아닙니다. 나의 사역자들은 결코 목에서 이상한 소리를 내거나 턱을 떨지 않습니다. 로스앤젤레스 시내에도 제대로 성령 세례를 받아 방언으로 찬양하고 기도하며 방언으로 말하는 사람들이 매우 많지 않습니까? 그러나 원숭이처럼 짹짹 소리를 내는 것은 방언이 아닙니다. 성령은 절대로 부자연스럽게 보이는 몸짓과 듣기 싫은 소리를 내게 하시는 분이 아니십니다. 이런 것은 성령님의 역사가 분명히 아니고 분명히 흑암의 세력의 장난입니다. 성령은 우리의 의지와 조절능력을 넘어서 역사하지 아니하십니다. 그러나 사이비 영과 광신은 우리가 절제 못할 정도로 행동하게 하게 합니다."

찰스 파햄의 생각이 옳을 수도 있다. 그러나 찰스 파햄이 아주사 집회에서 일어난 현상에 대해 좀더 부드럽게 지적을 하고 윌리암 세이모에게 지시하는 태도보다는 아버지의 마음을 가지고 대하였더라면 그 결과는 훨씬 더 좋았을 것이다. 윌리암 세이모는 절대로 자신의 신학을 버리지 않았고 이는 찰스 파햄도 마찬가지였다. 이 일후 두 달 동안 윌리암 세이모는 찰스 파햄에 대해 일언반구하지 않았다. 그러나 마침내 때가 되자 윌리엄 세이모는 찰스 파햄에 대한 직접적인 비판은 피하면서 다음과 같은 신중한 태도의 글을 썼다.

> "몇 사람이 나에게 찰스 파햄 박사님이 이 운동의 지도자냐고 물었습니다. 나는 이 질문에 대해 아니라고 대답합니다. 그분은 이 아주사 교회 운동의 지도자가 아닙니다. 우리는 전에도 여러분에게 알린 바와 같이, 아주사에 하나님의 임재가 너무 급격하게 나타나자 하나님의 뜻을 헤아리지도 않고 성급히 이 운동을 잘 지도해 줄 사람을 빨리 데려오고 싶었습니다. 우리는 성령님의 능력 안에서 기뻐하는 천진난만한 어린 아이들처럼 너무 성급하게 행동한 것이 사실입니다. 우리는 어린 아이들처럼 성령 세례 받은 사람은 그 누구라도 우리의 지도자가 될 수 있다라고 잘못 생각하였던 것입니다. 그러나 하나님께서는 우리를 향해 너무 서둘지 말라고 말씀하셨습니다. 아주사 거리 운동의 지도자는 예수님이십니다. 우리 모두 위대한 목자 되신 예수님을 높여드립시다. 그분이 바로 우리의 표상이십니다."

윌리암 세이모는 반대자들에 대해 가능하면 부드러운 말을 쓰며 직접적인 대결을 극구 회피하였다. 또한 그는 사람들에게 아주사 운동을 비방하는 사람들을 대적하지 말라고 신신당부하였다. 그러면서도 그는 자신이 믿는 진리를 끝까지 수호하였다.

성화의 교리에 대한 비판

윌리암 세이모는 요한 웨슬레의 가르침을 대부분 따랐지만 성화에 관한 교리만큼은 그렇지 않았다. 윌리암 세이모는 구원받아도 육적

> 윌리암 세이모는 구원 받아도 육적 행동을 하면 구원을 잃는다고 생각하였고 죄가 없는 완전한 상태가 성화라고 믿었다. 그리고 사람이 은혜로 단번에 구원받듯이 하나님의 은혜로 단번에 성화된다고 믿었다. 그리고 그는 성화된 사람은 언제 어디서나 성화된 행동을 할 수밖엔 없다고 생각하였고 구원받은 사람이 죄를 지으면 구원을 잃는다고 생각하였다.

행동을 하면 구원을 잃는다고 생각하였고 죄가 없는 완전한 상태가 성화라고 믿었다. 그리고 사람이 은혜로 단번에 구원받듯이 하나님의 은혜로 단번에 성화된다고 믿었다. 그리고 그는 성화된 사람은 언제 어디서나 성화된 행동을 할 수밖엔 없다고 생각하였고 구원받은 사람이 죄를 지으면 구원을 잃는다고 생각하였다.

윌리암 세이모가 아주사에서 그렇게 가르치자 죄를 짓느냐 안 짓느냐가 아주사에 모인 사람들의 주요 관심사가 되었다. 그러자 사람들은 죄된 행동을 한 사람을 보면 구원을 잃었다며 비난의 말을 하기 시작하였다. 그러자 자연 사람들은 자기는 의롭게 되었고 상대방은 죄된 행동을 하였기에 구원을 잃었다며 서로에 대해 비방을 하기 시작하였다. 그러자 또 일부의 사람들은 사람들의 이러한 잘못된 행동들을 보고 자신은 절대로 남을 비방하는 죄를 범하여 구원을 잃지 않겠다고 결심하였다. 윌리엄 세이모는 이와 관련하여 다음과 같이 말한 적이 있다.

"만일 당신이 남을 비방하거나, 뒤에서 나쁜 말을 하거나, 화를 내면 당신이 뭐라고 말해도 나는 당신에게 다음과 같이 선언합니다. 당신은 성령 세례를 받은 것이 아닙니다. 당신은 구원을 잃었습니다."

윌리암 세이모는 자신을 비방하는 사역자에게 설교를 시키지 않았다. 그러나 그는 결코 자신을 비방하는 사람에 대해 나쁜 말을 하지도 않았다.

사랑과 배신

윌리암 세이모는 사람들의 수없이 많은 비방과 핍박 속에서도 그의 신념을 버리지를 않았다. 그는 모든 사람을 신뢰하고 믿어주었다. 그는 또한 성품이 부드럽고 천진난만하기까지 하였다. 그의 그러한 성품은 다음과 같은 그의 글에 잘 나타나있다.

"교회와 목회자를 비방함으로 사람들을 얻을 순 없습니다. 만일 다른 교회를 비방하는 설교를 하면 비판의 영이 스며들기 시작합니다. 하나님의 영은 교회를 비방함으로 교회를 힘들게 하고 교회가 쪼개지게 하는 영이 아닙니다. 지금 수많은 사역자들이 더 큰 것을 찾아 헤매고 있습니다. 그들은 가장 좋은 것을 찾지 못했기 때문에 자신의 교단을 더 크게 하려는 데 모든 역량을 모으고 있습니다. 설교자에게서 하나님의 사랑이 도망쳐 나가면, 그 사람은 옷에 대해, 음식에 대해, 사람들이 만든 교리에 대해 설교하기 시작하고 다른 교회를 비방하는 설교를 하기 시작합니다. 모든 교회와 교단은 우리의 형제들입니다. 그들과 화평하십시다. 우리가 세상에서 그 어떤 교회나 교단보다 최고라고 생각하는 순간 우리는 자멸하게 됩니다."

그 다음해 봄이 되자 윌리암 세이모는 현재 세를 들어 쓰고 있는 아주사 교회 건물을 사야할지 아니면 다른 곳으로 옮겨야 할지를 결정하여야만 하였다. 그는 이 문제를 놓고 교회 임원들과 의논하였다. 그리고 교회 임원들은 회의 끝에 기존에 세들어 있는 건물을 사자고 결정하였다. 그리고 모인 그 자리에서 건물 구입에 필요한 금액 사천 불 중에서 천 오백 불을 모금하였다. 그리고 그들은 나머지 잔액을 치르기로 계약서에 명시된 날보다 더 일찍 잔금을 치렀다. 그럴 즈음 아주사 거리 교회에서 더 많은 기적들이 일어났다. 그리고 세계 각처에서 온 사역자들이 로스앤젤레스로 와서 시내 여러 곳에 교회들을 세우기 시작하였다. 이에 크게 고무된 윌리암 세이모는 사람들에게 **"세계에서 일어난 기적들 중 가장 위대한 기적들이 이제 이 아주사에서 일어날 것을 우리는 기대하고 있습니다"**라고 말하였다.

이즈음 윌리암 세이모는 결혼에 대하여 생각하였다. 제니 에반스 무어는 윌리암 세이모가 목회하는 아주사 거리 교회에 나오는 외모가 준수한 자매로 성령에 민감하면서도 음악적인 재능을 가지고 있는 사람이었다. 이 여자는 매우 신사적인 태도를 가지고 항상 윌리암 세이모 곁에서 신실하게 윌리암 세이모를 돕던 여자였다. 제니 에반스 무어는 하나님께서 자신과 윌리암 세이모가 부부가 되길 원한다고 믿고 윌리암 세이모에게 자신과 결혼한 것을 제의하였는데 윌리암 세이모가 이 청혼을 받아들인 것이다. 이 둘은 1908년 5월 13일 결혼하였고 아주사 교회 이층에 신혼 살림을 차렸다.

그러나 결혼 소식이 교회에 나쁜 영향을 미쳤다. 즉 교회 사람 중 몇 사람이 이 둘의 결혼을 심하게 반대하였다. 그중 한 명이 클라라 룸(Clara Lum)이라는 이름을 가진 교회 신문 발행을 담당하였던 여자였다. 이 여자는 윌리암 세이모와 제니 에반스 무어가 결혼한다는 소식을 듣고 교회 출석을 중단하였다. 아주사 교회 교인 중에서 몇몇 사람들은 결혼에 대해 잘못된 견해를 가지고 있었다. 이 사람들은 예수님께서 이제 곧 재림할텐데 굳이 결혼한다는 것은 신랑 되신 예수님에 대한 모독이라고 생각하여 윌리암 세이모의 결혼을 달갑지 않게 생각한 것이었다.

클라라 룸은 윌리암 세이모를 몰래 연모하고 있었다. 그런데 윌리암 세이모가 결혼한다는 소식을 듣자 질투가 나서 교회를 떠난 것 같다. 그녀가 교회를 떠난 정확한 이유야 어떻든 간에 클라라는 그곳을 떠나 아주사 교회의 부 교역자로 있었던 플로랜스 크로포드(Florence Crawford)가 담당하는 오래곤 주 포틀랜드 시에 있는 교회로 가버렸다. 클라라는 아주사 교회를 떠나면서 아주사 교회에서 발간하는 신문을 구독하는 독자들의 주소가 적힌 장부를 모두 가지고 가버렸다.

이러한 클라라의 돌발적인 행동에 가장 타격을 입은 것은 바로 윌리암 세이모가 발간하는 신문사였다. 그 신문은 그 당시 세계 각처로 배포되고 있었다. 미국 전역과 세계 각처에 총 오만부나 보내야 하는 독자 수소가 로스앤젤레스 독자 주소만 빼 놓고는 몽땅 없어진 것이다. 사도의 믿음(Apostolic Faith)이라고 불린 이 신문의 1908년 5월호에는 신문사의 새 주소가 포틀랜드로 바뀌었다는 사실과 신문사에 할 헌금은 바뀐 주소로 보내달라는 조그만 칼럼이 실렸다. 6월호부터는 윌리암 세이모의 글이 실리지 않기 시작하였다. 8월호 부터는 아주사 이야기는 전혀 실리지 않았다. 클라라가 다시 아주사로 돌아오지 않을 것이라고 생각한 윌리암 세이모는 포틀랜드에 가서 클라라를 만나 주소록을 돌려달라고 강력히 항의하였다. 하지만 주소록은 윌리암 세이모의 손에 돌아오지 않았다. 이 일로 인하여 윌리암 세이모의 사역은 결정적인 타격을 입고 아주사 시대는 종말을 고하기 시작하였다.

마지막 분열: 사람 아니면 하나님?

1909년과 1910년에 걸쳐 윌리암 세이모는 아주사 교회에서 계속적으로 집회를 인도하지만 참석 인원이 그전보다 훨씬 줄었고 후원금이 엄청나게 감소하였다. 이에 윌리암 세이모는 두 사람의 젊은이에게 아주사 집회를 맡기고 전국으로 돌아다니며 집회를 열 생각으로 시카고로 떠나버렸다. 1911년이 초가 되자 윌리암 에이치 더햄(William H. Durham)이 윌리암 세이모를 대신하여 집회를 인도하게 되었다.

윌리암 더햄이 윌리암 세이모를 대신하여 아주사 교회에서 설교를 하게 되었다. 그러자 윌리암 더햄의 강력한 설교에 힘입어 수백 명이 사람들이 다시 아주사 교회에 몰려오기 시작하였다. 그리고 또한 사람들이 세계 각처에서 아주사에 몰려왔다. 사람들은 이것을 두고 "늦은 비의 두 번째 소낙비"라고 불렀는데 그도 그럴 것이 윌리암 더햄이 인도한 아주사 집회에서 성령님께서 너무 강하게 임하자 예배가 끝났음에도 사람들이 나가지 않고 자리 빼앗길 것을 염려하여 계속 의자에 눌러 붙어 앉아있는 일이 일어나기까지 하였던 것이다.

아주사에서의 마지막 싸움은 윌리암 세이모와 윌리암 더햄 사이에서 일어났다. 두 사람은 신학적인 입장에서 현저한 차이를 보였다. 윌리암 더햄는 한번 구원받으면 죄를 범한다 하여도 절대로 구원을 잃을 수 없다고 단호하게 설교하였다. 그는 구원은 믿음로 얻는 것이지 노력으로 얻는 것이 아니라고 말하였다. 윌리암 더햄은 오순절 운동으로 인해 그동안 상실해 왔던 은혜에 대한 가르침이 다시 도입됨으로 말미암아 말씀에 대한 올바른 가르침이 회복되어야 한다는 입장을 취하였다. 그는 오순절 쪽에서 그동안 율법을 너무 강조하여 은혜 쪽을 놓치고 있었다고 설교하였다. 그의 설교는 은혜에 목말라 하던 사람들에게는 마치 마른땅에 단비 같았다.

그러나 윌리암 더햄의 설교를 들은 윌리암 세이모의 추종자들은 더햄의 이러한 가르침에 반발하였다. 그러나 윌리암 더햄은 이러한 낌새에도 아랑곳하지 않고 자기의 신학적 주장을 계속 밀고 나갔다. 그러자 아주사 교회의 장로들이 이러한 사실을 전국으로 다니며 집회를 열고 있는 윌리암 세이모에게 알렸다. 이 소식을 접한 윌리암 세이모는 아주사로 급히 돌아와 교회 중진들과 회합을 가진 후 윌리암 더햄에게 그러한 구원에 대한 잘못된 가르침을 철회한 것을 요청하였다. 그러나 윌리암 더햄은 절대로 자기 주장에서 한 발자국도 물러나질 않았다. 그래서 윌리암 세이모는 하는 수 없이 윌리암 더햄이 다시는 아주사 교회에서 설교를 하지 못하도록 하였다.

> 많은 사람들이 윌리암 더햄을 따라 아주사를 떠나갔다. 그리고 윌리암 더햄의 집회에서 수천 명이구원받고 세례 받고 치유 받는 일이 일어나기 시작하였다. 그러자 아주사 교회는 거의 사막화되다시피 되었다.

아주사 교회에서 더 이상 집회를 인도하지 못하게 된 윌리암 더햄은 자신의 추종자들의 도움을 얻어 천명 넘게 들어갈 수 있는 이층 짜리 건물을 매입하였다. 이 건물의 이층에 기도실을 마련한 윌리암 더햄은 사람들이 이곳에 들어가 밤낮없이 기도하도록 조치하였다. 그러자 많은 사람들이 윌리암 더햄을 따라 아주사를 떠나갔다. 그리고 윌리암 더햄의 집회에서 수천 명이 구원받고 세례 받고 치유 받는 일이 일어나기 시작하였다. 그러자 아주사 교회는 거의 사막화되다시피 되었다.

지치고 맥빠지다

그럼에도 불구하고 아주사에서의 집회는 계속 되었다. 그리고 윌리암 세이모는 그 교회의 지도자로 계속 남아있었다. 그러나 이제는 아무도 윌리암 세이모의 집회에 흥미를 보이지 않았다. 그는 집회 일정을 변경하여 주일 하루만 예배드렸다. 그는 참석자의 숫자를 늘려보려고 여러 가지 방도를 간구해 보았지만 그러한 시도들이 별 효과를 거두지 못하였다. 결국 아주사 교회에는 스무 명의 개척 멤버들만 남게 되었다. 아주사의 옛적 영광을 기억하고 간혹 찾아오는 사람이 있게 되는 날이면 윌리암 세이모는 은근히 고무되곤 하였다. 그러나 이제 별반 할 일이 없어진 윌리암 세이모는 여가 시간의 대부분을 주로 독서와 묵상으로 보내었다.

1921년이 되자 윌리엄 윌리암 세이모는 미국전역을 돌며 마지막 집회 여행을 다녔다. 그리고 전국 순회 집회를 마치고 이듬해에 로스앤젤레스에 돌아온 윌리암 세이모는 육체적으로 매우 지쳐있었다. 그는 그후에도 간혹 대규모 집회에 참석은 하였지만 육체적으로 쇠약한 그는 설교단에는 거의 서지 않았다.

1922년 9월 28일 그는 오십 이년간의 이 땅에서의 삶을 마감하였다. 이날 그는 교회에 일을 보고 있었다. 그때 그는 가슴에 갑작스런 통증이 오는 것을 느꼈다. 윌리암 세이모의 상황이 위급하다는 전갈을 받고 달려온 아주사 교회의 근처에 사는 의사는 그에게 당분간 쉴 것을 권하였다. 그리고 그날 오후 다섯 시경에 어느 사람에게 자신이 불러주는 편지를 받아쓰게 하던 중 다시 가슴을 쥐어뜯는 듯한 고통을 느끼고 괴로워하였다. 그리곤 곧 숨을 헐떡거리더니 바로 이 세상에서의 마지막 숨을 쉬었다. 의사의 진단 결과 그의 사망원인은 심장 마비였다.

윌리암 세이모는 비싸지 않은 평범한 관에 옮겨져 로스앤젤레스에 있는 에버그린 공동묘지(Evergreen Cemetery)에 안장되었다. 그가 묻힌 에버그린 공동묘지는 세계 여러 나라와 미국 전역에서 태어난 여러 인종과 문화의 사람들이 묻힌 곳이다. 윌리암 세이모가 그런 사람들과 같이 묻히도록 한 것은 그나마 적절한 조치였다. 그의 비명에는 단지 "우리의 목사"라는 비명만 새겨졌다. 그의 장례식에는 단지 이 백 명의 하객만 참석하였다. 그러나 그의 장례식에서 여러 사람들이 그의 죽음을 기리는 조사를 읊었다. 조사를 읊었던 사람들은 그가 하나님께서 최전방에 보내서 크게 쓰셨던 성령 사역의 거장이었었다며 그의 죽음을 슬퍼하는 시와 글들을 낭독하였다.

죽은 후와 늑대들

윌리암 세이모가 죽은 후 여러 해 동한 그의 부인은 그를 대신하여 아주사 교회의 목회자로서 활동하였다. 1931년이 되자 이 교회 건물을 자신들의 수중에 넣기 위해 늑대같은 마음을 가진 사람들이 아주사 교회에 대해 소송을 제기하였다. 이 소송사건을 책임지고 있는 공무원들은 이 사건이 너무도 꼬여 골치가 아파지자 이 건물을 화재 위험 건물로 분류하였다. 그리고 화재 위험이 있는 이 건물은 철거해야 한다고 결정하였다. 이 건물이 헐리기 바로 전에 교회측에서는 이 건물을 오순절 교단에 헌납하였다. 그러나 오순절 교단은 "우리는 골동품에 관심 없습니다"라며 이 제안을 거절하였다. 그 다음해에 이 역사적인 건물은 결국 헐리고 말았다. 지금 그 장소에 가보면 빈 공터로 남아있고 그 건물이 있었던 빈터에는 거리의 이름을 가리키는 팻말만 이 외롭게 홀로 서있다.

이로부터 오년 후 윌리암 세이모의 부인 제니 에반스 무어는 그곳 지방 병원의 중환자실에 입원하게 되고 1936년 6월 2일 날 역시 남편과 동일한 심장마비로 하늘에 있는 그를 기다리고 있는 남편에게로 돌아갔다.

능력이라는 유산

> 윌리암 세이모는 분명 오순절의 촉매자이다. 그렇게 때문에 윌리암 세이모에 의해 오순절 사역이 급속도 미국의 주요도시와 세계각지로 퍼졌고 세계 각 대륙마다 아주사의 부흥의 불이 동일하게 일어났던 것이다.

윌리암 제이 세이모의 일생은 결국 전설 속으로 파묻혔다. 그러나 1906년부터 1909년까지의 비록 삼 년이란 길지 않은 기간 동안 그가 이룬 성령 사역은 오순절 운동(Pentecostal Movement)의 핵으로 작용하였고 그 결과 그의 사역은 전세계의 교회에 지대한 영향을 끼쳤다. 오늘날 많은 수의 교단들이 아주사 교회 집회에 참석한 사람들로 인해 세워진 교단이 된 것도 그러한 맥락에서 이해될 수 있다. 그리고 하나님의 성회(Assembly of God)의 초기 지도자들 대부분이 아주사 운동 출신이었다는 사실은 아주사 운동이 세계 교회들에 미친 영향을 단적으로 알 수 있는 하나의 예이다. 순복음 사업자 모임을 창설한 데모스 쉑카리안(Demos Shakarian)은 자신의 할아버지가 아주사 교회의 창립 멤버였다고 자랑스럽게 말한바 있다. 또한 발데즈(Valdez) 집안과 가르(Garr) 집안과 같이 훌륭한 복음 전도자를 배출한 집안들과 챨스 프라이스(Chales Price) 박사와 같은 저명한 사역자들은 아주사 부흥 운동의 직접적인 영향을 받았던 집안들이요 사람들이다.

아마도 오늘날 오순절 운동에 종사하는 모든 사람들의 사역의 뿌리에는 아주사 거리 부흥 운동이 자리잡고 있다고 말을 해도 과언이 아니다. 아주사의 희한하면서도 말썽 많았던 교리에도 불구하고 우리는 아주사라는 이름만 들으면 그 시절 사람들에게 엄청나게 부어졌던 성령 하나님의 능력을 어렵지 않게 머리 속에 떠올리게 된다.

하나님께서는 인종차별자가 아니시다

아주사 거리 부흥을 인종차별의 관점에서 보려는 사람들이 있다. 일반적으로 하나님의 부흥의 불이 붙었다가도 인종에 대한 차별이 집회 가운데 나타나기 시작하면 놀랍게 부어졌던 하나님의 임재는 부흥의 장소에서 슬그머니 그 자취를 감추기 시작하는 것이 통례이다. 바로 이런 이유 때문에 아주사 부흥 운동이 삼 년이란 짧은 기간 안에 막을 내렸는지도 모른다. 하나님께서는 자신의 영광이 사람들의 인종차별 정책에 잡아먹히게 되는 것을 원치 않으신다. 그러므로 만일 그런 일이 일어나면 하나님께서는 일언지하에 인간들의 모임에서 자취를 감추어버리시는 것이다.

인종 차별 정책을 거세게 반발하는 일부의 사람들은 내가 윌리암 세이모를 오순절의 아버지라고 부르지 않고 오순절의 촉매자라고 부르는 것에 대해 불만을 표시한 적이 있다. 그러나 웹스터 사전에서 촉매라는 말을 뜻을 찾아보면 "어떤 사건이나 어떤 과정의 반응 속도를 빠르게 하거나 침전을 일으키게 하는 그 어떤 것"이라고 정의하고 있다. 바로 그런 의미에서 윌리암 세이모는 분명 오순절의 촉매자이다.

그렇기 때문에 윌리암 세이모에 의해 오순절 사역이 급속도 미국의 주요 도시와 세계 각지로 퍼졌고 세계 각 대륙마다 아주사의 부흥의 불이 동일하게 일어났던 것이다.

아주사 부흥기간 동안에 발생한 문제에는 인종 문제 외에도 여러 가지가 많이 있었다는 사실을 여러분은 이미 이 장을 읽고 알았을 것이다. 만일 우리가 아주사 부흥 운동을 피부색깔의 관점에서만 본다면 우리는 이 아주사 부흥 운동을 제대로 볼 수 없다. 그 어떤 피부 색깔의 사람만이 하나님의 부흥을 독점할 수는 없다. 하나님께서는 피부 색깔에 연연해하지 않으신다. 하나님께서는 사람의 외모를 보지 않으시고 그 사람의 속마음을 보신다.

하나님의 장군들의 삶에 대해 더 알아나갈 때 나는 독자 여러분들이 하나님의 장군들의 성공적인 삶에 특별한 관심을 가지고 그들로부터 무엇인가를 배우길 원한다. 나는 여러분들이 하나님의 장군들이 실패한 부분에 집착하여 지레 겁을 먹고 사역을 중단할까봐 심히 염려된다. 하나님께서는 여러분이 실패하기만을 기다리고 계신 분이 절대로 아니시다. 나는 여러분이 성령 하나님의 인도에 따라 희망에 찬 삶을 살아가길 원한다. 그리고 마귀가 주는 명예와 사람의 존경을 구하지 말고 하나님께서 주시는 미래의 상급을 구하며 묵묵히 주어진 사역을 감당하길 원한다.

사람들이 아무리 사역자들을 판단한다고 해도 하나님만큼 잘 판단할 수는 없다. 오직 하나님만이 윌리암 제이 세이모의 사역을 제대로 평가하실 수 있으시다. 윌리암 세이모는 오순절 운동을 폭발시켜 그 운동을 전 세계로 확산시키기 위해 하나님께서 직접 사용하셨던 하나님의 다이너마이트였다.

참고도서

1. A. C. Valdez Sr., *Fire On Azusa Street* (Costa Mesa, CA: Gift Publications, 1980)
2. Emma Cotton, *Personal Reminiscences* (Los Angeles, CA: West Coast Publishers, 1930)
3. Frank Bartleman, *Azusa Street* (Plainfield, NJ: Logos International, 1980)
4. C. M. McGowan, *Another Echo From Azusa* (Covina, CA: Oak View Christian Home)
5. Thomas Nickel, *Azusa Street Outpouring* (Hanford, CA: Great Commission International, 1956, 1979, 1986)

CHAPTER SIX

John G. Lake

"A Man of Healing"

치유의 사람(A Man of Healing)

- 존 지 레이크 -

"나는 내 앞에 모여있는 과학자들과 의사들에게, '지금 당신이 소속한 병원에 가셔서 뼈에 염증이 있는 환자 한 명을 나에게 데리고 오십시오. 그리고 검진기를 그 환자의 다리에 연결하여 그 환자의 염증과 뼈의 상태를 측정해 보십시오. 그러면 내가 그 환자의 다리에 나의 손을 얹고 환자가 낫도록 하나님께 기도하겠습니다'라고 준엄하게 말하였다.

"의사들이 검진기를 나에게 데리고 온 한 환자의 아픈 발에 연결하고 나서 그 환자의 상태를 진단하였다. 그러자 나는 나의 손을 그 환자의 정강이 부근에 올려놓고 마리아 우드워스-에터가 하듯이 그저 평범하게 기도하였다. '하나님, 당신의 능력으로 귀신이 이 사람에게 가져다준 이 병들을 녹여주세요. 성령님, 누워있는 이 환자에게 지금 사역하소서. 그렇게 하소서.'

"이렇게 기도하고 난 나는 내 앞에 모여있는 과학자들과 의사들에게, '지금 이 환자에게 무슨 일이 일어나고 있습니까?'라고 물

어보았다. 그러자 검진기를 주시하고 있던 그들은 놀란 표정을 지으며 '모든 세포가 당신의 기도 후에 즉각적으로 반응하고 있습니다'라고 대답하였다."

만일 누가 나에게 이 세상에서 살았던 사람 중에서 인간에 대한 하나님의 계시를 가장 많이 받고 산 단 한 사람을 고르라고 한다면 나는 주저 없이 존 지 레이크를 고를 것이다. 존 지 레이크는 하나님께서 주신 분명한 비전을 가지고 목적 있는 삶을 힘있게 살아간 산 사람이었다. 그의 삶의 단 한가지 목적은 하나님 속에 충만한 것이 모든 사람에게도 충만케 되는 것이었다.

그는 이 땅에서 살아가는 동안 하나님의 능력을 받는 비밀은 일(doing)에 있지 않고 존재(being)에 있다라는 말을 수없이 많이 하였다. 그는 성령 충만한 그리스도인은 예수님께서 행한 사역을 기쁨으로 행할 수밖에 없다고 믿었다. 그는 또한 모든 사람들이 예수님처럼 행할 수 있기를 원했다. 그는 그렇게 하기 위해서는 사람들이 하나님의 시각으로 보든 사람들을 대하여야 한다고 굳게 믿고 또한 그런 태도로 사역하였던 신실한 사람이었다.

죽음의 그림자

존 지 레이크는 자신이 믿는 성령에 관한 신학을 자신의 머리에만 머물도록 하지 않고 삶으로 그대로 나타내며 사역하였던 그야말로 실천의 사람이었다. 존 지 레이크는 1870년 3월 18일에 캐나다 온타리오에서 태어났다. 그의 부모는 그들의 결혼 생활을 통하여 열 여섯명의 자녀를 낳았었던 사람들이었다. 존 지 레이크가 아직 소년이었을 때 그의 가족은 미국 미시간 주 쏠트마리로 이사하였다.

그는 열 여섯 살 때 구세군 집회에 참석한 적이 있었는데, 그는 그 때 처음으로 예수 그리스도의 복음에 대해 들었다. 그리고 그는 복음을 접한 지 얼마 지나지 않아 예수님을 그의 주와 그리스도로 영접하였다. 예수님을 영접하기 전까지 존 지 레이크는 도덕적으로 보면 꽤 깨끗한 삶을 살았다. 그는 외적으로 보면 하자가 없는 삶을 살았지만 그럼에도 불구하고 그는 자신이 죄인이라는 생각으로 괴로워하고 있었다. 그러나 그는 하나님을 만나자 그런 생각이 그에게서 달아나 버렸다. 존 지 레이크는 하나님을 만난 사건에 대해 훗날 다음과 같이 회고하였다.

"나는 그분에게 항복하였습니다. 하늘에서 내려오는 빛이 나의 영혼으로 파고들었습니다. 내가 무릎을 꿇었다 일어나는 순간 내가 하나님의 아들이 되었다는 사실을 나는 분명히 알게 되었습니다."

존 지 레이크의 부모들은 건강한 편이었지만 자녀들은 그렇지 않았다. 그들의 자녀들은 병약했고 자녀들 중 아들 넷, 딸 넷 합해서 여덟 자녀들은 어렸을 때 병으로 사망하였다. 마치 죽음의 그림자가 그들의 집안에 드리운 것 같았었다. 이러한 일련의 시련에 대해 존 지 레이크는 다음과 같이 말하였다.

"32년 간이나 우리 가족들은 병약하였습니다. 이 기간동안 우리 집에는 항상 병마의 그림자가 드리워져 있었습니다. 나의 어린 시절을 회상할 때 나에게 떠오르는 단어들은 병, 의사, 간호사, 병원, 영구차, 장례식, 묘지, 비석과 같은 단어들입니다. 저의 부모들은 자식들의 연이은 죽음에 가슴을 치시며 통곡하셨습니다. 그러나

또한 그 분들은 저며오는 아픔을 충분히 삭일 틈도 없이 나머지 가족들을 먹여 살리기 위해 다시 희망 없는 일터로 나가셔야만 하셨습니다."

잘못된 "과학" - 올바른 태도

"나의 어린 시절을 회상할 때 나에게 떠오르는 단어들은 병, 의사, 간호원, 병원, 영구차, 장례식, 묘지, 비석과 같은 단어들입니다."

존 지 레이크는 어려서부터 과학과 물리학에 깊은 관심을 가지고 있었다. 그는 특히 화학을 좋아해서 학교에서 실험기구로 실험하는 날이면 실험에 빠져 시간가는 줄도 몰랐다. 그후 그는 약학 과목을 들으며 의사의 꿈을 키워나갔다. 그러나 결국 그의 꿈을 중도에 포기할 수밖에 없었다.

존 지 레이크는 과학에 유별난 관심을 보였던 것과 동일하게 영적인 것들에도 관심을 보였다. 그는 항상 과학적 눈을 가지고 주위에 일어나는 모든 영적인 현상들을 분석하고 이해해 보려는 노력을 게을리하지 아니하였다. 그 결과 그는 평생 하나님의 부활의 능력을 들이마셨고 이 능력을 그의 영혼 속에 지니고 살았다.

1890년, 존 지 레이크가 스무 살이 되던 해에 어느 믿음 좋은 농부 아저씨가 그에게 성화(sanctification)에 대한 교리를 설명을 해 준 적이 있었다. 그때 그에게는 어떤 깨달음(revelation, 계시)이 왔고 하나님께서 자신에게 면류관을 씌어주시기 위해 어떤 귀중한 사역을 시킬 것이다라는 확신이 왔다. 이러한 경험에 대해 존 지 레이크는 다음과 같이 말하였다.

"예수님의 보혈의 권능에 대한 깊이 있는 깨달음을 주신 하나님을 나는 찬양하지 않을 수 없었습니다. 그때 하나님의 아름다운 기름부음이 내 삶에 임했습니다."

이 일이 일어난지 일년밖에 지나지 않은 1891년, 존 지 레이크는 하나님을 위한 전시간 사역자가 되기 위해 시카고로 가서 감리교단에서 운영하는 사역자 양성 학교에 학생으로 입학하였다. 그리고 그해 10월, 감리교단에서는 존 지 레이크를 위스콘신 주의 페쉬티코에 있는 한 교회의 교역자로 파송하고자 하였다. 그러나 그는 이 제안을 거절하고 다니던 학교를 떠나 일리노이 주 하비시로 이사하였다. 그리고 그는 거기서 하비 씨디즌(Harvey Citizen)이라는 지방 신문을 창간하였다. 그는 그 도시에서 장차 아내가 될 미시간 주 뉴베리에서 온 제니 스티븐스(Jennie Stevens)를 만나게 되었다.

"제니"라는 선물

제니 스티븐스는 존 지 레이크에게 꼭 맞는 타입의 여자였다. 제니 스티븐스는 유머 감각이 풍부하며 판단력이 뛰어났다. 그리고 그녀는 하나님을 향한 깊은 신앙심과 아울러 높은 영성을 소유한 사람이었다.

존 지 레이크는 제니 스티븐스를 만난 지 얼마 되지 않아 그녀와 사랑에 빠졌다. 존 지 레이크와 제니 스티븐스는 진정으로 서로를 사랑하였다. 그리고 1893년 2월 5일 일리노이 주 밀링톤에서 제니 스티븐스와 존 지 레이크는 결혼식을 거행하였다. 하나님께서는 이 부부가 성령님으로 하나 되도록 이 결혼식을 축복해 주셨다. 그 후 하나님께서는 이 부부에게 일곱 자녀들을 주셨다.

결혼 후 제니 스티븐스는 남편을 위하여 많은 중보기도를 하여줌으로써 남편의 사역을 뒤에서 도왔다. 두 사람 중 한 사람이 어려움에 봉착하면 다른 한 사람이 영으로 금방 그 사실을 알아차리고 서로를 위하여 중보기도 하였다. 죤 지 레이크는 아내가 뭐라고 조언하면 아내의 조언을 진정으로 받아들였으며 아내의 그러한 헌신적 내조를 매우 귀하게 생각하였다.

죤 지 레이크의 삶에
다시 위기가 닥친 것이다.
하나님의 능력은 도대체
어디에 있단 말인가?

그러나 이러한 이년간의 꿈같은 신혼의 생활 후에 죤 지 레이크에게 어려운 일이 닥쳤으니 그것은 바로 죤 지 레이크의 아내가 병으로 몸져 눕게 되는 일이었다. 제니 스티븐스의 몸을 진찰해본 의사는 그녀가 결핵과 심장병에 걸렸다고 말하였다. 그녀의 심장박동은 불규칙하였으며 이로 인해 어떤 경우 그녀는 정신을 잃고 쓰러지기까지도 하였다. 죤 지 레이크가 정신을 잃고 마루에 쓰러져 있는 제니 스티븐스를 우연히 발견한 적도 한 두 번이 아니었다. 제니 스티븐스는 이 약한 심장을 강하게 하기 위하여 점점 더 많은 양의 강심제를 복용하기 시작하였고, 나중에는 니트로글리세린이라는 알약까지 복용하였다. 그러나 약을 먹을수록, 제니 스티븐스의 심장은 더욱 약해져 갔다.

심장병이 점점 악화되자 죤 지 레이크는 의사의 권고를 따라 아내를 데리고 미시간 주의 솔트세인트마리로 이사하였다. 그리고 거기서 그는 부동산 중개업을 시작하였다. 그러나 1898년 아내의 심장상태는 너무도 악화되었다. 그녀의 담당 의사도 이제는 자기로서는 더 이상 손을 댈 수 없다고 말하였다.

과격해보자!

존 지 레이크의 삶에 다시 위기가 닥친 것이다. 하나님의 능력은 도대체 어디에 있단 말인가? 그의 형제 중 한 명은 22년 동안 몸 안의 출혈로 고생한 적이 있었고 그의 34살 난 누나는 유방암으로 고생했던 적이 있었다. 어디 그뿐이랴. 그의 여동생은 혈액병에 걸려 시름시름 죽어가고 있었었다. 이젠 설상가상으로 자신의 사랑하는 아내 제니 스티븐스마저도 죽음을 앞에 두고 있지 아니한가?

그러나 존 지 레이크는 과거에 하나님의 치유의 능력을 몸소 체험한 적이 있었었다. 그는 결혼 전에 관절염으로 고생한 적이 있었는데 관절의 통증의 너무 심해지자 시카고에 있는 존 알렉산더 도위가 운영하는 치유의 집으로 찾아간 적이 있었다. 그는 거기서 어느 나이 많은 사람의 안수를 받았다. 그 사람이 존 지 레이크에게 안수하자 하나님의 능력이 그에게 임하게 되었고 그순간 똑바로 펴지도 못했던 그의 다리는 바로 펴졌던 것이었다.

이러한 치유 경험에 기쁘고도 놀란 존 지 레이크는 집으로 달려가 집에서 혈액병으로 고생하고 있었던 동생에게 자신이 치유 받은 이야기를 하였다. 그리고 아픈 동생을 떨쳐 메고 존 알렉산더 도위의 집으로 가서 동생도 치유 기도를 받게 하였다. 치유 사역자들이 동생의 몸에 손을 데고 기도하자 금방 혈액병이 떠났다. 그러자 침대에 누워있던 동생은 침대에서 벌떡 일어나 침대 위에서 기뻐하며 뛰었다.

그러자 그는 큰 용기를 얻어 유방암 걸려 죽어가고 있었던 누나도 시카고에 있는 치유의 집으로 데리고 갔다. 처음에 존 지 레이크의 누나는 자신의 병이 결코 나을 것이라고는 생각지 않았다. 그러나 존 알렉산더 도위의 집에서 치유 사역자로부터 치유에 관한 하나님의 말씀을 듣자 그녀에게 기도 받으면 나을 것이라는 믿음이 들어왔다. 그리고 그녀는 치유기도를 받았는데, 기도를 받자 암으로 인한 고통이 순간적으로 떠났고 만져질 정도로 크게 자란 유방암이 수일 내에 사라져 버렸던 것이다. 그런 후 남아있던 작은 암 덩어리 몇 개들도 연이어 사라졌다. 그리고 하나님은 그녀의 절개된 유방을 원래대로 회복시켰다.

이런 과거의 치유에 대한 기억이 죤 지 레이크의 머릿속을 스쳐가자 그는 그렇다면 지금 앓고 있는 자신의 아내도 하나님의 능력으로 고침 받을 수 있을 지도 모른다는 생각이 들었다. 과거의 자신의 형제자매를 고쳤던 하나님의 능력은 지금도 동일하다는 생각이 그에게 미쳤던 것이다.

"나는 죽음을 용납할 수 없어"

죤 지 레이크와 그의 형제와 자매들이 치유 기도를 받은 후 병에서 고침을 받긴 하였지만 그의 누나 중 하나는 치유를 받지 못하고 계속 중병에서 헤어나올 줄을 몰랐던 적이 있었다. 죤 지 레이크는 그 누나도 치유의 집에 데리고 가서 치유 기도를 받게 할 계획을 세우고 있었다. 그때 그는 집에서 걸려온 전화 한 통을 받았다. 바로 누나가 위독하다는 전화였다. 전화를 끊고 난 그는 부랴부랴 집으로 향했다. 집에 도착해보니 그녀는 혼수상태에서 숨을 헐떡이고 있었다. 곧 숨을 거둘 것 같은 급박한 상황이었다. 숨을 헐떡거리던 그녀는 얼마후 숨을 쉬지 않았다. 가족들이 부랴부랴 그녀의 맥박을 조사해 보았지만 맥박은 더 이상 뛰지 않았다. 이제 그녀의 가족들은 곡을 하기 시작했다. 이 때 죤 지 레이크의 가슴 속에서 그 무엇인가가 울컥하고 올라오는 것 같은 느낌이 들었다. 그러자 방금 숨을 거둔 누나 옆에서 천진하고 웃고있는 누나의 갓난 어린 딸이 그의 눈에 들어왔다. 그 순간 죤 지 레이크는 죽은 누나를 향해 "누나가 죽어선 안 돼. 나는 죽음을 용납할 수 없어!"라고 속으로 크게 소리를 질렀다. 훗날 죤 지 레이크는 바로 이 순간을 회고하며 나중에 다음과 같은 글을 남겼다.

"내 속에서 외쳤던 이 소리는 옆에 있는 가족들이 들을 수 없는 소리였습니다. 그러나 그 순간 내 속에는 죽음과 병에 대한 증오가 폭포처럼 쏟아져 들어왔습니다. 하나님께서 나의 영혼 속에 죽음과 병에 대한 하나님의 증오의 마음을 부어주셨던 것입니다!"

죤 지 레이크는 지금 방금 죽은 누나의 방에서 이 세상에서 현재 살고 있는 사람들 중에서 치유에 대한 믿음이 있는 사람이 누군가를

죤 지 레이크의 가족 사진, 맨 윗줄 맨 왼쪽이 죤 지 레이크
그의 부모들은 열 여섯 명의 아이들을 나아 그 중 여덟 명이 병으로 죽었다.
이 사진은 나머지 여덟 자녀들과 부모가 찍은 사진이다.

생각하며 초조히 방을 왔다갔다 하였다. 아무리 생각해도 누나를 살릴 사람은 존 알렉산더 도위밖엔 없다는 생각이 그의 뇌리를 스쳤다. 그래서 그는 즉각 존 알렉산더 도위에게 다음과 같은 전보를 쳤다.

"내 누나는 의학상으로 보면 죽은 상태에 있습니다. 그러나 나의 영은 누나를 죽게 만들어선 안 된다고 말합니다. 나는 당신이 기도하면 그녀가 살아나리라는 믿음을 갖고 있습니다."

도위의 답장 전보가 곧 도착했다.

"하나님을 붙잡으십시오. 나는 지금 기도하고 있습니다. 그녀는 살아날 것입니다."

이 전보를 읽자 그는 누나에게 죽음을 가져다 준 죽음의 권세에게 강하디 강한 분노가 치솟아 올랐다. 그래서 그는 즉시 누나의 목숨을 잇아간 죽음의 권세를 향하여 예수의 이름으로 온 힘을 다해 꾸짖었다. 그렇게 한 지 한 시간 후 죽었던 그의 누나는 숨을 쉬기 시작하였다. 그리고 닷새 후 그녀는 건강까지 되찾아 가족들과 같이 크리스마스 축하 저녁식사를 즐겼다. 그런데 존 지 레이크의 아내의 병이 점점 악화되기 시작한 것이 바로 이때쯤이었다.

아내를 죽이려는 마귀

1898년 4월 28일이 되었다. 이 날은 존 지 레이크의 아내 제니 스티븐스이 이 땅에서 살 수 있는 마지막 날처럼 보였다. 존 지 레이크와 친한 어느 목회자가 와서 그에게 이제는 제니를 향한 하나님의 뜻을 순순히 받아들이고 그녀의 죽음을 준비하라고 말하였다. 그렇게 말하는 존 지 레이크의 친구 목회자의 말투는 매우 무거웠고 신중하였다. 그러나 존 지 레이크는 아내의 죽음을 현실로 받아들일 수 없어 온몸을 떨었다. 그는 아내의 죽음을 피할 수 없는 것처럼 느꼈다.

절망이 엄습해오자 존 지 레이크는 손에 들고있던 성경책을 화로 벽을 향해 던졌다. 그가 던진 성경은 화로 벽을 맞힌 후 마루바닥에 사도행전 10장 쪽이 펼쳐진 채로 떨어졌다. 그가 성경책 쪽으로 가서 바닥에 떨어진 성경을 들어올리는 순간 사도행전 10장 38절 말씀이 그의 눈에 들어왔다.

> "하나님께서 나사렛 예수님께 성령님과 능력을 기름 붓듯 하셨으매 저가 두루 다니시며 착한 일을 행하시고 마귀에게 눌린 모든 자를 고치셨으니 이는 하나님께서 함께 하셨음이라."

"마귀에게 눌린 모든 자"라는 구절에 존 지 레이크의 눈이 멎었다. 위의 성경 말씀이 그의 영혼을 마구 뒤흔들어 놓았다. 이 구절을 읽은 그에게 하나님은 자신의 아내 제니 스티븐스를 비롯한 그 어느 누구에게도 병과 죽음을 주신 분이 아니라는 깨달음이 왔다. '맞아, 예수님이 하나님의 아들이듯이 나도 하나님의 아들이야. 그렇다면 하나님의 아들인 예수님과 함께하신 하나님은 동일한 아들인 나에게도 반드시 함께하심이 분명하다' 라는 생각이 그의 뇌리를 스쳐 지나갔다. 그는 그 순간 아내 제니에게 병을 가지고 온 것은 하나님께서 아니라 바로 마귀라는 생각이 들었다. 그의 사랑하는 아내 제니 스티븐스를 죽이려는 존재는 바로 마귀였다는 진리를 알게 된 것이다.

오전 아홉 시 반

그 다음 순간 그는 지체없이 누가복음 13장 16절을 펴서 읽었다. "십팔 년 동안 사단에게 매인 바 된 이 아브라함의 딸을 안식일에 이 매임에서 푸는 것이 합당치 아니하냐?" 이 말씀을 읽자 존 지 레이크는 사단이란 존재는 사람들에게 병과 죽음을 가져다 준다는 사실과 고통받는 자를 치유하시고 억눌린 자 속에 역사하는 귀신을 쫓아내는 능력을 하나님께서 예수님에게 주셨다는 사실과 하나님께서는 자신에게도 그와 동일한 능력을 주셨으므로 자신도 예수님과 같은 동일한 능력을 행사할 수 있다는 사실을 알게 되었다. 예수님은 죽음을 이기고 다시 살아나시지 않았는가? 예수님은 인간의 죄뿐만 아니라 존 지 레이크 아내의 질병을 위해서도 죽으셨다는 믿음이 존 지 레이크에게 생겼다. 그리자 그는 자신의 아내 제니 스티븐스가 절대로 죽을 수는 없다라고 생각하였다.

> 예수님은 죽음을 이기고 다시 살아나시지 않았는가? 예수님은 인간의 죄뿐만 아니라 존 지 레이크 아내의 질병을 위해서도 죽으셨다는 믿음이 존 지 레이크에게 생겼다. 그러자 그는 자신의 아내 제니 스티븐스가 절대로 죽을 수는 없다라고 생각하였다.

이제 존 지 레이크는 성령님만이 주실 수 있는 담대함을 가지고 그의 아내 제니 스티븐스가 누워있는 방으로 다시 들어갔다. 그리고 그는 아내가 누워있는 방에 있는 몇 사람들과 귀신들에게 자신의 아내는 정확히 오전 아홉 시 반에 치유 받을 것이라고 선포하였다.

그리고 나서 존 지 레이크는 존 알렉산더 도위에게 전보를 쳐서 하나님께서는 자신의 아내를 오전 아홉 시 반에 치유하실 것이라고 전해주었다. 드디어 아홉 시 반이 되자 존 지 레이크는 아내 옆에 무릎을 끓고 살아 계신 하나님의 이름을 불렀다. 그러자 갑자기 하나님의 능력이 제니 스티븐스에게 임하더니 그녀의 머리에서부터 발끝까지 하나님의 능력이 관통하였다. 바로 그순간 그녀의 마비증세가 없어졌고 심장 박동이 정상으로 돌아왔다. 그리고 심하게 하던 기침을 멈췄다. 그렇게도 높이 올랐던 열도 순식간에 정상으로 돌아왔다.

잠시 후 제니 스티븐스는 입을 조금씩 움직이며 뭐라고 작은 소리로 말하더니 이내 "하나님을 찬양합니다. 나는 치유 받았습니다"라고 소리치는 것이었다. 제니 스티븐스는 최근 몇 년 동안 그렇게 큰 소리로 말한 적이 없었기 때문에 죤 지 레이크는 이 소리를 듣고 깜짝 놀랐다. 제니 스티븐스는 이렇게 소리를 지른 후 건강한 사람처럼 바로 자리를 박차고 벌떡 일어났다. 그 방안에 있던 사람들의 기쁨과 놀라움은 말로 표현할 수 없을 정도였다. 제니 스티븐스와 죤 지 레이크는 둘이 같이 하나님께 감사의 기도를 드렸다.

예수님의 번갯불

제니 스티븐스가 놀랍게 치유 받았다는 소식이 신문에 실렸다. 그러자 이 신문을 읽은 많은 사람들이 기적의 현장과 제니 스티븐스를 보기 위해 전국에서 몰려들었다. 이 소식은 전국적인 이야기 거리가 되었으며 죤 지 레이크와 그의 가족에게 치유사역으로 뛰어들지 않을 수 없는 상황들이 벌어지기 시작하였다. 그것은 바로 죤 지 레이크의 집에 도착한 사람들 중에 아픈 사람들은 너나 할 것 없이 죤 지 레이크에게 기도를 요청하였기 때문이었다.

어느 날 희한한 일이 벌어졌다. 죤 지 레이크가 어느 환자를 손을 얹어 기도해 주고 난 후 한 시간 후에 다시 가보니 환자의 몸에 죤 지 레이크의 손자국이 선명하게 나 있었다. 자세히 보니 환자의 몸 속 약 7미리미터 가량 새까맣게 타서 들어간 채로 손자국이 나 있었던 것이었다.

이 일 후 죤 지 레이크는 사람들에게 설교하는 자리에서 이 사건과 연관하여 다음과 같이 말하였다.

"그녀가 그렇게 치유케 된 것은 나의 능력에 의해서가 아니라 하나님의 능력에 의해서 입니다. 하늘에서 내려온 번갯불이 그녀에게 그런 새까만 손자국을 만들었습니다. 예수의 영혼에는 번개가 있습니다. 예수님의 번개불을 받으면 사람들이 치유 받습니다. 하나님의 능력이 다가오면 죄와 병은 도망갑니다."

죤 지 레이크는 하나님의 능력을 전기의 힘과 비교하였다. 전기의 법칙이 존재하는 것처럼 성령님의 법칙이 존재한다고 그는 믿었다. 그는 자신을 하나님의 손에 잡힌바 된 전기 막대기라고 보았다. 그랬기 때문에 그가 사람들을 만졌을 때 하나님의 전기가 사람들의 몸을 통과해 치유 받게되며 그와 동시에 하나님의 전기가 그 사람에게 병을 가져다주었던 흑암의 능력들을 지져버리게 되는 것이라고 생각하였고 그 결과 병든 그리스도의 몸들이 하나씩 올바로 세워져가게 된다고 그는 믿었던 것이다.

영적인 능력을 사용함

죤 알렉산더 도위 밑에서 치유에 대해 더 깊은 공부를 하기 위해 죤 지 레이크는 1901년에 일리노이 주 시온 시로 이사하였다. 시온 시로 온지 얼마 되지 않아 그는 죤 알렉산더 도위가 소유한 건물의 관리인으로 일하게 되었다. 그때부터 그는 낮에는 일하고 밤에는 하나님의 말씀을 전하면서 틈나는대로 공부를 하였다.

그러나 1904년 존 알렉산더 도위가 재정적인 어려움을 격자 존 지 레이크는 도위를 떠나 다시 시카고로 가서 그곳에 정착하였다. 도위는 시온 시의 건설에 많은 돈을 투자했다가 거의 파산지경에까지 이르렀고 존 지 레이크가 도위를 떠난 삼 년 뒤인 1907년에 도위는 숨을 거두었다. 시카고로 이사를 간 존 지 레이크는 얼마 후에 시카고 무역 위원회의 회원이 되었다. 그리고 회원이 된 그 다음해 그는 은행에 십삼만 불을 저금할 수 있게 되었고 또한 그의 부동산 소유액은 구만불에 이르게 되었다.

그러자 존 지 레이크의 사업적 역량을 눈여겨본 어느 사업가가 그에게 일년에 오만 불이라는 거액을 봉급으로 주겠으니 자신이 경영하는 국내 최대 보험회사 셋의 자문을 맡아 달라고 요청하였다. 이 요청을 수락한 존 지 레이크는 그 회사 자문으로 일하면서 엄청난 돈을 벌었다.

그가 비록 엄청난 돈을 벌긴 하였지만 그에게는 참 만족이 없었다. 돈을 벌면 벌수록 오히려 그의 속에 남아있는 하나님의 부르심에 대한 소망은 점점 더 자라났다. 한동안 그는 세상의 일에 성공을 해가면서도 하나님과의 친밀한 관계를 계속 유지해 나갔다. 이에 대해 그는 훗날 다음과 같이 회고하였다.

"내가 내 자신을 세상과 떼어놓는 작업이 나에게 있어서는 어렵지 않았습니다. 그래서 나의 손과 마음은 세상일을 하는 데 빠져 있지만 나의 영은 계속 하나님과 교제하였습니다."

어떤 사람들은 하나님의 사역자로 부르심을 입은 자는 즉시 세상일을 중단해야 된다고 생각한다. 그러나 존 지 레이크는 삶으로 그렇지 않을 수도 있다는 사실을 우리에게 증명하였다. 그는 세상일을 하면서도 그는 하나님과의 교제를 유지하였고, 그러한 상태에서 그는 자신이 하나님의 사역을 언제 시작하여야 하는지에 대해 예의주시하고 있었다. 그는 하나님의 시간 계획표보다 앞서고 싶지도, 재정적으로 가족에게 어려움을 주고 싶지도 않았던 것이다. 하나님의 때가 오면 그는 그동안 하나님과의 오랜 교제를 통하여 쌓아왔던 믿음을 바탕으로 가진 재산을 정리할 생각이었다.

존 지 레이크는 젊은 시절 존재가 일보다 우선한다는 진리를 깨달았었다. 그리고 이제 성인이 된 그는 하나님의 시간을 인내를 가지고 기다렸다.

방언과 하나님의 시간

시카고로 이사오기 전 존 지 레이크는 시온 시에서 살았을 당시 그는 그의 친구 프레드 에프 보스워스(Fred F. Bosworth)의 집에서 열렸던 정기 예배 모임에 여러 번 참석한 적이 있었었다. 그 당시 그 모임에서는 톰 헤브말할(Tom Hezmalhalch)이 자주 와서 설교를 하곤 하였었다. 어느 날 설교를 끝낸 헤즈말할이 존 지 레이크에게, "내가 설교하고 있는 도중 하나님께서 나에게 어느 날 당신과 내가 함께 설교하게 될 것이라고 말씀하셨습니다"라고 말하였다. 존 지 레이크는 이 말을 듣고 그냥 웃어버렸다. 그런 말을 들은 지 얼마 되지 않아 존 지 레이크가 하나님의 온전

존 지 레이크는 젊은 시절 존재가 일보다 우선한다는 진리를 깨달았었다. 그리고 이제 성인이 된 그는 하나님의 시간을 인내를 가지고 기다렸다.

한 뜻에 굴복하는 다음과 같은 일을 경험하였다.

1906에 죤 지 레이크는 하나님께 성령 세례를 달라고 아홉 달 동안 간절히 기도하였는데 아무 일도 일어나지 않았다. 그러자 그는 성례 세례가 자신과는 상관없는 것이라고 생각하고 더 이상 기도하기를 포기하고 말았다. 그러던 어느 날 이제는 친한 친구가 되어버린 헤즈말할과 함께 고통을 당하고 있는 어느 여인을 기도해주기 위해 그 여인이 있는 곳으로 찾아갔다. 죤 지 레이크가 그 여인의 옆에서 그 여인을 위해 기도하기 시작하자 평상시와는 다르게 그의 몸이 떨려왔다. 그렇게 몸이 떠는 현상과 함께 그의 입에서는 이상한 소리가 났다. 이때 죤 지 레이크에게 무슨 일이 일어나고 있음을 알아차린 헤즈말할이 그에게 손을 그 여자 위에 얹으라고 말하였다. 이에 죤 지 레이크가 자신의 손을 병든 그 여자의 몸에 갖다 데었다. 그러자 그 순간 하나님의 번개불이 치더니 헤즈말할은 땅바닥에 쓰러졌다. 헤즈말할은 놀라고도 기뻤다. 쓰러진 헤즈말할은 일어나며 "죤, 하나님을 찬양하네. 하나님께서 자네에게 성령 세례를 주신 것이네"라고 말하였다.

이 일과 관련하여 나중에 죤 지 레이크는 다음과 같이 서술하였다.

"그 일이 일어나자 나의 영혼에는 하나님 영광이 깃들었고 나에게 하나님께서 주신 여러 가지 은사들이 나타나기 시작하였습니다. 나는 그때부터 방언으로 말하기 시작하였으며 하나님은 내 속에 새로운 힘이 흐르게 하셨습니다. 그리고 그때부터 나에게는 하나님께서 주신 여러 가지 은사 중에서도 치유의 은사가 가장 강하게 나타났습니다."

존 지 레이크는 곧 다른 방언으로도 말하기 시작하게 되면서 방언으로 대변되는 성령 세례야말로 가장 큰 성령님의 채워짐이라고 생각하게 되었다. 존 지 레이크는 계속해서 다음과 적어나갔다.

"나도 드디어 방언으로 말하게 되었습니다. 나는 이제 하나님께서 시키시는 일을 하여야만 하였습니다. 나는 그때부터 하나님께 기도할 때면 거의 항상 방언으로 기도하였습니다. 하나님께서는 내가 방언으로 기도할 때 나에게 사역에 필요한 하나님의 진리를 계시해 주셨습니다."

> 존 지 레이크는 곧 다른 방언으로도 말하기 시작하게 되면서 방언으로 대변되는 성령 세례야말로 가장 큰 성령님의 채워짐이라고 생각하게 되었다.

하나님의 때를 기다리는 것은 매우 중요하다. 우리가 태어나기도 전에 하나님은 우리를 부르셨다. 우리가 이 세상에 태어나 자라나면서 하나님께서 각자에 대한 부르심을 깨닫게되는 때가 있다. 하나님께서 자신을 부르셨다는 사실을 깨닫는 시간이 사역을 시작해야 되는 시간은 아니다. 하나님께서 원하시는 하나님의 시간에 사역을 시작해야 한다. 그리고 다른 사람의 시간과 당신의 시간을 비교하지 말라. 하나님께서 사역을 시키시는 하나님의 시간은 사람마다 다르다는 사실을 우리는 잘 알고 있어야 한다. 하나님의 말씀에 얼마나 순종하느냐에 따라, 어느 정도 간절한 마음으로 준비하느냐에 따라 하나님의 시간이 결정되기도 한다.

아프리카가 부른다

성령 세례를 받자 존 지 레이크에게는 하나님을 위한 전시간 사역자가 되고 싶은 마음이 점점 증가하였다. 그러던 어느 날 그는 자신에게 좋은 자리를 제공해 주었던 사람에게 가서 회사를 석 달간만 쉬게 해달라고 요청하였다. 그러자 그 사람은 그에게, "자네의 요청을 허락하네. 그러나 석 달 후 자네는 분명히 돌아올 것이네. 왜냐하면 석 달 후가 되면 자네는 분명히 연봉 오만불의 위력을 실감하게 될 것이기 때문이지"라고 말하였다. 죤 지 레이크는 그의 이러한 결정에 감사하며 직장을 떠났다. 이로부터 삼 개월이 지났지만 죤 지 레이크는 옛 직장으로 다시 복귀하지 아니하였다. 그 대신 그는 사람들에게 이렇게 말하였다. **"나는 이제 나의 남은 생을 예수 그리스도 복음만 선포하고 이 복음의 효력을 증명하는 데에 바칠 것입니다."**

1907년에 죤 지 레이크와 그의 부인 제니 스티븐스는 세상의 좋은 회사, 많은 봉급을 포기하였다. 레이크 부부는 그들이 가지고 있는 모든 재산을 정리하였다. 큰 믿음을 가지고 하나님만 의지하기로 하는 삶의 첫 발을 내디딘 것이다.

죤 지 레이크가 일리노이 주의 북쪽에서 사역을 하고 있던 어느 날, 성령 하나님께서 죤 지 레이크에게, "인디애나폴리스로 가거라. 거기서 큰 홀을 하나 빌려 겨울동안 집회를 열 준비를 하라. 봄이 되면 내가 너를 아프리카로 보내겠노라"라고 말씀하셨다. 그 말을 들은 죤 지 레이크는 집으로 돌아와 아내 제니 스티븐스에게 하나님에게 들은 말을 그대로 전했다. 그러나 그 말을 들은 제니 스티븐스는 전혀 놀라지 않았다. 왜냐하면 하나님께서 제니 스티븐스에게도 동일한 말씀을 이미 하셨기 때문이었다.

죤 지 레이크는 소년 시절 스탠리와 리빙스톤의 아프리카 탐험기와 선교기를 읽은 후 감동을 받아 아프리카에 대한 동경심을 계속 지니며 살고 있었다. 그는 청년 시절 자신이 아프리카에 있는 환상을 여러 번 보았었다. 그리고 그는 그동안 성령님의 초자연적인 역사로 인해 그가 가보지 못한 미지의 나라에 대한 지리적 그리고 문화적 식견을 많이 갖고 있었다. 그는 이제 믿음으로 사람들에게 자신은 내년 봄에 아프리카에 가서 하나님의 말씀을 전할 것이라고 말하기 시작하였다. 그리고 그는 인디애나폴리스로 가서 거기서 옛 친구 톰 헤즈말할을 만났다. 거기서 그 둘은 육 개월 간 같이 머무르면서 큰 집회를 인도하기 시작하였다. 그리고 이 집회를 통해 수백 명이 성령 세례를 받게 되었다.

그러던 어느 날 아침 그는 하나님께서 그가 금식하기를 원하신다고 판단하여 금식에 돌입하였다. 금식을 시작한지 엿새째 되는 날 그는 하나님으로부터 이제부터 자신이 귀신을 쫓아내게 될 것이라고 말씀하시는 것을 들었다. 그날로 부터 그에게는 귀신을 분별하는 능력과 축사 능력이 나타났다. 그리고 그의 축사 능력은 급속도로 증가하였다.

물위를 걷는 믿음으로 살다

1908년이 되자 존 지 레이크는 아프리카로 가기 위한 경비를 놓고 하나님께 기도하기 시작하였다. 그리고 톰 헤즈말할은 존 지 레이크와 같이 아프리카로 가기로 결정하였다. 그곳에 가기 위해 필요한 경비를 계산해보니 배 삯이 2000불 가량 들었다. 어느 날 이 두 사람이 필요한 경비를 놓고 하나님께 기도하고 있는데 톰 헤즈말할이 존 지 레이크의 어깨를 치며, "돈 걱정하지마, 나흘 후에 하나님께서 2000불을 주시겠다고 방금 나에게 말씀해 주셨어"라고 말하는 것이었다.

그로부터 정확히 나흘 후 한 통의 편지가 톰 헤즈말할에게 전달되었다. 그가 봉투를 열어보니 거기에는 정확히 2000불이 들어있었다. 그러자 톰이 죤 지 레이크에게 "여기 하나님의 응답이 있어. 예수님이 보내주신 것이지. 우리는 이제 아프리카에 갈 수 있어!"라며 기뻐하였다.

죤 지 레이크가 믿음으로 말한데로 이 둘은 같은 팀에 소속이 되어 1908년 4월 아프리카로 떠났다. 이 팀에는 죤 지 레이크, 제니 스티븐스, 그들의 일곱 자녀들, 톰 헤즈말할과 그의 세 친구들이었다. 톰 헤즈말할의 친구들은 아프리카에서 오년 동안 산 적이 있었던 사람들로 아프리카 언어인 줄루말을 할 수 있었기에 이들은 아프리카에서 통역으로 수고할 예정이었다. 그들은 배표를 샀고 그 외에는 전혀 돈이 없었다. 이제 아프리카 항구에 도착하였지만 한때 백만장자였었던 죤 지 레이크의 주머니에는 일불 오십 센트밖엔 없었다.

그러나 죤 지 레이크는 하나님에게 순종하여 남아프리카로 왔다. 그는 하나님께서 부르셨으면 하나님께서 의식주를 책임져 주신다고 굳게 믿고 있었다. 이제 아프리카의 항구에 도착한 그는 다시 하나님의 기적적인 공급을 다음과 같이 경험하였다. 남아프리카의 이민법은 가족당 125불이 있어야 상륙을 허가하였다. 이제 상륙할 차례가 되었는데도 죤 지 레이크 가족에게는 돈이 없었다. 제니 스티븐스가 죤 지 레이크에게 물었다, "우린 이제 어떻게 되나요?" 이 말에 대해 죤 지 레이크는, **"일단 하선하는 줄에 합류해 봅시다. 우리는 지금껏 하나님의 명령에 순종해왔습니다. 이제는 하나님께서 역사하실 차례입니다"** 라고 아내에게 말하였다.

그들이 하선절차를 밟기 위해 줄을 섰다. 그들은 하나님의 기적을 기대하였다. 그때 전혀 안면이 없는 승객중 한사람이 존 지 레이크에 다가와 그에게 몇 가지 질문을 던지더니 그에게 200불을 건네주면서 이렇게 말하였다. "나는 아무래도 당신의 사역을 도와주어야 할 것 같다는 생각에서 벗어날 수가 없었습니다. 만일 당신이 하나님께서 하라고 명하신 일을 하신다고 하면 도전적 믿음을 가지시고 순종의 발걸음들을 담대해 내딛으십시오. 그러면 그분께서 당신이 필요한 것을 채워 주실 것입니다."

집을 떠나 집으로

그들이 요하네스버그 항구에 내리자 그들은 갈곳이 없었다. 그래서 그 항구에서 하나님께 거처할 곳을 달라고 열심히 기도하기 시작하였다. 그들은 그 어떤 교회의 보조도 받지 않고 그 어떤 교단의 지원도 받지 않고 이곳까지 왔다. 그리고 아프리카에 있는 그 어떤 사람에게도 연락을 취하지 않고 왔기 때문에 아무도 그들을 영접해 줄 사람이 그곳엔 없었다. 그들이 가진 것이라고는 하나님에 대한 믿음 뿐이었다.

그들이 요하네스버그에 도착하자 항구 근처에서 어떤 키 작은 여자가 그들을 쳐다보고 있었다. 그 여자는 미국인이었다. 그 여자는 톰 헤즈말할에게 달려오더니, "당신은 혹시 미국 선교사로 온 팀의 일원이 아닙니까?"라고 물었다. 톰 헤즈말할은 그녀에게 "그렇습니다."라고 대답하였다. 그 여자는 "팀이 전부 몇 명입니까?"라고 물었다. 톰 헤즈말할은, "네 명입니다"라고 대답하였다. 그러자 그 여자는 "아닙니다. 그렇다면 당신은 그 가족의 일원이 아니군요."라고 말하면서, "그렇다면 다른 가족이 또 있습니까?"라고 물었다.

그러자 톰 헤즈말할은 이 여자를 존 지 레이크에게 안내하였다. "당신의 가족은 전부 몇 명입니까?"라고 그 여자가 존 지 레이크에게 묻자, 존 지 레이크는, **"나와 내 아내 그리고 일곱 자녀입니다"**라고 대답하였다. 그러자 그 여자는 갑자고 환희에 젖은 듯 기뻐하며, "할렐루야, 드디어 찾았군요"라며 소리쳤다. 그러면서 그 여자는 하나님께서 자신에게 존 지 레이크 가족이 타고 온 배로 가서 그 가족을 맞이하여 집에 들이라고 지시하였다는 것과 하나님께서는 그 가족의 구성원이 어른 둘 아이 일곱인 선교사 가족이라는 사실을 자신에게 알려 주셨다고 말하였다.

바로 그날 오후에 존 지 레이크 가족은 요하네스버그의 가구가 있는 한 집에 여장을 풀었다. 그들이 하나님께 기도한 데로 하나님께서는 응답하셨던 것이다. 이 여자의 이름은 씨 엘 구디너프(C. L. Goodenough)였는데 그녀는 존 지 레이크 가족들에게 그후에게 계속 신실하게 대해 주었다.

성령님의 태풍

존 지 레이크가 남아프리카에 도착한 후 며칠이 지나자 그에게 사역의 문이 열리기 시작하였다. 한 남아프리카의 목사가 자신이 교회를 비우는 몇 주간 동안 자신을 대신해서 교회의 설교를 존 지 레이크에게 부탁한 것이었다. 존 지 레이크는 이 제안을 지체없이 승낙하였다.

첫 주일에 오 백 명의 줄루족이 모였고 존 지 레이크는 그들에게 하나님의 말씀을 전했다. 그 결과 거대한 부흥이 일어나기 시작하였다. 존 지 레이크가 첫 설교를 시작한 지 수주 후, 수많은 군중들이 요하네스버그와 그 주위의 지역에서부터 존 지 레이크가 있는 곳으로 몰려들었다. 존 지 레이크의 설교와 사역을 통해 많은 사람들이 구원받고 치유받고 또한 성령 세례도 받았다.

이러한 놀라운 성공에 대해 존 지 레이크 자신도 깜짝 놀랐다. 그는 훗날 이러한 놀라운 일을 놓고 이렇게 말하였다.

"첫 시작부터 성령님의 태풍이 불어닥쳤습니다."

그의 집회는 이제 새벽 4시가 되어야 비로소 끝이 났다. 이 기적 집회의 특징은 기도에 대한 하나님의 즉각적인 응답이었다. 존 지 레이크가 믿음의 치유 기도를 하면 아픈 사람이 그 넓은 아프리카 대륙의 다른 곳에서 사는 사람일지라도 치유되는 기적이 일어났다. 존 지 레이크의 집회에 병자들이 낫는다는 소식이 퍼지자 많은 사람들이 그에게 기도 받기 위하여 멀리서부터 요하네스버그로 몰려들었다. 집회가 끝나도 사람들은 가지 않고 존 지 레이크의 집에까지 찾아와 하나님과 기적에 대한 질문을 그에게 하였다. 아프리카 평야에 새벽이 찾아와도 이들은 성경을 낀 채 계속해서 어젯밤에 일어났던 하나님의 능력에 대해 증거하며 돌아다녔다.

치유의 기적도 대대적으로 일어났다. 부상당한 자, 속병 있는 자, 병약한 자들이 기도 받기 위해 긴 줄을 서서 기다렸고 기도 받은 후 이들은 "하나님께서 나를 고치셨습니다!"라고 기뻐 외쳤다. 집회 장소 안에서는 박수 소리와 사람들의 외치는 소리가 끊이지 않았고 하나님의 기적을 간증하는 소리가 그

부상당한 자, 속병 있는 자, 병약한 자들이 기도 받기 위해 긴 줄을 서서 기다렸고 기도 받은 후 이들은 "하나님께서 나를 고치셨습니다!"라고 기뻐 외쳤다.

칠 줄을 몰랐다.

죤 지 레이크와 제니 스티븐스는 한 팀

사람들은 자주 죤 지 레이크의 집으로 몰려왔다. 사람들이 너무 많이 몰려와서 죤 지 레이크는 저녁 식사할 겨를도 없는 경우가 많았다. 때로 그의 아내 제니 스티븐스는 문밖에 몰려든 사람들 안으로 인도하여 죤 지 레이크의 기도를 받게 한 후 기도를 받은 사람들이 뒷문으로 빠져나가도록 하여 적은 공간 안에서 짧은 시간 내에 많은 사람들이 기도 받도록 조치하였다.

제니 스티븐스는 죤 지 레이크의 사역의 헌신적인 조력자였다. 죤 지 레이크는 자신의 아내 제니 스티븐스가 영 분별에서는 자신보다 뛰어났다고 믿었다. 그녀는 가끔 자신에게 임한 지식의 말씀의 은사를 사용하여 개인적인 죄나 그 어떤 다른 문제로 인하여 치유 기도 받아도 낫지 않는 사람들을 정확히 분별하여 내었다. 아내가 자신에게 임한 지식의 말씀의 은사를 적절히 사용한 결과, 죤 지 레이크는 그의 사역시간을 효율적으로 사용할 수 있었다.

죤 지 레이크의 치유법은 단순하였다. 먼저 죤 지 레이크의 사무실에 병자들이 들어와 그의 앞으로 지나갈 때 죤 지 레이크는 그들의 머리 위에 손을 얹었다. 그래서 그 자리에서 바로 치유받은 사람들은 집으로 돌려보냈다. 그러나 치유가 부분적으로 일어났거나 전혀 치유되지 않은 사람들은 다시 옆방에서 대기하게 하였다. 죤 지 레이크의 치유기도를 다 끝나면 그는 아내 제니 스티븐스와 함께 치유받지 못한 사람들이 대기하고 있는 옆방으로 갔다. 거기서 제니 스티븐스는 지식의 말씀을 사용하여 개인들의 죄를 끄집어 내었다. 그러면 거기에 있는 사람들이 자신의 죄를 하나님께 자백하고 회개하며 하나님께 용서를 비는 기도를 하였다. 그러면 죤 지 레이크가 그 사람들에게 다시 한번 치유기도를 해주었다. 그러면 대개의 경우 사람들이 치유 받았다. 그러나 그래도 죄를 고백하지 않는 사람들은 집으로 돌아가 계속 병자로 살아갈 수밖에 없었다.

그가 어떤 사람같이 보여?

죤 지 레이크는 생각한 바를 즉각 행동으로 옮기는 행동파 사람이었다. 그가 사람들에게 성령 충만한 병자들 중에서 치유 받고 싶은 사람들은 앞에 나오라고 말하면 사람들은 앞으로 즉각 몰려 나와 그 앞에 섰다. 만일 앞에 나온 사람들 중 한사람이 간질로 발작하며 쓰러지면 그는 즉각 단 아래로 내려와 그 사람 앞에 서서 예수의 이름으로 그 사람 속에 있는 귀신을 쫓이내었다. 그 사람 속에 있던 귀신이 쫓겨나가면 그는 다시 단 위로 즉각 올라갔다.

몇 년 동안 하나님의 능력이 죤 지 레이크에게 엄청나게 쏟아 부어졌다. 그가 가령 손을 흔들면서 단 위로 올라가면 사람들은 하나님의 능력을 받아 땅바닥에 우르르 쓰러졌다. 때론 사람들이 죤 지 레이크 앞 육 피트 이내로 접근하게 되면 그에게서 나오는 하나님의 강한 능력에 의해 사람들은 서있을 수가 없었다.

죤 지 레이크는 병자들에 대해 불쌍히 여기는 마음이 매우 강하였다. 그는 환자들의 요청이 있으면 절대로 이를 거절하지 않았다. 때론 거의 죽어 있는 사람들을 위해 기도해준 적도 많았다. 때로 사람들이 집회 장소와 그의 집에도 그를 찾을 수 없으면 멀리까지 가서라도 그를 찾아낸 후 그를 아픈 사람이 있는 곳까지 데리고 와서 기도를 부탁하기도 하였다. 그는 정말로 휴식 시간이 부족하였다. 그러나 그는 기도 받겠다고 찾아온 아픈 사람들을 피곤하다며 그냥 돌려보내는 일이 없었다.

그 시절 존 지 레이크의 사역팀은 항상 배가 고팠다. 존 지 레이크는 한번도 사람들에게 헌금하라고 말한 적이 없었다. 그의 배고픈 사정을 안 사람들이 때론 그의 집 앞에 빵이나 돈을 몰래 놔두고 가기도 하였다.

그의 아내 제니 스티븐스는 남편의 이러한 사역 스타일로 인하여 아프리카에서 참으로 많은 고생을 하였다. 가족에게 식사할 빵을 가게에서 사오는 것은 존 지 레이크가 주로 담당하였다. 그런데 그는 식품점에서 빵을 사서 집으로 돌아오다가 가난한 사람들 만나면 그 빵을 배고픈 사람들에게 주어버리곤 빈손으로 올 때가 많았다. 뿐만 아니라 시도 때도 없이 배고픈 친구들과 사람들을 집에 데리고 왔으므로 그의 아내는 식사의 량을 정확히 계산할 수 없어서 고생하였다. 그리고 정작 먹을 음식이 집에 없을 때도 많아 애를 많이 먹었다.

한 팀이 되어 일하다

존 지 레이크는 처음 설교한 교회에서 나와 홀을 빌려 집회를 열기 시작하였다. 그러나 그곳에도 사람들이 몰려와 더 넓은 장소로 옮겼다. 존 지 레이크와 헤즈말할은 팀을 이루어 설교를 일주일에 각각 대여섯 번씩 나누어 하였다. 그러나 누가 다음 설교를 담당하고 얼마나 오랫동안 설교를 할지는 아무도 몰랐다. 그 이유는 그 둘이 완전한 팀이 되어 성령님의 인도함만을 따랐기 때문이었다.

얼마 후 존 지 레이크는 요하네스버그에 사도 성막(Apostolic Tabernacle)이라는 단체를 만들었다. 그리고 이 단체를 만든 지 일년이 못되어 그는 무려 백 개의 교회를 개척하였다. 그러자 그는 아프리카 전역에 퍼져있는 그가 개척한 교회들을 감독하기 위하여 자주 집을 비우기 시작하였다.

안녕, 제니 스티븐스

1908년 12월 22일에 칼라하리 사막에서 사역을 하고 있던 존 지 레이크는 아내 제니 스티븐스가 죽었다는 소식을 전해 받았다. 놀란 그가 부리나케 집으로 돌아왔다. 그러나 그의 방에는 이미 열 두시간 전에 하늘나라에 간 제니 스티븐스의 시체가 차갑게 누워있을 뿐이었다.

> 그녀는 체력을 이기지 못하고 과로와 영양 실조로 죽은 것이다. 그러나 남편 존 지 레이크는 사역에 너무 열중하다보니 자기 아내에게는 신경을 전혀 쓰지 못하였던 것이다.

그녀의 사인은 영양실조와 과로였다. 존 지 레이크가 사역을 하기 위해 집을 비운사이 많은 병자들이 존 지 레이크의 기도를 받기 위해 그의 집 문 밖에서 그가 돌아오기를 기다리곤 하였었다. 그러면 제니 스티븐스는 밖에 있는 병약한 이들에게 얼마 남지 않는 곡식으로 죽을 써서 밖에서 굶으며 기다리고 있는 병자들을 대접하곤 하였다. 그러한 일이 반복되나 보니 그녀는 체력을 이기지 못하고 과로와 영양실조로 죽은 것이다. 그러나 남편 존 지 레이크는 사역에 너무 열중하다보니 자기 아내에게는 신경을 전혀 쓰지 못하였던 것이다.

사역을 하다보면 끝이 없다. 그리고 한 사람이 모든 인류의 필요를 채워줄 수는 없다. 그리고 사역자 가족들의 의식주를 비롯한 신체적 요구는 반드시 채워져야 한다. 사역자가 하나님의 인류 사랑을 이야기하면서 자신들의 가족을 돌보지 않아 가족이 굶거나 병들어 죽게 한다는 것은 말도 안 된다. 사역자는 사역보다 자신과 자신의 가족을 돌보는 것을 더 중요하게 생각해야 한다. 그렇지 않으면 가족이나 자신이 질병, 과로 또는 영양 실조로 먼저 죽게 된다. 그러면 사역을 더 이상 할 수 없게 된다. 하나님은 우리가 우리 자신과 가족을 먼저 잘 돌보아 오랫동안 건강한 사역을 하시기를 원하신다.

그는 뜻밖에 당한 일에 넋을 잃었다. 그는 마침 밤에 도착하여 경황이 없었고 그 슬픔과 고통을 누를 길이 없었다. 그는 가족 특히 아내를 잘 돌보지 못한 것을 후회하였으나 이미 막차는 떠나고 난 뒤였다. 그는 수년간이나 아내를 잃는 슬픔에 잠겨 있었다.

그는 아내가 죽은 그 이듬해인 1909년에 미국으로 다시 돌아가 새로운 사역팀이 될 사람들과 재정 후원자들을 찾아다녔다. 그러던 중 그는 초자연적인 방법으로 그의 재정적 필요가 채워지는 체험을 하게 되었다. 바로 한 사람이 혼자서 그에게 삼천 불을 헌금하였던 것이다. 이 돈은 그와 그의 팀들이 다시 아프리카로 돌아갈 충분한 돈이었다.

전염병

그와 그의 팀이 1910년 남아프리카에 다시 왔을 때 그 나라에는 전염병이 한창 퍼지고 있었고 그 나라의 인구의 사분지 일이 이미 전염병에 걸려 사망한 뒤였다. 남아프리카 공화국 정부에서는 너무 상황이 급박하게 돌아가자 병자와 사망자들을 위하여 일하고 병자들을 간호하는 사람에게는 천불을 주겠다고 공포하였다. 그러나 존 지 레이크와 그의 팀들은 전혀 보수를 받지 않고 죽음을 무릎 쓰고 집집마다 들어가 죽은 사람을 끌어내어 파묻는 일을 하였다. 전염병이 창궐한 가운에 병자들의 시체를 만지는 사람들은 병에 감염되어 많이 죽었다. 그러나 존 지 레이크는 그들의 시체를 만져도 끄떡없었다.

이에 깜짝 놀란 한 의사가 존 지 레이크에게, "당신에게는 전염병에 걸리지 않는 특별한 비법이 있음이 분명합니다. 그 비법이 무엇입니까? 우리에게 가르쳐 주십시오"라고 물어보았다. 그러자 존 지 레이크는 다음과 같이 대답하였다.

"형제님, 예수 그리스도 안에 있는 생명의 성령의 법이 바로 비법입니다. 내가 하나님의 영과 접하고 있는 한, 그래서 그 영이 내 영혼과 몸 속에 흐르고 있는 한, 그 어떤 병원균도 나를 죽일 수 없습니다. 병원균이 나를 침범하기 전에 성령님께서 그 병원균을 먼저 죽이기 때문입니다."

존 지 레이크는 자기에게 질문을 한 의사에게 죽은 사람의 허파에서 나온 거품을 현미경으로 조사해 본 후 만일 그 거품에 병원균이 득실거리면 그 거품을 자기 손에 발라 보라고 하였다. 많은 사람들이 지켜보고 있는 가운데 그 의사는 한 죽은 환자의 거품을 현미경으로 조사하여 보았다. 그랬더니 그 안에는 병원균이 득실거렸다. 그래서 그 의사는 그 거품을 존 지 레이크에 손에 발랐다. 그러자 존 지 레이크는 이 병원균이 방금 내 손에서 죽었으니 다시 조사해 보라고 하였다. 그래서 그 의사는 존 지 레이크의 손에 있는 거품을 다시 조사해 보았다. 놀랍게도 그 병원균은 죽어 있었다. 존 지 레이크의 말대로 존 지 레이크의 몸에 흐르는 성령님께서 그 병원균을 순식간에 죽여버린 것이다. 그곳에 몰려있던 사람들은 참으로 놀랐다. 이에 존 지 레이크는 하나님께 영광을 돌리면서 사람들에게 이렇게 말하였다.

"이번에는 이 살아있는 병원균을 내 손에 대는 순간 내 손에 직접 현미경을 대고 조사해 보십시오. 그러면 당신들은 병원균이 내 손에 닿는 순간 병원균이 죽는 현장을 목격할 수 있을 것입니다."

존 지 레이크에게 임한 하나님의 능력이 손을 통해 환자들에게 닿자마자 환자들이 치유 받았다. 하나님의 번개불이 존 지 레이크를 통해 환자에게 번쩍거렸기 때문에 이로 인하여 전염병에 걸려 죽어 가던 많은 환자들이 다시 살아났다.

한번은 폴랜드의 여왕이 존 지 레이크에게 사람을 보내 자신의 임신이 유산되지 않도록 기도해 달라는 요청을 하였다. 이에 존 지 레이크는 그 전령에게 아이는 안전하게 태어날 것이라는 전갈을 보내었다. 그로부터 일년 후 이 여왕은 여섯 번의 유산 끝에 처음으로 아이를 순산하였다. 이 아이는 나중에 폴랜드 나라의 쥴리아나(Juliana) 여왕이 되었다.

성령님의 사역

1910년 12월이 되자 그의 오랜 동역자이며 친구였던 톰 헤즈말할이 존 지 레이크와 헤어졌다. 존 지 레이크는 최근에 아내를 잃고 힘들어 했었기 때문에 톰과의 헤어짐은 그에게 너무 힘든 헤어짐이었다. 그러나 그 어려움 속에서도 존 지 레이크는 미국에서부터 답지한 수많은 격려의 편지들과 후원자들의 후원에 힘입어 다시 정신을 차렸다. 많은 격려의 편지에는 그들의 죤 지 레이크와 그의 사역에 대한 큰 신뢰가 담겨져 있었다.

1910년부터 1912년까지 죤 지 레이크는 대부분의 시간을 아픈 사람들을 위해 기도하는 데에 보냈다. 그리고 또한 그 기간동안 그는 그 바쁜 와중에서도 두 개의 큰 교회에서 목회를 시작하였다. 그가 시작한 교회 중 하나는 사도 믿음 운동과 연관된 사도 장막 교회였지만 사도 믿음 교회와는 아무 관련이 없는 교회였다. 다른 하나의 교회는 시온 그리스도인 교회였다.

죤 지 레이크와 그의 교인들은 정기적으로 뉴스레터를 발간하여 전세계의 수천 명의 사람들에게 발송하였다. 뉴스레터를 발송하기 전에 교회의 멤버들이 봉투 하나 하나에 손을 얹고 안수하여 보냈다. 그들은 이렇게 함으로 치유의 영이 봉투와 함께 보내져 봉투를 받은 병자들이 치유된다고 믿었다. 이렇게 해서 편지를 전세계에 보낸 후에, 수백 통의 편지가 답지하였는데 그 내용은 그들이 편지 봉투를 뜯는 순간 하나님의 영이 그들에게 덮쳤다는 소식이었다. 사도 바울의 손수건 기적과 같은 동일한 기적이 일어난 것이었다. 한 여인은 봉투를 손에 든 순간 너무 몸이 심하게 흔들려 의자에 계속해서 앉아있을 수 없을 정도였고 그후 곧 성령 세례를 받아 방언으로 말하기 시작하였다고 편지하였다. 이에 대해 죤 지 레이크는 다음과 같이 말하였다.

뉴스레터를 발송하기 전에 교회의 멤버들이 봉투 하나 하나에 손을 얹고 안수하여 보냈다. 이렇게 함으로 치유의 영이 봉투와 함께 보내져 봉투를 받은 병자들이 치유된다고 믿었다.

"기독교의 사역은 바로 성령 사역입니다."

존 지 레이크는 자신의 교회의 교인들도 자신이 가진 치유의 능력을 받도록 하는 데에 많은 신경을 썼다. 그리고 그의 교인들은 존 지 레이크가 부어준 치유의 영을 가지고 일심으로 기도하곤 하였다. 그러자 그들의 기도를 통하여서도 놀라운 치유 기적들이 일어났다. 한 번은 교인들이 교회로부터 수천 마일 떨어진 곳에 있는 웨일즈의 정신병자 수용소에 있는 교인의 사촌을 위해 합심으로 기도하고 있었다. 그때 한줄기의 빛 기둥이 치유를 위해 중보기도하고 있는 사람들로부터 존 지 레이크에게 들어가는 것을 존 지 레이크가 느꼈다. 그러자 갑자기 존 지 레이크의 몸이 빛의 속도로 날아가더니 존 지 레이크의 몸이 생전 처음 보는 곳에 안착하였다. 존 지 레이크가 정신을 차려 보니 그곳에는 자신이 담임하고 있는 교회 교인의 사촌이 손목을 침대에 묶인 채 머리를 벽에다 찧고 있었다. 이에 존 지 레이크가 그녀에게 손을 얹고 기도하여 귀신을 쫓아내었다. 그러자 갑자기 그는 다시 요하네스버그의 자신이 기도하던 장소에 다시 와 있었다. 이런 일이 있고 나서 삼 주 후 이 정신병 수용소에 있던 여자가 축사되었다는 소식이 존 지 레이크에게 전달되었다. 그 후 이 여자는 온전해져 의사의 확증을 받은 후 그 수용소에서 금방 나오게 되었다.

고향으로 돌아오다

1912년이 되자 존 지 레이크는 아프리카에서의 사역을 접고 마침내 미국으로 돌아왔다. 그의 아프리카에서 오 년간 사역을 통해 1250명의 설교가가 배출되었고 625개의 교회가 탄생하였으며 무려 십만 명이 예수 그리스도를 영접하였다. 그리고 그의 손을 통해 병을 나은 사람들의 숫자는 헤아릴 길이 없다.

미국에 돌아온 존 지 레이크는 일년동안 푹 쉬면서 간간이 여행을 하였다. 그 다음해인 1913년에 그는 위스콘신 주의 밀워키 출신인 플로랜스 스위쳐(Florence Swizer)라는 여자를 새 아내로 맞아들였다. 이후 이 둘 사이에 다섯 명의 자녀들이 태어났다. 그의 새 아내 플로랜스 스위쳐는 매우 훌륭한 속기사로서 존 지 레이크의 설교를 받아 적어 정리하였다.

1914년 여름, 존 지 레이크는 시카코에서 사역하였다. 그는 이 때 그의 오랜 재정 후원자요 철도사업가였던 짐 힐(Jim Hill)을 다시 만나 교제를 쌓아나갔다. 짐 힐은 존 지 레이크를 만나 매우 기뻐하며 그에게 미국 철도 무임 승차 증명서를 주었다. 그래서 존 지 레이크는 철도로 무료 여행을 하며 사역을 할 수 있게 되었다.

스포케인에 있는 치유의 집

친구의 도움으로 무료로 기차를 탈수 있게 된 존 지 레이크는 철도를 이용하여 전국을 다니기 시작하였다. 존 지 레이크는 먼저 워싱톤 주의 스포케인에 도착하여 오래된 건물에 사무실을 얻었다. 그리고 그 집을 "치유의 집"이라고 이름하였다. 이후 이 치유의 집을 통하여 약 십만 명의 사람들이 치유를 받았다.

스포케인 지방신문은 치유의 집에서 일어난 치유를 계속적으로 기사화하였다. 이곳 치유의 집을 통해 일어난 치유의 예들은 너무 굉장한 것이 많아서 일부의 사람들은 이 치유의 진위성을 의심하기 시작하였다. 그래서 좋은 사업단(Better Business Bureau)에서 치유의

죤 지 레이크가 아내 그리고 다섯 자녀들과 함께 찍은 가족사진, 1907년

전국 순회 전도 치유 사역팀들과 함께

자신의 집회를 알리는 광고 차량 속에서

치유의 집 직원들과 함께 – 와싱톤 주, 스포케인, 1915–1920년

스포케인에 있는 치유의 집에서 치유 받은 소년

집 관계자들을 조사하겠다고 나서게 되었다.

이에 존 지 레이크는 이제까지 신문에 실렸던 18명의 치유의 집에서 치유받은 사람들을 불러 좋은 사업단 관계자들 앞에서 간증하게 하였다. 이뿐 아니라 스포케인 시에서 치유받은 사람들의 이름과 주소를 그들에게 주어 어느 때라도 치유받은 사람을 만나서 조사할 수 있도록 조치하였다. 여기다가, 존 지 레이크는 의사, 변호사, 판사, 교육자들로 구성된 조사단으로 하여금 치유의 집에서 치유 받은 적이 있는 사람들 백 명의 간증을 듣게 한 후 최종판결을 내리도록 주일 모임을 주선하였다.

그러나 조사단원들은 조사를 위한 주일모임 삼일 전에 존 지 레이크에게 이미 자기들은 치유에 대해 긍정적 결론을 내렸으므로 삼일 후에 있을 주일 조사 모임을 취소하여 달라는 요청을 함과 아울러 존 지 레이크가 자신들의 도시에서 하여준 귀한 치유 사역에 대해 감사한다는 말을 전달하였다. 또한 조사단 중에서 두 명은 존 지 레이크를 직접 방문하여 그에게, "우리가 그동안 접한 치유 사례는 당신의 치유 사역을 통하여 일어난 수많은 치유 사례 중 극히 일부분 밖에 되지 않습니다"라며 그를 극찬하였다.

조사단이 조사한 사람들 중 어떤 여인이 있었다. 이 여인은 자궁을 들어내었기 때문에 아기를 더 이상 가질 수 없는 여인이었다. 그런데 이 여인이 치유의 집에서 기도를 받은 후 아기를 가지게 된 놀라운 일이 있었다. 이 여인은 조사를 나온 사람들에게 자신의 아기를 보여주며 자신의 체험이 사실임을 증명하였다.

어느 여인은 무릎 뼈가 몸 안에 부서진 체로 조각 조각나 있었는데 존 지 레이크의 기도를 받고 나서 한 시간만에 흩어진 몸 안의 뼈들이 아무 고통 없이 다시 제자리로 모아져 붙여지는 기적이 일어났다. 또 다른 한 여인은 말기 암에서 고침을 받았다. 또 어떤 여인은 날 때부터 귀가 없었는데 기도를 받은 후 귀가 자라나서 생기는 창조적인 기적도 일어났다.

이 소년의 머리모양은 밑면이 넓은 삼각형 모양의 기형이었다. 의사는 이 소년이 열두 살이 되어야 비로소 수술할 수 있으며 그 수술도 위험스러운 수술이라고 말하였다.

치유의 집을 통해 일어난 많은 치유의 기적 가운데서도 특이할 만한 기적은 어느 어린 소년에게서 일어난 기적이었다. 이 소년의 머리모양은 밑면이 넓은 삼각형 모양의 기형이었다. 의사는 이 소년이 열두 살이 되어야 비로소 수술할 수 있으며 그 수술도 위험스러운 수술이라고 말하였다. 이 소년이 존 지 레이크의 기도를 받자 그의 머리뼈가 물렁물렁 해지더니 머리모양이 정상인처럼 되었다. 그리고 얼굴 마비로 말까지 할 수 없었던 이 소년은 말도 제대로 할 수 있게 되었다.

어떻게 이런 믿지 못할 일이 일어날 수 있을까? 존 지 레이크는 이러한 불가사의한 치유의 경우를 설명하기 위하여 그의 치유사역에 큰 영향을 미쳤던 마리아 우드워스-에터 자매의 경우를 예로 들며 다음과 같이 말하였다.

"사람들이 치유받는 이유에 대해서 말해보겠습니다. 마리아 우드워스-에터 자매에게서 보듯이 하늘 불의 거룩한 섬광이 한 치유 사역자에게 머물러 있는 동안에는 그 사람의 영과 그리스도의 영이 하나로 되기 때문에 사람들이 그 사역자를 통해 치유를 받는 것입니다. 마리아 우드워스-에터 자매가 하나님에게로 융합되어져 하나가 되었던 것입니다. 나는 마리아 우드워스-에터 자매가 질식하여 죽어 가는 사람을 기도하자 삼십초 안에 소생하는 것도

보았습니다. 하나님의 화염과 성령님의 불이 하늘 보좌에 계신 전능하신 그리스도와 십 초간만이라도 연결되면 기적은 일어납니다."

"오순절을 사모하라"

미국 정부의 연감에 의하면 1915년부터 1920년까지 미국에서 가장 건강한 도시는 바로 존 지 레이크의 치유의 집이 있는 스포케인이란 도시였다. 이런 결과가 나온 것은 물론 존 지 레이크의 치유사역의 결과였다. 이에 스포케인의 시장은 존 지 레이크의 노고를 치하하여 그를 위해 공공 축하 잔치까지 열어주었다.

그는 과거 훌륭한 사업가였던 기지를 발휘하여 치유의 집에서 기도 받은 모든 사람들의 명단을 날짜별로 기록하였다. 그의 치유 기록표를 살펴보면 치유의 집에서는 하루에 최고 이 백명까지 기도를 받았다. 물론 그들 대부분이 교회에 적을 두고 있는 사람들이 아니었다. 그는 또한 스포케인에 사도 교회(The Apostolic Church)라는 교회를 세웠는데 전세계에서 수천 명이 그 교회로 몰려들었다. 그 교회에서는 일주일 중 육일간 예배드렸고 주일에는 두 차례 예배를 드렸다.

1902년 오월에 그는 스포케인을 떠나 오래곤 주에 있는 포트랜드로 가서 사도의 능력을 가지고 그 도시에서 돌아다니며 얼마동안 치유 사역을 하였다. 그리고 그는 거기서 다른 사도 교회를 세우며 치유 사역을 계속하였다.

포트랜드에 있는 동안 존 지 레이크는 천사의 환상을 보았다. 환상 속에서 한 천사가 성경의 사도행전을 펴더니 손가락으로 오순절 성령님께서 강림한 구절을 가리켰다. 그런 후 천사는 성경의 다른 곳에서도 오순절과 같은 일들이 있었음을 보여주면서 다음과 같은 말을 죤 지 레이크에게 하였다.

> "이 오순절의 능력은 하나님께서 자신의 아들 예수님께 부어준 하나님의 마음이다. 너도 이것을 사모하라. 그리고 사람들로 하여금 이것을 받도록 기도하게 하고 또한 오순절에 대해 가르쳐라. 이것만이 인간의 필요를 채워줄 것이며 이것만이 흑암의 세력을 이길 것이다."

그날부터 죤 지 레이크는 더 힘차게 오순절에 관한 하나님의 말씀을 전하였다. 이후 십 일년간 그는 미 전역을 돌아다니며 가는 곳마다 오순절의 능력을 퍼뜨렸다.

실수

죤 지 레이크는 후반기에 그의 사역에서 나타나는 초자연적인 능력과 그의 인간으로서의 자연적 삶을 잘 조화하는 아름다운 삶을 살았다. 그러나 그가 그렇게 되기까지 그가 지불한 대가는 너무도 컸다. 그가 그의 가족들을 희생한 후에야 사역자는 사역과 안식을 조화하여야 행복하다는 귀한 진리를 배울 수 있었다.

이야기의 전말은 다음과 같다. 그는 첫 번 결혼생활 동안 사역에 바빠 집에 있는 시간이 많지 않았다. 그래서 그의 자녀들은 그의 보살핌을 충분히 받지 못하였다. 설사 그가 집에 있다고 하더라도 그는 대부분의 시간을 사역을 구상하고 말씀을 묵상하는데 많은 시간을 보내었다. 그러므로 자연 자녀들에게 신경을 거의 쓰지 못하였다. 아이들은 아버지의 사랑을 먹어야 행복한 삶을 사는데 이것이 없었던 것이다. 이 결과 자녀들은 부모들이 자신들을 돌보아주지 못하는 것에 대해 큰 아픔을 느꼈다. 이 자녀들은 심지어 자신의 어머니가 아프리카에서 영양실조로 죽는 것까지 자신들의 눈으로 직접 목격하였다. 이 결과 그의 모든 자녀들이 아버지에 대해 마음 문을 꽉 닫아버렸다. 그의 자녀들은 모두 열 다섯에서 열 여섯 살이 되자 집을 떠나 캐나다로 가버렸다. 성인이 된 그들은 아버지를 원망하면서 살았다. 그러나 그의 곁을 떠난 자녀들 중 두 명은 죽기 전에, "아버지가 내 옆에 와서 나를 위해 기도해 주었으면 좋겠습니다"라고 말하기도 하였다.

두 번째 결혼에서 낳은 자녀들은 자신들의 아버지 존 지 레이크에 대한 생각이 첫번 결혼에서 얻은 자녀들의 아버지에 대한 생각과는 전혀 달랐다. 그들은 아버지를 사랑이 많으시고 항상 웃으시는 자신들의 친구 같은 분으로 기억하고 있다.

존 지 레이크 자신도 자신이 자녀를 돌보지 못한 것에 대해서 크게 후회하였다. 그러기에 그는 사역으로 얻은 이익보다 잃은 손실이 더 많았다고 회고하였다. 그는 사역을 통해 그 많은 사람들을 치유하였지만 자신은 참 만족이 없었노라고 술회한 적이 있었다. 그는 자식과 가족을 잃게 한 것은 자신의 잘못된 사역관에 그 원인이 있었다며 가족들을 돌보지 못한 것에 대하여 몹시 후회하였다.

실패로 배운 신나는 삶

이제 존 지 레이크는 실패를 통하여 가정의 소중함을 배웠다. 그는 두 번째 부인 플로렌스에게서 난 아이들과 새 부인 플로렌스에게는 꽤나 신경을 썼다. 두 번째 결혼에서 낳은 자녀들은 자신들의 아버지 존 지 레이크에 대한 생각은 첫 번 결혼에서 얻은 자녀들의 아버지에 대한 생각과는 사뭇 달랐다. 그들은 아버지를 사랑이 많으시고 항상 웃으시는 자신들의 친구 같은 분으로 기억하고 있다.

이제야 비로소 존 지 레이크는 초자연적 능력이 나타나는 치유 사역자로서의 삶과 자연적인 삶 곧 한 가정의 아버지로서의 삶이 균형을 잡기 시작하였다. 그는 더 이상 하늘만 생각하고 땅을 떠나서 사는 사람이 아니었다. 이 말은 그는 더 이상 자신의 머리를 구름 위에 박고 사는 사람이 아니었다는 말이다. 존 지 레이크는 비로소 삶을 즐기기 시작하였다. 그의 집에는 더 이상 무거운 기운과 딱딱함이 없었다. 그는 이제 저녁 식사를 가족과 같이하며 저녁 식탁에서 대화의 즐거움을 만끽하기 시작하였다. 그의 신나는 웃음소리가 집안 전체를 울릴 때가 많아졌다. 그는 심포니 음악과 오페라 음악을 자주 들을 만큼의 여유도 갖게 되었다. 주일 저녁이면 그는 그가 좋아하는 라디오 프로그램도 들었다.

존 지 레이크는 이제 그의 숨어있던 유모감각이 십분 발휘되었다. 그는 신문의 빌 로져 칼럼을 자주 읽었다. 그리고 그는 그 자신을 훌륭한 코메디언이라고까지 생각하게 되었다. 그는 이제 모임에서 사람들이 즐거워하는 분위기를 조성하는데 일가견을 가지게 되었다.

하나님의 막대자석

존 지 레이크가 그 어떤 상황을 만나든지 그 상황을 타개해 나갈 수 있었던 것은 의에 관한 바른 신학을 가졌기 때문이었다. 다른 말로 하면 존 지 레이크의 치유 사역이 최고조에 달하였을 때 사람들은 존 지 레이크의 하나님 이해에 큰 관심을 보여 그에게 몰려들었던 것이다. 존 지 레이크의 하나님에 대한 이해란 어떤 것인가 잠시 살펴보자. 그는 그리스도인들이 자신을 벌레만도 못한 존재라고 생각하는데 크게 반대하였다. 그는 그리스도인들이 자신을 벌레만도 못한 존재라는 찬양을 부르며 훌쩍거리는 것은 예수님이 피로 이루신 인간 가치의 회복에 대한 모독이라고 생각하였다. 한번은 그의 딸이 돌아가신 아버지 존 지 레이크를 회고하는 자리에서 자신의 아버지는 자신을 하나님 앞에서 왕이요 제사장이라는 믿음을 갖고 계셨으며 믿는 바대로 행동하신 분이라고 말하였다. 존 지 레이크는 자신이 그런 사람이라고 믿었을 뿐 아니라 자기 주위의 사람들에게도 자신과 같은 그러한 생각을 갖고 살아갈 것을 당부하였다. 그는 그의 가족들에게 만나는 사람들을 하나님의 왕과 제사장으로 대접해 주라고 항상 가르쳤다.

존 지 레이크는 그가 살았던 시대에서 하나님의 초능력을 가장 잘 나타내었고 또한 하나님의 능력을 가장 잘 변호한 인물이었다. 그는 교육, 의학, 과학자들이 회의를 하여 기독교의 모순성과 나약성을 암시하는 듯한 결과를 발표하는 것에 대해서 강하게 반발하였다.

그는 또한 세상 사람들이 심령술과 차력 쪽에 관심을 기울이는 것에 대해 비판하였다. 그는 인도에서 어떤 사람을 땅에 삼일간 묻은 후 꺼내어 봤더니 살아있었던 경우와 또 다른 어떤 사람을 두 의자 사이에 걸치게 한 후 그 사람의 가슴을 망치로 때려도 끄떡없었던 경우를 예로 들며 이러한 심령술과 차력에 심취하는 세상 조류에 대해 이렇게 비판하였다.

"이것은 심리적 차원에서의 일일뿐입니다. 그러나 성령 하나님

은 이보다 더 높은 차원의 영역에서 활동하십니다. 하나님의 능력이 어떤 사람에게 단지 십분 만이라도 역사하신다면 심리적 차원에서 일어나는 일보다 수 천 배나 더 놀랍고도 큰 일이 일어납니다. 기독교는 백 프로 초자연적 종교입니다. 능력에 관한 모든 단어들이 기독교 안에 다 있습니다."

존 지 레이크는 그의 설교를 듣는 사람들 속에서 치유에 대한 믿음과 능력이 증진케 되는 일이 일어나도록 하는 데에도 탁월한 능력을 발휘한 사람이었다. 그의 설교를 들었던 수많은 목회자들과 사역자들의 사역에서도 그가 나타냈던 능력과 동일한 능력이 일어났다는 사실이 이러한 그의 능력을 단적으로 말해주고 있다.

이와 관련하여 그는 이렇게 서술하였다.

"만일 사역자에게 성령님이 없다면 그 사역자는 사역할 아무 것도 가진 것이 없습니다. 세상 사람들은 자신의 힘으로 일하지만 그리스도인들은 성령님의 힘으로 일해야 합니다. 이것에 대한 양보는 절대로 있을 수가 없습니다."

존 지 레이크는 그의 초자연적인 능력을 더 많은 사람들이 접목 받아 사역을 하도록 하기 위하여 온 힘을 기울였다. 이와 관련하여 그는 다음과 같이 예언하였다.

"나는 나의 영이 앞으로도 계속해서 사람들의 영혼에 부어져서 그들이 하나님의 소망을 더욱 많이 만지길 원합니다. 그렇게 되면 성령님이 능력으로 사람들에게 나타나실 뿐 아니라 부드러움과 사랑과 온유함으로도 나타나셔서 하나님의 빛이 사람들의 영혼을

전례 없이 많이 비춰주게 될 것입니다. 그럴 때 하나님의 빛이 사람들을 잡고 있는 흑암의 세력들을 물리치고 그 결과 사람들은 항상 승리의 삶을 살게 될 것입니다. 나는 그러한 때가 빨리 다가오길 간절히 원합니다."

> 기도가 끝나자 그는 시력을 정상으로 회복하여 평생을 건강한 눈으로 살았다.

전설과 같은 치유자

1924년이 되자 사람들은 존 지 레이크를 미국에서 치유사역 분야의 지도자적인 인물로 평가하였다. 그는 미국과 캐나다에 사십 여 개의 교회를 세워서 치유사역을 하였고 교인들은 그를 존 지 레이크 "박사"라고 불렀다.

그해 겨울 그의 사역을 통해 귀한 일이 일어났다. 바로 고든 린세이(Gordon Lindsay)가 포트랜드에서 존 지 레이크의 설교를 듣고 예수님을 영접한 것이다. 고든 린세이는 훗날 텍사스 달라스에 그리스도를 위한 열방 대학(Christ For the Nations)라는 신학교를 세웠다. 예수님을 영접한 고든 린세이는 이제 밤낮으로 존 지 레이크의 집회에 참석하였다. 그러던 중 한번은 고든 린세이가 식중독에 걸려서 죽게 되었을 때 존 지 레이크의 집에서 그의 기도를 받고 완전히 치유되는 체험을 하였다.

1931년에 61세가 된 존 지 레이크는 다시 스포케인으로 돌아왔다. 그는 그때 지쳐있었고 눈을 거의 실명하고 있었다. 그래서 그는 하나님과 이 문제를 놓고 담판을 벌이기로 하였다. 그는 하나님에게 수십만 명을 고친 내가 내 눈 하나 못 고치고 죽었다고 사람들이 놀리면 하나님 당신만 손해이므로 눈을 고쳐달라고 간청하였다. 기도가 끝나자 그는 시력을 정상으로 회복하여 평생을 건강한 눈으로 살았다.

하늘나라에 가다

1935년의 미국 노동절은 뜨겁고 습했던 일요일에 끼어 있었다. 이날 죤 지 레이크는 가족과 함께 주일학교 야외 예배를 참석하였다가 몸이 꽤 지친 상태에서 집으로 돌아왔다. 집으로 온 그는 바로 자리에 드러누웠다. 아내 플로랜스는 죤 지 레이크 보고 쉬고 있으라고 말해놓고 교회 저녁예배에 참석하러 교회에 갔다. 예배를 마친 플로랜스가 집에 돌아와 보니 죤 지 레이크가 심장마비에 걸려 의식불명인 것을 발견하였다. 그로부터 이주간 그는 무의식 상태에 있다가 1935년 9월 16일 하나님의 품으로 돌아갔다. 그때 그의 나이가 65세였다.

그의 장례식에는 수많은 사람들이 나아와 그의 입적을 찬양하였다. 그의 업적 발췌록에는 실린 그의 장례식 조사들 중 하나를 여기에 소개해 보자.

"죤 지 레이크 박사는 스포케인에 왔습니다. 그는 우리 안에 죄가 있음을 발견하였습니다. 그리고 그는 우리 안에 병이 있음도 발견하였습니다. 그는 우리 안에 가난의 영이 있음도 또한 발견하였습니다. 뿐만 아니라 그는 우리 안에 절망이 있음을 발견하였습니다. 그러나 그는 우리 안에 우리가 꿈도 꾸지 못하였던 하늘이 있음도 우리에게 가르쳐 주었습니다. 그리고 그는 승리가 저 높은 하늘에 있는 것이 아니라 이 세상 이곳에 있음을 가르쳐 주었습니다."

이 장을 마치면서 나는 여러분이 그리스도 안에 있는 의를 깨달아 의의 삶을 살기를 간절히 원한다. 의는 우리 삶의 모든 분야에 승리를 가져다 준다. 죤 지 레이크처럼 그리스도 안에 있는 의를 깨달은 자는 그리스도의 의가 자신의 의라는 사실과 이제는 자신이 하나님의 제사장이요 왕인 동시에 하나님의 아들이라는 사실을 깨닫게 된다. 모든 사람들이 이러한 그리스도 안에서의 자신의 존재와 가치를 깨달아 이 세상을 살아간다면 죤 지 레이크가 그리하였듯이 열방의 사람들이 우리를 통하여 하나님을 찬양하게 될 것이다. 그리고 모든 사단의 권세들이 우리의 권세 앞에 무릎을 꿇을 것이다.

모든 사람들이 이러한 그리스도 안에서의 자신의 존재와 가치를 깨달아 이 세상을 살아간다면 죤 지 레이크가 그리하였듯이 열방의 사람들이 우리를 통하여 하나님을 찬양하게될 것이다.

죤 지 레이크는 우리에게 그런 의의 삶을 살아가는 것이 얼마나 귀하고 즐거운 삶인지를 증명하여준 사람이었다. 그러므로 그리스도의 죽음을 헛되게 하는 삶을 사는 것을 이제는 중단하자. 성령님이 당신의 잃어버렸던 지위와 권위를 회복시켜 줄 것이다. 독자들이여, 이제는 우리가 하나님의 아들로서의 권세를 가지고 하나님을 위하여 열방을 변화시키는 삶을 살아가자.

참고도서

1. John G. Lake, *Adventures in God* (Tulsa, OK: Harrison House, 1981)
2. Wilford Reidt, *John G. Lake: A Man Without Compromise*

(Tulsa: Harison House, 1989)

3. Gordon Lindsay, ed., *John G. Lake: Apostle to Africa* (Dallas, TX: Christ for the Nations, Inc., Reprinted 1979)
4. Gordon Lindsay, ed., *Astounding Diary of John G. Lake* (Dallas, Tx: Christ for the Nations, 1987)
5. Gordon Lindsay, ed., *John G. Lake Sermons on Dominion Over Demons, Disease & Death* (Dallas, TX: Christ for the Nations, Inc., 1949, Reprinted 1988)
6. Kenneth Copeland Publications, *John G. Lake: His Life, His Sermons, His Boldness of Faith*, (Fort Worth, TX: Kenneth Copeland Publications, 1994)
7. Lindsay, *New John G. Lake Sermons* (Dallas, TX: Christ for the Nations, Inc., 1976)

CHAPTER SEVEN

Smith Wigglesworth

"Apostle of Faith"

믿음의 사도(Apostle of Faith)

- 스미스 위글스워스 -

"내 친구가, '그녀가 죽었어' 라고 나에게 말할 때 그는 공포에 질려 있었다. 나는 평생을 살아오면서 사람이 그렇게도 놀라는 모습을 본적이 한번도 없었다. '이 일을 어쩌나' 라며 친구는 허둥지둥 대기 시작하였다. 나는 사람들이 보면 미쳤다고 생각하기 십상인 행동을 하기 시작하였다. 나는 침대에 몸을 굽혀 죽은 그 여자 시체를 내 등에 올려놓고 벽 쪽으로 끌고 간 후 벽에다 죽은 여자 시체를 세워놓았다. 그리고 나는 그 시체에게 '예수의 이름으로 죽음을 꾸짖노라' 라고 외쳤다. 그러자 그녀의 몸이 머리서부터 발끝까지 떨리기 시작하였다. 그래서 나는 '예수의 이름으로 명하노니 너는 걸을지어다. 예수의 이름으로 명하노니 걸을지어다' 를 계속 외쳤다. 그러자 그녀는 걷기 시작하였다."

스미스 위글스워스의 놀라운 많은 기적들 중에서 죽은 자를 살리는 기적은 단지 그의 사역의 일부분일 뿐이었다. 이 위대한 믿음의 사도 스미스 위글스워스는 하나님의 강한 기름부음을 받은 사역자였다. 그렇기 때문에 그의 사역에서 기적이 일어나는 것은 당연한 것이었다. 한때 배관공이라는 직업을 가지고 생활을 꾸려나갔던 스미스는 "모험"이라는 단어에 새로운 의미를 부여하며 믿음의 사역자로서의 길을 경주하는 삶을 살았다. 그가 외친 일생 동안의 표어는 "믿기만 하라!"(only believe!)였다.

위글스워스의 삶에서 나타난 수많은 기사와 이적은 놀라운 묘기가 아니라 행동이 수반되었던 단순한 믿음의 결과였다.

위글스워스의 삶에서 나타난 수많은 기사와 이적은 놀라운 묘기가 아니라 행동이 수반되었던 단순한 믿음의 결과였다. 그의 단순 과감한 믿음에 대해 사람들은 단호한 믿음이라고 평하였다. 심지어 어떤 사람들은 그의 믿음을 거만하게까지도 보일 수 있는 믿음이라고까지 말하였다. 그는 치유의 기적을 행하였을 뿐 아니라 사람들을 가르치는 데에도 놀라운 기름부음을 받았던 사람이었다. 또한 그는 남을 불쌍히 여기는 하나님 아버지의 사랑의 마음을 소유하였던 사람이기도 하였다. 그 결과 그의 사역을 통하여 구원을 받는 사람들과 기적을 경험하는 사람들이 매일 끊이지를 않았다.

무 뽑는 소년

스미스 위글스워스는 1859년 6월 8일 영국 요크셔 지방 멘스톤이란 작은 마을에서 태어났다. 그의 아버지의 이름은 존 위글스워스(John Wigglesworth)요 어머니의 이름은 마르싸 위글스워스(Martha Wigglesworth)였다. 스미스 위글스워스가 태어날 당시 미국에서는 제 삼차 대각성 운동(Third Great Awakening)이 이년 째 진행되고 있었고 윌리엄 부스(William Booth)는 기존 교단들에 대해 심한 염증을 느껴 독자적으로 구세군이라는 새롭고 참신한 교단을 창설하였다. 그리고 웨일즈 지방의 교회들은 하나님의 부흥이 영국 땅에 다시 도래하게 해달라고 하나님께 중보기도들을 열심히 하고 있었다. 스미스의 부모들은 스미스 위글스워스가 태어났을 때 그가 앞으로 기독교의 위대한 지도자로서 부스와 같은 정도의 명성을 소유하게 될 아이인줄은 꿈에도 몰랐다. 그러나 스미스 위글스워스는 결국 훌륭한 하나님의 사람이 되어 수백 년간 영국 교회에서 자취를 감추었던 하나님의 불을 영국을 위시한 세계의 교회들에게 다시 되돌려 놓았다.

스미스 위글스워스가 태어났을 당시 그의 가족은 가난하였다. 그의 아버지는 아내와 딸 그리고 세 명의 아들들을 부양하기 위하여 하루 종일 일만하였다. 스미스 위글스워스도 여섯 살이 되자 무밭에서 무 뽑는 일을 시작하였다. 이 일은 어린 스미스 위글스워스에게는 힘이 부치는 일이었다. 그는 아침부터 저녁까지 무를 뽑아 그의 손은 짓무르고 부어 올랐다. 이 경험으로 인하여 스미스 위글스워스는 열심히 일하는 자만이 상급을 받을 수 있다는 일의 윤리를 어렸을 적에 이미 아버지로부터 전수 받았다.

일곱 살이 되자 스미스 위글스워스는 아버지를 따라 집 근처의 모직 공장에 다니기 시작하였고 이때부터 그의 집의 수입이 증가하여 살림이 조금씩 피기 시작하였다.

스미스 위글스워스의 아버지는 새들을 무척 좋아하여서 어느 때에는 집안에 열 여섯 마리의 노래하는 새들을 키운 적도 있었다. 아버지로부터 자연과 새를 사랑하는 영향을 받았던 스미스 위글스워스는 소년시절 종종 혼자 들에 나가 새 둥지를 찾아다녔고 때로는 노래하는 새들을 잡아 시장에 판돈으로 가족의 생계에 보탬을 주기도 하였다.

다른 아이들과는 달랐다

그의 부모는 기독교인이 아니었다. 그렇지만 스미스 위글스워스는 어렸을 적부터 하나님을 사모하였다. 그는 가정에서 정식 기도를 해 본적이 없었기만 마음으로는 항상 기도하였다. 그리고 스미스 위글스워스는 들에 나가 새둥지를 찾아다닐 때면 어디가면 새 둥지를 찾을 수 있는지 가르쳐 달라고 보이지 않는 하나님에게 묻곤 하였다. 그러면 그는 그순간 새둥지가 어디에 있는지 알아내곤 하였다.

그의 할머니는 하나님의 능력이 현재에도 역사한다는 사실을 믿는 웨슬레 교인이었다. 할머니는 자신의 손자인 스미스 위글스워스에게 같이 교회 예배에 참여하자고 권유하곤 하였다. 그래서 어린 소년이었던 스미스 위글스워스는 할머니의 손을 잡고 교회에도 가 보았다. 그리고 거기서 노인들이 손뼉치고 춤추는 모습도 지켜보았다. 스미스 위글스워스는 여덟 살 때에 교회 찬양단의 일원이 되었다. 하루는 그가 찬양단에 끼어 찬양을 시작하자 그에게 구원의 의미에 대한 깨달음이 왔다. 불과 여덟 살밖에 안된 스미스 위글스워스는 예수 그리스도의 죽음과 부활이 자신의 존재와 어떤 관련이 있는지를 정확히 알게되었다. 훗날 스미스 위글스워스는 구원에 대한 깨달음이 왔던 순간을 이렇게 술회하였다.

"그때 나는 하나님께서 인간을 너무도 사랑하셨기 때문에 구원의 조건을 단순하게 만드셨다는 사실을 깨달았습니다."

그는 그 후 한번도 자신의 구원에 대해 의심해본 적이 없었다.
이제 젊은 스미스 위글스워스는 영혼을 구원하는 사람이 되었다.

그는 구원을 받자 어머니에게 복음을 전하였고 그의 복음을 받아들인 어머니는 그리스도인이 되었다. 그의 아버지는 그의 가족들이 예수님을 믿기 시작하였다는 것을 알고 가족들을 따라 감독 교회(Episcopal church)에 출석하기 시작하였다. 그러나 스미스 위글스워스의 아버지는 구원받아서 교회에 다닌 것이 아니라 교구 목사와 함께 선술집에서 술잔을 들이키는 재미로 교회에 다녔다.

이제 스미스 위글스워스는 자신의 동생과 함께 교회 찬양단에 계속 서길 원했다. 그러나 그는 어린 나이 임에도 집안의 경제에 도움을 주기 위해 일을 해야 했기 때문에 그럴 시간이 없었다. 또한 가난으로 인해 교육받을 기회도 갖지 못하였다. 스미스 위글스워스가 하나님의 임재를 처음으로 체험한 것은 그가 열 살이 되던 해였다. 그가 다니던 교회의 감독이 하루는 예배 시간에 손을 흔들어 보이자 하나님의 강한 임재가 그를 둘러쌌고 그 임재는 그후 며칠간이나 그에게 남아있는 것을 그는 느낄 수가 있었다. 그 당시 그가 경험했던 것과 같은 식으로 하나님의 임재를 경험하였던 사람들은 거의 전무하였다. 이때의 이런 하나님의 임재 체험에 대해 훗날 그는 다음과 같이 말하였다.

"예배드리는 것을 끝내자 다른 소년 소녀들은 소란스럽게 떠들었습니다. 그러나 나는 그 어떤 무엇이 나를 그런 아이들과는 다른 존재로 만들었다는 것을 깨닫게 되었습니다."

당신에게는 뭔가 특별한 것이 있군요

스미스 위글스워스는 열 세살이 되자 가족을 따라 멘스톤을 떠나 브래드포드로 이사하였다. 거기서 그는 웨슬리안 감리 교회에 출석하여 교회 일에 깊이 관여하게 되었다. 하나님의 임재를 체험한 그의 삶에는 새로운 활기가 부어지기 시작하였고 성령 하나님에 대한 갈급함은 더욱 더 증대되기 시작하였다. 그는 글을 읽지는 못했지만 주머니에는 항상 성경책을 넣고 다녔다.

그후에 그는 설교 대회에 출전 자격이 주어지는 일곱 명의 소년들 중 한명으로 뽑히게 되었다. 그래서 그는 삼 주간 기도를 해가며 설교 연습을 한 후 설교 대회에 참석하였다. 그는 주어진 십오분의 시간에 온 힘을 다하여 설교하였다. 그러나 그는 무슨 말을 하였는지를 전혀 기억하지 못하였고 단지 사람들이 그의 설교가 끝난 후 열렬한 박수를 쳤다는 것만 기억하였다.

그는 구세군이 브래드포드에 도착하자 그들에게로 가서 그들로부터 기도와 금식의 능력에 대해 배우게 되었다.

이제 스미스 위글스워스는 만나는 사람들에게 복음을 전하기 시작하였다. 그러나 많은 사람들이 복음에 관심을 보이지 않았다. 그는 사람들이 왜 복음에 관심을 표명하지 못하는지 도무지 이해할 수가 없었다. 1875년이 되었을 때 스미스 위글스워스는 구세군이 자신이 살고 있는 동네인 브래드포드에 와서 복음 전도 사역을 시작한다는 말을 듣고 기뻐하였다. 드디어 이제 그는 그들과 함께 잃어버린 사람들을 구원하는 일을 같이 할 수 있게 된 것이었다. 그래서 그는 구세군이 브래드포드에 도착하자 그들에게로 가서 그들로부터 기도와 금식의 능력에 대해 배우게 되었다.

그 당시 구세군은 그 어떤 단체보다 그 지역에서 복음 전도의 열매를 가장 잘 맺고 있었다. 많은 경우 그들은 밤새 하나님 앞에서 무릎 꿇고 기도하곤 하였다. 초기 구세군 대원들에게는 영적 권세가 있어서 예배 때에 그 영적 권세가 나타났었다. 매주 한번씩 모이는 집회에서 한번 모일 때마다 백 여명 이상이 함께 모여 백 명 이상을 전도하기로 결의하곤 하였다. 그리고 그럴 때마다 브래드포드의 구세군들은 항상 수십 명의 사람들을 그리스도에게 인도하곤 하였다.

스미스 위글스워스가 17살이 되자 그에게 배관 기술을 가르쳐 주는 한 신실한 사람을 만나게 되었다. 그는 그 사람을 도와주는 동안 그 사람으로부터 배관일을 배웠다. 그때 그 사람은 물세례의 중요성에 대하여 스미스 위글스워스에게 가르쳐주었다.

물세례에 대해 알고 난 스미스 위글스워스는 말씀에 순종하고픈 마음이 간절한 마음이 생겨 기쁜 마음으로 물세례를 받았다. 이 시절에 그는 또한 예수의 재림에 관한 메시지를 듣고 이 세기가 끝나기 전에 예수님께서 재림하실 것이라고 굳게 믿게 되었다. 그래서 그는 더욱 더 사람들에게 전도하기로 다짐하였다.

스미스 위글스워스가 하나님께서는 자신의 모든 면을 도와주시는 분이라는 사실을 믿게되자 전문 사역자의 길을 가기로 결심하였다. 그래서 그는 1877년에 이에 필요한 돈을 마련하기 위해 어떤 배관공의 집을 방문하여 자신을 기술자로 써달라고 요청하였다. 그러나 그 배관공을 지금은 아무 기술자도 필요하지 않다고 대답하였다. 그러자 스미스 위글스워스는 그에게 시간을 빼앗아서 미안하다는 말을 남기고 그 배관공의 집을 나섰다. 그러자 그 배관공은 밖으로 나가는 스미스 위글스워스를 다시 불러 세워 "당신에게는 뭔가 특별한 것이 있군요"라며 그를 직공으로 쓰기로 결정하였다.

스미스 위글스워스는 일을 너무나도 능수 능란하게 처리하여서,

그를 고용한 배관공은 그를 더 큰 도시로 보내는 것이 스미스 위글스워스 개인에게 더 좋겠다고 판단하였다. 그래서 스미스 위글스워스는 더 나은 일거리를 찾아 리버풀로 갔다. 리버풀에 도착한 그는 그 도시에 있는 어린이들을 대상으로 하나님의 말씀을 전하고 가르치게 되었다. 수백 명의 아이들이 스미스 위글스워스가 전해주는 하나님 말씀을 듣기 위하여 그가 기거하는 항구의 부두 쪽에 있는 조그만 집 근처에 몰려들었다. 그곳의 어린 아이들은 가난하여 떨어진 옷을 입고 있었다. 스미스 위글스워스는 이들을 모두 돌보기 시작하였다. 그는 그때 많은 돈을 벌었지만 자신을 위해서는 결코 돈을 쓰지 않고 번 돈을 자신이 돌보는 아이들을 먹이고 입히는데 거의 다 투자하였다.

스미스 위글스워스는 어린이 사역 외에도 자신의 친구와 함께 병원들과 선박들을 방문하여 환자들과 선원들에게 그리스도를 전하기 시작하였다. 그리고 그는 주일이면 항상 금식하였다. 금식과 기도의 결과 그가 한번 집회를 인도할 때마다 적어도 오십 명은 예수 그리스도를 영접하였다. 그리고 그는 설교할 때 사람들 앞에 서면 사람들을 긍휼이 여기는 심령이 되어 자주 눈물을 흘리곤 하였다. 그는 찰스 스퍼전(Charles Spurgeon) 같은 말 잘하는 위대한 설교가가 되고 싶었다. 그러나 사람들이 그의 설교를 듣고 예수 그리스도 영접한 것은 그의 말솜씨 때문이 아니라 바로 그의 우는 모습을 보고서였다.

이 멍청한 사람들이 누구지?

스미스 위글스워스의 생애에 가장 큰 도움을 준 사람은 그의 아내 메리 제인 "폴리" 피더스톤(Mary Jane "Polly" Featherstone)이었다. 사람들은 그녀를 폴리라고 불렀다. 많은 위대한 부부 사역자들의 경우 한 쪽이 강하면 마찰을 최소화하기 위하여 다른 한쪽은 약한 경우가 대부분이다. 그러나 위글스워스 부부의 경우는 예외였다. 남편 스미스 위글스워스처럼 아내 폴리도 강하였다. 그녀는 결코 뒤에 쳐져있는 법이 없었고 남편도 아내의 이러한 점을 이해하고 인정해 주었다. 한번은 스미스 위글스워스가 아내에 대해, **"나는 소중한 나의 아내에게 빚진 자로 평생을 살아왔습니다. 오, 사랑스런 나의 아내여!"** 라고 평한 적이 있다.

폴리 피더스톤은 감리교를 믿는 좋은 가문출신의 여자였다. 한때 그녀의 조상이 술 도매상을 한 적도 있긴 있었다. 그렇지만 그녀의 아버지는 금주운동 지도원으로 일하였을 뿐 아니라 자신의 아버지로부터 동전 한푼 물려받지 않기로 서약하였던 믿음의 사람이었다. 폴리 피더스톤은 아버지의 이런 강한 성격과 거룩한 삶을 그대로 물려받은 여자였다. 그리고 그녀는 자신이 생각한 바대로 소신있게 발언하는 여자였다.

스미스 위글스워스의 가족 사진. 윗줄 왼쪽부터: 알리스, 셋, 해롤드
아랫줄 왼쪽부터: 어니스트, 스미스, 메리 제인 ("폴리"), 죠지

후에 폴리 피더스톤은 유복한 가정임에도 "명예와 부"를 찾아 브래드포드라는 도시로 갔다. 그 도시에 머무르던 어느 날 그녀는 어디선가 나팔소리와 사람들의 외치는 소리가 들려오는 것을 들었다. 폴리 피더스톤은 호기심에 소리가 나는 쪽으로 가보았다. 많은 사람들이 몰려있었고 거기에는 그 도시에 새로 들어온 구세군 사람들이 모여있었다. 그녀는 속으로, "이 멍청한 사람들이 누구지?"라고 생각하며 구세군 행진대를 쫓아갔다. 그러면서 그들을 쫓아가는 자신을 누가 혹시라도 볼까 조심하여 주위를 두리번 거리기도 하였다. 한참을 쫓아가자 그 구세군 행진대는 어떤 크고 허름한 건물로 들어갔다. 건물 앞에서 잠시 망설이던 폴리도 그들을 따라 그 건물로 들어간 후 건물 안에 있던 강당의 앞자리에 앉았다. 거기엔 이미 많은 사람들이 와서 앉아 있었다.

"할렐루야! 이제 됐다"

폴리는 거기서 그 당시 복음 전도자로 이름이 알려진 깁시 로드니 스미스(Gypsy Rodney Smith)의 여동생 깁시 틸리 스미스(Gypsy Tillie Smith)가 예수 그리스도의 피로 모든 인류가 구원함 받게됨에 대해 설교하는 것은 듣고 큰 감동을 받았다. 그 설교를 들은 폴리는 자신이 죄인임을 깨닫고 예수 그리스도를 영접하기 위하여 강단 앞으로 나가 무릎을 꿇었다. 그러나 그녀는 깁시 틸리가 기도해 주기까지는 그 어떤 기도 사역자의 기도도 거절하였다. 마침내 깁시 틸리가 와서 폴리에게 기도해 주었다. 그때 그

그때 그리스도의 온화한 빛이 폴리 피더스톤의 심령에 비추어졌다. 그러자 그녀는 펄쩍 뛰면서 손에 잡고있던 손 장갑을 공중으로 던졌다. 그리고는 "할렐루야! 이제 됐다" 라고 소리쳤다.

리스도의 온화한 빛이 폴리 피더스톤의 심령에 비추어졌다. 그러자 그녀는 펄쩍 뛰면서 손에 잡고있던 손 장갑을 공중으로 던졌다. 그리고는 "할렐루야! 이제 됐다"라고 소리쳤다. 그때 청중석에 앉아 있던 어떤 한 남자가 폴리의 이 모든 행동을 유심히 관찰하고 있었으니 그 남자의 이름은 다름 아닌 장차 폴리 피더스톤과 결혼하게될 스미스 위글스워스였다.

그녀가 예수님을 영접하는 행동을 쭉 지켜보고 있었던 스미스 위글스워스는 이 순간을 회고하며 **"마치 하나님의 감동하심이 처음부터 그녀를 덮친 것 같았습니다"**라고 말하였다. 그 다음날 폴리는 사람들 앞에서 간증을 하였다. 이때 스미스 위글스워스는 이미 폴리를 자기의 사람으로 점찍어 놓았다. 그후 폴리는 누구나 구세군의 사관이 되기 위하여 받아야 하는 일정기간의 훈련없이 구세군 설립자이면서 총감독인 부스에 의해 사관으로 직접 임명되는 영광을 안았다.

그후 그녀는 얼마동안 스코트랜드 구세군에서 복무한 후 스미스 위글스워스가 있는 브래드포드로 다시 돌아왔다. 그 당시 그녀의 계급은 사관이었던 반면 스미스 위글스워스의 구세군 내에서의 계급은 사병이었다. 그런데 그녀는 위글스워스와 사귀게 된 것이었다. 그러나 구세군은 계급이 서로 다른 사람끼리는 연애할 수 없다는 규정을 엄격히 시행하고 있었다. 그래서 그녀는 구세군에서 나오기로 결정하였다.

폴리 피더스톤은 결국 구세군을 떠났다. 구세군을 떠난 그녀는 파란 리본군(Blue Ribbon Army)에 들어갔지만 구세군과의 우정관계는 지속하였다. 이즈음 감리교 목사들이 그녀에게 복음 전도집회를 부탁하게 되고 그녀는 이 요청에 응하여 집회를 인도하였다. 그 결과 수백 명이 예수 그리스도를 영접하였다. 폴리가 인도한 집회에 하나님의 능력이 강하게 임했던 것이다.

"스미스 위글스워스, 당신은 나의 주인이 아닙니다."

그리고 폴리는 스물 두 살이 되자 스미스 위글스워스와 결혼하였다. 폴리보다 한 살 위였던 스미스 위글스워스는 결혼 후에도 계속 배관 사업에 종사하였다. 그렇지만 그는 아내 폴리가 복음 전도자로서의 사역을 계속하도록 이내에게 용기를 북돋아 주었다. 자신의 동네 브래드포드에 교회가 하나도 없는 것에 영적인 부담감을 느끼고 있었던 폴리와 스미스 위글스워스와 부부는 조그만 건물을 빌린 후 "브래드 포드 거리 교회"라는 간판을 달고 교회를 시작하였다.

그후 이들 부부는 삼십 년이라는 긴 세월 동안을 동거동락하면서 앨리스(Alice)라는 딸 한 명과 네 명의 아들 곧 셋(Seth), 헤롤드(Harold), 어니스트(Ernest)와 죠지(George)를 낳았다. 그러나 막내 아들 죠지는 1915년에 사망하였다. 스미스 위글스워스는 항상 자녀를 낳기 전에 태어나는 자녀가 하나님을 섬기는 자가 되게 해달라고 하나님께 간절히 기도하였다. 아내가 "브래드포드 거리 미션" 교회의 담임 목사로서 교회에서 설교를 하는 동안, 스미스 위글스워스는 교회 유아실에서 자녀들을 돌보았고 아내의 설교가 끝나면 아내 대신 단상에 올라가 불신자들이 예수 그리스도를 영접하도록 하는 일을 하였다. 그런 그는 **"아내는 그물을 치는 역할을 하고, 나는 그물에 걸린 물고기들을 육지로 끌어올리는 역할을 하는 것입니다"**라며, 자신의 사역도 아내의 사역만큼 중요하다고 사람들에게 자주 말하였다. 이때 그는 이런 일들을 하면서 하나님을 섬기는 자에게 역사하시는 하나님의 능력을 자주 경험하곤 하였다.

브래드포드의 1884년 겨울은 유난히도 추웠다. 그곳에 사는 사람들은 집안으로 들어오는 수도관이 얼어붙는 바람에 부지런히 배관공을 찾아 다녔다. 그래서 스미스 위글스워스는 겨울 내내 집집마다 돌아다니며 얼어붙은 수도관을 수리해 주느라고 바빴다. 그리고 그해 겨울에 입은 수도관 동파 피해를 복구하느라고 무려 이년동안 스미스 위글스워스는 배관공 일에만 매달렸다.

스미스 위글스워스는 비록 이 기간 동안 많은 돈을 벌긴 하였지만 그의 교회 출석 횟수는 날이 갈수록 줄어만 갔고 그에 따라 그의 주님을 향한 불타던 열정도 점점 식어갔다. 그러나 이에 반해 그의 아내 폴리의 하나님에 대한 열정과 기도의 불은 날이 갈수록 더 타올랐다. 하나님의 일에 열심을 갖고 일하는 아내가 옆에 있으면 남편 스미스 위글스워스의 방종은 더 잘 대비되어 나타났다. 그리고 스미스 위글스워스는 아내가 자신에 비해 너무도 하나님에 대해 열심인 것에 대해 때론 못마땅해 하였다.

> 폴리는 매우 안정감이 있는 여자였다. 물론 이러한 폴리의 자신 만만하고 명랑한 태도는 그녀의 자존감이 높았다는 것을 말해준다.

그러다가 아내 폴리가 교회 일을 마치고 늦게 집에 들어왔던 어느 날 스미스 위글스워스는 아내에게, "이 집의 주인은 나야. 나는 당신이 이렇게 늦게 집에 들어오는 것을 허락할 수 없어"라고 소리쳤다. 그러자 폴리는 "당신은 나의 주인이 아닙니다"라며 조용하고도 단호한 목소리로 남편 스미스 위글스워스에게 대답하였다. 이 말에 이성을 잃은 스미스 위글스워스는 폴리를 낚아채듯 뒷문으로 끌어낸 후 집 뒷문을 꽉 잠가버렸다. 그의 집에는 뒷문도 있고 앞문도 있었다. 그러나 그는 너무 흥분한 나머지 앞문 잠그는 것을 잊어버렸다. 폴리는 슬그머니 앞문 쪽으로 가서 집안으로 다시 들어오면서 큰 소리로 웃기 시작하였다. 처음에는 어리벙벙하던 스미스 위글스워스도 아내가 포복절도하며 계속 웃어대자 그도 따라 웃기 시작하였다. 한참을 웃던 스미스 위글스워스에게 어떤 생각이 번개처럼 뇌리를 스치고 지나갔다. 그러자 그는 이런 식으로는 계속 살 수 없다라고 판단하여 열흘간의 금식기도에 들어갔다. 그 열흘동안 그는 식음을 전폐하고 회개하며 하나님께 간절히 매달렸다. 열흘 후 그는 그의 신앙을 회복하고 원래의 믿음의 길로 다시 접어들기 시작하였다.

부부 사역의 해결법

"여자는 집안 분위기의 온도계다"라는 말은 진리다. 만일 당신의 아내가 기분이 나쁘면 온 집안 사람들의 태도가 부정적으로 되고, 반대로 아내가 기분 좋아하면 당신의 기분에 상관없이 모든 집안 분위기가 살아난다.

폴리는 매우 안정감이 있는 여자였다. 물론 이러한 폴리의 자신 만만하고 명랑한 태도는 그녀의 자존감이 높았다는 것을 말해준다. 그녀의 자존감은 자신이 그리스도 안에서 어떠한 존재인지를 너무도 잘 인식한 데에서 기인한 것이었다. 가령 그의 남편이 세상일을 하고 자신은 복음전도자로서 집회를 인도하여 수백 명이 자신의 집회를 통해 예수 그리스도를 영접하는 일이 일어나자, 사람들이 그녀의 남편이 세상일에 빠져있다고 스미스 위글스워스에 대한 험담을 자주 하였다. 그러나 그런 일이 있어도 그녀는 전혀 개의치 않았을 뿐 아니라, 그 일로 인해 남편에게 그 어떤 스트레스를 주지도 않았다.

일반적인 가정의 경우 남편이 신앙생활을 하다 실족하면 아내는 남편에 대해 실망하여 남편이 하나님께 다시 돌아오도록 별의별 인간적인 수단을 강구하고 그래도 안되면 남편을 협박하거나 위협하기도 한다. 그러나 한 인간이 돌이켜 회개하는 역사는 성령님의 역사이지 인간의 역사는 아니다. 하나님께서는 폴리가 남편 때문에 힘들어 할 때에 폴리에게 기쁨의 영을 부어주셨다. 이 결과 남편이 하나님께 다시 돌아왔다. 아내의 바른 태도가 결국 남편의 회개를 불러온 것이며 그 결과 이 두 사람은 세계를 뒤흔드는 부부 사역자가 되었다. 하나님께서 인간을 대하시는 사랑이란 방법으로 배우자를 대하면 최고의 커플로서 사역을 멋들어지게 할 수 있다. 하나님은 부부가 그렇게 하나가 되어 지내고 또한 같이 사역하기를 원하신다. 하나님은 배우자의 마음을 알아 그 마음을 돌이키시는 하나님이시다. 괜히 인간적인 방법을 쓰려다 마귀에게 속기 십상이다. 하나님과 올바른 관계를 지속하다보면 묶인 부부관계는 반드시 풀리기 마련이다. 하나님 앞에 바른 마음가짐을 갖고 다른 모든 것들을 하나님께 맡겨라. 때가 되면 하나님께서 해결해 주신다.

첫 번째 치유

1890년대 말에 스미스 위글스워스는 배관 장비를 위해 리즈 시에 자주 들렀었다. 한번은 그가 리즈에 갔을 때 그곳에 있는 어느 교회의 치유 집회에 참석한 적이 있었다. 그는 그 교회에서 일어나고 있는 치유의 기적을 현장에서 목격하고는 매우 큰 감동을 받았다. 그는 치유의 현장을 목격하자 억누르기 어려운 감동을 느꼈고 그의 심장의 박동은 빨리 뛰기 시작하였다. 그래서 그는 브래드포드에 급히 돌아와 병자를 찾아낸 후 자신이 그 병자의 여행비용을 다 대면서까지 그 병자를 리즈 시의 치유 집회에 데려가 고쳐줄 계획을 세웠다. 그러나 스미스 위글스워스는 자신의 이러한 계획을 아내 폴리에게는 한마디도 하지 않았다. 왜냐하면 안 그래도 자신에 대해 또한 아내의 사역에 대해 사람들 사이에 이러쿵 저러쿵 말들이 많은 판에 자기 마저 치유 사역에 빠진 것을 알면 사람들이 자신을 치유 광신자로 몰아 부칠 뿐 아니라, 그 결과 불똥이 아내에게까지 튈까봐 염려가 되었기 때문이었다. 그러나 결국 아내가 그의 계획을 알게 되었다. 그래서 스미스 위글스워스는 하는 수 없이 아내 폴리에게 자초지종을 다 설명하였다. 스미스 위글스워스의 설명을 끝까지 듣고 있던 그의 아내는 자신도 몸에 이상이 있었던 터라 남편 스미스 위글스워스와 함께 리즈의 치유 집회가 열리는 교회에 같이 가기로 결정하였다. 리즈의 치유 집회에 참석한 그의 아내 폴리는 그곳 교회의 치유 사역자에게 치유 기도를 받았다. 그녀가 치유 기도를 받는 순간 치유의 영이 폴리에게 즉시로 임해버려 그녀의 병이 순식간에 나아버렸다. 그러자 위글스워스 부부는 신유 사역에 점점 깊이 빠져들게 되었다.

이때의 치유 경험으로 인하여 브래드포드 거리 교회는 성장하게 되었고, 그 결과 교회를 더 넓은 건물로 옮기고 교회 이름은 "볼랜드 거리 교회"(Bowland Street Mission)라고 개명하였다. 그리고 교회 건물 외벽에 "나는 치유하는 여호와로라"라고 쓴 플랜카드를 만들어 붙였다.

반면 스미스 위글스워스는 1900년대 초에 생후 처음으로 치유 받는 경험을 하였다. 그는 어렸을 때부터 치질로 고생하고 있었는데 초청 강사 목사님의 기도를 받고 치질이 완전히 나았던 것이다. 그는 치질이 낫기 전까지 매일마다 고통스럽게 소금요법을 시행해 왔었다. 그러나 이제는 그 고통에서 헤어 나올 수 있게 된 것이었다. 그후 그는 평생 치질로 다시 고생하지 않았다.

스미스 위글스워스는 치질이 완치되는 경험을 하자 치유 사역에만 매어 달리게 되었다. 스미스 위글스워스는 그동안 브래드포드에서 아픈 사람을 리스 시의 치유 집회 장소에 데리고 와 치유를 받게 하고 다시 브래드포드에 데려다 놓았다. 그리고 이 모든 경비를 자신이 다 부담하는 바람에 그가 그동안 사업으로 번 돈을 거의 다 써버렸다. 이제 그는 사람들 사이에서 병자와 가난한 자를 돕는 사람으로 알려지기 시작하였다. 그가 한 무리의 병자를 데리고 리즈 시의 치유 교회에 나타나면 그 교회의 치유 사역자는 그런 스미스 위글스워스를 보고 한바탕 웃곤 하였다. 그들이 웃은 이유는 그들이 생각하기에 스미스 위글스워스는 하나님의 치유는 리즈 시의 치유 교회에서만 일어난다고 생각하는 것 같았기 때문이었다.

반강제적으로 한 설교와 치유 사역

어느 날 리즈 시 치유 교회의 목사와 임원들이 모여 스미스 위글스워스가 자신의 교회에서 치유 사역과 설교를 하도록 하자고 결정하였다. 이제 곧 케직 대회(Keswick Convention)가 개최되면 그 교회 목사와 임원들은 그 대회에 참석하여야 하였기에 교회를 비울 수밖에 없었다. 그래서 그들은 스미스 위글스워스에게 자신들이 교회를 비운 사이에 주일 예배의 모든 일정을 담당해 달라고 부탁하였다. 스미스 위글스워스는 처음엔 사양하다가 주일 설교만은 다른 사람에게 부탁할 양으로 그 제의를 수락하였다. 그러나 주일이 다가오는 데도 막상 아무도 설교를 하지 않겠다고 하였다. 그래서 그는 하는 수 없이 주일 설교를 하게 되었다. 주일날 그의 설교가 끝나자 아픈 사람 열 다섯 명이 스미스 위글스워스로부터 치유를 기도 받겠다고 강대상 앞으로 나왔다. 스미스 위글스워스는 할 수 없이 이들을 위해 기도해 주었다.

그 중 한사람은 목발을 집고 있었던 사람이었는데 스미스 위글스워스의 기도를 받자마자 그 즉시로 목발을 집어던지고 뛰기 시작하였다. 이런 기적에 가장 놀란 사람은 스미스 위글스워스 자신이었다.

이 날부터 스미스 위글스워스에게는 사역의 문이 열리기 시작하였다. 그는 이 기적이 일어난 지 얼마 안되어 자신의 교회가 있는 브래드포드에서 치유 집회를 연다고 사람들에게 발표하였다. 이제 스미스 위글스워스는 아내가 담임으로 있는 볼랜드 거리 교회에서 첫 치유 집회를 시작하였다. 그리고 집회 첫날 밤 열두 사람이 치유 받겠다고 앞으로 나왔는데 열두 명이 모두 치유를 받는 대단한 기적이 일어났다. 한 여인은 큰 종양이 있었는데 스미스 위글스워스의 기도를 받고 나서 종양이 없어져 버렸고 그 다음날 보니 종양이 있었던 자국만 남아 있었다.

하나님 저 입 좀 닫아주소서!

한번은 스미스 위글스워스에게 어려운 일이 닥쳤다. 그일은 다름 아닌 그의 친한 친구의 부인이 거의 죽게 된 일이었다. 그녀를 담당하였던 의사는 그녀에 대한 모든 희망을 포기한 상태였다. 그 친구도 자신의 아내가 소생할 것이라는 소망을 이미 접어두었다. 그러나 스미스 위글스워스의 마음에는 그녀를 불쌍히 여기는 마음이 솟아올랐다. 그래서 스미스 위글스워스는 브래드포드의 어느 작은 교회의 목사님에게 가서 죽어 가고 있는 친구 아내를 위해 기도를 해달라고 부탁하였다. 그러나 그 목사님은 스미스 위글스워스의 요청을 거절하였다. 그래서 스미스 위글스워스는 기도를 잘하기로 소문난 한 친구에게 가서 그 여자를 위해 기도하러 가자고 제안하였다. 이 친구와 스미스 위글스워스는 이제 임종을 맞이한 그 여자의 집으로 들어갔다.

스미스 위글스워스는 그의 친구에게 그녀의 방에 들어서자마자 기도를 시작하라고 부탁하였다. 그 친구는 스미스 위글스워스의 말대로 그녀의 방에 들어서자마자 기도를 시작하였다. 그러나 그 친구의 기도를 들어본 스미스 위글스워스는 실망하였다. 왜냐하면 그 친구는 그녀가 곧 죽게될 것을 기정사실로 하고 그녀가 죽은 다음 나머지 유족들에게 하나님의 자비를 베풀어 달라는 기도를 하였기 때문이었다. 이러한 기도에 마음이 상한 스미스 위글스워스는 온갖 슬픈 어조를 섞어가며 기도하는 친구의 기도를 중지시켰다. 그리고는 임종하고 있는 아내의 남편인 자신의 신실한 친구에게 기도해 보라고 하였다. 그런데 그 마저도 눈물을 흘리며 질질 짜는 소리로 이제는 희망이 없다는 듯이 기도하는 것이었다. 그러자 화가 치민 스미스 위글스워스는 그 친구에게도 기도를 중지하라고 소리를 냅다 질렀다. 그래도 듣지 않자 그는 그 친구에게 온 동네가 떠나갈 듯한 소리로, **"하나님 저 입 좀 닫아주소서"**라고 소리 질렀다. 그제야 그 친구가 하던 기도를 멈췄다.

말씀을 전하고 있는 스미스 위글스워스

그러자 이번엔 스미스 위글스워스가 주머니에서 기름병을 꺼내 그 속에 있는 기름 전부를 죽어가고 있는 그녀의 몸에 예수의 이름으로 발랐다. 그때 그녀의 침대 머리 쪽에 서 있던 스미스 위글스워스는 생전 처음으로 환상을 보았다. 이 환상에 대해 그는 나중에 이렇게 기록하였다.

> **"갑자기 예수님이 나타나셨습니다. 나는 그분을 응시하였습니다. 그분은 나에게 미소를 짓고 계셨습니다. 그 미소는 너무 아름다웠습니다. 나는 그 아름다운 환상을 영원히 잊어버릴 수가 없습니다."**

"갑자기 예수님이 나타나셨습니다. 나는 그분을 응시하였습니다. 그분은 나에게 미소를 짓고 계셨습니다. 그 미소는 너무 아름다웠습니다. 나는 그 아름다운 환상을 영원히 잊어버릴 수가 없습니다"

그런데 이게 웬 일인가? 예수님의 환상이 사라진 지 수분이 지나자 죽어가던 그 여자는 침대 위에 일어나 앉는 것이 아닌가? 그리고 그녀의 얼굴에는 죽음의 그림자가 사라지고 생기가 돌기 시작하였다. 그리고 그녀는 곧 침대에서 나와 걸어 다니기 시작하였다. 하나님께서 스미스 위글스워스를 통하여 그녀를 고쳐주셨던 것이다. 그녀는 그후 완전히 건강하게 되어 자녀들을 잘 키우면서 남편보다 더 오래 살았다고 한다.

"귀신아 나오라"

이제 하나님의 말씀이 스미스 위글스워스의 영혼을 파고들었다. 말씀에 갈급해지기 시작한 스미스 위글스워스는 집안에 성경을 제외한 다른 서적들을 다 치워버렸다. 그는 단지 성경만 읽을 작정이었던 것이다. 스미스 위글스워스는 자신에게 필요한 것은 오직 하나님의 말씀이라고 생각하게 되었던 것이다. 이 당시를 회상하며 그는 나중에 이렇게 말했다.

"내 아내는 내가 얼마나 일자 무식한 사람인지를 결국 알게 되었습니다. 그러나 그녀는 실망치 않고 나에게 읽는 법과 쓰는 법을 가르쳐 주었습니다. 나를 가르쳐 주느라고 그녀는 꽤 힘들어했지요. 그녀의 노력에도 불구하고 나는 항상 철자법이 틀리곤 하였답니다."

한번은 스미스 위글스워스에게 죽음의 위기가 닥쳐왔다. 그는 갑자기 참을 수 없는 고통으로 몸부림치기 시작하였다. 그러나 그는 아무리 아파도 약은 먹지 않기로 아내와 약속하였기에 아내에게 기도만 해달라고 부탁하였다. 그러나 아무리 아내가 그를 위해 기도해도 그의 고통은 점점 심해지기만 하였다.

이제 스미스 위글스워스는 점점 힘을 잃어갔다. 마지막으로 스미스 위글스워스는 아내에게, **"이제 나는 하나님께서 기다리시는 하늘 고향으로 가야할 시간이 된 것 같소. 이제 의사를 불러 의사의 입회 하에 내가 숨을 거두도록 조치를 취하시오"**라고 하였다. 이 말을 들은 스미스 위글스워스의 아내 폴리는 모든 희망을 포기한 채 울면서 의사를 불렀다.

의사가 스미스 위글스워스의 방에 들어왔다. 그 의사는 아직도 숨이 끊어지지 않은 스미스 위글스워스를 자세히 살펴보더니, 고개를 절래 절래 흔들며, "살 가망이 조금도 없습니다. 육 개월 전에부터 맹장염이 퍼지기 시작했답니다. 염증이 온 몸에 퍼져 여러 장기들이 다 망가졌습니다"라고 말하였다. 이때 한 노파와 젊은 청년이 스미스 위글스워스가 있는 방으로 들어왔다. 이 노파는 하나님께서 주시는 치유의 능력을 믿는 사람이었고 병은 귀신 때문이라고 믿는 사람이었다. 이 노파가 스미스 위글스워스를 위해 기도할 동안 노파와 같이 들어온 청년은 그의 침대 위로 올라와 아픈 그의 몸 위에 손을 얹고는,

"귀신아 예수의 이름으로 명하노니 그에게서 나올지어다"라고 계속해서 소리를 질렀다.

그런데 놀랍게도 그에게서 귀신이 나왔다. 귀신이 나오자 스미스 위글스워스의 극심한 고통이 사라졌다. 당사자인 스미스 위글스워스는 이 모든 것을 몸소 경험하고는 소스라치게 놀랐다. 귀신이 나오자 노파와 청년은 스미스 위글스워스를 위해 다시 기도하기 시작하였다. 그러자 그는 침대에서 일어나 앉았다. 그리곤 얼마 후 옷을 주섬 주섬 주워 입더니 천천히 아래층으로 걸어 내려갔다. 스미스 위글스워스는 아래층에 있던 그의 아내 폴리에게, **"나는 이제 다 나았어. 배관일 들어온 것 없어?"**라고 말하여 배관 수리 요청서를 손에 들고 일하러 밖으로 나가는 것이었다. 폴리는 이러한 하나님의 기적에 너무도 놀랐다. 이 일후 스미스 위글스워스는 다시는 맹장으로 고생하지 않았다.

"방언은 귀신의 역사야"

1907년이 되자 스미스 위글스워스의 삶에 또 다른 하나의 전환의 계기를 마련해 주는 사건이 일어났다. 스미스 위글스워스는 서더랜드에서 한 무리의 사람들이 성령 세례를 받고 방언을 받았다는 소문을 듣고 그 자신이 그 현상이 일어나는 현장을 직접 보기로 결정하였다.

그때까지만 해도 스미스 위글스워스는 아내와 함께 그 당시까지 만연했던 성화(sanctification)가 곧 성령 세례와 동일하다는 가르침을 그대로 받아들이고 있었다. 그렇기 때문에 스미스 위글스워스는 이미 자신이 성령 세례를 받았다고 믿고 있었다. 더군다나 그가 배관사업으로 큰 돈을 만지는 기간동안 하나님을 잠시 떠난 후 하나님께 다시 돌아와 십일간의 금식 기도한 적이 있었다. 그 십일 동안 그는 하나님 앞에 울며 회개하였었다. 그는 그 전에는 화를 내거나 우울증에 걸린 적이 있었지만 그 열흘간의 금식 기도 후에는 전혀 화내거나 우울증에 잡히거나 하지 않았다. 그렇기 때문에 그는 그 자신이 이미 성령 세례를 받았다고 생각하고 있던 터였다.

스미스 위글스워스는 서더랜드에 사는 친구들에게 방언에 대해 알고 싶다는 편지를 보냈다. 그러자 그의 친구들은 방언하는 것은 "귀신의 역사이므로 조심하라"는 답장을 보내었다. 그러나 그가 막상 서더랜드에 가서 친구들을 만나 이 문제를 놓고 같이 기도하자 친구들은 마음을 바꿔 스미스 위글스워스에게, "자네가 방언하는 집회에 참석하고 싶다면 그렇게 하게"라고 말하였다.

그러나 스미스 위글스워스는 서더랜드의 집회에 참석하고는 꽤 실망하였다. 그 집회는 알렉산더 버디(Alexander Boddy)라는 목사가 주최하는 집회였다. 그 집회에는 그 어떤 성령님의 나타남도 없었다. 이에 실망한 스미스 위글스워스는 집회 시간에 계속 **"나는 브래드포드에서 왔습니다. 나는 초대교회의 오순절 때에 사람들이 방언하였던 것처럼 방언을 하고 싶습니다. 우리 교회의 집회에는 하나님의 불이 있는데 왜 이 모임에는 하나님의 불이 없는지 모르겠습니다"**라며 집회 방해성 발언을 여러번 하였다. 그러자 사람들이 그를 교회 건물 밖으로 내쫓아 버렸다.

능력과 영광을 듬뿍 받다

교회에서 쫓겨난 스미스 위글스워스는 성령 세례를 받아 보겠다는 일념으로 그 근체에 있는 구세군 건물로 들어가 혼자 기도하기 시작하였다. 그는 거기서 기도하는 동안 하나님의 능력에 의해 바닥에 세

번 쓰러지는 경험을 하였다. 구세군 사람들은 그가 방언하길 간절히 원하고 있다는 사실을 알자 그에게 방언하는 것에 대해 좋지 않게 이야기 하였다. 그러나 스미스 위글스워스는 방언을 통해 하나님을 더 알길 간절히 원했었다. 그래서 그는 방언을 하게 해달라고 하나님께 사흘간 기도하였다. 그러나 아무 일도 일어나지 않았다. 이에 실망한 그는 자신의 동네인 브래드포드에 다시 돌아가기로 결정했다. 그래서 그는 목사관에 있는 그곳 교구 목사 버디(Boddy)의 부인에게 작별인사를 하기 위해 그 교구 목사의 부인을 만났다. 그는 그녀에게 아무리 노력해도 방언을 아직 받지 못했기 때문에 이제 자기는 집에 돌아가겠노라고 말하였다. 그러자 그녀는 방언보다도 성령 세례를 먼저 받아야 한다고 말하였다. 이에 스미스 위글스워스는 그녀에게 자신을 위해 자신의 머리 위에 손을 얹고 자신이 성령 세례를 받을 수 있도록 기도해달라고 하였다. 목사 부인은 스미스 위글스워스를 위해 간단하면서도 강력한 기도를 해주었다. 그런데 스미스 위글스워스가 기도를 받고 방문을 나가는 순간 하늘의 불을 받았다. 하나님의 능력과 영광을 담뿍 받은 그는 빈 십자가와 하나님 우편에 앉아 계신 주님의 환상을 보았다. 기쁨에 충만해진 스미스 위글스워스는 하나님을 경배하기 시작하였다. 그러자 그의 혀가 풀리며 방언이 나왔다. 이러한 경험으로 그는 비로소 자신이 과거에 예수님을 영접했지만 지금에서야 오순절에 임했던 성령님의 세례를 받은 사실을 깨닫게 되었다.

"나는 브래드포드에서 왔습니다. 나는 초대 교회의 오순절 때에 사람들이 방언하였던 것처럼 방언을 하고 싶습니다. 우리 교회의 집회에는 하나님의 불이 있는데 왜 이 모임에는 하나님의 불이 없는지 모르겠습니다."

이런 경험을 하자 흥분한 스미스 위글스워스는 집으로 가지 않고 바로 교구 목사 버디가 집회를 인도하고 있는 교회로 갔다. 거기서 그는 예배를 인도하고 있는 버디 목사에게 자신이 설교를 하게 해달라고 부탁하였다. 버디 목사는 이 요청을 수락하였다. 그러자 스미스 위글스워스는 단상으로 올라가 사람들에게 설교를 하기 시작하였다. 그런데 설교가 끝나자 바로 예배에 참석하였던 사람들 중 오십 명이 성령 세례를 받고 방언으로 말하기 시작하는 일이 일어났다. 그곳 지방 신문인 선더랜드 데일리 에코(Sunderland Daily Echo)는 이 사실을 톱 뉴스로 보도하였다. 그리고 스미스 위글스워스는 자신이 살고 있는 고향 브래드포드로 전보를 쳐 이 놀라운 소식을 알렸다.

거룩한 웃음

스미스 위글스워스는 브래드포드에 돌아가면 아내가 자신이 방언을 받은 것에 대해 좋지 않게 생각할 것이라고 자기 나름대로 추측하며 발걸음을 집으로 향했다. 그가 집으로 들어서자, 폴리는 남편을 바라하면서, "당신이 성령 세례 받은 것만큼 나도 받았습니다. 나는 비록 방언하진 않지만 분명히 성령 세례는 받았습니다. 그리고 이번 주일 당신이 설교하세요. 무슨 일이 일어나나 봅시다"라고 화난 듯 말하였다.

주일날 스미스 위글스워스가 설교를 하였다. 그가 설교를 하는 동안 폴리는 팔짱을 끼고 교회 뒤쪽에 앉아 무슨 일이 일어나는지를 유심히 관찰하고 있었다. 스미스 위글스워스는 이사야서 61장 1~3절 말씀을 놓고 능력있게 설교하였다. 그가 너무도 강력하게 하나님의 말씀을 증거하자 폴리는 교회 뒤쪽에서 몸을 움추리며, "아니 어떻게 저렇게 설교를 잘 할 수 있지? 저 사람은 스미스 위글스워스가 아니야.

저 사람은 내 남편이 아니야!"라며 나지막한 소리로 혼자 중얼거렸다.

예배가 끝나자 한 사람이 일어서더니 스미스 위글스워스에게 자신도 동일한 경험을 하고 싶다고 말하였다. 그리고 말을 마친 그 사람이 도로 자리에 앉으려고 하자마자 몸을 가누지 못할 정도로 웃음이 터져 나와 자신의 의자에 앉지 못하고 교회 바닥에 주저앉고 말았다. 스미스 위글스워스의 장남도 일어서서 같은 말을 하고 자신의 앉았던 의자에 도로 앉으려고 할 때, 웃음이 주체할 수 없을 정도로 터져 나와 그 또한 교회 바닥에 주저앉고 말았다. 그러자 순식간에 웃음이 옆 사람들에게로 번져 열 한 명이 교회 바닥에 앉아 웃기 시작하는 일이 벌어졌다. 그런데 놀라운 것은 조금 지나더니 교회 안에 있던 모든 사람들이 다 웃기 시작하는 일이 발생하였던 것이다. 그러자 교회 안은 온통 웃음바다가 되었다. 하나님께서 유쾌케 하는 성령님을 듬뿍 부어주신 것이었다. 이날이 바로 브래드포드에서 일어나기 시작한 부흥의 첫날이 되었다. 이날 수백 명이 성령님을 세례를 받고 방언하기 시작하였던 것이다.

곧이어 폴리도 성령 세례를 받았다. 그러자 스미스 위글스워스와 폴리 부부는 전국을 돌며 사역을 하기 시작하였다. 그들이 가는 곳마다 복음을 외치자 사람들이 죄를 깨닫고 회개하는 역사가 일어났다. 한번은 스미스 위글스워스가 식료품 상점 안으로 들어가자 식료품 가게 안에 있던 세 사람에게 회개의 영이 임하였다. 그러자 그 세 사람이 거의 동시에 무릎을 꿇고 자신의 죄를 하나님 앞에 회개하기 시작하였다. 한번은 스미스 위글스워스가 밭에서 일하고 있는 두 여자의 곁을 지나가며 그 두 여자들에게 **"당신들은 구원받으셨습니까?"**라고 물어보았다. 그러자 그 두 여자는 그 말을 듣자 손에 들고있던 물동이를 던져놓고 논바닥에 그대로 무릎을 꿇더니 자신들을 구원해 달라고 하나님께 부르짖기 시작하였다.

하나님과의 마지막 담판

이제 스미스 위글스워스는 바빠지기 시작하였다. 여기 저기서 그에게 집회 요청이 들어왔고 먼 곳에서도 아픈 사람들이 소문을 듣고 그를 찾아오거나 그에게 병자가 있는 곳으로 와달라는 요청을 하였다. 그는 병자가 있는 곳으로 와달라는 요청을 받으면 자신이 차비를 부담하고서라도 달려가 치유 사역을 하였다. 차가 다닐 수 없는 험한 곳이라도 그는 마다하지 않고 때로는 자전거를 타고 가기도 하고 때로는 걸어서라도 가며 아픈 사람을 위해 기도해 주었다.

그리고 스미스 위글스워스는 치유 사역을 좀더 잘할 수 있게 해달라고 하나님께 금식하며 기도하였다. 그는 치유 사역으로 매우 바빠졌지만 그 바쁜 중에서도 금식 기도만큼은 게을리 하질 않았다. 그러나 그가 한번 외지로 치유 기도나 치유 집회를 다녀올 때마다 그의 배관 사업은 점점 기울어져 갔다. 동네 사람들이 그를 찾다가 없으면 다른 배관공을 썼기 때문이었다. 어느 날 외지에서의 집회를 끝내고 돌아온 스미스 위글스워스는 배관 수리를 요청한 어느 할머니 집에 가서 배관 일을 마쳤다. 그 할머니가 계산을 하려고 하자 그는 할머니에게 **"할머니, 하나님에게 헌금한 셈치고 돈을 받지 않겠습니다. 오늘로 나의 배관 인생은 끝입니다"**라고 말하였다.

그는 치유 사역을 전문적으로 하기 위해 그렇게 잘되 나가던 배관 사업을 접었다. 그리고 그는 그때부터 전시간 사역자로 나서기 시작하였다. 그는 사역자가 되면 가난해진다는 말을 듣고 좀 두려워하긴 하였다. 그렇지만 하나님께서는 자신의 필요를 미리 아시고 필요한 의식주를 공급하실 줄을 굳게 믿었다. 그러나 그는 그럼에도 불구하고 전시간 사역자로 나설 때에 하나님에게 다음과 같은 조건적인 기도를 드렸다.

> 그러나 그가 한번 외지로 치유 기도나 치유 집회를 다녀 올 때마다 그의 배관 사업은 점점 기울어져 갔다.

"하나님 내가 돈이 없다는 이유로 사람들에게 창피를 당하거나 무시당하면서 살긴 싫습니다. 만일 내가 너무 가난하게 된다면 나는 다시 배관사업 할 것입니다. 아셨죠?"

그 후 하나님은 그의 물질적 필요를 계속 채워주셨다. 그렇기에 그가 배관일을 다시 시작하는 일은 결코 벌어지지 않았다.

"그녀를 보내주어라"

한번은 치유 사역을 시작한 스미스 위글스워스에게 힘든 일이 닥쳤다. 그것은 다름 아닌 다음과 같은 일이었다. 그가 한번은 스코트랜드로 가기 위에 역에서 기차를 기다릴 때 아내 폴리가 볼랜드 거리 교회에서 설교를 마치고 집으로 돌아오다가 심장마비로 쓰러졌다는 전갈을 받았던 것이다. 이 소식을 들은 스미스 위글스워스는 부랴부랴 집으로 달려갔다.

그녀의 방에 들어선 스미스 위글스워스는 아내가 숨을 이미 거두었음을 알았다. 그러나 그는 그녀를 이렇게 죽게 할 수 없다는 생각에 죽은 아내를 앞에 놓고 죽음을 꾸짖는 기도를 계속하였다. 그러자 놀랍게도 그녀는 다시 살아났다. 그러나 그것이 오래가진 못하였다. 그때 하나님께서는 스미스 위글스워스에게 "나는 너의 아내를 내 곁에 두고 싶다"라고 말씀하셨던 것이다. 여러 해 동안 자신과 함께 지냈던 사랑하는 아내를 떠나보낸다고 생각하니 마음이 찢어질 듯이 아팠다. 하지만 그는 사랑하는 아내를 하나님 곁으로 떠나보내기로 결정하였다. 스미스 위글스워스의 아내 폴리 위글스워스는 그녀의 목숨이 다하는 순간까지 하나님을 섬기다 1913년 1월 1일 하나님의 품에 안겼다. 어떤 사람들은 폴리가 죽자 스미스 위글스워스는 하나님께 그전보다 능력의 갑절을 자신에게 달라고 하나님께 기도하였다고 말하였다. 그러한 기도 때문인지는 몰라도 폴리가 죽자 스미스 위글스워스의 사역에 아내가 있을 때 보다 더 큰 능력들이 나타나기 시작하였다.

여기에 비밀이 있다

스미스 위글스워스는 아내를 떠나 보낸 후 자신의 딸과 사위를 데리고 전국을 돌아다니며 복음 전도 치유 집회를 열었다. 그 당시 영국 신문에서 종교 집회를 기사화하는 경우는 극히 드물었다. 그런데도 불구하고 영국에서 가장 많은 부수가 팔리는 데일리 미러(Daily Mirror)라는 신문은 첫 면에 스미스 위글스워스가 사역하고 있는 모습을 담은 사진 네 장과 그의 사역에 관한 많은 분량의 기사를 실었다. 이 기사를 보고 수많은 사람들이 그의 집회에 참석하였다. 그는 하나님으로부터 믿음에 대한 놀라운 계시를 받았고 받은 계시를 사람들에게 가르치기 시작하였다. 스미스 위글스워스는 그의 사역에서 나타나는 성령님의 능력에 의한 치유 사역에 결코 만족할 수 없었다. 그는 치유 사역 외에도 그가 믿음에 대해 하나님으로부터 받은 계시를 사람들에게 가르치기를 간절히 원하였다. 그래서 그는 "단지 믿기만 하라"(only believe)라는 말로 대변되는 그의 치유에 관한 하나님의 계시를 사람들에게 계속 외치며 가르쳤다.

그에게 있어서 믿음이란 복잡한 것이 아니었다. 그에게 있어서 믿음이란 단순히 믿는 것이었다. 하나님은 절대로 사람 차별하시는 분이 아니시라고 그는 확신하였다. 가령 신약 성경에 보면 예수님께서 열두 제자 중에서 가장 나이 어린 요한을 특별히 사랑하는 것으로 나와있다. 그 요한은 주님의 품에 자주 안기기도 하였던 인물이었다. 스미스 위글스워스는 예수님이 요한을 편애한 것이 아니라고 설교하고 가르쳤다. 그의 설명에 의하면, 믿음은 예수님과 친밀한 관계를 맺는 것이었다. 바로 그것이 그의 믿음의 핵심이었다. 하나님 또는 예수님과 친밀한 관계를 유지하면 기적은 일어나게 마련이라는 것이 그의 주장이었다. 예수님에게 기대고 그분만 전적으로 의지하는 것이 친밀한 관계라고 그는 주장하였다. 그러기에 스미스 위글스워스는 계속적으로 다음과 같이 외쳤다.

"당신의 믿음 곧 당신이 하나님과 가지는 친밀한 관계가 하나님으로 하여금 다른 많은 사람을 제외시켜놓고 당신에게 기름 붓게 하십니다."

많은 신학자와 연구가들이 어떻게 그가 놀라운 능력을 나타내었는지를 알기 위하여 그의 사역을 면밀히 조사한 후 여러 책들을 발간하였다. 그러나 그 연구들의 결론은 한결같이 동일하였다.

그 결론은 바로 그의 놀라운 능력의 근원은 그가 예수 그리스도와의 친밀한 관계를 유지하였기 때문이라는 결론이었다. 하나님은 그를 편애한 것이 아니었다. 그가 단지 예수님과 친했던 것이기에 예수님께서는 그를 통하여 놀라운 기적을 행하셨던 것이었다.

설교하고 있는 스미스 위글스워스

성령에 사로잡혀 사역하고 있는 모습

말년에 찍은 사진

말씀을 읽고 있는 스미스 위글스워스

4대가 함께 모여

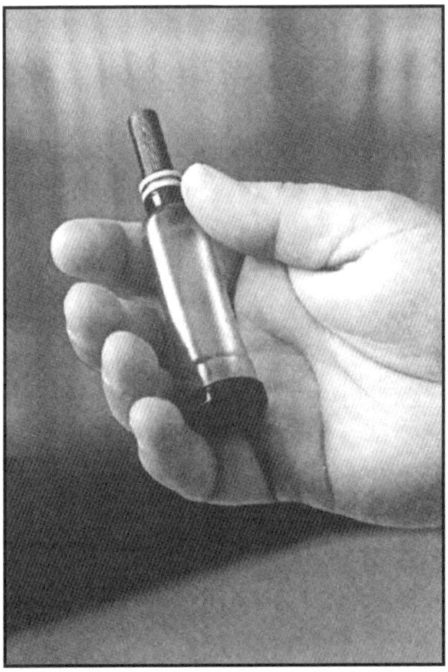

스미스 위글스워스가 환자들에게 사용하였던 치유 기름병

"나는 절대로 늦지 않았어"

스미스 위글스워스의 사역 방법에 대해 사람들이 비난을 하기 시작하였다. 그러나 스미스 위글스워스는 자신을 비난하는 사람들에 대해 전혀 대꾸하지 않았다. 그는 오히려 그런 사람들을 불쌍히 여기면서 **"나는 내가 보고 듣는 것에 의존하지 않습니다. 나는 내가 믿는 것에 의존합니다"**라고 말하였다.

성령 하나님은 스미스 위글스워스에게 믿음에 대해 여러 가지를 직접 알려 주셨다. 성령님은 먼저 그에게 믿음은 다른 사람 안에서 창조되어 질 수 있는 것이라고 가르쳐 주셨다.

어느 한 소년이 사경을 헤매고 있었다. 그래서 그의 어머니는 사람을 보내 스미스 위글스워스에게 급히 와달라고 요청하였다. 스미스 위글스워스가 그 소년의 집에 도착하자 그 소년의 어머니가 그에게 너무 늦게 왔다고 투덜대었다. 그러자 스미스 위글스워스는 그녀에게 **"하나님은 절대로 나를 어디에 늦게 도착하게 하시는 분이 아닙니다"**라고 대답하며 하나님의 시간은 인간의 시간과 다름을 암시하였다.

> 스미스 위글스워스는 손으로 죽어가고 있는 소년을 만졌다. 그순간 정말로 하나님의 능력이 그 방안에 가득 차게 되었고 스미스 위글스워스는 그 방안에 임한 하나님의 강한 임재에 의해 서있을 수가 없게 되었다. 그러자 그는 방바닥에 쓰러져 버렸다.

그가 방에 들어가 보니 그 소년의 상태가 너무도 심각해 조금이라도 그 소년을 만지거나 움직이기만 해도 소년의 숨이 끊어질 것만 같았다. 스미스 위글스워스는 그 소년을 위해 기도할 충분한 시간이 없었다. 왜냐하면 바로 예배를 인도를 하러 교회에 가야만 하였기 때문이었다. 그래서 스미스 위글스워스는 하는 수 없이 소년의 어머니에게 반드시 다시 돌아오겠다며 약속하며 하나님께서 반드시 그 소년을 소생시킬 것이기 때문에 소년이 나오면 입을 깨끗한 옷을 준비하여 놓으라고 부탁을 해놓고 그 소년의 집을 나왔다.

예배를 다 마친 스미스 위글스워스가 그 소년의 집에 다시 돌아와 보니 믿음이 없는 그 소년의 어머니는 소년이 입을 옷을 준비해 놓지 않았다. 소년의 어머니는 스미스 위글스워스의 당황한 얼굴을 보자 얼른 소년이 입을 옷을 꺼내놓았다. 이때 스미스 위글스워스가 소년의 어머니에게 아이의 발에 양말만 신기고 밖에 나가있으라고 부탁하였다. 그녀가 나가자 스미스 위글스워스는 방문을 꼭 걸어 잠그고는 소년에게, **"내가 너에게 손을 얹으면 하나님의 영광이 이 방에 가득 차게 될 거야. 그러면 내가 그 영광으로 인해 서있을 수가 없게 되지. 서있을 수 없게 되면 나는 자연히 바닥에 눕게 될 수밖엔 없지"**라고 말하였다. 그렇게 말하면서 스미스 위글스워스는 손으로 죽어가고 있는 소년을 만졌다. 그순간 정말로 하나님의 능력이 그 방안에 가득 차게 되었고 스미스 위글스워스는 그 방안에 임한 하나님의 강한 임재에 의해 서있을 수가 없게 되었다. 그러자 그는 방바닥에 쓰러져 버렸다. 스미스 위글스워스가 아직 방바닥에 쓰러져 있을 동안 거의 죽어 가고 있던 그 소년은 "이 일이 일어난 것은 하나님 당신에게 영광을 돌리기 위함입니다"라고 소리치며 일어나더니 갑자기 옆에 있는 그 소년의 어머니가 꺼내놓은 옷을 주섬 주섬 주워 입기 시작하였다. 그리고 나서 그 소년은 방문을 열고 밖으로 나아가 그곳에 있던 자기의 아버지에게 "아빠! 하나님께서 날 고쳐주셨어요! 나는 다 나았어요!"라며 소리를 질렀다.

그 소년이 그렇게 소리지르자 그 집안에 하나님의 영광이 가득 찼다. 그러자 그 소년의 아버지와 어머니는 모두 그 집에 임한 하나님의 영광으로 서서 있을 수가 없었다. 그래서 그 소년의 부모들은 방바닥에 쓰러졌다. 그런데 바로 그 순간 정신병으로 고생하고 있던 그 부모의 딸도 제 정신으로 돌아오는 기적이 일어났다. 이 일로 인하여 그 동네에 하나님의 부흥의 불이 붙기 시작하였고 이 집에 임한 하나님의 부흥의 불은 전 도시로 확산되었다.

바로 이 놀라운 일련의 기적적인 일들을 통해 스미스 위글스워스는 믿음이라는 것이 믿음 있는 자의 안수를 통해 안수 받은 사람과 주의의 사람들에게 전이된다는 사실을 뼈가 저리도록 체험하였다. 이후로 그의 사역은 그전의 사역에 비해 한 차원 높아졌다. 그는 믿음에 있어서 한 단계 도약을 한 것이다. 믿음은 안수에 의해 사람 안에서 창조되고 전이될 수 있는 것이다!

"뛰세요, 자매님 뛰세요!"

스미스 위글스워스의 믿음이 한 단계 도약하자 하나님께서는 그에게 믿음은 행위의 발판이다라는 사실을 새롭게 가르쳐주셨다.

그 당시 사람들은 믿음이란 성경에 등장하는 위대한 사람들만 갖는 것이라고 생각하고 있었다. 스미스 위글스워스는 믿음의 영역을 보통 사람들에게 확장시킨 선구자였다. 그는 하나님과의 친밀한 관계를 통해서 성경이 그에게 재조명됨으로 말미암아 성경에 등장하는 믿음의 사람들이 하나님의 말씀을 근거로 행동하였음을 발견하였다. 그래서 그는 이 믿음의 원칙을 그가 인도하는 집회 때마다 적용하였다. 그는 설교가 끝나면 의례 사람들에게, **"당신이 한 걸음 앞으로 나오시면 축복 받으십니다. 열 걸음 앞으로 나오시면 더 많은 축복을 받으십니다. 이 강대상 앞까지 나오면 하나님께서 당신의 필요를 채워주십니**

다"라고 말하여 사람들의 치유에 대한 믿음이 증가하게 하였다.

어떤 사람들은 그의 믿음 사역을 무자비한 사역이라고 비판하였다. 그러나 그는 사람들을 불쌍히 여긴 사람이었으며 하나님에 대한 믿음이 바위처럼 굳건한 사람이었다. 그리스도인이라면 누구나 하나님의 약속의 말씀을 근거로 행동하여야 정상이다. 스미스 위글스워스는 믿음이 없는 사람에게 믿음이라는 발판을 딛고 일어나 걷도록 도움을 주었다. 그는 자신의 믿음을 한사람 한사람에게 부어줌으로 치유가 일어나도록 하였기에 자신의 사역을 도매가 아닌 "소매 치유 사역"(retail healing)이라고 불렀다.

애리조나 주에서 사역할 때의 일이었다. 한 소녀가 폐결핵에 걸려 **있었다. 스미스 위글스워스는 그녀에게, "내가 지금 당신에게 기도할 것인데 그럼 당신은 이 건물 주위를 뛰어다니게 됩니다"**라고 말하였다. 그는 기도한 후 그녀에게, **"뛰세요, 자매님 뛰세요!"**라고 소리쳤다. 그녀가 간신히 자신의 몸을 지탱하며, "나는 뛸 수 없습니다"라고 말하자, 스미스 위글스워스는 **"내게 말하지 말고 내가 말한대로 하세요"**라고 소리쳤다. 그녀는 뛸 엄두도 못 내었다. 그러자 스미스 위글스워스는 강대상에서 내려와 그녀를 잡고 뛰고 시작하였다. 그녀는 그에게 꼭 매달렸다. 그러나 조금씩 발을 때기 시작하였다. 그러다가 그 소녀는 얼마 시간이 지나자 우리에서 나온 건강한 송아지처럼 교회 안을 이리저리 뛰면서 돌아다니기 시작하였다.

한 여자는 좌골 신경통으로 다리를 전혀 못쓰고 있었다. 스미스 위글스워스가 그 여자에게, **"뛰어요!"**라고 소리쳤다. 그녀도 뛸 엄두를 내지 못하자 그는 그녀를 강제로 떠밀었다. 그리곤 그는 교회 건물 주위를 그녀를 꼭 낀 채 같이 뛰기 시작하였다. 그러자 하나님의 능력이 그 여자에게 임하였고 그 여자는 완전히 자유롭게 걷기 시작하였다.

치유를 받은 그녀는 차 타기를 거부하고 다리를 절룩거리지도 않고 걸어서 혼자 집으로 돌아갔다.

"아빠, 내 몸이 낫고 있어요."

때때로 스미스 위글스워스는 자신의 사역에 믿음을 실험해 보는 여러 방법을 도입해 보았다. 그렇게 하기 위하여 그는 성경에 기록된 믿음에 관한 구절을 읽고 자기 자신이 먼저 그 말씀에 입각하여 행동하여 보았다. 또한 그는 걷지 못하는 사람 또한 배고픈 사람들을 자주 볼랜드 거리 교회에 초청하여 교인들과 같이 차린 음식을 그들에게 대접하였다. 그리고 그 자리에서 초청 받은 불구자들과 가난한 사람들의 믿음이 자라날 수 있는 여러 말과 행동들을 그들 앞에서 하였다. 또한 이미 치유 받은 사람을 초청하여 그들 앞에서 간증하게도 하였다. 이러한 식사 모임은 너무도 감동적이어서 참석자들이 눈물을 흘릴 때가 한 두 번이 아니었다.

다음 식사 모임을 이미 계획해 논 스미스 위글스워스는 많은 경우 첫 식사 모임의 끝 부분에 참석한 사람들에게 다음과 같이 선포하곤 하였다.

"여러분 오늘 맛있게 드셨고 재미있는 시간 가지셨죠? 우리는 다음 주 토요일에 여러분을 다시 초대합니다. 오늘 휠체어 타고 오신 분들 중에는 의사들에게 여러분의 재산을 몽땅 다 가져다 바친 사람도 있고, 아무리 의사를 찾아 다녀도 차도가 없으신 분도 계십니다. 그러나 다음 주 집회에 참석하시는 분들 중에는 휠체어를 더 이상 타지 않고 여기에 오실 분이 계십니다. 여러분들 중에 그런 사람들이 되어 사람들 앞에서 간증하는 기쁨을 누리길 원하

는 사람은 손들어 보세요."

그렇게 스미스 위글스워스가 말하면, 참석자 모두가 손을 들었다. 어떤 자매는 식사모임에 참석한 후 휠체어를 타고 집으로 돌아가자 18년 동안 앓아온 간질병이 떠났다. 그래서 그녀는 간질병에서 나은 이주일 후에는 직장도 잡을 수 있었다. 또 어떤 소년은 몸이 말을 듣지 않아 쇠로 만든 보조 기구로 온 몸을 보정하였었는데 하나님의 능력이 임하자 순식간에 온 몸이 정상적으로 재형성 되어져갔다. 그러자 놀란 이 소년은, "아빠, 아빠, 아빠, 이것 보세요. 내 몸이 낫고 있어요"라고 소리친 적도 있었다.

이런 놀라운 치유의 소식들이 사람들의 입을 통해 급속히 여러 곳으로 퍼지자 스미스 위글스워스의 식사 초대 모임에 참석하는 병자들의 숫자가 기하급수적으로 늘어나게 되었다. 성경의 말씀을 그대로 믿은 후 믿는 바대로 말해보고 행해보는 이 모임을 통해 그 지역에 엄청난 하나님의 부흥이 임하는 계기를 마련해 주었다.

"나는 성령님을 감동시킵니다"

> 그의 말대로 그는 하늘에 있는 성령님을 땅으로 끌어 당기는 사람이었다. 그가 그렇게 할 수 있었던 것은 그의 믿음이었지 교만에서 비롯된 자신감이 아니었다.

스미스 위글스워스는 평생동안 히브리서 11장 6절을 마음에 항상 새기고 살았다. 그는 믿음이 없이는 하나님을 기쁘게 해 드릴 수 없으며 하나님께 나아가는 자는 반드시 그가 계신 것과 그가 자기를 찾는 자들에게 상주시는 하나님이시라는 이 말씀을 몸으로 실천하며 살았다. 그는 그 어떤 미미한 성령님의 움직임이라도 감지되면 하던 일을 곧바로 중단하고 골방에 들어가 하나님과 단 둘이서만 교제하는 시간을 가졌다. 이런 식으로 그가 하나님과의 친밀한 교제를 계속해 나가자, 그는 점점 더 성령님과 합작하여 믿음의 행위를 한다는 것의 실효성을 체험하게 되었다.

한번은 어떤 사람이 스미스 위글스워스에게 어떻게 그렇게 빨리 성령님의 감동을 받는지에 대해서 물어보았다. 그러자 그는, **"글쎄요. 설명하자면 그게 이렇습니다. 만일 성령님이 저를 감동시키지 않으면 내가 먼저 성령님을 감동시키지요"**라며 그 자신만 가지고 있던 믿음의 노하우를 털어놓았다. 그의 말대로 그는 하늘에 있는 성령님을 땅으로 끌어당기는 사람이었다. 그가 그렇게 할 수 있었던 것은 그의 믿음이었지 교만에서 비롯된 자신감이 아니었다. 어떤 사람들을 이 말을 이해하지 못하고 또한 그의 믿음 사역 원리를 이해하지 못하고 그의 이런 발언을 성령님을 모독하는 무례한 발언이라고 비판하였다. 그러나 사실 그의 발언은 무례에서 나온 것이 아니라 믿음에서 나온 것이었다. 때때로 예배 시에 성령님의 임재가 없이 예배가 시작되면 그는 이내 예배를 본 상태로 돌려놓고는 하나님의 말씀과 능력에 대해 사람들에게 말해 주었다. 그러면 그로부터 하나님의 말씀과 능력에 대해 들은 사람들은 예배에 대한 그들의 기대치가 올라갔다. 그러면 그는 그때야 비로소 예배를 시작하였다. 그가 그렇게 하는 것을 지속한 결과 그가 인도하는 예배에는 다른 사람들이 인도하는 예배와는 달리 성령님의 임재가 뚜렷하였다. 그는 자신 속에 있는 믿음을 적극적으로 발휘하여 그 믿음이 사람들 속에 전이되고 증가되도록 하는 사람이었다. 그는 자신에게 어떤 일이 일어나게 될 때까지 기다리는 사람이 아니라 일어나도록 주도권을 잡는 적극적인 사람이었다. 그리고 그는 또한 비록 자신 속에 작은 믿음밖에 없다고 하더라도 과감하게 믿음의 행보를 내딛는 사람이었다. 그의 모든 말과 행동은 단지 믿음에서만 출발하였다. 그에게 있어서 믿음이란 도전하는 것이요 주도권을 갖고 시작하는 것이었다.

그는 또한 사람들에게 방언할 수 있다는 믿음을 갖고 시작하는 사람은 누구든지 방언할 수 있다고 가르쳤다. 그에게 있어서 인간의 영혼을 움직이게 하는 것은 하나님의 전능성이 아니라 바로 각자가 소유한 믿음이었다. 이러한 스미스 위글스워스의 믿음 원리를 오순절 교단의 위대한 목회자이며 저술가였던 제이 이 스틸레스(J. E. Stiles)는 자신의 사역에 십분 활용하였다.

한번은 스미스 위글스워스가 캘리포니아 주에서 대규모 집회를 인도하였을 때 모인 사람들에게 아직도 성령 세례를 받지 않은 사람은 일어나 보라고 한 적이 있었다. 그는 또한 성령 세례는 받았지만 최근 육 개월 동안 한번도 방언으로 기도해보지 못한 사람은 일어서 보라고 말하였다. 그리곤, **"나는 지금 간단한 기도를 할 것입니다. 내 기도가 마치면 나는 '시작'이라고 외칠 것입니다. 그러면 여러분은 방언을 말하게 될 것입니다"**라고 선포하였다. 그는 그의 말대로 기도한 후 "시작"이라고 외쳤다. 그러자 그 장소에 꽉찬 사람들이 일제히 방언으로 기도하기 시작하였다. 사람들의 귀에 그 통성 기도 소리가 마치 폭포가 떨어지는 소리처럼 들렸다. 그러자 그는 다시 **"이제 내가 다시 '시작'이라고 하면 여러분은 방언 찬양을 할 것입니다"**라고 말한 후 "시작"이라고 다시 크게 외쳤다. 그러자 일어섰던 모든 사람들이 방언으로 찬양하기 시작하였다. 그런데 그 방언 찬양 소리가 사람들의 귀에 마치 천군 천사들의 찬양 소리처럼 들렸다.

그 날 그 집회에 참석하였던 스틸레스 목사는 이 믿음으로 성령님을 움직이는 원리를 그의 사역에 도입하였다. 그리고 그는 그후 이 원리를 이용하여 세계적인 사역자로 도약하였다.

또 하나의 비밀

스미스 위글스워스는 참으로 남을 불쌍히 여기는 사람이었고 이것이 그의 사역이 성공에 이르도록 한 또 하나의 비밀이었다. 그는 때때로 세계 각지에서 보내온 치유 기도 요청서를 그의 앞에다 놓고 하나님 앞에 울면서 그들을 치유해 달라고 기도하곤 하였다. 또 그는 아픈 사람을 위해 치유 사역을 할 때면 자주 눈물을 흘리곤 하였다. 그는 특히 어린아이들과 노인들에게 각별한 신경을 썼다. 치유 사역하는 도중에라도 실내가 너무 무더워지면, 그는 약한 어린아이들과 노인들을 먼저 기도해 주었다.

그는 또한 사도행전 19장 11~12절에 기록된 사도 바울이 손수건으로 사람들을 고쳤던 말씀대로 행함으로 많은 사람들을 고쳤다. 그는 손수건 위에다 손을 얹고 기도한 후 그 수건을 아파서 도저히 집회 장소까지 올 수 없는 병자들에게 보내어 많은 사람들을 고쳤던 것이다. 그는 이 일을 믿음과 신실함으로 행하였다. 어떤 사람은 그의 이러한 신실함에 대해, "각처에서 편지가 도착하면 그는 항상 그 편지들을 뜯기 전에 그 편지들을 한데 모아놓고 모든 보조 사역자들을 불러 같이 손을 얹고 기도한 후 그 손수건들을 보냈습니다. 그는 이 원칙을 끝가지 지켰습니다. 그리고 그는 기도할 때 마치 편지를 보낸 사람이 그 장소에 있는 것처럼 그 편지를 귀하게 취급하였습니다"라고 말하였다.

개와 귀신

> 그는 귀신에게만은 매우 혹독하게 대하였다. 특히 집회를 방해하는 귀신에 대해서는 단호하게 대처하였다.

스미스 위글스워스는 남을 측은히 여기는 예수님의 마음을 갖고 사역하면 기적이 나타난다는 원칙을 경험을 통해 터득하였다. 그러자 그에게는 사람을 짓누르고 억압하는 마귀에 대한 분노가 점점 커지기 시작하였다. 그러나 그의 사역의 다른 하나의 목표는 귀신에게 억눌린 사람을 자유케 하고 사람들에게 귀신을 어떻게 대적하는지를 가르치는 것이 되었다.

하루는 그가 버스 정류장에서 버스를 기다리고 있었다. 그런데 어떤 여자가 자신의 개에게 집으로 돌아가라고 말하는 광경을 목격하게 되었다. 그녀가 몇 번이나 부드럽게 말해도 그 개는 주인의 말을 듣지 않았다. 그런데 기다리고 있던 버스가 도착하자, 그녀는 발을 동동 굴리며 큰소리로 개에게 "집으로 가!"라고 소리쳤다. 그러자 그 개는 꼬리를 감추며 쏜살 같이 달아나 버렸다. 그는 사람들에게 이 이야기를 해주면서 **"우리가 귀신에게 이런 식으로 대해야 귀신이 물러갑니다"** 라고 말하였다.

그는 귀신에게만은 매우 혹독하게 대하였다. 특히 집회를 방해하는 귀신에 대해서는 단호하게 대처하였다. 한번은 이런 적이 있었다. 그가 설교를 시작하였음에도 성령님께서 전혀 역사하지 않았다. 그의 설교가 전혀 먹혀 들어가지 않자 설교하기가 점점 힘들어졌다. 그래서 그는 더욱 목청을 돋구어가며 설교하였다. 그래도 잘 되지 않았다. 그래서 그는 양복을 벗고 설교하였다. 그래도 별 변동이 없었다. 이때 그는 맨 뒷 자석에 여러 명이 서로 손을 잡고 있는 광경을 보았다. 그들은 바로 그의 예배를 방해하기 위하여 온 심령술사들이었던 것이다. 그는 설교를 중단하고 설교단을 내려가 그들 앞으로 가서 그들이 앉아있던 의자를 붙잡고 귀신들아 떠나가라고 소리를 냅다 질렀다. 그러자 의자에 앉아 있던 심령술사들이 대번에 교회 바닥으로 나가 떨어졌다. 잠시 후 정신을 차린 그들은 기다시피 하며 교회 밖으로 나간 후 혼비백산하여 도망쳤다.

그가 축사 사역을 하면 그는 완전히 하나님을 의지하는 믿음만으로 축사하였다. 그는 축사 기도를 오래하는 법이 절대로 없었다. 긴 기도가 축사하는 것이 아니라 믿음의 기도가 축사한다고 믿었기에 그는 믿은대로 행동하였고 그래서 축사가 잘 되었다.

세계적 명성을 얻다

1914년이 되자 스미스 위글스워스의 사역은 세계로 뻗어나가기 시작하였다. 그리고 1920년 경에 그의 사역은 절정에 이르렀다. 물론 그의 사역에 대한 사람들의 핍박도 만만치 않았지만 그는 그런 것에 연연해하지 않았다. 다른 사역자의 경우와는 달리 그는 핍박보다도 사람들의 지지를 더 많이 받았다. 그런 이유는 그의 믿음이 너무도 대단해서 사람들이 그의 믿음에 쉽사리 대적할 수 없었기 때문이었던 것으로 사료된다. 그는 그에 대한 비난을 옷에 먼지 털 듯 훌훌 털어버리고 아무 일 없었다는 듯이 자신의 믿음 사역을 계속하여 나갔다.

1920년 스웨덴에서의 일이었다. 스웨덴의 의사들과 관계 당국이 합작하여 그가 사람들에게 손을 얹고 치유하는 사역 방법에 시비를 걸었다. 그러나 그는 하나님께서는 머리 위에 손 올리고 안 올리고의 차이에 따라 역사하시는 분이 아니라 사역자의 믿음에 따라 역사하시는 분이라고 굳게 믿고 있었기에 그는 스웨덴 의사들의 방해 공작에도 전혀 개의치 않고 자신의 사역을 계속 밀고 나갔다. 그래서 그는 심지어 그런 사람들 보란 듯이 이천명의 사람들에게 한꺼번에 **"자기의 손을 자신의 머리 위에 올려보세요"**라고 말한 후 이 이천 명에게 한꺼번에 치유 기도를 하여준 적이 있었다. 이 때 이러한 희한한 방법으로 안수 기도를 받은 사람들 중에서 수많은 사람들이 그 자리에서 치유를 받았다. 스미스 위글스워스는 이런 식의 치유 기도를 소매가 아닌 **"도매 치유 기도"**라고 불렀다.

같은 해 스미스 위글스워스는 스위스에서 무면허 의료 혐의로 두 번이나 경찰에 체포되었다. 한번은 경찰관들이 위글스워스가 묵고 있는 어느 목사님의 집으로 들어가 위글스워스를 체포하려고 하였다. 그때 그 집 목사님이 "지금 위글스워스는 출타 중입니다. 그가 올 때까지 여기 계시지 마시고 그의 사역으로 인해 기적을 체험한 사람의 집을 한번 같이 방문해 봅시다"라고 지혜롭게 말하였다. 그리곤 그 목사님은 스미스 위글스워스를 체포하러 온 경찰관들을 그 도시의 어느 여인의 집으로 인도하였다. 그 여인은 과거에 정신 이상으로 인한 난동 혐의로 몇 번 체포된 적이 있던 여자였었는데 스미스 위글스워스의 사역을 받고 나서 정상적으로 생활하고 있었다. 이것을 보고 감동을 받은 경찰관들은 스미스 위글스워스를 체포하지 않고 돌아갔다. 그러나 얼마 후 다른 경찰관들이 와서 결국 스미스 위글스워스를 체포해 경찰서로 끌고 가 취조를 하였다. 그 경찰관들은 밤새 그를 취조하였지만 아무 혐의점도 발견하지 못하자 한 경찰관이 그를 보고 이제 가도 좋다고 말하였다. 그러자 위글스워스는 **"난 당신들 경찰관들**

이 내 앞에 무릎을 꿇고 나의 기도를 받기 전까지는 절대로 못나갑니다"라고 말하였다.

오순절!

1921년이 되자 세계 각처에서 스미스 위글스워스를 초청하였다. 그 해에 그는 사역을 통틀어 최고로 오랫동안 해외에 머물렀다.

그의 이름은 이즈음 미국과 유럽에서는 많이 알려져 있었다. 그러나 그 당시 스미스 위글스워스라는 이름은 스리랑카에서는 전혀 알려지지 않았었다. 그런 그가 한번은 스리랑카의 수도 콜롬보에 도착하여 치유 전도 사역을 하기 시작하였다. 처음에는 몇 명 모이지 않았으나 며칠이 지나자 집회 장소에는 사람들로 인해 발 디딜 틈도 없어졌다. 너무도 많은 사람들이 몰려 사람들이 집회가 열리고 있는 건물 안으로 다 들어가지 못하였다. 집회가 끝나면 그는 사람들 사이를 돌아다니면서 안수하였다. 그때 많은 사람들이 치유 받는 일이 일어났다. 보고된 바에 의하면 그때 스쳐 지나가는 그의 그림자에 의해서도 수십 명의 병자들이 치유 받았다고 한다.

1922년이 되자 스미스 위글스워스는 뉴질랜드와 호주를 방문하였다. 어떤 사람들의 말에 따르면 그때 스미스 위글스워스의 방문으로 인하여 이 두 나라에 비로소 오순절 교회들이 생기기 시작했다고 한다. 그는 비록 그 두 나라에 몇 달밖에는 머무르지 않았지만 그 짧은 기간 동안에도 수천 명이 구원을 받고, 치유 받았으며 또한 성령 충만 받고 방언 받는 일이 일어났다. 그의 이 방문으로 인해 호주와 뉴질랜드는 역사상 전무후무한 큰 부흥을 경험하게 되었다.

주님, 돼지를 축복해 주세요

인디애나 주의 싸우스벤드에서 온 레스터 썸렐(Lester Sumrall) 박사는 스미스 위글스워스와 함께 지냈던 동안 그가 경험하였던 재미있는 일 하나를 이렇게 털어놓았다. 위글스워스와 썸렐 둘 사람이 웨일즈에서 함께 머물렀을 때 그들을 위하여 맛있는 요리가 준비되었다. 그런데 처음에 들어온 요리는 다름 아닌 돼지 요리였다. 식사 기도를 부탁 받은 스미스 위글스워스는 큰 소리로, **"예수님, 당신은 돼지를 저주하신 적이 있으신 데, 이 돼지만은 축복해 주시지 않으시겠어요?"**라고 기도하여 좌중에 있던 사람들이 박장 대소하며 실컷 웃었다. 담대한 성격의 소유자였던 스미스 위글스워스는 이처럼 유머감각 또한 뛰어나 주위를 자주 웃음판으로 만들곤 하였다. 썸렐 박사는 나에게 이런 이야기를 할 때마다 그때를 기억하여 신나게 웃곤 하였다.

기록엔 없는 논쟁

그의 집회는 초교파적이었다. 그는 특정 교단의 교리에 묶일 사람이 아니었기에 어느 특정 교단을 지지하지도 않았을 뿐 아니라 특정 교단에 소속되지도 않았다. 그의 사역은 모든 그리스도인을 대상으로 하였다.

그가 어떻게 해서 아무 교단에도 소속되지 않게 되었는지에 대해 알고 있는 사람은 거의 없다. 그와 관련하여 여기에 조그만 논쟁이 야기되었던 적이 있었던 일화 하나를 소개한다.

1915년에 스미스 위글스워스는 오순절 선교사 연합(Pentecostal Missionary Union)이라는 단체에 가입한 적이 있었다. 그러나 이 단 그의 집회는 초교파적이었다. 그는 특정 교단의 교리에 묶일 사람이 아니었기에 어느 특정 교단을 지지하지도 않았을 뿐 아니라 특정 교단에 소속되지도 않았다. 그의 사역은 모든 그리스도인을 대상으로 하였다.

체는 교단이 아니었다. 그러므로 이 단체는 소속 회원들에게 목사 안수를 주지도 않았고 사역 자격증도 주지 않았다. 이 단체는 단순히 같은 믿음을 가지고 사역하는 사람들의 연합 모임이었다. 그러나 1920년, 이 단체가 스미스 위글스워스에게 이 단체에서 탈퇴해 달라고 요청하는 일이 발생하였다.

이러한 일이 일어난 배경의 전모는 다음과 같다. 그 당시 스미스 위글스워스는 과부가 된 지 칠 년이 된 암플렛(Amphlett)이라는 여자와 친하게 지내면서 이 여자에 대해 **"영적인 친밀감(spiritual affinity)을 느낀다"**라고 말한 적이 있었다. 그러나 암플렛이란 여자는 스미스 위글스워스가 자신에 대해 그렇게 생각하는 것을 못마땅히 여겨 이 단체의 장과 위원회에 불평을 하는 편지를 보냈다. 이때 이 편지를 받은 사람은 이 단체의 책임자였던 쎄실 폴힐(Ceceil Polhill)이었다. 폴힐은 이 편지를 받자 이 사실을 이 단체의 상임 위원회와 이 위원회 의장이었던 문델(Mundell)이라는 사람에게 통고하였다.

이 단체는 남녀 관계에 관한 한 엄격한 규율을 적용하고 있던 단체였다. 그러나 스미스 위글스워스는 이러한 일에 대해 이 단체가 자신의 편이 되어 모든 결정을 내려 줄줄로 생각하고 있었다. 그러나 그의 기대와는 달리 폴힐(Pollhill)은 암플렛의 편지를 받은 후 스미스 위글스워스에게 편지를 보내 자신의 단체에서 나가달라고 요청하였다. 폴힐은 스미스 위글스워스에게 보낸 그 편지에서 "우리는 당신이 꽤 오랜 기간동안 자중하는 것이 마땅하다는 결론을 내렸습니다. 그래서 우리는 당신이 이 문제에 대해 철저히 회개하였다는 사실을 확인할 때까지 당신을 회원으로 받아들이지 않을 것입니다"라고 하였다.

그는 비록 이 사건에 두 여인이 개입하여 자신의 사역을 파괴시키려는 음모가 있었음을 감지하고 있었지만, 이 사임 요청 편지를 받아들여 그 단체에서 미련 없이 탈퇴하였다. 그러나 그는 이 문제를 쓸데없이 확대시킨 폴힐에 대해서는 개인적으로 섭섭함을 표시하였다. 이 문제와 관련하여 그는 그 단체의 상임 위원회 회장를 맡고 있었던 문델에게 다음과 같이 편지하였다.

"폴힐씨는 내가 마치 그녀와 간음을 행한 것처럼 생각하여 나에 대해 너무 과한 조치를 취하였습니다. 나는 이 조치에 대해 섭섭하게 생각하고 있습니다. 나는 그가 이 문제에 대해 월권하였다고 생각합니다. 나는 그녀와의 관계에서 적절하지 못한 행동을 하였습니다. 그러나 나는 이를 하나님께 회개하여 하나님의 용서를 받았습니다. 그러나 나는 간음을 행하지는 않았습니다. 나는 이 일이 하나님의 방법대로 잘 해결되기를 바랄 뿐입니다. 그러므로 폴힐씨와 당신은 이 사건을 이제부터라도 올바른 시각으로 보아주시길 바랍니다."

그리고 그는 폴힐에게는 다음과 같은 편지를 써서 보냈다.

"하나님께서 모든 것을 해결해 주실 것입니다. 하나님의 선하신 손이 내 위에 있습니다. 나는 마음을 비우고 있습니다. 이번주에 하나님께서는 그분의 종을 통하여 몇 사람들을 꾸짖으셨습니다. 존경하는 형제님, 나는 계속 전진할 것입니다. 당신으로 인해 하

나님의 복음이 막히는 것을 하나님께서는 절대로 원치 않으십니다. 나는 당신이 남에게 대접받고자 하는 데로 그렇게 당신도 남을 대접하시길 간절히 원합니다. 그리고 나를 더 이상 괴롭히질 마십시오. 그럼 이만."

이 사건은 위글스워스로 하여금 그의 사역에 더욱 더 정진하게 하는 계기를 만들어 주었다. 이때부터 스미스 위글스워스의 사역은 이상하리만치 가속이 붙기 시작하였다. 그래서 그는 이 사건이 있고나서는 전보다 더 자주 전세계 여러 나라로 나가 사역을 하였다. 그리고 스미스 위글스워스는 이 사건이 일어나고서 부터는 항상 자신의 딸인 앨리스(Alice)와 함께 집회를 다녔다.

일반적으로 말해서, 사역자들이 자신이 소속되었던 교단에서 탈퇴하여 독립적으로 사역을 하는 경우가 적지 않다. 나는 스미스 위글스워스가 탈퇴했던 단체가 교단이라고는 생각하지 않는다. 그러나 교단이든 단체이든 보통의 경우 위원회라는 것을 가지고 있는데, 이 위원회라는 것이 대부분의 경우 소속된 회원들을 자유롭게 활동하도록 도움을 주는 것이 아니라 오히려 그들의 활동을 억압하고 조정한다. 이것은 참으로 좋지 않는 일이다. 위원회가 회원들을 조정하는 정도가 미미하여 설사 눈에 뛰지 않을 정도라 하여도 이로 인한 해악은 엄청나다. 스미스 위글스워스는 명성을 구한 사람도 아니요 교단이나 단체의 보호를 받고자 하는 사람도 전혀 아니었다. 그렇기 때문에 스미스 위글스워스가 자신을 보호해 주지 못하는 그 단체를 떠난 것은 오히려 잘된 일이다. 그는 하나님의 능력을 단체나 교단보다 우위에 놓았던 사람이었다.

항상 성경을 읽다

스미스 위글스워스는 항상 성경 말씀을 사랑하는 태도를 지니고 살았으며 성경 공부를 평생 동안 게을리 하지 않았다. 그는 밖에 나갈 때는 항상 성경을 손에 들고 나갔다. 다른 사람들이 신문을 읽고 소설책을 읽을 때 그는 성경만 읽었다. 심지어 그는 친구들과 대화를 하면서도 성경을 읽었다. 그는 입버릇처럼 "조금만 더 읽고"라고 늘 말하였다.

고통을 이기다

스미스 위글스워스의 사역을 통해 수많은 사람들이 하나님의 치유를 경험하였지만 정작 그 자신만은 신유의 기적을 체험하지 못하였다. 1930년이 되자 그의 나이가 70세 이르렀다. 이때 그의 몸에는 극심한 고통이 찾아오기 시작하였다. 그는 이러한 자신의 몸의 통증을 놓고 치유 기도를 하였지만 전혀 통증은 가라앉질 않았다. 그래서 그는 하는 수 없이 엑스레이 촬영을 하여보았다. 의사는 그가 중증 신장결석증이라고 진단하였다. 의사는 그에게 수술만이 살길이라고 하였다. 그러나 그는 수술을 권유하는 의사에게 다음과 같이 말하였다.

"의사 양반, 하나님께서 이 몸을 창조하셨으니 그분이 고치실 것입니다. 난 내 몸에 칼을 대게 할 수는 없습니다."

의사는 그의 대답에 실망하였지만 그의 의지가 워낙 강해 어떻게 해볼 도리가 없었다. 스미스 위글스워스는 병원을 떠나며 기도의 힘으로 자신이 치유 받았다는 말을 듣게 될 것이라고 의사에게 호언장

> 어느 날은 고통으로 인해 밤 새도록 침대에서 떼굴 떼굴 구르기도 하였다. 그런 날 아침이면 그의 몸에서는 신장 결석이 하나씩 빠져 나오곤 하였다. 그는 이런 삶을 무려 육 년간이나 살았다.

담을 하였다. 그러나 그의 육체의 고통은 점점 더 심해졌다. 어느 날은 고통으로 인해 밤새도록 침대에서 떼굴 떼굴 구르기도 하였다. 그런 날 아침이면 그의 몸에서는 신장 결석이 하나씩 빠져 나오곤 하였다. 그는 이런 삶을 무려 육 년간이나 살았다.

그러나 그는 아무리 아파도 설교를 거르는 법이 없었다. 때론 아픔을 참아가며 팔백 명을 기도해 준 적도 있었다. 그는 설교하다가 신장 결석증으로 인해 몸의 통증이 참을 수 없을 만큼 심해지면 잠시 방으로 들어가 신장 결석이 몸 밖으로 배출되기까지 기다렸다. 그러다 결석이 몸 밖으로 배출되면 다시 돌아와 설교를 마저 하였다.

그는 자신에게 통증이 시작되어도 아무에게도 아프다는 이야기하지 않았을 뿐 아니라 통증을 꾹 참고 아픈 사람들을 위하여 기도해 주었다. 그러므로 대개의 경우 기도받는 사람은 그가 그렇게 아프다는 사실을 까맣게 몰랐다. 때로 그는 출혈이 너무 심하여 얼굴이 창백해지고 땀을 뻘뻘 흘릴 때도 있었는데 이럴 때면 그는 체온이 갑자기 떨어지는 것을 막기 위하여 온몸을 담요로 감싼 채 치유사역을 하였다. 그의 몸에서 육 년간 나온 결석들을 모아놓으면 한 병은 될 것이다.

그와 오랫동안 함께 지냈던 그의 사위 제임스 살터(James Salter)는 그에 대해 다음과 같은 찬사의 글을 남겼다.

"스미스 위글스워스와 오랫 동안 같은 방을 쓰면서 나는 그가 얼마나 사역과 설교에 대해 열정적이었는지를 깨닫게 되었습니다. 그리고 나는 그런 그에 대해 큰 감동을 받았습니다. 그의 병마도 그의 사역에 대한 열정에 무릎을 꿇고 말았습니다. 그는 육체의 고통을 사역으로 승화시킨 위대한 인물이었습니다."

"사람들은 나만 쳐다보고 있습니다"

그가 신장결석으로 고생한지 이년 째에 접어들자 그는 하나님께 15년만 더 살려달라고 기도하였다. 그런데 하나님께서는 그의 이런 기도에 신실히 응답하셨다. 이런 기도를 한 후 스미스 위글스워스는 유럽의 각 나라들과 남아프리카와 미국을 잇달아 방문하였다. 사람들이 하나님의 이사와 기적을 체험하는 것을 보는 것은 스미스 위글스워스의 가장 큰 기쁨이었다. 그는 사람들이 사역자인 자신을 보지 않고 예수 그리스도를 보길 간절히 원하였다. 그러나 그의 삶에 마지막 달에 그는 이런 말들을 하며 슬퍼하였다.

"오늘 나는 몇 통의 편지를 받았습니다. 이 편지들은 호주에, 인도에, 스리랑카에 그리고 미국에 와서 집회를 열어달라는 편지들이었습니다. 사람들은 나만 쳐다보고 있습니다."

그는 또한 다음과 같은 말을 하며 눈시울을 적셨다.

"이 불쌍한 나여, 너는 사람들이 너만 쳐다보게 했으므로 너는 사역에 실패한 실패자이구나. 하나님께서는 절대로 자신의 영광을 다른 사람에겐 주지 아니하신다. 하나님께서는 자신의 영광을 가로챈 나를 곧 데려갈 것이다."

하나님께서 그를 데려가시다

그로부터 7년 후 스미스 위글스워스는 어느 목사의 장례식에 참석하려고 그의 친구와 함께 먼길을 떠났다. 그는 친구의 장례식장을 찾아가는 도중에 그가 평생을 사역하였고 기적이 일어났던 도시들을 스쳐 지나쳤다. 스미스 위글스워스는 그럴 때마다 그 당시를 회상하며 그때 일어났던 놀라운 하나님의 기적들을 옆자리에 앉아있는 친구들에게 이야기해 주었다.

죽은 목사의 장례식이 치러지는 교회에 도착하자 스미스 위글스워스의 사위 제임스가 그를 위해 교회의 문을 열어준 후, 그를 부축하여 교회의 한 방으로 인도하였다. 그 방은 장작을 너무 많이 떼어 너무 더웠고 그 방에는 그가 며칠전 기도해 주었던 죽어 가는 여자아이의 아버지가 와 있었다. 그는 그 사람에게 딸의 병세가 어떠냐고 물어보았다. 그러자 그 사람은 자신의 딸이 당신에게 기도 받은 후 조금은 나아진 것처럼 보이지만 별 차도가 없이 여전히 아파하고 있다고 대답하였다. 그러자 스미스 위글스워스는 실망한 것처럼 긴 한숨을 쉬더니 고개를 푹 숙였다. 그리고 나서 다시는 고개를 들지 않았다. 스미스 위글스워스는 아무 고통 없이 하나님의 품으로 돌아간 것이다. 그날이 바로 1947년 3월 2일이었다.

> 스미스 위글스워스는 이 세상을 떠나면서 하나님의 능력도 같이 가지고 떠났는가? 물론 그렇지는 않다. 백년 전 스미스 위글스워스에게 역사하였던 하나님의 능력은 지금도 어느 누구를 통해서도 동일하게 역사할 수 있다.

믿음 + 불쌍히 여기는 마음 = 기적

내가 몇 년 전 사람들에게 기도 사역을 해 주고 있었을 때 어떤 사람이 내 앞에 와서 했던 말을 나는 결코 잊을 수가 없다. 그는 오래 전 치유의 소리(Voice of Healing) 사역을 통해서 하나님의 능력을 경험했던 사람이었다. 그는 나에게 와서 울면서 다음과 같이 말했다. "과거에 있었던 그런 능력을 가진 사역자는 지금은 도대체 어디에 있단 말입니까? 지금은 사람들의 병을 고쳐줄 능력자가 한 사람도 없단 말입니까?"

스미스 위글스워스는 이 세상을 떠나면서 하나님의 능력도 같이 가지고 떠났는가? 물론 그렇지는 않다. 백년 전 스미스 위글스워스에게 역사하였던 하나님의 능력은 지금도 어느 누구를 통해서도 동일하게 역사할 수 있다. 스미스 위글스워스에게 나타났던 하나님의 강력한 치유 능력이 우리에게도 나타나도록 하기 위해서는 우리도 그가 가졌던 치유에 대한 믿음과 아픈 사람들을 불쌍히 여기는 마음을 소유하고 있어야 한다. 그러면 우리도 그와 같은 능력을 발휘할 수가 있다. 내가 알기로는 스미스 위글스워스는 사도행전 시대 이후로 가장 강력한 능력을 갖고 사역한 사람이다.

스미스 위글스워스가 믿음의 사역을 하도록 한 것은 바로 그의 속에 있었던 남을 불쌍히 여기는 마음이었다. 그는 성경의 말씀을 있는 그대로 믿고 남을 불쌍히 여기는 마음으로 사역하였기 때문에 큰 역사를 이룩하였던 것이다.

이제는 우리가 그와 같은 마음과 능력을 갖고 사역할 차례이다. 하나님은 자신의 능력을 가지고 도시와 나라들을 뒤흔들 사람들을 찾고 계신다. 당신은 그 부르심에 "네"라고 응답하겠는가? 감히 당신은 오직 믿기만 하겠는가? 당신은 아픈 사람, 눌린 사람들에 대해 불쌍히 여기는 마음을 지니고 있는가? 당신은 말씀만 의지하여 믿음의 첫발을 내디딜 수 있는가? 이 세대의 사람들이여 다음과 같은 말씀을 기억하는가?

> "저희가 믿음으로 나라들을 이기기도 하며 의를 행하기도 하며 약속을 받기도 하며 사자들의 입을 막기도 하며 불의 세력을 멸하기도 하며 칼날을 피하기도 하며 연약한 가운데서 강하게 되기도 하며 전쟁에 용맹되어 이방 사람들의 진을 물리치기도 하며(히 11:33~34)"

하나님께서 당신에게 주신 믿음의 은사가 불 붙도록 하라. 불 붙었으면 당신의 가정을, 당신의 도시를 그리고 당신의 나라를 하나님의 능력으로 불 붙여라. 하나님의 뜻이 하늘에서 이루어진 것 같이 이 땅에서도 이루어지도록 하라.

참고도서

1. Stanley Howard Frodsham, *Smith Wigglesworth: Apostle of Faith* (Springfield, MO: Gospel Publishing House, 1948)
2. W. E. Warner, *The Anointing of His Spirit* (Ann Arbor, MI: Vine Books, segment of Servant Publications, 1994)
3. George Stormont, *Wigglesworth: A Man Who Walked With God*, (Tulsa, OK: Harrison House, Inc., 1989)

4. Albert Hibbert, *Smith Wigglesworth: The Secret of His Power*, (Tulsa, OK: Harrison House, Inc., 1982)

CHAPTER EIGHT

Aimee Semple McPherson

"A Woman of Destiny"

성취의 여인(A Woman of Destiny)

- 애미 샘플 맥퍼슨 -

"그녀는 은행과 이발소가 위치한 쪽에서 큰 길이 있는 쪽으로 혼자 행진하듯 당당한 모습으로 걸어가고 있었다. 흰 드레스를 입고 있는 그녀는 매우 젊어 보였으며 그녀의 손에는 의자가 들려져 있었다.

"의자 위에 올라선 그녀는 마치 누군가에게 도움을 요청하는 사람처럼 두 손을 하늘로 곧게 뻗은 채로 가만히 서 있기만 하였다. 그녀는 눈을 감은 채 마치 석고상처럼 그렇게 의자 위에서 한참 동안을 서 있었다.

"애미 샘플 맥퍼슨은 비록 눈을 감고 있었지만 주위의 발자국 소리들과 웅성거리는 소리들로 자신의 주위에 몰려들고 있는 사람이 대략 오십 명 가량 된다는 것을 알았다. 이윽고 그녀는 눈을 뜨고 주위를 둘러보았다.

"자신이 올라 서 있었던 의자를 손에 낚아챈 그녀는 '여러분, 빨리 나를 따라와 보세요'라고 외치며 뛰기 시작하였다.

"그녀는 의자를 자신의 옆구리에 낀 채 사람들 사이를 헤치며 은행이 있는 쪽으로 쏜살같이 달려나갔다. 그러자 한 무리의 소년들이 그녀를 뒤쫓기 시작하였고 그 뒤를 이어 어른들이 쫓아가기 시작하였다. 그들은 그녀를 따라 승리 교회(Victory Church) 안으로 들어갔다. 이미 교회 안에는 그녀를 쫓아 들어온 사람들이 다 앉기에 충분한 숫자의 의자가 마련되어 있었다.

"자신을 따라 사람들이 교회 문안으로 다 들어가자, 그녀는 '빨리 문을 닫아요'라고 소리를 질렀다. 그러자 출입문에 대기하고 있던 한 사람이 문을 얼른 잠가버렸다. 그러자 그녀는 '내가 열어 주라고 할 때까지는 절대로 문을 열어주지 말아요'라고 문을 잠근 사람에게 소리를 질렀다."

애미 샘플 맥퍼슨은 만삭이 되기 전에 태어난 것으로 알려지고 있다. 그러나 그녀는 거의 일세기 전에 이미 오늘날의 현대식 기독교를 도입한 영적인 거성이었다. .

애미 샘플 맥퍼슨은 그 당시의 그리스도인이 보기에는 이해가 안 되는 많은 것들을 미리 수용하였다. 그녀의 삶은 생동감 그 자체였으며 그녀의 일생은 극적인 사건들로 가득 들어 차있다. 그녀에게 있어서 도전이란 정복되어야만 하는 재미있는 놀이에 불과하였다. 그녀는 대중매체 타는 것을 즐겼으며, 때로는 대중매체를 장악하기까지도 하였다. 일반적으로 여자가 사람들 앞에 나타나는 것이 좋지 않다고 여겨지던 시절, 그녀는 그러한 사람들의 사고를 일축하는 행동을 자주 보여주었다. 가령 그녀는 항상 사람들 앞에서 웃었다. 그래서 사람들은 그런 그녀에게 과한 행동을 조심하라고 조언하였다. 그러나 그녀는 오히려 그 조언과는 반대로 행동하였다. 그녀는 결코 두려움에 굴복하지 않았다. 이 세상에 애미 샘플 맥퍼슨이 보기에 과격해 보이는 행동이란 그 어느 것도 없었다. 그녀는 사람들의 시선을 끌 수 있고 사람들을 모이게 할 수만 있다면 그 어떤 방법이라도 주저하지 않고 사용하였다. 그녀는 때론 창녀들과도 자리를 함께 하였다. 그녀는 보통 그리스도인이라면 가지 않을 장소에도 스스럼없이 나타났다. 가난한 사람도, 부자도, 모두 그러한 그녀를 좋아하였다. 그런 애미 샘플 맥퍼슨이었기에, 그녀가 나타나는 곳에 수천 명의 사람들이 모이는 것은 보통이었다.

> 이 세상에 애미 샘플 맥퍼슨이 보기에 과격해 보이는 행동이란 그 어느 것도 없었다. 그녀는 사람들의 시선을 끌 수 있고 사람들을 모이게 할 수만 있다면 그 어떤 방법이라도 주저하지 않고 사용하였다.

그러나 종교적인 사람들은 그런 그녀를 무척이나 싫어했다. 그녀는 교단 내에서 정치하는 목회자들에 대해서는 눈곱만치의 관심도 없었다. 애미 샘플 맥퍼슨은 종교적 폐쇄주의를 철저히 배격하였고 속좁은 그리스도인들을 사정없이 질타하였다. 그러나 종교적 폐쇄주의자들로 인한 희생자들에게는 불쌍한 마음을 가지고 있었다. 애미 샘플 맥퍼슨의 사역은 너무도 거대하고 볼만하여 심지어는 할리우드 영화 사업자들까지 그녀로부터 한 수 배우기 위해 그녀가 인도하는 집회에 참석하곤 하였을 정도였다.

그 당시 만해도 여자들은 남자의 장신구 정도로 여겨졌었다. 그러나 그때 애미 샘플 맥퍼슨은 벌써 엔젤레스 성전(Angelus Temple)이라고 명명된 오천 석 규모의 큰 성전을 지었다. 그것도 미국 대 공황기에 지은 것이다. 그 엔젤레스 성전 교회에서는 주일날 삼부 예배를 드려야 될 정도로 많은 사람들이 왔다. 그녀는 이에 그치지 않고 미국 역사상 최초로 기독교 방송국을 설립하였다. 그리고 그녀가 세운 포스퀘어 교단은 오늘날 미국에서 가장 빨리 성장하는 교단 중의 하나가 되었다.

애미 샘플 맥퍼슨이 살았던 시대는 오순절 운동이 최고조에 달했던 때였지만 또 한편으론 율법주의가 교회에서 판을 치고 있기도 하였다. 그 당시 여자가 사역자가 되어 사역을 한다는 것은 일반 교인들과 목회자 사이에서 생각조차 할 수 없었던 시절이었다. 더군다나 애미 샘플 맥퍼슨은 이혼까지 당한 경력이 있는 여자였음에도 불구하고 훌륭한 사역자로 활동하였던 것이다.

새 세대가 태어나다

애미 샘플 맥퍼슨의 출생을 놓고 좋지 않은 여러 소문들이 나돌았다. 애미 샘플 맥퍼슨 아버지의 이름은 제임스 모간 케네디(James Morgan Kennedy)였고 어머니는 밀드레드 "미니" 케네디(Mildred "Minnie" Kenndy)였다. 그리고 그녀는 이들 부모 사이에서 1890년 10월 9일에 캐나다 온타리오 주 살포드에서 외동딸로서 태어났다. 그녀가 태어났을 때에 그녀에게 붙여진 이름은 애미 엘리자벳 케네디(Aime Elizabeth Kenndy)였다. 그녀가 태어나자 동네 사람들 사이에서 좋지않는 소문들이 나돌았다. 왜냐하면 이때 그녀의 아버지의 나이는 오십 살이었던 반면 어머니 미니의 나이는 열 다섯 살밖에 안 되었기 때문이었다.

부모가 결혼하기 전에 고아였던 애미 샘플 맥퍼슨의 어머니 미니는 구세군에 가입하여 전도 일꾼으로 활동하고 있었다. 그녀는 하나님께서 자신을 하나님의 일꾼으로 부르셨다고 믿고 밤과 낮 가릴 것 없이 시간만 나면 구세군 전도팀과 같이 온타리오 주의 각 도시로 돌아다니면 전도하였다. 그러던 중 애미 샘플 맥퍼슨의 어머니 미니는 간병인을 찾고 있다는 케네디 부부가 낸 신문 광고를 읽게 되었다. 결국 그녀는 자신의 구세군 전도사역을 접어두고, 케네디 부부의 집에서 숙식을 해결하면서, 케네디 부인을 돌보는 간병인으로 일하게 되었다.

케네디 부인이 죽은 후에도 미니는 그 집에 계속 머물렀다. 그러던 어느 날 늙은 제임스 케네디가 미니에게 자신의 아내가 되어달라고 요청하였다. 이 일을 놓고 동네사람들이 수군거렸으나 그녀는 별로 신경을 쓰지 않았다.

미니가 케네디와 결혼하던 날 그녀는 하나님 앞에 무릎을 꿇고 자신이 하나님의 사역자가 되어 일하지 못하게 된 것에 대해 용서를 구함과 아울러 하나님께 다음과 같은 기도를 올렸다.

> "하나님, 당신이 한나의 기도를 들어주셨듯이 나의 애절한 기도를 들어 주시옵소서. 만일 당신이 나에게 딸을 주신다면, 나는 주저 없이 그 딸을 당신께 바치겠습니다. 그래서 내가 하지 못했던 하나님을 섬기는 일을 그 딸이 하도록 하겠습니다. 주님 나의 기도를 들으시고 응답하소서."

그 후에 미니는 임신을 하게 되었다. 그녀는 태 속의 아이가 딸이라고 믿고 모두 핑크 색의 옷과 유아용품을 미리 장만하였다. 그리고 10월 9일 샐포드 근처의 캐나다 시골에서 첫 아이를 낳았다. 태어난 아이는 그녀의 기도대로 정말로 딸이었다.

구세군 사람들이 미니가 아이를 낳았다는 말을 듣고 미니의 집을 방문하였다. 그때 그들은 미니의 집을 방문한 자리에서 구세군 창시자요 총감독인 윌리암 부스의 부인 캐더린 부스가 죽었다는 슬픈 소식을 미니에게 전하였다. 캐더린 부스는 윌리암 부스와 함께 구세군을 같이 창설한 여자였다. 미니의 집을 방문한 사람들은 미니가 낳은 딸을 보며 이 아이가 크면 아마도 캐더린의 뒤를 이을 훌륭한 인물로 자라날 것이라고 말하였다.

미니는 하나님의 애미에 대한 세부적인 계획은 몰랐다. 그렇지만 사람들이 자신의 갓난 아기에 대해 그런 말을 하였을 때 그녀의 마음 속에는 하나님께서는 자신이 생각하는 것보다 더 크게 이 아이를 사용할 것이라는 확신이 생겼다.

황소 개구리와 교실 석판

애미 샘플 맥퍼슨이 세상에 태어난 지 삼주가 지나자 그녀의 어머니 미니는 그녀를 데리고 구세군 교회의 예배에 참석하였다. 그리고 그녀는 그 자리에서 딸 애미 샘플 맥퍼슨을 하나님께 바쳤다. 애미 샘플 맥퍼슨의 어린 시절은 비교적 행복한 편이었다. 그녀는 시골 넉넉한 집안의 외동딸로서 부모의 온갖 귀여움을 독차지하며 농장의 귀여운 동물들과 행복한 시간을 보내며 자라났다. 그녀는 자라면서 다니엘이 사자 굴에 갇혔던 이야기, 요셉과 바로 이야기, 모세가 이스라엘 백성을 애굽에서 데리고 나온 이야기들을 재미있게 들었다. 애미 샘플 맥퍼슨은 네 살이 되자 동네 길모퉁이에 있는 둥그런 단상에 올라가 성경이야기를 말하곤 하였다. 그러면 지나가던 사람들은 그녀 주위에 모여 성경 이야기를 외쳐대는 그녀를 신기한 듯 바라보곤 하였다. 애미 샘플 맥퍼슨은 발랄하고 생각이 깊은 아이였지만 고집에 있어서도 보통내기가 아니었다. 그녀는 어디엘 가든 무엇을 하던 하나님께서 자신을 지켜 보호해주고 계시다는 생각을 하고 있었기에 전혀 두려움을 느끼지 아니하였다.

한번은 어린 애미 샘플 맥퍼슨이 병이 걸려 침대에 누워있을 때의 일이었다. 그녀의 집에서 고용된 일꾼 한명이 그녀의 방문을 빼끔 열고 그녀가 아파 누워있는 방안을 들여다보았다. 그러자 애미 샘플 맥퍼슨은 한숨을 쉬며 그 일꾼에게, "내가 지금 개구리 노래 소리를 듣고 싶은데, 집 앞 웅덩이에서 개구리 서너 마리를 잡아 접시에 담아 내 머리맡에 좀 놓아 주실래요?"라고 말하였다. 그러자 이 일꾼은 정말로 개구리를 접시에 담은 후 백합꽃 몇 개를 접시에 얹어 애미의 머리맡에 놓고 방을 나왔다. 접시의 개구리가 뛰쳐 방안을 돌아다니자 애미 샘플 맥퍼슨은 기겁을 하여 소리쳤지만 일꾼은 그 소리를 듣지 못하였다. 나중에 비명소리를 듣고 달려온 미니가 개구리들을 잡아 사태를 수습하였다.

애미 샘플 맥퍼슨은 소학교시절 학교에서 항상 학급의 분위기를 이끌고 나가는 학생이었다. 한번은 반 친구들이 그녀를 "구세군 아이"라고 놀려대었다. 애미 샘플 맥퍼슨은 화가 났지만 싸우지는 않고 오히려 아이들과 더 친하게 지내곤 하였다. 이러한 애미의 포용성은 그녀가 나중에 사람들의 인기를 얻는 데 크게 도움이 되었다.

한번은 아이들이 "구세군 아이"라며 애미 샘플 맥퍼슨을 놀려대자 그녀는 큰 종이상자와 대나무 막내기와 빨간 천을 가지고 와서 아이들에게 구세군 놀이를 하자고 하였다. 그리고 그녀는 가지고 온 막대기에 빨간 천을 달아 깃발을 만들고, 종이상자로 북을 대신하여 쿵쿵

따따 노래하며 구세군 전도대 흉내를 내며 친구들 앞에서 신나게 행진하기 시작하였다. 그러자 몇몇 여자아이들이 애미 샘플 맥퍼슨을 따라 같이 행진하기 시작하였다. 애미 샘플 맥퍼슨을 "구세군 아이"라고 놀렸던 남자아이들이 이들의 구세군식 행진을 지켜보고 있었다. 그 여자아이들이 너무도 신이 나게 행진하는 것을 바라보고 있던 남자아이들도 애미 샘플 맥퍼슨이 시작한 전도대 놀이에 합류하여 한바탕 신나게 놀았다. 그리고 이 이후부터 아이들은 "구세군 아이"라며 애미를 놀려대는 일이 일절 없어졌다.

애미 샘플 맥퍼슨은 소학교 시절 학교에서 항상 학급의 분위기를 이끌고 나가는 학생이었다. 한번은 반 친구들이 그녀를 "구세군 아이"라고 놀려대었다. 애미 샘플 맥퍼슨은 화가 났지만 싸우지는 않고 오히려 아이들과 더 친하게 지내곤 하였다.

그때 애미의 어머니 미니는 주일학교 선생님으로 봉사를 하고 있었다. 엄마를 따라 교회에 다녔던 애미 샘플 맥퍼슨은 교회에서 어머니가 어린 아이들 앞에서 설교하는 모습을 물끄러미 지켜보곤 하였다. 그리고 애미 샘플 맥퍼슨은 집으로 돌아와 집안의 의자를 다 모아놓고 의자에는 자신의 설교를 듣는 많은 사람들이 앉아있다고 상상을 하고 책상 위에 올라가서 어머니 흉내를 내며 한바탕 가상의 사람들 앞에서 설교를 해대곤 하였다.

여덟 살 때 소학교 반 아이들과 함께 찍은 사진에 보면 애미 샘플 맥퍼슨의 표정이 다른 아이들에 비해 유난히 밝은 것을 볼 수 있다. 이에 반해 이 사진에 나온 다른 아이들의 표정은 모두 시무룩하다. 몇 학년 몇 반이라고 쓴 석판을 과연 누구 무릎에 놓고 반 사진을 찍을 것인가를 놓고, 사진을 찍기 전에 한 바탕 소동이 벌어졌던 것이다. 아이들은 서로 자기가 석판을 갖겠다고 말다툼하기 시작하였다. 한창 말다툼을 하고 있을 때 애미 샘플 맥퍼슨이 잽싸게 몸을 날려 석판을 자신의 가슴에 품어버렸다. 아이들이 더 난리를 피자 선생님이 간신히 이 소동을 진정시키고 사진을 찍었다. 사진에 보면 애미의 표정이 더 의기 양양하게 보인다. 그 이유는 그녀가 정 가운에 앉으신 선생님의 무릎 사이에 앉아 석판을 들고 사진을 찍었기 때문이었다. 이 사진은 결국 애미 샘플 맥퍼슨의 미래의 사역을 제시해주는 예언적 사진이 되었다.

금메달을 받다

애미 샘플 맥퍼슨은 어린아이 시절 때부터 윗사람과의 관계를 맺을 때 그녀만의 독특한 스타일이 있었다. 그녀네게는 윗사람에 대해 친구처럼 즐겁고 명랑하게 대하는 능력이 있었다. 만일 그녀와 좋은 관계를 유지하고 싶은 상사들은 그녀의 그런 스타일을 인정하여야만 하였다. 그리고 그들이 그렇게 할 때 그녀는 윗사람들에게 잘 순복하였다.

이 말은 애미 샘플 맥퍼슨이 권위자에게는 무조건 반항하였다거나 순종하지 않았다는 말이 아니다. 그러나 그녀의 지도력이 워낙 뛰어났기 때문에, 자신에 대해 강제적으로 복종만 강요하는 지도자들에게 애미 샘플 맥퍼슨은 자주 자신의 의견을 굽히지 않고 말하여 그들의 입을 막아버리곤 하였다. 그녀는 어린아이 시절부터 사람들이 모여있는 방으로 들어가면 사람들의 시선과 관심을 자신 쪽으로 끌리게 한 후 방안의 분위기를 단번에 장악해 버리는 능력을 가지고 있었다.

어떤 사람들은 그런 애미 샘플 맥퍼슨에 대해 버릇이 없다라고 말하기도 하였다. 만일 그녀가 정말로 버릇이 없다면 그 책임은 그녀를 애지중지하게만 키웠던 그의 아버지 제임스 케네디에게 있을 것이다. 어떤 사람은 애미의 활동성이 영육간에 너무도 뛰어나 부모가 그 아이를 감당하기 어려웠을 것이라고 말하는 사람도 있었다. 그러나 애미 샘플 맥퍼슨은 분명코 그녀의 어머니 미니의 기도에 하나님께서 신실하게 응답해 주신 하나님께서 주신 선물이었다. 그러기에 그녀의 부모들은 그녀를 보석처럼 귀하게 양육하였던 것이다.

그녀의 어머니 미니 케네디는 그녀를 독수리가 그 자녀를 보호하는 것 같은 태도로 그녀를 철저히 보호하였다. 그러나 이런 일이 미니에게 쉬운 일이 아니었다. 왜냐하면 훗날 그녀의 딸 애미 샘플 맥퍼슨이 뛰어난 지도력을 바탕으로 훌륭한 사역자가 되었을 때 사람들이 그녀에게 자신의 딸 애미 샘플 맥퍼슨에 대한 많은 질문들을 하였고, 이러한 질문들로 인해 미니는 끊임없이 시달림을 당하면서, 자신의 딸 애미에 대해서 일일이 답변을 하여야만 하는 번거로움을 시도 때도 없이 겪어야 하였기 때문이었다.

애미 샘플 맥퍼슨에게는 사람들의 삶 속에 내재되어 있는 희열과 감동을 미리 발견하고 이를 바깥으로 끌어내는 데에 탁월한 능력을 발휘하였다. 그녀는 사람들의 시선을 끄는 것에 대해 큰 희열을 느꼈다. 그녀의 이러한 기질은 그녀가 십대 소녀가 되기 전에 그녀가 사는 마을의 마을 극단 운영자들에게까지 잘 알려지게 되었다. 그 결과 애미 샘플 맥퍼슨은 소학교 시절 지방 웅변 대회에 자기 마을 대표로 자주 선발되어 나가곤 하였다.

그 결과 애미 샘플 맥퍼슨은 열 두 살 때 캐나다 온타리온 주 잉거솔에서 개최된 기독 영성 금주 단체에서 열린 금주 웅변 대회에 나가서 은메달을 받았고, 온타리오 주 런던이라는 곳에서 열린 같은 종류의 대회에 나가서는 금메달을 받았다.

열세 살 때에 그녀는 교내 최고의 말솜씨가로 선정되기도 하였다. 그뿐만 아니라 그녀는 여러 교회들의 각종 저녁 식사 모임을 위시한 모임들과 크리스마스 경매 행사, 페스티발, 교회 피크닉들에 특별 초청되어 사람들에게 웃음을 선사하였다. 잉거솔과 살포드 주민들 및 더 멀리에 사는 사람들은 그녀가 주는 즐거움에 도취되어 그녀가 참석하는 모임에 많이들 참석하곤 하였다.

다윈이냐 예수냐?

샐포드 감리교회에 출석하는 동안 어린 애미 샘플 맥퍼슨은 교회에서 가르쳐 주는 것을 그대로 흡수하였다. 그러나 이제 십대로 접어든 애미 샘플 맥퍼슨은 더 이상 교회의 가르침을 여과 없이 수용하지는 않게 되었다. 그 당시 감리 교단의 지침은 교회 내에서의 오락은 인정하였으나 극장엘 가거나 세상에서의 놀이는 철저히 금지하였었다. 그리고 그녀가 다녔던 감리교회에서는 그녀에게 세상 영화는 인간이 만든 가장 큰 죄의 산물이라고 가르쳤다. 일반적으로 그 당시 교회들은 수많은 규칙들을 만들어 사람들을 꼼짝못하게 묶고 억압하였다. 그가 다닌 감리교회는 만일 영화관에 가면 구원을 잃어 지옥 불에 떨어진다고 경고하였다. 그러나 그럼에도 불구하고 그녀는 영화관에 가기도 하였다. 하루는 그녀가 영화관에 갔다가 그 영화관에 자기가 다니고 있는 교회의 교인들이 있는 것을 보고 놀랐다. 그 중 한 명은 주일학교 교사였던 것이다. 이에 그녀는 교회 지도자들의 위선적인 행동에 몹시 분개하였다.

1905년이 되자 애미 샘플 맥퍼슨은 고등학교에 진학하였다. 그 당시 미국 전역에는 다윈의 진화론이 인기를 끌고 있었다. 그녀가 공부한 고등학교 과학 교과서에는 인간이 아메바라는 하등 세포에서 진화하였다고 하는 다윈의 진화론을 두둔하는 글들이 실려있었다. 그녀는 인간은 원숭이의 사촌이라는 진화론의 주장과 하나님께서 인간을 창조하였다는 창조론 사이에서 어느 것을 따라야 할지 몰라 정신적으로 방황하였다.

그 당시 애미 샘플 맥퍼슨은 아직 중생한 그리스도인은 아니었다. 그러나 그녀는 지금껏 기독교적인 가정과 분위기에서 양육 받았었다. 그녀가 처음 다윈의 진화론에 대해 들었을 때 자신이 믿고 있던 창조론이 공격받고 있다고 생각되었다. 그래서 그녀는 학교의 과학 교사에게 가서 이 문제를 놓고 담판을 벌였다. 그녀는 그 당시 진화론이 창조론을 앞서는 것에 대해서 참을 수가 없었다. 애미 샘플 맥퍼슨과 오랜 토론을 벌인 과학교사는 그녀의 일관된 주장에 할말을 일고 토론을 중도에 끝내고 말았다.

그러나 토론 끝에 과학 선생은 그녀에게 책 몇 권을 소개시켜 주었다. 애미 샘플 맥퍼슨은 이 책들을 구하여 읽어보았다. 이 책들은 모두 진화론을 주장하는 책들이었다. 애미 샘플 맥퍼슨이 이 책들을 섭렵하자 그녀가 다닌 학교와 그녀가 사는 동네에서 그녀만큼 진화론에 대해서 알고 있는 사람들은 아무도 없게 되었다.

애미 샘플 맥퍼슨은 이 책을 읽은 후 진화론이 맞고 창조론이 틀렸다고 확신하였다. 이즈음 그녀가 눈으로 보기엔

> 애미 샘플 맥퍼슨은 이 책을 읽은 후 신화론이 맞고 창조론이 틀렸다고 확신하였다. 이즈음 그녀가 눈으로 보기엔 성경대로 가르치고 살아가는 교회와 교인들이 하나도 없었다. 그녀는 이제 교회란 사람들의 사교모임에 불과한 단체들이라고 생각하게 되었다. 성경에서 나오는 기적은 교회에서는 더 이상 일어나지 않았던 것이다.

성경대로 가르치고 살아가는 교회와 교인들이 하나도 없었다. 그녀는 이제 교회란 사람들의 사교모임에 불과한 단체들이라고 생각하게 되었다. 성경에서 나오는 기적은 교회에서는 더 이상 일어나지 않았던 것이다. 이에 실망한 애미 샘플 맥퍼슨은 교회의 초청강사 목사님들과 자주 토론을 벌이며 왜 오늘날의 교회에는 기적이 없는지를 설명해 달라고 하였다.

그러면 대부분의 초청강사 목사님들은 애미 샘플 맥퍼슨에게 우리는 이제 기적이 더 이상 나타나지 않는 시대에 살고 있다는 것과 이제는 기적이 없다라는 것이 성경적인 올바른 해석이라는 신학적 이론을 설명하여 주었다. 그러나 애미 샘플 맥퍼슨이 이러한 설명에 굴하지 않고 성경을 들이대며 기적이 오늘날에도 나타나야 옳다는 주장을 고집하였기 때문에 대부분의 초청 목사님들은 그녀와의 토론에서 이기지를 못하였다. 그래서 초청강사 목사님들은 왜 애미 샘플 맥퍼슨이 자신들이 보기에는 하찮은 문제들에 그렇게도 집착하는지에 대하여 전혀 감을 잡지 못하였다. 어쨌거나 그때 그녀가 공부와 말씀씨를 통해 습득한 그녀의 상대방 설득 방법은 그녀의 평생 사역에 좋은 무기로 자리잡기 시작하였다.

한번은 주일 저녁 예배 시간에 애미 샘플 맥퍼슨이 갑자기 초청 강사 목사님에게, **"창조론이 정말로 맞는다면 왜 그리스도인은 진화론을 지지하는 정부에 세금을 내고 있습니까?"**라고 질문하는 바람에 그녀의 부모들이 전전긍긍하기도 하였다. 애미 샘플 맥퍼슨은 정말로 하나님의 창조론이 맞는다면 하나님께서 살아서 역사하여 기적이 나타나는 교회다운 교회를 보고 싶었던 것이다. 그러나 이러한 애미 샘플 맥퍼슨의 공격적인 질문에 대해 아무도 그녀의 편이 되어주는 교인이 없었다. 그녀는 이러한 안타까운 현실을 보고 경험하게 되자 교회에 대해 더욱 더 부정적인 생각을 갖게 되었다.

그녀는 마침내 만일 그릇에 조그만 구멍이 생기면 그릇 전체를 쓸 수 없듯이, 만일 성경의 일부가 틀리다면 성경 전체가 틀린다라는 결론에 도달하였다. 이렇게 되자 결국 그녀는 무신론자의 대열에 끼어들고 싶은 마음이 머리끝까지 차게 되었다.

어느 날 애미 샘플 맥퍼슨은 어느 초청강사 목사님과 창조론에 대한 열렬한 논쟁을 하고 밤늦게 집으로 돌아왔다. 그녀는 자신의 방으로 바로 들어가 모둔 창문을 열고는 밤하늘을 뚫어지게 쳐다보았다. 하늘을 쳐다보았을 때 수많은 별들이 보여주는 찬란한 아름다움에 그녀는 그만 넋을 잃고 말았다. 만일 그 어떤 존재가 하늘과 하늘의 별들을 만들었다면 그녀는 정말로 그 존재가 누구인지를 알고 만나고 싶었다. 그녀는 더 이상 사람들의 말과 이론에 끌려 다니지 않고, 진리 자체를 자신이 직접 대면하고 경험하고 싶은 마음이 솟구쳐 올랐다. 그런 마음이 충만해진 애미 샘플 맥퍼슨은 깜깜한 밤하늘을 향해 이렇게 소리치며 기도하였다. **"오, 하나님, 만일 당신이 계신다면 나에게 나타나 주셔요!"** 이 기도를 한 지 이틀 후에 그녀는 기도에 대한 하나님으로부터의 응답을 다음과 같은 경험을 통해 받게 되었다.

성령 집회에 참석하다

그 당시 애미 샘플 맥퍼슨은 유복한 가정에서 자라나면서 공부에도 남들보다 결코 뒤떨어지지 않았다. 그녀는 이제 열 일곱 살이 되었고 그녀의 가정은 그녀가 가지고 싶어하는 것은 거의 다 사주었을 정도로 유복하였다. 그러나 그녀는 같은 또래의 여자들과는 달리 결혼에 대해서는 별로 관심이 없었다. 그녀는 항상 양장점에서 맞춘 근사한 옷을 입고 다녔고 그녀의 부모들은 그런 그녀를 좋게 생각하였다. 그녀는 말솜씨도 뛰어나 한 두 마디로 좌중의 분위기를 사로잡았고 교인들의 댄스 모임에 가면 그녀는 항상 사람들의 인기를 독차지 하였다. 그러나 그러한 가운데서도 그녀는 영적인 문제에 있어서만은 외로움을 느꼈다. 그녀는 정말로 하나님을 만나고 싶어하였던 것이었다.

그녀가 하나님께 만일 당신이 계시면 나타나 달라고 기도한 그 다음날 그녀는 학교를 파한 후, 아버지와 함께 차를 타고 집으로 가고 있었다. 그때 잉거솔 도심의 거리를 차를 타고 지나던 그녀의 눈에 어떤 조그만 건물에 붙은 플랜카드가 들어왔다. 그 플랜카드에는, "성령 부흥 집회: 아일랜드 복음 전도자 로버트 샘플(Rovbert Semple)"이라고 써 있었다.

애미 샘플 맥퍼슨은 그 전에 오순절 계통의 사람들은 바닥에 쓰러지고 방언으로 기도한다는 말을 들은 적이 있었다. 그녀는 또한 그들이 시끄럽게 소리지르며 춤을 춘다는 말도 들었다. 그녀는 호기심에 가득 차서 그 플랜카드를 본 다음날 밤 즉 그녀가 자신이 다니는 교회에서 크리스마스 리허설을 하기로 예정된 전날 아버지 제임스 케네디와 같이 로버트 샘플의 집회에 참석하였다.

새들까지 기뻐해요

로버트 샘플이 주최하는 집회에 참석한 애미 샘플 맥퍼슨은 깜짝 놀랐다. 그 집회에 모인 사람들이 춤을 추며 찬양하면서 할렐루야를 소리쳐 외쳐댔던 것이다. 애미 샘플 맥퍼슨은 "야, 이것 참 대단하구나"라고 생각하였다. 만일 그녀가 지금 무신론자가 아니라면 손을 높이 치켜들고 그들과 같이 춤을 추고 싶었다. 그러나 그녀는 교회 맨 뒷자리에 앉아서 그들이 하는 것을 눈으로만 보고 즐겼다. 그때 로버트 샘플이 그 장소로 들어왔다.

그 순간 애미 샘플 맥퍼슨은 자신의 눈을 로버트 샘플에게서 뗄 수가 없었다. 로버트는 육 피트 이 인치의 큰 키에 푸른 눈을 가졌고 머리는 갈색의 곱슬이었다. 그는 유머 감각이 뛰어나게 설교하였다. 나중에 애미 샘플 맥퍼슨은 로버트 샘플의 파란 눈을 처음 보았던 순간을 회상하며, **"그순간 나에게는 마치 하늘 나라의 빛을 본 기분이 들었습니다"**라고 말하였다.

아일랜드가 고향인 장로교 교인 로버트 샘플은 그 당시 고향을 떠나 뉴욕과 캐나다 토론토 그리고 일리노이 주의 시카고 등지에서 지내고 있었다. 그런데 1901년에 캔자스주 토페카에서 시작된 방언의 현상이 시카고에까지 피지게 되었는데 로버트 샘플은 시카고에서 머무르고 있는 동안 생전 처음으로 방언을 직접 체험하였다. 이 당시 그는 마샬 필드 백화점에서 점원으로 일하고 있었는데 하나님께서 그를 사역자로 부르신 것이다. 그러자 그는 그 부르심에 응답하여 전시간 사역자로 헌신하였다. 그후 그는 성공적인 복음 전도자가 되어 북미와 캐나다 지역에서 집회를 인도하게 되었다. 그러자 자연히 그의 이름이 이 지역들 전체에 퍼지게 되었다. 그런데 로버트 샘플이 전도 여행 도중에 마침 애미 샘플 맥퍼슨이 살고 있는 도시에 들르게 된 것이었다.

로버트가 그 방으로 들어와 설교를 시작하자 애미 샘플 맥퍼슨은 젊은 복음 전도자 로버트 샘플은 그 자리에 모인 사람들에게 하나님을 택하든지 세상을 택하든지 둘 중에 하나를 택할 것과 양다리 걸치는 삶은 더 이상 살지 말라고 촉구하였던 것이다. 그의 메시지는 간단하였으면서도 강력하였다. 애미 샘플 맥퍼슨은 그의 모든 말들을 진리로 받아들였다.

온 신경을 곤두세우고 그의 설교를 목마른 사슴이 시냇물을 빨아들이는 것처럼 쭉쭉 빨아들이기 시작하였다. 로버트 샘플은 그날 사도행장 2장 말씀을 주제로 놓고 사람들에게 회개할 것을 촉구하는 강한 메시지를 전하였다.

로버트 샘플의 설교를 듣던 애미 샘플 맥퍼슨은 안절부절하지 못하기 시작하였다. 로버트 샘플이 내뱉는 모든 말들이 비수가 되어 그녀의 가슴을 콕콕 찔렀던 것이다. 이 당시에 그녀가 경험했던 것들에 대해 애미 샘플 맥퍼슨은 나중에, **"나는 평생 그런 설교를 들어본 적이 없었습니다. 성경은 칼이 되어 나의 영혼의 골수를 찔러 쪼개었습니다"**라고 술회하였다. 젊은 복음 전도자 로버트 샘플은 그 자리에 모인 사람들에게 하나님을 택하든지 세상을 택하든지 둘 중에 하나를 택할 것과 양다리 걸치는 삶은 더 이상 살지 말라고 촉구하였던 것이다. 그의 메시지는 간단하였으면서도 강력하였다. 애미 샘플 맥퍼슨은 그의 모든 말들을 진리로 받아들였다. 그때 그 젊은 전도자는 눈을 하늘로 향한 채 방언으로 기도하기 시작하였다. 이때 애미 샘플 맥퍼슨은 그의 얼굴을 쳐다보았는데 그의 얼굴은 기쁨으로 충만해 있었고 또한 빛을 발하고 있었다.

애미 샘플 맥퍼슨은 그의 설교 내용을 자신이 이틀 전에 기도한 것에 대한 하나님의 신실한 응답의 소리로 들렸다. 그녀는 훗날 이에 대해 다음과 같이 기록하였다.

"그 젊은이가 하늘을 향해 선 채 방언으로 기도하는 순간부터 나는 하나님께서 계시다는 사실을 그냥 확신하게 되었습니다. 그리고 그순간 나의 영적 상태가 얼마나 처참하고 부끄럽고 가련한 상태인지를 깨닫게 되었습니다. 그동안 나는 어두움을 섬기고 있었던 것입니다."

이 일을 경험한지 삼일 후 애미 샘플 맥퍼슨은 홀로 길을 걸어가다 갑자기 하늘을 향하여 손을 높이 들고는 하나님께 자신에게 자비를 베풀어 달라고 소리지르기 시작하였다. 바로 그 기도 후에 자신에게 일어났던 놀라운 일에 대하여 애미 샘플 맥퍼슨은 다음과 같이 기록하였다.

"기도를 마치자 하늘은 내 눈에 푸르게 다가왔습니다. 나무들과 들의 꽃들과 작은 새들은 주님을 찬양하였고 나의 얼굴엔 미소가 가득하였습니다. 그리고 나는 형언할 수 없는 기쁨이 내 속에서 조용히 흘러나옴을 느꼈습니다. 나는 왜 예수님의 피가 내 죄를 사하였는지를 알고 경험한 것입니다. 마치 예수님의 사죄케 하는 피가 내 혈관 속으로 흘러들어오는 것 같이 느껴졌습니다."

이 때 애미 샘플 맥퍼슨은 오랜 방황을 끝내고 드디어 구원을 받게 되었다.

능력 받아 진동하다

한번은 애미 샘플 맥퍼슨이 자신을 앞날을 놓고 하나님께 기도하고 있을 때 환상을 보았다.

그 환상에는 커다란 강물이 흐르고 있었는데, 그 강물 색깔이 검은 색이었다. 그 강물이 강 주위에 있었던 수백만의 사람들을 남녀노소 할 것 없이 모두를 쓸고 가버리더니 폭포 아래로 쏟아 내는 환상이었다. 그때 그녀는 환상 속에서 "이들의 영혼을 구원하라"는 하나님의 음성을 들었다.

그녀는 이 환상을 본 이후 여자인 자신이 어떻게 그 많은 영혼들을 구원할 수 있을까하고 생각하였다. 그리고 그녀는 그런 의문이 들면 들수록 하나님을 더 찾게 되었다. 그 당시까지만 하더라도 여자들이 설교할 수 있는 여건은 전혀 갖추어지지 않고 있었다. 그러나 애미 샘플 맥퍼슨은 어부였던 베드로가 설교하였다면 작은 캐나다 소녀인 자신도 설교할 수 있다는 생각으로 신약 성경을 뒤지기 시작하였고, 그 후 그녀는 설교하기 위한 조건은 남자가 아니라 성령 세례라는 결론에 도달하게 되었다. 그래서 그녀는 그때부터 성령 세례가 임하는 집회에 열심히 쫓아다니게 되었다.

그 당시 잉거솔에서 개최되는 성령 집회에서는 많은 사람들이 방언을 받고 있었다. 사람들이 성령 집회에 모이는 목적도 성령 세례를 받고 방언을 받기 위한 목적이었다. 그러나 그러한 종류의 모임에 참석하지 않는 그리스도인들은 그들의 모임을 너무 극단적이라며 비방하였다. 그리고 구세군 측에서는 미니에게 미니의 딸 애미 샘플 맥퍼슨이 그런 모임에 빠지지 않도록 조심하라는 충고를 자주 하였다.

그러나 그녀는 다른 사람이 뭐라고 말하든 상관하지 않았다. 그녀는 진정으로 하나님께서 기뻐하시는 일을 경험하고 행하기를 원하였다. 그리고 그녀의 마음속에는 로버트 샘플에 대한 사랑이 싹트기 시작하였다. 하나님을 간절히 찾는 그녀에게 하나님을 그토록 열심히 섬기고 전하는 로버트가 좋게 보였음은 당연한 일인지도 모른다.

이제 애미 샘플 맥퍼슨이 그녀의 대부분의 시간을 성령 집회에 참석하는 데에 쓰기 시작하자 그녀의 학교 성적이 점점 떨어지기 시작하였다. 그러던 어느 날 아침 애미 샘플 맥퍼슨이 어느 부인의 집에서 열리고 있었던 성령 집회 장소를 지나쳐 학교 쪽으로 걸어가고 있었다. 그러나 그녀는 방언을 받고 싶다는 생각에 학교 가던 길을 멈추고 성령 집회가 열리는 그 부인의 집으로 들어가고 말았다. 그녀는 그 부인의 집에 들어가 무릎을 꿇고 방언을 받게 해달라고 하나님께 간절히 기도하기 시작하였다.

그러자 주위에 있던 사람들이 그녀의 옆으로 다가와서 그녀가 방언 받게 해달라고 그녀와 같이 기도하기 시작하였다. 이때 애미 샘플 맥퍼슨은 하나님께 자신은 학교에 가야하지만 이 집회에 계속 참석하길 원하므로 빨리 방언을 받게 해주던지 아니면 자신이 학교에 안가도 되는 어떤 기적적인 일이 일어나게 해달라고 기도하였다. 그녀의 애절한 기도가 끝나자마자 그 도시와 인근도시에 역사상 전무후무할 정도의 강한 눈보라가 몰아치기 시작하였다. 그리고 이윽고 그녀가 집으로 돌아갈 수도 없고 학교에 갈 수도 없을 정도로 눈이 많이 쌓였다. 즉 눈으로 인해 모든 교통이 차단되고 학교가 폐쇄되었던 것이다.

그래서 애미 샘플 맥퍼슨은 그 부인에 집에 머무르면서 그 다음날 아침을 맞았다. 그녀는 모든 사람들이 잠든 새벽에 혼자 일어나 홀이 있는 곳으로 나가 손을 높이 들고 하나님을 찬양하기 시작하였다. 그러자 자신의 목소리가 점점 고음으로 가더니 그 어떤 천둥 치는 것과 같은 소리가 그녀의 입에서 나오는 것이었다. 그런데 그 소리가 너무도 웅장하여 그녀의 머리에서 발 끝까지 그녀의 모든 신체가 그 소리에 의해 떨리는 것처럼 느껴졌다.

이 순간 애미 샘플 맥퍼슨은 자신의 몸이 공중에 붕 떠서 하나님의 영광의 구름 속으로 빨려 날아가는 것과 같은 느낌을 받았다. 바로 그때 그녀의 입에서는 이상한 말들이 터져 나왔다. 처음엔 몇 단어만 나오더니 조금 지나자 입에서 방언을 폭포수 쏟듯 쏟아내기 시작하였다. 그녀는 너무 기뻐 사람들이 있는 아래층을 뛰어내려갔다. 그러자 그 방에 있던 사람들은 애미 샘플 맥퍼슨이 방언을 받았다는 말을 듣고 함께 기뻐하며 춤을 추었다. 그런데 그때 마침 그 부인의 집에는 로버트 샘플이 와 있었다. 그 시각 어떻게 로버트 샘플이 그곳에 있게 되었는지는 확실하지 않다. 그러나 로버트 샘플은 그 당시 여러 곳에 집회를 인도하면서 잉거솔에 자주 들렸었던 것이었기에 그날도 그곳에 와 있었을 것이다.

전기가 통하더니 춤추기 시작하다

그 당시 로버트 샘플은 여러 곳에 자주 집회를 인도하며 다녔다. 그렇게 많은 전도 여행을 다녔던 그해 겨울 동안 로버트 샘플과 애미 샘플 맥퍼슨은 그 바쁜 중에서도 편지로 서로의 사랑을 나누었다. 그 다음해인 1908년 봄에 로버트 샘플은 애미에게 청혼하였다. 그가 애미에게 결혼하자는 말을 한 장소는 바로 애미 샘플 맥퍼슨이 방언을 받은 그 집이었다. 이로부터 육 개월 후인 1908년 8월 12일, 이 둘은 온타리오, 샐포드 근처에 있는 애미 부모의 농장집에서 결혼하였다.

애미 샘플 맥퍼슨은 이제 결혼을 하였기 때문에 다니던 고등학교를 끝까지 마칠 수가 없었다. 로버트를 열렬히 사랑하였던 애미 샘플 맥퍼슨은 남편 로버트 샘플을 위하여 그녀가 사랑했던 모든 것을 다 버렸던 것이다. 그녀는 로버트만 있으면 그녀의 삶은 행복하다고 생각하였다.

애미와 로버트는 결혼하기 전에 방언을 하는 것은 성경적이라는 사실을 애미의 부모에게 확신시켰다. 그러나 로버트 샘플이 애미 샘플 맥퍼슨에게 하나님께서 자신들을 중국의 선교지로 부른다는 사실을 확신시키는 데에는 적지 않은 애를 먹었다.

중국 선교지로 가는 여행 경비를 마련하기 위하여 로버트 샘플은 낮에는 공장에서 일을 하였고 밤에는 설교를 하였다. 그후 로버트와 애미는 온타리오 주 런던으로 가서 가정 목회를 하기 시작하였다. 그곳에서는 로버트가 설교를 담당하였다. 그리고 그의 아내 애미 샘플 맥퍼슨은 피아노와 찬양 및 사람들에게 예수 영접하게 하는 기도를 담당하였다. 이런 가정 사역을 한 지 몇 달만에 그들 부부의 사역을 통하여 백 여명의 사람들이 성령 세례를 받았고 그보다 많은 수의 사람들이 예수 그리스도를 삶의 주인으로 영접하였다. 그리고 또한 많은 사람들이 치유를 경험하였다.

로버츠 샘플과 애미 샘플 부부

1909년 정월, 애미와 로버트 샘플 부부는 일리노이 주의 시카고로 갔다. 거기서 로버트 샘플은 윌리암 더햄(Willian Durham) 목사로부터 목사 안수를 받았다. 그후 에미 샘플 맥퍼슨과 로버트 샘플는 시카코에서 수개월 동안을 머무르면서 이탈리아에서 온 사람들이 모여 사는 동네에서 예수님의 복음을 전하며 사역하였는데 그 결과가 매우 좋았고 이때의 짧은 기간의 삶을 두 부부는 매우 만족해 하였다.

그후 이 애미와 로버트 샘플 부부는 오하이오 주 핀드래이라는 곳으로 가서 더햄 목사를 도와 사역을 하기 시작하였다. 이때 애미 샘플 맥퍼슨은 생전 처음으로 그녀 자신이 직접 치유를 받는 경험을 하였다. 즉 그녀는 계단에서 떨어져 다리를 다치게 되었는데 의사는 그녀에게 다리의 인대가 완전히 끊어졌으므로 다리를 다시 쓸 수 없다는 말과 깨어진 뼈들이 빨리 붙도록 하게 하기 위해선 절대로 발을 땅바닥에 닿게 해서는 안 된다고 충고하면서 되도록 움직이지 말라고 하였다. 그러나 그녀는 기도회에 참석하고 싶어서 의사의 충고를 무시하고 깁스한 발을 땅에 딛고 절룩거리며 기도회에 참석하곤 하였다.

> 그 순간 전기가 합선된 것 같은 느낌이 그녀의 발에 느껴졌다. 그러자 그녀의 발의 까만 색깔이 금방 사라져버렸다. 부러진 다리의 근육과 뼈가 제자리로 맞춰 들어가는 느낌을 받았고 그 심하던 고통이 말끔히 사라졌다.

그러던 어느 날 기도회에 참석하고 있던 애미 샘플 맥퍼슨은 자신의 발의 고통이 너무 심하여서 참을 수 없을 지경에까지 이르렀다. 그래서 그녀는 그녀의 까맣게 되고 부은 발을 쳐다보면서 기도를 하기 시작하였다. 그때 그녀는, "지금 교회에 있는 더햄 목사에게 가서 안수 기도 받으면 낫게 될 것이다"라는 음성을 듣게 되었다. 그녀는 이것이 분명 하나님의 음성이라고 확신하고 그 즉시로 교회에 있는 더햄 목사를 찾아갔다.

애미 샘플 맥퍼슨을 만난 더햄 목사는 교회의 의자들을 왔다 갔다 하더니 갑자기 그녀의 발에 손을 얹고 기도하기 시작하였다. 그순간 전기가 합선된 것같은 느낌이 그녀의 발에 느껴졌다. 그러자 그녀의 발의 까만 색깔이 금방 사라져 버렸다. 부러진 다리의 근육과 뼈가 제 자리로 맞춰 들어가는 느낌을 받았고 그 심하던 고통이 말끔히 사라졌다.

흥분한 애미 샘플 맥퍼슨은 사람들에게 깁스를 당장 풀어달라고 소리쳤다. 그 자리에 모여든 사람들은 깁스를 풀어주고 나서 애미의 발이 완전히 정상적으로 돌아온 것을 보고 너무도 놀랐다. 그녀는 그 즉시로 신발을 신고 교회 이곳 저곳을 돌아다니며 춤을 추기 시작하였다.

귀신, 굼벵이 그리고 사람을 태우는 힌두교도들

1910년 초에 애미 샘플 맥퍼슨은 아기를 임신하였다. 그리고 애미와 로버트 샘플 부부는 곧 중국으로 선교를 떠날 계획을 세웠다. 그들은 먼저 중국으로 가기 전 애미의 남편 로버트 샘플의 부모가 살고 있는 아일랜드로 가서 로버트의 부모에게 작별인사를 하였다. 그리고 돌아오는 길에 런던에 들러 몇 군데 교회에서 설교를 하였다. 남편이 런던의 어느 교회에 집회를 인도하러 떠난 사이에 어느 백만장자인 기독교인이 애미 샘플 맥퍼슨에게 빅토리아와 엘버트 홀에서 설교를 해달라고 부탁하였다. 이때 애미의 나이는 열 아홉 살에 불과하였다. 그리고 그때까지 그녀는 공중 앞에서 정식으로 설교를 해본 적이 한 번도 없었다. 그러나 이것이 하나님을 섬길 수 있는 절호의 기회라고 판단한 애미 샘플 맥퍼슨은 그 제안을 수락하였다.

애미 샘플 맥퍼슨은 큰 강당의 단 위에 서서 사람들에게 요엘 1장 4절 말씀을 가지고 하나님께서는 교회를 회복하실 것이라는 예언적인 설교를 하였다. 사실 애미 샘플 맥퍼슨은 설교 중에 너무도 많은 기름

부음을 받아 설교하였기 때문에 자신이 무슨 말을 하였는지 거의 기억 하지 못하였다. 단지 설교 후 사람들이 간간이 박수를 치며 눈물을 닦았다는 사실만 기억할 뿐이었다.

1910년 6월 샘플 부부는 드디어 중국의 홍콩에 도착하였다. 그러나 애미 샘플 맥퍼슨은 거기서 많은 고통을 당하였다. 그녀는 중국 사람들이 굼벵이를 비롯한 여러 가지 벌레들을 먹는 것을 보고 매우 놀랐다. 특히 애미 샘플 맥퍼슨은 그들이 묵고 있는 아파트의 쥐의 부스럭거리는 소리와 소음으로 인해 더욱 힘들어 하였다. 쥐로 인한 소음 때문에 잠을 잘수 없을 지경이 되자, 그들은 이 아파트에는 귀신들이 있어 쥐를 통해 자신들을 공격하고 있다고 생각하였다.

어느 날 애미 샘플 맥퍼슨은 자신이 살고 있는 아파트 근처의 길거리에서 힌두교도들이 모여 아직도 살아있는 어떤 남자의 몸에다 불을 붙여 태우는 것을 보고 기겁을 하였다. 감당하기 힘든 경험들을 계속적으로 하다가 애미 샘플 맥퍼슨은 결국 히스테리 현상을 보이기 시작하였다. 그러다 종내 그녀는 선교를 증오하기에까지 이르렀다. 그런지 얼마 되지 않아 반복되는 삶의 악조건으로 인하여 애미와 로버트 샘플은 모두 말라리아라는 병에 걸렸다. 그러다가 그들이 홍콩에 도착한지 두 달밖에 되지 않는 그해 8월 17일에 남편 로버트가 말라리아로 그녀 곁을 떠나 하나님 품으로 가버렸다.

외지에 홀로 남은 애미 샘플 맥퍼슨은 남편을 잃은 슬픔과 충격에 너무도 힘들어 하였다. 더군다나 그녀의 뱃속에는 아이까지 있었다. 남편이 사망하고 나서 한달 후인 1910년 9월 17일 애미 샘플 맥퍼슨은 그곳에서 아는 사람 하나 없이 사 파운드 나가는 건강한 여아를 출산하였다. 그리고 그녀는 딸의 이름을 로베르타 스타(Roberta Star)

라고 이름지어 주었다.

그러나 로버트 샘플의 죽음은 애미 샘플 맥퍼슨을 슬픔이라는 감옥 속에 계속 가두어 놓았다. 그녀는 남편이 남기고 간 모든 짐을 홀로 져야 하였기에, 병원에서 홀로 눈물을 삼키며 두려움에 떨었다. 때로 그녀는 엄습해오는 두려움과 외로움에 자신의 손톱으로 병원의 벽을 긁으면서 괴로워하기도 하였다.

얼마 후 애미 샘플 맥퍼슨의 어머니 미니는 자신의 딸이 고향에 다시 돌아올 수 있는 배 삯을 딸에게 부쳐주었다. 그래서 애미 샘플 맥퍼슨은 비로소 태평양을 건너 갓난 아이와 함께 다시 미국으로 돌아올 수 있었다.

행복한 가정

몸은 비록 고향에 돌아왔건만 애미 샘플 맥퍼슨은 로버트를 잃은 슬픔에서 수년 동안이나 헤어 나오지 못하였다. 그러나 그녀는 그러한 가운데서도 자신을 향한 하나님의 뜻이 무엇인지 알려고 노력하였다. 그녀는 로버트 샘플이 생전에 사역하였었던 교회에서 자신이 사역할 기회가 있는 지를 알아보기 위하여 뉴욕과 시카고를 둘러보았다. 그러나 그녀의 아기가 병에 걸리자 그녀는 하는 수 없이 어렸을 때 자신이 자란 고향으로 다시 돌아가고 말았다. 그녀는 당분간 아무 일도 하질 않고 고향에 가만히 있기만 하였다. 그러나 그녀는 얼마후 고향에서의 지루하고 외로운 생활에 싫증을 느껴 다시 뉴욕으로 갔다.

뉴욕에 도착한 애미 샘플 맥퍼슨은 어느날 해롤드 맥퍼슨(Harold McPherson)이라는 사람을 만나게 되었다. 그리고 애미 샘플 맥퍼슨은 해롤드를 만난지 얼마 지나지 않아 자신의 마음이 그 남자에게 끌리는 것을 발견하였다. 해롤드 맥퍼슨은 로드아일랜드 출신으로 의지가 굳고 생각이 명료한 친절하면서도 건장한 신체를 가진 사람이었다.

1912년 2월 28일 애미와 해롤드는 결혼하였는데 애미 샘플 맥퍼슨은 자신의 새 남편인 해롤드를 "맥"이라고 불렀다. 그러자 애미와 로버트 사이에서 난 딸 로베르타 스타도 자신의 의붓 아버지 해롤드를 "맥" 아빠라고 불렀다. 그들은 결혼 후 로드아일랜드의 한 작은 아파트에 새로운 보금자리를 차렸다. 그리고 해롤드는 집 근처에 있는 은행에서 은행원으로 일하게 되었다. 결혼 후 애미 샘플 맥퍼슨은 모든 사역을 접어두고 가정 주부로서의 일만 하였다. 그리고 1912년에 그녀는 새 남편 해롤드 맥퍼슨의 아이를 임신하게 되었다.

별로 힘든 것 없이 평범한 가정 주부로서 살아가는 애미에게 단지 하나의 어려운 점이 있다면 그것은 바로 남편 해롤드와 자신의 인생관이 너무도 틀렸다는 것이다. 이 문제 때문에 애미 샘플 맥퍼슨은 매우 힘들어 하였다. 훗날 애미 샘플 맥퍼슨은 이 당시의 자신의 삶이 마치 하나님의 명령을 져버렸던 요나의 삶과 같았었다고 회상하였다. 자신이 하나님의 명령을 져버렸다는 생각이 애미 샘플 맥퍼슨을 죄어오자 그녀는 그만 우울증에 빠지고 말았다. 우울증이 심해지자 급기야는 이름 모를 병에 걸려 그녀는 시름시름 앓기 시작하였다. 이 증세로 인하여 그녀의 명랑했던 감정은 점차적으로 메말라갔다.

"말씀을 전하라"

그런 정신적으로 어려운 가운데 1913년 3월 23일 애미 샘플 맥퍼슨은 외동 아들 랄프(Rolf)를 낳았다. 그녀는 이제 두 아이의 어머니

> 애미 샘플 맥퍼슨은 이제 곧 숨을 거둘 것 같았다. 의사들은 그녀를 시체실 바로 옆방으로 옮겼다. 그런데 이때 애미 샘플 맥퍼슨은 비몽사몽간에 "너는 가서 복음을 전하라" 라는 하나님의 음성을 다시 듣게 되었다. 그러자 곧 애미의 입에선 가냘픈 소리가 새어나왔다. 그 소리는 사람들에게 회개할 것을 촉구하며 복음을 전하는 설교의 소리였다.

로서 감정적으로 성숙해지기 시작하였는데 이때 얻은 성숙함은 훗날 그녀의 사역에 적지 않은 도움을 주었다. 그녀는 랄프를 낳고 나서 며칠후에 "너는 세상으로 나가서 말씀을 전하라!"라는 하나님의 음성을 듣게 되었다. 그후 그녀는 하나님께서 말씀하시는 동일한 내용의 음성을 자주 들었는데 특히 집안에서 청소를 할 때면 그 음성이 더 잘 들렸다.

애미 샘플 맥퍼슨은 이러한 하나님의 음성을 듣는 몇 년이란 기간 동안 성령님에 대한 예민함을 증가시켜 나갔다. 그녀는 이때 성령님의 음성을 듣는 능력을 잘 키움으로 말미암아 결국 그녀는 잠자고 있는 미국을 깨우는 사역자로 발돋움 할 수가 있었다. 사람들은 그녀가 하나님의 말씀을 전할 때면 그녀는 마치 어린 자녀에게 말하는 어머니와 같이 말하곤 하였다고 말하였다.

1914년이 되자 그녀는 자신이 살고있는 동네에 있는 교회 주일학교에서 어린이들을 상대로 설교하고 말씀을 가르쳤다. 그러나 그녀는 그러한 활동이 그녀에 대한 하나님의 부름심에 합당하다고 생각하지는 않았다. 그녀가 그런 활동을 하면 할수록 "세상으로 나가서 복음을 전하는 전도자가 되어라"라는 하나님의 음성은 심령 속에 더 크게 울릴 뿐이었다.

그러다가 그녀는 같은 해인 1914년에 중병에 걸리고 말았다. 그녀는 병을 치료하기 위해 병원에서 여러 차례나 수술을 받았다. 그러나 수술 결과는 별로 신통하질 못하였다. 병마로 인한 아픔에 고통스러워하던 애미 샘플 맥퍼슨은 수술해도 별 나아진 것이 없자 하나님에게 차라리 자신의 목숨을 거두어 가 달라고 기도하기까지 하였다.

애미 샘플 맥퍼슨이 이제 며칠을 넘기지 못하고 죽을 것이라고 판단한 그녀의 담당 의사는 그녀의 시어머니와 친정 어머니에게 장례식을 준비하라고 말하였다. 애미 샘플 맥퍼슨의 친정 어머니 미미는 자신의 딸이 매우 위독하다는 말을 듣자 자신이 애미를 임신하였을 때와 애미를 낳고 삼 주째 되었을 때 하나님께 서원하였던 서원 기도가 생각났다. 그 서원은 바로 자신이 못다 이룬 사역을 자신의 딸이 이룰 수 있도록 하기 위해 자신의 딸 애미 샘플 맥퍼슨을 하나님께 바친다는 서원이었다. 그러나 하나님과의 약속은 하나도 이루어지지 않고 있고, 자신의 딸 애미 샘플 맥퍼슨은 지금 사경을 헤매고 있는 것이었다. 그래서 미미는 죽어 가는 딸을 붙들고 계속 하나님께 약속을 지키시라고 기도하며, 자신은 절대로 애미 샘플 맥퍼슨을 죽게 내어버려 둘 수 없다며 하나님께 붙들고 늘어졌다. 애미 샘플 맥퍼슨을 돌보던 간호원들은 미니가 딸 옆에서 눈물의 기도를 드리는 것을 보고 같이 눈물을 흘렸다.

애미 샘플 맥퍼슨은 이제 곧 숨을 거둘 것 같았다. 의사들은 그녀를 시체실 바로 옆방으로 옮겼다. 그런데 이때 애미 샘플 맥퍼슨은 비몽사몽간에 "너는 가서 복음을 전하라"라는 하나님의 음성을 다시 듣게 되었다. 그러자 곧 애미의 입에선 가냘픈 소리가 새어나왔다. 그 소리는 사람들에게 회개할 것을 촉구하며 복음을 전하는 설교의 소리였다. 그리고 그녀의 소리가 점점 더 커지더니 이윽고 그녀의 감긴 눈이 떠졌다. 그리곤 그녀가 심하게 느꼈던 고통도 사라졌다. 이 일이 있고 나서 이 주일 후 그녀는 병원에서 퇴원하여 정상인으로 활동할 수 있게 되었다.

"나는 건초 바닥에 쓰러졌습니다."

이 당시 애미의 남편 해롤드는 안정된 직장을 가지고 있었기에 자신의 아내 애미 샘플 맥퍼슨이 다른 보통 여자들처럼 아이를 돌보고 집안을 가꾸는 평범한 가정 주부로 살아가 주기를 바라고 있었다. 그러나 애미 샘플 맥퍼슨은 하나님의 부르심에 응답하기 위해서 자신이 집안에만 있을 수는 없었다. 그래서 1915년 봄, 애미 샘플 맥퍼슨은 자신의 두 자녀 로베르타와 랄프를 데리고 해롤드의 곁을 떠나 토론토로 갔다.

그녀는 두 아이를 데리고 집을 나오고 난 직후에 남편 해롤드 맥퍼슨에게 자신이 참석할 오순절 캠프 집회에 참석해 달라며, **"나는 당신과 같은 길을 걸어보려고 했지만 결국 실패하고 말았습니다. 이제 당신이 내가 걷고자 하는 길을 나와 같이 걸어주시길 나는 간절히 바랍니다. 그렇게 해주신다면, 분명 당신은 행복해질 것입니다"**라는 내용의 전보를 쳤다.

애미 샘플 맥퍼슨의 어머니 미니가 애미의 두 어린 자녀들을 돌보아 주었기에 애미 샘플 맥퍼슨은 이제 그렇게도 하고 싶었던 사역을 드디어 할 수 있게 되었다. 해롤드 맥퍼슨은 애미의 전보를 받은 지 수개월이 지나서야 애미에게 답장을 썼다. 그후 그들은 헤어진지 수개월간 재결합해 보기 위해 서로 노력을 하였으나 별 효과가 없었다. 그동안 그 둘 사이의 간격은 너무도 벌어져 있었고 남편 해롤드로서는 아내 애미의 발걸음을 따라가기가 역부족이었다.

오랫동안 사역을 접고 있었던 애미 샘플 맥퍼슨은 사역을 다시 시작하면서 자신이 한창 사역할 때 역사하였던 하나님의 기름 부으심과 능력이 다시 나타날지 어떨지에 대해서 무척 고민하였다. 그러나 그러한 고민과 두려움은 그녀가 오순절 캠프 집회 장소에 도달하자 말끔히 사라졌다. 캠프 집회의 요원들이 애미 샘플 맥퍼슨을 먼저 알아보고는 그녀를 진심으로 환영하며 돌보아 주었다. 그녀는 그곳에 있으며 그들과 어울려 다시 하나님을 신령과 진정으로 경배하게 되자, 그녀의 심령 속에 잠재해 있던 하나님을 향한 불씨가 옛날처럼 다시 훨훨 타올랐다.

애미 샘플 맥퍼슨은 나중에 이 당시를 회상하며, **"나는 그 당시에 내게 임한 하나님의 놀라운 사랑을 오랜 세월이 지난 지금에도 느낄 수가 있습니다. 나는 그때 하나님의 능력을 받자마자 건초 바닥에 쓰러졌습니다."**

애미 샘플 맥퍼슨은 이 캠프 집회가 열리는 몇 주간 동안 집회 장소내의 식당에서 접시를 닦는 일을 해가며 기도 사역자로 봉사하였다. 그리고 그녀는 이 짧은 기간동안 너무도 큰 행복감을 느꼈다.

찢어진 천막과 능력

이후 애미 샘플 맥퍼슨은 자신이 직접 집회를 열게 되었다. 그녀는 사람들을 동원하는 데에는 매우 적극적인 사람이었다. 그녀는 자신이 할 수 있는 모든 방법을 다 강구하여 사람들이 자신의 집회에 참석하도록 하였다. 그 결과 멀리 떨어져 사는 사람들도 그녀의 집회에 오는 일이 빈번해 졌다. 집을 떠난 첫 해인 1915년에 한번은 오백 명 이상의 사람이 그녀의 집회에 참석한 적도 있었다. 이 오백이라는 숫자는 그녀의 집회가 점점 더 사람들의 시선을 끌게 되었음을 시사해 주는 숫자였다. 더군다나 그녀의 드라마틱한 삶과 그녀가 여자 설교가라는 사실이 많은 사람들을 그녀의 집회로 끌어당긴 요인이었다.

한번은 집회 참석자들이 돈을 모아 그녀에게 65불을 주었다. 이 헌금과 다른 돈을 합하여 그녀는 오백 불짜리 천막을 샀다. 그녀는 천막을 너무 싸게 산것에 대해 매우 기뻐하였다. 그러면서 이틀 후 다가온 집회를 위해 천막을 펼쳐 조사하던 그녀는 깜짝 놀랐다. 천막 여러 군데에 구멍이 나고 찢어져 있었던 것이었다. 이에 깜짝 놀란 그녀는 부랴부랴 자원봉사자들을 동원하여 손이 아리고 굳어질 때까지 그 천막을 기웠다. 그녀는 결국 밤샘 작업 끝에 그 다음날까지 천막을 기워 무사히 집회를 치를 수가 있었다.

한번은 애미 샘플 맥퍼슨이 집회를 인도하고 있는 중에 집회에 참석한 군중들 사이에 자신의 남편 해롤드가 앉아있는 것을 그녀가 보았다. 해롤드 맥퍼슨은 자신의 곁을 떠난 애미의 집회에 참석하기 위하여 먼길을 마다 않고 왔던 것이다. 해롤드는 그날 밤에 그 집회에서 성령님으로 채움 받는 경험을 하였다. 그리고 그때부터 그는 애미의 모임에 매번 참석하기 시작하였다.

그 즈음 일부의 사람들은 애미 샘플 맥퍼슨이 너무 자신의 집회만 고집하는 메너리즘에 빠졌고 사람들을 자신의 집회에 동원하는 데에만 신경을 쓰고 있다고 비난하였다. 그러나 그녀가 자녀를 사랑하는 어머니의 마음을 가지고 사람들을 대하였기 때문에 사람들은 그녀 앞에서 편안해 하였다. 그리고 그녀의 집회에서는 하나님의 임재와 능력이 많이 나타났기 때문에 많은 사람들이 모이지 않을 수 없었다. 그

한 예로 그녀의 집회를 통해서 수천 명의 사람들이 동시에 성령 세례를 받는 일이 일어나기도 하였다.

바퀴 달린 교회

그후 애미 샘플 맥퍼슨은 칠 년이라는 기간 동안 미국 전역을 여섯 번이나 순회하였다. 1917년부터 1923년까지의 칠 년 동안 그녀는 100개 이상의 도시에서 집회를 가졌으며, 한 장소에 이틀에서 많으면 한 달까지 머물렀던 것이다.

그녀의 전국 순회 첫 집회에서 어떤 여인이 심하게 앓아오던 관절염에서 깨끗이 나음받는 기적을 체험하였다. 그 여자의 관절염은 너무도 심해, 심지어는 목이 뒤틀려 있어서 그녀는 사람들을 똑바로 쳐다볼 수가 없을 정도였었다. 그러나 애미 샘플 맥퍼슨의 기도를 받자마자 그녀의 뒤틀려진 목은 정상으로 돌아와서, 그녀는 혼자 힘으로 애미 샘플 맥퍼슨을 똑바로 쳐다볼 수가 있게 되었다. 하나님께서 그녀를 고쳐준 것이었다.

애미 샘플 맥퍼슨은 지금껏 한번도 치유사역자가 되려는 생각을 가진 적이 없었다. 그러나 그녀가 복음을 전하면 치유도 같이 일어났다. 하나님께서 그녀를 복음 전도자로 부르시면서 그녀에게 치유의 은사도 부어주신 것이다. 그녀의 집회에 치유의 기적이 일어난다는 소문이 사람들의 입을 통하여 퍼져나가자 예전보다 더 많은 사람들이 그녀의 집회에 몰려들었다.

한번은 집회에서 헌금을 하였는데 그 액수가 1912년 형 팩카드 가족 여행용 차를 사기에 충분한 액수였다. 그래서 그녀는 그 차를 사서 뒷부분을 교회 형태로 개조하였다. 이 교회는 그 후 그 유명한 바퀴 달린 교회가 되었다. 그녀는 이 차로 이곳 저곳으로 이동하면서 하루에 여덟 차례에서 열 차례 정도까지 설교를 하였다. 그리고 그녀는 이 차를 타고 여기 저기 이동하면서 사람들에게 복음 전도지를 나누어주었다. 이 바퀴 달린 교회로 인하여 사람들에게 다음 집회에 참석할 것을 신속하게 알릴 수 있게 되었던 것이다.

그녀의 설교는 부드러웠으나 그녀의 육체는 강하였다. 체력이 강했던 그녀는 텐트를 옮기고 세우는 데에도 막강한 힘을 발휘하였다. 그녀가 힘을 쓰면 쓸수록 그녀는 더욱 더 건강해져 그 건강한 몸을 가지고 더욱 더 힘차게 하나님의 사역에만 매진하였다.

화상 그리고 퍼레이드

앞서도 언급하였듯이 그녀의 설교에는 모성애가 흘러 넘쳐났다. 그녀는 마치 엄마가 아기에게 말하는 것처럼 설교하였던 것이다. 그녀는 한번도 설교를 통해 사람들을 위협하거나 저주하는 말을 한 적이 없었고 언제나 사람들이 자신의 설교를 통해 하나님의 은혜와 자비를 체험하도록 하였다.

그렇다고 해서 그녀가 약해빠졌다는 말은 결코 아니다. 어머니는 여자보다 강하다는 말처럼 그녀는 강한 사람이었다. 한번은 집회 도중에 그녀의 얼굴에 석유 램프가 떨어지는 바람에 얼굴에 불이 붙었다. 그녀는 재빨리 불붙는 얼굴을 물 속에 담궜지만 얼굴은 이내 빨개졌고 물집이 생겼다. 그런데 엎친 데 덮친 격으로 그녀의 집회를 방해하는 방해꾼들이 보는 앞에서 그런 일이 벌어졌던 것이다. 그녀는 물집 투성이의 얼굴로는 집회를 인도할 수가 없었다. 그래서 그녀는 설교하기를 포기하고 천막을 막 빠져나가려던 참이었다. 그런데 그순간 그녀는 방해꾼들로부터 참을 수 없는 말을 들었다. 바로 집회 방해꾼

"이 여자 치유자가 지금 화상을 입어 오늘 밤 그녀가 인도하기로 예정된 집회는 취소되었습니다."

들 중에서 한 명이 단상으로 올라가, "이 여자 치유자가 지금 화상을 입어 오늘 밤 그녀가 인도하기로 예정된 집회는 취소되었습니다"라고 소리친 것이었다. 이에 분노한 그녀는 잽싸게 몸을 돌려 천막 안으로 다시 들어와 단상 앞 피아노 앞에 앉아 찬송을 부르며, **"치유하시는 나의 하나님, 나의 고통을 빨리 가져가 주소서"**라고 외쳤다. 그런데 놀랍게도 그녀가 그 찬송가의 삼 절을 다 마치기도 전에 많은 사람들은 그녀의 얼굴의 물집이 서서히 사라지고 빨갛게 탔던 그녀의 얼굴색이 정상으로 돌아온 것을 관찰할 수 있었던 것이다.

그녀는 기회가 찾아오면 이 찾아온 기회를 군중들을 동원하는데 사용하였다. 한번은 어느 도시에서 그 도시 주최로 성 화요일 퍼레이드가 열릴 예정이었다. 이 퍼레이드에는 그 도시에 있는 모든 단체가 참석할 수 있었다. 그래서 그녀는 부랴부랴 사람들을 동원하여, 그녀의 1912년형 팩카드의 바퀴 달린 교회를 멋있게 장식하였다. 차 전체를 산으로 꾸미고 그 정상에 모형 천막을 세웠다. 그리곤 야자수들을 곳곳에 배치하고 스페인산 이끼를 구해 멋있게 산을 꾸민 후 한 켠에는, "예수님께서 곧 오십니다. 우리는 오순절 집회에 갑니다. 여러분들도 가시렵니까?"라고 써 붙였다. 그리고 이 차가 행진하는 동안 그녀는 그 차 안에 앉아 작은 오르간을 연주할 계획을 치밀히 세웠다. 행진이 시작되기 전에 그녀의 남편 해롤드 맥퍼슨은 이 장식된 차를 행진 출발점에다 가져다 놓았는데 다행히 경찰이 그것이 바퀴달린 차인 것을 눈치채지 못하였다. 퍼레이드가 시작되자 사람들은 이 바퀴 달린 교회를 보고 열광하였다. 그날 밤 집회가 끝난 후 애미 샘플 맥퍼슨은 차 위에 세웠던 천막을 치우면서, **"우리의 참신한 아이디어에**

사람들이 꽤나 좋아하더군요"라고 말하였다.

해롤드 맥퍼슨이 하던 일을 미니가 맡다

이즈음 애미 샘플 맥퍼슨은 브리달 콜(Bridal Call: 결혼식 초대)이라는 네 페이지 짜리 신문을 발행하기 시작하였다. 이 신문은 발행 초기에는 구독료를 받지 않았다. 그러나 발행한지 삼 개월이 되자 이 신문은 사진과 설교 그리고 시를 곁들인 16면 짜리 유가 신문이 되었다. 애미 샘플 맥퍼슨이 신문을 만든 이유는 이 신문을 통해 회개의 메시지만 선포하였던 딱딱한 미국의 교회들을 결혼식의 축제의 분위기가 나는 즐거운 교회들로 만들어보고 싶어서였다.

이제 애미 샘플 맥퍼슨은 점점 사람들 사이에서 성령님의 자유함에 있어서는 미국에서 가장 뛰어난 사역자로 인식되어져 가고 있었다. 그러자 자유분방하고 매임을 싫어하는 사람들이 그녀의 집회에 더 많이 참석하게 되었다. 참석 숫자가 작을 때에는 별문제가 되지 않았으나 점점 더 자유로움을 추구하는 사람들이 많이 참석하자 이들을 어떻게 다루는가가 집회의 성공 여부를 좌우하게 되었다. 그래서 그녀가 생각해낸 방법이 바로 전체 찬양이었다. 그녀는 능수 능란한 솜씨로 전체 찬양을 인도하면서 다루기 힘든 자유분방한 참석자들을 찬양을 통해 하나님의 은혜의 도가니 속으로 밀어 넣었다. 그리고 애미 샘플 맥퍼슨은 이때부터 자신의 설교를 드라마식으로 또는 낭독식으로 진행하여 집회의 분위기를 쇄신시켰다.

> 애미 샘플 맥퍼슨은 바른 복음 전도를 하기 위해서는 믿음 외에도 조직력이 필요하다고 믿고 있었다. 그런데 그 조직의 일을 자신의 어머니 미미가 잘 맡아 관리해 주었던 것이다.

그녀는 또한 흑인들 사이에서도 인기가 높았다. 그녀는 진심으로 흑인들을 사랑하였고 이들을 불쌍히 여겼다. 흑인들은 애미 샘플 맥퍼슨이 백인임에도 불구하고 흑인인 자신들을 거짓없이 사랑한다는 사실을 알았던 것이다. 한번은 그녀가 미국 남부의 어느 지역에서 집회를 인도할 때였다. 그녀는 그곳에서 집회를 인도하는 동안 시간만 나면 흑인들이 일하는 농장에 나가 팔 소매를 걷어 부치고 하루종일 그들과 같이 일하여 그들의 부족한 일손을 거들었다. 그러자 이때부터 흑인들이 대거 그녀의 집회에 참석하기 시작하였다.

점점 그녀의 집회에 참석하는 참석 인원수는 증가하였다. 그러나 이즈음 애미 샘플 맥퍼슨은 다시 해롤드 맥퍼슨과의 갈등으로 심한 아픔을 경험하였다. 해롤드는 그녀가 생활하듯 이곳 저곳을 돌아다니며 사는 삶에 만족을 느낄 수가 없었다. 그리고 그는 그녀의 비전을 이해할 수가 없었기에 그녀의 사역에 동참할 수는 더 더욱 없었다. 며칠간의 심한 갈등 끝에 해롤드 맥퍼슨는 드디어 짐을 싸서 애미 곁을 영원히 떠나고 말았다.

그로부터 몇 년이 지나자 해롤드 맥퍼슨이 애미 샘플 맥퍼슨에게 그녀가 자신의 삶을 황폐화시켰다는 구실로 변호사를 통해 이혼을 요청하였다. 이혼 요청을 받은 그녀는 해롤드가 다른 여자와 다시 결혼하면 지금보다는 더 행복하게 살수 있는 것이라는 생각과 함께 그의 삶이 영원히 황폐하게 된 것은 아니라고 생각하여 그의 이혼 요청을 받아들였다. 그래서 이 둘은 결국 이혼하였다.

해롤드가 애미의 곁을 완전히 떠나자, 애미의 어머니 미니가 떠난 해롤드의 자리를 대신하였다. 미니는 그동안 자신이 돌보고 있던 애미의 일곱 살난 딸 로베르타를 데리고 애미의 집으로 들어갔다. 어린 로베르타는 이년만에 엄마와 같이 살수 있게 된 것을 매우 기뻐하였다. 로베르타는 자신의 어머니 애미 샘플 맥퍼슨이 설교하는 모습을 지켜보며 새로운 환경에 빠르게 적응하였다.

애미의 어머니 미니는 자신의 딸이 인도하는 집회에 몰려드는 수많은 사람들을 너무도 잘 돌보기 시작하였다. 애미 샘플 맥퍼슨은 바른 복음 전도를 하기 위해서는 믿음 외에도 조직력이 필요하다고 믿고 있었다. 그런데 그 조직의 일을 자신의 어머니 미미가 잘 맡아 관리해 주었던 것이다. 다시 말한다면, 애미 샘플 맥퍼슨은 몰려드는 수천 명의 사람들을 잘 관리할 수 있는 인물이 절실히 필요했는데, 마침 자신의 어머니 미니가 그 일을 맡아주어 매우 만족해 하였던 것이다. 이러한 어머니의 도움 결과 그녀의 사역 규모는 점점 커져 더 이상 천막으로서는 몰려드는 사람을 수용할 수가 없게 되었다. 그러자 그녀는 더 큰 장소인 콜로세움에서 집회를 열 수밖에 없었다.

늘어난 신발과 구름 한 병

애미 샘플 맥퍼슨의 두 자녀들은 어머니를 따라 이곳 저곳 돌아다니면서 성장하였는데 어린 아이들로서는 쉽지 않은 삶이었다. 그럼에도 불구하고 그녀의 두 자녀는 어머니의 사랑과 보호 속에서 안정감을 느끼면서 자라났다. 일부 사람들은 애미 샘플 맥퍼슨이 두 자녀의 삶을 망쳐놓는다고 비난하기도 하였지만, 두 자녀들은 어머니와 같이 지내는 것을 아주 좋아하였다.

두 자녀 랄프와 로베르타는 그녀의 어머니에 대해 매우 좋은 기억을 갖고 있었다. 한번은 식구들이 고속도로로 차를 몰고 가고 있었다. 그때 애미 샘플 맥퍼슨은 로베르타에게 구름 이야기를 해주었다. 그런데 차가 안개 낀 지역을 통과하자 어린 로베르타는 어머니에게 구름을 손으로 잡아 보겠다고 칭얼대었다. 그러자 차를 길옆에 세운 애미 샘플 맥퍼슨은 빈 병을 손에 들고 차 밖으로 나가 병에 안개가 가득 차기까지 기다렸다. 애미는 안개가 병에 가득 차자 병마개를 닫은 후 차 안으로 들어와 구름 한 병 담았다며 칭얼대던 딸 로베르타에게 안개가 들어찬 병을 건네준 적이 있었다. 이 일 이후로 로베르타는 어머니를 회상할 때마다 이때의 기억을 떠올리곤 하였다.

랄프는 자기의 어머니 애미 샘플 맥퍼슨에 대해 다음과 같은 소중한 추억을 간직하고 있었다. 한번은 어린 랄프가 새 신발을 신고 싶어서 안달하였다. 그러던 어느 날 내용물을 모르는 선물 상자가 도착하였다. 이 상자를 열어 보니 랄프의 발에 꼭 맞을 만한 신발 한 컬레가 들어있었다. 이에 신이 난 랄프가 신발을 신어보았다. 그러나 신발이 너무 작아 발이 신발 속으로 잘 들어가질 않았다. 그러자 옆에서 이를 지켜보고 있던 로베르타가 애미에게, "엄마, 이스라엘 백성들이 광야에서 사십 년간 있으면서 발이 커져서 신고 있던 신발을 더 이상 신을 수 없게 되었을텐데 그 때 그들은 그 문제를 어떻게 해결했지? 사막에서 말이야..."라고 물었다. 이 질문에 대해 애미 샘플 맥퍼슨은 잽싸게, **"하나님께서 그들의 신발을 늘여주셨지"**라고 대답하였다. 그러자 로베르타는 그럼 우리도 하나님께 그렇게 해달라고 기도해 보자고 하였다. 그러자 애미 샘플 맥퍼슨은, **"글쎄, 한번 기도해 보자꾸나"**라고 말하면서 아이들과 같이 기도하였다. 기도 후 랄프는 신발을 다시 신어보았다. 그랬더니 이번에는 정말로 신이 발에 꼭 들어맞았다.

한번은 랄프가 캠프 집회 장소 근처 풀밭에서 놀고 있다가 모르고 쇠 갈쿠리에 발이 찔려 피가 많이 났다. 애미 샘플 맥퍼슨은 다급히 발에서 피가 나는 랄프를 데리고 천막 안으로 들어가 자신의 손으로 랄프의 발을 꼭 잡고 하나님께 낫게 해달라고 기도하였다. 그런데 어머니의 기도를 받는 중에 어린 랄프는 잠이 들었다. 집회 소리에 잠이 깬 랄프는 이부자리에 피가 묻어있는 것을 보고 놀라 자기의 한쪽 발을 쳐다보았다. 그랬더니 발에 찔린 자국이 하나도 없었다. 그래서 다른 발을 쳐다보았다. 다른 발도 정상이었다. 하나님께서 어머니의 기도를 들어주셨던 것이다.

하나님께서 주신 옷

초기 오순절 교리들 중에서 애미 샘플 맥퍼슨이 받아들이지 않은 교리가 있었는데 그것은 바로 성화에 관한 교리였다. 애미 샘플 맥퍼슨은 성화를 하나님의 두 번째 은혜의 결과라는 초기 오순절의 교리를 받아들이지 않았다. 그 이유는 그녀가 성화 과정에 있는 사람일수록 세상을 떠나 종교적으로 점점 더 고립되는 잘못을 자주 보았기 때문이었다.

그녀는 가능한 많은 사람들이 복음을 받아들이길 원했다. 그래서 그녀는 사람들이 복음에 관해 들을 때 그들이 겁내하거나 두려워하는 모든 요소가 제거되어야 더 많은 사람들이 복음을 받아들일 수 있다고 생각하였다. 그녀는 그 당시 교회들에게서 편만한 엘리트주의와 죄인들을 얕보고 멸시하는 병폐를 직시하고 있었다. 그녀는 이러한 교회의 엘리트 의식은 하나님 보시기에 죄라는 단호한 입장을 취하였다.

"죄를 아무리 변명하고 미화해도 죄는 죄입니다. 하나님은 우리의 속을 보고 계십니다. 하나님은 거룩하십니다. 거룩한 사람은 하나님을 볼 것입니다. 세상 사람들은 구원받아야 합니다. 그리고 믿는 우리는 성화되어야 합니다. 그러나 이 모두가 예수의 피 흘

림으로만 가능합니다."

유럽이 이차대전의 소용돌이 속으로 빠져 들어가던 1918년에 유행성 독감이 미국 전역으로 퍼져 많은 사람들이 죽어가고 있었다. 이러한 미국의 암흑기에 애미 샘플 맥퍼슨의 사역은 미국 사람들에게 희망을 주었다. 그녀의 사역 중에서 특히 섬김의 사역이 사람들에게 먹혀 들어갔다. 애미 샘플 맥퍼슨이 어느 날 옷을 사려고 가게에 들어갔을 때 하나님께서는 애미에게 다음과 같이 말씀하여 주심으로 그녀가 하던 섬김의 사역을 인정하여 주셨다.

> 그녀가 인디애나폴리스에 들른 날 마침 이 시의 시장은 유행성 감기 경보를 해제하였기에 애미 샘플 맥퍼슨은 아무 문제없이 이 도시 안으로 들어갈 수 있었다. 그곳에서 애미 샘플 맥퍼슨은 마리아 우드 워쓰-에터를 만났는데 이 경험은 그녀의 삶과 사역에 큰 영향을 미쳤다.

"애미야, 너는 모든 사람의 종이다. 그렇지 않니? 너는 위층으로 올라가서 점원에게 종들이 입는 옷이 있는지 물어보아라."

그래서 애니는 이 말씀에 순종하여 윗층으로 올라가 종들이 입는 옷 두벌을 오 달러를 주고 샀다. 그때부터 그녀는 사역을 하고 집회를 인도할 때마다 이 때 산 하얀색의 종들이 입는 옷을 입었다.

장미가 있는 집

로베르타가 유행성 감기로 고생하고 있던 어느 날 오후, 로베르타는 머리맡에서 자신의 병을 간호해 주고 있는 어머니 애미 샘플 맥퍼슨에게 왜 자신들은 남들처럼 집이 없는지를 물어보았다. 할말이 없어진 그녀는 딸 로베르타의 손을 붙잡고 하나님께 로베르타의 병이 낫게 해달라고 기도하기 시작하였다. 바로 그순간 하나님께서는 애미에게 로베르타의 병을 낫게 해주겠다는 말씀과 아울러 애미의 가족에게 남 캘리포니아 주에 있는 집을 한 채 주시겠으니 그곳으로 떠나라고 말씀하셨다. 그리고 하나님께서 그 말씀을 하시는 그순간에 애미 샘플 맥퍼슨은 방갈로와 장미정원이 있는 아름다운 집을 환상으로 보았다.

로베르타가 병에서 회복되자 애미와 그녀의 가족들은 하나님의 말씀에 의지하여 캘리포니아를 향해 떠나기 시작하였다. 로베르타는 앞으로 하나님께서 주실 집이 하나님의 기적이라는 사실에 대해 감을 잡지 못하였기에 나중에, "저의 어머니가 우리가 앞으로 집을 가질 것이라고 말했을 때, 난 어머니가 은행에 저금해 놓으신 여분의 돈이 있는 줄로 알았습니다"라고 말하였다.

캘리포니아까지 가는 길은 먼 여정이었다. 그 당시에는 지도가 거의 없었고 도시와 도시사이는 매우 멀리 떨어져 있었다. 그리고 도로사정도 매우 좋지 않아서 노중에서 무슨 일이 일어날지 아무도 몰랐다. 그러나 이 모든 난관이 애미 샘플 맥퍼슨에게는 큰 문제가 되질 않았다.

애미 샘플 맥퍼슨은 가족들을 데리고 미국의 서해안에 위치한 캘리포니아 주를 향해 가는 도중에 인디애나폴리스에 잠시 들렀다. 그녀가 인디애나폴리스에 들른 날 마침 이 시의 시장은 유행성 감기 경보를 해제하였기에 애미 샘플 맥퍼슨은 아무 문제없이 이 도시 안으로 들어갈 수 있었다. 그곳에서 애미 샘플 맥퍼슨은 마리아 우드워스-에터를 만났는데 이 경험은 그녀의 삶과 사역에 큰 영향을 미쳤다. 그녀는 마리아 우드워스-에터의 집회에 참석하여 그녀의 설교를 듣고 큰 영향과 영감을 받았던 것이다.

1918년 말이 되자 애미와 그녀의 가족들은 드디어 캘리포니아 주에 도착하였다. 애미의 명성은 그녀가 도착하기 전에 이미 캘리포니아 주 전체에 쫙 퍼져 있었다. 그 당시 캘리포니아 주 아주사 거리에서 일어났던 아주사 거리 부흥은 사람들의 기억 속에만 있었고, 아주사 교회의 회원들은 그 도시에 전체로 흩어져 버린 때였다. 그래서 그곳의 사람들은 다시 하나님의 부흥을 일으킬 사람을 기다리고 있었다. 이때 바로 애미 샘플 맥퍼슨이 그곳에 도착한 것이다. 그러자 사람들은 캘리포니아에 막 도착한 애미 샘플 맥퍼슨이야 말로 캘리포니아에 부흥을 다시 몰고 올 바로 그 사람이라고 생각하였다.

그녀가 도착한지 이틀만에 그녀는 "일어나 외쳐라! 하나님께서 이 도시를 당신에게 주셨다"라는 제목으로 하나님의 말씀을 사람들에게 전하기 시작하였다. 그 첫 집회에는 그녀의 메시지를 듣기 위해 칠백명이나 되는 많은 사람들이 참석하였다. 1919년 초가 되자 그녀는 필하모니 강당에서 설교하였다. 이 때 필하모니 강당의 복도 바닥은 물론 창문에까지 사람들이 걸터앉아 그녀의 설교를 들었다.

그녀가 도착한지 이 주일이 되는 날이었다. 그녀가 설교를 끝내자 어느 여인이 일어나 자신의 땅을 애미 샘플 맥퍼슨에게 무상으로 주겠노라고 사람들 앞에 공포하였다. 그러자 몇 사람들이 자신들은 자원 봉사를 하여 애미의 집을 지어 주겠노라고 선언하였다. 그러자 또 몇 사람들이 일어나 애미 샘플 맥퍼슨의 집을 건축하는데 필요한 자재들을 자신들이 무상 지원하여 주겠다고 하였다. 심지어 어떤 사람들은 정원에 심을 장미까지 주겠다고 말하였다. 그래서 그해 사월 애미 샘플 맥퍼슨은 하나님께서 환상을 통해 보여주셨고 주시겠다고 말씀하셨던 장미 정원이 있고 벽난로가 있는 새집을 돈 한푼 안 들이고 갖게 되었다.

다양한 색깔

상시로 집회를 열 수 있는 장소가 필요하다고 판단한 애미 샘플 맥퍼슨은 1919년과 1923년 사이에 전국은 아홉 차례나 일주하며 기금을 모았다. 그리고 그 모은 기금으로 얼마 후 앨젤레스 성전(Angelus Temple)을 세웠다. 그리고 그 모금 기간 동안 그녀는 가는 곳마다 사람들의 열렬한 환영을 받았다.

애미 샘플 맥퍼슨의 사역 초기의 설교 목소리는 나이 많은 사람이 어린 아이들에게 말하는 식이었다. 그러나 이제 그녀의 목소리는 깊은 맛을 내면서도 영혼을 울리는 여선지자의 다이나믹한 목소리로 바뀌었다. 그리고 하나님은 그녀에게 어떤 상황하에서도 재빨리 변화하고 적응할 수 있는 능력을 새로 부어 주셨다.

대중 매체들은 1919년부터 애미 샘플 맥퍼슨과 그녀의 사역에 관한 소식을 기사로 내어보내기 시작하였다. 이러한 대중 매체의 도움을 통하여 그녀의 사역은 빠른 속도로 확장되었다. 이러한 대충 매체의 역할로 그녀는 많은 혜택을 누리기도 하였지만 때로는 어려움을 당하기도 하였다. 애미 샘플 맥퍼슨이 한번은 방송에 출연하여 사람들로부터 애꿎은 질문을 받았다. 어떤 방송 관계자가 애미에게 "실크 스타킹을 신는 것이 죄인가요?"라고 묻자, 그녀는 **"얼마나 보여 주느냐에 따라 다르지요"**라고 대답하였고 이것이 방송을 타 그녀의 이런 식의 말투와 튀는 행동은 사람들의 관심의 대상이 되었다. 그녀는 방송을 좋아했지만 방송 관계자는 그녀의 튀는 말과 행동으로 인해 그녀를 호락호락하게 보지 않았다.

메릴랜드 주 벌티모어에서 집회할 때의 일이었다. 이 집회는 첫 시작부터 삼천 명 이상의 사람들이 모여들었다. 그런데 점점 더 많은 사람들이 몰려오자 그녀는 만 육천 명이 모이는 회관을 빌려 집회를 열게 되었다. 이때 사람들로 가득찬 회관에서 어떤 한 여자가 이상한 행동을 하며 하나님을 경배하였다. 그래서 애미 샘플 맥퍼슨은 사람들 앞에서 이 여자의 행동을 제지시킨 후 성가대 대원들로 하여금 그녀를 데리고 옆에 있는 작은 방으로 가도록 조치하였다. 그 당시 기독교 윤리관을 가진 대다수의 사람들 그녀의 이런 조치를 도에 지나치는 무례한 조치였다고 판단하였다. 그리고 그 자리에 모였던 사람들도

사역 팀원들과 함께

그녀의 이런 제지를 지나치다고 판단하였다.

그 후 이 여자의 행동을 조심스레 지켜보았던 애미 샘플 맥퍼슨은 다음과 같은 말로 그 당시의 교회와 교회의 지도자들에게 일침을 가하였다.

"제가 조사해본 바에 의하면 그 여자는 정신병동에 수용된 적이 있었던 정신병자입니다. 이런 여자가 예배 중에 강단을 오가며 예배를 방해하는 것에 대해 제가 제지를 명령한 것은 당연한 것입니다. 교회 관계자 여러분, 예배 중에 임하신 성령님을 소멸시킬까 두려워 예배 방해자를 제지시키지 못하여서는 안됩니다."

그녀가 그곳 볼티모어에서 집회를 인도하는 동안 믿기지 않는 희한한 기적들이 많이 일어났다. 그러자 그곳 신문들은 애미 샘플 맥퍼슨의 기적이 속출하는 집회를 자주 대서특필하여 보도하였다.

한번은 그녀가 회관에 입장하려는데 수많은 병자들이 한꺼번에 그녀에게 달려들었다. 그 병자들은 애미 샘플 맥퍼슨을 만지기만 해도 병이 낫는다고 믿고, 정문에서 그녀가 오기를 기다리고 있다가 그녀가 나타나자 한꺼번에 그녀를 향해 돌진하였던 것이다. 사람들이 몰려오자 깜짝 놀란 그녀는 하는 수 없이 탈의실로 숨어 들어간 후 탈의실 안에서 이 문제를 놓고 하나님께 도와달라고 심각하게 기도하였다. 이렇게 어디를 가나 그녀를 만져 병 낫기를 원하는 사람들이 많았다. 그래서 그녀를 보호하기 위하여 시 소속 경찰이 동원된 적도 여러번 있었다.

그녀가 한번은 밤에 눈을 감고 있는데 천명밖에 안 들어가는 강당의 일, 이층에 약 천 칠백 명의 병자들이 꽉 들어찬 환상이 보였다. 그리고 강당의 단상과 지하실도 사람들로 가득차 있는 환상이었다. 그녀는 예수님이라면 이렇게 많은 사람들을 어떻게 하였을까 라고 생각하다가 감았던 눈을 뜨고 다음과 같이 말하였다.

"예수님께서는 많은 사람들에게 말씀을 전하기 위해 갈릴리 호수에다 배를 띄워 그 위에 올라가 육지를 향해 말씀을 전했는데, 나는 어떻게 하지?"

이렇게 그녀는 몰려오는 사람들을 어떻게 수용하고 사역해 주어야 할지 몰라 많은 궁리를 하였다. 1921년에 애미 샘플 맥퍼슨은 콜로라도 주 덴버에서 삼 주간 집회를 인도한 적이 있었다. 이때 그녀는 그 도시 강당에서 하루 두세 차례 집회 하였는데 한번 집회할 때마다 만 육천 명이 모였다. 어느 날 밤은 강당에 들어가지 못한 팔천 명의 사람들이 집으로 그냥 돌아간 적도 있었다.

미니의 헌신

이렇게 애미 샘플 맥퍼슨의 사역이 확장된 배경 뒤에는 그녀를 도와 열심히 뛴 그녀의 어머니 미니가 있었다. 미니는 딸의 건강이 나빠진다면 사역도 따라서 약화될 수밖에 없었기에 항상 딸의 건강에 대해 각별히 신경을 썼다. 이러한 이유 때문인지는 몰라도, 미니와 애미 샘플 맥퍼슨의 관계는 모녀관계라고 하기보다는 오히려 친구관계라고 말하여야 할 정도로 사이가 좋았다. 그러나 영적인 면에 있어서 만은 이 두 모녀는 서로 잘 섞이질 못하였다.

어쨌거나 미니는 조직의 대가라고 불려도 될만큼 딸이 인도하는 여러 대형 집회들과 이 집회들에 참석한 사람들을 참으로 잘 관리하였다. 미니는 이런 일들을 하느라고 너무 바빠 하루에 두 시간밖엔 자지 못하는 날도 많았다. 미니는 집회 때에 안수기도 받을 사람들을 선별하고 문제를 일으킬 만한 사람들을 골라내느라고 병자들과 같이 여러 시간을 같이 지내야만 하였다. 그뿐 아니라 병자들의 등록을 받고 각지에서 온 대표들을 접견하느라 제대로 앉아서 여유있게 식사할 수도 없는 적이 많았다. 그런 어머니의 헌신적인 노력으로 딸 애미의 조직은 점점 튼튼하여만 갔다. 그러나 미니는 딸 애미의 튀는 행동을 아량으로 받아들여 주지 못하였을 뿐 아니라 애미의 비전을 제대로 이해하지 못하여 심한 어려움을 겪었다.

가령 애미 샘플 맥퍼슨에게 사람들이 다가와 너무 친밀하게 오랜 동안 이야기 하면 미니는 이를 참지 못하고 애미와 그 사람과의 사이에 끼여들어 그 좋은 인간 관계를 끊어 버렸다. 그리고 미니는 자신의 마음에 들지 않는 일꾼들을 마음대로 해고시켜버렸다.

가령 애미 샘플 맥퍼슨에게 사람들이 다가와 너무 친밀하게 오랜 동안 이야기하면 미니는 이를 참지 못하고 애미와 그 사람과의 사이에 끼여들어 그 좋은 인간 관계를 끊어 버렸다. 그리고 미니는 자신의 마음에 들지 않는 일꾼들을 마음대로 해고시켜 버렸다. 이러한 일이 계속되자 애미 샘플 맥퍼슨의 주위에는 친한 사람들이 점점 없어지게 되었다. 쉽게 말해서 미미가 딸 애미 샘플 맥퍼슨을 너무 조정하였던 것이다. 이러한 문제로 갈등을 겪던 두 사람은 결국 갈라서고 말았다. 미미가 딸 애미의 곁을 떠나버린 것이다.

한편 애미 샘플 맥퍼슨은 1921년에 로스앤젤레스의 그 유명한 애코 공원(Echo Park) 근처에 있는 피크닉 장소를 매입한 후 그 곳에

다가 엔젤레스 성전을 세웠다.

케이 케이 케이부터 할리우드까지

이제 애미 샘플 맥퍼슨은 기독교 사역의 여러 분야에서 첫 주자가 되었다. 엔젤레스 성전을 짓는 동안 오크랜드의 록리치(Rockridge) 방송국에서 그녀를 초청하여 설교를 부탁함으로 말미암아 그녀는 역사상 방송으로 말씀사역을 시작한 첫 여성이 되었다. 이로 계기로 그녀는 나중에 자신 소유의 방송국을 갖게 되었다. 그녀는 또 미국에서 성전을 지은 첫 여성으로 기록되었다.

이 엔젤레스 성전을 짓는데 많은 사람들이 동참하였다. 시장들, 주지사들, 집시들 그리고 심지어는 흑인들을 괴롭혀 왔던 케이 케이 케이(Ku Klux Klan) 단원들까지도 그녀의 엔젤레스 성전 건축에 협조하였다. 물론 애미 샘플 맥퍼슨은 케이 케이 케이단의 이념에 전혀 동조하지 않았다. 그래도 케이 케이 케이 단원들은 애미 샘플 맥퍼슨을 좋아하였다. 케이 케이 케이 단원들이 애미 샘플 맥퍼슨을 좋아하는 정도는 도가 지나쳐, 이들은 애미 샘플 맥퍼슨을 납치하기까지 하였다.

바로 1922년 6월 22일에 애미 샘플 맥퍼슨이 덴버에서 집회하고 있을 때의 일이었다. 그녀는 어떤 아픈 병자가 기도를 받기 위해 집회장 밖에서 자신을 기다리고 있다는 말을 듣고 어떤 여기자와 함께 밖으로 나갔다. 애미 샘플 맥퍼슨이 여기자 한 명을 데리고 나간 것은 그녀를 나중에 치유의 증인으로 삼기 위함이었다. 이 두 사람이 밖으로 나가자 병자는 없었고 대신 대기하고 있던 케이 케이 케이 단원들이 여기자와 애미 샘플 맥퍼슨의 눈을 가린 후 납치하여 그들의 아지트로 데리고 갔다. 거기에는 많은 케이 케이 케이 단원들이 그녀의 설교를 듣기 위하여 기다리고 있었다. 그래서 그녀는 하는 수 없이 그들 앞에서 마태복음 27장을 펴놓고 "바나바, 그는 왜 자신이 들키지 않을 것이라고 생각하였는가?"라는 제목으로 설교를 하였다. 설교에 큰 은혜를 받은 케이 케이 케이 단원들은 앞으로 그녀의 사역의 경호원들이 되겠다고 자청하고 나섰다. 이 말은 그녀가 사역으로 인하여 위험에 처하면 언제라도 자신들이 나서서 일을 처리하여 주겠다는 말이었다. 이후 이 두 사람은 눈가리개에 채워져 원래의 집회 장소에 다시 보내졌다.

신문에서는 애미 샘플 맥퍼슨이 집회 도중 갑자기 없어지자 그녀가 납치된 줄 알고 그녀의 납치 소식을 대서 특필하여 보도하였다. 이 바람에 애미 샘플 맥퍼슨은 더욱 더 유명해졌고, 납치되었다 풀려난 그녀를 불쌍히 여긴 많은 사람들이 그녀의 엔젤레스 성전 건축에 협조하겠다고 발벗고 나섰다. 1922년 말에 엔젤레스 성전은 마침내 준공되었다. 성전 봉헌식은 1923년 1월 1일에 행해졌다. 그 엔젤레스 성전 봉헌식에 참석하지 못한 사람은 엔젤레스 성전을 본뜬 꽃차를 보기 위해 매년 정월 초하루 파사데나에서 열리는 꽃마차 행사인 로즈 퍼레이드에 몰려들었다. 그리고 그 성전 꽃마차는 그 해의 파사데나 시에서 개최한 로즈 퍼레이드에서 가장 아름다운 꽃차로 선정되기까지 하였다.

엔젤레스 성전이 봉헌되던 날 뉴욕 타임즈는 이 성전 봉헌 기사를 그날 신문의 톱 기사로 다루었다. 이 덕을 보아서 인지는 몰라도 오천석 규모의 엔젤레스 성전은 매주일 네 번이나 예배를 드렸는데 예배드릴 때마다 사람들로 들어차 빈자리를 찾아보기가 어려웠다.

엔젤레스 성전의 방음 장치는 거의 완벽에 가까웠다. 그래서 할리우드에서 일하는 영화사업 종사자들이 애미 샘플 맥퍼슨의 사역이 쇠퇴하기를 바랬다는 이야기가 전해지기도 하였다. 그 이유는 애미의 사역이 쇠퇴하여지면 자신들이 이 성전을 헐값에 사서 극장으로 사용하길 원하였기 때문이었다. 그러나 그녀의 사역은 결코 쇠퇴하지 않았다. 오히려 때로는 애미 스스로가 발벗고 나서 성전에서 성극을 공연하기도 하였던 것이다.

애미 샘플 맥퍼슨은 성경을 성스러운 드라마로 보았다. 이러한 이유 때문인지는 몰라도 그녀의 설교를 듣고 있는 사람들은 마치 한편의 드라마를 감상하고 있는 듯한 착각을 받곤 하였다. 그녀는 또한 엔젤레스 성전에서의 예배를 통하여 예배는 딱딱하고 엄숙하여야 한다는 전통적인 교회들의 예배관을 여지없이 허물어뜨렸다. 세상 사람들은 즐거움에 목말라하고 있으므로 교회는 건전한 방법으로 그들의 그러한 욕구를 채워주어야 한다는 것이 그녀의 지론이었던 것이다. 그

캘리포니아 주 로스앤젤레스에 있는 엔젤레스 성전

녀에게 있어서 교회는 장례식장이 아니라 천국이어야 하였다. 천국에서는 천사들이 매일 즐겁게 춤을 추고 노래하는 곳이 아닌가? 천국은 사람들과 천사들이 슬픈 얼굴을 하고 있는 곳이 아니라 기쁘고 즐거운 곳이 아닌가? 그래서 그녀의 엔젤레스 성전에서는 밤낮 없이 즐거운 웃음소리가 그치질 아니하였다.

애미 샘플 맥퍼슨이 에스겔 1장을 놓고 설교를 전한 1922년 7월 어느 날 그녀는 한 환상을 보았다. 애미 샘플 맥퍼슨은 이 환상을 본 후에 엔젤레스 성전을 포스퀘어 복음 교회(THE CHURCH OF THE FOURSUARE GOSPEL)라고 부르기 부르기 시작하였다. 그리고 애미 샘플 맥퍼슨은 포스퀘어 교단을 만들기 시작하였다. 그리고 애미 샘플 맥퍼슨이 포스퀘어 교단을 시작하는 날 무려 천 명의 목사가 이 교단에 가입하였다.

이 포스퀘어 복음 교회의 성전에서는 이제 매주 두 번의 병자들을 위한 집회가 열리기 시작하였다. 애미 샘플 맥퍼슨은 이 교회에서 무려 24명의 장로들을 거느리고 있었지만 그녀가 사망한 1944년까지 그녀는 이 치유 집회만은 자신이 직접 인도하며 병자들을 치유하였다.

이곳에서 일어난 치유의 기적들은 매우 놀라웠다. 그러나 신문지상에서는 그녀가 예전에 전국을 돌며 사역할 때만큼은 이러한 기적들을 기사화 하진 않았다. 그리고 이 포스퀘어 복음 교회에서 열리는 대규모 집회는 그때부터 치유 중심의 집회에서 영혼 구원과 전도자 훈련

> 이 성전에서 드리는 예배에 한 번이라고 참석하여 본 사람은 자신이 이런 멋진 예배에 참석하였다는 사실을 만나는 사람들에게 자랑삼아 이야기하곤 하였다.

을 중심의 집회로 사역의 방향을 서서히 전환하였다.

성전 안의 앵무새

포스퀘어 복음 교회의 성전 안은 항상 사람들로 북적거렸다. 애미 샘플 맥퍼슨은 성전 안에 기도 탑을 만들어 놓고 원하는 사람들은 언제건 기도 탑 안으로 들어가 기도할 수 있도록 하였다. 그녀는 또한 백 명으로 구성된 성가대와 육십 명으로 구성된 성가 관악대를 만들어 예배 때마다 은혜스런 하늘 음악이 흘러 넘치도록 하였다. 애미 샘플 맥퍼슨은 자신의 설교가 사람들에게 먹혀 들어가고 돋보이게 하기 위하여 설교의 주제에 맞추어 여러 가지 도구들과 장치들을 사용하였다. 그녀가 그런 일에 계속적인 신경을 써 나가자 이 성전에서 드리는 예배에 한 번이라고 참석하여 본 사람은 자신이 이런 멋진 예배에 참석하였다는 사실을 만나는 사람들에게 자랑삼아 이야기하곤 하였다.

애미 샘플 맥퍼슨은 유머 감각이 보통 사람들보다 뛰어난 편이었다. 그래서 그녀는 설교할 때에도 유머를 섞어가며 이야기 식으로 잘 꾸며서 듣는 사람들로 하여금 부담이 없고 쉽게 이해할 수 있도록 하였다. 물론 그녀의 사역 초기에는 그녀의 설교에 미흡한 점들이 발견된 것이 사실이다. 그러나 그녀는 자신의 설교에 최대의 힘을 쏟은 결과 그녀의 설교는 그전에 비하여 비교가 되지 않을 정도로 좋아졌다. 그녀가 하루는 에덴 동산이란 주제로 설교하기로 마음을 먹고 설교구상을 하던 중 교회 근처에서 공연하고 있는 써커스 단에서 앵무새를 한 마리 빌렸다. 에덴 동산의 분위기를 연출하기 위한 목적이었다. 그런데 그녀가 설교를 한참하고 있는데 이 앵무새가 갑자기 서커스단에서 훈련받았던 소리를 내기 시작하였다. 그 소리는 바로, "지옥에나 떨어져라"였다. 사람들은 이 소리를 애미 샘플 맥퍼슨이 설교 도중에 한 줄 알고 기겁을 하였다. 이에 당황한 애미 샘플 맥퍼슨은 그녀의 유머 감각을 즉석에서 발휘하여 앵무새에게 다가가 "전도자가 되자"라고 속삭였다. 그러나 앵무새는 다시 "지옥에나 떨어져라, 지옥에나 떨어져라"라고 되풀이하였다. 그러자 사람들이 웅성대기 시작하였다. 그러나 그녀는 본연의 침착성을 잃지 않고 앵무새에게 다가가 예수 영접하면 하늘 나라에 좋은 둥지가 마련될 것이라는 유머스런 말을 하여 위기를 넘기기도 하였다.

물론 일부의 목사들은 애미 샘플 맥퍼슨의 이러한 식의 설교와 사역에 대해 비난의 말을 하였다. 그녀는 이런 비난에 대해 다음과 같은 말로 응수하였다.

"사람을 끌어 다니는 데에 있어서 이 보다 더 좋은 방법이 있다면 나에게 가르쳐 주십시오. 저도 그 방법을 쓰겠습니다. 나보고 사람들이 없는 빈자리에다 대고 설교하라고 말하진 마십시오. 방법론을 가지고 더 이상 왈가왈부하지 맙시다. 우리가 이런 방법론을 가지고 쓸데없이 언쟁하며 귀한 시간을 낭비하기 때문에 하나님께서는 우리를 귀하게 사용하실 시간을 놓치고 계시는 것이 아닙니까? 닭을 잡아야 닭죽을 먹을 수 있다라는 옛 속담도 있질 않습니까? 이와 마찬가지로, 설교 들을 사람이 있어야 설교할 것 아닙니까?"

영화배우, 성경 학교 그리고 라디오

할리우드에서 명성을 떨쳤던 많은 영화배우들이 애미 샘플 맥퍼슨의 포스퀘어 복음 교회가 위치한 엔젤레스 성전 교회의 집회에 참석하기 시작하였다. 그녀의 집회에 자주 참석하였던 유명한 배우들 중에는 매리 픽포드(Mary Pickford), 진 할로(Jean Harlow) 그리고 클라라 바우(Clara Bow) 등이 있었다. 그리고 촬리 채플린(Charlie Chaplin)은 그녀의 집회에 몇 번 참석한 후 그녀와 가까운 사이가 되었다. 그리고 촬리 채플린는 애미 샘플 맥퍼슨의 설교 주제에 맞는 강단을 꾸미는 일에 많은 도움을 주었다. 그리고 애미 샘플 맥퍼슨은 그러한 촬리 채플린에게 그리스도의 복음을 제시하였다.

엔젤레스 성전의 포스퀘어 복음 교회에 다녔던 젊은 소년 안쏘니 퀸(Anthony Quinn)은 배우로 명성을 날리기 전 애미 샘플 맥퍼슨이 만든 성가 관악대의 일원으로 활동한 적이 있었다. 안쏘니 퀸은 십대였을 때 애미 샘플 맥퍼슨이 스페인어로 설교해야하는 곳이면 그녀를 따라가서 그녀의 통역으로 봉사하기도 하였다. 그후 안쏘니 퀸은 세계적인 영화배우가 되었다. 안쏘니 퀸은 애미와 같이 지내던 당시를 회상하며 다음과 같이 기록하였다.

> "나는 애미 샘플 맥퍼슨을 만나고 나서 수년이 지나자 할리우드의 유명한 여배우들을 만나게 되었다. 이때 내가 만난 여배우들 중에는 잉그리드 버그만(Ingrid Bergman), 캐더린 햅번(Katharine Hepbum) 그리고 그레타 가르보(Greta Garbo)등이 있다. 그러나 이 모든 유명한 여배우들은 애미 샘플 맥퍼슨이 나에게 준 전율만큼의 감동을 나에게 주질 못하였다."

1923년이 되자 애미 샘플 맥퍼슨은 사역자 학교를 열고 엘 아이 에프 이(L.I.F.E. Lighthouse of Inernational Foursquare Evangelimsm: 국제 포스퀘어 복음 전도 라이트 하우스) 성경 학교라고 이름지었다. 그리고 애미 샘플 맥퍼슨은 이 학교에서 열심히 학생들을 지도하였다. 그녀는 이 학교에서 교수들 중의 한 명으로 일하는 동안 학생들에게 자신의 장점과 약점을 모두 다 털어놓았다. 그리고 그녀는 그 바쁜 중에서도 웨슬레(Wesley), 부스(Booth) 그리고 캐다나 부흥사인 앨버트 벤자민 심슨(Albert Benjamin Simpson)의 책들을 자주 구입하여 읽었고 학생들에게는 이들이 지은 책들의 내용을 요약하여 가르쳤다.

때때로 그녀는 학생들에게 수업을 일찍 끝내주고서는 성전에서 기도하고 가라고 지시하고 몰래 숨어 학생들의 행동을 점검하곤 하였다. 그래서 기도 후 쓰레기통을 비우고 가는 학생은 사람들 앞에서 칭찬을 해주었다. 그녀가 그렇게 한 것은 학생들이 나중에 사역자가 되었을 때에 세심하게 주위를 살피고 남들을 배려하는 사역자가 되도록 만들기 위한 목적이었다.

1924년이 되자 그녀는 주 정부의 허가를 받아 포스퀘어 방송국을 시작하였다. 이로 인해 그녀는 여자로서는 미국 최초로 방송국 허가를 따내는 사람이 되었다. 그리고 그녀가 이때 세운 포스퀘어 방송국은 미국 최초의 기독교 방송국으로 기록되었다.

애미 샘플 맥퍼슨은 죽었는가?

1926년에 애미 샘플 맥퍼슨은 유럽과 이스라엘로 휴가를 떠났다. 그러나 휴가 기간 중에도 그녀는 틈틈이 설교를 하였다. 이 휴가 기간 동안 그녀의 사역을 위협하는 최대의 사건이 발생하였다. 그해 5월 18일, 그녀는 어느 해안가 비취에 앉아 그녀의 비서 옆에서 설교 원고를 준비하고 있었다. 그때 그녀는 비서에게 엔젤레스 성전에 연락하여 무엇을 좀 알아보라고 지시하였다. 그래서 그녀의 비서는 지시 받은 일을 수행하기 위하여 그녀 곁을 잠시 떠났었다. 잠시 후 일을 끝내고 다시 와서 보니 애미 샘플 맥퍼슨이 없어진 것이었다. 그 비서는 애미 샘플 맥퍼슨이 수영하나 싶어 해변가 물 속을 이리 저리 뒤져 보았으나 애미 샘플 맥퍼슨을 발견할 수가 없었다. 그래서 그녀는 놀라 경찰에 실종 신고를 하였다. 이 날부터 경찰들이 32일 동안 애미 샘플 맥퍼슨을 찾기 위하여 근처 해변과 바다 속을 샅샅이 뒤졌으나 그녀를 발견할 수 없었다. 이제 애미 샘플 맥퍼슨의 실종 소식은 미국 전체의 큰 뉴스거리가 되었다.

> 애미 샘플 맥퍼슨이 차에 타자마자 그들은 미리 준비한 클로로포름 마취제로 적신 솜뭉치를 그녀의 코와 입에 갖다대어 그녀를 마취하였다는 것이다.

이동안 애미 샘플 맥퍼슨을 데리고 있으니 몸값을 내라는 편지가 여러 곳에서 날아오기 시작하였다. 어떤 편지는 이만 오천 불을 내면 애미 샘플 맥퍼슨을 풀어주겠다, 또 어떤 편지는 오십만 불을 내면 애미 샘플 맥퍼슨을 살려주겠다는 식의 편지들이었다. 그러나 애미 샘플 맥퍼슨의 어머니 미미는 이 편지들의 요구를 다 묵살하였다. 경찰에서는 특별반을 편성하여 수사에 들어갔다. 어느 날은 서해안 해변가에서 애미와 같은 사람을 보았다는 신고가 열 여섯 차례나 들어온 적도 있었다.

유괴되다!

결국 애미 샘플 맥퍼슨 찾기를 포기한 사람들은 그해 6월 20일 엔젤레스 성전에서 애미의 시체 없이 장례식을 치렀다. 그런데 애미의 장례식을 끝낸 지 삼일 후에 애미 샘플 맥퍼슨은 멕시코 주 아과프리에타 사막에서 멀리 떨어지지 않은 애리조나 주에서 더글라스 쪽으로 걸어가다가 사람들에게 발견되었다.

애미 샘플 맥퍼슨은 이제 사람들에게 자신이 그동안 겪었던 일들을 다음과 같이 털어놓았다. 해변에 앉아 비서에게 일을 시킨 후 비서가 자신의 곁을 잠시 떠났을 때 부부인 듯 보이는 한 쌍의 중년 남녀가 자기에게 다가와 울면서 죽어가고 있는 자신의 딸을 살려달라고 애원하였다는 것이다. 그래서 애미 샘플 맥퍼슨은 이들의 애원이 거짓인지도 모르고 부부로 보이는 그 사람들을 따라 운전석에 이미 한 남자가 앉아있는 차에 그들과 함께 동승하였다는 것이다. 그런데 애미 샘플 맥퍼슨이 차에 타자마자 그들은 미리 준비한 클로로포름 마취제로 적신 솜뭉치를 그녀의 코와 입에 갖다대어 그녀를 마취하였다는 것이다.

얼마 후 그녀가 깨어난 곳은 어느 통나무 집이었는데 그때 본 두 남자와 한 여자가 자신을 위협하며 자신의 머리카락의 일부를 자르고 담배불로 손가락을 지졌다는 것이다. 그리고 나서 장소를 한번 다시 옮겼는데, 그곳에서 어느 날 두 남자가 집을 비우고, 자신과 한 여자만 남았다는 것이다. 남은 한 여자가 자신의 손을 뒤로 묶어놓고 장보러 간 사이에, 통조림 캔 조각으로 묶인 줄을 끊고 도망쳐 나왔으며, 무작정 걷기 시작하다가 수 시간만에 애리조나 주 더글라스의 한 캠프에 도착하여 사람들에게 발견되었노라고 말하였다.

애미 샘플 맥퍼슨은 발견되자마자 경찰에게 자신이 애미 샘플 맥퍼슨이라고 말하고 어머니 미미에게 전화를 걸었다. 그러나 미미는 처음에는 전화 건 여자가 자신의 딸이라고는 믿지 않았다. 그러나 잠시 후 애미 샘플 맥퍼슨이 모녀끼리만 알고 있는 어떤 일을 말하자 그제야 미미는 자신과 통화하는 여자가 자기 딸임을 비로소 인정하였다.

당신은 어떻게 생각하십니까?

애미 샘플 맥퍼슨은 발견 즉시 병원으로 후송되었다. 얼마 후 건강을 회복한 그녀는 퇴원하였다. 그녀가 퇴원하던 날 밤 오천 명의 사람들이 엔젤레스 성전에 모여 그녀가 엔젤레스 성전으로 다시 돌아온 것을 하나님께 감사하는 감사 예배를 드렸다. 그러나 이것은 그녀에 닥친 환난의 시작일 뿐이었다.

애미 샘플 맥퍼슨은 엔젤레스 성전으로 돌아오자 자신을 유괴하였던 사람들을 검찰에 고소하였다. 그러나 경찰은 유괴범들을 잡을 수가 없었다. 경찰은 그녀의 말대로 그녀가 발견된 장소로부터 시작해서, 사막에 남겨진 그녀의 발자국을 단서로 유괴범이 있을 만한 곳을 샅샅이 뒤져보았으나, 그 근처에는 그녀가 잡혀 있었다는 통나무 집이 한 채도 발견되지 않았다.

그러자 이 사건을 담당하였던 로스앤젤레스 지방법원 검사인 아사 케예스(Asa Keyes)는 그녀를 거짓 증거죄로 고소하였다. 이로 인해 그녀는 꽤 오랫동안 고생하였다. 케예스는 그녀가 그녀의 방송국 프로듀서인 케네스 오미스톤(Kenneth Ormiston)과 같이 있는 것을 카멜의 한 방갈로에서 보았다는 여러 증인들을 들이대었다.

애미 샘플 맥퍼슨은 이 유괴사건 후 암흑가에서 활동하는 많은 사람들과 적이 되었다. 그 당시 암흑 세계에서 일하는 갱들은 마약 밀매와 고리대금, 술 밀조 등으로 큰돈을 벌고 있었는데 이들의 일부가 애

포스퀘어 교단기를 들고 있는 애미 샘플 맥퍼슨

엔젤레스 성전을 광고하는 포스터

모두 나를 따라 '할렐루야' 하세요"

오천명을 수용하는 엔젤레스 성전 내부

엔젤레스 성전에서 오페라 공연을 하고있는 애미 샘플 맥퍼슨

들것에 실려온 사람들을 치유하고 있는 치유 사역팀

애미 샘플 맥퍼슨의 장례식에 참석하기 위해 엔젤레스 성전 앞에 모인 군중

미의 복음 전도 집회로 은혜를 받아 예수님을 영접하게 되었던 것이다. 그리고 그녀를 통해 예수님을 믿게된 갱들 중 몇 사람이 애미 샘플 맥퍼슨의 방송국에 출연하여 자신들이 어떻게 해서 그리스도를 영접하게 되었는지 방송을 통해 간증하였다. 그러나 이들은 간증 도중 자신이 과거에 어떤 나쁜 짓을 하였고 누구와 그런 범죄에 가담하였는지를 말하면서, 공범자들의 이름까지 다 말하였던 것이다. 그러니 자연히 갱들이 그녀를 싫어하게 된 것이었다.

애미의 실종 사건에 대한 검찰측 증인이라고 나섰던 사람들은 자신들이 주장하는 내용을 자주 번복하였다. 그러나 애미 샘플 맥퍼슨은 자기가 실종되면서 겪었던 모든 일들을 시종여일하게 증언하였다. 고로 검찰측 증인들이 말을 자주 바꿀 때마다 상황이 애미에게 유리하게 작용되어 그녀의 실종 사건과 관련하여 제출된 여러 건의 고소 사건들이 하나, 둘씩 취하되어져 나갔다.

그후 그 어떤 연유에 의해서인지는 몰라도 그녀를 괴롭게 하였던 검사 케예스는 감옥에 갇히게 되었다. 그리고 애미를 변호하였던 변호사는 나중에 시체로 발견되었다. 이 사건에 대해 사람들은 애미를 미워하던 갱들이나 폭도들이 애미의 변호사를 죽였다고 추측하였다.

애미가 정말로 자신의 어머니 미니의 코뼈를 부러뜨렸나?

사역을 재개한 애미 샘플 맥퍼슨은 이제 세상 사람들의 삶의 현장에 직접 파고 들어가 복음을 전파하는 사도적 복음 전도자로 탈바꿈하기 시작하였다. 그녀는 일부 사람들의 비방에도 불구하고 나이트 클럽에도, 댄스홀에도, 수영장이 있는 홀에도 그리고 심지어는 복싱 경기장에도 나타나 자신의 집회를 알리며 모인 사람들에게 예수 그리스도의 복음을 전하였다. 많은 수의 사람들과 그녀의 매니저들은 그런 그녀의 행동과 태도를 적극적으로 지지하였다.

애미 샘플 맥퍼슨은 세상의 죄인들을 두려워하지 않고 그들에게 다가가서 예수의 복음을 열정을 가지고 전하였다. 그녀는 보통 교회들이 교회 밖을 떠나서는 복음에 대해서 입을 다무는 것을 강도 높게 비판하였다.

그러나 애미 샘플 맥퍼슨의 이러한 복음에 대한 강한 열정에도 불구하고 그녀와 관련된 고소 사건들은 끊이지 않고 이어졌다. 심지어는 그녀를 사업에 이용해 보려다 실패한 사람들까지 그녀에 의해 재정적인 큰 손실을 입었다며 그녀를 고소하였다. 그런데 엎친 데 덮친 격으로 판사와 검사마저도 한 통속이 되어 적대적으로 그녀를 대하였다. 이에 그녀는 너무도 외로웠다. 애미 샘플 맥퍼슨은 자신을 도와줄 수 있는 참 친구가 필요하였으나 아무도 그녀의 참 친구가 되어줄 사람은 없었다. 심지어 그녀와 가까웠던 사람들까지도 그녀를 배반하기 시작하거나 그녀를 멀리하기 시작하였다.

애미의 어머니 미니마저도 그녀를 이해하지 못하고 자신의 딸을 비판하는 입장을 취하기 시작하였다. 미니는 그녀의 딸을 비방하는 경우가 점점 많아지기 시작하더니 급기야 공개석상에서 조차 자신의 딸을 비난하기에 이르렀다.

그러나 애미 샘플 맥퍼슨은 공개석상에서만은 끝까지 자신의 어머니를 높여주었다. 그러나 그럼에도 불구하고 미니가 공개석상에서 자신을 비난하는 일을 계속하자 애미 샘플 맥퍼슨의 참을성에도 한계가 찾아왔다. 엄마와 딸 사이에 이런 일이 계속되자 교회 사람들마저 엄마 편과 딸 편의 두편으로 나눠졌다. 미니 밑에서 일하고 있는 사람은 미니 편으로 갔고, 교회의 장로들은 애미 샘플 맥퍼슨 편으로 붙었다.

> 애미의 어머니 미니마저도 그녀를 이해하지 못하고 자신의 딸을 비판하는 입장을 취하기 시작하였다.

그리고 급기야 교회 장로들 중 몇몇은 애미의 퇴직금을 계산하는 등 그녀의 퇴임에 대비하는 계획을 비밀리에 세우기도 하였다.

그러나 이러한 소용돌이 가운데서도 애미 샘플 맥퍼슨은 놀랍게도 그녀의 첫 오페라인 "왕을 경배하라"라는 작품을 발표하였다. 그리고 오페라 공연이 끝난 직후 그녀는 곧바로 이스라엘로 휴가를 떠났다. 그러나 애미 샘플 맥퍼슨은 휴가가 끝난 후에도 어머니의 관계가 더 악화되는 것을 염려하여 당분간 교회로 돌아오지 아니하였다. 그러나 얼마 후 애미 샘플 맥퍼슨이 엔젤레스 성전으로 다시 돌아오자 그녀와 그녀의 어머니 미니와의 관계에 종지부를 찍는 일이 발생하였다.

미니는 화가 나면 그녀는 자신의 화를 참지 못하고 자신의 딸인 애미에게 쌍소리와 저주를 막무가내로 퍼붓는다는 사실을 사람들은 익히 잘 알고 있었다. 두 모녀가 격렬히 싸운 어느 날 신문에는 "엄마 미니는 딸 애미 샘플 맥퍼슨이 자신의 얼굴에 주먹질을 하였다고 주장한다"라는 제목의 기사를 다루면서 애미와 미니 사이에 있었던 싸움의 전말을 자세히 보도하였다. 그 기사에 의하면 화가 난 딸 애미 샘플 맥퍼슨이 엄마 미니의 얼굴을 때렸다는 것이었다.

싸움이 일어난 날 미니는 병원에서 코뼈 수술을 받았다. 이 일후 애미와 미니는 결별하였고 미니는 엔젤레스 성전을 아주 떠나버렸다. 미니가 떠나버리자 여러 사람들이 자신이 미니의 직책을 떠맡아야 옳다고 대거 소송들을 내었다. 애미 샘플 맥퍼슨은 그녀의 어머니와의 소송 사건과 여러 소송 사건을 해결하는데 너무도 많은 돈을 써버려 급기야는 빚더미에 앉게 되었다. 애미 샘플 맥퍼슨과 그녀의 교회는 그때부터 무려 십 년 동안 이때 진 빚을 갚아나가야만 하였다. 마침내 십년 후 이 빚을 다 갚자 엔젤레스 성전 앞에는 빚을 다 갚은 것을 축하하는 현수막이 걸리기도 하였다.

그녀의 몸은 무쇠가 아니다

이제 연약한 여자에 불과한 애미 샘플 맥퍼슨 혼자서 이 모든 환난을 감당하기에 그녀는 육체적으로나 정신적으로 너무 지쳐있었다. 1930년이 되자 그녀의 몸과 마음은 피폐하여진 것이다. 그래서 그녀는 의사의 진료를 계속 받아가며 말리부 해변 근처의 한 통나무집에서 은둔 생활을 하기 시작하였다.

그리고 이런 은둔 생활을 하는 십 개월 동안 애미 샘플 맥퍼슨은 가끔 엔젤레스 성전에 나가 설교를 하였다. 그러나 그전처럼 그렇게 활기차하거나 즐거워하진 않았다. 그녀는 자신의 병은 충분한 휴식을 하지 않았기 때문에 기인한 것이라고 생각하였다.

1931년이 되자 에미 샘플 맥퍼슨은 심한 외로움을 느꼈다. 그녀는 명성을 얻는 대신 친구를 잃었다. 그녀는 친구가 없어 너무도 외로워하였지만, 그녀를 찾아와 그녀의 이야기를 허심탄회하게 들어줄 사람들 그 어디에도 없었다.

애미 샘플 맥퍼슨이 그렇게도 외로와 하고 있을 때 성인이 된 그녀의 아들 랄프가 성경학교의 한 학생과 결혼하게 되었다. 그러자 그녀의 기분이 잠시 상기되기도 하였다. 그리고 그녀는 1931년 9월 13일에 데이빗 휴톤(David Hutton)이라는 사람과 생애 세 번째 결혼을 하였다. 그녀는 자신이 너무 외로웠고 사람의 사랑과 보호가 절실히 필요했기 때문에 데이빗 휴톤이라는 남자가 그 모든 필요를 채워 줄 것으로 잘못알고 결혼하였던 것이었다. 그러나 현실은 그렇지 않았다. 결혼하고 나서 얼마 되지 않아 어떤 여자가 휴톤을 결혼 빙자로 고소하였다. 그런데 이 고소사건은 일년을 끈 후에 판결이 휴톤에게 불리하게 내려졌다.

그러나 이러한 때에도 애미 샘플 맥퍼슨은 전국에서 집회 초청을 받았다. 그녀는 뉴잉글랜드에서 집회를 인도하였는데 아주 큰 성공을 거두었다. 그러자 그녀는 1927년에 건강상의 이유로 엔젤레스 성전의 담임목사 자리를 사임하겠다고 당회에 사직서를 제출하였다. 그러나 당회는 이 요청을 거절하였다. 그러자 그녀는 다음해 정월 그녀의 주치 의사의 충고를 따라 유럽으로 휴가 여행을 떠났다. 그리고 그녀는 수천 명이 모이는 그곳에서 집회를 인도하였다. 그녀가 유럽으로 떠난 사이 그녀의 세 번째 남편 데이빗 휴톤은 그녀와 이혼을 하겠다며 법원에 이혼을 신청하였다.

애미 샘플 맥퍼슨의 밑에서 일하던 사람들과 부목사들 그리고 그녀를 통해 이익을 보려는 사람들은 일이 여의치 않게 되자 무더기로 그녀를 고소하였다.

미국을 뒤에서 돕다

1938년부터 1944년까지 애미 샘플 맥퍼슨은 자신의 말년을 조용히 보냈다. 신문은 그 기간동안 그녀에 대한 기사를 거의 다루지 않았다.

애미 샘플 맥퍼슨의 밑에서 일하던 사람들과 부목사들 그리고 그녀를 통해 이익을 보려는 사람들은 일이 여의치 않게 되자 무더기로 그녀를 고소하였다. 그러자 애미 샘플 맥퍼슨은 사업가였던 길스 나이트(Giles Knight) 라는 사람을 고용하여 모든 일을 처리케 함과 동시에 자신이 공중 앞에 나타나지 않아도 모든 일이 순조롭게 잘 처리되도록 조치하였다. 그리고 그녀는 자신을 만나길 원하는 모든 사람들은 반드시 길스 나이트를 거치도록 하였다. 그리고 애미 샘플 맥퍼슨은 길스 나이트에게만 자신의 거처를 알려주었다. 그러자 길스 나이트는 그 어떤 사람이 찾아와서 애미 샘플 맥퍼슨을 만나겠다고 하여도 모두 거절하였다. 그 결과 그녀는 오랫동안 무명의 사람으로 지내며 어느 정도 안식할 수가 있었다. 애미의 아들 랄프 맥퍼슨은 이러한 나이트의 노고에 대해 그가 자신의 가정과 어머니에게 많은 평화를 가져다 주었다며 나이트를 극찬하였다.

그리고 애미 샘플 맥퍼슨은 골치 아픈 고소사건들을 뒤로한 채 사람들의 시야에서 오랫동안 사라졌다. 그러나 애미 샘플 맥퍼슨은 이 기간동안 미래에 목회자가 될 사람들을 양성하였고 수백 개의 교회를 개척하였으며 또한 많은 선교사들을 양성하여 세계 각처로 파송하였다. 그리고 미국이 이차 세계 대전에 참전하고 있었던 1942년에 그녀는 스스로 관악대를 조직하여 로스엔젤레스 중심가에서 퍼레이드를 벌이며 한 시간 동안에 무려 십 오만 불 어치의 정부 어음을 팔았다. 그러자 미국 재무성은 이러한 애미의 애국적 도움에 고마움을 느껴 그녀에게 표창장을 수여하기까지 하였다. 이 기간 동안 그녀는 엔젤레스 성전의 금요밤 기도회를 인도하며 미국이 전쟁에서 승리하도록 계속 기도하였다. 이에 대해 미 대통령 루즈벨트와 캘리포니아 주지사는 그녀에게 고마움을 표시를 하였다.

위대한 자 잠들다

1944년이 되자 애미 샘플 맥퍼슨의 건강은 극도로 악화되었다. 그녀는 선교 여행에서 돌아온 직후 적도병이란 병에 걸렸다. 그러자 그해 이월 자신의 아들 랄프를 자신의 사역의 제 이인자로 임명하였다. 랄프는 그녀가 힘들 때나 좋은 때나 항상 그녀 옆에서 그녀의 사역을 도왔던 신실한 사역자인 동시에 그녀가 신뢰하였던 그녀의 외동아들이었다.

그해 9월 랄프는 그의 어머니와 함께 어느 교회 헌당식에 참석하기 위하여 오클랜드를 방문하였다. 그러나 그 도시에 도착한 날 밤 전쟁 공습경보로 인한 소등조치가 전 도시에 내려졌다. 그래서 그날 밤 모자는 오랜만에 깜깜한 방에서 단둘이 누워 밤늦게까지 대화를 나누었다. 그리고 그 둘이 이야기를 나누는 동안 그녀를 환영하는 인파는 집 밖에서 그녀를 기다리고 있었다. 그리고 그녀는 그러한 사실에 꽤나 고무되어 있었다. 밤이 늦어지자 랄프는 어머니에게 작별인사를 하고 자신의 방으로 돌아왔다.

그녀는 그 당시 오랫동안의 불면증으로 고생하고 있었다. 그날도 잠을 이루지 못하자 그녀는 그 다음날 설교를 하여야 하였기에 평상시 보다 많은 양의 수면제를 먹었다. 의사들의 말을 빌리면 그녀는 그 다음날 이른 새벽에 자신의 몸에 이상이 있다는 것을 발견하였다. 그러나 자고 있는 아들을 깨우는 대신에 로스앤젤레스에 있는 자신의 주치의에게 전화를 하였다. 그러나 그녀의 주치의가 수술중이라 통화를 할 수 없었다. 그러자 그녀는 다른 의사에게 전화를 걸었는데 그 의사는 애미에게 오클랜드 의사인 팔머(Palmer)에게 연락해 보라고 팔머의 전화번호를 알으켜 주었다. 이제 팔머에게 전화를 걸려던 애미 샘플 맥퍼슨은 의식을 잃었다.

오전 열시가 되어서야 애미의 아들 랄프는 비로소 침대에 누워 막 숨이 끊어지려고 하는 어머니를 발견하였다. 랄프는 바로 인공호흡에 들어갔다. 그러나 별 효력이 없게되자 부랴부랴 구급차를 불렀다. 그러나 이미 너무 늦었다. 애미 샘플 맥퍼슨은 1944년 9월 27일 쉰 셋의 나이에 하나님의 품으로 돌아갔다.

애미 샘플 맥퍼슨의 시신은 엔젤레스 성전에 삼일간 안치되었다. 그 삼일동안 약 육만 명의 조문객이 다녀갔다. 그녀의 관과 엔젤레스 성전의 복도들과 성가 관악대가 앉는 좌석들은 온통 꽃들로 장식되었다. 꽃이 너무 많이 들어와 차량 다섯 대 분량의 꽃은 도로 돌려보내졌다. 그리고 그녀의 생일인 1944년 10월 9일날, 무려 600대의 장례 참석 차량의 물결이 그녀의 관을 필두로 포레스트 론 공원묘지 (Forest Lawn Memorial Park)로 향하였다. 하나님의 장군이었던 그녀의 육신은 포레스트 론 공원 묘지에 고요히 잠들게 되었다. 공원 묘지 측에서는 애미 샘플 맥퍼슨의 하관식에 그녀로부터 목사 안수를 받았던 천칠백명의 포스퀘어 교단 목회자들을 제외하고는 이천명의 하객만 참석하도록 참석인원을 제한하였다.

> 그녀가 한 "노궁에 길을 벗어나지 말라"는 말은 실질적으로 우리가 우리 자신의 사역과 능력을 로켓 쏘듯이 너무 위로 띄어 놓으면 나중에 떨어질 때는 곤두박질하여 떨어지게 되므로 그렇게 하지 않도록 조심하라는 말이다. 사역은 단거리 경주가 아니라 장거리 경주이다. 속도 조절을 잘하여 완주하라.

애미 샘플 맥퍼슨의 생애를 이렇게 짧은 분량의 글에 다 집어넣는다는 것은 불가능한 작업이다. 그녀의 위대성은 하나님만이 올바로 밝히실 수 있다. 그녀는 일생동안 175곡의 노래와 찬송곡을 작곡하였고 여러 편의 오페라를 작곡하였으며 열 세편의 연극식 오라토리오를 만들었다. 그녀는 수천 번 설교를 하였으며 그녀의 라이프(L.I.F.E) 성경학교를 통하여 무려 팔 천 명의 사역자가 배출되었다. 그리고 미국의 경제 대공황동안 약 오십만 명의 사람들이 그녀의 사역을 통하여 실질적인 도움을 받았다. 오늘날 그녀가 세운 포스퀘어 교단은 그녀가 처음 세웠던 구호인 "예수님께서는 구원자, 예수님께서는 치유자, 예수님께서는 성령님의 세례를 주는 자이시다. 그리고 그 예수님께서는 다시 재림하신다"는 구호를 여전히 외치며 전세계를 향해 그 교세를 점점 더 확장해 나가고 있다.

당신의 삶과 사역을 점검하라

마지막으로 나는 독자 여러분에게 애미 샘플 맥퍼슨이 그녀의 성경학교 학생들에 자주 강조하였던 말인 **"노중에 길을 벗어나지 말라"**는 말을 여기에 다시 언급하고자 한다.

이제 애미 샘플 맥퍼슨의 이야기를 다 읽은 독자 여러분들은 그녀의 이 말이 세상과 타협하라는 말이 아니란 것을 분명히 알아차렸을 것이다. 애미 샘플 맥퍼슨은 이 말을 통해 우리에게 한 장소에 계속 서 있으라고 촉구하고 있다. 그녀의 이 말은 실제적으로 다음과 같은 두 가지 의미를 내포하고 있다.

첫 번째, 인생이라는 강물을 타고 내려갈 때 결코 무서워하거나 두려워하지 말라는 말이다. 당신의 삶이 세상이라는 틀에 묶이지 않고, 세상의 영향도 받지도 않도록 하라. 세상에 의해 주눅들지도 말고 예수님께서 주신 자유함을 누려라. 억압과 핍박 속에서라도 결코 두려워하는 표정을 짓지 말라. 하나님께서 당신의 삶을 통하여 이루시고자 하시는 계획을 두려워하거나 주저하지 말고 하늘의 힘을 받아 담대히 이루라.

두 번째, 성령님의 은사를 사모하고 받은 은사를 사용하되 도가 지나쳐서는 안 된다는 말이다. 능력이 나타난다고 사람들 앞에서 과격하게 행동하거나 그 능력을 미끼로 사람들에게 겁을 주지 말라. 애미 샘플 맥퍼슨은 이러한 원칙들을 자동차와 비교하여 자주 설명하였다. 자동차가 시속 백 마일까지 속력을 낼 수 있다고 계속 백 마일로 달리는 것은 어리석은 짓이다. 만일 차를 몰 때마다 시속 백 마일로 몰면 차가 금방 고장난다. 사람들 앞에서는 절대로 백 마일로 밟지 말라. 즉 성령님의 능력은 사역 장소에서 항상 나타나므로 한꺼번에 다 사용하지 말라는 말이다.

그녀가 한 "노중에 길을 벗어나지 말라"는 말은 실질적으로 우리가 우리 자신의 사역과 능력을 로켓 쏘듯이 너무 위로 띄어놓으면 나중에 떨어질 때는 곤두박질하여 떨어지게 되므로 그렇게 하지 않도록 조심하라는 말이다. 사역은 단거리 경주가 아니라 장거리 경주이다. 속도 조절을 잘하여 완주하라.

애미 샘플 맥퍼슨이라는 하나님의 위대한 여 사역자가 점화한 봉홧불을 이어받은 우리는 종교성에 안주하지 말고 하나님께서 주신 담대함과 자유함 그리고 지혜로움을 가지고 하나님을 위해 이 세상을 뒤집어 놓아야할 것이다. 그리고 하나님을 향하여 가던 자신만의 독특한 길을 중간에서 멈추거나 길을 가던 도중에 길에서 벗어나지 말고 하나님께서 부르신 부름심의 목적지에 반드시 도달하는 사람이 되자.

참고도서

1. Daniel Mark Epstein, *Sister Aimee: The Life of Aimee Semple McPherson* (Orland, FL: Danel Mark Epstein, reprinted by permission of Harcout Brace and Company, 1993)

CHAPTER NINE

Kathryn Kuhlman

"The Woman Who Believed in Miracles"

기적을 믿은 여인
(The Woman Who Believed in Miracles)

- 캐더린 쿨만 -

"설교가 시작도 되지 않았다. 심지어 첫번 찬양도 시작되지 않고 있었다. 집회에 참석한 사람들은 그저 조용히 앉아 집회가 시작되기만을 기다리고 있었다. 바로 그 때에 수백 명의 사람들이 치유를 받는 기적이 일어났다."

"그러나 거기에 모인 사람들은 그 어떤 거친 행동이나 표현을 하지 않았다. 하나님은 절대로 귀머거리가 아니시기에 거기에 모인 사람들은 큰 소리로 외쳐 하나님을 부르지도 않았다. 그러나 거기엔 조용하지만 강한 하나님의 임재가 있었다. 거기엔 수천 명의 사람들이 모여 있었음에도 사방은 너무도 조용해 사람들은 옆 사람의 심장이 뛰는 소리를 들을 수 있을 정도였다."

바로 이때 '나는 미국을 신뢰합니다'라는 소리가 무대 한쪽 구석에서 흘러나왔다. 그때서야 사람들은 정적을 깨고 비로소 환호성을 지르기 시작하였다. 사람들의 환호성 소리가 점점 사라지기 시작하자 무대 후미진 곳에서 품이 넉넉한 하얀색의 가운을 걸친

키 크고 깡마른 체격을 한 여자가 나타났다. 그 여자는 무대로 걸어나와 집회를 인도하기 시작하였으니 그 여자의 이름이 바로 그 유명한 캐더린 쿨만이었다.

캐더린 쿨만은 자신의 사역을 통하여 전세계의 수많은 사람들의 삶에 성령님이라는 기초를 단단히 놓는 사역자이다. 성령님의 은사에 관심을 가져왔던 교회들은 그녀의 독특한 사역을 통하여 은사를 주시는 성령님에게 더 많은 관심을 가지게 되었다.

캐더린 쿨만이 담당하였던 사역들은 기존 교회가 전통과 율법을 탈피하고 바람직한 미래 교회상으로 한 발자국 더 다가가도록 해주었다. 그녀의 사역은 교회를 새롭게 하는데 있어서 선구자 역할을 담당하였던 것이다.

캐더린 쿨만은 항상 자기 자신을 **"보통 사람"**이라고 이야기하곤 하였다. 그러나 사실 알고보면 그녀의 사역 방법은 매우 특이하였다. 많은 사역자들이 그녀의 목소리를 흉내내어보기도 하며 그녀의 극장식 스타일을 모방하여 자신의 사역을 키우려고 하였지만 모두 다 실패하였다. 또한 일부의 사람들은 그녀의 사역의 테크닉만 뽑아 가지고 자신의 사역에 사용하였지만 그들의 그 어떤 시도도 결코 성공을 거두지 못하였다.

나는 개인적으로 하나님께서 캐더린 쿨만과 함께 하셨고 그녀를 크게 사용하신 것에 대하여 하나님께 감사를 드린다. 그녀는 하나님을 섬기는 면에 있어서는 그 어느 누구보다 담대한 여자였다. 나는 캐더린 쿨만의 삶을 통하여 귀한 교훈을 배웠다. 나는 이 장에서 그녀의 삶을 조사 연구하는 동안 내가 배웠던 교훈을 여러분과 같이 나눌 것이다. 덧붙여 말하자면, 그 교훈의 대부분은 그녀 자신이 한 말과 설교 안에서 어렵지 않게 찾아볼 수 있다.

빨간 머리와 주근깨

미국 미주리 주에 콩코디아라는 곳이 있다. 이 콩코디아는 1830년부터 독일에서 이민 온 사람들이 거주하기 시작한 곳이다. 캐더린 쿨만의 어머니 엠마 워켄호스트(Emma Walkenhorst)는 1891년 죠셉 쿨만(Joseph Kuhlman)과 결혼하였다. 미주리 주는 주법을 개정하여 1910년이 되어서야 비로소 출생한 자에게 출생 증명서를 발급하기 시작하였으므로, 1910년 전에 태어난 캐더린 쿨만은 출생신고서를 갖고 있지 않았다. 캐더린 쿨만이 다녔던 고등학교의 학생 생활기록부를 살펴보면, 그녀의 정확한 이름은 캐더린 요한나 쿨만(Kathryn Johanna Kulman)으로서 1907년 5월 9일 미주리 주 콩코디아에서 오 마일 가량 떨어진 한 농장에서 태어난 것을 알 수 있

케더린 쿨만이 어린 시절에 살았던 집. 문 앞에 서있는 어린이가 바로 캐더린 쿨만

다. 그리고 그녀의 부모님은 캐더린이라고 불렸던 그녀의 할머니로부터 이름을 따서 갓 태어난 딸의 이름을 캐더린 쿨만이라고 지어주었다.

캐더린 쿨만이 두 살이 되었을 때 그녀의 아버지는 160 에이커의 땅을 팔아 큰 집을 지었다. 캐더린 쿨만은 이 집을 자신의 고향 집으로 여겼다. 캐더린 쿨만이 어린 시절에 사귀었던 친구들 중 한 사람은 그녀에 대해 회상하며, "머리 색깔은 빨간색이었습니다. 그리고 큰 얼굴에 주근깨가 있었죠. 예쁘다고 말할 수는 없었습니다. 그녀의 행동에는 우아하거나 여성적이라고 할만한 요소가 별로 없었지요. 그리고 그녀는 그 나이 또래의 아이들보다 몸집이 컸고 행동이 남자애들 같았죠. 그녀의 보폭은 꽤나 커서 그녀와 같이 걸으려면 우린 잰걸음으로 빨리 걸어야만 하였습니다"라고 말하였다.

캐더린 쿨만은 독립심이 강하였고 자신감에 차있었으며 항상 자신의 방법대로만 하는 소녀였다. 그녀의 곁에는 항상 아버지가 있어서 그녀가 원하는 것은 무엇이나 공급해 주었다. 캐더린 쿨만의 말을 빌리자면 사랑은 아버지로부터 받았고 훈련은 어머니로부터 받았다고 한다. 그리고 그녀의 어머니는 캐더린에게 매정한 편이었고 평생동안 한번도 캐더린에게 사랑을 표현하는 말을 하였거나 캐더린을 칭찬한 적이 없었다고 한다. 그러나 캐더린 쿨만이 어린 시절 부모로부터 사랑을 충분히 받지 못하였다고 할 수는 없었다. 왜냐하면 그녀의 아버지가 그녀에게 흘러 넘치는 사랑을 부어주었기 때문이다. 이러한 이유때문에 캐더린 쿨만은 그녀의 아버지가 돌아가신지 삼십 년이 지난 후에도 그녀의 아버지에 대해 이야기 할 때면 눈물을 흘리곤 하였다.

캐더린 쿨만이 아홉 살 때의 일이었다. 그녀는 어머니의 생일날이

다가오자 자신의 어머니를 위하여 깜짝 생일 파티를 열어줄려고 계획하고 있었다. 그러나 캐더린 쿨만은 어머니의 생일날이 그 해에는 월요일 날에 있다는 사실을 몰랐다. 그래서 그녀는 온 동네에 돌아다니며 사람들에게 월요일 날 어느 시각에 자신의 집 문 앞에 생일 케이크를 준비하여 대기하고 있으라고 연락하였다.

그런데 캐더린 쿨만의 가정은 그 당시 격주로 월요일마다 대청소의 날로 정하여 그날이 되면 캐더린 쿨만의 어머니 엠마 쿨만은 대문을 잠그고, 옷을 허름한 청소복으로 갈아입고 온 집안을 청소하곤 하였다. 그런데 엠마는 남들이 자신이 허름한 옷을 입고 있는 것을 보는 것을 지독히 싫어하였다. 그래서 대청소를 하는 월요일이 아닌 날이면, 그녀는 집에 있을 때에도 가장 좋은 옷을 입고 있었는데, 그 이유는 언제 손님들이 집안에 들어닥칠지 몰랐기 때문이었다.

이제 엠마의 생일인 월요일이 왔고 엠마 쿨만은 대청소를 하기 시작하였다. 목욕탕을 청소하느라 머리는 엉망이 되었고 옷에는 먼지가 꺼멓게 묻어 있었고 또한 옷은 여기 저기가 젖어있었다. 그리고 다리는 짧은 바지를 입고 있어서 허벅지를 거의 다 드러내놓고 있었다. 그때 문에서 노크하는 소리가 들려왔다. 엠마는 문을 열었다. 문 앞에는 가장 좋은 옷을 차려입은 동네 사람들이 서 있었다. 그녀는 죽을 맛이었다. 이 모든 것을 딸이 주도하였다는 사실을 안 엠마는 딸 캐더린에게 손님이 가면 혼내주겠다는 손짓을 보냈다. 캐더린 쿨만은 그날 밤 손님들이 가져온 케이크들을 하나도 남김없이 다 먹어야 하는 벌을 받았다.

> 캐더린 쿨만은 독립심이 강하였고 자신감에 차 있었으며 항상 자신의 방법대로만 하는 소녀였다. 그녀의 곁에는 항상 아버지가 있어서 그녀가 원하는 것은 무엇이나 공급해 주었다.

캐더린 쿨만의 아버지는 성공적인 사업가가 되기 위한 원칙들을 캐더린이 어렸을 때부터 가르쳤다. 그녀의 아버지는 안정된 사업가였다. 어떤 경우 캐더린 쿨만은 아버지가 수금하는 곳에 따라다닌 적도 있었다. 그녀는 성인이 된 후에 조직과 사업에 뛰어난 기질을 발휘하곤 하였었는데, 그녀는 자신이 이러한 면에 있어서 뛰어난 자질과 수완을 보이는 것은 아버지 때문이라며 자신을 잘 지도하여 준 아버지에게 모든 영광을 돌렸다.

"예수님이 내 마음에 들어오셨어요!"

캐더린 쿨만은 열 네 살에 예수 그리스도를 자신의 구세주로 받아들였다. 그녀는 평생을 살면서 자신이 어떻게 예수 영접을 하게 되었는지에 대한 체험을 사람들에게 자주 이야기해 주곤 하였다. 그녀의 집과 그녀가 다녔던 교회의 분위기는 영적이라고 하기 보다는 오히려 종교적이었다고 해야 옳았다. 그녀가 어렸을 적 다녔던 교회는 한번도 예배 참석자들에게 구원 초청을 한 적이 없는 교회였다. 그랬음에도 불구하고 그녀는 그 교회에서 예수 그리스도를 영접하였다. 훗날 캐더린 쿨만은 자신의 구원 체험에 대해 이렇게 기록하였다.

"나는 엄마 옆에 서 있었고 교회의 벽시계는 열두 시 오 분 전을 가리키고 있었습니다. 나는 그 때 설교한 목사님의 이름은 물론 설교 내용과 제목도 기억하지 못하고 있습니다. 그러나 그 시간 나에게 어떤 일이 일어났습니다. 그때의 체험은 내 삶의 어떤 순간보다 생생하고 확실합니다.

"그때 내 몸이 심하게 떨고 있었습니다. 그래서 도저히 찬송가를 손에 계속 잡고 있을 수가 없었습니다. 그래서 나는 그 책을 의

자에 내려놓았습니다. 그리곤 훌쩍거리며 울기 시작하였습니다. 나는 내가 죄인이라는 사실을 깨달았기 때문에 울지 않고는 견딜 수가 없었던 것입니다. 내가 이 세상에서 가장 천하고 낮은 사람이라는 사실이 그냥 깨달아졌습니다. 그때 내 나이는 겨우 열 네 살이었습니다.

"나는 이제 내가 서있는 의자를 벗어나 설교단 앞으로 나아가 교회의 첫 번째 줄에 있는 의자 옆에 꿇어앉아 울기 시작하였습니다. 그러자 나는 세상에게 가장 행복한 사람이 되었습니다. 나를 누르고 있던 무거운 죄의 짐이 모두 벗어졌습니다. 나는 다시 태어난 것입니다. 예수님께서는 보혜사 성령님이 오시면 사람들에게 죄와 의와 심판에 대해 깨닫게 해 주실 것이라고 말씀하셨습니다(요 16:8). 바로 그 일이 나에게 일어났던 것입니다."

캐더린 쿨만은 이제 집으로 들어오자마자 여느 때처럼 교회에서

쿨만의 가족과 머리에 리본을 달고 있는 어린 캐더린 쿨만

있었던 일을 이야기 하려고 그때 마침 부엌에 계셨던 그녀의 아버지에게로 달려갔다. 그녀는 **"아빠, 조금 전에 예수님께서 내 마음속에 들어오셨어요"**라고 기뻐하며 아버지에게 말하였다. 그러나 그 말을 들은 그녀의 아버지는 아무 감정 없이 "잘됐구나"라고만 하였다.

캐더린 쿨만은 나중에 자신의 아버지에 대해 회상하면서 아버지가 그순간에 자신이 한 말의 의미를 잘 알고 있었는지에 대해서는 자신도 확신이 서지 않는다고 말하였다. 이러한 구원 체험 후 캐더린 쿨만은 자기 나름대로의 생각이 있었기에 그동안 어머니가 다녔던 감리교회를 더 이상 다니지 않았다. 그 대신 그녀는 아버지가 다니는 침례교회에 출석하게 되었다.

캐더린 쿨만은 자신의 아버지가 정말로 중생한 그리스도인인지에 대해서는 그렇다고 확신있게 대답하지 못하였다. 비록 그녀의 아버지는 자신이 구원받았다고 딸 캐더린에게 말한 적은 있었지만, 캐더린 자신은 다음과 같은 이유들로 인해 아버지의 구원에 대해 의구심을 가지고 있었다.

캐더린 쿨만의 아버지는 목사들에 대해 비판적인 태도를 줄곧 가지고 있었다. 그녀의 말을 빌리자면 그녀의 아버지는 "돈만 아는 사람들"이라고 말하면서 목사들을 얕잡아 보았다는 것이다. 캐더린 쿨만의 아버지는 길 가다가 아는 목사를 만나면 길 반대편으로 건너가 버리곤 하였다. 그리고 캐더린 쿨만의 아버지는 종교적으로 중요한 날이나 딸이 예배에 참석하자고 간청하는 때에만 교회 예배에 참석하였다. 캐더린 쿨만은 일생동안 단 한번도 아버지가 성경을 읽거나 기도하는 모습을 본적이 없었다고 말하였다.

어머니의 회심

구원 체험을 한 캐더린 쿨만은 이제 교회에 가는 것을 그녀의 삶의 가장 중요한 일로 여겼다. 그녀는 처음엔 어머니와 함께 감리교에 다녔으나 1921년에 구원을 받자, 구원받은 그 다음해인 1922년부터는 그녀의 전 가족이 침례교회에 등록하였다. 그러므로 엄격히 말해서 캐더린 쿨만은 침례교인이라고 말할 수 있다. 그러나 그후에 시작된 그녀의 사역은 초교파적으로 이루어졌다. 그녀의 사역은 오순절부터 카톨릭에 이르기까지 모든 교단을 다 수용하는 초 교파적인 사역이었다. 그리고 그 어떤 교단도 그녀의 사역을 방해하지 않았다. 그리고 그녀 또한 그 어떤 교단에 소속되는 것을 거부하였을 뿐만 아니라 어떤 교단이나 단체의 지원도 받지 아니하였다. 그녀는 단지 하나님의 지원만 받고 하나님에게만 소속되었던 것이었다.

구원 체험을 한 캐더린 쿨만은 이제 교회에 가는 것을 그녀의 삶의 가장 중요한 일로 여겼다.

캐더린 쿨만이 십대 소녀였던 시절에 그녀의 어머니는 감리교회에서 젊은이들에게 성경을 가르쳤다. 그녀의 한 이웃은, "엠마가 교회에서 훌륭한 성경 교사였던 것으로 보아 엠마 및 엠마의 형제 자매들이 부모들로부터 성경 훈련을 매우 잘 받은 것으로 보입니다"라고 말한 적이 있다. 그리고 그녀의 다른 이웃들 중 한 사람은 그녀의 집에서 피아노 소리와 찬송 소리가 자주 들렸다고 증언하였다.

비록 캐더린 쿨만의 어머니는 교회에서 훌륭한 성경 선생님이 하였지만 1935년이 되어서야 비로소 덴버에서 열렸던 캐더린 쿨만의 집회에서 예수 그리스도를 구세주로 영접하였다. 그때 상황을 좀더 자세히 이야기 해보자. 캐더린 쿨만의 초청을 받은 그녀의 어머니가 딸이 인도하는 집회에 참석하게 되었다. 첫 예배의 설교가 끝나자 캐더린 쿨만은 교회당의 옆에 있는 방으로 들어가서 예수 영접하기 원하는 사람들을 도와주기 시작하였다. 그런데 그 중간에 캐더린 쿨만의 어머니가 캐더린 쿨만이 사역하고 있는 방으로 들어와 딸 캐더린에게 자신도 예수님을 구주로 영접하길 원한다고 말하였다.

그러자 캐더린 쿨만은 목메어 울면서 자신의 손을 어머니의 뒷머리 위에 올려놓았다. 캐더린 쿨만의 손이 그녀의 어머니의 머리에 닿는 순간 캐더린 쿨만이 그 옛날 콩코디아의 한 작은 감리교회에서 예수님을 영접할 때 몸을 떨었던 것처럼 그녀의 어머니도 똑같이 몸을 떨기 시작하였다. 그순간 그녀의 어머니는 두 손을 하늘 높이 치켜들고 아무도 알아들을 수 없는 말을 하기 시작했는데 그것은 바로 방언이었다. 그 방언 소리는 사람들의 귀에 가을 하늘을 퍼져나가는 맑고 아름다운 종소리처럼 들렸다. 이때 캐더린 쿨만은 어머니 옆에 무릎을 꿇고 울기도 하고 웃기도 하였다. 캐더린 쿨만의 어머니 엠마는 눈을 뜨자 자신의 옆에 무릎을 꿇고 있는 딸을 꼭 끌어 앉았다. 캐더린 쿨만이 기억하는 한 이것이 엄마가 생전 처음으로 자신을 안아주는 감격스런 포옹이었다.

그날부터 삼일 밤낮을 캐더린 쿨만의 어머니는 잠을 한숨도 자지 못하였다. 그녀는 새 사람이 된 것이다. 이 이후부터 그녀는 콩코디아에 살면서 성령님과의 달콤한 교제를 계속하였다.

언니 부부를 돕다

하나님께서 크게 사용하셨던 사람들의 공통된 점 중의 하나는 그들이 하나님의 인도함을 받기 위해 모든 것을 다 버렸다는 것이다.

1913년이 되자 캐더린 쿨만의 언니 머틀(Myrtle)이 그 당시 무디 성경학교 학생이었던 젊고 잘 생긴 에베렛 페롯(Everett Parrot)이라는 사람과 결혼하였다. 이 젊은 부부는 결혼 후 바로 천막 복음 전도 사역을 시작하였다. 그리곤 그로부터 십 년이 지난 1924년이 되자 머틀과 에베렛 페롯 부부는 캐더린 쿨만이 자신들을 따라다니면서 자신들의 사역을 도와주었으면 좋겠다는 사실을 캐더린 쿨만과 그들의 부모들에게 말하였다.

페롯 부부의 사역 본거지는 오리건 주에 있었으며, 그 당시 치유 사역을 하고 있었던 찰스 에스 프라이스(Charles S. Price) 박사와 친분을 쌓고 있었다. 찰스 박사는 페롯 부부에게 성령님의 세례에 대해 소개하였을 뿐 아니라 성령 세례를 받게 한 장본인이었다. 페롯 부부는 성령 세례를 받자 매우 행복해 하였다. 그러나 페롯 부부는 가정의 경제 문제는 너무도 곤란하였다. 그래서 그런지는 몰라도 방언을 하는 것 외에는 페롯 부부의 사이는 별로 좋다고 할 순 없었다.

캐더린 쿨만은 이러한 언니의 힘든 가정에 들어가 언니의 가정일을 도와주었다. 그러나 캐더린 쿨만은 그러한 자신의 신세를 한탄하지 않았다. 그녀는 월요일엔 빨래를 하고 화요일엔 다리미질을 하며 자기 나름대로 바쁜 나날을 보냈다.

그녀의 일면

캐더린 쿨만은 언니 페롯 부부를 도와주는 동안 역경을 딛고 일어설 수 있는 인내를 배웠다. 그리고 캐더린 쿨만은 그동안 자신을 측은히 여기는 것이 하나님 보시기에 큰 죄라는 사실을 깨달았다. 캐더린 쿨만이 언니 부부의 집에 머무르는 동안 터득한 영적 진리들은 그녀가 나중에 자신만의 사역을 하게 되었을 때 자주 설교의 주제로 떠오르곤 하였다. 그녀가 보기에 자기 중심주의는 자기 동정만큼 나쁜 것이었다. 그녀는 그 당시 십대의 소녀에 불과 하였지만 자신이 죽는 날까지 자신의 삶과 사역에 자기 중심주의와 자기 동정심은 발도 붙이지 못하게 하겠다고 단단히 결심을 하였다. 그녀는 이에 관해 후에 이렇게 기록하였다.

"당신이 대하는 사람이 가족이든 동역자든 피 고용자든 상관없이 자신의 잘못을 깨닫지 못하는 사람은 경계하여야 합니다. 그런 사람들은 '제가 잘못했습니다' 라는 말을 하지 못하는 사람이며 자기 중심적인 사람입니다. 이런 이유 때문에 '제가 죄를 저질렀습니다' 라는 표현을 하지 못하는 사람은 예수님께서도 어쩌지 못하는 사람이란 말을 제가 여러분에게 이미 수천 번이나 하였습니다. 그런 사람은 또한 이기적인 사람으로 스스로 병을 자초하는 사람입니다."

캐더린 쿨만은 어렸을 적부터 자기 중심, 자기 동경, 자기 탐닉, 자기 증오 등이 자신을 정죄하고 저주하는 나쁜 죄라는 사실과 이런 것들을 가진 사람들에게는 성령님께서 잘 역사하지 못한다는 사실을 잘 알고 있었다.

캐더린 쿨만은 어렸을 적부터 자기 중심, 자기 동정, 자기 탐닉, 자기 증오 등이 자신을 정죄하고 저주하는 나쁜 죄라는 사실과 이런 것들을 가진 사람들에게는 성령님께서 잘 역사하지 못한다는 사실을 잘 알고 있었다. 그러한 그녀였기에 그녀는 나중에 집회를 인도하게 되었을 때에 사람들에게 성령님의 역사를 경험하려는 사람은 반드시 희생이라는 값을 치러야 한다는 사실을 강조하여 설명하였다. 그녀에게 있어서 하나님만을 따르기 위해 희생이라는 값을 치른다는 것은 일회적 사건이 아니었다. 그녀에게 있어서 하나님을 위해 희생의 값을 치르는 것은 평생을 거쳐 연속적으로 행해야 되는 일생의 과정이다.

그녀의 삶의 여정에는 성령님의 권고에 순종하지 못하였을 수도 있었을 뻔한 고비가 여러 차례 있었다. 그러나 그녀는 결국 하나님의 명령에 순종하였다. 그녀의 하나님에 대한 순종의 열매를 오늘날의 교회들이 먹고 있는 것이다. 우리는 이러한 캐더린 쿨만의 성령 하나님께 순종하는 사역이 너무나도 좋은 줄을 익히 알기에, 그녀의 삶과 그녀의 사역을 본받고 싶어하는 것이다.

설교가 바닥났어요

캐더린 쿨만은 무려 칠 년이란 세월을 언니와 형부인 페롯 부부의 가정과 그들의 사역을 뒤에서 섬겼다. 그러나 알고보면 그 기간 동안 그녀는 자신의 사역을 위한 기초 수련을 쌓았던 것이었다. 그녀는 언니 부부의 집안 일을 돌보면서 남는 시간에는 책을 읽고 성경 말씀을 공부하였다.

1928년에 페롯 부부는 아이다호 주 보이스에 도착하였다. 이 당시 헬렌 걸리포드(Helen Gulliiford)라는 여자가 피아노를 맡아 페롯 부부와 같이 전도 집회를 다니고 있었다. 그런데 그 당시 페롯 부부의 갈등은 경제적인 문제로 점점 커져만 가고 있었다. 그러던 어느 날 머틀의 남편 에베렛 페롯은 혼자 복음 집회를 인도해 보겠다며 사우스다코다 주로 가버렸다. 그래서 머틀, 캐더린, 헬렌은 보이스에 남게 되었다. 그래서 이제는 여자 셋이서 전도 집회를 인도하지 않으면 안되게 되었다.

그들 세 여자들은 에베렛 페롯과 헤어진 후 빵과 생선 몇 조각만으로 식사를 해결해 왔다. 그리곤 두 주 후 다시 만난 페롯 부부는 각자의 집회에서 받은 헌금을 합쳐보았다. 그러나 그 돈은 그들의 방 월세 내고 나면 음식을 사기에도 충분치 못한 돈이었다.

그러나 그럼에도 불구하고 캐더린 쿨만의 언니 머틀은 다시 남편 에베렛과 합치기로 결정하였다. 그러나 캐더린 쿨만과 헬렌은 그들을 따라 다닌다는 것이 언니 부부들에게 경제적으로 큰 부담이요 자신에게는 희망이 없는 일이라는 사실을 깨닫게 되었다. 그래서 궁리하던 끝에 캐더린 쿨만과 헬렌은 한 팀이 되어 바울과 바나바가 그랬듯이 페롯 부부의 사역에서 독립하기로 결정하였다. 그런 결정을 내리자마자 그들이 사역하고 있었던 보이스라는 마을의 몇 사람들이 캐더린 쿨만에게 와서 허름한 수영장에서 모이는 자신들의 작은 모임에서 설교를 해달라고 부탁하였다. 이 설교가 캐더린 쿨만 사역의 시발점이 되었다.

그곳에서 설교가 끝나자 캐더린 쿨만과 헬렌은 아이다호 주의 포카텔로 갔다. 캐더린 쿨만은 그곳의 오페라 하우스에서 설교하였다. 그런데 그 오페라 하우스가 있는 건물은 너무도 더러웠다. 그래서 그 건물을 캐더린 쿨만이 손수 청소를 하였다. 그곳에서의 집회를 끝낸 캐더린 쿨만과 헬렌은 다시 아이다호 주의 트윈폴스로 갔다. 그때는 마침 겨울이었는데 거기서 캐더린 쿨만은 얼음 위에서 발을 잘못 디뎌서 넘어지는 바람에 다리를 다치고 말았다. 의사는 그녀의 다리에 깁스를 해주었고 적어도 두 주 동안은 걸어 다니지 말라고 그녀에게 경고하였다. 그러나 그녀는 의사의 경고에도 아랑곳하지 않고 다리에 깁스도 풀지않은 채로 설교를 하며 걸어다녔다. 그녀는 결코 그녀의 육체가 하나님의 뜻을 저버리게 하도록 허락하지 않았던 것이다. 이 일과 관련하여 그녀는 훗날 이렇게 말하였다.

"마치 예수님이 나무에 있는 자의 이름이 삭개오라는 사실을 확실히 알았던 것처럼, 내가 아이다오에서 내 생애 첫 설교를 한 날부터 나는 내가 하나님을 위해 존재한다는 사실을 확실히 알았습니다. 그날부터 나의 마음은 확정되고 확정되었던 것입니다. 예수님이라는 존재는 나에게 있어서 너무도 확실하고 확실한 존재였습니다."

그녀는 처음으로 너댓번의 설교를 연속적으로 하고 난 후 웃으면서 다음과 같이 말하였다.

"이제 더 이상 설교할 거리가 없습니다. 마치 성경 이야기는 다 해버린 것 같았어요. 설교가 바닥나 버렸던 것이죠. 그 때 나의 마음 속에는 내가 이보다 더 많은 설교를 하며 살 수 있을까 라는 의심이 들었답니다."

칠면조 우리에서 자다

그로부터 몇 년 동안 그녀는 너무도 가난하게 살았다. 때론 그녀에게 잠자리를 제공하겠다는 집조차도 잠자리가 없어 그녀는 하는 수 없이 칠면조를 키우던 헛간에서 건초더미를 이불 삼아 자기도 하였다. 그러나 그 당시 그녀는 자신의 설교에 너무도 큰 행복감을 느껴 그런 불편한 삶에는 전혀 개의치 않았다. 그녀는 그 당시를 회상하며 때론 모인 사람들이 모두 다 구원을 받을 때까지 사람들이 밖에 못나가도록 문을 걸어 잠그고 집회를 인도한 적도 있다면서 웃으며 그 당시의 이야기를 사람들에게 하곤 하였다. 그리고 그 당시에 늦게까지 자질 않고 사람들과 같이 기도하며 사역하다 어느 새 새벽 동이 튼 적도 여러 번 있었다.

캐더린 쿨만은 때때로 칠면조 우리보다 더 깨끗한 곳에서 자기도 하였지만 방이 너무 추워 고생한 적도 있었다. 그럴때면 그녀는 몸을 뒤치덕거리며 잠이 들 때까지 오랜 시간동안 성경을 읽곤 하였다. 그 당시 그녀의 마음은 온통 주님에게 빼앗겨 있었다. 그녀의 사역의 비밀의 열쇠는 바로 주님에게 마음을 온통 빼앗기는 것이었다. 그녀는 예수님에게만 시선을 고정하였다. 그녀는 예수님 한 분에게만 충성하기로 결단하였고 성령님을 근심시키는 일이라면 그 어떤 일도 하기를 거부하였다.

캐더린 쿨만의 초기사역을 살펴보면 두 가지 특징이 있는데 그것은 하나님에 대한 충성과 하나님의 백성에 대한 헌신이었다. 그녀는 이러한 그녀만의 특징적인 사역을 지속해 나가는 동안, 어린 시절부터 보여주었던 영적인 것에 대한 이해력을 빠르게 증진시켜 나갔다.

하나님의 부르심에 헌신하게 하는 것이 무엇이냐는 사람들의 질문에 대한 캐더린 쿨만의 대답은 항상 "충성"이었다.

캐더린 쿨만의 충성

하나님의 부르심에 헌신하게 하는 것이 무엇이냐는 사람들의 질문에 대한 캐더린 쿨만의 대답은 항상 "충성"이었다. 이 충성에 대해 캐더린 쿨만이 하였던 말을 살펴보자.

"그 당시 사람들은 충성이란 말은 별로 사용하지 않았습니다. 그리고 그 당시에는 하나님에 대해 충성스러운 삶을 사는 사람이 거의 없었습니다. 충성이란 사랑과 마찬가지로 육의 눈으로는 볼 수 없습니다. 그러나 충성은 사람들의 행동을 보면 어느 정도 알 수 있습니다. 이 말은 사랑이 행위로 표출되듯이 충성도 그러하다는 말입니다. 충성은 신실함이며 충직한 것이며 헌신입니다.

"나의 마음은 확정되고 확정되었습니다. 나는 그 어떤 희생을 치르더라도 그분에게만 충성할 것입니다. 충성은 사람과 사물에 대한 일시적인 흥미를 표시하는 것이 아닙니다. 충성은 일생동안 지녀야 하는 것입니다. 다른 말로 하자면 충성은, '내가 여기 있사오니 나를 믿고 써 주시옵소서. 나는 당신을 결단코 실망시켜드리지 않겠습니다'라고 말한 후 말한 그대로 사는 것입니다."

다른 말로 하자면 충성이란 하나님의 부르심을 받은 사람이 하나님의 부르심의 영역을 벗어나는 것은 그 어떤 것이라도 절대로 하지 않는 것이요 하나님의 부르심에 조금도 가감하지 않는 삶을 사는 것이다. 캐더린 쿨만은 처음에는 하나님에게 잘 충성하다가 사역이 커지면 충성을 져버리는 사람들이 있다고 말하곤 하였다.

큰 것을 원합니다

아이다호 주에서의 집회를 끝내자 캐더린 쿨만과 헬렌은 콜로라도 주로 갔다. 그들은 콜로라도 주의 푸에블로에서 육 개월간 집회를 인도한 후 덴버로 집회 장소를 옮겼다. 캐더린 쿨만이 푸에블로에서 사역하고 있을 때에 사업가였던 얼 에프 제윗(Earl F. Jewitt)이라는 사람이 캐더린 쿨만의 사역 매니저로 합류하게 되었다. 1933년이 되자 미국의 대공황이 최고조에 도달하였다. 수많은 미국 굴지의 사업체들이 문을 닫았고 수백만의 사람들이 일자리를 잃고 방황하였으며 웬만한 교회는 수입이 없어 교회를 유지 하기도 힘들게 되었다.

그런데 그 당시 캐더린 쿨만은 여행 복음 전도자로서 그 어떤 교단의 지원도 받고 있지 않고 독자적으로 사역을 감당하고 있었다. 그러나 그녀는 자신은 경제적으로 곤란을 당하고 있었지만 하나님은 자신의 사역에 들어가는 모든 경비를 충당할 수 있을 정도의 큰 부자라는 사실을 의심 없이 믿고 있었다. 만일 하나님께서 가난하신 하나님이시라면 그녀는 그런 하나님을 믿지도 않았고 전하지도 않았을 것이다. 캐더린 쿨만은 자신의 이런 당찬 믿음을 사람들에게 삶으로 보여주며 씩씩하고 굳세게 살아갔다.

어느 날 그녀는 자신의 사역 매니저로 일하게 된 제윗에게 덴버로 가서 백만장자처럼 행세하라고 지시하였다. 그러나 그 말을 들은 제윗은 그녀에게 자신의 전재산은 통틀어 오 불밖엔 되지 않는다고 응답하였다. 이 말을 들은 캐더린 쿨만은 제윗에게 다음과 같이 말하였다.

"하나님은 우리가 얼마나 부자냐에 따라 자신의 능력을 바꾸시는 분이 절대로 아니십니다. 그분은 오병이어의 기적을 일으키셨던 능력의 하나님이십니다. 하나님은 지금 당장이라도 그 오 불을 갖고 수십 배로 불릴 수 있는 능력의 분이십니다. 지금 덴버로 가십시오. 그리고 그곳에서 가장 큰 건물을 찾아내십시오. 그리고는 가장 좋은 피아노를 찾아 헬렌에게 주십시오. 그리고 그 장소를 의자로 채우십시오. 그리고 덴버 신문(Denver Post)에 크게 집회

광고를 내고 방송국에도 우리의 집회 광고를 내십시오. 이것은 하나님의 사업입니다. 우리는 하나님의 방법으로 크게 사업할 것입니다."

제윗은 그녀의 지시를 따라 덴버로 가서 몽고메리우드 회사의 큰 자재 창고를 빌렸다. 캐더린 쿨만은 실제로 그 도시에서 오 개월 동안 집회를 인도하는 동안 사람들이 많이 몰려와 장소를 더 큰 곳으로 옮겨야만 하였다. 덴버에서의 집회 첫날에는 약 백 오십 명 정도가 참석하였다. 그러나 두 번째 날 밤에는 사백 명 넘게 참석하였다. 그 날 밤부터 자재창고는 매일 사람들로 만원을 이뤘다. 이로부터 오 개월 후 캐더린 쿨만은 덴버에서의 집회가 종료되었다고 선언하였다. 그러나 사람들은 그 말을 곧이 듣지 않았다. 어떤 사람은 그렇게 말한 캐더린 쿨만에게 와서 자신 소유의 큰 빌딩을 그녀에게 주고 입구에 "기도가

사역 초기의 케더린 쿨만

모든 것을 바꾼다"는 네온사인 팻말을 달아주고 그 건물의 잔금은 자신이 매달 갚아나가겠다고 제안하였다.

그 당시 사람들은 하나님의 말씀에 굶주려 있었다. 그녀의 그 당시 주요 메시지는 구원에 관한 내용이었다. 그 결과 그녀의 집회를 통해서 기존 목사들이 예수님을 영접하는 일이 적지 않게 일어났다. 캐더린 쿨만의 사역은 사람들에게 희망과 믿음을 주는 사역이었다. 이 기간동안 헬렌은 백명의 성가대를 조직하였고 집회 때에 부를 수 있도록 많은 곡들을 직접 작곡하였다.

사람들의 열화같은 요청에 의하여 그녀는 원래의 계획을 취소하고 덴버에 더 머물면서 계속 집회를 인도하기로 하였다. 모든 것이 거침없이 잘되어 나가는 것 같이 보였다. 사람들은 집회를 위한 건물을 아주 구입할 작정으로 적당한 건물을 찾아다니기 시작하였다. 그런데 뜻하지 않은 불행이 캐더린 쿨만에게 들이 닥쳤다.

아버지가 돌아가시다

1934년 12월 겨울에 캐더린 쿨만의 생애에 있어서 처음으로 큰 어려움을 겪는 일이 발생하였다. 그녀의 사랑하는 아버지가 차 사고로 숨을 거둔 것이었다. 캐더린은 아버지가 눈보라가 몰아치던 날 길을 가다가 얼음에 미끄러진 차에 치어 목숨이 경각에 달렸다는 사실을 나중에야 알게 되었다.

사고가 나서 수 시간이 지나서야 사고 소식이 비로소 콜로라도에 머물고 있었던 캐더린에게 전해진 것이다. 캐더린 쿨만은 이 소식을 전해듣자 눈보라가 몰아치는 데에도 불구하고 캔자스 주를 지나 아버지가 누워 계신 미주리 주로 차를 몰기 시작하였다. 그녀는 자신이 얼마나 빠른 속력으로 차를 모는 지도 몰랐다. 너무 눈이 몰아쳐서 앞은 거의 보이지 않았다.

캐더린 쿨만은 12월 30일 드디어 캔자스 시에 도착하였다. 거기서 그녀는 아버지에게 조금만 더 기다려 달라고 말할 작정으로 집에다 전화를 걸었다. 전화를 건 그녀는 아버지가 그날 아침에 이미 숨을 거두신 사실을 알게 되었다.

캐더린 쿨만이 아버지가 계신 집에 도착하여 아버지의 시신이 안치된 방에 들어가 아버지를 바라보았다. 조문객들은 전통에 따라 그 방을 지키고 있었다. 캐더린 쿨만은 흐르는 눈물을 연신 닦아내었다. 그녀의 마음속에는 아버지를 치어 죽게 한 사람에 대한 분노가 치솟아 올라 견딜 수가 없었다. 그녀는 훗날 아버지를 회상하는 자리에서 그때 그녀의 마음속에 치솟았던 아버지를 치었던 사람에 대한 분노에 대해 다음과 같이 말하였다.

"저는 언제나 행복한 사람이었습니다. 아버지가 나를 그런 사람으로 키워주셨기 때문이지요. 그러나 이제 그분은 돌아가셨습니다. 나는 아버지의 관 앞에 앉아 생전 처음 보는 조문객들을 바라보며 두려움과 증오심으로 가득차기 시작하였습니다.

"나는 이 세상의 딸들이 가질 수 있는 아빠들 중 가장 좋은 아빠를 가졌다고 자부합니다. 내가 보기에 우리 아빠는 그 어떤 흠도 없는 완벽한 아빠였습니다. 그분은 나의 이상이었습니다."

그 당시 캐더린 쿨만은 부모의 집을 떠나간지 벌써 십 년 째되었다. 그리고 그녀는 집을 떠난 십 년 동안 단지 몇 차례 밖에는 부모님의 집에 들르질 않았었다. 그녀의 아버지는 그녀가 설교하는 모습을 단 한번도 보지 못하고 숨을 거둔 것이었다. 그녀는 장례식 기간동안 사람들에게 자신의 마음속에 있던 아버지를 치어 죽게 한 사람에 대한 분노를 표출하였다.

"조그만 침례 교회의 강단 아래에서 나의 가족들과 같이 앉아 있으면서 나는 아버지의 죽음을 현실로 받아들이기를 계속 거부하였습니다. 나의 가족들은 한사람씩 일어나 아버지의 관에 장미를 올려놓기 시작하였습니다. 나의 두 자매들이 자리에 일어나 관 쪽으로 걸어갔습니다. 나의 오빠도 갔습니다. 이제 나만 남았습니다.

"조그만 침례 교회의 강단 아래에서 나의 가족들과 같이 앉아있으면서 나는 아버지의 죽음을 현실로 받아들이기를 계속 거부하였습니다."

"장례 담당자가 나에게로 오더니, '캐더린, 관을 닫기 전에 아버지를 마지막으로 보지 않으시겠습니까?' 라고 말하였습니다.

"나는 일어나서 아버지를 내려다보았습니다. 그러나 내 눈에는 아버지의 얼굴은 보지 않았습니다. 나는 아버지의 어깨만을 뚫어져라 바라보았습니다. 내가 기대었던 아버지의 크고 넓은 그 어깨...... 나는 허리를 굽혀 나의 손을 관속에 누워 계신 아버지의 어깨에 갖다 대었습니다. 그리고 나는 아버지의 옷을 만지작거리기 시작하였습니다. 거기에는 내가 사랑했던 존재의 껍데기만 남아있었습니다. 아버지는 거기에 없었습니다.

"나는 그 순간 생전 처음으로 그리스도의 부활의 능력을 깨닫기 시작하였습니다. 나는 갑자기 내가 더 이상 죽음을 두려워하지 않고 있다는 사실을 깨달았습니다. 죽음의 공포와 두려움이 나에게서 사라졌습니다. 그러자 아버지를 죽인 사람에 대한 증오도 순식간에 사라졌습니다. 아버지는 죽은 것이 아니었습니다. 그분은 다시 살아나신 것입니다."

덴버 부흥 타버나클

아버지의 장례를 마친 캐더린 쿨만은 삶과 죽음에 대한 새로운 이해와 열정을 갖고 1935년 2월에 덴버로 다시 돌아왔다. 이 때는 이미 새 건물이 구입되어 있었고 새 건물의 내부 단장이 한창이었다. 그해 5월 30일날 그 큰 건물 밖에는 어떤 사람의 약속대로 "기도가 모든 것을 바꾼다"라는 네온싸인이 커다랗게 걸렸다.

> 얼마 지나지 않아 캐더린 쿨만과 월트립 사이의 관계가 심상치 않다는 소문이 사람들에게 점점 퍼지기 시작하였다. 그리고 캐더린 쿨만은 이 때부터 월트립을 월트립이라고 르지 않고 그 대신 "미스터"라고 부르기 시작하였다.

드디어 덴버 부흥 타버나클(Denver Revival Tabernacle)이 문을 연 것이다. 이 덴버 부흥 타버나클(성전)은 이천 명을 수용할 수 있을 정도로 큰 규모의 건물이었다. 그리고 그 타버나클의 이름은 먼 곳에 있는 사람도 쉽게 알아볼 수 있도록 매우 큰 글자로 써서 달았다. 이로부터 사 년 동안 덴버와 덴버 근처에 사는 수많은 사람들이 캐더린 쿨만의 집회에 참석하였다. 그리고 이 덴버 부흥 타버나클에서는 월요일을 제외하곤 매일 집회가 열렸다.

이 덴버 부흥 타버나클은 곧 교회로 발전하였다. 그리고 이 덴버 부흥 타버나클은 그 어느 교단에도 가입하지 않았다. 덴버 부흥 교회에 주일학교가 생기자 교회 버스들은 사람들을 이 교회의 주일학교로 실어 날랐다. 그리고 덴버 부흥 타버나클 교회가 생긴지 얼마 지나지 않아 캐더린 쿨만은 "웃음"이라는 라디오 방송 프로그램을 시작하였다.

1936년이 되자 많은 기독교 음악가들과 설교가들이 덴버 부흥 타버나클 교회에 와서 성가를 연주하거나 말씀 사역을 하기 시작하였다. 그 중에는 레이몬드 티 리체이(Raymon T. Richey)라는 유명한 사람도 끼어있었다. 리체이는 이 덴버 부흥 교회에서 삼 주간이나 집회를 인도하였다. 그 당시 리체이는 미국에서 치유 부흥사로서 이 분야에서 선구자적인 사역을 역할을 담당하고 있었다.

캐더린 쿨만은 그녀의 아버지의 죽음으로 인해 큰 아픔을 겪었고 어둠의 가장 깊은 골짜기를 통과하고 있었다. 그러나 그녀의 앞에는 다시 그만큼이나 깊고 어두운 또 다른 골짜기가 기다리고 있었다.

잘못된 만남

1935년에 텍사스 주 오스틴 출신의 버러스 에이 월트립(Burroughs A. Waltrip)이라는 이름을 가진 복음전도자가 덴버 부흥 타버나클 교회의 집회 인도자로 초청받아 그곳에서 설교를 하게되었다. 그 사람은 매우 핸썸한 사람으로서 캐더린보다 여덟 살이나 나이가 많은 사람이었다. 두 사람이 서로 첫 대면을 한 이후 캐더린 쿨만과 월트립은 서로에 대해 금방 끌리기 시작하였다.

그러나 문제는 월트립은 아들을 둘이나 둔 유부남이었다. 성령님은 캐더린 쿨만에게 그 남자와 사랑에 빠지는 것은 옳지 않다고 말하였다. 그러나 캐더린은 이러한 성령님께서 주시는 감동을 완전히 무시하였다.

월트립이 덴버 부흥 교회를 방문한지 얼마 되지 않아 그는 곧 그의 아내와 이혼하였다. 그리고 사람들에게는 자신의 아내가 자신을 버리고 떠나버렸다고 거짓말을 하였다. 월트립의 아내였던 제씨(Jessie)

의 말에 의하면 윌트립은 사랑 없이 한 결혼은 무효이므로 이혼하고 다른 사람과 재혼해도 하나님 보시기에 죄가 아니라는 잘못된 생각을 갖고 있었다고 한다. 윌트립은 제씨와 이혼한 후 다시는 자신의 집으로 들어가지도 않았으므로 그의 두 아들들은 그후 아버지의 얼굴을 다시는 볼 수 없었다.

잘못된 결혼

자신의 가정을 버린 윌트립은 아이오아 주 메이슨 시로 거처를 옮긴 후 거기서 라디오 채플(Radio Chapel)이라는 이름의 부흥 쎈타를 운영하기 시작하였다. 그리곤 그 라디오 채플에서 라디오 복음 방송을 시작하였다. 이로 인해 윌트립은 훌륭한 복음 전도자로서 서서히 사람들에게 알려지기 시작하였다. 이때 캐더린 쿨만과 헬렌은 윌트립이 일하고 있는 방송국을 가끔 찾아와 윌트립의 사역의 기금 마련을 적극적으로 도와주었다.

이로부터 얼마 지나지 않아 캐더린 쿨만과 윌트립 사이의 관계가 심상치 않다는 소문이 사람들 사이에 점점 퍼지기 시작하였다. 그리고 캐더린 쿨만은 이때부터 윌트립을 윌트립이라고 부르지 않고 그 대신 "미스터"라고 부르기 시작하였다. 헬렌을 위시한 캐더린 쿨만의 가까운 친구들은 캐더린에게 그 남자와 결혼해서는 안 된다고 말하였다. 그러나 캐더린 쿨만은 그러한 친구들의 주장에 동의하지 않았다. 캐더린 쿨만은 윌트립이 부인이 먼저 윌트립을 버렸기 때문에 그는 이제 누구와 결혼해도 하나님 앞에 죄될 것이 없다고 주장하였다.

무엇 때문에 윌트립이 자신의 부인과 헤어지게 되었는지 그리고 캐더린 쿨만이 어떻게 윌트립과 가까워지게 되었는지에 대해서는 자세히 알려진 바가 거의 없다. 또한 그 어느 누구도 이 사실에 대해 자세히 이야기하였거나 폭로한 적이 이제껏 없었다. 캐더린 쿨만의 사역에 동조하였던 그녀의 친구와 측근들도 이 사실에 대해서만은 함구하였다. 더군다나 캐더린 쿨만의 측근들과 친구들은 캐더린 쿨만의 이번 실수에 대해 하나님의 용서가 이미 임했다고 생각하였다. 그렇게 생각한 그들이었기에 이런 일을 문제삼아 일을 더 꼬이게 만들 필요가 전혀 없었던 것이었다.

1938년 10월 16일에 캐더린 쿨만은 자기가 담임으로 있던 덴버 부흥 타버나클 교회에 전화를 걸어 이제부터 자신은 월트립의 사역을 도울 것이라고 이야기하였다. 이 전화를 한 이틀 후인 10월 18일 캐더린 쿨만은 첫 부인과 이혼한지 십 육 개월 째 접어든 월트립과 메이슨 시에서 비밀리에 결혼하였다.

무엇이 문제인가?

여기서 하나 집고 넘어가야 할 것이 있다. 이혼은 죄가 아니다. 종교적인 사람이나 자기 의가 강한 사람들 그리고 전통에 매인 교단들은 이혼이 죄라고 주장할 수도 있다. 그러나 하나님은 그렇게 생각하지 않으신다. 신약에는 이혼을 두 경우에 인정해 주고 있다. 한 경우는 부부 중 한쪽이 성적으로 부도덕한 일을 계속한 경우이고 다른 하나의 경우는 부부 중 한쪽이 다른 한쪽을 버렸을 경우이다. 그러나 이 두 경우를 제외하고는 그 어떤 이유로도 결혼한 부부가 이혼해서는 안 된다고 하나님은 못박았다. 여러분들 중 이 두 경우를 제외하고 이혼하였다면 하나님의 용서를 받아 헤어진 사람과 재결합하길 원한다. 하나님의 용서는 항상 우리를 향해 열려있다. 사람들이 용서하지 못하는 죄도 하나님은 용서하므로 이런 분들은 하나님의 얼굴을 구하여 그분의 도움을 구하길 바란다.

캐더린 쿨만은 속이는 영에게 속임 당한 것이다. 월트립이 자신의 아내를 버리고 이혼한 것이 그가 저지른 첫번째 잘못이다. 그러나 월트립은 또한 자신의 잘못을 은폐하기 위하여 자신의 거짓된 신학으로 사람들을 오도하였다. 그는 그의 거짓된 신학을 진리인 양 사람들에게 전하고 가르쳤던 것이다. 그러므로 캐더린 쿨만과 월트립의 잘못된 결혼이 순탄할 리는 만무하였다.

캐더린을 거절한 덴버 부흥 교회

캐더린 쿨만은 월트립이 아내가 자신을 버렸다는 거짓말을 진실로 받아들였다. 그럼에도 불구하고 결혼을 준비하는 과정에서 캐더린 쿨만의 심기는 줄곧 불편하였다. 그녀의 주위에 있는 여러 사람들이 캐더린에게 월트립이 캐더린을 사랑해서 결혼하는 것이 아니라 캐더린을 이용하여 자신의 사역을 키우고 많은 후원금을 얻어내기 위해 정략적 목적으로 결혼하는 것이라고 말하였다. 그 즈음 월트립은 돈에 욕심을 내는 복음 전도자라는 소문이 이미 사람들 사이에 꽤 퍼져있었고 캐더린 쿨만은 이런 소문을 결혼 전에 익히 들어 잘 알고 있었다. 월트립이 캐더린 쿨만과 결혼하자마자 여덟 개의 주에서부터 많은 사람들이 월트립에게 몰려와 빌린 돈을 갚아달라고 요청하였다.

월트립의 어머니 조차도 캐더린에게 자신의 아들과는 제발 결혼하지 말라고 충고하기도 하였었다. 월트립의 어머니는 자신의 아들이 제정신이 돌아와 헤어졌던 부인에게로 돌아가기를 간절히 원하였던 것이다. 여러분은 아마도 이러한 많은 반대에도 불구하고 캐더린 쿨만이 군이 월트립과 결혼한 이유에 대해 의아하게 생각할 것이다.

결혼 직전에 캐더린 쿨만은 자신의 결혼을 둘러싼 여러 가지 문제들에 대해 자신의 친구들인 헬렌과 로티 안쏘니와 의견을 나눈 적이 있었다. 로티 안쏘니는 이때 캐더린 쿨만이, **"나는 이 결혼에 관한한 하나님의 뜻을 도대체 알 수가 없어"**라고 말하였다고 주장하였다. 이 두 친구는 캐더린에게 그렇다면 이 문제에 대해 하나님의 뜻을 분별해보기 위해 더 기다려 보자고 말하였다. 그리고 기다리는 동안, 캐더린 자신에게 하나님의 평강이 있는지를 체크해 보라고 친구들이 충고하였다. 그러나 캐더린 쿨만은 친구들의 좋은 충고를 받아들이지 아니하였다.

캐더린 쿨만이 로티와 헬렌과 함께 자신의 결혼식에 참석하기 위해 메이슨 시로 가는 도중 데모인이라는 곳에 있는 호텔에 하루 머무르게 되었다. 이곳에서 헬렌은 캐더린에게 자신은 그녀의 결혼에 동의할 수 없으므로 자신은 데모인의 호텔에 캐더린의 결혼식이 끝날 때까지 머무를 것이라고 말하였다. 그러자 로티도 캐더린에게 결혼식에 참석하지 않겠노라고 말하였다.

자신의 결혼식에 참석하여 결혼식을 합법화 해줄 친구들이 없게 된 캐더린 쿨만은 부랴부랴 다른 한 친구를 불러 결혼식의 증인으로 참석케 하였다. 그런데 결혼식이 진행되는 도중 캐더린 쿨만은 그만 기절하여 쓰러지고 말았다. 이에 당황한 월트립은 캐더린 쿨만이 제정신으로 돌아오자 캐더린에게 결혼 선서를 어떻게 해서든지 마치도록 하였다. 그러나 하나님의 뜻에 의도적으로 도전한 이 두 사람의 앞길에 검은 그림자가 드리워지기 시작하였다.

캐더린 쿨만은 결혼 첫날 밤 월트립과 같이 자기를 거부하고 그녀의 친구들이 묵고 있는 데모인의 호텔에 혼자서 차를 몰고 왔다. 그리고 그 호텔에서 캐더린 쿨만을 기다리고 있던 친구들에게 캐더린은 울며불며 자신이 실수한 것이 분명하다며 이 결혼은 무효라고 말하였다. 이에 두 친구는 월트립에게 캐더린 쿨만의 의사를 알렸다. 그러자 월트립은 급히 이들에게 달려와 어떻게 이런 일이 있을 수 있느냐며 캐더린 쿨만의 친구들에게 자신은 자신의 새 아내 캐더린을 잃을 수 없다고 항의하였다. 그러자 로티는 월트립에게 "처음부터 캐더린 쿨만은 당신의 아내가 아니었습니다"라고 맞받아쳤다.

이제 이 세 여인은 합심하여 데모인을 떠났다. 이들은 캐더린 쿨만이 담임으로 있는 덴버 부흥 교회에 가서 자초지종을 고백하고 교회 사람들에게 용서와 이해를 구할 목적이었다. 그러나 이들의 이야기를 전해들은 덴버 부흥 타버나클 교회의 교인들과 교회 중진들은 자신들에게 알리지도 않고 불법 결혼을 한 자신들의 담임 목사 캐더린 쿨만을 자신들의 목회자로 받아드릴 수 없다고 결정하였다. 이 결정은 어떻게 보면 올바른 결정인 것처럼 보인다. 그러나 그런 결정으로 인해 갈곳이 없어진 캐더린 쿨만은 결국 월트립에게 돌아가고 말았다. 그들의 우매한 결정이 캐더린을 월트립에게 다시 돌아가게 만들고 만 것이다.

산산 조각난 꿈들

캐더린 쿨만이 최근 오 년간 각고의 노력 끝에 세운 교회가 급작스레 무너지기 시작하자 결국 그 교회 건물은 헤윗(Hewitt)이란 사람에게 넘어가 버렸다. 캐더린 쿨만의 사역을 처음부터 도왔던 그녀의 피아노 담당자 헬렌은 이제 캐더린 곁을 떠나 덴버의 어느 작은 교회에서 사역할 수밖에 없었다. 캐더린 쿨만을 따랐던 많은 양들이 살길을 찾아 뿔뿔이 흩어졌다. 이러한 중대한 실수로 인해 그녀의 교회가 순식간에 사라져 버렸을 뿐 아니라, 캐더린 쿨만은 친한 친구들 및 그녀가 쌓아왔던 사역을 짧은 시간 안에 모두 잃어버렸다. 또한 캐더린 쿨만은 하나님보다 자신과 월트립을 더 위에 놓았기에 그녀의 하나님과의 관계도 급속히 나빠져 그녀의 하나님에 대한 열정은 빠르게 식어버리고 말았다.

그녀는 진정 더 위대한 인물로 장차 부상하게 되는데, 그렇게 된 배경에는 이러한 실패의 잿더미 위에서도 그녀가 보여줄 위대한 결정과 결단에 그 해답을 찾아볼 수가 있다. 사람들의 철저한 거절을 맛본 그녀는 실패의 잿더미 위에서 자신의 사역을 회복시키기 위해 믿음의 큰 행보를 곧 내딛었다.

많은 사람들이 "완전한 마돈나"라며 칭찬을 아끼지 않았던 하나님의 여인 캐더린 쿨만은 하루아침에 평범한 인물로 전락하고 말았다. 캐더린 쿨만은 분명 위대한 인물이었다. 그러나 그녀는 진정 더 위대한 인물로 장차 부상하게 되는데, 그렇게 된 배경에는 이러한 실패의 잿더미 위에서도 그녀가 보여줄 위대한 결정과 결단에 그 해답을 찾아볼 수가 있다. 사람들의 철저한 거절을 맛본 그녀는 실패의 잿더미 위에서 자신의 사역을 회복시키기 위해 믿음의 큰 행보를 곧 내딛었다. 그러자 사람들은 그녀가 실패를 통해 하나님의 놀라운 계시를 받았고 이를 통해 그녀가 비로소 시험, 용서, 승리에 관한 피를 토해 내는 듯한 강력한 메시지를 전할 수 있게 되었다고 말하게 되었다.

그러나 그녀의 이러한 믿음에 기초한 결단과 그녀에게 부어진 하나님의 계시는 하루 아침에 이루어진 것이 아니었다. 캐더린 쿨만은 사람들과 하나님께서 원치 않는 결혼을 한 후 무려 육 년간이란 긴 세월 동안 사람들의 시야에 가리워진 채로 눈물의 세월을 보내어야만 하였다. 그리고 그녀는 그 오랜 각고의 세월을 거친 후에야 비로소 인고로 인하여 깎고 다듬어진 사역의 다이아몬드가 비로소 그 광채를 발휘하게 되었다. 그녀가 월트립과 보낸 육 년간의 결혼 생활과 그리고 그후 이년 동안 합쳐서 팔 년 동안 그녀는 어떻게 하면 하나님의 사역을 다시 시작할 수 있을까 노심초사하였다. 그 팔 년이란 기간 동안 그녀를 만나 보았던 그녀의 옛 친구들은 그녀의 남편 월트립이 메이슨 시에 있는 그의 교회에서 설교를 하는 동안 그녀는 교회 뒷자리에 앉아 줄곧 울고 있었노라고 말하였다.

메이슨 시의 사람들은 나중에 월트립이 첫 부인을 내쫓고 캐더린 쿨만과 결혼하였음에도 자신의 부인이 자신을 버렸다고 거짓말을 한 사실을 알게 되었다. 그리고 얼마 후 그 소식을 월트립이 담임하고 있는 교회의 교인들도 알게 되었다. 그러자 월트립의 교회 교인들이 점점 줄게되었고 급기야 월트립의 라디오 사역과 교회가 문을 닫게 되었다. 그리고 결혼한 지 육 년 동안 월트립은 단지 서너 차례만 캐더린에게 하나님의 말씀을 전할 기회를 주었다. 그것도 자신의 결혼에 대한 사실을 모르는 곳에 가서 사역할 때 마치 캐더린 쿨만이 미혼인 것처럼 행세하도록 하여 캐더린에게 설교하도록 한 것 뿐이었다. 그러다가 한번은 어느 도시에서 집회 도중 캐더린과 월트립이 잘못된 결혼을 한 부부사이인 것을 안 목회자가 이 두 사람을 집회 도중에 교회 밖으로 내쫓고 하고 있던 집회를 해산시키기도 한 적이 있었다.

뼈아픈 경험

캐더린 쿨만은 1944년이 되자 월트립과의 관계를 정리하고 혼자 로스앤젤레스로 갔다. 그러나 1947년이 되어서야 캐더린 쿨만은 비로소 월트립과 정식으로 이혼하였다. 훗날 캐더린 쿨만은 월트립과의 결혼 관계를 청산하였던 때를 회상하며 다음과 같은 말을 하였다.

"나는 이제 더 이상 미룰 수가 없었습니다. 물론 나는 이제 그 사람을 사랑할 것인가 아니면 하나님을 사랑할 것인가를 선택하여야만 하였습니다. 이는 내가 '미스터'와 같이 살면서 하나님을 사랑할 순 없다는 말입니다. 나는 그 사람을 진정으로 사랑하였습니다. 그러므로 내가 그 사람을 떠나기로 한 결정은 나에게는 죽음을 경험하는 것과 같은 뼈아픈 경험이었습니다. 나는 어느 날 그 사람에게 하나님께서 나를 사역자로 부르셨으므로 나는 당신을 떠나야만 한다고 말했습니다. 내가 그와 같이 사는 동안 나는 내 양심의 소리와 성령님께서 주시는 소리 사이에서 너무도 괴로웠습니다. 나는 이제 내 자신을 구차하게 변명하면서 사는 삶을 포기하기로 결정하였습니다."

캐더린 쿨만은 사람들에게 마지막으로 자신의 모습을 보였던 어느 작은 모임에서 자신이 월트립과 관계에서 그녀가 체험했던 뼈아픈 경험을 "죽음의 경험"이라고 표현한 적이 있었다. 그러자 그 모임에 참석한 어떤 젊은이가 그녀의 이러한 표현에 대해 더 구체적으로 설명하여 줄 것을 요청하였다. 그러자 캐더린 쿨만은 다음과 같은 말로 그 젊은이의 질문에 답하였다.

"이 경험은 크나큰 실망에서 나온 경험이라고 할 수 있습니다. 이 결정을 할 때 나는 이제 세상이 끝났구나 라는 감정에 휩싸였습니다. 아마 여러분들 중에는 이러한 죽음의 경험을 한 분이 없

으실 것입니다. 그러나 이 결정은 하나님께서 기뻐하시는 결정이었다는 사실을 알았기에 나는 그러한 것이 나에겐 죽음과 같은 것이라고 하더라도 나는 그렇게 결정하여야만 하였습니다.

"나는 이 결정이 나의 인생에는 가장 비극적인 일이 될 것이라는 사실을 잘 알고 있었습니다. 나는 더 이상 다시 살아날 수 없는 존재로 전락할 것 같았습니다. '죽음의 경험'을 하시지 않은 여러분은 그 때의 내 심정이 어떠했는지 이해하시기가 힘들 것입니다. 나는 지금에서야 그것이 하나님의 나에 대한 온전한 계획의 한 부분이었음을 이해할 수가 있습니다."

이 말을 한 경우 외에도 캐더린 쿨만은 그녀가 하나님의 사역을 다시 하기 위해서 얼마나 큰 고통을 겪었는지에 대해서 몇 차례 더 언급한 적이 있다. 그러나 그러한 그녀의 잘못된 결혼에 의해 고통을 겪은 것은 그녀만이 아니었다. 두 아이의 어머니로서 하루 아침에 남편으로부터 버림당한 월트립의 전 부인의 고통과 어느 날부터 갑자기 아버지를 볼 수 없었던 월트립의 두 아들들의 고통은 어떠했겠는가? 이러한 잘못된 결정으로 인해 캐더린 쿨만과 월트립 주위의 수많은 친구들과 가족들과 친지들과 사역자들이 동시에 심한 고통을 받은 것이다.

다른 길을 간 두 사람

캐더린 쿨만이 월트립과 헤어져야겠다는 결정을 하자 그녀는 곧바로 하나님의 길로 들어섰고 그후 그녀는 한번도 월트립을 만나지 않았다. 그녀는 펜실바니아 주 프랭클린으로 가는 원웨이 티켓을 산 후로는 한 번도 월트립에게 다시 돌아간 적이 없다.

캐더린 쿨만은 이때부터 하나님과의 멀어졌던 관계가 점점 더 회복되기 시작하였다. 물론 월트립과 헤어진 이후의 시기가 캐더린으로서는 감당하기 힘든 시간의 연속인 것은 분명하였다. 그러나 그녀가 월트립과 헤어진 후 그녀에게 하나님의 축복이 점점 더 많이 임하기 시작하였다. 그러나 이제 혼자된 월트립의 경우는 그렇지 않았다. 캐더린 쿨만이 떠난 후 월트립을 보았다는 사람은 거의 없었다. 그의 첫 번째 부인 제씨에 의하면 월트립의 형 제임스는 자신의 동생 월트립이 어떤 여자의 지갑을 훔친 죄로 캘리포니아 주의 감옥에서 죽음을 맞았다고 말했다는 것이다.

어두운 동굴에서 드디어 나오다

> 1946년이 되자 캐더린 쿨만은 이제 기나긴 광야 생활을 마치고 전 시간 사역이라는 약속의 가나안 땅으로 들어갔다.

캐더린 쿨만은 월트립의 곁을 떠난 후 펜실바니아 주 프랭클린이란 곳으로 갔다. 그녀가 그 많은 미국의 도시들 중에서 왜 하필이면 펜실바니아 주의 프랭클린을 택하여 갔는지는 아무도 모른다. 그 당시 프랭클린은 광산촌으로서 독일 이주민들이 주로 살고 있었던 사람들에게 별로 알려지지 않는 곳이었다. 우리가 유추하여 볼 수 있는 가능한 추측으로 아마도 그곳은 캐더린 쿨만이 편안한 마음을 가지고 보낼 수 있는 여건이 갖추어져 있었거나 아니면 캐더린 쿨만은 그곳 사람들이 자신이라는 존재를 받아들여 줄 것이라고 생각했기 때문에 그곳을 피난처로 선택하였을 것이다. 만일 그것이 정말로 그녀가 그곳을 선택한 이유라면 그녀는 정말로 올바른 선택을 한 것이다.

그녀는 그곳을 근거지로 하여 미국 중서부의 여러 주들과 펜실바니아 남쪽의 주들인 웨스트버지니아 주, 버지니아 주, 캐롤라이나 주들을 다니며 다시 집회를 열기 시작하였다. 이제 여러 곳에서 그녀의 사역을 환영하였다. 그러나 그녀의 옛 삶을 안 몇 곳에서는 그녀에게 문빗장을 걸어 잠갔다. 그리고 또한 그녀의 과거를 안 여러 교회에서는 이미 예정된 그녀의 집회를 취소하기도 하였다. 한번은 어느 지방 신문에서 캐더린 쿨만의 과거를 폭로하는 기사를 싣자 그녀는 집회를 인도할 수가 없게 되어 자신이 살고 있는 프랭클린으로 돌아오기도 하였다.

1946년이 되자 캐더린 쿨만은 이제 기나긴 광야 생활을 마치고 전 시간 사역이라는 약속의 가나안 땅으로 들어갔다. 한 번은 캐더린 쿨만이 별 소득 없이 남쪽 여러 주들을 돌고 프랭클린에 있는 자신의 집으로 돌아왔는데 근처에 있는 약 천 오백 명이 참석하는 복음 장막 교회에서 자신에게 집회를 열어달라는 요청이 들어왔다. 이 교회는 빌리 썬데이(Billy Sunday)라는 유명한 사람이 집회를 성공적으로 인도한 후 프랭클린 지역에서 꽤 유명한 교회가 된 교회였다. 캐더린 쿨만이 이 복음 장막 교회에서 가진 집회는 너무나도 성공적이어서 설사 그녀의 과거를 알고 있는 사람이 그녀가 그 교회에서 집회를 인도하는 모습을 보았다고 할지라도 그녀에게 그러한 아픈 과거가 있었다는 사실을 의심할 정도였다.

잘못된 치유 방법들

캐더린 쿨만이 프랭클린의 복음 장막 교회에서의 집회를 성공적으로 마치자마자 펜실바니아주 오일시티의 한 방송국에서 그녀에게 한 프로그램을 매일 맡아달라는 요청을 하였다. 캐더린 쿨만이 이 요청을 수락하여 복음 방송 프로그램을 맡아 진행하게 되자, 그녀에 대한 인기는 급상승하게 되었다. 그리고 급기야 캐더린 쿨만은 이 방송을 맡은 지 몇 개월이 되지도 않아 피츠버그에 그녀 소유의 새로운 방송국을 소유하게 되었다.

캐더린 쿨만의 방송을 들은 수많은 사람들이 그녀에게 편지를 보내기 시작하였고 방송국에는 그녀를 만나길 원해 찾아오는 사람들이 너무 많아서 업무를 볼 수 없는 지경에까지 이르렀다. 그러자 방송국 측에서는 하는 수 없이 그녀를 방문하는 사람의 숫자를 제한하기에 이르렀다.

그 당시 미국은 세계 이차 대전을 끝낸 지 얼마 되지 않는 때여서 경제적으로 넉넉하지 못하였을 때였다. 그녀가 한번은 방송 중에 자신의 한 켤레밖에 남지 않은 양말이 닳아서 구멍이 생겼다고 말하자, 이 방송을 들은 사람들이 그녀에게 그 당시에는 일급 양말인 나일론 스타킹을 수없이 선물로 보내기도 하였다.

그 당시 전쟁의 상처를 치료하기 위하여 성령님께서는 각 교회들에 특별한 치유의 은사를 부어 주고 계셨다. 그래서 아주 큰 치유 집회들이 미국 전역 여기 저기에서 개최되고 있었다. 그래서 오랄 로버츠(Oral Roberts), 윌리암 브랜햄(William Branhan) 그리고 얼마 후에는 잭 코(Jack Coe)같은 사람들이 훌륭한 치유 사역자로 미국 내에서 왕성하게 활동하였다. 얼마 후 이러한 치유 사역자들의 집회에서 일어난 치유의 소식들이 그리스도를 위한 열방 성경 학교(Christ for the Nations Bible School)를 세운 고든 린세이(Gordon Lindsay)에 의해 발간되기 시작한 치유의 소리(Voice of Healing)라는 잡지에 실리기 시작하였다.

이 당시 캐더린 쿨만의 주된 관심사는 더 많은 사람들이 예수 그리스도를 믿도록 하는 복음 전도 사역이었다. 그러나 그녀는 이때부터 사람들에게 손을 얹고 치유를 비는 기도를 시작하기 시작하였다. 그러나 그녀는 치유 사역자들이 자신을 "페이스 힐러(Faith Healer, 믿음 치유자)"라고 칭하는 것을 싫어하였다. 뿐만 아니라 그녀는 그 당시 치유 사역에 대한 충분한 이해를 아직 갖고 있지 못하고 있었다. 그래서 그녀는 치유의 현장을 직접 목격하며 치유에 대해 더 배우고 공부하기 위해 그녀는 시간을 내어 다른 치유 사역자들의 치유 집회에 자주 참석하곤 하였다. 그러나 그런 집회에 참석하면서도 그녀는 자신이 장차 세계적인 치유 사역자의 명성을 얻게 되리라고는 꿈에도 생각하지 못하고 있었다.

그 당시 치유 사역자들은 대개 큰 천막을 지어놓고 대형 천막 집회를 열었었다. 캐더린 쿨만은 이런 천막 치유 집회에 참석하면서 치유 사역에 대한 이해를 증진시켜 나갔다. 그녀는 이 당시 치유 사역에 대한 온전한 이해는 갖고 있질 못했지만 그녀의 다음과 같은 말을 유추해 볼 때 그녀는 자신의 치유 사역에 대한 기준을 확실히 가지고 있었던 것이 분명하다.

"내 사역의 초기에 나는 치유 사역자들을 통해서 일어나고 있는 기적적인 치유에 대해 이해할 수 없는 것들이 한두 가지가 아니었습니다. 나는 그런 치유 집회에 참석하여 목격한 그들의 치유 방법에 대해 도대체 이해를 할 수가 없었습니다. 특히 치유 사역자들이 하나님으로부터 치유의 능력을 받았다는 미명 하에 사람들을 비인격적으로 대하는 것에 대해서는 정말로 신물이 났습니다.

그들이 치유하는 방법은 비인격적이었습니다. 그러나 내가 이해하는 한 하나님과 성령님은 우리에게 인격적으로 대하시는 분이십니다. 그들의 사역 방법은 하나님께서 우리를 대하시는 인격적인 방법과는 많은 차이가 났습니다.

"지금까지도 이렇게 비인격적으로 사역하는 것에 대해서는 용납하기가 힘듭니다. 그 중에서도 특히 치유 사역자들이 사람들의 분위기를 열광적으로 만들어 자신의 사역을 띄우기 위한 목적으로 일부러 광신주의적 몸짓과 태도를 보일 때면 정말로 내 속에서 신물이 올라왔습니다. 그렇게 하는 것은 육이지 영이 아닙니다. 영은 거룩하고 깨끗한 것입니다."

그녀는 자신이 이런 치유 사역에 참석함으로 인해 겪었던 느낌을 여러 번에 걸쳐 사람들에게 피력하였다. 그리고 이 이후 그녀는 자신의 집회에 참석한 사람들에게 기적이나 기적을 일으키는 사람들에게 시선을 집중하지 말고 기적을 주시는 예수님께 시선을 집중할 것을 철저히 교육시켰다.

한번은 펜실바니아 주 에릭이란 곳에 있었던 어느 치유 사역자의 집회를 참석하고 난 후 캐더린 쿨만은 사람들에게 다음과 같이 말한 적이 있다.

"나는 흐르는 아픔의 눈물을 그칠 수가 없었습니다. 나는 그 집회에서 잘못된 것들을 보고는 그만 온통 절망감에 사로잡혔습니다. 치유 사역자들이 사람들에게 그들이 고침 받지 못하는 것은 믿음이 없기 때문이라는 말을 하였던 것입니다. 이 말을 듣고 나서 나는 수주 동안 가슴이 아파 잠도 제대로 잘 수 없을 지경이었습니다. 정말 자비의 하나님께서 믿음이 없다는 이유로 사람들을

치유하지 않는다면 하나님의 자비는 도대체 어디에 숨어 있단 말입니까? 나는 그날 그말을 듣자 도저히 그 자리에 있을 수가 없었습니다. 그래서 나는 예배 도중인데도 불구하고 슬며시 천막을 빠져 나와 마냥 울었습니다. 그리곤 하늘을 쳐다보고 이렇게 소리쳤습니다. '그들이 주님을 훔쳐갔구나. 그들이 예수님을 훔쳐가서 어디다 감금시켜 놓았단 말인가?'"

그 당시 치유 사역자들이 치유의 소리 잡지를 창간한 고든 린세이와 손을 잡고 있었지만 캐더린 쿨만은 그런 사람들과 전혀 손을 잡지 않고 독자적으로 사역하였다는 사실은 매우 흥미롭다. 물론 그 당시의 치유 사역자들 중 적지 않은 사람들이 올바르게 사역하고 있었던 것은 사실이다. 그러나 많은 치유 사역자들이 사람들의 감정을 자극한다거나 믿음이 없어서 치유받지 못한다는 등의 비인격적인 말을 사용해가며 치유에 대한 잘못된 가르침과 방법을 사용하였던 것 또한 사실이었다.

캐더린 쿨만은 어느 날 성경을 읽다가 구원받은 시점에 치유도 이미 받았다는 사실을 깨닫자, 성령 하나님과 그리스도인의 관계에 대해 새로운 깨달음을 갖게 되었다.

기적이 일어나기 시작하다

캐더린 쿨만은 어느 날 성경을 읽다가 구원받은 시점에 치유도 이미 받았다는 사실을 깨닫자, 성령 하나님과 그리스도인의 관계에 대해 새로운 깨달음을 갖게 되었다. 그리고 그녀는 1947년부터 성령에 관한 가르침을 시리즈 형식으로 만들어 사람들 앞에서 가르칠 수 있는 기회를 갖게 되었다. 성령님과 그리스도인에 관한 첫 강의를 사람들에게 하던 중 그녀는 성령에 관한 많은 계시를 받았다. 그러자 그녀는 첫 가르침을 끝낸 그날 밤, 그녀는 자지도 않고 기도하면서 성령에 관한 하나님의 말씀을 계속 파고들었다.

그런데 성령 시리즈에 대한 두 번째 가르침이 있던 날 밤 획기적인 일이 발생하였다. 그것은 바로 어떤 여인에게 일어났던 일로 이 여인의 간증에 의하면 캐더린 쿨만의 성령에 대한 가르침을 듣고 있는 중간에 아무도 자신에게 치유의 손을 얹지도 않았는데 자신의 몸에 있던 종양이 없어졌다는 것이다. 그 집회 후 그녀는 바로 의사를 찾아가 진단을 받고 나서 몸 속의 종양이 없어진 사실을 확실히 알았다.

그 일이 일어난 지 며칠 후 주일 예배 때에 두 번째 기적이 일어났다. 그것은 1차 세계대전 때에 전쟁에 참석하였던 적이 있는 사람이 전쟁이 끝난 후 사업장에서 작업하다가 사고를 당해 두 눈을 모두 실명하였는데 캐더린 쿨만이 인도한 주일 예배에 참석하여 예배를 드리는 중에 한쪽 눈의 시력은 85% 정도 회복하였고 다른 쪽 눈의 시력은 완전히 회복한 일이 일어난 일이었다.

보안관이 찾아오고 위기를 넘기다

이렇게 치유와 기적이 그녀의 집회를 통해 일어나기 시작하자 이에 대한 소식이 빠른 속도로 퍼지기 시작하였다. 그러자 그녀가 인도하는 프랭클린의 복음 장막 교회에서의 집회에는 이 교회에서 그 전에 최다 인원을 동원하였던 빌리 썬데이의 치유 집회 때 보다 더 많은 사람들이 몰려들기 시작하였다. 하나님께서 캐더린 쿨만의 사역이 점점 증가하도록 해 주시기 시작한 것이다. 그러나 하나님의 일이 잘되어 나갈수록 사단은 기세를 부리는 것이 일반적인 현상이다. 이런 현상은 캐더린 쿨만의 사역의 경우도 예외는 아니었다. 흑암의 세력들이 캐더린 쿨만과 친한 사람들의 마음을 충돌질하여 캐더린 쿨만의 성령사역의 흐름을 꺾어 놓고자 농간을 부리기 시작한 것이다.

악한 영들의 캐더린 쿨만에 대한 공격은 엠 제이 말로니(M. J. Maloney)라는 사람과 그 당시 캐더린 쿨만이 계속적으로 집회를 인도하고 있던 교회의 재정 담당관을 통해 이루어졌다. 특히 말로니라는 사람은 캐더린 쿨만의 사역을 통해 들어온 총 수입의 일부가 자신의 것이 되어야 함은 물론 캐더린 쿨만이 담당하던 복음 방송과 캐더린 쿨만이 책 출판으로 번 수입의 일부도 자신의 것이 되어야 한다고 주장하였다. 캐더린 쿨만이 이러한 허무맹랑한 주장을 수용할 뜻을 밝히지 않자 말로니는 자신의 주장이 관철되지 않으면 캐더린을 고소하겠다고 으름장을 놓았다.

이러한 혼란의 와중 속에서 말로니는 어느 날 캐더린 쿨만이 집회를 하여야 할 건물의 문을 잠가버렸다. 그러자 광산 노동자들을 주축으로 한 캐더린을 지지하는 일단의 무리들이 그 건물의 문을 부수고 안으로 들어갔다. 그리고 캐더린 쿨만은 이러한 소란 속에서도 계속 집회를 열었다. 이런 시련의 소용돌이 속에 캐더린 쿨만을 지지하는 사람들은 만 불이나 되는 돈을 모금을 하여 그 근처의 슈가크릭이란 곳에 있는 오래된 롤러스케이트장을 사들여 캐더린 쿨만이 계속 집회를 할 수 있도록 조치하였다. 그 장소는 캐더린 쿨만이 쫓겨난 건물보다 배나 많은 사람들을 수용할 수 있는 큰 장소였다. 사람들은 이 새 집회 장소를 롤러 링크 믿음 교회(roller rink Faith Temple)이라고 이름하였다. 이 곳에서의 집회는 첫 날부터 많은 사람들이 몰려와 앉을 자리조차 없을 지경이었다.

이렇게 캐더린 쿨만의 사역이 피크를 향해 달려가던 어느 날 밤에 캐더린 쿨만이 묶고 있는 아파트의 문을 보안관 복장을 한 한 남자가 노크하였다. 캐더린 쿨만이 문을 열어주자 그 보안관은 그녀에게 그녀가 "미스터"라고 불렀던 남편 월트립이 보낸 서류를 건네주었다. 그 서류는 바로 월트립이 네바다 주 정부를 통하여 그녀를 상대로 낸 이혼 제기 청구 요청서였다. 이 이혼 청구 서류가 캐더린 쿨만의 동의를 받기 위해 보안관을 통해 밤늦은 시각에 캐더린에게 전해진 것이다.

캐더린 쿨만은 보안관 앞에서 그 서류를 보더니 수치심과 실망감에 가득차서 차마 고개를 들지 못하고 가만히 있기만 하였다. 그러자 그 보안관은 그런 그녀를 위로하는 듯 그녀의 팔을 살며시 잡아주었다. 그 보안관은 그녀의 집회에 참석하여 은혜를 받고 있었던 사람이었던 것이었다. 그 보안관은 그녀에게 이 이혼 소송 사건은 이 동네에선 자신과 캐더린 외에는 아무도 모르고 있고 자신은 계속 함구하고 있을 것이므로 안심해도 좋다고 캐더린에게 말하였다. 이 말해 대해 캐더린 쿨만은 만일 그렇게 해준다면 자신은 그 보안관을 평생의 은인으로 생각하겠노라고 말하였다.

그 보안관의 선한 조치가 캐더린 쿨만이 당하였을지도 모를 제 2의 시련에서 그녀를 구해 주는 결과를 낳았다. 이 일이 있고 나서 7년이 지나서야 사람들은 그녀가 이혼녀라는 사실을 알게 되었다. 그러나 그때쯤엔 그녀의 사역이 너무도 커져버려 그런 사실은 그녀의 사역에 별 영향을 미치지 못하게 되었다.

이제 집회 장소로 변한 그 롤러 스케이트장에서는 대형 치유 집회가 연속적으로 열리게 되었고, 그녀의 집회는 그 근처 도시들에서도 열리기 시작하였다. 그리고 더 나아가 오하이오 주 용스타운에 있는 스탐버그 공연장에서도 그녀의 집회가 열리기까지 하였다. 성령님께서는 인간이 영광을 취하지 않고 모든 것은 하나님께 영광을 돌릴 때 더 강하게 역사하시기 마련이다. 하나님에 의해 일어난 모든 기적에 대한 영광을 캐더린 쿨만은 하나도 취하지 않았을 뿐 아니라 그녀는 집회에 참석한 사람들에게 자신의 사역을 통하여 일어나는 모든 치유와 기적에 대한 영광은 오직 하나님만이 받으셔야 한다고 말하였다. 그녀가 이렇게 모든 영광을 하나님께 돌렸기 때문에 그녀의 사역이 점점 더 번창해 나가는 것은 당연한 귀결이라 할 수 있다.

언젠가 캐더린 쿨만의 비서로 활동한 적이 있었던 어느 사람이 그 당시를 회상하며 다음과 같은 말을 남긴 적이 있다.

> "캐더린 쿨만 여사는 하나님에 대해 너무도 부드러운 태도를 보여주었던 분이셨습니다. 나는 그 장막 교회에서 예배가 마치면 그녀는 자신의 라디오 방송실에 들어가 무릎을 꿇고 집회를 잘 마치게 하여주신 하나님께 찬양과 기도를 드리는 모습을 방송실 밖 유리 창문을 통해 자주 보곤 했지요. 물론 그녀는 그렇게 기도할 때 누군가가 자신을 보고 있다고는 생각하지 못하였을 것입니다."

"만일 믿음 교회의 지붕이 내려앉으면 하나님께서 나를 피츠버그로 옮기도록 지시하시는 싸인이라고 믿고, 그 때는 옮기겠습니다." 그런데 놀랍게도 어느날 그녀의 믿음 교회의 지붕이 무너지는 일이 벌어졌다.

캐더린 쿨만은 자신의 치유 사역이 점점 커져갈수록 믿음에 관한 설교는 점점 줄었고 대신에 성령님을 강조하는 설교 횟수는 점점 더 늘어갔다. 그녀의 집회가 그 당시 활동하였던 다른 복음 치유 전도 사역자들의 사역과 다른점은 그녀의 집회에선 기도 요청이나 치유 요청 카드가 없었을 뿐 아니라 치유 기도를 받기 위해 사람들이 길게 줄을 서는 일도 없었다는 것이다. 그리고 그녀는 병이 낫지 않는 사람들에게 "당신이 병이 낫지 않는 이유는 믿음이 없기 때문입니다"라는 말도 절대로 하지 않았다. 그녀는 자신의 집회에 참석하여 병자들이 치유의 주인이신 예수님에게 초점을 두고 그저 각자가 하나님 나라를 사모하는 마음을 갖도록만 하였는데도 치유가 쉽게 쉽게 일어났던 것이다.

지붕이 내려앉다

피츠버그에 있는 카네기 홀에서 집회를 인도하였을 때의 일이었다. 그곳에서의 집회가 있기 전에 캐더린 쿨만은 사람들로 하여금 보조 의자를 가능한 한 많이 모아서 그 홀에 최대의 인원이 들어올 수 있도록 하라고 명령하였다. 그러나 카네기 홀의 운영자는 캐더린에게 세계적으로 아무리 명성있는 오페라 가수들이라도 아직 이 홀의 빈자리를 메운 적이 있는 사람은 한명도 없었다고 말하며 그녀의 그러한 조치를 비웃었다.

카네기 홀에서의 첫 집회는 오후 시간에 있었는데 캐더린 쿨만의 예상대로 모든 의자가 다 채워지는 일이 일어났다. 두 번째 집회는 같은 날 저녁에 있었는데 이때 지미 밀러(Jimmy Miller)와 찰스 베베(Charles Beebee)가 예배의 음악을 담당하였다. 이날부터 지미 밀러와 찰스 베베 두 사람은 캐더린을 따라 다니며 그녀의 사역을 도와주었다.

캐더린 쿨만의 라디오 방송을 통한 복음 전파 사역도 탄탄하게 성장의 가도를 달려나갔다. 그러던 중 1950년이 되자 캐더린 쿨만의 측근들이 그녀에게 사역의 본부를 피츠버그로 옮기자고 요청하였다. 그 당시 캐더린 쿨만의 오른팔로써 활동하였던 매기 하트너(Maggie Hartner) 여사도 그녀에게 동일한 요청을 하였다. 그러나 캐더린 쿨만은 지금 현재 사역 본부가 있는 프랭클린 사람들이 자신의 일생에서 가장 힘든 시기에 자신을 받아주고 사랑해 주었다는 이유로 그들의 요청에 쉽게 응하질 않았다.

그러나 캐더린 쿨만의 측근들은 계속해서 그녀에게 사역의 본부를 피츠버그로 옮기자고 강력하게 요구하였다. 그러자 캐더린 쿨만은 그들에게 다음과 같이 선언하였다.

"내가 사역하고 있는 믿음 교회의 지붕이 무너지지 않는 한 나는 절대로 피츠버그로 사역 본부를 옮길 수가 없습니다. 만일 믿음 교회의 지붕이 내려앉으면 하나님께서 나를 피츠버그로 옮기도록 지시하시는 싸인이라고 믿고, 그때는 옮기겠습니다."

그런데 놀랍게도 어느 날 그녀의 믿음 교회의 지붕이 무너지는 일이 벌어졌다. 1950년 추수감사절 날 프랭클린에 역사상 가장 많은 눈이 내려 믿음 교회의 지붕이 눈의 무게를 견디지 못하고 무너져 내리는 일이 발생한 것이다. 이 일이 있고 나서 꼭 삼 주만에 캐더린 쿨만은 자신의 선언대로 자신의 사역 본부를 피츠버그 근교의 폭스 채플(Fox Chapel)로 옮기고 말았다. 그리고 그녀는 자신이 이 세상을 떠날 때까지 그곳을 자신의 본거지로 하며 활동하였다.

"나는 애미 샘플 맥퍼슨처럼 되고 싶습니다."

1950년이 되자 캐더린 쿨만의 사역은 전국의 도시들로 그 무대가 넓혀지기 하였다. 그러자 여러 사람들이 그녀에게 땅을 사고 건물을 지어 교회 사역을 크게 해볼 것을 권유하기 시작하였다. 그러나 하나님께서는 자신을 개 교회의 사역에 국한시키도록 자신을 부르신 것이 아니라고 대답하며 그녀만의 독특한 사역을 계속 밀고 나갔다.

그녀는 교회 한 두 개정도 짓는 것에는 관심이 없었다. 그러나 그렇다고 해서 그녀가 전도나 개 교회 사역을 등한시 하였다는 말은 절대로 아니다. 사실 그녀는 많은 교회들과 선교에 돈을 투자를 하였다. 그러나 그녀 본래의 사역이 워낙 크게 성장하여 그런 사역들은 사람들에게 별로 알려지지 않았을 뿐이다. 가령 그녀는 피츠버그에 캐더린 쿨만 재단(Kathryn Kuhlman Foundation)이라는 단체를 세운 후 이 단체를 통해서 선교의 목적으로 약 20개의 교회들을 재정적으로 도왔던 것이다.

많은 사람들은 그녀를 부를 때 존경심과 사랑으로 "목사님"이라고 불렀으나 사실 그녀는 정식으로 목사 안수 받은 적이 한번도 없었다. 그녀가 자신의 사역지를 덴버로 옮기고 난 후부터 그녀는 개 교회의 담임 사역자로서의 활동을 중지하였다. 그러나 그녀는 또한 자신을 에베소서 4장 11절에 기록된 오중 사역자 중의 한 사람이라고 말하지도 않았다. 그녀는 참으로 겸손하게 자신은 그저 단순한 마음으로 주님을 섬기는 한 사람의 하녀(a handmaiden)에 불과하다고 말하였다.

그녀의 측근들 중에 어떤 사람은 캐더린 쿨만이 사역 초기에 자신의 목표는 포스퀘어 교단의 창시자인 애미 샘플 맥퍼슨과 같은 사람이 되는 것이라는 말을 한 적이 있다고 말하였다. 캐더린 쿨만이 애미 샘플 맥퍼슨을 자신의 사역의 모델로 정해놓고 있었던 것은 사실이다. 애미 샘플 맥퍼슨이 로스앤젤레스에서 가장 아름답고 큰 엔젤레스 성전(Angelus Temple)을 세웠을 당시 그 도시에 머물고 있었던 캐더린 쿨만은 애미 샘플 맥퍼슨의 집회에 참석을 한 적이 있었다. 이 때 캐더린 쿨만은 무명의 사역자였었다. 이에 비해 애미 샘플 맥퍼슨의 명성은 하늘을 찌르고 있었다. 또한 캐더린 쿨만은 애미 샘플 맥퍼슨이 연 라이프 성경학교(L.I.F.E. Bible School)의 학생으로 등록하여 애미가 기름부음이 충만하여 가르치는 모든 과목들을 엔젤레스 성전의 발코니에 앉아 다 빨아들였었다. 그러나 그럼에도 불구하고 캐더린 쿨만은 여느 라이프 성경학교의 졸업생들과는 달리 애미 샘플 맥퍼슨이 창시한 포스퀘어 교단에 결코 소속되지 않았다. 캐더린 쿨만이 그렇게 하였다는 말은 일찍부터 본인 스스로의 길을 가기로 결정하였다는 말이다. 또한 애미 샘플 맥퍼슨의 아들 랄프 맥퍼슨(Rolf McPherson)은 그 당시 라이프 성경학교의 일에 관여하였던 한 사람으로서 캐더린 쿨만이라는 학생을 잘 기억하지 못한다고 말한 적이 있는데, 이것은 흥미로운 사실이라 아니할 수 없다.

그 당시 캐더린 쿨만은 애미 샘플 맥퍼슨의 학생이긴 하였지만 애미 샘플 맥퍼슨을 개인적으로 만나 대화를 나눈 적은 한번도 없었다. 그러나 그럼에도 불구하고 애미 샘플 맥퍼슨과 그녀의 사역이 캐더린 쿨만에게 미친 영향은 매우 지대하였다. 그러나 그렇다고 해도 애미 샘플 맥퍼슨의 사역과 캐더린 쿨만의 사역은 뚜렷이 구별이 된다. 가령 애미 샘플 맥퍼슨은 사람들에게 성령 세례 받기를 배고파하라고 가르쳤던 반면 캐더린 쿨만은 사람들에게 성령님 자체를 배고파하라고 가르쳤다. 캐더린 쿨만은 엄격히 말해 오순절 계통의 사역자라고 할 수 있다. 그러나 그럼에도 불구하고 캐더린 쿨만은 오순절적인 것에 대해 언급한 적이 한번도 없었다. 훗날 사람들은 종종 애미 샘플 맥퍼슨과 캐더린 쿨만의 사역을 대등하게 놓고 비교 검토 하였었다.

그러나 캐더린 쿨만이 전체 미국 사람들에게 인식되기 시작한 것은 애미 샘플 맥퍼슨이 죽고 나서 육 년이 지나서였다.

인기 있는 방송 설교

이제 캐더린 쿨만의 설교는 미국 전역 뿐 아니라 해외의 여러 나라들에도 단파로 방송되기 시작하였다. 그 당시 미국 사람들은 캐더린 쿨만이 쾌활하고 따뜻한 목소리로 **"거기 있는 여러분들 안녕하셨어요? 여러분들 나를 기다리셨죠, 그렇죠?"**라는 말로 시작되는 그녀의 방송설교에 매료되어 있었다. 그래서 매일 방송되었던 그녀의 설교시간이 다가오면 많은 사람들이 라디오 앞으로 다가와 라디오 스피커에 귀 기울였다.

그녀의 설교, 특히 방송설교는 종교적인 냄새가 전혀 나지 않았다. 그녀의 설교를 듣고 있노라면 마치 옆집의 친한 친구가 놀러와 친구와 같이 시간을 보내는 것과 같은 매우 포근하고 편한 느낌이 들었다. 그녀가 방송을 통해 사람들의 상처를 치유하고 사람들의 실질적 관심사와 필요를 채워주었을 뿐 아니라 낙망하고 좌절한 사람들에게는 많은 용기를 주었다. 그녀가 방송으로 설교를 할 때 한없이 자지러지게 웃어 그녀의 설교를 듣는 사람들의 속을 시원하게 해주었다. 그녀의 흉금을 털어놓는 설교에 많은 사람들이 감동과 치유를 받았던 것이다. 그녀는 방송 중이라고 할지라도 체면을 따지지 않고 실

> 그녀는 집회 전은 물론 설사 집회 중이라도 만일 주최측에서 자신에게 사역의 자유함을 허락하지 않거나 자신의 사역 스타일에 의문을 제기하면 서슴없이 그 집회를 취소해 버렸다. 그래서 그 당시 사람들은 서로 서로에게, "캐더린 쿨만이 집회를 인도하면 아무도 그녀에게 이래라 저래라 할 순 없다네." 라고 말하기까지 하였다.

컷 울기도 하였고 웃기도 하였는데 이것은 전혀 사전에 계획된 것이 아니었다. 그녀는 그녀의 있는 그대로를 가감 없이 보여 주었던 것이다. 그녀의 이러한 설교의 능력은 방송 때 뿐 아니라 실제 집회를 인도할 때도 유감없이 발휘되었다. 실상 그녀만큼이나 자유롭게 설교하는 사람들은 그 당시에는 전무하였다. 그녀의 설교는 너무도 인기가 있어서 그녀가 죽고 나서 육 년이란 세월이 흘렀는데도 사람들은 그녀의 설교가 듣고 싶어 캐더린 쿨만 재단에 전화를 걸어 그녀의 생전 설교가 녹음된 테이프를 보내달라고 신청하였다.

그녀가 죽기 전 약 팔 년동안 그녀의 설교는 텔레비전 방송국의 전파를 타고 전국적으로 방영되었다. 그러다가 급기야 그녀의 텔레비전 방송 프로그램이 씨 비 에스(C.B.S.) 스튜디오에서 제작된 방영물 중에 최장기 연속 프로그램이 되는 영광도 안았다. 비록 그녀의 프로그램이 씨 비 에스(C.B.S.) 스튜디오 안에서 제작되긴 하였으나, 그렇다고 씨 비 에스(C.B.S.) 방송망을 타고 방영된 것은 아니었다.

자신의 방식대로

카네기 홀에서의 집회가 끝나자 그녀는 피츠버그 제일 장로교회에서 집회를 인도하였다. 피츠버그 제일 장로교회에서 그녀는 수년동안이나 계속하여 집회를 인도하였다. 그 기간 동안 캐더린 쿨만의 설교를 들어보기 위하여 저명한 성경 신학자들도 그녀의 집회에 참석하였다. 그리고 캐더린 쿨만은 이 세상을 하직하기 전 십 년동안 한 달에 한번씩 로스앤젤레스에 있는 슈라인 오디토리움(Shrine Auditorium)에서 집회를 인도하였는데 이 집회를 통하여 수백 명의 사람들이 치유를 받았다. 그녀는 그 외에도 수많은 대형 교회에서의 집회와 컨퍼런스들에서 그리고 국제적인 집회들에서 하나님의 말씀을 전하였다. 그녀는 그 많은 집회들 중에서 특별히 국제 순복음 사업가들의 교제 모임(Full Gospel Business Men' s Fellowship International)에서 말씀 전파하는 것을 좋아하였다. 이 모임은 로스앤젤레스 출신의 데모스 샤카리안(Demos Shakarian)에 의해 시작된 단체로서 많은 평신도 기구들 중의 하나였다.

그녀가 수많은 기독교 컨퍼런스에 강사로 참석하면서 느낀 점은 그런 컨퍼런스들은 끝나는 시간과 강사들과 강의 내용들이 미리 정해져 있어서 성령님께서 자유로이 활동하는 데 많은 제약이 있다는 것이었다. 그래서 그녀는 성령님께서 마음대로 활동하시고 사역할 수 있는 컨퍼런스를 열기를 소원하였고 만일 그녀가 주 강사가 되어 컨퍼런스를 열면 그녀는 자신이 원하는 방식대로 컨퍼런스를 열었다.

그래서 어느 다른 그룹에서 그녀를 주 강사로 초청하게 되면 캐더린 쿨만은 반드시 자신의 방식대로 집회를 연다는 조건하에서 그들의 요청을 수락하였다. 그녀가 이렇게 자기의 방식을 고집한 것은 하나님께서 자신에게 맞는 독특한 스타일의 사역을 주셨다고 믿고 있었기 때문이었다. 그래서 그녀는 집회 전은 물론 설사 집회 중이라도 만일 주최측에서 자신에게 사역의 자유함을 허락하지 않거나 자신의 사역 스타일에 의문을 제기하면 서슴없이 그 집회를 취소해 버렸다. 그래서 그 당시 사람들은 서로 서로에게, "캐더린 쿨만이 집회를 인도하면 아무도 그녀에게 이래라 저래라 할 순 없다네"라고 말하기까지 하였다.

저는 수천 번 죽습니다

캐더린 쿨만은 그렇게 많은 설교를 했지만 단 한번도 흡연과 음주를 해서는 안 된다고 설교한 적은 없었다. 그러나 그렇다고 해서 그녀가 음주와 흡연을 지지한 것도 절대로 아니었다. 그 당시 치유 복음 전도자들이 일반적으로 흡연자와 음주자들을 지나치게 비난하였는데 그녀는 그런 그들의 비난이 잘못되었다고 생각하였다. 그녀는 그 당시에 활동하였던 치유 복음 전도자들이 음주자 및 흡연자들에 대해 비인격적인 비방을 서슴치 않는 것은 잘못되었고 그런 비인격적인 비난은 절대로 예수 그리스도의 온유하고 인격적인 사역 방법이 아니라고 확신하였던 것이다.

그녀는 또한 한번도 질병은 마귀가 준 것이라고 설교한 적이 없었다. 그녀는 그러한 것을 주제로 설교하는 것을 원치 않았다. 그녀는 사람들이 하나님에게 초점을 맞추고 그분과의 관계 회복에 초점을 맞추게 하는 예배를 드리게 하면 모든 치유와 기적 및 술과 담배를 끊는 것은 자연적으로 일어난다고 굳게 믿고 있었다. 그녀는 사역 초창기에 사람들에게 자신들이 속한 교단에 묶여있지 말고 그 교단의 묶임에서 과감히 벗어나라고 설교하였다. 그러나 그녀는 사역의 종반부에 들어가자 오히려 사람들에게 자신이 소속한 교단으로 돌아가서 그 교단 안에서 빛과 소금의 역할을 다하라고 설교하였다.

또한 캐더린 쿨만은 사람들에게 기도의 여인으로 잘 알려져 있다. 그녀는 여러 곳을 다니면서 거의 매일 집회를 인도하여야 하였으므로 개인적으로 하나님께 충분히 기도 드릴 시간이 많지 않았다. 그래서 그녀가 택한 방법은 시간이 날 때마다 시간과 장소를 가리지 않고 기도하는 것이었다. 그녀는 혼자 있을 때면 방안을 왔다 갔다 걸어다니면서 기도를 하였는데, 그녀는 걸어다니며 기도를 할 때 머리를 위 아래로 흔들며, 손을 위로 들기도 하면서 그리고 때로는 손뼉을 치거나 등뒤로 손깍지를 끼기도 하면서 하나님과 대화하듯이 기도하였다. 그녀는 그런 식으로 하나님과 대화식 기도를 하면서, **"온유하신 예수님, 나에게서 성령님을 거두어 가지 말아주세요"**라는 말을 자주 하였다.

어떤 사람들은 그녀가 혼자 있을 때에만 그런 식의 기도를 하였다고 말하였다. 그러나 반드시 그런 것은 아니었다. 가령 공개 모임에서 어느 사람이 그녀에게 질문을 하게되면, 질문을 받은 그녀는 바로 그 자리에서 혼자 작은 소리로 중얼거리며 하나님과의 대화식 기도를 하고 나서 사람들의 질문에 대답하곤 하였다. 이렇게 그녀가 성령님과 항상 교제하며 대화하는 삶에 대해 오랄 로버츠는 이렇게 말하였다.

> "마치 눈에 보이지 않는 사람과 말을 주고받는 것처럼 보였습니다. 당신이 만일 그녀가 기도하는 모습을 보고 있다면 그녀가 먼저 대화를 시작한 것인지 아니면 성령님께서 먼저 대화를 시작하셨는지를 분간할 수 없었을 것입니다. 바로 그녀와 성령님께서는 혼연일체가 되어 교제를 한 것이지요."

> 그녀의 집회에서 헤아릴 수 없을 정도로 수없이 많은 치유가 일어났다. 그러나 캐더린 쿨만은 그 어떤 기적보다 불신자가 예수님을 영접하는 것을 최고의 기적이라고 믿었다.

캐더린 쿨만이 인도한 집회에는 카톨릭, 성공회, 침례교, 오순절 가릴 것없이 온갖 교단의 사람들이 다 참석하였다. 아픈 사람, 죽어 가는 사람도 참석하였고 심지어는 알코올 중독자들과 불신자들까지도 참석하였다. 다양한 계층의 사람들이 골고루 다 그녀의 집회에 참석하게 한 요인은 바로 그녀의 설교였다. 그녀는 그러한 다양한 계층의 사람들이 모두다 공감하는 설교를 할 수 있는 놀라운 재주를 가지고 있었다. 어떻게 그러한 일이 가능하였을까? 이에 대해 캐더린 자신은,

"나는 집회 한번을 성공적으로 치르기 위해 천 번을 죽습니다"라고 대답한 적이 있다. 이러한 그녀의 대답을 통해 우리는 그녀가 많은 사람들이 받아들일 수 있는 설교를 하기 위해 자신을 죽이고 성령님께 항복하는 삶을 살려고 얼마나 노력하였는지를 잘 알 수 있다.

캐더린 쿨만은 어떻게 보면 전(全) 그리스도 교회적인 복음 전도자였다. 그렇기 때문인지는 몰라도 그녀는 사람들이 자신의 집회에서 방언을 하거나, 방언 통역을 하거나 또는 예언을 하는 것을 절대로 허락하지 않았다. 그녀는 사람들이 집회 시간에 시끄러운 소리를 냄으로 인해 하나님께서 주도권을 잡으셔야하는 예배가 사람의 소리로 인해 방해가 된다고 생각하였기에 그런 조치들을 취하였다. 그래서 그녀가 인도하는 집회에 누군가가 방언을 하거나, 방언 통역을 하거나, 예언을 하여 예배가 지장을 받으면 그녀는 즉시로 그런 사람들을 집회 장소 밖으로 끌고 나가도록 사람들에게 지시하였다. 그러나 그녀는 사람들에게 "성령에 의해 쓰러짐(slain in the Spirit)"의 현상이 자신의 집회시간에 일어나는 경우는 얼마든지 허용하였다. 그녀의 집회에 사람들이 성령에 의해 바닥에 눕거나 쓰러지는 일이 있다는 소문을 들은 많은 사람들이 자신들의 눈으로 직접 하나님의 임재와 능력을 보기 위하여 그녀의 집회에 몰려들었다. 캐더린 쿨만은 자신의 집회 중에 사람들이 쓰러지는 현상에 대해 다음과 같이 말하였다.

"인간들은 영적인 존재들입니다. 하나님도 영이십니다. 그러나 하나님의 영의 전기는 매우 쎕니다. 우리가 그분과 영적인 전선으로 연결되어 있다고 해도 우리의 영적 전기는 매우 약합니다. 그래서 만일 우리가 그분의 쎈 전기에 많이 감전된다면 우리는 서 있을 수가 없게 됩니다."

캐더린 쿨만은 예배가 끝날 때까지 항상 강단 위를 벗어나는 법이 없었다. 설사 그녀가 설교를 하고 있지 않을 때라도 또는 찬양자가 강단에서 찬양을 하고 있을 때에도 그녀는 찬양자 옆에 서서 한 손을 하나님을 향하여 들고는 항상 밝은 미소를 띄고 있었기에 사람들은 그녀의 웃는 얼굴을 어느 자리에서나 볼 수 있었다.

하나님께서 그녀를 얼마나 사용하셨나 라는 질문에 대하여 그녀는 항상 겸손하게 대답하였다. 그녀는 정말로 자신이 가장 뛰어난 사역자라고 생각하질 않았다. 그녀는 심지어 자신이 두 번째, 아니 세 번째의 사역자도 되지 못한다고 생각하였다. 또한 그녀는 여자 사역자들보다는 남자 사역자들이 하나님을 위해 더 헌신해야 한다고 생각하고 있었다. 그러나 그녀는 하나님의 마지막 심판대 앞에 섰을 때 **"나는 당신의 명령에 항상 '네'라고 대답하고 순종하였으며, 당신의 사역을 위하여 최선을 다하는 삶을 살았습니다"**라는 대답을 하길 원하였다. 역사적으로 평가 해 볼 때 그녀가 그동안 이 땅에 존재해 왔었던 하나님 수많은 사역자들 중에서 최고의 사역자라고는 말할 순 없을지 모른다. 그러나 그녀는 분명 하나님의 최고의 사역자들 중의 하나였다.

너무 많은 치유의 기적들

그녀의 집회에서 헤아릴 수 없을 정도로 수없이 많은 치유가 일어났다. 그러나 캐더린 쿨만은 그 어떤 기적보다 불신자가 예수님을 영접하는 것을 최고의 기적이라고 믿었다. 한번은 태어날 때부터 온 몸이 마비된 다섯 살 난 소년이 보조 기구 없이 혼자서 걷는 기적이 일어났다. 그리고 또 한번은 십 이년간 휠체어에 앉아서 걸을 수 없었던 어떤 여인이 보조 기구 없이 혼자서 걷는 치유 기적이 일어났다. 그리고 필라델피아에서 온 어떤 남자는 팔 개월 전에 시작된 심장병으로 심장 박동 보조 장치를 가슴속에 장착하고 캐더린 쿨만의 집회에 참석하여 안수 기도를 받았다. 그리곤 집으로 돌아가는 도중에 가슴에 심장 보조 장치 때문에 느껴왔었던 통증이 사라진 것을 느낄 수가 있었다. 그래서 그 남자는 그 다음날 병원에 가서 진찰을 받아보았다. 그랬더니 의사의 엑스레이 판독 결과 가슴 안에 집어넣었던 심장 박동 보조 장치가 정지하였는데도 심장은 정상으로 뛰고 있다는 사실이 밝혀졌다.

그리고 그녀의 집회를 통해 종양이 녹아 없어지고 암 덩어리가 떨어져 나오고 봉사가 눈을 뜨고 귀머거리가 듣는 기적은 보통으로 일어났다. 그리고 편두통 환자는 머리 아팠던 것이 순간적으로 고침 받는 경우가 허다하였다. 어떤 경우는 이빨의 구멍난 부분이 정상으로 매워지는 기적이 일어나기도 하였다. 그녀의 사역에서 일어난 모든 기적을 다 기록한다는 것은 거의 불가능한 일이다. 단지 하나님만이 그녀의 사역에서 어떤 종류의 기적이 얼마만큼 많이 일어났는지 확실히 아실 것이다.

그녀는 사람들이 하나님의 능력으로 인해 치유 받는 모습을 보고 수없이 많은 눈물을 흘렸다. 그리고 적지 않은 사람들이 그녀의 눈에서 기쁨의 눈물 방울이 흘러내려 그녀의 손등에 떨어지는 것을 목격하였노라고 술회하였다.

그녀는 또한 사람들의 병이 치유받지 못한 채로 집으로 돌아가거나 휠체어에 앉은 채로 그들의 집으로 다시 돌아가는 모습을 보고는 그들을 참으로 안타깝게 여겨 여러 번 눈물을 흘렸다. 그러나 그녀 자신은 어떤 환자는 치료받고 어떤 환자는 치료를 받지 못하는지를 알지 못하였다. 그녀는 그녀 스스로 치유에 대한 신비를 다 풀진 못하였지만 모든 치유는 하나님께서 하신다는 입장을 견지하였다. 그녀는 단지 하나님 사역의 하녀들 중 하나로 봉사하였고, 하나님을 자신의 사역의 경영자로 여겼다. 그러한 생각을 가진 그녀였기에 그녀 자신은 경영자 되시는 하나님의 경영 방침에 온전히 순종하는 올바른 치유 사역의 모범을 사람들에게 보여줄 수 있었다. 그러나 그녀는 사람들에게 만일 자신이 하늘나라에 가게 된다면 하나님께 왜 어떤 사람은 고쳐주고 어떤 사람들은 고쳐주지 않았는지를 제일 먼저 물어볼 것이라고 말한적은 여러 번 있었다.

> 어떤 경우는 미국의 유명한 영화 배우들까지도 그녀를 통해 은혜를 받기 위하여 그녀의 집회에 참석하였다. 한번은 그녀의 집회에 참석하여 은혜를 받은 바 있는 미국의 유명한 코메디안이었던 필리스 딜러(Phyllis Diller)라는 사람이 자신의 팬들 중 어떤 사람의 임종이 가까워지자 그 사람을 병 문안하여 캐더린 쿨만이 지은 책을 읽어보라고 권유한 적도 있었다.

오하이오 주에서의 사역

1952년 캐더린 쿨만은 오하이오 주의 애크론이라는 곳에 있는 만오 천 명 가량 수용할 수 있는 렉스 험바드(Rex Humbard) 목사 소유의 천막에서 집회를 인도한 적이 있었다. 그녀의 첫 집회는 주일날 아침에 있을 예정이었다. 그녀의 첫 집회가 예정된 날 새벽에 험바드 목사는 자신의 숙소에서 잠을 자다가 누가 문을 세차게 두드리는 소리에 잠이 깨었다. 잠이 깬 험바드 목사가 문을 열었는데 문 앞에는 다급한 표정을 경찰관이 한 명 서 있었다. 이 경찰관은 험바드 목사에게, "험바드 목사님, 지금 당신의 천막 앞에 약 만 팔천 명의 사람이 모여있습니다. 당신께서 무슨 조치를 취해 주셔야 하겠습니다"라고

캐더린 쿨만의 집회에서 자리를 잡으려고 뛰어가는 사람들

워싱턴 주, 시애틀에서의 집회, 1974년

병자에게 손을 얹는 캐더린 쿨만

치유 사역하고 있는 캐더린 쿨만

휠체어에 앉은 소녀가 일어나다

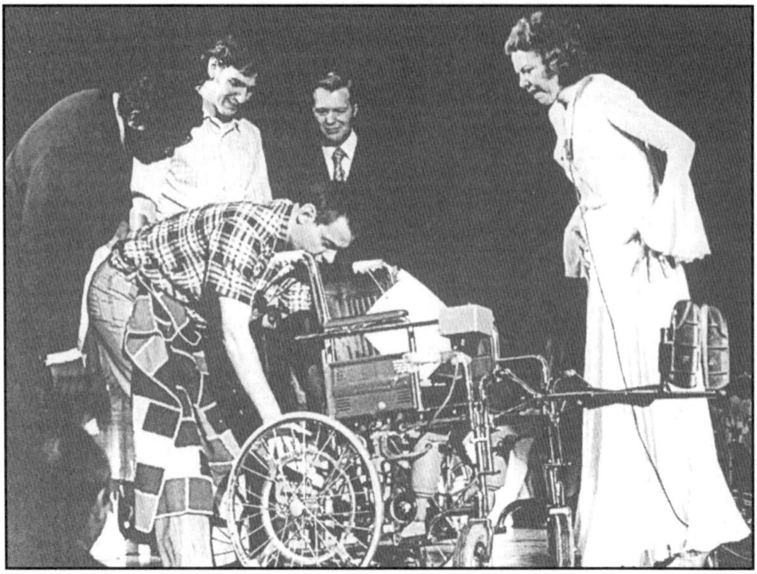

일어서서 자신의 휠체어를 미는 환자

캐더린 쿨만과 오랄 로버츠

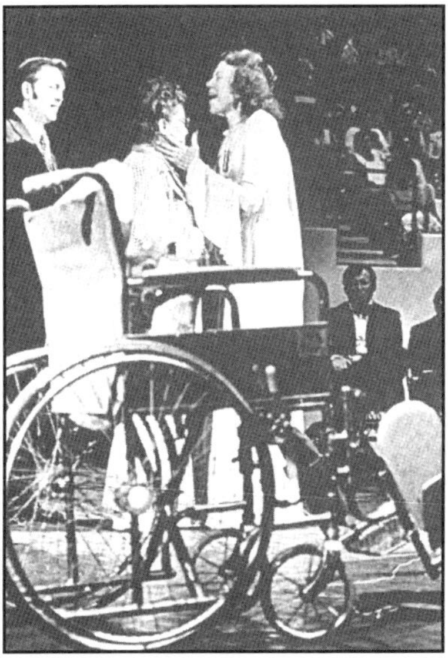

"예수의 이름으로 명하노니 자유함 받으라!"

"너, 예수님 사랑하니?"

다급하게 말하였다. 이때 험바드 목사가 시계를 보니 새벽 네 시였다. 그날 캐더린 쿨만의 첫 집회는 오전 열 한시에 있을 예정이었는데 새벽 네 시가 되기도 전에 만 팔천 명이나 되는 사람들이 그녀의 집회 장소 앞에 모여들었던 것이다.

이 소식을 전해들은 캐더린 쿨만은 이 많은 사람들이 한꺼번에 도저히 동시에 예배드릴 수 없음을 알고 험바드 목사에게 예배를 오전 여덟 시에 시작하자고 말하였다. 험바드 목사는 이 말에 일리가 있다고 생각하여 캐더린 쿨만이 오전 여덟 시에 집회를 시작할 수 있도록 해주었다. 이날 여덟 시에 시작한 캐더린 쿨만의 집회는 오후 두 시 반까지 계속되었다.

이런 일이 있은 후 험바드 목사와 그의 가족들은 자신의 거처를 자신의 천막이 있는 애크론으로 옮겼다. 그리곤 험바드 목사는 거기서 1960년과 1970년대에 미국에서 가장 큰 교회들 중의 하나를 세웠고 가장 큰 크리스천 텔레비전 복음 사역을 시작하였다. 그리고 캐더린 쿨만은 이 첫 집회 때 험바드 가족들과 맺은 우정은 그후 그들과 좋은 관계를 끝까지 잘 유지하였다.

이즈음 캐더린 쿨만은 병원에서 의사로부터 심장 비대증이라는 진단을 받았다. 그러나 그녀는 이 병에 굴하지 않고 성령님에게만 온전히 순종하며 그녀의 사역을 줄기차게 밀고 나갔다.

두 스탭들의 배반

그 즈음 캐더린 쿨만은 기독교계 뿐 아니라 세상 사람들에게까지 미국 전역에 걸쳐 이름이 꽤나 알려진 명사가 되었다. 그리고 어떤 경우는 미국의 유명한 영화 배우들까지도 그녀를 통해 은혜를 받기 위하여 그녀의 집회에 참석하였다.

한번은 그녀의 집회에 참석하여 은혜를 받은 바 있는 미국의 유명한 코메디안이었던 필리스 딜러(Phyllis Diller)라는 사람이 자신의 팬들 중 어떤 사람의 임종이 가까워지자 그 사람을 병 문안하여 캐더린 쿨만이 지은 책을 읽어보라고 권유한 적도 있었다. 그리고 로마 교황은 바티칸 궁전에서 캐더린 쿨만을 개인적으로 접견한 자리에서 그녀에게 비둘기가 새겨진 감사패를 증정하기도 하였다. 그리고 미국의 각 도시의 시장들은 그녀를 초청하여 그녀에게 명예 시민권을 주었다. 그리고 베트남의 국가 원수는 그녀가 자기 나라의 병자들을 위해 많은 돈을 기부하였다는 이유로 그녀에게 명예의 감사 메달을 수여하기도 하였다.

그녀의 사역이 이렇게 일취월장하여 가던 중이라고 해서 그녀에게 항상 좋은 일만 있었던 것은 아니었다. 그러나 그녀는 자신에게 위기가 닥쳐올 때마다 그러한 위기들을 슬기롭게 대처하여 나갔다. 그러나 그 중 어떤 일들은 그녀에게 지울 수 없는 큰 상처를 남기기도 하였다. 그녀가 이 기간 중에 받은 큰 상처는 그가 고용하였던 사람인 디노 카르쏘나키쓰(Dino Kartsonakis)와 그의 매제였던 폴 바쏠로뮤(Paul Bartholomew)가 준 상처였다.

캐더린을 위해 그동안 노력을 아끼지 않았던 디노 카르쏘나키쓰와 그의 매제가 어느 날 캐더린을 찾아와서 캐더린 쿨만 재단이 많은 방송국들과 계약을 체결하게 된 것은 자신들의 노력의 결과이므로 자신들의 봉급을 턱없이 많이 인상하여 달라고 하였다. 그동안 캐더린 쿨만은 디노 카르쏘나키쓰의 도움을 많이 받아 왔던 것은 사실이었다.

그리고 그녀는 디노와 좋은 관계를 유지하고 있었고 기회가 있을 때마다 사람들 앞에서 그를 좋게 소개하며 그에게 많은 힘을 실어주었다. 또한 그녀는 디노에게 최고급 옷을 사 입혀주면서까지 그가 대중들 앞에 자주 서게 하였고 그가 또한 방송을 자주 타도록 조치해 주었었다. 그렇게 함으로 캐더린 쿨만은 디노가 자신만의 독자적인 사역을 국제적으로 넓혀 나갈 수 있도록 도움을 주었던 것이다.

그럼에도 불구하고 디노는 그의 매제인 폴 바쏠로뮤의 꽤임에 빠져 캐더린 쿨만에게 너무 많은 액수의 봉급을 요구하여 캐더린을 힘들게 하였다. 그 당시 바쏠로뮤는 캐더린 쿨만의 스탭들 중에서 최고의 봉급을 받고 있었던 사람이었다. 그랬음에도 불구하고 그는 디노를 매수하여 캐더린에게 그런 무리한 요구를 하였던 것이다. 그런 일이 진행되고 있던 중에 캐더린 쿨만은 디노가 어떤 술집 아가씨와 사랑에 빠진 것을 알고 디노를 불러 크게 질책한 적이 있었다. 이에 앙심을 품은 디노는 그녀에게 종전 봉급 인상 요구 액수보다 훨씬 더 많은 액수를 올려달라고 그녀에게 요청하기에 이르렀다. 그러자 캐더린 쿨만은 디노와 바쏠로뮤를 자신의 스텝진에서 제명해 버렸다. 그러나 캐더린 쿨만이 이 두 사람을 제명하기 전에 이미 이 두 사람은 캐더린에 대한 나쁜 소문들을 퍼뜨려서 그 소문이 전 세계로 나간 후였다. 캐더린 쿨만은 너무 늦게 이 두 사람을 제명한 것이었다. 결국 이 일로 인해 그녀는 마음에 큰 상처를 받고 말았다.

캐더린 쿨만은 그녀의 사역의 종반부에 들어서자 사람들을 뽑을 때 심사숙고하여 뽑지 않고 그저 그녀의 맘에 드는 사람을 자신의 기분에 따라 뽑는 실수를 연속적으로 저질렀다. 그렇기 때문에 그녀의 사역 종반부에 그녀와 일을 같이 하게 된 사람들은 대부분 그녀와 얼마 같이 있지 못하였다. 아마도 그녀의 사역이 너무도 빠르게 성장하다보니 그녀가 사역에 너무 바빠서 사람들을 뽑는 데에 많은 시간을 보낼 수 없어서 대충 대충 사람을 뽑은 듯 싶다. 그리고 특히 디노와 바쏠로뮤를 뽑을 당시 캐더린 쿨만의 측근들이 그녀에게 그들을 뽑는 것에 대해 심사숙고하여 줄 것을 요청하였으나 그녀는 측근들의 요청을 묵살하고 그들을 뽑았고, 그 결과 그 두 사람으로 인하여 그녀는 크게 상처를 입게 된 것이었다.

이러한 잘못된 실수를 여러 번 범했음에도 불구하고 그녀는 사역에 관한 한은 절대로 육적인 것이 들어오지 못하도록 각별한 신경을 썼다. 그녀는 항상 사역에서 일어나는 모든 영광을 성령님께만 드렸고 그녀는 하나님의 영광을 절대로 도둑질하지 않았다. 캐더린 쿨만은 죽는 날까지 헌신된 사역자로서 정직하고 신실한 삶을 살았던 것이다.

설교에만 열중했기에...

> 어쩌면 그녀는 그 순간 방금 끝난 집회가 그녀의 생의 마지막 집회였다는 것을 직감하고 있었을지도 모른다.

1968년 어느 날 캐더린 쿨만은 팻 로벗슨(Pat Robertson)과 그의 부 사역자 짐 베이커(Jim Bakker)를 도와주기 위해 약 삼천 명이 넘는 많은 사람들이 모인 곳에서 설교를 하고 있었다. 그녀가 설교를 한창하고 있을 때 벽 쪽에 앉아있는 사람들의 단체용 의자들이 무너져 내려 사람들이 한꺼번에 땅바닥에 넘어지는 사건이 발생하였다. 그러자 주위에 있던 직원들이 달려와 사태를 진정시키고 그 자리에다 개인용 접의자들을 갖다놓아 간신히 사태를 진정시킨 적이 있었다. 그러나 놀랍게도 캐더린 쿨만은 설교에 너무 열중하였는지 어쨌는지 이런 사실도 모르고 그냥 설교를 계속하였다.

1968년이 되자 캐더린 쿨만은 주로 이스라엘, 핀란드, 스웨덴 등의 나라를 돌아다니면서 집회를 인도하기 시작하였다. 그리고 그녀는 그 해에 쟈니 카쓴 쇼(The Johnny Carson Show)나 다이나 쇼어 쇼(The Dinah Shore Show)등의 세상 쇼 프로그램에도 게스트로 출연하였다. 캐더린 쿨만은 매우 전략적으로 행동하는 사람이었고 그녀의 주위엔 항상 많은 세상 사람들이 들끓었다. 그렇지만 그녀는 설사 세상의 텔레비전 프로그램에 출연한다고 할지라도, 가는 곳곳마다 하나님의 임재를 같이 몰고 다녔고 성령님의 능력을 세상 사람들에게도 나타내 보여주었다. 그래서 미국 씨 비 에스(C.B.S.) 방송국의 한 직원은 그녀가 방송국에 들어올 때마다 방송국의 영적인 분위기가 일순간 변한다고 술회하였다.

1975년이 되자 그녀는 이제 육십 후반의 나이가 되었고 그녀의 육신의 지병은 많이 악화되어 있었다. 그러나 그녀는 그럼에도 불구하고 예루살렘에서 열리는 제 2차 세계 성령 대회에 초청 강사로 참석하였다. 그 대회에 참석한 그녀는 그 당시 몸이 많이 약해졌음에도 불구하고 단상에 서서 마치 젊은 사역자처럼 힘차게 말씀을 전하였다.

그녀는 제 2차 세계 성령 대회에 참석할 예정을 있던 중에 밥 몸포드(Bob Mumford)라는 사람이 그 세계 성령 대회에 초청된 주 강사들 중의 한사람이란 사실을 알자 제자도에 관한 몸포드의 가르침은 비 성서적이요 이단적이라며 그 대회에 자신은 참석하지 않겠다고 말하였다. 그러다 그녀는 결국 마음을 바꿔 이스라엘로 가서 그 대회에 참석하였다. 그럼으로써 중동지역에서 온 수많은 하나님의 사람들이 그녀의 가르침을 통하여 성령님을 경험하고 배울 수 있었다.

내 영혼 평안해

1975년 11월 16일 캐더린 쿨만은 캘리포니아 주의 로스앤젤레스에 위치한 슈라인 오디토리움에서 그녀 일생의 마지막 집회를 가지게 되었다. 그 당시 할리우드에 있는 캐더린 쿨만의 사무실에서 일하였던 한 여직원은 이 집회를 마치고 난 후, 캐더린 쿨만이 보여주었던 기이한 행동을 자신은 평생 잊지 못하노라고 말한 적이 있다. 그 여직원의 말에 의하면 그녀는 자신의 마지막 집회가 끝난 후 다음과 같이 행동하였다고 한다.

캐더린 쿨만은 그 많은 동시대의 치유 복음 사역자들 중 특별한 사역자였다. 그녀의 사역은 이 세대의 사람들이 성령에 대한 새로운 것을 알도록 하였다. 그녀는 성령님은 우리를 사랑하시고 우리가 친밀히 교제할 수 있는 친밀한 존재라는 사실을 우리 세대에 알게 하는데 큰 역할을 한 하나님의 여종이었다. 그녀는 성령님이 우리의 친구 되신다는 사실을 가르쳤고 실제로 그것을 입증하는 삶을 우리에게 보여주었다.

집회가 마치고 모든 사람들이 퇴장하였다. 그때 캐더린 쿨만은 아무도 없는 텅빈 오디토리움의 단상 쪽으로 올라갔다. 그리고는 단상의 끝 쪽에 혼자만 오랫동안 서 있었다. 그 때 그녀는 조용히 고개를 들더니 오디토리움의 발코니가 있는 쪽을 응시하기 시작하였다. 그리곤 발코니에 있는 의자들을 하나씩 하나씩 응시해 나가기 시작하였다. 그리고 그녀가 그 많은 의자들을 하나씩 하나씩을 응시하기를 다 마치자 이번에는 일층의 의자들을 앞줄서부터 하나씩 하나씩 응시해 나가기 시작하였다. 이 시간들은 너무도 오래 걸려서 마치 그녀가 영원토록 그러고 서 있을 것만 같았다. 그녀는 그런 행동을 하면서 무슨 생각을 하고 있었을까? 의자들을 하나씩 응시해 나갈 때 그녀의 뇌리 속에는 아마도 그녀가 그동안 수많은 집회들을 인도하면서 관중들과 가졌던 기쁨과 슬픔 그리고 수 많았던 치유의 순간들이 영화의 한 장면처럼 스쳐갔을 것이다. 어쩌면 그녀는 그 순간 방금 끝난 집회가 그녀의 생의 마지막 집회였다는 것을 직감하고 있었을 지도 모른다.

이로부터 삼 주 후 그녀는 오클라호마 주의 털사에 위치한 힐크레스트 메디칼 센터에서 심장 수술을 받았다. 그러나 수술 경과는 좋지 않았다. 급기야 그녀는 응급실로 옮겨졌다. 그러나 살아날 가망은 점점 더 희박해져만 갔다.

심장 수술을 받기 전에 캐더린 쿨만은 오클라호마 주 털사 출신으로 자동차 사업가였던 팅크 윌커슨(Tink Wilkerson)이라는 사람에게 자신의 모든 사역을 일임하였다. 이 팅크 윌커슨은 이미 고인이 된 유명한 여자 예언자인 지니 윌커슨(Jeannie Wilkerson)의 아들이었다.

캐더린 쿨만은 팅크 윌커슨을 겨우 최근 10개월 전에 알기 시작하였지만 그녀는 그를 전적으로 신뢰하여 그녀의 재산 대부분을 그에게 물려주었다. 반면 그녀의 오른팔로 수년 동안 그녀의 부사역자로 헌신하였던 매기 하트너(Maggie Hartner)에겐 아주 적은 액수만을 유산으로 남겨주었을 뿐이었다. 이런 조치에 대해 캐더린 쿨만의 스탭들은 팅크 윌커슨이 그녀의 재산에 욕심을 내어 그녀의 마음을 빼앗았다고 말하였다.

1992년에 팅크 윌커슨은 오클라호마 주의 두 개의 서로 다른 지방 법원에 그가 전에 벌였던 자동차 사업과 관련된 소송사건에 연루되어 유죄판결을 받았다. 그리고 감옥에 갇힌 그는 그 다음해인 1993년에 감옥에서 풀려났다. 팅커 윌커슨은 감옥에서 나오면서 캐더린 쿨만과 자신의 가족과의 우정 관계를 책으로 발간하겠노라고 장담하였다. 그러나 아직까지도 그가 내겠노라고 장담하였던 그 책은 출판되지 않고 있다. 그러나 그 책이 나오면 우리는 캐더린에 대해 더 많은 사실을 알 수 있을 것이다.

"이제 고향으로 돌아가고 싶습니다"

그녀가 힐크레스트 메디칼 센타에 입원해 있는 동안 그녀를 병문안 할 수 있었던 소수의 사람들 중에 오랄 로버츠와 에버린 로버츠(Oral and Evelyn Roberts)부부가 있었다. 이 부부는 캐더린에게 치유를 비는 기도를 하여주기 위해 그녀의 병실로 들어갔다. 오랄 로버츠 부부가 치유 기도를 해주기 위해 캐더린에게 다가오자, 힘이 거의 다 빠져버린 캐더린 쿨만은 말은 하지 못하고 손을 간신히 내밀어 그 이떤 의사를 표시하였다. 캐더린 쿨만의 이 손짓의 의미를 간파한 에버린 로버츠는 남편 오랄 로버츠에게 캐더린 쿨만이 아마도 이제는 하나님의 품으로 돌아가고 싶어하는 것 같다고 말하였다. 그러자 그 옆에 있던 캐더린 쿨만의 자매 머틀(Myrtle)도 고개를 끄떡이며 자신도 캐더린 쿨만이 그만 살고 싶어하는 것 같다고 말하였다.

수백만의 사람들을 감동시켰고 그 시대의 최고의 성령 사역자로 활동하였던 빨간 머리의 이 놀랍고도 위대한 여인은 이제 하늘나라로 가고 싶은 그녀의 소원을 이룰 마지막 순간을 맞이하였다. 그녀의 임종 순간을 지켜보았던 사람들은 그녀가 임종하는 순간에 성령님께서 그녀에게 내려와 그녀의 얼굴이 환하게 빛났다고 말하였다. 그리고 임종 순간 그녀 옆을 지키고 있었던 간호사은 한 줄기의 빛이 그녀의 침대 주위를 둘러 쳤을 때 그 방안에는 말로 형용할 수 없는 평강이 가득 찼었노라고 진술하였다. 캐더린 쿨만은 68살을 일기로 1976년 2월 20일 오후 여덟 시 이십 분에 타계하였다.

그녀의 장례식은 오랄 로버츠 목사에 의해 치러졌고 그녀의 유해는 그녀가 그렇게도 사역의 표본으로 삼았던 애미 샘플 맥퍼슨이 묻힌 곳에서 반 마일밖에 떨어지지 않은 캘리포니아 글랜데일에 있는 포레스트 론 메모리알 묘지 공원(Forest Lawn Memorial Park)에 묻혔다. 그리고 그녀의 장례식에서 오랄 로버츠 목사는 캐더린 쿨만이 숨을 거두는 순간 자신이 본 한 환상에 대하여 말하였다. 오랄 로버츠 목사는 캐더린 쿨만의 사역을 이어 받아 캐더린 쿨만의 영력보다 몇 배나 많은 영력들을 가진 수많은 사역자들이 전 세계 곳곳에서 일어나 캐더린 쿨만의 사역을 이어받아 사역하고 있는 환상을 보았다고 술회하였다.

캐더린 쿨만은 그 많은 동시대의 치유 복음 사역자들 중 특별한 사역자였다. 그녀의 사역은 이 세대의 사람들이 성령에 대한 새로운 것을 알도록 하였다. 그녀는 성령님은 우리를 사랑하시고 우리가 친밀히 교제할 수 있는 친밀한 존재라는 사실을 우리 세대에 알게 하는데 큰 역할을 한 하나님의 여종이었다. 그녀는 성령님이 우리의 친구 되신다는 사실을 가르쳤고 실제로 그것을 입증하는 삶을 우리에게 보여주었다. 나는 캐더린 쿨만이 남긴 다음과 같은 말로 이 장을 마치고자 한다.

"세상 사람들은 한 번도 만나보지 못한 존재에게 전 인생을 바

친 나를 바보라고 불렀습니다. 그들이 바보라고 생각하는 나는 내가 평생을 바친 그 존재 앞에 섰을 때 내가 하여야 할 말을 분명히 알고 있습니다. 그때가 오면 나는 예수님의 얼굴을 쳐다보며, '저는 당신을 위해 최선의 삶을 살았습니다"라고 말할 것입니다. 나는 그분에게 나의 최고의 것을 최선을 다해 드렸습니다. 내가 이미 받은 구원은 그분 앞에 서서 그분의 얼굴을 뵈올 때 온전해 질 것입니다."

참고도서

1. Roberts Liardon, *Kathryn Kuhlman: A Spiritual Biography of God' s Miracle Working Power* (Laguna Hills, CA: Embassy Publishing Company, 1990)
2. Helen Hosier, *Kathryn Kuhlman: The Life She Led, the Legacy She Left* (Wheaton, IL: Tyndale House Publishers, 1971)
3. Jamie Buckingham, *Daughter of Destiny: Kathryn Kuhlman... Her Story* (Plainfield, NJ: Logos International, 1976)
4. Wayne E. Warner, *Kathryn Kuhlman: The Woman Behind the Miracles* (Amm Arbor, MI: Vine Books, segment of Servant Publications, 1993)

CHAPTER TEN

William Branham

"A Man of Notable Signs and Wonders"

이적과 기사의 사람
(A Man of Notable Signs and Wonders)

- 윌리엄 브랜햄 -

"그는 '당신은 귀신에게 속아 사람들을 기만하고 있군요' 라고 소리를 질렀다. 그리고 그는 계속해서, '당신은 사기꾼이요, 수풀 속에 숨어 사람을 물려고 기다리고 있는 뱀과 같은 존재입니다. 나는 이 많은 사람들 앞에서 당신이 나쁜 사람이라는 사실을 지금 증명해 보이겠습니다' 라고 말했다. 이런 말들은 공개석상에서 함부로 할 수 없는 말임에도 불구하고 그는 서슴지 않고 그런 말을 하였다. 그러나 그의 말을 듣고있는 사람들은 그의 말이 거짓이라는 생각을 하고 있는 것 같지는 않았다. 그가 인도하는 집회에 참석한 사람들은 그의 이 말을 듣고는 바짝 긴장하였다. 만일 지금 한 말이 거짓으로 드러 난다면 그는 마땅히 자신의 말에 대한 책임을 져야할 것이다.

"집회를 인도하고 있는 복음 전도자에게 다가와 저주하며 대들었던 사람은 그 복음 전도자의 이처럼 단호한 말을 듣자 몸을 움츠리며 하던 짓을 중단하였다. 이제 그 복음 전도자는 단호한 목소리로 그 사람을 향하여 모든 사람들이 들을 수 있는 큰 소리로,

'사단아, 네가 감히 이 많은 예배자들 앞에서 하나님의 종인 나에게 도전하였구나. 너는 지금 당장 내 앞에서 무릎을 꿇을지어다. 예수 그리스도의 이름으로 명하노니 너는 내 발 앞에 고꾸라질지어다'라고 소리쳤다.

"그러자 몇 분전까지만 해도 그 복음 전도자를 저주하며 강하게 대들었던 그 사람은 신음소리를 내며 바닥에 고꾸라졌다. 그러더니 이내 신경질적인 울음소리를 내며 바닥에서 뒹굴기 시작하였다. 그러자 그 복음 전도자는 아무 일도 없었다는 듯이 인도하던 예배를 계속 진행시켜 나갔다. 그 복음 전도자가 집회를 인도하는 동안 그 사람은 계속 바닥에 쓰러져 있었다."

윌리암 브랜햄은 겸손하고 부드러운 사람이었다. 그러나 그는 또한 일생을 통하여 수많은 가슴 아픈 일들과 극심한 가난을 경험하였던 사람이었다. 하나님께서는 윌리암 브랜햄에게 초자연적인 방법으로 나타나셔서 그를 특별하게 교육을 시키셨다. 윌리암 브랜햄과 친분을 갖고 있었고 나중에 그의 전기까지 쓴 적이 있었던 그리스도를 위한 열방대학(Christ For the Nations)의 창시자 고든 린세이는 윌리암 브랜햄에 대해 "세상 사람들과는 너무도 다른 삶을 산 사람"이라고 평한 적이 있다. 정말 윌리암 브랜햄은 고든 린세이의 평가대로 보통 사람들로서는 감히 상상할 수도 없는 그런 초자연적인 삶을 살았던 사람이다.

윌리암 브랜햄은 언어 구사능력이 떨어지는 편이었고 그의 분석력은 보통 사람보다 못하였다. 그러나 그럼에도 불구하고 그는 1940년대 후반에 일어났던 치유의 소리(the Voice of Healing) 운동을 주도

> 윌리암 브랜햄은 언어 구사 능력이 떨어지는 편이었고 그의 분석력은 보통 사람보다 못하였다. 그러나 그럼에도 불구하고 그는 1940년대 후반에 일어났던 치유의 소리(the Voice of Healing) 운동을 주도한 미국의 영성 치유 운동의 최고 지도자로 자리 매김 하였다.

한 미국의 영성 치유 운동의 최고 지도자로 자리매김 하였다. 그가 활동하던 당시에 미국에서는 여러 명의 영성 치유 사역자들이 자기 나름대로의 독특성을 갖고 사역하고 있었다. 그러나 그러한 영성 치유 사역자들 중에서 치유 사역에 예언 사역을 접목시킨 사람은 아무도 없었다. 그러나 유독 윌리엄 브랜햄만은 예언 사역과 치유 사역을 병행함으로써 미국 기독교 역사상 예언과 치유 사역을 동시에 실시한 최초의 영성 치유 사역자가 되었다.

그러나 이러한 브램햄의 뛰어난 사역에도 불구하고 그의 사역의 말기에는 어두운 그림자가 그의 삶과 사역에 가득 드리워졌다. 독자 여러분들 중에서는 이 장을 읽어 내려가면서 그가 사역 말기에 당하는 여러 가지 일들로 인하여 어떻게 그런 일들이 일어날 수 있는가에 대해 의아해하는 사람들이 있을 것이다. 그러나 동시에 여러분들은 아무리 훌륭한 하나님의 사역자라고 할지라도 하나님의 뜻과 하나님의 때를 벗어나서 활동하다가는 그 말로가 비참하게 된다는 사실을 확실히 깨닫게 될 것이다. 윌리암 브랜햄이 그의 사역 말기에 엄청난 시련을 겪은 것은 사실이지만 그의 사역의 초기와 중기만을 살펴본다면 우리는 그의 사역에 하나님의 큰 기적들이 매우 자주 일어났음을 알고는 또 한번 놀랄 것이다. 그리고 독자 여러분들 중에는 이 장을 읽는 동안 자신 속에 있어 왔던 종교의 영이 도망가는 경험도 할 것이다.

감싸는 빛

1909년 4월 6일 먼동이 트는 아침에 켄터키 주의 언덕에 위치한 어느 허름한 오두막집에서 오 파운드의 건강한 사내아이가 태어났다. 금방 태어난 사내아이는 열 다섯을 갓 넘긴 엄마의 품에 안겨 젖을 빨고 있었다. 그 옆에는 열 여덟 살밖에는 안된 아기의 아빠가 엄마 품에 안긴 아기를 바라보고 있었다. 이 아기가 태어난 지 며칠 후, 부모들은 이 아기에게 윌리암 마리온 브랜햄(William Marrion Branham)이라는 이름을 붙여주었다.

어두운 방안에 아침 햇살이 살며시 들어오기 시작하자 막 태어난 윌리암 브랜햄의 할머니는 브랜햄의 부모가 아기의 얼굴을 더 잘 볼 수 있도록 하기 위하여 창문에 드리워진 커튼을 옆으로 살짝 밀어놓았다. 그러자 바로 그 순간 아기의 몸에 이상한 초자연적인 현상이 일어났다. 이때 자기 몸 주위에 일어났던 초자연적인 현상에 대하여 윌리암 브랜햄은 훗날 성인이 된 후에 다음과 같이 말하였다.

"갑자기 베개만한 크기의 빛 뭉치가 소용돌이를 그리며 내가 누워있는 침대로 가까이 다가오더니 그 빛이 갓 태어난 나를 감쌌다는 것입니다."

그때 윌리암 브랜햄의 오두막집에 와있었던 몇 명의 이웃 사람들은 이 현상을 이상하게 여기며 이 아이가 장차 커서 어떤 훌륭한 일을 하게 될 것이라고 생각하였다. 브랜햄의 어머니는 빛 뭉치가 어린 브랜햄의 몸을 감싸자 브랜햄의 손을 비벼대며 매우 기뻐하였다. 그러나 그녀는 자신이 비벼대고 있는 아들의 손이 앞으로 수많은 사람을 치유할 기적의 손이요 대형 기적 집회들을 인도할 축복된 손이란 사실은 전혀 모르고 있었다. 태어난 지 두 주일이 지난 윌리암 브랜햄은 부모의 품에 안겨 선교 침례 교회의 예배에 참석하였다.

더러운 바닥과 널판지 의자

윌리암 브랜햄의 가정은 찢어지게 가난하였다. 브랜햄의 집은 켄터키 주에 있는 한 야산에 위치해 있었다. 그의 집은 매우 더러웠으며 바닥은 흙이었고 집안에 있는 가구라고는 널빤지로 짠 허름한 의자 하나가 전부였다. 그의 부모와 자녀들은 전혀 교육을 받아 보지 못하였기에 그야말로 낫놓고 기역자도 모르는 사람들이었다. 그 당시 그의 가족들 중에는 책이나 성경을 읽을 수 있는 사람이 하나도 없었다.

윌리암 브랜햄의 가족들은 너무 가난하고 문맹이었을 뿐 아니라 하나님에 대해서도 또한 전혀 아는 바가 없었다. 윌리암 브랜햄의 부모들이 하나님에 대해서 아는 것이라고는 평생동안 교회 몇 번 나갔

켄터기 주 벅스빌에 있는 윌리암 브랜햄이 태어난 낡은 통나무 집

을 때에 목사님으로부터 들은 설교가 전부였다. 윌리암 브랜햄의 부모들은 그저 이 세상에서 목숨을 부지하기 위해 허기진 배를 간신히 채워가며 살고 있을 뿐이었다. 그리고 브랜햄의 가족들은 이 당시 교회라고는 일년에 한두 차례 밖에는 나가지 않고 있었다.

독자 여러분께서는 이런 말도 안되게 가난하고 문맹이었던 윌리암 브랜햄과 그의 가족들의 가정 형편을 알게되면 될수록, 왜 하필이면 하나님께서는 윌리암 브랜햄을 부르실 때에 여느 사람과는 다르게 초자연적인 현상들을 통해서 그를 부르셨는지를 잘 알 수 있을 것이다. 윌리암 브랜햄은 그의 유소년 시절과 청소년 시기를 통틀어 사람들이 기도하는 소리를 들어 본 적이 한번도 없었고 그 역시 스스로 기도해 본 적이 없었다. 그러므로 그가 청소년기를 벗어날 나이가 되어서도 어떻게 기도하는 지를 전혀 몰랐던 것은 오히려 당연한 것이라 할 수 있다.

그는 글들을 읽을 수 없었으므로 보통 사람들이 성경을 읽을 때에 받는 하나님의 레마적인 말씀도 그는 받을 수 없었다. 그리고 그는 기도마저 하지를 않았으니 기도할 때에 받을 수 있는 하나님의 지시도 받지 못하였고 기도할 때 들을 수 있는 하나님의 목소리도 그는 들을 수 없었던 것이다. 게다가 윌리암 브랜햄의 주위에는 그에게 하나님에 대해 이야기 해줄 만한 사람들이 전혀 없었다. 그러나 하나님께서는 권능의 하나님이시기 때문에, 하나님께서 어떤 사람에게 말씀하시고자만 하시면 그 사람이 성경을 보거나 기도를 드릴 때 외에도 말씀하실 수 있으시다. 그런데 그런 일이 바로 윌리암 브랜햄에게 일어난 것이다. 성경도 볼 줄 몰랐고 기도도 할 줄 몰랐던 윌리암 브랜햄에게 하나님께서는 이적과 기사라는 방법을 통하여 말씀하셨다. 하나님께서는 자기 자신을 원하는 사람들에게 나타내시기 위하여 그 어떤 방법이라도 사용하심을 우리는 잘 알고 있다. 하나님께서는 무식하고 가난하다고 해서 그 사람에게 나타나지 않으시는 하나님이 아니시다. 그리고 성경의 인물들에게 이적과 기사라는 방법을 통해서 나타나셨던 하나님께서는 오늘날도 동일하게 초자연적인 방법들을 동원하셔서 우리에게 말씀하신다. 하나님께서는 어제나 오늘이나 동일하게 자기 자신을 사람들에게 나타내 보이고 싶어하신는 것이다.

> 종교적인 사람들은 하나님께서 자신들이 생각했던 방법이나 영역안에서 활동하시지 아니하시면 매우 불쾌해 하거나 안절부절하지 못해하는 경향이 있다. 그러나 하나님께서는 너무도 크신 분이시기에 인간들의 신학과 교육 또는 전통이라는 좁은 상자 안에 갇혀 있을 분이 절대로 아니시다. 그리고 그분께서는 윌리암 브랜햄이라는 일자 무식꾼에게 초자연적인 방법으로 자신을 계시하심으로써 종교의 영에 갇혀 있고 전통을 마치 신처럼 생각하여 이를 고수하고자 하는 수많은 종교인들을 회복시키셨다.

구약 성경에 보면 하나님께서는 심지어 당나귀의 입을 빌려 사람들에게 말씀하였다. 하나님께서는 발람이라는 사람에게 말씀하실 때에 당나귀의 입을 빌리셔서 말씀하셨다. 그 이유는 그 상황하에서는 하나님께서 발람에게 말씀하실 가장 좋은 방법이 바로 당나귀의 입을 통해서였기 때문이었다.

또한 구약 성경을 보면 하나님께서 모세에게 말씀하실 때에는 불타는 가시떨기 나무를 통하여 말씀하셨다. 그리고 신약 성경의 사도행전을 살펴보면, 하나님께서는 기사와 이적이라는 방법을 통하여 그 당시 종교의 영에 사로잡혀 있던 사람들이 다수 살고있던 예루살렘을 위시한 여러 도시들을 뒤흔들어 놓으셨음을 잘 알 수 있다.

종교적인 사람들은 하나님께서 자신들이 생각했던 방법이나 영역 안에서 활동하시지 아니하시면 매우 불쾌해 하거나 안절부절하지 못해하는 경향이 있다. 그러나 하나님께서는 너무도 크신 분이시기에 인간들의 신학과 교육 또는 전통이라는 좁은 상자 안에 갇혀 있을 분이 절대로 아니시다. 그리고 그분께서는 윌리암 브랜햄이라는 일자무식꾼에게 초자연적인 방법으로 자신을 계시하심으로써 종교의 영에 잡혀있고 전통을 마치 신처럼 생각하여 이를 고수하고자 하는 수많은 종교인들을 회복시키셨다.

윌리암 브랜햄은 기사와 이적을 통하여 하나님을 알게 되었고 그것도 깊이 알게 되었던 사람이다. 또한 그는 그가 경험한 이적과 기사를 통해 하나님께서 자신을 부르셨다는 사실을 깨닫고 나서 하나님께 부여받은 사명을 온 힘을 다해 수행해 나갔던 특이한 사람이었다.

죽지 않고 보낸 겨울

하나님께서는 윌리암 브랜햄이 어렸을 때부터 그를 지켜주시고 보호해 주셨다. 윌리암 브랜햄이 태어난 지 육 개월 되었을 때 그가 살고있는 지역에 심한 추위와 눈보라가 몰아닥친 적이 있었다. 그의 집은 언덕 위의 외딴 곳에 위치해 있었는데 며칠 동안 눈이 너무 많이 쌓이자 여러 날 동안을 집 바깥으로는 한 발자국도 나갈 수가 없게 되었다. 그러자 그의 집에 있던 모든 땔감과 양식이 바닥나게 되었다. 이때 브랜햄의 아버지는 벌목공으로 일하기 위하여 오랫동안 집을 비우고 있던 터였다. 그래서 외딴 오두막집에 브랜햄과 같이 남아 있었던 브랜햄의 어머니는 어린 윌리암 브랜햄을 가슴에 안은 채 몇 장의 담요만으로 온몸을 감싸고 몰려오는 배고픔과 추위를 이겨내어야만 하였다. 그러나 하나님께서는 이 기간동안 브랜햄을 그렇게 배고파 얼어죽게 내버려두지는 않으셨다. 하나님께서는 그 근처에 사는 이웃집 사람을 통하여 역사하신 것이다. 브랜햄의 오두막집에서 며칠째 연기가 나지 않는 것을 이상하게 여긴 근처에 사는 이웃 사람이 쌓인 눈을 헤치고 브랜햄의 집으로 들어가 보았다. 그 사람은 브랜햄의 오두막에 들어가자 브랜햄 모녀가 모포를 감싼 채 추위와 굶주림에 떨고 있는 것을 발견하였다. 그리고 집안에는 먹을 양식이 다 떨어져 있다는 사실을 알게 되었다. 이에 그 이웃 사람은 다시 눈을 헤치고 자기 집으로 돌아가 자기 집에 있던 양식과 땔감을 브랜햄 집에다 가져다주어서 브랜햄 모녀는 생명을 유지할 수가 있었던 것이다.

이런 시련의 기간이 끝날 무렵 브랜햄의 아버지는 가족을 데리고 살고있던 켄터키 주의 오두막집을 떠나 인디아나 주의 유티카라는 곳으로 이사하였다. 이사를 마친 브랜햄의 가족은 이제 그곳에서 농사를 지으며 생계를 꾸려 나갔다. 그러나 얼마 지나지 않아 브랜햄의 가족들은 윌리암 브랜햄이 어렸을 적 계속 자라왔으며 그 또한 자신의 고향이라고 생각하였던 인디아나 주의 제퍼슨빌로 이사하였다.

브랜햄의 가족들이 제퍼슨빌로 이사하였다고 해서 그들의 형편이 나아진 것은 전혀 아니었다. 그들은 그곳에서도 여전히 가난하게 살았다. 윌리암 브랜햄이 일곱 살이 되었을 때에 그는 위에 입을 티셔츠도 한 장 없었다. 그래서 그는 그 어린 일곱 살의 나이에 외투만을 몸에 걸친 채로 학교를 다녔다. 그런데 겨울이 되자 학교에서는 난로를 때기 시작하였다. 그리고 간혹 난로가 너무 뜨거워져 교실의 온도가 올라가 땀이 날 정도가 되면 아이들은 입고 있던 외투를 벗곤 하였다. 그러나 불쌍한 윌리암 브랜햄은 입고 있던 외투를 벗으면 발가벗은

윗몸이 바로 드러날까봐 땀이 뻘뻘 나는데도 외투를 입은 채 공부를 하였다. 그러나 하나님께서는 윌리암 브랜햄의 이 모든 과정을 다 지켜보시고 계셨다. 하나님께서는 부자와 가난한 자를 차별하지 않으신다. 하나님은 우리의 외모를 보지 않으시고 우리의 속마음을 보시는 분이시다.

하늘로부터 내려오는 바람

어느 날 학교가 파하자 브랜햄의 친구들이 근처 연못으로 낚시를 가자며 브랜햄의 집을 찾아왔다. 그러나 브랜햄의 아버지는 아들에게 저녁 때까지 먹을 물을 다 길어놓아야 한다고 윌리암 브랜햄이 친구들을 따라 낚시 가는 것을 허락하지 않았다. 그러자 윌리암 브랜햄은 울면서도 아버지의 명령에 순종하여 무거운 물통을 어깨에 지고 물을 길어 나르기 시작하였다. 물을 열심히 길어 나르던 윌리암 브랜햄은 너무도 힘이 들어 근처의 큰 포플라 나무 아래에 잠시 흐르는 땀을 닦으며 쉬고 있었다.

이때 갑자기 나무 꼭대기에서 바람이 휘몰아치는 소리가 그의 귀에 들렸다. 그래서 그는 주위를 살펴보았다. 그러나 바람은 전혀 불고 있지 않았다. 이를 이상히 여긴 그는 눈을 들어 바람 소리가 난 포플라 나무 꼭대기 쪽을 쳐다보았다. 그 순간 그는, "술을 먹지 말고, 담배를 피우지 말아라. 너의 몸을 온전히 보전하여라. 네가 어른이 되면 나는 너를 쓸 것이다"라는 소리를 들었다.

이 소리를 듣자 그는 무려움에 몸을 부들부들 떨기 시작하였다. 윌리암 브랜햄은 이러한 소리에 너무 놀라 집안으로 부리나케 달려들어간 후 어머니의 품에 안겨 무작정 울기 시작하였다. 브랜햄의 어머니는 브랜햄의 이런 이상한 행동에 놀라 혹시 아들이 독사에 물린 것으로 생각하여 그를 침대에 눕힌 후 급히 의사를 불렀다.

이런 일이 있고 나서부터 윌리암 브랜햄은 절대로 그 포플라 나무 근처엔 얼씬도 하지 않았다. 그리고 또한 포플라 나무 꼭대기에서 난 소리대로 그는 술을 먹지도 않았고 담배를 피우지도 않았다. 그렇게 함으로 그의 몸을 성결하게 지켜나갔던 것이다. 사실 그는 친구들의 권유에 못 이겨 몇 번 술을 먹고 담배를 피우려고 시도한 적이 있긴 하였다. 그러나 그가 술잔을 입에 대거나 담배를 입에 대려고 하면 그 순간 영락없이 그 옛날 포플라 나무 꼭대기에서 났던 바람소리가 그의 귀에 다시 들리곤 하였다. 그는 그 소리가 들릴 때마다 주위를 둘러보았으나 바람은 전혀 불고 있지 않다는 사실을 발견하곤 하였다. 그래서 그는 그럴 때마다 두려움에 떨며 술잔이나 담배를 내려놓고는 줄행랑을 치곤 하였다.

이러한 브랜햄의 이상한 행동 때문인지는 몰라도 윌리암 브랜햄에게는 친구들이 별로 없었다. 친구가 거의 없었던 자신에 대해 윌리암 브랜햄은 나중에, **"나는 나 자신을 많은 흰 양떼들과 떨어져 혼자 있는 검은 색 양으로 생각하며 평생을 살아왔습니다. 사람들은 나를 이해하지 못하는 것 같았고 나마저도 그런 내 자신을 이해할 수가 없었습니다"**라는 말을 하였다. 그러나 외로움을 느끼며 살았던 윌리암 브랜햄이 한번은, **"그러나 내가 그렇게 외롭게 지낼 때에도 나는 항상 그 어떤 크신 존재가 나에게 말씀을 하실 것 같다는 느낌을 가지고 살아왔습니다"**라고 말하였다. 이런 그의 표현에서 어느 정도 알 수 있듯이 윌리암 브랜햄은 청소년 시절 이미 하나님의 음성을 들었음에도 그 소리가 하나님의 소리였다는 사실도 몰랐고 하나님께서 그를 부르셨다는 사실도 몰랐었던 것이었다. 그러나 그럼에도 불구하고 브랜햄 자신은 내심 그 어떤 위대한 신적 존재를 갈망하고 있었다. 그러나 그 존재가 막상 자신에게 나타났을 때는 혼돈과 두려움에 떨었던 것이다.

동생의 죽음

윌리암 브랜햄은 어렸을 적부터 이런 식으로 초자연적인 경험을 하였다. 그러나 그렇다고 해서 그가 예수 그리스도를 그의 삶의 구원자와 주인으로 영접한 것은 아니었다. 그는 열 네살이 되었을 때에 들로 사냥을 나갔다가 부상을 입는 바람에 병원에 육 개월 간 입원한 적이 있었다. 그래서 그는 그때 오랫동안 병원 침대에 누워 그동안 자기에게 일어났던 신기한 경험들과 아울러 자신을 삶을 뒤돌아 볼 수 있었다. 그러나 열 네살 밖에 안된 그로서는 자신에게 일어났던 신기한 일이 그에게 어떤 의미를 주고 있는 지를 도저히 분별해 낼 수가 없었었다. 그 당시 그는 하나님께서 그를 불렀다는 사실을 전혀 알 수 가 없었던 것이었다.

윌리암 브랜햄은 열 아홉살이 되자 어머니에게 근처 산에 며칠 캠핑 갔다온다고 거짓말을 하고는 애리조나 주 피닉스로 가출하였다. 그는 집에서의 단조롭고 가난한 생활이 싫어 집에 있는 것보다는 차라리 가출하는 것이 더 낫겠다 싶어 미래에 대한 어렴풋한 희망을 가지고 새로운 곳으로 홀로 떠난 것이다.

피닉스에 도착한 윌리암 브랜햄은 낮에는 피닉스 교외의 한 농장에서 열심히 일하였고 밤이 되면 권투 구락부에 나가서 권투 연습을 열심히 하며 장차 권투 선수로서의 꿈을 키워나갔다. 권투 연습을 게을리 하지 않았던 그는 권투 기량이 비교적 짧은 시간임에도 일취월장하였다. 그래서 그는 공식 시합에 나가서 몇 개의 메달을 땄다. 그러나 하나님께서는 그에 대해 다른 계획을 갖고 계셨다. 권투를 마치며 밤늦게 집으로 돌아가던 그는 가끔 벌판에 누워 하늘에 박혀있는 무수한 별들을 쳐다보며 하나님께서 정말 자신을 부르셨는지도 모른다는 생각을 가끔 해보곤 하였다.

피닉스에서 삭막하고 힘든 생활을 해가던 윌리암 브랜햄은 어느 날 자신의 동생이 중병에 걸려있다는 연락을 받았다. 그러나 그는 며칠 지나면 동생의 병이 호전될 것이라는 막연한 기대감에 하던 권투와 농장 일을 계속하였다. 그러나 동생이 병에 걸렸다는 연락을 받은지 며칠이 안되어 그는 동생이 죽었다는 연락을 받았다.

윌리암 브랜햄은 동생의 죽음을 현실로 받아드리기가 쉽지 않았다. 그는 동생의 사망 소식에 망연자실하여 어찌할 바를 몰랐다. 그는 훗날 이 때의 상황을 회고하며 **"동생의 사망 소식을 들었을 때 나의 뇌리에는 하나님께서 정말 살아 계시다면 하나님께서는 왜 사랑하는 나의 동생은 죽이고 나는 부르셨을까 라는 생각이 스쳐 지나갔습니다. 나는 그런 하나님을 올바른 하나님이라고 생각할 수 없었습니다. 그런 생각들이 내 머리 속에서 지워지지 않자 내 마음에서는 하나님을 향한 설명하기 힘든 그 어떤 분노가 솟아올랐습니다. 그래서 나는 하나님께 무작정 대들었습니다"**라고 말하였다.

동생의 사망 소식을 듣고 집으로 달려가는 동안 그의 뇌리에는 동생과 보냈던 어린 시절의 장면들이 주마등처럼 떠올라 그는 한없이 눈물을 흘렸다. 동생과 보낸 어린 시절 그는 동생과 함께 가난으로 인한 배고픔으로 온 밤을 뜬눈으로 새운 적이 많았었다. 그렇게도 고생하며 산 동생을 하나님께서 데려가셨다면 동생은 지금 이 세상보다 더 좋은 곳에 가있을 지도 모른다고 그는 생각하였다.

동생의 죽음으로 인해 안 그래도 메마른 삶을 살아가고 있던 그의 부모들은 더욱 더 큰 실의에 빠지게 되었다. 그러나 그때까지도 그의 집안 식구 그 누구도 하나님을 진정으로 알지 못했기에 실의에 빠진 그의 가족들이 죽음도 초월하는 하늘 나라의 놀라운 평화를 맛볼 수는 없는 노릇이었다. 동생의 관이 땅에 묻힐 때 브랜햄의 아버지는 기도를 하였다. 아버지의 기도 소리는 윌리암 브랜햄이 태어나고 나서 생전 처음으로 듣는 기도 소리였다. 아버지의 기도 소리를 듣고 있던 윌리암 브랜햄은 마음속으로 자신도 기도하는 것을 배워야 되겠다고 결심하였다. 동생의 장례식이 끝나자 윌리암 브랜햄은 그때까지 일해 왔던 아리조나 주의 농장으로 돌아가려고 준비하였다. 그러나 어머니가 윌리암 브랜햄에게 가지 말고 이제는 제발 자신들과 같이 있어달라고 졸랐다. 그러자 그는 어머니의 요청대로 부모님과 같이 지내기 시작하였다. 그리고 얼마 후 윌리암 브랜햄은 집에서 얼마 멀리 떨이지지 않은 주유소에 취직이 되었다.

죽을 고비

이제 윌리암 브랜햄은 주유소에서 열심히 일하기 시작하였다. 그가 주유소에 주유원으로 일한 지 이년이 지나자 그의 몸에 이상이 생기기 시작하였다. 아마도 주유소의 기름 냄새를 심하게 맡아가며 몸을 돌보지 않고 일한 탓에 그의 몸에 이상이 생긴 것 같았다. 복부에 엄청난 고통을 느낀 그는 참다못해 자세한 진단을 받기 위해 몇 주간 병원에 다녔다.

의사는 그가 맹장염에 걸렸다고 판단하였다. 그리고 빨리 수술을 받지 않으면 그의 생명이 위험하다고 말하였다. 결국 윌리암 브랜햄은 맹장염 수술을 받으려고 수술대 위에 누웠다. 그런데 그는 복부에서 그 어떤 통증도 느끼지를 못하였다. 그래서 그는 의사에게 전신 마취가 아닌 국소 마취만을 해달라고 부탁하였다. 그래서 그는 복부 부분에 국소 마취를 받았다. 그러기에 그는 말짱한 정신으로 맹장 수술 받는 장면들과 소리들을 모조리 다 보고 들을 수가 있었다. 그리고 그는 수술 받을 동안 어느 침례교 목사님에게 자기와 같이 수술실에 있어 달라고 부탁하였다. 그래서 그 침례교 목사님은 그가 수술을 받은 동안 수술실에서 수술 받는 그를 지켜보았다.

수술이 끝나자 그는 회복실로 옮겨졌다. 그러나 불행하게도 그의 몸은 회복되기는커녕 점점 더 쇠약해져만 갔다. 이제 그의 몸은 너무도 약해졌고 그의 심장은 매우 약하게 뛰었다. 윌리암 브랜햄은 이러다 자신이 곧 죽을 지도모른다고 생각하였다.

그가 누워있는 병원 침실 방에 어두움이 점점 깔리기 시작하였다. 이때 그의 귀에는 그 옛날 포플러 나무 꼭대기에서 들렸던 바람소리가 다시 들려왔다. 그는 이때 정신이 몽롱한 가운데서, **"지금 내가 죽어가고 있구나"**라고 생각하였다. 그러나 바람소리가 점점 더 가까이 다가오는 듯이 느껴졌다. 그리고 더욱 더 강한 바람소리가 그의 귓전을 스쳐 지나갔다. 그는 훗날 그 순간을 회상하며 다음과 같이 이야기하였다.

"나는 그 순간 정신을 잃었습니다. 내가 정신을 잃자 나는 맨발을 한 어린아이가 그 큰 포플러 나무 아래에 서있는 것을 보았습니다. 그 아이는 바로 나였습니다. 그때 '담배를 피지 말고 술을

마시지 말아라. 내가 너를 택하여 불렀으므로 너는 절대로 세상으로 나갈 수 없을 것이다' 라는 소리가 세 번이나 계속해서 나의 귀에 들렸습니다. 그래서 나는 하나님께, '만일 이 말을 하시는 분이 하나님 당신이시라면, 하나님, 살려주십시오. 그러면 이제는 집집마다 돌아다니며, 거리 모퉁이마다 찾아다니며, 복음을 전하겠습니다' 라고 말하였습니다."

얼마 후 눈을 뜬 윌리암 브랜햄은 자신이 병원의 침대 위에 누워있다는 사실을 깨달았다. 그의 담당 의사는 그가 죽을 것으로 생각하고 있었다. 그런데 그가 누워있는 병실에 들어온 담당 의사는 그가 생생하게 살아 있는 것을 보고는 깜짝 놀라, "나는 교회에 다니는 사람은 아닙니다. 그러나 나는 당신이 생생하게 회복되어 있는 것을 보고 있자니 하나님께서 당신을 방문하셨다는 사실을 어렵지 않게 알 수가 있습니다" 라고 말하였다. 이런 일이 있고 나서 며칠 후 윌리암 브랜햄은 몸이 완전히 회복되어 병원 문을 나섰다.

치유 받다

병원을 퇴원한 윌리암 브랜햄은 지나온 날들의 죄된 삶을 하나님께 회개하고 싶은 마음이 가득하여 회개에 대해 설교하는 교회가 어디 있나 알아보기 위해 그 고장의 교회들을 한동안 찾아다녔다. 그러나 회개에 대해 설교하는 교회를 하나도 찾을 수가 없었다. 지치고 실망한 윌리암 브랜햄은 집으로 돌아온 후 집 옆의 헛간으로 들어가 기도를 하려고 무릎을 꿇었다. 그러나 그는 이제껏 기도를 해본 적이 한 번도 없었고 아무도 그에게 기도를 가르쳐 준 적도 없었기에 무엇을 어디서부터 시작하여야 할지를 몰랐다.

그 때 갑자기 어두컴컴하던 헛간의 벽에 한 줄기의 빛이 십자가 모양으로 비추어 졌다. 윌리암 브랜햄이 벽에 비쳐진 십자가 모양의 빛을 보자 그동안 그를 짓누르고 있었던 천근 만근 같았던 죄짐이 다 없어지며 날아갈 것과 같은 영의 자유함을 느꼈다. 그는 마침내 교회가 아닌 그 헛간에서 혼자서 거듭나는 체험을 한 것이다.

그러나 윌리암 브랜햄은 맹장 수술을 받은 후유증인지는 몰라도 병원에 퇴원한 후로는 줄곧 사물을 오래 쳐다보고 있노라면 그의 머리가 떠는 현상이 그에게 있어왔었다. 헛간에서 구원받은 그는 바로 그 자리에서 하나님께서 자신을 사역자로 부르셨다면 하나님께서 자신의 머리가 떠는 현상을 낫게 해주실 것이라는 생각이 떠올랐다. 그래서 그는 하나님께 만일 자신을 사역자로 쓰실 작정이시라면 자신의 머리가 떨지 않게 달라고 기도를 드렸다. 그리고 나서는 헛간에서 나

사역 초기의 윌리암 브랜햄

와 그가 정해놓고 다닐 교회를 찾기 시작하였다. 그리다가 마침내 치유를 인정하는 한 독립 교단에 속한 침례 교회를 발견하곤 그 교회에 계속 다니기 시작하였다. 그로부터 육 개월이 지난 어느 날, 그는 자신의 머리가 떠는 현상이 없어진 것을 발견하고는 매우 흥분하였다.

이에 그는 하나님께서 자신을 사역자로 부르셨다는 사실을 재확인하고 사역자가 될 것을 결심하였다. 그리곤 얼마 후 하나님의 이러한 부르심에 순종하여 독립 침례 교회에서 사역자로 안수를 받았다. 윌리암 브랜햄은 이제 자신이 간신히 마련한 조그만 천막에서 하나님의 일을 시작하였는데 그 결과는 대단하였다.

빛줄기가 다시 나타나다

1933년 6월부터 윌리암 브랜햄은 대형 천막집회를 처음으로 열기 시작하였는데 이때 그의 나이는 24세에 불과하였다. 그가 생전 처음 연 대형 천막집회에는 무려 삼천 명이나 되는 사람들이 참석하였다.

> 그해 가을 윌리암 브랜햄에게 은혜를 받은 사람들이 교회를 짓고 그 교회의 이름을 "브랜햄 장"이라고 이름하였다.

그해 6월 11일에 윌리암 브랜햄은 백 삼십명의 사람들을 오하이오 강가 데리고 가서 세례(침례)를 주었다. 그가 강으로 들어가 열 일곱 번째 사람에게 세례를 주자 초자연적인 기적이 일어났다. 이 기적에 대해 브랜햄 자신은 이렇게 말하였다.

"강가에서 사람들에게 세례를 베풀고 있는 나에게 한 줄기의 빛이 하늘로부터 내려와 내 위에 머물렀습니다. 그때 나는 너무도

두려운 마음이 들었는데, 그 정도가 너무 심하여 마치 이제 곧 죽을 것 같이 느꼈습니다."

그가 그날 많은 사람들에게 세례를 줄 때 그의 근처에는 그 광경을 보기 위하여 약 사천명의 사람들이 모여 있었었다. 이때 모인 사람들 모두가 브랜햄 위에 머무른 빛줄기를 보았다. 그러자 그들도 윌리암 브랜햄처럼 두려움에 떨기 시작하였고 그들 중 어떤 사람들을 땅에 엎드려 하나님을 경배하기 시작하였다. 또 그곳에 모인 사람들 중 일부는 어떤 소리가 나는 것을 들었다고 주장하기도 하였다.

그해 가을 윌리암 브랜햄에게 은혜를 받은 사람들이 교회를 짓고 그 교회의 이름을 "브랜햄 장"이라고 이름하였다. 그리고 윌리암 브랜햄은 1933년부터 1946년까지는 세상 직업을 가지고 자신의 생계를 해결하면서 하나님의 복음을 전하였다.

브랜햄의 여자 "홉"

1930년대는 윌리암 브랜햄에게 행복한 기간이었다. 이 행복한 기간 동안에 윌리암 브랜햄은 홉 브룸백(Hope Brumback)이라는 이름을 가진 미모의 여자를 만났다. 윌리암 브랜햄은 담배도 피지 않고 술도 마신 적이 없는 여자를 귀하게 보아왔었는데 홉 브룸백이 바로 그런 여자였다. 그런 윌리암 브랜함은 그녀를 매우 사랑하게 되었다.

윌리암 브랜햄이 홉을 만난 지 몇 달이 지나자 윌리암 브랜햄은 홉에게 청혼할 계획을 세웠다. 그러나 윌리암 브랜햄은 너무 수줍어 홉에게 결혼하자고 하는 말을 하기가 어려웠다. 그래서 그는 홉에게 편지를 써서 그녀가 사는 집의 우체통에다가 자신이 쓴 편지를 손수 집어넣었다. 윌리암 브랜햄은 자신의 청혼 편지를 홉의 어머니가 먼저 뜯어 보게되면 어쩌나 싶어 매우 고심하였으나 다행히도 그 편지는 홉의 손으로 들어갔다. 그런지 며칠 후 홉 브룸백은 윌리암 브랜햄의 청혼을 허락하였다.

그리곤 얼마 후 윌리암 브랜햄과 홉 브룸백은 결혼식을 거행하였다. 훗날 윌리암 브랜햄은 이 때를 회상하며, **"그때 나는 우리 부부가 이 세상에서 가장 행복한 부부라고 생각할 정도로 행복감에 젖어 있었습니다"**라고 말하였다. 결혼 후 이년이 지나자 브랜햄 부부는 빌리 폴(Billy Paul)라는 이름의 건강한 남자아이를 갖게 되었다. 이때를 회상하며 윌리암 브랜햄은, **"내가 병원에서 태어나는 그 아이의 첫 울음소리를 들었을 때 나는 금방 그 아이가 남자아이라는 사실을 알았습니다. 그리곤 내가 그 아이를 처음으로 보는 순간 나는 그 아이를 하나님께 바쳤습니다"**라고 말하였다.

설교의 능력

1930년대에 미국에 경제 공황이 불어닥치자 많은 사람들이 경제적 빈곤으로 시달렸다. 이 경제적인 어려움은 브랜햄의 교회에도 예외가 있을 수 없었다. 윌리암 브랜햄은 이 기간 동안 자신이 담임하고 있는 교회로부터 아무 경제적 지원을 받지 못하였다. 그러나 자신의 가족을 먹여 살려야 하였으므로 윌리암 브랜햄은 하는 수 없이 세상일을 다시 시작하였다. 그러던 중 그는 얼마간의 여유 돈을 마련하여 미시간 주로 낚시 여행을 가게 되었다. 그러나 여행을 떠난 지 얼마 되지 않아 돈이 다 떨어지자 그는 하는 수 없이 여행 도중에 집으로 돌아가야만 하는 일이 발생하였다.

그는 집으로 돌아오던 중 무척 많은 사람들이 모여 있는 곳을 지나게 되었다. 그는 그 많은 사람들이 그곳에 모여 무엇을 하고 있나 알고싶어 그들이 모인 곳으로 들어가 보았다. 그들은 바로 오순절 계통의 "하나됨(Oneness)"이라고 부르는 그리스도인들이었다. "하나됨"이란 "오직 예수"만을 주장하는 그리스도인들이 모인 교단의 이름이었다. 윌리암 브랜햄은 이들이 모여 찬양하며 박수를 치는 모습에 크게 감동을 받았다. 그래서 그는 집으로 돌아가던 길을 잠시 멈추고 그들의 예배에 참석하였다.

그들의 예배가 끝나자 그는 근처에 있는 옥수수 밭의 한쪽 구석에 놓아 둔 자신의 "티" 모델의 차에서 웅크리고 잠을 잤다. 다음 날 그는 다시 집회에 참석하고 싶은 마음이 솟아났다. 그래서 그는 그날 오전 집회에 참석한 후 주위의 몇 사람들에게 자신이 목사라는 사실을 밝혔다. 그런데 그날 밤 집회에서 예배 인도자가 지금부터 우리는 윌리암 브랜햄이라는 젊은 목사의 말씀을 듣게 될 것이라고 사람들에게 광고를 하는 것이었다.

이 말을 들은 윌리암 브랜햄은 너무도 놀라고 당황하였다. 그래서 그는 그곳에 자신이 있다는 사실을 감추기로 작정하였다. 그는 그때 허름한 바지와 낡은 셔츠를 입고 그 집회에 참석하고 있었는데, 그런 광고를 듣자 그는 자기가 윌리암 브랜햄이 아닌 척하며 고개를 푹 숙이고 있었다.

그러자 그 예배 인도자는 사람들에게 윌리암 브랜햄 목사는 앞으로 나오라고 말하였다. 그래도 윌리암 브랜햄은 그냥 의자에 앉아 꼼짝 않고 앉아있었다. 그러자 그 예배 인도자는 브랜햄의 얼굴을 똑바로 쳐다보더니, "혹시 당신은 윌리암 브랜햄이 누군지 아십니까?"라고 물어보는 것이었다. 그러자 윌리암 브랜햄은 하는 수 없이, **"바로 접니다"**라고 대답하였다. 그리고 윌리암 브랜햄은 연이어 그 사람에게 자기의 옷차림이 이래서 설교를 할 수 없노라고 하였다. 그러자 그 사람은, "우리는 당신의 옷을 보려고 모인 것이 아니라 당신의 입을 통해 나오는 하나님의 말씀을 듣기 위해 모였습니다"라고 말하였다. 그러면서 그는 그의 손가락으로 윌리암 브랜햄을 가리키며, "여기 바로 그분이 계십니다"라고 큰 소리로 말하였다.

윌리암 브랜햄은 하는 수 없이 일어나 단상으로 걸어나가 하나님의 말씀을 전하기 시작하였다. 그러자 하나님의 능력이 그를 덮었다. 그의 설교는 두 시간이나 계속 되었는데 그의 설교에는 엄청난 기름부음이 있었다. 그의 설교가 끝나자 그 집회에 참석한 그 교단의 목사들이 그에게 몰려들어 그에게 자기 교회에 와서 부흥회를 인도해 달라고 부탁하기 시작하였다. 그러자 곧 그의 일년 집회 스케줄이 금새 차버렸다. 그 "하나됨" 교단의 목사들은 자신과 다른 교단 소속의 생면 부지의 젊음 사역자 윌리암 브랜햄의 설교를 단 한번만 듣고는 그만 그의 설교에 반해 버렸던 것이다.

비극의 시작

윌리암 브랜햄은 기쁜 마음으로 집으로 돌아오자 그의 아내 홉이 그를 반갑게 맞아 주었다. 그리고 윌리암 브랜햄은 흥분을 감추지 못하고 자신이 "하나됨" 교단의 교인들을 만나서 설교하였던 일과 그 일로 인하여 그의 일년 설교 스케줄이 다 예약되었다는 사실을 아내에게 이야기 하였다. 그 이야기를 들은 홉은 브랜햄과 같이 기뻐하였

> 그 중에서도 브랜햄의 장모는 사위가 "하나됨" 교단에서 집회할 계획을 노골적으로 반대하며, "그들은 바닥에 넘어지기도 하는 거룩하지 못한 무리들이야. 나의 딸을 데리고 그런 곳에 가서 집회를 인도하겠다고? 난 절대 반대야. 그런 사람들이 모인 곳은 교회가 아니야, 쓰레기 통일뿐이지." 라고 말하였다.

다. 그러나 이 사실을 안 친척들은 별로 기뻐하는 내색을 보이지 않았다. 그 중에서도 브랜햄의 장모는 사위가 "하나됨" 교단에서 집회할 계획을 노골적으로 반대하며, "그들은 바닥에 넘어지기도 하는 거룩하지 못한 무리들이야. 나의 딸을 데리고 그런 곳에 가서 집회를 인도하겠다고? 난 절대 반대야. 그런 사람들이 모인 곳은 교회가 아니야, 쓰레기 통일뿐이지"라고 말하였다.

이러한 장모의 반대에 부딪치자 윌리암 브랜햄은 "하나됨" 교단의 집회 약속을 모두 취소해 버렸다. 그는 나중에 그의 이러한 조취는 그가 저지른 일생 일대의 가장 큰 실수라고 말하였다. 그가 만일 그 집회 초청들을 다 수락하였더라면 그는 아마도 1937년 겨울 그의 가족이 겪게될 큰 비극을 피할 수도 있었을 것이다.

1937년 겨울, 매우 큰 홍수가 윌리암 브랜햄이 살고 있는 지방을 덮쳤다. 그 이유는 겨울눈이 녹기 시작하자 많은 양의 물이 오하이오 강에 유입되면서 강이 범람하여 강물의 수위가 강둑의 높이보다 높아져 그 지역 전체가 다 물바다가 되었기 때문이었다.

이 수마가 브랜햄의 가정을 덮쳤다. 더군다나 수해가 일어나기 바로 전에 브랜햄의 아내 홉은 둘째 아이를 낳았다. 둘째 아이는 그들의 기대대로 딸이었다. 그들은 딸의 이름을 샤론 로즈(Sharon Rose)라고 지어주었다. 그런데 홉은 아기를 낳자 면역성이 떨어져 그만 폐렴에 걸리고 말았다.

이렇게 홉이 산후 폐렴으로 고생하던 중 오하이오 강이 범람하는 일이 발생한 것이다. 오하이오 강이 갑자기 범람하자 그 지역에 갑자기 사이렌 소리가 연속해서 울렸다. 그러자 사람들이 대피하기 시작하였다. 그러나 그 당시 홉은 몸을 조금도 움직일 수 없을 정도로 몸이 쇠약해져 있었다. 그녀의 집에 물이 들어차기 바로 전에 몇몇 구조대원들이 와서 그녀를 근처에 있는 임시 병원으로 옮겼다. 그런데 이러한 범람 기간동안 엎친 데 덮친 격으로 브랜햄의 두 아이들도 폐렴에 감염되는 일이 발생하였다.

"내 가족은 어디에 있습니까?"

강이 범람하였다는 소식이 전해지자 그순간 집에 있었던 윌리암 브랜햄은 병든 아내와 두 아이들을 피신시켜야만 했었다. 그러나 윌리암 브랜햄은 더 급한 이웃들을 구조하기 위해 구조팀에 합류하고 말았던 것이다. 그리고 구조팀에 합류하기 위하여 병든 아내와 두 아이를 집에 남겨둔 채 집을 나간 그는 집을 나간지 네 시간이 지나서야 다시 집으로 돌아왔다. 그러나 집으로 돌아와 보니 아내와 자녀는 이미 임시 병원으로 후송된 뒤였다. 그래서 그는 부랴부랴 아내와 자녀들이 이송되었다는 병원으로 가보았다. 그러나 임시 병원 막사에도 물이 이미 들이차고 막사가 무너져 내린 뒤였고 그의 아내와 자녀들은 온데 간데도 없었다.

너무도 놀라고 실망한 윌리암 브랜햄은 그날 밤 내내 그의 가족을 찾아 이리 저리 헤매고 다녔다. 그러던 그는 그 다음날 마침내 그의 가족이 기차로 다른 도시로 후송되었다는 소식을 전해 들었다. 그래서 그는 아내와 두 아이들이 실려갔다는 도시로 가기 위한 온갖 노력을 기울였다. 그러나 물이 온 지역을 덮고 있어서 그의 시도는 빈번히 실패하였다. 그후 그는 무려 이주일 동안 물로 인해 고립되어 꼼짝할 수가 없었다. 그는 이 이주 동안 가족에 대한 아무 소식을 전혀 듣지 못한 채 발만 동동 굴렀다.

그는 그의 가족이 죽었는지 살았는지 조차도 알 수가 없었다. 이제 수위가 점점 줄어들자 그는 자신의 트럭을 몰고 가족을 찾아다니기 시작하였다. 이제 그는 가족이 후송되었다는 도시에 가까스로 도착하여 그 병원이 어디 있는지 알아보려고 하였다. 그러나 그의 노력은 헛수고일 뿐이었고 그의 가족에 대한 궁금증은 누를 길이 없었다.

이에 완전히 절망한 윌리암 브랜햄은하나님께 기도하며 축 늘어진 채로 거리를 터벅터벅 걷고 있었다. 이때 브랜햄을 발견한 어느 사람이 그에게 그의 가족들이 실려간 장소를 가르쳐 주었다. 이에 용기 백배한 윌리암 브랜햄은 그 길로 바로 그곳으로 갈려고 하였다. 그러나 그곳으로 가는 도로들이 아직도 물에 잠겨있다는 사실을 알게 된 그는 다시 안절부절할 뿐이었다.

그가 그렇게 안절부절하고 있는 그때에 하나님의 도우심으로 마침 한 친구를 만나게 되었다. 이 친구는 그에게 홉이 있는 장소를 정확히 알고 있었다. 그러나 불행히도 이 친구는 그에게 홉이 지금 거의 죽어 가고 있다는 소식을 전해 주었다. 브랜햄과 그 친구는 물이 잠기지 않은 우회하는 길을 찾아내어 마침내 홉이 있는 장소에 도착하였다. 그곳에서 그는 그렇게도 찾아 헤매었던 그의 아내를 드디어 만나게 되었다.

"나는 이제 집으로 돌아갑니다"

홉은 침례 교회내의 한 임시 막사에 누워있었다. 윌리암 브랜햄은 아내 홉을 대면하게 되자 아내가 누워있는 침대 옆에 무릎을 꿇었다. 이때 홉의 폐렴은 그전보다 훨씬 더 심각해진 상태이었다. 홉은 힘없는 목소리로 두 아이들은 그녀의 어머니가 현재 맡고 있다고 윌리암 브랜햄에게 말하였다. 그러나 그 당시 두 아이도 심한 중병으로 고생하고 있었다.

이제 윌리암 브랜햄은 아내와 두 아이의 병원비와 약값을 마련하기 위해 세상일을 다시 구할 수밖에 없었다. 세상 일자리를 구해 일을 하고 있던 어느 날 윌리암 브랜햄에게 병원측으로부터 전갈이 왔다. 그 내용은 그의 아내가 숨지기 직전에 있으니 지금 빨리 병원으로 오라는 내용이었다. 윌리암 브랜햄은 숨이 넘어갈 정도로 뛰어서 병원에 도착하였다. 윌리암 브랜햄이 병원에 도착하자 한 의사가 그를 홉이 누어있는 병실로 안내하였다. 그런데 불행하게도 윌리암 브랜햄이 아내가 누워있는 병실에 도착하기 직전에 홉은 숨을 거두었다. 그러나 윌리암 브랜햄은 절망치 않고 아내의 손을 잡고 흔들며, **"일어나 봐, 내가 왔어, 여보. 이렇게 죽으면 안돼. 나에게 한 마디라도 하고 떠나"**라고 울부짖었다. 그러자 갑자기 죽었던 홉이 눈을 떴다. 그리고 그녀는 손을 간신히 뻗어 브랜햄을 손을 살며시 잡았다.

그러더니 그녀는 자신의 눈을 윌리암 브랜햄에게 고정한 채 속삭이듯이, "나는 이제 집으로 돌아갑니다"라고 말하였다. 그러더니 자기가 금방 도착했던 하늘 나라에 대해 힘없는 목소리로 설명하였다. 그후 그녀는 윌리암 브랜햄에게 "당신 이제부터는 사람들에게 천국에 대해 설교하세요. 그리고 천국에 대해서 가르치세요. 그곳은 너무도 아름다운 곳이랍니다"라고 이야기 하였다.

그리곤 그녀는 눈물을 흘리며 윌리암 브랜햄에게 당신은 참으로 좋은 남편이었다는 말을 남기곤 조용히 숨을 거두었다. 훗날 윌리암 브랜햄은 그녀의 임종 순간을 회상하며, **"그녀는 나에게 마지막 키스를 한 후 하나님의 품으로 돌아갔습니다"**라고 말하였다.

밤이 되자 윌리암 브랜햄은 터져 나오는 슬픔을 억누르며 숨진 아내를 병원에 남겨둔 채 집으로 돌아왔다. 집으로 돌아온 그는 장모 집에 남겨진 병든 두 아이 생각에 괴로워 하다가 잠이 들었다. 그런데 얼마나 잤을까? 브랜햄은 누군가가 세차게 방문을 두드리는 소리에 잠이 깨었다.

가장 어두웠고 슬펐던 밤

그는 눈을 비비며 문을 열었다. 그러자 어떤 사람이 문 앞에 서서 그에게, "당신의 아기가 병원에서 지금 죽어가고 있습니다"라고 말하였다. 그 말을 듣는 순간 그는 이 세상에 끝이 온 듯한 느낌이 들었다. 윌리암 브랜햄은 그 사람이 몰고 온 트럭을 타고 그의 갓난 딸 샤론이 있는 병원으로 갔다. 샤론의 엑스레이 촬영 필름을 쳐다본 의사는 윌리암 브랜햄에게 샤론이 심한 뇌수막염에 걸려서 소생할 가망성이 없다고 하였다.

병원 측에서는 샤론에 대한 모든 희망을 포기하고 죽어가고 있는 샤론을 병원의 지하실 방으로 옮겼다. 병은 너무 치명적이었고, 수막염의 증세는 거의 말기 증상으로 어린 샤론의 두 발은 비틀어져 있었다. 이 병이 주는 극심한 고통으로 인해 그녀의 두 눈은 돌아가 있었다. 고통 속에 숨이 넘어가고 있는 갓난 딸 샤론의 얼굴에 손을 얹고 윌리암 브랜햄은 하나님께 살려달라고 기도하였다. 그러나 그의 기도가 끝나기가 무섭게 샤론은 하늘 나라의 엄마 품으로 돌아갔다. 윌리암 브랜햄은 하루 밤사이에 아내와 딸을 모두 잃어버린 것이었다. 그는 "하나됨"의 교단에 소속된 교회 목사들이 자신을 일년간 초청한 것을 거절한 조처에 대해 하나님께서 진노하셔서 자신에게 이런 재앙이 닥친 것이라는 결론을 내렸다. 그랬기에 그는 자신이 그러한 집회 요청들을 거절한 것에 대해 뼈저린 후회를 하였다. 그에게 이제 남은 가족이라고는 어린 아들 빌리 폴(Billy Paul) 뿐이었다.

그로부터 오 년간 윌리암 브랜햄은 마치 광야와 같은 삶을 살았다. 그가 담임을 하고 있던 침례 교회의 교인들은 그가 이제껏 본 환상은 귀신이 준 환상이라고 말하기 시작하였고 그가 태어났을 때 그를 둘러쌌던 빛줄기는 사단에 의해 일어난 현상이라고까지 말하였다.

이틀 후 그는 찢어지는 가슴을 안고 그의 아내와 딸의 시신을 땅에 묻었다. 그가 받는 슬픔과 고통은 그 혼자의 힘으로 견디기에는 너무 버거웠다. 그는 훗날 이때의 상황을 사람들에게 이야기 할 때면 복받치는 슬픔을 견디지 못해 수선을 꺼내 흐르는 눈물을 닦곤 하였다. 그의 이러한 비통한 경험으로 인해 그는 나중에 병자들을 위해 기도해줄 때면 병자들을 불쌍히 여겨 자주 눈물을 흘렸다.

다시 들리는 바람 소리

그로부터 오 년간 윌리암 브랜햄은 마치 광야와 같은 삶을 살았다. 그가 담임을 하고 있던 침례 교회의 교인들은 그가 이제껏 본 환상은 귀신이 준 환상이라고 말하기 시작하였고 그가 태어났을 때 그를 둘러쌌던 빛줄기는 사단에 의해 일어난 현상이라고까지 말하였다. 그리곤 윌리암 브랜햄에게 만일 계속에서 환상을 보는 일을 계속한다면 그의 사역에 종말이 곧 오게 될 것이라고 담임 목사인 그를 위협하기까지 하였다.

이러한 어려운 기간 동안 윌리암 브랜햄은 재혼을 하였다. 그는 개인적으로 재혼할 생각이 전혀 없었다. 그러나 그의 첫 아내 홉이 죽기 전에 남아있는 아이들을 위해서라도 윌리암 브랜햄에게 재혼하라는 유언을 하였기에 그는 아내의 유언을 따라 재혼하였던 것이다. 그는 새 가족의 생계를 책임져야 하였으므로 브랜햄 장막 교회에서 설교하는 이외에도 세상에 나가 일을 하였다. 그러던 어느 날 그는 옛날에 들었던 바람 소리를 다시 듣게 되었다.

정확히는 1946년 5월 7일이었다. 이날 하늘에는 화사한 봄빛이 내려 쪼이고 있었다. 그는 일을 하다 점심식사를 하기 위해 집안으로 들어갔는데 마침 친구가 찾아왔다. 그래서 그는 집밖의 은행나무 아래로 친구와 함께 가서 이런 저런 이야기를 나누고 있었다. 이때의 상황에 대해 윌리암 브랜햄은, **"마치 나무가 쓰러지는 것같은 큰 소리가 났습니다. 그리고 아주 강한 바람 소리 같은 소리가 그 은행나무에서 났지요. 주위를 살펴보니 바람은 전혀 불고 있지 않았습니다."**

이 소리를 들은 윌리암 브랜햄은 너무 놀라 집안으로 바로 뛰어들어갔다. 그리고 새로 결혼한 아내에게 자신의 과거 이십 년간의 삶과 나무 위에서 나온 바람소리를 경험하였던 사실들을 다 털어놓았다. 그리곤 그는 이번에는 그가 이런 이러한 이상한 체험들을 계속하는 것에 대한 참 의미와 이유를 반드시 알아보아야겠다고 단단히 결심하였다. 그래서 그는 짐을 꾸린 후 아내에게 다음과 같은 말을 남기곤 집을 떠났다.

"나는 당신에게 내가 경험하였던 모든 것을 다 털어놓았소. 난 이제 더 이상 지체 할 수가 없다오. 만일 수일 이내로 내가 집에 돌아오지 않는다면 다시는 나를 못 볼 것으로 생각하시오. 아이를 잘 부탁하오."

주의 천사가 찾아오다

윌리암 브랜햄은 짐을 챙겨 집을 나온 후 아무도 찾아 올 수 없는 외진 곳에 있는 사람이 살지 않는 빈 집으로 들어갔다. 그는 거기서 하나님과 사생결단을 낼 생각이었다. 그는 거기서 산고의 고통과 같은 고통으로 하나님께 매어 달리며, **"하나님 나에게 나타나셔서 제발 말씀해 주세요. 만일 당신이 나를 도와주시지 아니하시면 저는 한 걸음도 나갈 수가 없습니다"**라고 부르짖으며 기도하였다. 이렇게 기도할 때 윌리암 브랜햄은 자신의 영혼과 육체가 갈기갈기 찢겨나가는 것과 같은 느낌을 가졌다.

그렇게 울며 기도하고 있는데 그의 눈에 불빛 하나가 깜박거리며 그가 기도하고 있는 어두운 방 쪽으로 점점 가까이 다가오는 것이었다. 그때가 밤 열 한시쯤이었고 사방은 칠흑처럼 깜깜하였다. 그는 어떤 사람이 손전등을 켜고 자신의 방 쪽으로 오는 줄로 생각하고, 문을 열어 바깥쪽을 살펴보았다. 그러나 방 바깥쪽에는 아무 불빛도 보이지 않았다. 놀란 그는 자기가 있는 방안 쪽을 살펴보았다. 그는 이미 그 불빛이 야구 공만한 크기로 커져 방안에 들어와 있는 것을 알았다. 그러자 곧 발자국 소리가 들렸다. 그래서 그는 눈을 들어 발자국 나는 쪽을 바라보았다. 그러자 그의 눈에 어떤 발 모양 같은 것이 자기 쪽으로 걸어오는 것이 보였다. 그러자 곧 약 이백 파운드나 되는 큰 사람이 흰옷을 입고 자기 앞에 서있는 것이 그의 눈에 띄었다.

윌리암 브랜햄은 두려움에 떨었다. 그러자 그 흰옷을 입은 큰 사람은, "두려워하지 말아라. 나는 전능하신 하나님의 전갈을 받고 너에게 파송된 하나님의 천사이다. 네가 그동안 보통 사람들과는 구별되는 특이한 삶을 살아왔고 사람들이 너를 이해하지 못하고 있다는 사실은 하나님께서 치유의 능력을 너에게 주어 많은 사람들을 치유하겠다고 하시는 하나님께서 주신 징표니라. 이 사실을 너에게 알려주기 위해 내가 너에게 온 것이다"라고 말하였다.

천사의 계속되는 말

그리고 천사는 계속하여 "만일 네가 하나님 앞에서 계속 신실하고 사람들을 믿음으로 인도하기를 계속한다면, 너에게 능력이 나타나서 네가 기도한 즉 병자가 고침을 받고 암 덩어리가 순식간에 녹아 없어지는 역사가 일어날 것이니라"라고 말하였다.

천사로부터 그런 말을 들은 윌리암 브랜햄은 기드온이 하나님의 사자에게 말했던 것과 같은 말을 하였다. 즉 윌리암 브랜햄은 천사에게 자신은 가난하며 배우지도 못했기 때문에 힘이 별로 없는 사람이며 아무도 자신의 말과 사역을 받아들여 주지 않을 것이라고 말하였다. 그 말을 들은 천사는 윌리암 브랜햄에게 하나님께서 브랜햄을 치유 사역자로 택하여 쓴다는 사실을 확증하기 위하여 그에게 두 가지 증거를 줄 것이라고 말하였다. 그리고 그 첫 번째 증거는 병 걸린 사람 앞에 서면 윌리암 브랜햄의 손의 떨리게 되는 현상이 일어나게 될 것이라고 말하였다.

어떤 사람들은 몸에 어떤 떨리는 현상이 나타나면 이를 무조건 귀신이 주는 현상으로 단정해 버린다. 그러나 하나님의 말씀을 진정으로 이해하고 있다면 우리는 구원의 원칙과 성령의 원칙을 잘 조화시킬 수 있다. 떨리는 현상도 이러한 두 원칙을 잘 조화시킴으로 이해할 수 있다. 하나님의 능력은 병을 치유할 수 있을 뿐 아니라 병을 진단할 수도 있다. 윌리암 브랜햄에게는 하나님께서 진단 능력과 치유의 능력을 다 주셨다. 그래서 윌리암 브랜햄이 병 걸린 사람 앞에 서면 손이 떨렸는데, 이것은 하나님께서 그에게 주신 병 진단 능력이 작동하였기 때문이다. 이것은 마치 지뢰 탐지기가 지뢰 앞에 서면 지뢰를 발견한 신호의 진동음을 내는 것과 동일한 이치인 것이다. 또한 이는 축사의 능력을 가진 자가 귀신 들린 사람 앞에 서면 자신 몸에서 어떤 현상이 나타나서 자신 앞에 선 사람이 귀신들렸다는 것을 알게 되는 것과 마찬가지 이치이다. 불결한 영이 깨끗한 영을 만나면 반응하듯이 깨끗한 영이 더러운 영을 만나면 반응하는 것은 이상할 것이 전혀 없는 것이다.

> 하나님의 능력은 병을 치유할 수 있을 뿐 아니라 병을 진단할 수도 있다. 윌리암 브랜햄에게는 하나님께서 진단 능력과 치유의 능력을 다 주셨다. 그래서 윌리암 브랜햄이 병 걸린 사람 앞에 서면 손이 떨렸는데 이것은 하나님께서 그에게 주신 병 진단 능력이 작동하였던 것이다. 이것은 마치 지뢰 탐지기가 지뢰 앞에 서면 지뢰를 발견한 신호의 진동음을 내는 것과 동일한 이치인 것이다.

후에 고든 린세이는 이러한 현상을 놓고, "이는 마치 몸에 전기가 통하는 것과 같은 이치입니다. 때로는 윌리암 브랜햄에게 이런 현상이 너무 강하게 나타나 그가 차고있던 시계가 멈춘 적도 있었습니다. 그리고 브램햄이 귀신을 쫓아내고 나면 그의 붉게 부어 올랐던 손이 정상으로 돌아오곤 하였지요"라고 말하였다.

천사는 윌리암 브랜햄에게 기도해 주기 위해 어떤 사람 앞에 섰을 때 손이 떨리면 그 사람이 병든 줄 알고 기도해 주라고 말하였고 만일 손이 떨리는 현상이 없어지면 그 사람이 치유 받은 줄로 알고 그 다음 사람에게로 가서 기도해 주라고 지시해 주었다.

두 번째 증거

그러자 윌리암 브랜햄은 그 천사에게, **"그렇다고 해도 사람들이 나를 받아들이지 않을 것 같아 두렵습니다"**라고 하였다. 그러자 그의 말을 들은 천사는, "그렇기에 하나님께서 너에게 두 번째 증거를 주셨다. 네가 사람들 앞에 서면 각자의 마음 속에만 간직한 사람들의 숨은 죄들을 저절로 알게 되는 현상이 너에게 있게 되는데, 이것이 바로 하나님께서 너를 쓰신다는 두 번째 증거인 것이다"라고 말하였다.

이 두 번째 증거에 덧붙여서 그 천사는 윌리암 브랜햄에게, "하늘 나라에서는 사람들이 말하는 소리보다 사람들의 생각하는 소리가 더 크게 들린단다"라고 말하였다. 사람들이 범한 죄를 예수님의 피로 덮으면 그 죄는 두 번 다시 하늘 나라에서 거론되지 않는다. 그러나 어떤 사람이 죄를 짓고도 이를 고백하지 않는다면 지식의 말씀의 은사를 가진 사람에 의해 감지될 수가 있다. 천사는 윌리암 브랜햄에게 만일 사람들을 기도해주다가 다른 사람의 숨은 죄를 알게 되면 그 죄를 사람들 앞에서 공개적으로 말하지 말고 그 사람에게 살며시 다가가서 단둘이만 살짝 말하라고 지시하였다. 그리고 상대방의 인격을 모독하지 말고 오히려 상대방을 불쌍히 여기는 사랑의 마음을 가지고 귓속말로 그 사람의 숨은 죄를 이야기해 주면 죄를 지적받은 그 사람이 금방 회개할 것이라고 말해주었다.

독자 여러분들은 윌리암 브랜햄이 받은 이 두 가지 증거가 하나님께로부터 온 증거라고 생각하는가? 나는 이런 두 증거는 반드시 하나님으로부터 온 것이라고 생각한다. 그러면 윌리암 브랜햄이 받은 천사의 증거가 하나님으로부터 온 것이라는 것을 어떻게 알 수 있을까? 히브리서 1장 14절에 보면 "모든 천사들은 부리는 영으로서 구원 얻을 후사들을 위하여 섬기라고 보내심이 아니뇨?"라는 말씀이 있다. 성경에 보면 많은 천사들이 사람들의 사역을 도와주었다. 예수님의 탄생을 알린 것이 천사였고 예수님의 광야 기도를 도운 것도 천사였다. 그리고 성경에는 하나님의 말씀을 천사가 받아서 사람들에게 전한 경우가 많이 기록되어 있다.

그리고 천사는 성경의 원칙과 위배되는 것을 절대로 사람들에게 말하거나 가르쳐주지 않는다. 천사는 성경을 일점일획도 제하거나 더하는 일을 하지 않는다. 다른 말로 하면 천사들은 절대로 성경을 왜곡하는 일은 하지 않는다. 이 말은 항상 모든 것의 기준은 성경이 되어야한다는 말이다.

그리고 천사는 윌리암 브랜햄에게 이 두 가지 증거에 관한 말 외에도 윌리암 브랜햄이 앞으로 수많은 사람들 앞에서 사역을 하게 될 것이고, 그가 하나님의 부름심을 벗어나지 않는 한 그의 사역을 통해 여러 나라들이 크게 영향을 받는 일들이 일어날 것이라고 말하였다. 이 천사는 윌리암 브램햄에게 나타나 약 삼십 분 동안 말을 한 뒤 사라졌다.

즉각 나타난 능력

천사를 만나고 나서 윌리암 브랜햄은 곧바로 집으로 돌아왔다. 그리고 집으로 돌아온 후 첫 주일 저녁 예배 때에 그는 자신의 교회 교인들에게 천사를 만났다는 사실을 이야기해 주었다. 윌리암 브랜햄은 자신이 교인들에게 이런 이야기를 하면 교인들이 자신을 핍박할 것이라고 생각하였다. 그러나 브랜햄의 생각과는 달리 교인들이 그의 말을 다 사실이라고 믿어주었다.

천사를 통해 윌리암 브랜햄에게 주신 하나님의 약속의 말씀은 지체하지 않고 바로 이루어지기 시작하였다. 그날 저녁 예배 때에 윌리암 브랜햄이 교인들에게 천사 만난 이야기를 하고 있는 중에 윌리암 브랜햄에게 한 통의 전보가 배달되었다. 그 전보는 로버트 도테리 (Robert Daughtery) 목사가 보낸 전보였다. 그 전보에는 자기 딸이 중병에 걸려 죽어가고 있으니 윌리암 브랜햄에게 지금 즉시 자기 딸이 누워있는 세인트루이스로 와서 기도해 달라는 내용이 적혀 있었다.

그러나 윌리암 브랜햄에게는 그곳까지 갈 차비조차 없었다. 그러나 이 사실을 안 교인들이 즉석에서 헌금을 하여 윌리암 브랜햄이 세인트루이스까지 갔다 올 수 있는 왕복 기차표를 끊어주었다. 그리고 입고 갈 마땅한 옷이 없었던 윌리암 브랜햄은 동생에게서 양복을 빌렸고 다른 한 사람에게서는 코트를 빌렸다. 그날 밤 그의 교인들은 그를 역까지 배웅해 주는 호의를 베풀어 주었다.

첫 번째 기적

로버트 도테리 목사의 딸은 전보의 내용대로 중병에 걸려 죽어가고 있었다. 그녀가 다니는 교회의 교인들이 그녀를 위해 기도도 해 보았고 금식도 해 보았으나 아무 소용이 없었다. 그녀를 진찰한 의사들도 그녀의 병명조차 알아내지 못한 채 치료는 이때 포기하고 있었다. 세인트루이스에 도착한 윌리암 브랜햄은 지체없이 도테리 목사의 딸이 누워있는 곳으로 갔다.

윌리암 브랜햄이 그녀의 방으로 들어갈 때 브랜햄의 빰에선 그녀를 불쌍히 여기는 눈물이 흐르고 있었다. 그녀는 앙상한 뼈를 드러낸 채 흉측한 몰골을 하고 힘없이 침대에 누워 있었다. 그리고 오랫동안 고통스러운 신음 소리를 계속 낸 듯 그녀의 목에서는 쉿소리가 났다. 그녀는 그런 상태로 삼 개월이란 긴 기간을 버텨왔던 것이다.

윌리암 브랜햄은 그녀의 방에서 사람들과 같이 합심하여 기도하기 시작하였다. 그러나 아무리 합심기도 하여도 그녀에게 아무런 일도 일어나지 않았다. 그러자 윌리암 브랜햄은 그 방에 있던 사람들에게 자신과 그 딸의 아버지만 있게 해달라고 부탁하였다. 이 일 후 브랜햄의 사역을 자세히 살펴보면 그는 아픈 사람의 방에 들어가서 기도할 때면 혼자 있게 해달라고 요청한 적이 여러 번 있었음을 발견하게 된다. 그는 환자를 위해 기도할 때 자주 환상을 보곤 하였는데, 그는 환상에서 본 장면이 실제 상황에서 그대로 나타나면 그 환상에서 보았던 자신의 행동 그대로 행동하였다. 그러면 영락없이 아픈 사람이 치유 받곤 하였다. 그의 이러한 치유 방식은 점차 그의 치유 사역의 독특한 패턴으로 고정되었다.

이제 브랜햄의 요청에 의해 사람들이 방 밖으로 다 나가자 그는 그녀의 아버지에게, **"내가 하나님께서 보낸 하나님의 종이란 사실을 믿습니까?"**라고 물었다. 그러자 그 아버지가 "물론입니다"라고 대답하였다. 그러자 윌리암 브랜햄은 그 사람에게 연이어, **"그렇다면 의심하지 말고 내가 당신에게 부탁하는 일들을 해주십시오"**라고 말하였다. 브랜햄이 이렇게 한 것은 그가 좀전에 본 환상 속에서 본 자신의 행동을 따라 하는 것에 불과하였다. 그 사람이 윌리암 브랜햄이 부탁한 일을 하자 윌리암 브랜햄은 그가 본 환상 그대로 그녀 앞에서 기도를 하였다. 그러자 죽어가던 그녀가 소생하는 기적이 즉시로 일어났다. 그녀는 정상으로 회복된 것이다. 그리곤 그후 그녀는 다시는 병에 걸리는 일이 없이 어린 시절을 건강하게 보냈다.

그날 윌리암 브랜햄이 그녀를 치유했다는 소문이 사람들의 입과 입을 통하여 급속히 퍼져나가기 시작하였다. 그러자 많은 환자들이 브랜햄을 만나기 위하여 윌리암 브랜햄이 머물고 있는 로버트 도테리 목사의 집에 몰려들었다. 그러나 윌리암 브랜햄은 몇 주 후에 다시 오겠다는 말을 남기고는 자신의 집으로 돌아왔다. 그리고 몇 주 후에 그는 그가 한 약속대로 세인트루이스에 다시 나타났다.

죽은 자가 살아나다

1946년 6월에 윌리암 브랜햄은 세인트루이스에 다시 나타나서 열이틀 동안 하나님께서 주신 말씀을 전하며 병자들을 치유하였다. 그 집회에서는 참으로 놀라운 일들이 많이 일어났다. 그 집회는 천막 집회였는데 치유의 소문을 듣고 너무나 많은 사람들이 몰려들었다. 어떤 날은 집회 서너 시간 전에 비가 억수같이 쏟아지는 데도 불구하고 천막 안에 들어가지 못한 사람들 바깥에서 비를 맞으며 긴 줄을 서 있기도 하였다. 그 집회 기간 중에 절름발이들이 걷고 눈먼 자가 눈을 뜨며 귀머거리가 듣는 기적들이 일어났다. 또한

> 브랜햄이 이렇게 한 것은 그가 좀 전에 본 환상 속에서 본 자신의 행동을 따라 하는 것에 불과하였다. 그 사람이 윌리암 브랜햄이 부탁한 일을 하자 윌리암 브랜햄은 그가 본 환상 그대로 그녀 앞에서 기도를 하였다. 그러자 죽어가던 그녀가 소생하는 기적이 즉시로 일어났다.

이십 년간 앞을 보지 못했던 한 사역자가 시력을 되찾았다. 한 여자는 천막 밖에서 성령님을 비난하다가 심장마비로 급사하였다. 이 말을 전해들은 윌리암 브랜햄은 천막 밖으로 나와 그 여자를 위하여 기도하였다. 그러자 그 죽은 그 여자가 다시 살아났다. 그 여자는 살아나더니 곧 바로 예수 그리스도를 구주로 영접하였다. 그 집회 기간동안 윌리암 브랜햄은 보통 밤 2시까지 사람들을 위하여 기도해 주었다.

그곳 세인트루이스에서의 집회가 끝나기 전에 윌리암 브랜햄은 아칸소 주 요네스보로라는 곳의 목회자들로부터 집회 요청을 받았다. 그래서 그는 그 초청에 응하여 요네스보로로 가서 이십 사일간이나 집회를 인도하였다. 그런데 놀랍게도 이만 오 천명의 사람들이 그의 집회에 참석하였다. 한번은 그곳에서 집회를 인도하던 중 엠블란스 한대가 죽은 여자를 싣고 그 집회 장소에 왔다. 집회를 인도하다 말고 윌리암 브랜햄은 엠블란스 안으로 들어가 죽은 여자를 앞에 놓고 기도하였다. 그러자 그 여자가 다시 살아났다. 그 여자가 살아나자, 그는 다시 집회 장소로 들어가 하던 집회를 계속하려고 하였다. 그러나 그 엠블란스 차 주위에 너무나 많은 사람들이 몰려있어서 엠블란스의 모든 문들을 열 수가 없을 지경이었다. 그래서 엠블란스 운전사는 윌리암 브랜햄이 차 밖으로 나갈 수 있도록 하기 위하여 운선석의 유리문을 간신히 내린 후 담요를 유리문 위에 걸쳐 주었다. 그래서 윌리암 브랜햄은 간신히 사람들 사이를 빠져나갈 수 있었다.

그의 집회에 참석하기 위하여 수백 마일을 달려온 한 중년 부인은 윌리암 브랜햄을 한번 쳐다보고는 가는 곳곳마다 브랜햄의 칭찬을 늘어놓았다. 그 여자는 만나는 사람마다, "윌리암 브랜햄의 얼굴에서는 자비와 인자함이 흘러 넘칩니다. 그의 얼굴을 보고 있노라면 마치 예수님의 얼굴을 보고 있는 것과 같은 생각이 듭니다"라고 말하였다.

확장되는 사역

윌리암 브랜햄은 아칸소에서 집회를 인도하는 동안 사도 헤랄드(Apostolic Herald)지의 편집인으로 일하고 있는 케이 이 키드썬(K. E. Kidson)을 자신의 대형 집회 관리자로 임명하였다. 그 당시 키드썬은 "하나됨" 교단의 지도자들 중의 한 사람이었다. 키드썬은 브랜햄 사역의 대형 집회 관리자로 임명되자, 윌리암 브랜햄이 그의 "하나됨" 교단의 소속 교회들에서 집회할 수 있도록 하였다.

1947년은 윌리암 브랜햄의 사역이 피치를 올려가던 해였다. 미국의 저명한 잡지 중 하나인 타임지는 그의 집회 소식을 상세히 보도하기 시작하였다. 또한 같은 시기에 윌리암 브랜햄과 그의 사역팀은 처음으로 미국 서부의 여러 주들로 나가서 사역하게 되었다.

티 엘 오스본(T. L. Osborn)과 데이지 오스본(Daisy Osborn) 부부는 인도에서 선교사로 사역하다가 실패를 맛보고 그곳에서의 선교 사역을 내려놓을 작정으로 귀국하였다가 우연히 브랜햄의 집회에 참석하여 큰 은혜와 감동을 맛보았다. 티 엘 오스본은 브랜햄의 집회에 참석하였다가 윌리암 브랜햄이 한 사팔이 소녀의 눈을 치유하는 현장을 목격하게 되었다. 이때 윌리암 브랜햄이 그 소녀의 눈을 위해 기도하자 그녀의 돌아갔던 사팔이 눈이 제자리로 돌아왔는데 이것을 티엘 오스본이 자신의 눈으로 직접 목격한 것이었다. 이것을 목격하는 중에 티 엘 오스본은 "너도 할 수 있어, 너도 할 수 있어"라는 하나님의 음성을 듣게 되었다. 그는 하나님의 이같은 말씀을 듣자 크게 고무되었고 바로 이런 치유 사역이야말로 세상 여러 나라들로 나가야 될 사역이라고 굳게 믿게 되었다. 이후 티 엘 오스본과 데이지 오스본 부부는 세계 여러 나라로 다니면서 치유 사역을 하는 국제적인 치유 사역자가 되었다.

그리고 같은 해인 1947년에 윌리암 브랜햄은 고든 린세이를 만났다. 이후 고든 린세이는 브랜햄의 사역을 도와주는 훌륭한 참모로 활동하기 시작하였다. 윌리암 브랜햄이 고든 린세이를 만났을 때 윌리암 브랜햄은 이미 키드썬의 도움을 받아 대형 집회들을 인도하고 있었다. 고든 린세이는 비록 "하나됨" 교단에 소속된 사람은 아니었지만 별탈 없이 브랜햄을 잘 보좌하였다. 그후 고든 린세이와 키드썬은 윌리암 브랜햄의 사역에서 없어서는 안될 귀중한 존재가 되었다.

그러던 어느 날 고든 린세이는 윌리암 브랜햄을 통한 하나님의 놀라운 사역이 "하나됨" 교단에만 국한되어서는 안 된다고 생각하였다. 그래서 그는 자신의 이러한 생각을 윌리암 브랜햄에게 전하면서 오순절 교단에도 가서 집회를 인도할 것을 브랜햄에게 요청하였다. 윌리암 브랜햄은 하나님께서 천사를 통해 자신에게 말씀하신 것은 교단 차원을 넘어 활동하라고 말씀하셨다는 사실을 깨닫고 린세이의 이러한 요청을 수락하였다. 이후 윌리암 브랜햄은 자신의 집회에 관한 모든 권한을 고든 린세이에게 일임하였다. 그러자 고든 린세이는 이때부터 브랜햄의 집회의 모든 일정과 규모를 관리하게 되었다. 이를 통해 윌리암 브랜햄의 사역은 미국에서 존재했던 치유 사역 중 가장 큰 사역으로서 성장하게 되었다.

1947년 가을에 무어(Moore)와 고든 린세이는 연합 캠페인(the

Union Campaign)이라는 것을 만들었다. 이 두 사람은 이 연합 캠페인을 통하여 "하나됨" 교단과 삼위일체 신봉자들이 다 함께 모이는 하나의 거대한 집회를 계획하였던 것이다. 이 연합 캠페인의 이름 하에 모인 집회는 북미의 여러 주들과 캐나다의 일부에서 개최되었다. 윌리암 브랜햄은 이 연합 캠페인을 인도하는 동안 지혜로운 고든 린세이의 충고에 따라 교단 사이의 충돌을 야기 시킬만한 신학적인 문제들은 전혀 터치하지 않았다. 그 연합 캠패인에 참석한 사람들은 이구동성으로 그들의 삶 전체를 통해 가장 놀랍게 하나님을 체험했다고들 간증하였다. 그리고 매 집회마다 약 천 오백 명이나 되는 많은 사람들이 예수 그리스도를 구주로 영접하는 일이 일어났다. 그리고 캐나다에서 집회할 때에는 더블유 제이 언 박스터(W. J. Ern Baxter)가 윌리암 브랜햄의 사역팀에 합류하기 시작하였다. 박스터가 쓴 글에 의하면 1947년 한해 동안 윌리암 브랜햄의 집회를 통해 총 삼만 오천 명의 환자가 치유받았다고 한다.

"치유의 소리"(Voice of Healing) 창간

이렇게 브랜햄의 사역이 성장하자 고든 린세이를 위시한 일단의 사람들은 브랜햄의 치유 사역의 혜택을 더 많은 사람들이 받고, "하나됨" 교단을 뛰어넘어 그의 사역이 확장되기를 진심으로 바랐다. 이에 어느 날 고든 린세이는 윌리암 브랜햄에게 치유 잡지를 만들어 치유 소식과 치유에 대한 가르침을 전국으로 알리자고 요청하였다. 윌리암 브랜햄은 이 의견을 옳게 여겨 이 제안을 구체화 하고자 계획하였다. 그러나 "하나됨" 교단의 지도자로서 브랜햄 사역을 돕고 있었던 키드썬은 이 제안에 반대하였다. 그래서 윌리암 브랜햄은 새롭게 창간될 치유 잡지인 "치유의 소리"(The Voice of Healing)의 편집장에 키드썬을 앉히려던 계획을 바꿔 무어와 고든 린세이를 공동 편집장에 앉히고 자신은 치유의 소리 발행인으로 등록하였다.

처음 이 잡지를 발행할 때는 단행본으로 발행할 작정이었다. 그러나 치유의 소리 단행본에 대한 주문이 쇄도하자 그 단행본을 연속해서 찍어내야만 하는 일이 벌어졌다. 그후 그 치유의 소리는 매달 한번씩 발간하는 월간지로 바뀌게 되었다.

처음 이 잡지를 발행할 때는 단행본으로 발행할 작정이었다. 그러나 치유의 소리 단행본에 대한 주문이 쇄도하자 그 단행본을 연속해서 찍어내야만 하는 일이 벌어졌다. 그후 그 치유의 소리는 매달 한번씩 발간하는 월간지로 바뀌게 되었다.

치유의 소리가 월간지로 되면서부터 윌리암 브랜햄은 그의 치유의 소리 월간지에는 절대로 신학에 관한 글은 실을 수 없다는 원칙을 제시하였다. 이러한 원칙과 관련하여 그는 다음과 같은 말을 하였다.

"하나님께서는 자신의 생각을 어느 한 교단에만 주신 것이 아닙니나. 하나님께서는 자신의 생각을 마음이 깨끗한 사람들에게 보여주시고 계시하십니다. 그리스도인들끼리의 교제는 반드시 교단의 장벽을 뛰어넘어 이루어져야 합니다. 하나님의 자녀들이여, 폭넓게 사귑시다."

그리고 그 후 윌리암 브랜햄은 **"신학적으로는 서로 정반대가 되는 주장을 가지고 있다고 해도 서로 사귈 수 있습니다"**라는 말을 자주 하였다. 그리고 그는 그렇게 하지 않는 사람들에 대해서는 **"그들이 아무리 좋은 신학을 가졌다고 해도 결국은 그리스도를 비방하는 사람들에 불과합니다"**라고 말하였다.

문제가 생기기 시작하다

1948년이 되자 윌리암 브랜햄은 사역을 더 이상 계속할 수가 없어 일정 기간동안 사역을 중단하였다. 윌리암 브랜햄은 한번 사람들을 기도해주기 시작하면 중간에 늘어선 사람들을 돌려보낼 수가 없어서 새벽동이 틀 때까지 기도해 주곤 하였다. 그런데 이런 일이 자주 일어나자 그의 몸이 탈진한 것이다. 심지어 윌리암 브랜햄이 죽을 병에 걸려 죽어가고 있다는 소문이 사람들 사이에 돌기 시작하였다. 윌리암 브랜햄은 육체적으로 정신적으로 한계에 부딪힌 것이다.

이에 보다 못한 고든 린세이는 브랜햄의 사역이 앞으로 더 성장하기 위해서는 브랜햄을 이대로 놓아두어서는 안되겠다고 판단하였다. 그래서 고든 린세이는 윌리암 브랜햄이 하루에 한시간 이상은 기도를 못해주게 제한하였고 그 어느 누구도 마음대로 브랜햄의 숙소에 들어가지 못하도록 조치하였다. 그럼에도 불구하고 윌리암 브랜햄은 자신의 몸이 망가지기 시작하자 그 책임이 자신을 잘 돌보지 못한 린세이에게 있다고 오히려 고든 린세이를 공개적으로 비난하기 시작하였다. 그리고 윌리암 브랜햄은 린세이와 무어가 이제부터는 치유의 소리 잡지를 간행하는 일만 전념하도록 조치하였다.

윌리암 브랜햄의 이러한 공개적인 비난을 받고 고든 린세이는 매우 당황하였다. 그리고 고든 린세이는 잡지 간행일만 하도록 명령을 내린 브랜햄에 대해서 몹시 못마땅하게 생각하였다. 그러나 그는 그러한 불만에도 불구하고 브랜햄의 명령대로 치유의 소리 발간에만 신경을 쓰게 되었다. 그러나 이 시점부터 윌리암 브랜햄과 고든 린세이의 관계에는 점점 금이 가기 시작하였다.

윌리암 브랜햄의 몸이 망가지기 시작하자 그는 어쩔 도리 없이 사역을 중단할 수밖에 없었다. 이 당시에는 윌리암 브랜햄보다 일년 늦게 치유 사역을 시작한 오랄 로버츠(Oral Roberts)가 치유 사역자로서의 명성을 날로 더해가고 있었던 중이었다. 오랄 로버츠는 기회가 있을 때마다 윌리암 브랜햄이 건강해져 사역을 다시 시작할 수 있게 기도 해달라고 사람들에게 부탁을 하였다. 사역을 중단한지 육 개월이 지난 어느 날 갑자기 사람들 앞에 나타난 윌리암 브랜햄은 하나님께서 자신의 몸을 기적적으로 치유해 주셨다고 말하고는 치유 사역을 다시 시작하였다. 그러자 그의 사역을 기쁘게 생각했던 수많은 사람들이 그의 복귀를 환영해 주었다.

그래서 윌리암 브랜햄은 1950년 전국 주요 도시 순회 대규모 치유 집회를 다시 시작하였다. 이때 1920년 대에 치유 사역자로서 명성을 떨쳤던 에프 에프 보스워드(F. F. Bosworth)가 브랜햄의 치유 사역을 돕기 위해 브랜햄의 치유팀에 합류하였다. 그리고 이 전국 주요 도시 순회 대규모 치유 집회엔 집회 때마다 팔 천 명이 넘는 사람들이 참석하였다.

이 기간 동안 어느 침례교 목사가 윌리암 브랜햄에게 치유에 관한 공개토론을 벌이자고 제안하였는데 윌리암 브랜햄이 이 제안에 승낙하였다. 그런데 그 침례교 목사가 한 사진가를 고용하여 윌리암 브랜햄이 설교하고 치유하는 장면을 찍도록 하였다. 그런데 그가 찍은 한 사진에 설교를 하고 있는 브랜햄의 머리 위에 확실한 후광이 나타나 있는 것이 보였다. 이 사진을 놓고 윌리암 브랜햄은 필름과 사진을 조사해 보고 나서 이것은 조작된 사진이 아니라고 말하였다. 그래서 이 사진은 나중에 "후광" 사진이라고 명명된 유명한 사진이 되었다.

여러 나라들이 들썩거리다

1950년 4월에 윌리암 브랜햄은 스칸디나비아로 치유 사역을 떠났다. 그는 이 일로 인해 그는 유럽에서 집회를 개최한 첫 미국 출신 치유 사역자로 기록되게 되었다.

윌리암 브랜햄은 유럽으로 가기 전에 한 소년이 차에 치여 죽었는데 다시 살아나는 환상을 보았다. 그는 유럽으로 가기 전에 미국에서 사역하면서 자신이 본 이 환상에 대하여 사람들 앞에서 몇 차례 이야기한 적이 있었다.

병원에 도착하자 이 소년의 맥박은 더 이상 뛰지 않았다. 그러자 윌리암 브랜햄은 그 소년의 옆에서 무릎을 꿇고 앉아 소년이 살아나도록 기도하기 시작하였다. 그가 기도를 시작한지 얼마 지나지 않아 죽었던 그 소년이 다시 살아났다.

그후 윌리암 브랜햄은 유럽의 핀란드라는 나라에 가서 사역을 하게 되었다. 그때 윌리암 브랜햄이 사람들과 함께 차를 타고 가고 있는 데 앞에 가던 차가 길 가던 두 소년들을 치었다. 사고가 나자 황급히 차에서 내린 윌리암 브랜햄은 사람들과 함께 차에 치인 두 소년 중 한 명을 자기 차에 실은 후 병원으로 향하였다. 병원에 도착하자 이 소년의 맥박은 더 이상 뛰지 않았다. 그러자 윌리암 브랜햄은 그 소년의 옆에서 무릎을 꿇고 앉아 소년이 살아나도록 기도하기 시작하였다. 그가 기도를 시작한지 얼마 지나지 않아 죽었던 그 소년이 다시 살아났다. 그리고 살아난 지 며칠이 지나지 않아 이 소년은 건강한 모습으로 병원에서 퇴원하였다. 그런데 그 소년이 퇴원한 다음 날 윌리암 브랜햄은 차에 치인 두 소년 모두가 살아나는 환상을 보았다.

그런데 그 당시 윌리암 브랜햄을 항상 따라다녔던 한 사람이 브랜햄이 미국에서 소년이 차에 치인 후 다시 살아나는 환상을 본 것을 사람들에게 말하였던 내용을 자신의 수첩에 모조리 다 기록해 놓고 보관하고 있었다. 그런데 핀란드에서 환상에서 본 것과 비슷한 일이 일어나자 그 팀원은 윌리암 브랜햄에게 그 환상에 대해 적혀있는 수첩의 내용들을 읽어주었다. 이 일을 까맣게 잊고 있던 윌리암 브랜햄은 수첩에 적힌 자신이 본 환상의 내용들을 듣고 나서, 수첩에 적힌 내용과 실제로 일어난 일이 너무도 동일하여 깜짝 놀랐다.

그후 윌리암 브랜햄은 아프리카로 와서 집회를 열어달라는 요청을 수 차례 받았다. 한번은 비행기 표와 함께 초청장이 날아왔다. 그래서 그는 1951년 그의 사역팀을 이끌고 남아프리카 공화국으로 갔다. 그는 거기에서 12월 한달 내내 사역을 하였는데 수많은 치유의 기적들이 그의 사역을 통하여 일어났다. 그리고 그 사역은 남아프리카 공화국에서 일어났던 치유 사역들 중 가장 많은 기적이 일어난 사역으로 기록되었다. 그리고 그곳에서의 집회 중 한 번은 오만 명이나 되는 사람들이 참석하였다. 그리고 그 집회에서 집회 장소가 충분히 넓지 않아 도로 집으로 돌아간 사람의 수가 수천 명에 달하였다.

그는 그 당시 더반이란 곳에서 집회를 인도하게 되었는데 그 도시의 인구는 그 때 이만 여명에 불과 하였었다. 그가 그곳에서 집회를 할 때 더반 인구수보다 많은 사람들이 그의 집회에 참석하였다. 그의 집회 장소에 사람들을 실어 나르기 위하여 그 도시에 있는 모든 버스들이 거의 다 동원되었다. 그 집회의 규모는 너무도 엄청나서 그 집회 후에 그 집회에 대해 기록된 "선지자 남 아프리카에 오다(A Prophet Visits South Africa)"라는 책이 발간되기까지 하였다.

그는 어떻게 사역하였나?

윌리암 브랜햄은 사람들을 사로잡는 능력을 가지고 있었다. 그렇다고 해서 그가 카리스마적인 사람이거나 감성이 풍부한 사람은 아니었다. 그렇지만 그는 선천적으로 겸손한 성품을 가지고 있었다. 가령 그는 자신이 교육을 받지 못하였다는 것과 문화에 대한 적응력이 부족하였다는 것에 대해 사람들에게 양해를 구하는 말을 자주 하였다. 그리고 그는 설교를 잘하는 편이 아니었는데 그 이유는 작고 조용한 목소리로 더듬거리며 설교를 하였기 때문이었다. 그러기에 그는 집회를 인도할 때면 설교는 보스워드를 비롯한 다른 몇 사람들에게 맡기고 자신은 주로 치유 사역만을 담당하곤 하였다.

윌리암 브랜햄은 사역의 초점을 항상 초자연적인 기사와 이적에 맞추었다. 그는 지성주의를 비판하였으며 그러한 쪽으로 치우친 사람들은 절대로 설교단에 세우지 않았다. 그렇기 때문에 그의 사역에 동참한 사람들은 그의 지침을 따르는 수밖엔 없었다. 박스터와 보스워드는 아침 설교와 오후 설교를 담당하였다. 박스터는 주로 복음에 관한 설교를 하였고 보스워드는 주로 치유 받는 방법과 치유 능력을 지속하는 방법에 관한 설교를 주로 하였다. 그리고 윌리암 브랜햄의 사역을 총괄 운영하였던 고든 린세이는 사람들이 예수님을 영접케 하는 일을 주로 담당하였다. 그리고 윌리암 브랜햄 자신은 자기의 주된 사역이 치유 기도 사역이라고 주장하였음에도 불구하고 저녁 시간 설교를 담당하였다.

윌리암 브랜햄의 집회를 요청하는 도시들이 너무 많아지자 브랜햄은 자신이 한 도시에서 하는 집회 날짜를 제한하였다. 그리고 넘쳐나는 사람을 잘 다루기 위한 한 방편으로 고든 린세이는 브랜햄의 집회를 통한 치유(Divine Healing in the Branham Meetings)라는 책을 저술한 후 집회가 있기 전에 집회가 열릴 도시에 그 책을 배포하였다. 이 책을 받은 사람들은 집회 전에 반드시 이 책을 한번 읽어 본 후에 브랜햄의 집회에 참석하도록 하였다. 그렇게 되자 윌리암 브랜햄은 치유에 대한 자신의 가르침의 시간을 절약하고 첫 날 밤부터 바로 치유 사역을 시작할 수 있게 되었다.

그리고 윌리암 브랜햄은 집회가 시작되는 첫날에는 그 어느 누구도 만나지 않고, 집회가 시작되기 전 삼일 동안은 금식하며 기도에만 전념하였다. 그리고 윌리암 브랜햄은 천사가 그의 옆에 서 있다는 것을 확인한 후에야만 치유 기도를 해준다는 원칙을 세웠다.

보스워드는 이러한 윌리암 브랜햄의 천사 원칙에 대해, "그는 천사가 옆에 있음을 감지하지 못하면 그의 사역은 힘을 발휘하지 못했습니다. 그러나 천사가 자기 옆에 서있다는 사실을 감지를 하고 있을 때면 그는 마치 물 만난 고기처럼 놀라운 영력으로 사람들의 속을 꿰뚫어 보며 일사천리로 사역해 나갔습니다"라고 말하였다.

어떤 사람들은 실제로 윌리암 브랜햄이 사역을 할 때 옆에 천사가 서있는 것을 보았다고 주장하였다. 그러나 그렇게 주장하는 사람들의 대부분은 윌리암 브랜햄 주위에 있던 어떤 밝은 광채를 보고 그렇게 말한 것이었다. 보스워드는 1951년에 윌리암 브랜햄의 아프리카에서의 사역에 관한 글을 썼는데, 그 글에 보면 그의 사역에 참석한 사람들 중에서 믿음의 수준이 어느 일정 수준 이상으로 도달한 사람들의 머리 위에는 후광이 비쳤다고 기록하고 있다. 그리고 기름부름이 증가하면 윌리암 브랜햄 자신이 사람들의 머리 위에 임한 광채를 감지하였다고 기록하고 있다. .

윌리암 브랜햄은 사람들이 그의 기도를 받기 위해서 그 앞에 몰려들면 그는 반드시 사람들이 그의 오른편에 한 줄로 서 있도록 요청하였다. 그가 그렇게 한 이유는 기도를 받은 사람들이 기도 받고 나서 그의 앞과 그의 옆에 서있는 천사를 스쳐지나가도록 함으로써 기도 받은 사람들이 갑절의 능력을 받도록 하기 위함이었다. 그리고 그는 치유 받고자 하는 사람들이 너무 많을 경우에는 기도 카드에 번호를 적어 사람들에게 나누어 주었고 예배 중간 중간에 그 표를 추첨하여 당첨된 사람들에게 기도하여 주는 방법을 자주 사용하였다. 그리고 그는 간혹 사도 바울이 그랬던 것처럼 손수건들을 놓고 기도를 한 후 그 손수건들을 병자들 위에 놓아 병자를 치유하기도 하였다(사도행전 19:12).

치유에 대한 초창기 가르침

윌리암 브랜햄은 치유는 예수님께서 십자가에 달리셨던 이 천년 전에 이미 성취된 것이라고 믿었다. 그리고 그는 모든 병과 죄는 사단에 의한 것이라고 믿었다. 그래서 그는 설교 도중 자주, **"의사가 '암'이라고 부르는 것을 하나님께서는 귀신이라고 부릅니다"**라는 말을 하곤 하였다.

그는 아주 강한 축사 사역자이기도 하였다. 그는 죄와 질병 뿐 아니라 정신 이상, 분노, 불신, 육욕적인 습관 등을 모두 귀신의 공격으로 보았다. 그러나 그는 축사 후 병이 바로 낫는다고는 생각지 않았다. 그 대신 그는 축사를 받게 되면 축사 받은 사람이 치유받을 수 있는 가능성이란 길이 뚫린 것으로 보았다. 축사 사역을 할 때면, 그는 그곳에 모여있는 사람들 중에서 믿음이 없는 사람들에게 그 어떤 일이 일어나도 자신은 책임을 지지 않겠다는 말을 자주 하곤 하였다.

그리고 그에게 치유 사역을 받기 원하는 사람들은 다음과 같은 두 가지 조건을 만족하여야만 하였다. (1) 예수 그리스도를 영접하고 예수님이 자신의 병이 낫게 하기 위해 죽으셨음을 믿을 것. (2) 치유를 목적으로 하나님께서 보내신 선지자가 윌리암 브랜햄이라는 사실을 믿을 것.

그리고 윌리암 브랜햄은 믿음을 제 육감으로 보았다. 그리고 그는 믿음은 하나님께서 계시하여 주신 것을 믿고 받아들이는 것이라고 생각하였다. 그리고 그는 사람들이 치유받지 못하는 것은 하나님께서 그들에게 계시하여 주신 것을 믿고 받아들이지 못하기 때문이라고 생각하였다. 그래서 그는 **"믿음은 병을 죽이고 병자를 살리지만 불신은 병을 도지게 만듭니다"**라고 말하곤 하였다. 그리고 또한 그는 신적인 치유를 받기 위해서 반드시 그리스도인이 되어야 할 필요는 없지만, 이미 치유 받은 상태를 계속 유지하기 위해서는 반드시 그리스도인이 되어야 한다고 믿었다.

그렇다고 해서 윌리암 브랜햄이 의사의 역할을 부정적으로 본 것은 아니었다. 그러나 그는 약은 단순히 몸을 깨끗케 하는 역할을 할 뿐이며 몸의 치유는 하나님께서 하신다고 보았다. 그러기에 그는 **"이 세상에서 약이 병을 낫게 한 적은 한번도 없습니다"**라는 말을 즐겨 사용하였다. 한번은 어느 사람이 그에게 치유는 광신의 산물이라고 말하자 그는 그 말을 한 사람에게 크게 화를 내었다. 그후 그는 치유는 광신의 결과라는 의견을 가지고 있는 사람들에게는, **"기도로 인한 치**

유가 광신의 산물이라면 약으로 인한 치료도 광신의 산물이란 말입니까?"라고 말하곤 하였다.

그리고 그는 그리스도인들의 지나친 소유욕에 대해 항상 따끔한 일침을 가하였다. 그래서 그는 사람들에게 자신의 치유 사역을 통해서 들어오는 수입을 모두 자기 것으로 만들었다면 자신은 진작 백만장자가 되었을 것이라고 이야기하였다. 그러나 그는 절대로 그렇게 하질 않았다. 그래서 그는 가끔, **"나는 치유 기도를 받으러 오는 사람들과 같이 가난하게 살길 원합니다"**라고 말하곤 하였다. 한번은 그에게 어떤 사람이 새 캐딜락 차를 선물하였는데, 그는 너무도 당황하여 그 차를 이년간이나 타지 않고 창고에 놔두기만 한 적도 있었다.

넘어지기 시작하다

윌리암 브랜햄의 치유 사역 중흥기는 약 구 년간 계속 되었다. 이 구 년동안 미국 전국에서는 많은 치유 사역자들이 일어났고 이 새로 일어난 치유 사역자를 통해서 많은 기사와 이적들이 나타났다. 이 구 년간의 중흥기 중에서도 1952년은 윌리암 브랜햄이 주축이 된 치유의 소리 사역이 전국적으로 가장 피크를 이루었던 해였다. 이 해에 발간된 치유의 소리 잡지 중 하나에는 전국에서 활동하고 있는 유명한 치유 사역자 사십 구명이 소개되었다.

그러나 그 다음 해부터는 치유 사역의 불이 점점 작아지기 시작하였다. 그리고 1955년이 되자 윌리암 브랜햄은 많은 어려움을 겪었다. 그 결과 그의 사역은 급작스런 내리막 길을 걷기 시작하였다.

고든 린세이와 결별하다

윌리암 브랜햄이 고든 린세이를 만난 것은 윌리암 브랜햄에게는 큰 축복이었다. 고든 린세이는 말씀이 강했고 윌리암 브랜햄은 치유사역과 은사가 강했다. 이 둘은 정말로 하늘이 맺어준 환상적인 사역팀이었다. 그리고 또한 린세이는 조직력이 뛰어났기에 조직력이 전혀 없는 윌리암 브랜햄을 대신하여 린세이는 브랜햄 사역을 총괄 운영하였다. 그 결과 그는 탁월한 능력을 발휘하여 윌리암 브랜햄의 사역을 크게 성장시켜 놓았다.

그러나 윌리암 브랜햄은 이런 고든 린세이의 업적을 별로 달갑지 않게 생각하였을 뿐 아니라 오히려 그를 비난하기까지 하였다. 그러므로 그 둘의 관계는 점점 나빠지게 될 수밖에 없었다.

나는 하나님께서 고든 린세이를 윌리암 브랜햄에게 붙여주셨다고 믿는다. 그러므로 윌리암 브랜햄이 고든 린세이를 멀리한 것은 하나님께서 브랜햄에게 주신 축복을 브랜햄 스스로 걷어찬 것과 같았다. 윌리암 브랜햄이 린세이를 전혀 받아들이지 않게 되자 린세이는 브랜햄의 곁을 떠날 수밖에 없었다. 그동안 고든 린세이는 윌리암 브랜햄이 성경적 기초가 전혀 없는 것을 뒷받침하여 주는 역할을 하였었는데 린세이가 떠나자 마치 핸들 없는 차가 내리막 길을 달려 질주하듯 윌리암 브랜햄의 사역은 신학적인 핸들을 상실한 차가 되어 밑바닥으로 빠르게 질주하였다.

자기 사람만 심다

윌리암 브랜햄이 린세이를 멀리하자 린세이는 하는 수 없이 브랜햄을 도와 주웠던 사 년간의 생활을 청산하고 브랜햄 곁을 떠났다. 그러자 윌리암 브랜햄은 린세이가 하였던 역할을 대신할 사람을 뽑았다. 그러나 새로 뽑힌 사람은 모든 면에 있어서 린세이만 못하였다.

고든 린세이가 떠나자 브랜햄의 집회에 린세이의 수준 높은 설교를 듣기 위해 참석하였던 많은 사람들이 발길을 끊어버렸다. 윌리암 브랜햄에게는 사업에 대한 식견이 전혀 없었기에 사업에 관한 한 린세이가 그동안 그 역할을 잘 수행하여 왔었다. 그런데 린세이가 없어지자 브랜햄 사역의 경영과 재정분야가 심한 타격을 받기 시작하였다. 물론 새로 온 관리자가 린세이를 대신하긴 하였으나 그의 능력은 린세이의 그것에 비하면 반에도 못 미치는 수준이었다. 그 결과 풍부하였던 재정이 점점 바닥나기 시작하였다. 소문에 의하면 새 경영자는 브랜햄 사역의 공금을 많이 유용하였다고 한다. 어쨌거나 재정이 너무도 어려워지자 윌리암 브랜햄은 돈을 벌러 세상으로 나가야 할 지경에까지 이르게 되었다.

윌리암 브랜햄의 집회에 참석하는 사람들이 줄게되자 그는 급기야 만 오 천 불이나 되는 빚을 지게 되었다. 그리고 윌리암 브랜햄 사역의 재정 후원자들이 성금을 넣어 보내 주는 편지들은 하루 평균 천 통에서 일흔 다섯 통으로 감소하였다.

윌리암 브랜햄의 사역이 중흥기를 맞이하였을 때에 국세청에서는 그의 사역과 관련된 세금 문제에 대해 아무 이야기가 없었었다. 그러나 그의 사역이 쇠퇴기에 들어서자 국세청에서 그의 사역에 대한 세금조사를 나갔다. 그래서 1956년에 윌리암 브랜햄은 탈세 혐의로 고소되기에 이르렀다. 그리고 브랜햄의 부인에도 불구하고 그에게 사만 불이란 거액이 벌금으로 부과되었다. 그리고 그는 죽을 때까지 그 벌금을 갚느라고 심한 고생을 하였다.

린세이가 떠나자 브랜햄의 주위에는 그의 기분만을 맞추는 아첨꾼들이 몰려들기 시작하였다. 그리고 그러한 아첨꾼들에 둘러싸여 그는 자기 자신이 치유 신학에 관한 큰 오류를 범하고 있는 줄도 몰랐다. 브랜햄의 측근들은 브랜햄의 이기심을 부추기며 윌리암 브랜햄이 바로 예수님의 재림 전에 나타날 엘리야라고 그를 부추긴 후 그를 제 칠 교회 시대의 우두머리로 추종하기 시작하였다. 그리고 그의 추종자들은 그가 바로 라오디게아 교회들에게 하나님의 메시지를 진정으로 가져다 줄 수 있는 하나님의 참 사자라고 선전하기 시작하였다.

1958년이 되자 전국을 무대로 활동하는 치유 사역자들은 그 수가 열두 명으로 줄어들게 되었다. 그리고 모든 사람들은 윌리암 브랜햄이 주도하는 치유의 소리 사역은 이제 그 영광의 시대를 마감했다고 말하기 시작하였다. 그리고 브랜햄의 사역에 실망한 사람들은 하나님께서 미국 땅에 새로운 운동을 도래시켜 달라고 기도하기 시작하였다.

린세이가 떠나자 브랜햄의 주위에는 그의 기분만을 맞추는 아첨꾼들이 몰려들기 시작하였다. 그리고 그러한 아첨꾼들에 둘러싸여 그는 자기 자신이 치유 신학에 관한 큰 오류를 범하고 있는 줄도 몰랐다. 브랜햄의 측근들은 브랜햄의 이기심을 부추기며 윌리암 브랜햄이 바로 예수님의 재림 전에 나타날 엘리야라고 그를 부추긴 후 그를 제 칠 교회 시대의 우두머리로 추종하기 시작하였다.

하나님께서 부르신 분야를 벗어나다

윌리암 브랜햄은 변화에 적절하게 대처하지 못하였다. 정확히 말하자면 그는 주위의 변화에 반응할 능력이 전혀 없는 사람이었다. 그는 다가올 하나님의 다음 운동에 그의 사역이 쓰임 받도록 하나님께 간구하는 대신, 오히려 극단적인 교리에 빠진 후 이 극단적인 교리를 사람들에게 주입식으로 가르치려고만 하였다. 하나님께서 그를 교사로 부른 것이 아님에도 불구하고 그는 자칭 교사가 된 것이다.

윌리암 브랜햄은 자신의 예언적인 은사를 통하여 1970년 대부터 시작된 믿음 말씀 운동(the Word of Faith Movement)이 장차 도래할 것이란 사실을 아마도 잘 알고 있었을 것이다. 그러나 그는 하나님께서 주신 치유와 예언의 은사로 이 믿음 말씀 운동이 잘 일어나도록 사람들에게 길을 닦아주는 대신, 그는 그 자신이 이 운동의 선두 주자가 되고 싶어서 하나님의 때가 아님에도 불구하고 하나님께서 부르신 치유와 예언의 분야를 떠나 가르치는 분야로 나간 것이다. 사실 그는 하나님께서 부르셨던 분야에 머물러 치유 사역을 계속하여야만 했었다.

하나님께서는 윌리암 브랜햄을 교사로 부르시지 않으셨다. 더군다나 그는 성경 말씀을 잘 몰랐을 뿐 아니라 신학적인 기초가 전혀 없었다. 그런데도 불구하고 그는 성경과 신학을 사람들에게 가르치기 시작하였다. 그러자 자연 문제가 생기기 시작하였고, 그는 성경을 자신의 사역을 뒷받침하는 보조책 쯤으로 생각하였다. 이것은 그의 큰 실수였다. 이 실수로 인해 그의 사역은 일찍 문을 닫게되었다.

예언 은사를 잘못 사용하다

윌리암 브랜햄은 자기가 본 환상들을 특별화 시킴으로 해서 사람들의 관심을 자기에게로 집중시켰을 뿐 아니라 사람들로 하여금 그가

1948년 윌리암 브랜햄의 집회에 모인 저명한 치유 사역 관계자들
왼쪽부터 영 브라운, 잭 무어, 윌리암 브랜햄, 오랄 로버츠, 고든 린세이

1949년 12월에 열렸던 치유의 소리 콘벤션에 참석한 지도층급 사역자들
가운데 줄 왼쪽 두 번째가 윌리암 브랜햄
맨 윗줄 왼쪽부터: 오린 킹스리터, 클린톤 에릭슨, 로버트 보스워드, 에이치 씨 노아, 부이 에이 가드너, 에치 티 랑리, 아브라함 탄넨바움.
가운데 줄 왼쪽부터: 에리모트 티 리치, 윌리암 브랜햄, 잭 무어, 데일 핸슨, 오 엘 재거, 가일 잭슨, 에프 에프 보스워드, 고든 린세이.
맨 아랫줄 왼쪽부터: 에릭슨 부인, 킹스리터 부인, 린세이 부인, 안나 지니 무어, 보스워드 부인, 잭슨 부인, 랑리 부인.

설교하고 있는 윌리암 브랜햄

남 아프리카에서의 윌리암 브랜햄

에프 에프 보스워드와 함께

아리조나 주 피닉스의 스페니쉬 교회에서 사역하고 있는 윌리암 브랜햄, 1947년

고든 린세이, 윌리암 브랜햄 그리고 더블류 브이 그랜트; 텍사스 주 달라스에서, 1964년

그 유명한 후광 사진, 윌리암 브랜햄의 머리 뒤쪽에 후광이 뚜렸하다.

본 환상이 이루어지도록 하는 데에 온 정열을 쏟도록 유도하였다.

1960년대가 되자 그의 인기는 빠르게 추락하였다. 그러자 그는 이러한 사실에 매우 고통스러워하였다. 그러나 그는 그의 사역의 울타리 안에서 다른 사역자가 자신보다 잘 가르치는 것을 용납하지 못하였다. 그렇게 되자 그는 자연 미국에서 누가 성경을 더 잘 가르치는 자인가를 가늠하는 경쟁에 뛰어들게 되었다. 그러나 최대의 문제는 하나님께서 그를 성경을 가르치는 자로 부르지 않았다는 점이었다.

그는 자신이 성경을 잘 가르치는 자라는 소리를 매우 듣고 싶어하였다. 그러나 그는 예언의 은사를 통해 그가 깨달은 바가 모두 성경적이라고 잘못 생각하여 그가 깨달은 바를 마치 영원한 진리인 것처럼 사람들에게 가르쳤다. 고로 그는 잘 나갈 수가 없었다. 또한 그는 그가 받은 환상과 예언을 자신이 잘못 해석할 수도 있다는 사실을 전혀 인정하지 않으려는 실수를 범하였다. 결국 그는 예언의 은사를 잘못 사용하기에 이른 것이다. 그는 하나님께서 그에게 주신 예언의 능력을 통해 사람들의 마음을 하나님께로 돌이키게 하여야 함에도 오히려 사람들의 마음을 자기에게 돌이키게 하였던 것이다. 그는 세계적인 이름을 가진 성경 교사가 되고자 하는 객기를 부린 것이다.

잘못의 원인

여러분은 윌리암 브랜햄이 사람들에게 도대체 무엇이라고 가르쳤는지를 알게 된다면 그가 고든 린세이를 내보낸 후에 왜 내리막길을 걸었는지를 쉽게 이해할 수 있을 것이다. 만일 고든 린세이가 윌리암 브랜햄을 떠나지 않고 계속 남아서 브랜햄의 사역을 도와주었더라면 윌리암 브랜햄이 잘못 가르쳤을 경우 그의 잘못된 가르침을 잘 교정하고 시정하여 주었을 것이고 따라서 브랜햄의 사역은 장수하고 더 크게 되었을 것이다. 이제 여기에 윌리암 브랜햄이삶의 마지막 때에 가르쳤던 잘못된 가르침의 몇 가지를 소개해 보자.

영원한 지옥은 없다

윌리암 브랜햄은 사람들에게 그가 하나님께 받은 새로운 계시라고 소개하면서 지옥은 영원하지 않다고 가르치기 시작하였다. 그는 지옥은 계속되는 곳이지만 영원히 계속되는 곳은 아니라고 주장하였다. 그에게 있어서 계속된다는 의미는 일정 기간만 그렇다는 말이었다. 그래서 그는 일정 기간이 지나면 지옥이 없어진다고 주장하였다.

뱀의 씨

윌리암 브랜햄은 또한 여자는 하나님의 피조물이 아니라 남자의 부산물에 불과할 뿐이라고 가르쳤다. 그리고 그는 이보다 한 걸음 더 나아가 여자는 남자의 부산물에 불과하기 때문에 여자보다 동물이 차라리 더 우수한 피조물이라고 가르쳤다. 그리고 그는 여자는 세상에서 가장 잘 속는 존재라고 가르쳤다.

그는 또한 여자는 마귀 곧 뱀의 씨를 지니고 있는 데 그 이유는 하와가 에덴동산에서 뱀과 성관계를 하였기 때문이며 뱀과의 성관계 결과 하와에게서 가인이 출생하였다고 가르쳤다. 그는 또한 하나님의 원래 의도는 흙으로부터 인간이 생기도록 하는 것이었는데 하와가 뱀과 동침하자 하나님의 이러한 계획이 무산된 것이라고 주장하였다. 그는 그렇기 때문에 인간의 출산 기능과 생식 기능은 이브의 범죄 결과로 생긴 것이라고 가르쳤다. 그 결과 모두 여자는 사단의 씨들을 몸

속에 갖게 되었다고 주장하였다.

윌리암 브랜햄이 한번은 다음과 같은 말을 하였다.

"여러분 길을 가시다가 장례 행렬이 지나가는 것을 보시거든 여자가 바로 그 장례의 원인 제공자라고 생각하시면 틀림이 없습니다. 잘못된 일이 터지면 그건 무조건 여자의 잘못 때문입니다. 교회에서 잘못된 일이 일어나도 그것은 무조건 여자 때문입니다."

그는 이렇게 여자에 대해 잘못되게 가르쳤을 뿐 아니라 여자는 절대로 설교를 해서는 안 된다고 주장하였다. 그리고 그는 하와와 뱀의 성관계로 태어난 마귀의 후손들이 바로 과학자와 지성인들이라고 주장하였다. 그래서 그는 하나님의 초자연적인 능력을 부인하는 지성인들과 과학자들을 모두 마귀의 자녀라고 쏘아 부쳤다.

이혼

> 그는 또한 교단주의는 야수의 표시이고 신교는 창녀며 구교는 야수라고 가르쳤다.

그는 또한 여자로 인해 성행위가 시작되었으므로 이 세상에 존재하는 일부다처제도 다 알고 보면 여자 때문에 생긴 제도라고 주장하였다. 그의 이론에 의하면 여자는 벌을 받아야 마땅한 존재였다. 그러므로 그 벌로 여자는 한 남편만 가질 수밖엔 없지만, 남자는 여러 아내를 가져도 괜찮다고 주장하였다. 그리고 그는 예수님께서 이혼에 대해서 말씀하실 때 이 말씀은 여자에게 한 말씀이지 남자에게 한 말씀은 아니라는 주장을 폈다. 그래서 그는 여자는 절대로 재혼할 수 없지만 남자는 어느 때건 무슨 이유로든 이혼하고 다시 처녀 장가들어도 죄가 될 것이 없다고 주장하였다.

야수의 표시

그는 또한 교단주의는 야수의 표시이고 신교는 창녀며 구교는 야수라고 가르쳤다. 그는 또한 그가 본 환상을 근거로 자신은 바로 이 세상에 종말이 올 것을 알리는 하나님의 사자이며 요한계시록에 나와 있는 일곱 번째 인봉을 떼는 라오디게아 교회의 선지자라며 자기 자신을 높였다. 그리고 그는 1977년이 되면 미국의 종말이 시작된다고 예언하였다.

그 입의 능력

윌리암 브랜햄은 또한 자신의 입에서 나오는 말은 능력이 있으므로 자신의 말을 받은 사람은 이 세상 마지막 때에 영화로운 몸으로 변화하게 된다고 주장하였다. 그리고 그는 그의 입에서 나오는 놀라운 하나님의 능력으로 인해 잊어버렸던 하나님의 원래 이름인 야훼(JHVH)라는 이름이 다시 회복될 것이라고 예언하였다. 이 야훼라는 말의 히브리 원어는 한번도 사람의 입으로 올바르게 발음된 적이 없지만 자신의 입에서 나오는 능력으로 인해 이제 야훼라는 말을 제대로 발음할 수 있게 된다고 주장하였다.

하나됨

그는 그의 사역의 종반부에 가서 공개적으로 "하나됨" 교단의 신학을 변호하고 나섰다. 그러나 그는 "하나됨" 교단의 주장 중에서 "오직 예수"라는 주장은 잘못된 것이라고 말하였다. 그는 **"예수라는 이름을 가진 사람은 이 세상에 여러 명이었고 주 예수 그리스도라는 분은 단 한 분밖에 안 계심으로 '하나됨'의 교단이 주장하는 '오직 예수'라는 주장은 틀렸습니다"**라고 말하였다. 또한 윌리암 브랜햄은 삼위일체를 주장하는 사람은 모두가 거듭난 사람이 아니라고 말하였다가 어느 때는 그들 중 일부만 거듭났다고 주장하기도 하였다. 그리고 그는 한번은 **"삼위일체론은 귀신으로부터 온 것이다"**라는 예언 같지도 않은 예언을 하기도 하면서 삼위일체의 가르침을 받은 사람들은 예수의 이름으로 세례를 다시 받아야 된다고 주장하였다.

뿐만 아니라 그는 그의 구원에 대한 가르침의 내용을 자주 변경하였다. 그는 어느 때에는 **"누구나 다 구원받을 수 있다"**라고 가르치다가도 또 어느 때에는 **"구원을 받으려고 아무리 발버둥을 쳐도 못 받는 수백만 명의 사람들이 있다"**라며 칼빈의 주장과 일맥 상통하는 주장을 펴기도 하였다.

얼마 지나지 않아 윌리암 브랜햄의 가르침을 추종하는 무리가 생기기 시작하였다. 그리고 그런 사람들은 자기 자신들을 "하나님의 사자들(The Messengers)"이라고 불렀다. 오늘날에도 "브랜햄 파(Branhamites)"라고 불리는 브랜햄 추종자들이 존재하고 있다. 윌리암 브랜햄은 교단과 조직을 매우 싫어하였기에 이 브랜햄 파들은 오늘날까지도 그 어떤 교단에도 속하지 않고 있다. 브랜햄 파들은 자신들을 윌리암 브랜햄을 추종하는 사람들이라고 말하고 있다. 이 브랜햄 파 사람들은 아직도 윌리암 브랜햄이 라오디게아 교회의 사자라고 주장하고 있다. 이들이 모이는 교회에 가보면 교회 안에 윌리암 브랜햄의 커다란 초상화를 걸어놓고 예배를 드리며 이미 죽은 윌리암 브랜햄을 그들의 참 목자로 여기고 있다.

오늘날 "하나님의 사자들" 또는 브랜해마이츠로 불리는 브랜햄 파 사람들의 힘은 무시할 수 없을 정도로 전 세계로 퍼져나가고 있다. 특히 아프리카의 자이레라는 나라에서 네 번째로 큰 교회가 바로 브랜햄 파의 교회이다.

그의 죽음에 관한 이야기

잭 무어(Jack Moore)는 비록 윌리암 브랜햄의 가르침에는 동의하지 않았지만 브랜햄과의 우정만은 끝까지 지켜나갔다. 윌리암 브랜햄은 1965년 부활절 주일날 잭 무어의 교회에서 그의 생애 마지막 설교를 하였다.

1965년 12월 18일에 윌리암 브랜햄의 아들 빌리 폴 윌리암 브랜햄이 아버지와 자신의 새어머니를 차 뒷좌석에 태우고 텍사스 주를 출발하여 인디애나 주로 가고 있었다. 그런데 반대 방향에서 오던 술 취한 운전사가 몰던 차가 빌리 폴 윌리암 브랜햄이 몰던 차를 정면으로 들이받고 말았다.

빌리 윌리암 브랜햄은 뒤집혀진 차에서 뛰쳐나온 후, 차에서 튕겨져 나와 땅바닥에 쓰러져 있는 그의 아버지 윌리암 브랜햄에게로 달려갔다. 그의 아버지 윌리암 브랜햄의 등뼈는 이미 부러져 있었다. 그러나 맥박은 아직 뛰고 있었다. 그는 다시 그의 새엄마에게로 달려가서 그녀의 맥박을 짚어보았다. 그러나 그녀는 이미 숨을 거둔 뒤였다.

그런 와중에 정신이 돌아온 윌리암 브랜햄이 온 힘을 다해 아들에게 **"엄마는 괜찮니?"**라고 물어보았다. 그러자 윌리암 브랜햄의 아들 빌리는 "이미 돌아가셨어요"라고 대답하였다. 그러자 윌리암 브랜햄이 아들에게 **"나의 손을 네 엄마의 손에 닿게 해줘"**라고 말하였다. 빌리는 아버지의 부탁대로 아버지의 피묻은 손을 브랜햄의 부인 위에 올려놓았다. 그러자 그 순간 그녀의 맥박이 다시 뛰기 시작하였다. 이후 윌리암 브랜햄은 의식을 잃었다. 그리고 사고 일로부터 육일이 지난 1965년 12월 24일 윌리암 브랜햄은 숨을 거두고 말았다. 그러나 그의 부인은 다시 살아났다.

많은 사람들이 그의 급작스런 죽음에 놀랐다. 그러나 오순절 교단 측에서는 그의 죽음을 어느 정도 예견하고 있었던 것 같다. 그 한 예로 그의 장례식에서 조사를 읊었던 고든 린세이는 조사에서, **"하나님께서는 그의 사역을 통해 많은 열매를 내셨기에 이제 그를 고향으로 데리고 가셨습니다"**라고 말하였다.

오순절 교단이 그의 죽음을 미리 예견하고 있었던 이유는 오클라호마 주의 털사 출신인 젊은 복음 전도자 케네쓰 헤이건(Kenneth Hagin)의 예언에 힘입은 바가 크다. 더 자세히 말한다면 케네쓰 헤이건 목사는 윌리암 브랜햄이 사망하기 이년 전에 하나님께서 윌리암 브랜햄을 하늘 나라로 데리고 가신다는 예언을 하였는데 이 예언을 고든 린세이는 사실로 받아들였던 것이다.

케네쓰 헤이건이 브랜햄의 사망 소식을 들었을 때 그는 교회에서 예배를 인도하고 있는 중이었다. 그는 윌리암 브랜햄이 사망하였다는 이야기를 듣자마자 성도들에게 앞으로 나오라고 하였다. 그리고 그는 연이어 성도들과 함께 무릎을 꿇고 죽은 윌리암 브랜햄이 다시 살아나게 해달라고 기도하기 시작하였다. 그러나 그순간 하나님께서는 그에게 영으로, "너 지금 무엇을 위해 기도하느냐? 내가 너에게 그가 죽을 것이라고 말해주지 않았었느냐?"라고 말씀하셨다. 그래서 그는 더 이상 기도를 할 수가 없어서 하려던 기도를 중단하였다.

케네쓰 헤이건 목사는 윌리암 브랜햄이 하나님의 부르신 치유 사역이라는 분야를 떠나 이단적인 가르침을 가르쳤으므로 하나님께서는 치유의 아버지라고도 할 수 있는 윌리암 브랜햄을 데리고 가실 것이라는 사실을 미리 알고 있었던 것이 확실하다. 그리고 하나님께서는 고든 린세이에게도 윌리암 브랜햄이 죽을 것이라는 사실을 네 차례나 말씀해 주시면서 이 사실을 윌리암 브랜햄에게 알려주라고 지시하셨다. 그러나 고든 린세이는 윌리암 브랜햄을 둘러싸고 있는 측근들 때문에 브랜햄을 만나 볼 수도 없었고 이 사실을 그에게 전해줄 수도 없었다. 그럼에도 불구하고 린세이는 각고의 노력 끝에 기회를 틈타 갑자기 윌리암 브랜햄의 방에 들이닥칠 수 있었다. 거기서 린세이는 윌리암 브랜햄에게 하나님께서 그를 치유 사역자로 불렀기에 치유 사역에만 전념하라고 충고하였다. 그러나 이 말을 들은 윌리암 브랜햄은 린세이에게, **"그러나 나는 사람들을 가르치고 싶다네"**라고 대답하였다.

윌리암 브랜햄은 정말로 믿기 힘들 정도의 강한 치유의 은사를 가진 사람이었다. 그러나 성경적인 지식은 거의 전무하였기에 그는 하나님의 말씀을 잘못 가르치다가 결국 재앙을 당하고 말았다. 성경에 대한 무지가 재앙을 부른 것이다. 그가 그 무지를 가만히 가지고만 있었어도 재앙을 만나지 않았을 것이다.

윌리암 브랜햄은 정말로 믿기 힘들 정도의 강한 치유의 은사를 가진 사람이었다. 그러나 성경적인 지식은 거의 전무하였기에 그는 하나님의 말씀을 잘못 가르치다가 결국 재앙을 당하고 말았다. 성경에 대한 무지가 재앙을 부른 것이다. 그가 그 무지를 가만히 가지고만 있었어도 재앙을 만나지 않았을 것이다. 더군다나 하나님께서는 윌리암 브랜햄이 그런 사람인줄 아시고 그에게 치유의 능력을 주셔서 그를 치유 사역자로 쓰시고자 하셨던 것이다. 하나님께서는 그에게 치유의 은사를 주셨고 그가 죽을 때까지도 그 은사를 도로 회수해 가지 않으셨다. 그러나 윌리암 브랜햄은 그 은사를 잘못 사역하여 자신의 잘못된 교리를 합리화하며 사람들을 오도하였기에 망한 것이다. 그래서 하나님께서는 고린도전서 5장 5절의 말씀("이런 자를 사단에게 내어주었으니 이는 육신은 멸하고 영은 주 예수의 날에 구원 얻게 하려 함이라")에 따라 윌리암 브랜햄의 육신을 멸하신 것이다. 하나님께서 윌리암 브랜햄을 데리고 가신 것은 하나님의 심판이 아니라 하나님의 자비인 것이다. 하나님께서는 그가 지옥에 빠지는 것을 막으셨던 것이다.

다시 살릴 수 없었다

윌리암 브랜햄의 장례식은 1965년 12월 29일에 치러졌지만 그의 시신은 그 다음 해인 1966년 부활절 날에야 땅에 묻혔다. 그가 죽자 그의 죽음을 둘러싼 여러 소문들이 사람들 사이에 퍼지기 시작하였다. 그중 어떤 소문은 사람들이 그의 시신에 향유를 바른 후 시신을 냉동실에 보관하고 있다는 소문도 있었다. 실제로 그를 추종하던 많은 사람들은 그가 다시 부활할 것으로 생각하고 있었다. 그러나 1966년 1월 26일 윌리암 브랜햄의 기념 예배에서 그의 아들이 진실을 밝히게 됨으로 모든 잘못된 소문들이 그 꼬리를 감추게 되었다.

그 진실은 이러하였다. 윌리암 브랜햄이 죽자 그의 아내는 자신이 앞으로 살아갈 곳 옆에다 윌리암 브랜햄을 안장하고 싶다고 말하였다. 그런데 그의 아내는 자신이 애리조나 주로 가야할지 아니면 인디애나 주에 남아있어야 할지를 결정하지 못하고 있었기 때문에 결정을 내릴 때까지 윌리암 브랜햄의 시신을 장례병원에 남겨놓았다는 것이다.

그럼에도 불구하고 하나님의 사자들이라고 자처하는 그의 추종자들은 그의 몸이 부활절에 부활할 것으로 믿었다. 더군다나 윌리암 브랜햄의 아들은 그의 아버지가 생전에 예수님의 공중 재림으로 죽은 자들이 부활하는 날이 바로 부활절이라는 주장을 하였었다고 윌리암 브랜햄의 추종자들에게 귀띔해 주었다.

그러나 그가 부활한다고 믿었던 부활절이 되어도 아무 일이 일어나지 않자 그의 추종자들은 실망을 감추지 못하였다. 그들은 하는 수 없이 그의 시신을 1966년 4월 11일에 피라밋 식의 큰 무덤 속에 안장하였다. 그리곤 그 피라밋의 꼭대기에 독수리 상을 붙여놓았다. 그러나 불행히도 그후에 그 독수리 상은 도둑맞았다. 윌리암 브랜햄은 그의 추종자들에 의해 아직까지도 요한계시록에 나오는 일곱 번째 인봉을 뗄 수 있는 유일한 존재로 또한 제 칠 교회의 유일한 지도자로 추앙받고 있다.

현재 그의 추종자들은 그를 인간으로 보질 않고 있다. 1980년대에 그의 재림을 둘러싼 소문이 그의 추종자들에 의해 끊임없이 제기되기도 하였다. 그리고 매년 부활절이 되면 그의 추종자들은 그의 생전 육성 녹음 설교를 들으며 예배를 드리고 있다. 그리고 현재 그를 따르는 사람들의 일부는 그가 다시 살아날 것을 아직도 믿고 있다. 현재 브랜햄 교회를 맡고 있는 목회자는 브랜햄의 재림에 대해서는 함구하고 있으나 아직도 그의 추종자들은 그의 죽음을 현실로 인정하지 않으려고 하고 있다.

교훈

나는 그를 비판하고자 하는 목적으로 이 장을 쓴 것이 아니다. 우리는 그의 삶을 통해 많은 교훈들을 터득할 수 있다. 특히 그의 삶을 통해 배울 수 있는 가장 큰 교훈은 만일 하나님께서 당신을 어떤 분야로 부르셨으면 당신이 그 분야에만 정진하여야지 다른 일을 하다가는 낭패를 본다는 것이다.

그리고 우리는 하나님의 시간표를 따라가야 한다. 선택은 우리 자신에게 달려있다. 즉 우리의 삶과 이 시대의 교회가 하나님의 계획과 하나님의 시간표에 따라 활동하고 사역할 것인지 아니면 자신의 뜻과 입맛대로 활동하고 사역할 것인지는 각자와 개 교회가 결정하여야 할 문제이다. 그리고 각자는 자신의 결정에 대한 열매를 먹을 것이다.

만일 윌리암 브랜햄이 하나님께서 원래 계획했던 치유 분야의 사역을 끝까지 계속하였더라면 그는 정말로 위대한 사역자로서 추앙을 받았을 것이다. 하나님께서는 그가 하나님의 위대한 예언자요 치유 사역자가 되길 원하셨다. 그러나 그는 끝까지 자신의 길을 지키지 못하였다. 그의 실수를 통하여 우리는 하나님의 나라가 이 땅에 풍성히 확장되도록 하기 위해서 말씀과 성령님의 균형이 얼마나 중요한지를 뼈저리게 알 수가 있다.

거의 대부분의 독자 여러분은 이 책에 기록된 위대한 치유 사역자들이 살아서 활동하였을 당시에 그들의 사역을 눈으로 직접 목격하였거나 그들의 집회에 참석하지 못하였을 것이다. 내가 이 책을 쓴 이유는 여러분들로 하여금 그들의 삶을 간접적으로라도 경험함으로 그들 사역의 성공과 실패를 교훈삼아 여러분의 삶과 사역이 하나님의 부르심에 합당한 삶과 사역이 되도록 하고자 함이다. 이 책에 기록된 하나님의 위대한 치유 사역자들의 삶을 공부하라. 그리고 모르는 것은 하나님께 가르쳐 달라고 기도하라. 그리고 하나님의 시간표에 따라 올바르게 사역할 수 있게 해달라고 하나님께 간구하라. 그리고 자신의 계획과 의지를 버리고 하나님의 계획과 의지를 따라가라. 그리고 하나님께서 부르신 부르심의 분야를 저버리지 말고 그 분야에서 끝까지 정진하라.

참고도서

1. Gordon Lindsay, *A Man Sent From God* (Jefferson, IN: William Branham, 1950)
2. C. Douglas Weaver, *The Healer-Prophet, William Marrion Branham: A Study of the Prophetic in American Pentecostalism* (Macom, GA: Mercer University Press, 1987)
3. Kenneth E. Hagin, *Understanding the Anointing* (Tulsa, OK: Faith Library Publications, 1983)

CHAPTER ELEVEN

Jack Coe

"The Man of Reckless Faith"

담대한 믿음의 사람
(The Man of Reckless Faith)

- 잭 코 -

"나는 법정에 섰다. 재판관은 나에게 사람들이 소란을 피우도록 조장한 죄를 인정하느냐고 물었다. 그래서 나는 그 재판관에게, '도대체 내가 무슨 소란을 피우도록 조장했다는 말입니까?' 라고 물었다. 그러자 그는, '당신 집회에 모인 사람들이 손뼉치고 소리지르지는 것이 소란이 아니고 무엇입니까?' 라며 나를 힐문하였다. 그래서 나는, '그렇다면 야구장에 가면 손뼉치고 소리지르는 사람이 한둘이 아닌데 왜 그런 사람들은 안 잡아들입니까?' 라며 되받아 쳤다.

"그러자 그는, '야구장에 모인 사람들이 손뼉치고 소리지르기 때문에 잠 못 자는 사람은 없습니다. 그러나 당신 집회에 모인 사람들 때문에 잠 못 이루는 사람들은 매우 많습니다' 라고 말하였다.

"그래서 나는 그 재판관에게, '집회장에서 나는 소리는 야구장에서 나는 소리와 어떻게 다른지 당신은 도대체 알기라도 하면서

그런 말을 하시는 겁니까?' 라고 물었다. 그러자 그 재판관은 나에게 '어떻게 다른지 나에게 설명해 보십시오?' 라고 말하였다. 그 질문을 받은 나는 당당한 목소리로, '나의 집회에서 나는 소리는 성령 하나님으로 인해 나는 소리입니다. 나의 집회에서 나는 소리로 인해 잠을 설치는 사람들이 더러 있을 지는 몰라도, 그 소리는 바로 악의 소굴인 술집의 문들을 닫게 만드는 거룩한 소리입니다' 라고 대답하였다."

잭 코(Jack Coe)는 상황을 주도할 줄 아는 사람이었다. 그는 천막 집회를 인도하면서 우직하면서도 담백한 표현으로 사람들을 곧 잘 웃기곤 하였다. 또한 그가 운영하는 어린이 집의 고아들은 그를 정이 많고 사랑이 많은 아버지와 같은 사람으로 생각하였다. 잭 코를 좋아하는 사람들은 그를 무척 좋아하였지만 그를 싫어하는 사람들은 그를 아주 싫어하였다. 아버지 없이 자라난 잭 코에게 하나님은 그의 좋은 아버지였다. 잭 코가 하나님과의 좋은 부자 관계를 유지하였기 때문에 그는 그의 생애를 통하여 그를 억압하고 힘들게 하였던 그의 윗사람들과의 관계도 잘 풀어나갈 수가 있었다. 그러나 잭 코는 또한 미지근한 태도를 보이는 사람들에게는 매우 과격하였던 다이나믹한 성격의 소유자였다.

> 잭 코는 교계의 잘못된 행태를 과감히 지적하는 과격한 복음전도자로도 잘 알려졌다. 한번은 미국 교계가 인종 분리주의가 옳다는 주장을 펴자 그는 그의 집회에는 그 어떤 피부 색깔의 사람들이 와도 이들을 환영함으로 그들의 인종 분리주의에 맞섰다.

또한 잭 코는 교계의 잘못된 행태를 과감히 지적하는 과격한 복음전도자로도 잘 알려졌다. 한번은 미국 교계가 인종 분리주의가 옳다는 주장을 펴자 그는 그의 집회에는 그 어떤 피부 색깔의 사람들이 와도 이들을 환영함으로 그들의 인종 분리주의에 맞섰다.

황폐했던 어린 시절

잭 코의 아버지 죠지 코(George Coe)는 블란체(Blanche)라는 이름을 가진 여자와 결혼하여 일곱 자녀를 두었다. 잭 코는 1918년의 이른 봄인 3월 11일날 출생하였다. 그녀의 어머니 블란체는 침례교인으로 지냈었다고 알려지고 있다. 그러나 그녀의 아들 잭 코가 출생하였을 당시 그녀가 거듭난 그리스도인이었는지는 확실하지 않다. 그리고 그의 아버지 죠지 코는 빌리(Billy)가 인도하는 주일 예배에 참석하여 그리스도를 영접한 적이 있다. 그러나 죠지 코는 그때 예수 그리스도를 영접한 후로는 전혀 교회에 다니지 않았다.

잭 코의 조부모는 그리스도인이었고 잭 코의 아버지는 좋은 가정에서 경제적으로 풍요로운 가운데 자라난 사람이었다. 그리고 잭 코의 조부는 청교도적인 깨끗한 삶을 살았던 분으로 아들에게 많은 재산을 남겨주고 세상을 떠났다. 그러나 잭 코의 아버지 죠지 코는 받은 유산으로 술과 도박을 즐겨하였다. 잭 코의 할머니는 처음엔 교회에 잘 다녔지만 그녀의 아들 죠지 코가 자신과 같이 교회를 다니지 않자 자기도 교회 다니는 것을 그만두었다. 훗날 잭 코는 자신의 어머니가 방탕한 아버지를 위해서 기도하기를 게을리 하지 않았더라면 그의 가정이 훨씬 더 행복한 가정이 될 수 있었을 것이라는 생각을 하였다.

잭 코가 다섯 살이었던 어느 날 그는 가슴 아픈 경험을 하였다. 그 날 잭 코는 자기 집 앞에 이사용 차량이 서있는 것을 보았다. 어린 잭 코는 집에 좋은 물건이 들어오는 줄로 생각하고 기뻐하였다. 어떤 젊은이가 그 차에서 내리더니 잭 코의 어머니에게로 가는 것을 잭 코는 줄곧 지켜보고 있었다. 어머니는 그 젊은이의 이야기를 듣더니 얼굴이 창백해지며 울기 시작하였다. 그 차량은 아버지가 노름으로 잃은 돈을 받기 위해 집에 있는 모든 물건들을 가져가기 위한 차량이었던 것이었다. 그 젊은이는 집에 남은 물건을 모조리 차에 싫더니 유유히 사라졌다. 불쌍한 잭 코의 어머니 블란체와 그녀의 어린 일곱 자녀들은 떠나는 차를 넋을 잃고 바라보았다. 차가 떠나자 어머니는 집 앞 현관에서 무릎을 꿇더니 기도하기 시작하였다. 잭 코는 어머니가 기도하는 것을 이때 처음 보았다.

차가 집의 물건을 몽땅 실어가고 난 다음날은 전날보다 더 좋지 않은 일이 일어났다. 아침에 한 사람이 오더니 집 주위를 이리 저리 살펴보았다. 잭 코의 어머니는 집 주위를 살피는 사람에게 다가가 이 집은 복덕방에 내어놓은 집이 아니라고 말하였다. 그러자 그 사람은, "나는 집을 사로 온 것이 아닙니다. 이 집은 내 집입니다. 빨리 집을 비워 주십시오"라고 하였다. 아버지가 노름으로 집까지 날려버린 것이었다.

집을 떠난 가족들

어머니 블란체는 하는 수 없이 일곱 명이나 되는 어린 자녀들을 데리고 펜실바니아 주로 이사를 하였다. 거기서 그녀는 허름한 지하실을 얻어 살면서 자녀들을 먹여 살리려고 온갖 고생을 다하였다. 그녀는 낮에는 세탁소에서 일하였고 밤에는 양로원에 나가서 죽도록 일을 하였다. 그리고 그동안 여섯 아이들은 잭 코의 누나가 돌보았다. 이

기간은 이들 모두에게 참으로 어려운 기간이었다.

어느 날 잭 코의 아버지가 어머니를 찾아와 이제는 도박을 절대로 하지 않겠으니 자기와 함께 같이 가자고 어머니를 설득하였다. 혼자 애들을 돌보며 살기가 너무도 힘들었던 어머니는 자녀들을 데리고 아버지를 따라 오클라호마 주로 갔다. 그러나 잭 코의 아버지는 어머니와의 약속을 깨고 다시 도박을 시작하였다. 어머니 블란체는 다섯 명의 어린 아들들을 남편 죠지 고에게 남겨둔 채 딸만을 데리고 남편 곁을 멀리 떠나버리고 말았다.

아무도 관심을 보이지 않다

아버지가 도박하러 다니는 사이 어머니 없이 집에 남겨진 어린 아들들은 자기네들끼리 외롭게 집을 지켰다. 그리고 때로는 먹을 것이 없어 꼬박 굶기도 하였다. 그러나 다행히 얼마 지나지 않아 어머니가 다시 와서 그 아이들을 모두 데리고 갔다.

잭 코가 아홉 살이 되었을 때에 이제 더 이상 일곱 자녀를 혼자 키울 수가 없게 된 그의 어머니는 잭 코와 잭 코의 형을 어느 큰 집에 맡겨놓고는 그들에게 잘 있으라는 말만을 남긴 채 사라져 버렸다. 나중에 알고 보니 그 큰 집은 고아원이었다.

이 당시를 회상하며 잭 코는 나중에 다음과 같이 기록하였다.

"아버지가 나를 버렸습니다. 이제 나의 유일한 희망은 어머니였습니다. 그런데 어머니 마저도 나를 버렸습니다. 어머니는 나에게 잘 있으라는 말을 남기곤 나의 시야에서 점점 멀어져갔습니다. 나는 어머니의 뒷모습만을 바라보며 울고 또 울었습니다. 나는 마음

이 찢어지는 것 같아 견딜 수가 없었습니다."

열 일곱 살이 되자 그는 술을 마시기 시작하였다. 그러더니 급기야는 그의 아버지처럼 알코올 중독자가 되어버렸다.

잭 코의 어머니 블란체도 자신의 핏줄을 두 명이나 고아원에 놔두고 간 후 집에서 며칠간을 울기만 하였다. 이 사실을 알았더라면 어린 잭 코가 어느 정도 위안을 받았을 것이다.

고아원에서 잭 코와 같이 맡겨진 잭 코 보다 세 살 위인 잭 코의 형은 얼마 후 고아원을 탈출하였다. 고아원을 벗어난 잴 코의 형은 철길 위에서 배회한 뒤 그 근처에 세워둔 자전거를 훔쳐 달아났다. 그러나 그는 달아나던 중에 지나가던 차에 치어 즉사하고 말았다. 형의 장례식에 가족으로서는 홀로 참석한 잭 코는 너무도 슬프고 외로워 견딜 수가 없었다.

친구가 없는 갇힌 생활

잭 코는 고아원에 머무른 팔 년간 하나님에 대해 거의 들어 본적이 없었다. 이제 열 일곱 살이 되자 그는 술을 마시기 시작하였다. 그러더니 급기야 그는 그의 아버지처럼 알코올 중독자가 되어버렸다.

그는 알콜 중독자가 되어 살아가면서도 때로는 하나님을 찾기도 하였다. 그리고 한동안 사람들을 따라 교회에 다니면서 예전의 죄된 생활을 일시 중단하기도 하였다. 그러나 주위의 사람들은 그의 영적인 갈증을 전혀 채워주지 못하였다. 그래서 그는 다시금 예전의 죄된 생활로 돌아가 버렸다.

잭 코가 술을 계속 퍼 마셔대자 그의 건강이 점점 무너지기 시작하였다. 그는 이제 계속 되는 과음으로 인해 위궤양에 걸렸고 그의 심장은 평상시보다 두 배나 빨리 뛰었다. 그러나 그는 그때에도 하나님을 몰랐다. 그는 점점 죽어가고 있었다. 그러나 그는 살고 싶었고 진리를 알고 싶었다. 그는 죽기 전에 어머니를 만나 어머니의 도움을 받으면 살 수 있을 지도 모른다는 생각이 들었다. 그런 생각이 들자 잭 코는 병든 몸을 이끌고 어머니가 살고 있는 캘리포니아 주로 갔다.

어머니의 집에 도착하자마자 잭 코의 누나가 그에게 춤추러 가자고 하였다. 잭 코는 몸이 아팠지만 누나를 따라 빠에 갔다. 그러나 몸이 아파서 춤은 추지 않고 술만 마셨다. 술을 마시다 그는 빠에서 결국 쓰러졌다. 사람들이 쓰러진 잭 코를 부축하여 그의 어머니의 집으로 옮겨 놓았다. 그러나 그 시간 밖에서 일하고 있었던 어머니는 아들이 집에 돌아와 자신의 방에서 죽어가고 있다는 사실을 전혀 모르고 있었다.

"주일까지만 기다려 주세요"

그 다음날 아침 눈을 뜬 잭 코는 자신이 죽어가고 있음을 알았다. 잭 코는 기운이 없어서 걸을 수도 없었다. 병원 구급차가 와서 그를 병원으로 실어 날랐다. 의사가 그의 몸을 진찰하는 동안 그는 **"오, 하나님 나를 살려주세요. 나에게 한번만 기회를 더 주시면 당신을 믿을 뿐 아니라 당신을 위해 내 목숨을 바치겠습니다. 나는 지옥 가기 싫습니다"**라고 하나님께 간절히 기도를 드렸다. 그러자 갑자기 그의 병든 몸이 급속도로 회복되기 시작하였다. 통증이 없어지더니 몸에 힘이 생겼다. 잭 코는 자신의 몸이 왜 그렇게도 빨리 회복되었는지 그 자세한 이유는 몰랐지만 어쨌든 기쁘기가 한량 없었다.

이런 치유 경험 후 그는 회복된 몸으로 어머니와 둘이서 캘리포니아 주를 떠나 텍사스 주에 있는 포쓰워드 라는 도시로 갔다. 잭 코는 거기서 싱거 미싱 회사에 취직하였다. 그러나 그는 병이 다 낫자 하나님께 드렸던 서원을 까맣게 잊어버리고 다시 술을 마시기 시작하였다. 하루는 술에 취해 침대에 드러누웠으나 잠이 오지 않았다. 이때 그는 그가 그동안 지었던 죄를 생각하며 밤새 잠을 이루지 못하고 몸을 뒤척거렸다. 그는 잠이 오지 않자 침대에서 벌떡 일어나 독한 위스키 한 병을 단숨에 들이켰다. 그런지 며칠 후 그는 그의 삶을 영원히 돌려놓는 놀라운 경험을 하였다.

이날도 그는 술에 만취해 비틀거리며 집으로 돌아왔다. 그는 잠을 자려고 애를 썼으나 잠이 오지 않았다. 그래서 그는 밤 세시경이 되자 위스키를 마시기 위해 침대에서 일어났다. 그순간 그는 자기의 방에서 무슨 소리가 나는 것을 들었다. 그는 깜짝 놀라 방 주위를 둘러보았다. 그러나 방 주위에는 자신 말고는 아무도 없었다. 그러나 조금 후 방금 전에 난 소리가 다시 그의 귀에 들렸다. 그의 주위에는 아무도 없는 것이 분명하였다. 그래서 그는 위스키 마시기를 포기하고 두려운 마음으로 침대에 도로 드러누웠다. 그러나 다시 동일한 소리가 그의 귀에 들렸다. 그리곤 조금 후에 "이번이 마지막 기회다. 네가 너를 여러 번 불렀었다. 나는 이제 지금 마지막으로 너를 부른다"라는 소리가 들렸다. 그는 이 소리를 듣자마자 침대에서 벌떡 일어나 무릎을 꿇고 울면서, **"하나님, 주일까지만 기다려 주십시오. 주일까지만 기다려 주시면 내가 당신 말씀대로 살겠습니다"**라고 기도하였다.

"앗싸! 바로 이거야"

드디어 그가 하나님께 기다려 달라고 약속한 일요일이 왔다. 그러

그 말이 끝나기가 무섭게 그는, "저요, 저요!"라고 소리를 지르며 앞으로 달려 나아가 무릎을 꿇었다. 그러자 회색 머리의 작은 몸집을 한 여자가 그에게 다가와 그가 예수님을 구세주로 영접하는 기도를 할 수 있도록 도와주었다. 영접 기도를 마친 잭 코는 생전에 느껴보지 못하던 그 어떤 것을 느끼기 시작하였다. 그러나 그는 교회에서 쓰는 단어를 몰라서 "앗싸, 바로 이거야. 앗싸, 바로 이거야"라며 소리 지르며 교회 안을 이리 저리 뛰어다니기 시작하였다.

나 그는 어느 교회에 가야할 지를 전혀 몰랐다. 그는 지금까지 여러 교회에서 여러 번 세례를 받아왔었다. 그러나 그가 계속 다닌 교회는 한군데도 없었다. 그 당시 대부분의 교회는 주일 대예배를 저녁에 드리고 있었었다. 잭 코는 어느 교회를 가야 될지 몰라 전전긍긍하다가 오후 다섯 시가 되자 그가 근무하는 회사의 사무실로 들어가서 전화번호부를 손에 들었다. 그는 그전에 성경을 펴서 처음 눈에 뛰는 구절이 하나님께서 주시는 말씀이라는 이야기를 들은 적이 있었는데 이것을 전화번호부로 한번 해 보기로 하였던 것이다.

잭 코는 전화번호부를 펴 처음 눈에 띄는 교회를 보았다. 바로 나사렛교단 소속 교회(Nazarene church)였다. 예배 두 시간 전에 교회의 주차장에 도착한 잭 코는 교회가 문을 열 때까지 기다렸다. 교회가 저녁 예배를 위해 문을 열자 그는 차에서 기다리고 있다가 바로 교회로 들어가서 교회의 맨 뒷좌석에 자리를 잡고 앉았다. 그 교회의 목사님은 설교가 끝나자 예수 그리스도를 영접하여 천국에 가고 싶은 사람이 있으면 앞으로 나와 무릎을 꿇으라고 말하였다. 그 말이 끝나기가 무섭게 그는, "저요, 저요!"라고 소리를 지르며 앞으로 달려 나아가 무릎을 꿇었다. 그러자 회색 머리의 작은 몸집을 한 여자가 그에게 다가와 그가 예수님을 구세주로 영접하는 기도를 할 수 있도록 도와주었다. 영접 기도를 마친 잭 코는 생전에 느껴보지 못하던 그 어떤 것을 느끼기 시작하였다. 그러나 그는 교회에서 쓰는 단어를 몰라서 **"앗싸, 바로 이거야. 앗싸, 바로 이거야"**라며 소리지르며 교회 안을 이리 저리 뛰어다니기 시작하였다. 그는 훗날 그 순간을 회상하며 **"지금 같았으면 그때 나는 '할렐루야'라고 했거나 '하나님께 영광을 돌립니다'라고 말했을 것입니다. 그 당시 나는 교회에서 사용하는 용어를 하나도 몰라 그냥 내가 평상시에 쓰는 말로 그렇게 표현한 것입니다"**라고 말하였다.

그는 그날밤 내내 그 교회에 남아 기도하고 하나님을 찬양하였다. 그리고 그는 그 다음날 새벽 4시가 되어서야 비로소 집으로 돌아갔다.

"도대체 교회 사람들이 너에게 어떻게 했니?"

그는 그 후 육 개월 동안을 하루도 거르지 않고 거의 매일 밤마다 교회에 가서 혼자 하나님을 찬양하고 기도하며 새벽이 되어서야 집으로 돌아오곤 하였다. 그리고 그는 성경을 끊임없이 읽기 시작하였다. 그렇게 그는 그간의 영적 굶주림을 서서히 채워 나가기 시작하였다. 그는 성경을 읽다가 성경 이야기에 푹 빠져 어느새 자신이 성경 속의 인물이 되어 버리곤 하였다. 그의 어머니는 그의 행동이 급작스레 변하기 시작하자 잭 코가 저러다 잘못되는 것이 아닌가 하고 매우 걱정하였다. 그래서 그녀는 잭 코에게 혹시 교회에 다니느냐고 물어보았다. 그러자 그는 그제서야 비로소 자신이 교회에 다닌다는 사실을 어머니에게 이야기하였다. 그러자 잭 코의 어머니는, "그럼 나도 오늘밤 너와 같이 교회에 나가 그동안 교회 사람들이 너에게 도대체 어떻게 했는지를 알아보아야겠다"라고 말하였다.

그날밤 잭 코와 그의 어머니는 잭 코가 다니던 교회에 같이 나갔다. 목사님의 설교가 끝나자 잭 코의 어머니도 예수님을 영접하기 위하여 잭 코가 그랬던 것처럼 앞으로 나아가 무릎을 꿇었다. 그러나 그녀는 하나님께 어떻게 기도해야 될지 몰라, "하나님 우리 아들에게 주셨던 그것을 나에게도 주세요"라고 말하였다. 그러자 갑자기 그녀의 눈에서 눈물이 나와 그녀의 뺨을 타고 흘러내리기 시작하였다. 그러자 그녀는 아들 잭 코에게, "아들아, 나도 가졌어! 바로 이거야! 바로 이거야!"라며 아들이 그랬던 것처럼 소리를 쳤다. 그리고 자기의 자리로 돌아간 그녀는 아들 잭 코를 얼싸안고 하나님을 찬양하였다.

그날 밤늦게 두 모자는 교회에서 집으로 돌아오다 식료품 가게에 들렀다. 그 시간에 가게에는 사람들이 거의 없었다. 그 두 모자는 너무 기쁜 나머지 그 큰 식료품 가게 안을 이리 저리 뛰어 다니며 하나님을 찬양하면서 주체할 수 없는 기쁨을 표현하였다. 그러자 가게 안의 정육점 사람이, "당신들 혹시 구원받으셔서 그렇게 좋아하시는 것입니까?"라고 잭 코 모자에게 질문하였다. 그러자 두 모자는 그 정육점 사람에게 그들의 경험을 이야기 해주었다. 그러자 그 정육점 사람은 눈물을 흘리기 시작하였고, 자기가 서 있는 그 자리에서 무릎을 꿇더니 예수 그리스도를 구원자로 영접하였다.

"그 교회 사람들이 당신을 저주할 것입니다."

잭 코가 예수 그리스도를 영접한지 일년 반이 지났을 때 그는 성령을 받은 사람들이 넘어지는 교회("holy roller")가 있다는 이야기를 들었다. 그래서 그는 누나와 함께 그 교회의 예배에 참석하여 보았다. 예배의 전체적인 내용과 분위기는 그가 다니고 있는 나사렛 교단 소속의 교회와 거의 다를 바가 없었다. 굳이 다른 것이 있다면 사람들이 방언으로 기도하는 것과 설교단 앞으로 나아간 사람들이 목사님의 기도를 받고 바닥에 쓰러지는 것이 달랐다. 그들이 쓰러지는 것을 처음 본 잭 코는 처음엔 그들이 기절한 것으로 생각하였다.

그렇게 생각하며 고개를 갸우뚱하고 있을 때 그 넘어지는 교회의 목사님이 잭 코에게 다가오더니, "당신은 그리스도인입니까?"라고 물었다. 그러자 그는 그렇다고 대답하였다. 그러자 그 목사님은, "성령 세례를 받으셨습니까? 방언을 하십니까?"라고 물었다. 그러자 잭 코는, **"아직 안 받았습니다. 나는 방언을 못합니다. 그러나 하고 싶지도 않습니다"**라고 대답하였다. 그러자 그 목사님은 그에게 몇 가지의 질문을 한 후, "집에 가서 성경에 나와 있는 성령 세례에 관한 부분을 찾아 읽으십시오. 그리고 무릎을 꿇고 기도하십시오. 하나님께서 주시길 원하시면 당신은 방언을 할 것입니다"라고 말하였다. 그러자 잭 코는, **"저는 성경에서 방언에 대한 구절이 있다고 생각질 않습니다"**라고 대답하였다. 목사님은, "어쨌든 가서 성경을 읽어보십시오"라고 말하였다.

그는 집으로 돌아와 사도행전을 공부하였다. 그랬더니 거기엔 "다른 방언(other tongues)"이란 말이 있었다. 그래서 그는 그 성경을 가지고 자기가 다니고 있는 나사렛 교회 목사님에게 가지고 가서 다른 방언이 무엇이냐고 물어보았다. 그러자 그 목사님은, "만일 하나님께서 당신을 다른 나라에 선교사로 보내신다면 하나님께서 당신에게 다른 방언이라는 것을 주셔서 당신이 모르는 그 나라 말을 초자연적인 기적으로 잘하게 되는 것이지요. 그게 바로 방언입니다"라고 말하였다. 잭 코는 그 목사님의 말이 그럴듯하게 들렸다. 그 말에 이어 그 목사님은 잭 코에게, "쓰러지는 교회에는 그 근처도 가지 마세요. 만일 그런 교회에 계속 나가면 그 교회 사람들을 통해 당신에게 마귀의 저주가 임할 것입니다"라고 경고하였다.

"죽어도 받고 말겠습니다."

그날 밤 잭 코는 누나에게 사람들이 방언을 하고 쓰러지는 교회에 가서는 절대로 안된다고 말하며 그들의 예배에는 저주가 임하는 귀신 예배라고 말해주었다. 그러나 그의 누나는, "그렇다면 왜 그 교회 사람들은 거짓말을 안하고 남의 것을 훔치지도 않는 올바른 삶을 살지?"라며 자기 혼자서라도 그 교회 예배에 참석해 보겠다고 나가버렸다.

혼자 집에 남은 잭 코는 침대에 누워 몸을 뒤척거렸다. 그러다가 벌떡 일어나 옷을 챙겨 입고는 누나가 간 교회로 달려갔다. 교회에 도착하자 다시 그 교회 목사님이 잭 코에게 그동안 방언을 받았느냐고 물어보았다. 그러자 잭 코는, **"저는 그런 것 원치 않습니다"**라고 말하였다. 그러자 목사님은 그에게, "만일 하나님께서 당신에게 방언을 주시길 원하시면 방언을 주실 것입니다. 그러나 방언을 하지 않아도 당신만은 예외로 인정해 주겠습니다"라고 말하였다. 그 말을 들은 잭 코는 **"그렇다면 좋습니다. 저도 방언 받기를 원합니다"**라며 설교단 앞으로 나갔다. 그러자 몇몇 교인들이 그에게 다가와 그를 둘러싼 후 그를 위해 기도하며, "주시옵소서" "채우소서" "그를 풀어주소서" "방언을 그에게 주시옵소서"라며 큰 소리들을 질렀다. 그러나 몇 분이 지나도 아무 일이 일어나지 않았다. 그러자 그는 갑자기 도저히 못 견디겠다는 시늉을 하며 교회 밖으로 뛰쳐나갔다.

잭 코는 교회 밖에서 심호흡을 하면서 흥분을 가라앉혔다. 그리고 자신의 바지를 다시 추켜 올리면서, **"이런 시시한 것 꼭 받아야 되나?"**라고 혼자 생각하였다. 바로 그순간 하나님께서 그의 심령에게, "너 그거 원해야해. 속으론 너무도 원하고 있는 줄 내가 알아. 그건 너를 위한 거야, 그건 진짜야"라고 말씀하였다. 그러자 그는 하나님께, **"하나님 그렇다면 그걸 제발 나에게도 주세요. 죽어도 꼭 방언을 받고야 말겠습니다"**라며 애원하듯 기도하였다.

얼마 후 그에게 밝은 빛이 다가왔다. 그 빛이 잭 코에게 더욱 크게 다가올수록 잭 코는 자신이 점점 더 작아지는 것 같이 느꼈다. 그러자 잭 코는 하나님을 찬양하기 시작하였다. 이제 빛이 더욱 더 밝아지더니 한 손이 나타나 잭 코의 손을 꼭 잡았다. 그 손은 바로 예수님의 손이었다.

그리고 다음날 밤 잭 코는 다시 그 교회의 예배에 참석하였다. 목사님이 성령 세례를 받고 싶은 사람은 앞으로 나오라고 하자 그는 지체하지 않고 앞으로 나갔다. 그러자 어제 그를 위해 기도해 주었던 사람들이 어제처럼 그를 둘러싸더니 그가 성령 세례와 방언을 받게 해 달라고 기도해 주기 시작하였다. 그러나 잭 코는 이번에는 교회 밖으로 뛰쳐나가지 않고 잠잠히 그들이 해주는 기도를 받았다. 그러자 얼마 후 그에게 밝은 빛이 다가왔다. 그 빛이 잭 코에게 더욱 크게 다가올수록 잭 코는 자신이 점점 더 작아지는 것 같이 느꼈다. 그러자 잭 코는 하나님을 찬양하기 시작하였다. 이제 빛이 더욱 더 밝아지더니 한 손이 나타나 잭 코의 손을 꼭 잡았다. 그 손은 바로 예수님의 손이었다. 잭 코는 예수님과 함께 손을 잡은 채 오랫동안 같이 걸으며 이야기를 나누었다.

잭 코가 제정신이 돌아와 눈을 뜨자 그는 자기 자신이 교회 바닥에 쓰러져 방언을 하고 있는 것을 발견하였다. 그는 그날부터 삼일 동안 쉬지 않고 방언을 하였다. 그리고 그는 그 삼일 동안 사람과의 대화는 입으로 하지 않고 종이와 연필로 기록하며 대화하였다. 그 삼일간 잭 코는 자신이 마치 천국에서 살고 있는 듯한 느낌을 가졌으며 세상 모든 피조물이 하나님을 찬양하고 있는 것 같다는 느낌을 가졌다.

성경학교, 쟈니타(Juanita) 그리고 군 복무

잭 코는 1939년부터 1940년까지 하나님의 성회(Assembly of God)에 소속된 성경 학교 중의 하나인 남서 성경 학교(Southwestern Bible Institute)를 다녔다. 그 당시 그 성경 학교의 교장은 피 씨 넬쓴(P. C. Nelson)이었다. 잭 코는 그 성경 학교에 다니는 동안 그 학교의 학생이었던 쟈니타 스콧(Juanita Scott)이라는 소녀를 몇 번 만났다. 이 둘의 만남은 결코 우연이 아니었다.

1941년이 되자 일본이 진주만을 공격하는 바람에 잭 코는 군에 입대하였다. 군 생활을 시작한 그는 처음에 동료들 앞에서 기도하는 것을 부끄러워 하였다. 그러나 그들도 자기들 하고싶은 대로 사람들 눈치를 안보며 행동한다는 것을 알고 나서부터는 잭 코도 자신이 그리스도인이라는 사실을 동료들에게 굳이 숨기지 않고 언제 어디서나 스스럼없이 기도를 하였다. 그러자 동료와 그의 상관들은 그가 너무 예수쟁이 티를 낸다며 그를 핍박하였다. 그러나 잭 코는 어떠한 어려운 일이 있어도 절대로 신앙을 결코 포기하지 않았다. 잭 코도 그들처럼 막 살아 본적이 있었고 그들처럼 터프하고 싶을 때도 있었다. 그러나 하나님의 음성을 듣고 순종하는 삶을 살기로 결단하였기에 그는 오던 길을 절대로 되돌아가지 않았다. 잭 코는 기회가 있을 때마다 오히려 주위의 동료나 후배 군인들에게 하나님의 복음을 전하였다.

잭 코가 사우스 캐롤라이나 주의 월터보로에 있는 130 기갑대대에서 근무하는 동안 그의 부대 내에는 교회가 하나도 없었다. 그래서 그는 부대장의 허가를 받아 부대에서 가장 가까운 민간인 교회에 다닐 수 있게 되었다. 그러나 부대에서 그 교회까지 걸어가려면 무려 사십 오 분이나 걸렸다. 그럼에도 그는 걸어서 또는 지나가는 차를 얻어 타기도 하며 매일 밤마다 그 민간인 교회의 예배에 참석하였다. 그는 그런 식으로 비가 오건 눈이 오건 가릴 것 없이 하루도 거르지 않고 무려 육 개월간이나 그 교회의 예배에 매일 참석하였다.

그러던 어느 날 그의 주임 상사가 그에게 짐을 챙긴 후 자기를 따라오라고 지시하였다. 그 주임 상사는 잭 코를 군부대에 있는 약국으로 데리고 갔다. 그리고 나서 그를 다시 군 병원으로 데리고 가더니 정신과를 담당하는 군의관에게 잭 코를 진찰 받게 하였다. 그러자 잭 코는 자신이 미친 사람이 아니라고 강하게 반발하였다. 그러면서 그는 자신을 진찰하는 군의관에게 성경을 믿지 않는 사람들이 미친 사람들이고 자신은 정상이라고 말하였다. 그러자 그 말을 들은 군의관은 그를 정신병자 병동에 가두어 버렸다.

잭 코 이등병

미친 사람들과 같이 지내다

잭 코는 정신병자 병동에 갇혀 금식하며 하나님께 기도하기 시작하였다. 그러자 간수병들이 그를 더욱 더 미친 사람으로 보았다. 그곳에 있는 지 아흐레 째 되는 날 그는 하나님께 울며 기도하고 있었다. 그는 사도행전을 펼쳐 하나님께서 천사를 보내 감옥에서 찬양을 하고 있던 바울을 구출해 내는 이야기를 읽은 후 부끄러운 줄도 모르고 바울처럼 손을 높이 들고 하나님을 큰 소리로 찬양하기 시작하였다.

이때 갑자기 문을 두드리는 소리가 나더니 간수병이 눈물을 흘리며 그가 찬양하고 있는 방안으로 들어오는 것이었다. 그러더니 잭 코 앞에 무릎을 꿇으며, "목사님, 나는 지금까지 하나님을 멀리하는 삶을 살아왔습니다. 그러나 나는 당신이 이곳으로 온 후부터 당신의 기도소리와 찬양소리를 들었습니다. 나도 이젠 하나님을 믿고 싶습니다. 저의 아버지는 오순절 교회 목사님입니다. 나를 위해 구원하는 기도를 해주십시오"라고 말하는 것이었다.

잭 코는 무릎을 꿇고 그 간수병의 영혼이 구원을 받게 해달라고 하나님께 울면서 기도하기 시작하였다. 기도가 끝나자 그 간수병은 예수 그리스도를 영접하였다. 그러나 그들이 너무도 시끄럽게 기도를 드렸기 때문에 자고있던 정신 병자들이 일어나 불평을 늘어놓았다.

간수병은 기도가 끝난 후 잭 코에게 감사하다며 자기는 이제부터 잭 코가 정신 병동에서 나갈 수 있도록 최선을 다해보겠노라고 말하였다. 그 다음날 잭 코의 담당 정신과 의사는 잭 코를 불러 다시 진단을 하였다. 진단을 끝낸 그 의사는 잭 코가 종교적 광신에 빠져있긴 하지만 광신으로 인한 정신병은 아닌 것 같다며 그를 다시 원대 복귀시켰다.

잭 코는 군에서 있는 동안 무려 일곱 번이나 근무 부대가 바뀌었다. 그리고 그는 새로가는 부대마다 그곳의 군부대 정신병동에 갇혔다가 풀려 나오는 진기한 기록을 세웠다.

교회 청소부

십 오 개월간의 군복무를 마친 잭 코는 복음을 전하고 싶어 견딜 수가 없었다. 그 당시 그는 밤이면 침대에 누워 사람들 앞에서 설교하는 자신을 그려보곤 하였다. 그리곤 혼자서 자주 설교하는 연습을 하곤 하였다.

어떻게 하면 설교할 수 있을까 골몰하고 있던 어느 날 그는 용기를 내어 시내에 있는 하나님의 교회(the Church of God)를 담임하고 있는 목사님을 찾아가 자신이 설교를 하고 싶다는 이야기를 해보려고 그 교회를 찾아갔다. 그런데 그 교회 목사님은 잭 코에게 설교는 시키지 않고 예배 시 예수 영접 시간에 자기를 좀 도와 달라고 부탁하였다. 그러나 그것은 그가 원하는 것이 아니었다. 이 말을 들은 잭 코는 실망을 하여 다시 집으로 돌아가려고 하였다. 그러자 그 순간 자신의 심령에 그 목사님이 시키는 것은 무엇이나 하겠다고 약속한 것을 너는 벌써 잊었느냐고 말씀을 하시는

> 그 말을 들은 잭 코는 심한 모욕감을 느끼며 그 목사님에게 자신은 설교자가 되기 원하지 교회 청소부가 되기는 원치 않는다고 말하며 교회를 나와버렸다. 그는 집으로 돌아와 잠을 청하였으나 밤새 잠을 자지 못하였다. 하나님은 밤새 그에게 목사님이 시키는 일은 무슨 일이든지 하라는 마음을 계속 부어주셨던 것이다. 그래서 그는 다음 날 일찍 그 교회 목사님에게 다시 찾아가 교회 청소부가 되겠다고 하였다. 그날부터 설교를 하길 원했던 잭 코는 그 교회의 청소부가 되어 교회를 청소하기 시작하였다.

하나님의 소리가 들렸다. 그래서 그는 그 목사님에게 시키는 것은 뭐든지 하겠다고 말하였다. 그러자 그 목사님은 기뻐하며 그에게, "우리 교회에 청소부가 없는데 당신이 그 일을 대신 맡아 주십시오"라며 그에게 교회 청소를 부탁하였다.

그 말을 들은 잭 코는 심한 모욕감을 느끼며 그 목사님에게 자신은 설교자가 되기 원하지 교회 청소부가 되기는 원치 않는다고 말하며 교회를 나와버렸다. 그는 집으로 돌아와 잠을 청하였으나 밤새 잠을 자지 못하였다. 하나님은 밤새 그에게 목사님이 시키는 일은 무슨 일이든지 하라는 마음을 계속 부어주셨던 것이다. 그래서 그는 다음날 일찍 그 교회 목사님에게 다시 찾아가 교회 청소부가 되겠다고 하였다. 그날부터 설교를 하길 원했던 잭 코는 그 교회의 청소부가 되어 교회를 청소하기 시작하였다.

사역자 기초 훈련

잭 코는 자신이 청소부로 일하기 시작한 교회의 목사님은 자기가 보았던 목사님들 중에 가장 지독한 사람이었다고 훗날 회고하였다. 그 목사는 잭 코가 청소한 것을 검사한다고 손가락으로 청소한 데를 훑어 먼지가 있는지를 가려내곤 하였다. 청소를 시작한지 몇 달이 지나자 그 목사님은 잭 코에게 주일학교 교사를 맡겼다. 잭 코는 무척 기뻤으나 자신이 맡게될 반은 두세 살 짜리 코흘리개 반인 줄 알고 매우 실망하였다. 처음에는 코흘리개 반을 안 맡을 생각이었으나 그는 마음을 바꿔 그 코흘리개 유아반을 맡아 성실히 그들을 지도하였다.

그후 잭 코는 그 교회의 찬양 지도자가 되었고 또한 학생부 담당

사역자가 되었다. 그리곤 결국 그 교회의 부목사가 되었다. 그러더니 얼마 후 그 교회의 담임 목사님이 다른 교회의 담임 목사로 가버렸다. 그러자 그 바람에 잭 코가 그 교회의 임시 담임 목사가 되었다. 그래서 그는 드디어 그가 바라던 설교를 할 수 있게 되었다.

결혼과 비전

임시 담임 목사가 된 잭 코는 어느 날 그가 군에 입대하기 전 남서 성경학교에 다닐 때 몇 번 만난 적이 있었던 쟈니타 스콧이 찬양단을 이끌고 전국을 순회공연하고 있다는 이야기를 듣게 되었다. 잭 코와 쟈니타 스콧은 과거에 몇 년 동안 편지를 주고받은 적이 있지만 로맨틱한 관계로 발전한 것은 아니었다. 그러던 중에 잭 코는 자신이 임시 담임으로 있던 교회에서 새 목회자를 구하게 되자 하는 수 없이 그 교회를 사임하였다. 그 교회에서 나온 잭 코는 교회를 개척할 생각으로 개척 준비에 들어갔다. 그러던 중 그는 남부 캐롤 팀(the South-ern Caroler)이라는 이름의 찬양단을 이끌고 전국 순회를 다니고있던 쟈니타 스콧에게 편지를 써서 자신이 교회를 개척하려고 준비하고 있는데 와서 도움을 달라고 요청하였다.

그러나 찬양단이 도착할 즈음 그는 교회 개척 일이 아닌 어떤 딴 일에 묶여있었기에 도착한 찬양단을 그 도시의 다른 교회에 연결시켜 주었다. 그리고 잭 코는 하고 있는 일이 끝난 저녁에만 시간을 잠시 시간을 내어 쟈니타 스콧을 만났다. 그러자 찬양단이 그 도시에 머무르는 동안 잭 코와 쟈니타 스콧은 서로 사랑에 빠지게 되었다. 그리고 얼마 후 이 두 사람은 결혼하였다. 그러나 그들은 너무 가난하였기에 결혼 후에도 잠은 빈 집의 바닥에 담요 한 장을 깔고 잤다. 어떤 때는 먹을 것이 없어 삼일 동안 굶기도 하였다. 그래서 잭 코는 세상일을 시작하여 돈을 벌기 시작하였다. 그리고 어느 때는 손 기술이 좋은 잭 코가 망가진 라디오를 고쳐 팔아 육십 불을 번 적도 있었다. 그리고 닭을 사다 팔아 세배의 이익을 남기기도 하였다. 얼마 후 그들에게는 차도 생길 돈이 생겼고 또한 방 세 개 짜리 허름한 집도 장만할 수 있게 되었다.

이렇게 삶을 위해 몸부림치는 동안에도 잭 코는 하나님께 신적 치유에 대한 이해를 달라고 계속 기도하였다. 그리고 그 기간 동안 그는 사람들이 치유 기도를 받고 기적적으로 병이 나았다는 말을 가끔 소문으로 들었다. 그러나 그는 그런 기적적인 치유 부분에 대해선 자신의 머리로서 이해가 잘 안 되었다. 그러던 어느 날 잭 코는 그가 다녔던 남서 성경학교 교장이었던 피 씨 넬슨이 지은 책을 구해 읽기 시작하였다. 그는 그 책을 읽던 중에 깜빡 잠이 들었는데 그는 그때 꿈을 꾸었다. 그 꿈 속에서 그의 누이가 병원에 입원해 있다가 갑자기 한줄기의 빛이 그녀의 병실을 비추자 누이가 갑자기 침대에서 일어나, "나는 고침 받았네! 나는 다 나았어!"라며 소리치는 꿈이었다.

그 꿈을 꾼 다음날 잭 코는 그의 누이가 폐렴에 걸려 병원에 입원했는데 상태가 위독하다는 연락을 받았다. 그는 그 소식을 받자 곧장 누이가 입원해 있는 병원으로 달려갔다. 그가 병실에 들어가자 병실의 모양이 그가 어제 꿈에서 본 모양과 동일하다는 사실을 알고 그는 너무도 놀랐다. 그리고 잭 코가 병원에 도착하기 전에 하나님께서는 기적적인 방법으로 누이를 이미 낫게 해주셨다는 사실도 알게 되었다. 그의 치유에 대한 이러한 놀라운 경험은 그의 삶과 사역에 결정적인 영향을 미치게 되었다.

죽을 병

잭 코의 아내 쟈니타는 1944년에 첫아기를 임신하고 출산을 기다리고 있었다. 이때 스물 여섯 살이었던 잭 코는 말라리아라는 병에 걸려 230 파운드나 나갔던 그의 몸무게가 130파운드로 줄어들었다. 이때 그의 몰골은 말이 아니었고 얼굴은 그저 뼈만 남은 해골처럼 보였다. 때론 그의 체온이 43도까지 올라가 54시간 동안 그 온도가 계속되기도 하였다. 이 병으로 인해 그의 쓸개와 간은 보통 사람의 그것보다 두 배나 가까이 부어버렸다. 이로 인한 고통은 너무도 심해 잭 코는 이 고통을 이겨내기 위해 혀를 깨물어 그의 혀에서 피가 나기도 하였다.

그런데 얼마 후 열이 차차 내려 이제 잭 코는 의사의 이야기를 알아들을 수 있을 정도가 되었다. 그리고 이제 더 이상 병원에 있지 않아도 되겠다고 판단한 의사는 잭 코를 퇴원시켰다. 집으로 돌아온 잭 코는 하나님께, **"하나님, 이제 나는 뭘 해야됩니까?"**라며 앞날을 놓고 심각하게 기도를 드렸다. 그러자 하나님께서 그에게, "나는 네가 복음을 전하는 자가 되도록 불렀다. 이제 세상으로 나가 복음을 전하라!" 라고 말씀하셨다.

그런데 얼마 후 그는 말라리아에 또 걸리고 말았다. 갑자기 한기가 그를 덮치더니 금방 고열이 되어 도저히 정상 생활을 할 수가 없었다. 그의 쓸개와 간이 다시 비정상적으로 커지자 그는 이로 인한 고통에 다시 시달렸다. 쟈니타는 남편 잭 코의 옆에서 얼음찜질을 해 주며 정성껏 그를 간호하였다.

이제 잭 코는 혼자 서있을 힘도 없었다. 아내 쟈니타는 남편 잭 코가 이런 식으로 가다가는 얼마 살지 못할 것이라고 생각하며 한없이 눈물을 흘렸다. 죽어 가고 있는 잭 코는 자신의 죄들이 생각나자 그 죄들을 회개하기 시작하였다. 한참 동안 죄를 회개를 하던 그는 자신의 내면에 어떤 자유함이 스며드는 것을 느끼기 시작하였다. 그래서 그는 이제 자신이 죽는가보다 라고 생각하고 **"하나님 저는 죽을 준비가 다 되었습니다. 이제 저를 데려가세요, 이제"**라고 말하였다. 그때 그는, "너는 갈 준비가 다 되었지만, 꼭 갈 필요는 없다"라는 소리를 들었다. 그 순간 그는 그의 머리에서 발 끝까지 기름이 따스하게 발라지는 것 같은 느낌을 느꼈다. 그때 하나님께서는 그에게 "내가 너를 지금 치유하였다"라고 말씀하셨다.

그 즉시 잭 코는 침대에서 뛰쳐나와 그의 옆에서 병간호를 하고 있던 아내를 부여잡고 소리쳤다. **"여보, 난 치유받았어! 치유 받았다구!"**

그 다음날 밤에 귀신이 그에게 나쁜 생각을 주어 그를 공격하였다. 그러나 그는 이 생각을 물리친 후 옷을 입고 길거리로 나가 복음을 외쳤다. 그 결과 세 사람이 구원받았다. 그리고 그 해가 끝날 즈음 그는 하나님의 성회 교단에서 목사로 안수를 받았다. 그후 그는 다시는 말라리아에 걸리지 않았다. 하나님께서 그를 완전히 치유해 주신 것이다.

장님이 눈을 뜨다.

1945년이 되자 잭 코는 텍사스 주 롱뷰라는 도시로 가서 하던 공부를 계속하였다. 그리고 신적 치유에 대해 더 알고 싶어 하나님께 계속 기도를 드렸다. 그는 하나님께 자신에게 하나님의 특별한 치유 능력이 임하게 해주시면 사람들에게 치유 집회가 있다는 광고한 후 치유 집회를 열겠노라고 말하였다. 그리고 그는 어느 날 **"하나님께서는 눈먼 자를 뜨게 하셨고 절름발이를 걷게 하셨으며 귀머거리를 듣게 하셨음을 믿습니다. 그 일이 내일 밤 내가 설교할 교회에서 일어나게 하여 주십시오"**라며 치유에 대한 간절한 기도를 올렸다.

이 기도를 한 다음 날 밤 그가 설교할 교회에는 사람들로 가득 찼다. 잭 코는 설교를 끝내자 예배에 참석한 사람 중에서 몸이 아픈 사람들은 앞으로 나와 한 줄로 서라고 하였다. 한 줄로 선 사람 가운데 몇 사람은 위장병이 있었고 또 서너 사람은 두통이 있었다. 그리고 나머지는 사람들은 자질구레한 병들을 가진 사람들이었다. 그때 잭 코는 줄에 서있는 사람들 중에서 장님 여자가 한 명 서있는 것을 발견하곤, **"하나님, 내가 저 장님을 어떻게 해야 하나요? 도와주세요"**라고 기도하였다.

잭 코는 그녀가 기도 받을 차례가 되면 믿음을 가지고 기도를 해보는 도리밖에는 없다고 생각하였다. 그 여자 장님이 기도 받을 차례가 되자 잭 코는 그의 원래의 생각대로 치유를 비는 기도를 하는 대신 하나님께, **"하나님 도와주세요. 내가 어떻게 해야 합니까?"**라고 하나님께 물어보았다. 그러자 하나님께서는 그에게, "아들아, 네가 그 병자의 눈을 뜨게 할 수 있다고는 생각하지 말아라. 나는 내 방식대로 할 것이다. 나는 네가 원하는 방식대로는 하지 않는다"라고 말씀

여자 장님이 기도 받을 차례가 되자 잭 코는 그의 원래의 생각대로 치유를 비는 기도를 하는 대신 하나님께, "하나님 도와주세요. 내가 어떻게 해야 합니까?"라고 하나님께 물어보았다. 그러자 하나님께서는 그에게, "아들아, 네가 그 병자의 눈을 뜨게 할 수 있다고는 생각하지 말아라. 나는 내 방식대로 할 것이다. 나는 네가 원하는 방식대로는 하지 않는다." 라고 말씀하셨다.

하셨다.

그 말을 듣자 잭 코는 금방 자신의 계획대로 그 여자를 고치고자 생각했던 잘못을 회개한 후 그 장님 여자를 위하여 기도를 하였다. 그런 후 그 여자에게 치유의 기름을 발라주었다. 그러자 그 여자는 깨끗이 보이지는 않지만 교회 뒤쪽에서 뭔가 움직이는 것이 보인다고 말하였다. 그러자 예수님께서 어떤 장님을 위해 기도해 줄 때 두 번 기도해 준 성경 이야기가 잭 코의 머릿속에 떠올랐다. 그래서 그는 다시 한번 그 여자의 눈이 뜰 수 있게 해달라고 기도하였다. 그러자 이번에는 그 여자가 울면서, "보입니다, 보여요!"라며 소리를 질렀다.

하나님의 충고

장님 여자가 눈을 떴다는 소문이 사람들 사이에 퍼졌 나갔다. 이 경험으로 잭 코의 치유에 대한 믿음은 증가하였다. 그러던 중 오클라호마에서 온 목사님 한 분이 잭 코에게 자기 교회에 와서 삼일간 집회를 인도해 달라고 부탁하였다. 그래서 그는 그 부탁을 수락한 후 오클라호마로 갔다. 그곳에서 집회를 시작한 첫날밤에 귀머거리들이 듣는 기적들과 봉사들이 눈을 뜨는 기적들과 절름발이들이 걷는 기적들이 일어났다. 그러자 둘째 날은 사람이 많이 모여 첫날 집회하였던 교회가 비좁았다. 그래서 잭 코는 고등학교 강당을 빌려서 집회를 할 수밖에 없었다.

그 때 잭 코는 사람마다 다 기도해 주어야만 된다고 생각해서 다음날 새벽 다섯 시까지 기도해 주곤 하였다. 이제 그는 오클라호마 전 도시에 있는 여러 교회들을 돌아다니면서 치유 기도를 해 주기 시작하였고 그로 인해 그는 거의 잠을 잘 수가 없을 지경이었다.

그리고 그는 오클라호마에서의 치유 집회가 끝나자 다른 도시들도 돌아다니며 치유 집회를 인도하기 시작하였다. 그리고 잠은 많은 경우 개인이 제공하는 가정집에서 잤다. 그러자 사람들이 그가 자고있는 집에까지 찾아와 기도를 부탁하였다. 대부분의 사람들은 기도를 받기 위해 코가 잠이 깰 때까지 기다리곤 하였다. 그런데 어느 경우는 개인집에 너무 많은 사람들이 계속 몰려와 하는 수 없이 곤하게 잠을 자고있는 잭 코를 깨워 기도해 달라고 요청하기도 하였다. 이러한 일들 때문에 어떤 날은 그가 잠을 자는 도중에 서너 번이나 깨기도 하였다.

이런 일이 계속되어 잠을 충분히 자지 못하고 충분히 휴식하지도 못하는 일이 여러 날 계속되자 그의 몸은 이를 견디지 못하고 급속도로 망가지기 시작하였다. 어느 날은 한시간 밖엔 못 자는 경우 있었다. 그러나 잭 코에게 치유 기도를 받고자 하는 사람들은 자꾸 늘어만 갔다. 그러나 그는 이 요청들을 중간에서 적당히 거절하지 못하고 기도 요청이 있으면 언제든지 기도해 주었다. 그러자 어느 날 하나님께서는 그에게 지혜를 사용할 것과 적당히 쉴 것을 지시하셨다. 그래서 그는 그 말씀에 순종하였다. 자주 쉬어주고 숙면을 취하자 그는 다시 힘이 생겨 치유 사역을 효과적으로 수행할 수 있게 되었고 그 결과 그의 사역의 규모는 잠을 자지 않고 사역할 때보다 오히려 커지기 시작하였다.

집을 팔다

1946년에 잭 코는 고든 린세이가 편집장으로 있는 잡지 "치유의 소리"의 부 편집장의 일을 맡게 되었다. 그리고 그 다음해인 1947년에 잭 코와 그의 아내는 그들의 삶에 크게 영향을 미칠 중대한 결정을 하게 되었다. 이들은 얼마 전 자그마한 집 한 채를 구입하였는데, 그의 아내 쟈니타는 아주 그 집을 좋아하여 정성을 다해 집안을 꾸미며 시간이 날 때마다 집 앞마당의 잔디를 손질하곤 하였다.

그러던 어느 주일 날 예배를 마치고 집에 돌아온 쟈니타는 갑자기 울기 시작하였다. 왜냐하면 하나님께서 그녀와 남편에게 이제는 부부 둘 모두 전시간 사역자가 될 것과 집을 팔 것을 말씀하셨기 때문이었다. 그들은 하나님의 말씀에 순종하기로 결정하였다. 그런데 신기하게도 집을 팔라는 하나님의 음성을 들은 그 다음날 그의 집에 집을 살 사람이 찾아온 것이다. 며칠 후 잭 코 부부는 집을 팔아 그 돈으로 천막과 트럭을 샀고 또한 잠을 잘 수 있는 차를 샀다.

잭 코는 하나님의 명령에 따라 처음에는 오클라호마 주의 치카샤라는 도시로 갔다. 거기서 잭 코는 하나님의 명령에 따라 집회를 인도하기 시작하였다. 그런데 이게 웬 일인가? 그곳에서 집회를 인도한 두 번째 날 밤 폭풍이 불어서 그의 텐트가 갈기갈기 찢겨져 버린 일이 발생한 것이었다. 폭풍이 물러가자 잭 코 부부를 초청했던 목사님이 잭 코 부부에게 정말 하나님의 음성을 제대로 듣고 이런 사역을 시작했는지를 심각하게 물었다. 그러자 쟈니타는 그 목사님에게, "우리가 비록 모든 것을 다 잃는다 해도 우리는 하나님께서 우리 부부를 치유 사역자로 부르셨다는 사실을 믿습니다"라고 당당하게 대답하였다. 쟈니타의 이 말에 감동을 받은 그 목사님은 잭 코 부부에게 백 불이나 되는 돈을 헌금하였다. 그리고 그곳에서의 집회가 끝날 즈음 그 부부는 그 돈과 가지고 있던 돈을 합쳐 천막을 다시 구입하였을 뿐 아니라 집회를 통하여 나온 헌금으로 큰 트럭을 살 수 있게 되었다.

천막 이야기

1948년이 되자 하나님께서 부르신 큰 사역자 잭 코는 하나님의 지시를 받아 캘리포니아 주 레딩이라는 도시로 가서 캘리포니아 주에서의 첫 번째 집회를 열었다. 그는 하나님으로부터 레딩으로 가라는 말을 들었기 때문에 레딩으로 간 것이었다. 그러나 그는 하나님으로부터 그런 말을 듣기 전에는 미국에 그런 이름을 가진 도시가 있는 줄도 몰랐다. 레딩에 도착한 잭 코가 집회를 열려고 하자 마귀가 사람들을 충돌질하여 그가 그곳에서 집회를 못 열도록 방해하기 시작하였다. 즉 그 도시의 소방서장이 잭 코에게 그가 친 천막은 방화 처리가 되지 않는 천막이라 집회를 허락할 수가 없다고 하였던 것이다. 그때 그 천막값은 사백 달러였지만 그 천막에 방화 코팅을 입히려면 천 칠백 달러가 들었다.

그래서 잭 코는 방화 용액을 사서 혼자 힘들게 그 천막을 방화액으로 다 코팅하였다. 그러나 그 천막은 방화 점검에서 불합격을 하였다. 잭 코는 완전히 질망하여 울었다 그러자 그가 우는 것을 본 소방서장은 그에게 그 집회가 그렇게도 중요한 집회라면 집회를 해도 좋다고 말하였다.

그곳에서의 첫 집회에는 몇 사람 모이지 않았다. 그러나 그는 실망하지 않고 온 힘을 다해 병자를 기도해 주었다. 그날 밤에 온 한 여자는 목발을 하고 있었는데 발은 쇠붙이로 고정되어 있었다. 그런데 그 여자가 잭 코의 기도를 받은 후 제대로 걸을 수 있게 되었다. 그날 밤 그녀는 생전 처음으로 자기 전에 자기 침대에서 무릎을 꿇고 기도할 수도 있게 되었다. 그래서 그녀는 자신의 다리가 고쳐진 것이 너무도 좋아 아침이 될 때까지 침대 옆에서 내내 무릎을 꿇고 기도를 하였다.

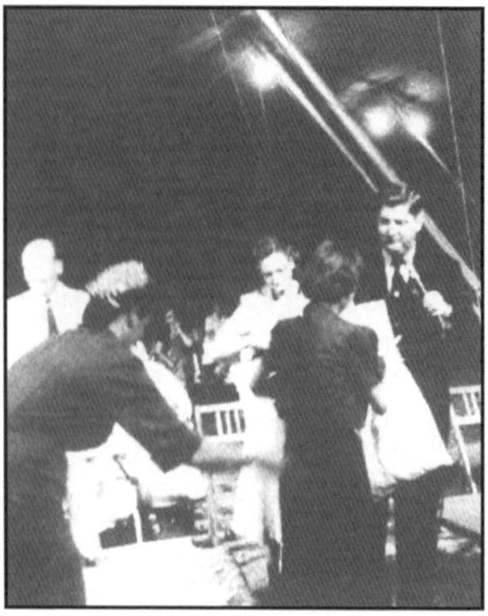

병자를 치유하고 있는 잭 코

잭 코와 그의 아내 쟈니타 코

멀리서본 잭 코의 천막과 몰려든 차량

잭 코

감옥에 갇힌 잭 코

잭 코의 천막 집회 참석자들

> 레딩에 도착한 잭 코가 집회를 열려고 하자 마귀가 사람들을 충돌질하여 그가 그곳에서 집회를 못 열도록 방해하기 시작하였다. 즉 그 도시의 소방서장이 잭 코에게 그가 친 천막은 방화 처리가 되지 않는 천막이라 집회를 허락할 수가 없다고 하였던 것이다. 그때 그 천막 값은 사백 달러였지만 그 천막에 방화 코팅을 입히려면 천 칠백 달러가 들었다.

그리곤 그 다음날 밤 집회 장소에 다시 나와 자기가 치유 받았다는 사실을 사람들 앞에서 간증하였다. 그녀는 사람들 앞에서 의사는 자신의 다리를 절단하여야 한다고 말했었는데 잭 코의 치유 기도를 받고 나서 완전히 나았다고 말하였다. 그러자 그 여자의 간증이 사람들의 입을 타고 순식간에 도시 전체에 퍼졌다.

잭 코는 그녀의 간증을 녹음한 후 그 녹음 테이프를 한 방송국을 통하여 그 지역에 방송하도록 하였다. 그러자 그 방송을 내어보낸 방송국의 여직원이 그 방송을 듣고 예수님을 믿게 되었다. 또한 어떤 카톨릭을 믿는 여자가 캐딜락을 타고 잭 코의 집회에 참석하였다가 그 여자의 간증을 듣고 예수님을 영접하였다. 그 후 그 카톨릭 여자는 자신이 운영하고 있던 여러 개의 술집들을 모두 폐쇄시켰다. 그리고 그녀는 잭 코의 집회에 빠지지 않고 참석하였다.

그러나 이 집회를 통해 헌금은 별로 걷히지 않았다. 이 당시 잭 코는 채권자로부터 돈을 갚지 않으면 잭 코 소유의 트럭을 압류하겠다고 협박을 받고 있었다. 그래서 잭 코는 집회에 참석한 사람들에게 자신이 칠백 사십 불이 필요한 상황을 자세히 설명하였다. 그런데 그의 집회에 참석하여 잭 코가 돈이 필요한 이유를 설명 듣고있던 그 카톨릭 여신자는 잭 코에게 바로 그 금액에 해당되는 수표를 끊어주었다. 그리고 이틀 후의 집회에서 잭 코는 다시, **"우리 천막 집회에 하몬드**

오르간과 그 외 몇 가지 음악 도구가 있었으면 좋겠습니다"라고 광고하였다. 그러자 그 카톨릭 여신자는 하몬드 오르간과 그 외 몇 가지 악기를 살 수 있는 돈을 헌금하였다. 잭 코와 그의 사역팀은 그 레딩이라는 도시에 무려 칠 주간을 머물면서 집회를 하였는데 그 기간 동안 그들은 다음 집회를 여는데 필요한 충분한 돈을 모금할 수 있었다.

잭 코는 레딩에서의 집회 후 얼마간 휴식한 후에 캘리포니아 주에서 집회를 열었다. 그러나 그는 집회 기간 동안 프레스노 경찰 당국에 의해 소란죄로 체포되었다. 그러나 잭 코는 자신이 무죄라고 주장하였다. 체포된 지 몇 달 후에 열린 재판에서 잭 코는 증거 불충분이라는 판결을 받고 풀려났다.

인간적인 측면

잭 코는 집회를 인도할 때는 훌륭한 사역자였다. 그렇지만 그는 때로 거칠게 말하고 행동하기도 하였다. 대부분의 경우 그는 재치가 있었으나 간혹 화를 내었고 겸손하면서도 가끔은 경솔하였으며 쉽게 흥분하기도 하였다. 또한 그는 사람들과 논쟁하기를 즐겼고 좋은 의도로 말싸움하는 것을 즐기기도 하였다. 이러한 잭 코의 성격에 관해 고든 린세이는, "그는 가끔 별 것 아닌 일에 논쟁하곤 하였습니다"라고 말한 적이 있다.

그의 믿음은 과격하고 또한 도전적이었다. 그러나 그의 기도를 받고 병이 치유된 사람이 그의 성격의 부정적인 면을 물고 늘어질 리는 만무하였다. 그는 때로 치유 사역을 하면서 사람의 뺨을 손으로 때리거나 아픈 사람의 옷이나 손을 확 잡아당기기도 하는 등 거칠게 행동하였다. 그러나 그는 결코 강하게 치거나 때리지 않았기에 맞은 사람이 자기가 맞고있다고 생각한 경우는 거의 없었다. 그리고 잭 코는 흑인들이 자신의 집회에 참석하는 것을 매우 환영하였다. 그는 실제로 흑인들이 자신의 집회에 참석하는 것을 공개적으로 환영한 최초의 치유 사역자였다. 그리고 그는 보고 느낀대로 외치는 담대한 설교가였다. 그의 설교는 찌르는 창과 같았다. 한번은 일단의 젊은이들이 그의 천막 집회에 몰려와 천막 안에 있는 의자들 위에 올라간 적이 있었다. 그걸 본 잭 코는 그들에게 다가가, **"그건 내 의자입니다. 당신 집의 의자 위에 내가 그렇게 올라간다면 좋겠습니까?"**라는 말을 할 정도로 그는 직설적인 사람이었다.

한번은 잭 코가 집회를 열고 있는데 사람들이 너무 많이 몰려와 집회 장소 근처의 고속도로가 한꺼번에 몰려든 차들로 인해 교통이 마비된 적이 있었다. 이때 교통 경찰이 그에게 달려와 고속도로가 막힌 것은 당신 책임이니 빨리 조치를 하라고 다그쳤다. 그러자 잭 코는 그 교통 경찰에게 교통은 당신 책임이니 당신이 그 사람들을 잡아가려면 잡아가라고 말하며 자신은 그 일에 책임을 못 지겠다고 버텼다. 그러자 그 경찰은 하는 수 없이 돌아갔고 집회는 무사히 마칠 수 있었다.

1950년에 잭 코는 다른 치유 사역자들과 자신 중에 누가 더 큰 사역자인가를 비교하였다. 그는 자신의 사역이 다른 사람들의 사역보다 더 크다는 것을 자랑하기 위하여 다른 치유 사역자가 가지고 있는 천막보다 더 큰 천막을 자꾸 주문하여 나갔다. 그리고 그 해 칠월에 치유의 소리라는 잡지에는 잭 코에 관한 다음과 같은 기사가 실렸다.

"죠지아 주 달톤에 있는 스미스 제작 회사에서 보내온 편지에 따르면 잭 코의 천막이 세상에서 가장 큰 천막이라고 한다. 잭 코의 천막은 오랄 로버츠가 소유한 천막의 싸이즈 90'×130' 보다 조금 더 큰 것으로 밝혀졌다. 그러나 천막에 달린 부속 도구의 숫자는 오랄 로버츠 것이 제일 많다. 그리고 잭 코와 오랄 로버츠의 천막은 링글링 브라더즈라는 써커스 단의 천막보다 큰 것으로 밝혀졌다."

"주근깨 얼굴의 소년" 생각

텍사스 주의 루복이라는 곳에서 집회를 인도하던 어느 날 밤 주근깨가 있는 한 소년이 그에게 다가오더니 갑자기 그의 바지자락을 붙들고 늘어지며 혀 짧은 소리로, "제발 저를 당신의 집에 데리고 가주세요. 내가 당신의 집에 머물 수 있게 해 주세요"라고 소리쳤다. 그러자 어떤 여인이 다가와 그 소년을 끌고 가버렸다. 잭 코는 그날 밤 그 소년의 모습과 목소리가 자꾸 떠올라 잠을 잘 이룰 수가 없었다. 그 다음날 그는 혹시 그 소년이 집회에 다시 올까 싶어 집회를 인도하며 계속 찾아보았으나 그 소년은 보이지 않았다.

이 일을 계기로 잭 코는 고아들을 위해 집을 지어주어야겠다고 결심하였다. 그는 자신의 이 생각이 하나님께서 주신 생각이라고 믿었다. 그도 역시 어린 시절 고아원에서 보낸 적이 있었다. 그리고 그는 이러한 고아원을 지어 고아들을 돌보는 비전을 자신의 아내 쟈니타도 공유하기를 간절히 바랬다. 그후 그는 이 소년을 자주 생각하였다.

잭 코는 그곳에서의 집회를 끝내고 아내와 함께 집으로 돌아가면서 아내 쟈니타에게, **"여보, 하나님께서 나에게 고아들을 위해 집을 지어주라고 말씀하셨는데 당신 생각은 어때?"**라고 물어보았다. 그러나 그 말을 했을 당시 그에게는 그런 계획을 실천할 만한 경제적인 여유가 전혀 없었다. 이 말을 들은 쟈니타는, "여보, 저도 사실은 우리가 고아들을 위한 일을 하였으면 하고 항상 원하고 있었어요. 하나님의 뜻이 확실한가봐요. 순종하십시다"라고 대답하였다.

평화 위에 평화

잭 코는 매달 조금씩 내기로 하고 달라스에 고아원을 지을 땅을 우선 매입하였다. 그러면서 그는 전국 순회 집회를 계속하였다. 그는 집회를 인도할 때마다 자신의 고아원 사역에 대한 계획을 사람들에게 알렸다. 그러자 몇몇 사람들이 고아원 건축에 필요한 통나무를 위시한 여러 건축 자재들을 헌납하겠다고 약속하였다. 잭 코가 고아원 집을 짓기 시작하자 그는 자신 소유의 집을 처분하였다. 그리고 그 돈으로 고아원을 짓는 사람들의 노임을 주었다. 그리고 잭 코 부부는 아직 공사가 다 끝나지 않은 고아원 건물로 들어와 살기 시작하였다. 그리고 그들은 거기서 고아원 건축이 끝날 때까지 그곳에서 지냈다.

> 이 일을 계기로 잭 코는 고아들을 위해 집을 지어 주어야겠다고 결심하였다. 그는 자신의 이 생각이 하나님께서 주신 생각이라고 믿었다. 그도 역시 어린 시절 고아원에서 보낸 적이 있었다. 그리고 그는 이러한 고아원을 지어 고아들을 돌보는 비젼을 자신의 아내 쟈니타도 공유하기를 간절히 바랬다.

그러나 새로 지은 고아원엔 수도 시설과 난방 시설이 없었다. 그래서 그들은 겨울 동안 추위에 떨면서 자야 했다. 그러던 어느 날 잭 코 부부의 아기가 그만 폐렴에 걸렸다. 그는 폐렴에 걸린 자녀가 병원에 가야했지만 그럴만한 여유가 그들에겐 있지를 않았다. 그래서 그는 폐렴에 걸린 아기의 앞날을 하나님 손에 맡길 수밖에 없었다. 잭 코 부부는 폐렴에 걸린 아기를 차에 태우고 다음 집회가 열릴 도시로 떠났다. 그들이 약 오십 마일 가량 차를 몰아가고 있을 때 아기의 열이 내리고 아이는 차에서 잘 놀기 시작하였다. 하나님께서 순식간에 어린 자녀의 폐렴을 고쳐주신 것이었다.

하나님께서는 고아원 완공을 위한 재정을 차츰 마련해 주셨다. 사람들은 그 고아원에 옷과 담요들을 보내주었다. 얼마 후 그 고아원이 정식 개원하였다. 그리고 그는 이제 고아들을 받아들이기 시작하였다.

어느 날 잭 코는 그의 고아원에서 놀고 있는 고아 아이들을 물끄러미 바라보고 있었다. 한 아이가 그에게 다가와서, "지금 내 아빠가 되어주세요"라고 말하였다. 그러자 다른 아이들도 그의 팔을 붙잡으며 그에게 매어 달렸다. 그러자 잭 코는 자기 앞으로 몰려든 아이들을 한 명씩 한 명씩 안아주면서, **"내 꿈을 하나님께서 이루어 주셨네"**라며 기쁨에 차 소리를 힘껏 질렀다.

하나님께서 "안돼"라고 말씀하셨어!

봅 데이빗슨(Bob Davidson)이라는 소년이 잭 코의 고아원에서 지내고 있었다. 그의 아버지는 불구자였다. 그의 부모들은 아들 데이빗슨을 더 이상 돌볼 수가 없게 되자 그 아이를 잭 코가 운영하는 고아원에 맡긴 것이었다. 이 당시 잭 코의 이름은 전국에 잘 알려져 있었다. 잭 코는 사람들 앞에서는 간혹 과격하게 말하고 행동하였어도 어린 고아들과 있으면 그는 그들의 좋은 아버지 역할을 잘 수행하였다. 고아들은 잭 코와 함께 있으면 편안해 하였다. 그리고 잭 코 또한 어린 고아들과 같이 노는 것을 매우 즐겼다. 그러나 그렇다고 잭 코가 어린 고아 아이들에게 뼈 없이 좋기만 한 아빠는 절대로 아니었다.

고아원에 온 지 몇 년이 지난 데이빗슨은 어느 날 잭 코에게 친구들과 같이 놀이 동산에 가기로 약속했으니 돈을 달라고 졸랐다. 그러자 잭 코는 데이빗슨에게 오늘 네가 해야할 일을 다 마치면 돈을 주겠다고 하였다. 그래서 데이빗슨은 땀을 뻘뻘 흘려가며 그날 자신이 해야 될 일을 마쳤다. 그때 그의 학교 친구들이 벤을 타고 데이빗스을 태우고 놀이 동산에 같이 가지며 고아원에 찾아왔다. 그러자 데이빗슨은 잭 코에게 일을 다 마쳤으니 놀이동산에 갈 돈을 약속대로 달라고 하였다.

그러자 잭 코는 주머니에서 돈을 꺼내 그에게 돈을 주려고 하였다. 그런데 갑자기 마음을 바꿨는지, **"하나님께서 너보고 지금은 거기 가서는 안 된다고 방금 나에게 말씀하셨어. 다음에 가"**라고 말하였다. 그러자 화가 나고 당황한 데이빗슨은 울면서 잭 코에게 "거짓말쟁이"라고 말하며 자신의 방으로 뛰어들어갔다.

조금 후 잭 코는 데이빗슨을 만나, **"정말로 가고 싶으면 나와 같이 가자꾸나. 그러나 하나님은 네가 그 아이들과 놀이동산에 가는 것은 허락하지 않으셨어. 그리고 나도 너를 그 아이들과 같이 보내는 것이 별로 내키지 않았어"**라고 말하였다.

그리고 잭 코는 데이빗슨을 자신의 차에 태우고 놀이동산으로 차를 몰기 시작하였다. 그런데 얼마 후 병원 앰블란스가 요란한 싸이렌 소리를 내며 잭 코가 운전하는 차를 앞질러 지나갔고 그 뒤를 이어 경찰차가 빠르게 지나갔다.

잭 코는 얼마 가지 않아 경악하고 말았다. 데이빗슨의 친구들을 싣고 놀이동산으로 가던 그 벤은 길거리에 완전히 박살난 채 서 있었고 그 차의 주위엔 그의 친구들의 시신들이 여기 저기 나뒹굴고 있었다. 그의 친구들은 차 사고가 나서 한사람도 살지 못하고 현장에서 즉사하였던 것이다. 이 장면을 보고 데이빗슨과 잭 코는 서로 서로를 꼭 껴안고 슬피 울었다.

고아들에게 최고급 옷을 입히다

데이빗슨은 이 경험을 평생동안 잊지 못하였다. 그는 잭 코가 얼마나 자신과 같은 고아들을 사랑하며 얼마나 하나님의 음성을 잘 듣고 순종하는 지를 이 사건을 통해 뼈저리게 느꼈다.

어떤 때는 고아원에 열 일곱 명의 아이들이 있을 때도 있었고 많을 때는 백 명까지 있을 때도 있었다. 어떤 아이는 너무 몸이 더러운 상태에서 그 고아원으로 보내져 네 다섯 번이나 머리를 감았던 아이도 있었다. 이곳에 온 대부분의 아이들은 집에서 도움을 받지 못하고 며칠씩 혼자 굶고 있다가 이웃이 이런 아이들을 발견하곤 경찰에 신고하여 경찰이 맡긴 아이들이었다.

한번은 잭 코가 고아원에 헌옷을 기증하는 사람들에게, **"더러운 옷은 제발 보내지 마세요. 내 아이들은 당신들의 아이들이 입는 것과 같은 좋은 옷을 입어야 합니다"**라고 말하였다. 잭 코가 아이들을 너무도 잘 돌보아 주자 그 주의 주지사는 자주 잭 코가 운영하는 고아원을 사람들 앞에서 자랑하곤 하였다. 잭 코의 고아원 아이들은 그곳에서 지내는 동안 거의 모두가 예수 그리스도를 구세주로 영접하였고 하나님께 기도 드리는 법을 배웠으며 거의 대부분 방언으로 기도할 수 있었다.

얼마 후 잭 코는 달라스에서 약 이 백 에이커가 되는 넓을 땅을 구입하였다. 그 땅은 점점 늘어나는 고아원 아이들을 위해 새로 네 동의 숙소를 짓고 또한 고아들에게 먹을 채소를 심을 만큼의 충분한 땅이었다. 그의 목표는 이백 명의 고아들을 돌보는 것이었다. 하나님은 그의 그러한 계획에 축복하셔서 끊임없이 들어오는 헌납에 의해 그의 큰 고아원은 무리 없이 잘 운영되었다.

가장 큰 천막 집회

잭 코는 점점 더 그의 집회를 위한 천막을 큰 것으로 교체해 나갔다. 그리고 얼마 안가서 그는 그 어떤 치유 사역자가 소유한 천막보다 더 큰 천막을 소유하게 되었다. 그리고 폭풍에 의해 다른 사람들의 천막은 찢겨 나가거나 못쓰게 되어도 그의 천막만은 끄떡없었다. 그는 이 사실을 공공연하게 자랑하였다.

그가 아칸소 주 리틀록에서 집회를 할 때 그의 천막 안에는 기록적으로 많은 사람들이 들어왔다. 그 숫자는 이만 명이 넘었다. 그 집회에서 수많은 사람들이 눈을 뜨고, 귀가 열렸고 많은 절름발이들이 고침을 받았으며 수천 명의 사람들이 예수 그리스도를 영접하였다.

> "아니, 하나님 믿는다는 사람이 홍수가 무서워 도망을 가네. 성령님을 받았다고 바닥에서 쓰러져 뒹굴 때는 언제고, 저렇게 걸음아 나 살려라 도망가다니, 당신이 믿는 하나님을 우린 도대체 이해 못하겠네" 라고 비아냥거렸다. 그러나 그런 말을 들은 잭 코는 "믿음이 있으니 이렇게 떠나는 겁니다. 하나님께서 나에게 천막을 걷고 떠나라고 하셨습니다." 라고 말하였다.

한번은 그가 천막 집회를 인도하고 있는 데 폭풍이 몰아쳤다. 바람이 얼마나 세었던지 천막밖에 있는 사람의 몸이 공중에 붕 뜰 정도였다. 그때 그 천막 안에는 약 삼천 오백 명의 사람들이 있었다. 번개가 치더니 갑자기 전기불이 나갔다. 그러자 잭 코는 자신의 차 안으로 들어가 기도하기 시작하였다. 그러자 갑자기 폭풍이 물러가고 주위가 조용해졌다.

그는 다시 천막 안으로 들어왔다. 그런데 이게 웬 일인가? 어느 여자가 폭풍우 소리에 너무 놀랐는지 심장마비에 걸려 땅바닥에 누워 목에서는 그렁그렁 소리를 내며 죽어가고 있었다. 그때 어떤 사람이 앰뷸런스를 불러야 한다고 소리질렀다. 그러나 잭 코는, **"기도하십시다. 하나님을 믿읍시다. 하나님께서 그 여자를 소생시키실 것입니다"** 라고 말하였다. 잭 코가 그 여자를 위해 기도를 시작한지 몇 분이 지나지 않아 그 여자는 다시 소생하였다. 다시 일어난 그 여자는 사람들과 같이 하나님을 찬양하기 시작하였다.

홍수

미국 역사상 가장 큰 홍수가 캔자스시티를 덮친 일이 있었나. 잭 코는 그 도시에서 집회를 인도하고 있었다. 그는 집회 전에 꿈을 꾸었는데, 큰 홍수가 나서 꼼짝달싹도 할 수 없는 꿈이었다. 그러나 그는 그런 꿈을 꾸었음에도 불구하고 캔자스시티로 가서 천막을 쳤다. 사람들이 그의 천막 집회에 몰려들었다. 하나님은 잭 코에게 심판에 관한 메시지를 주었다. 그는 그가 하나님께 받은 대로 사람들에게 곧 하나님의 심판이 임할 것이라는 예언적인 설교를 하였다. 사람들은 그의 설교를 듣자 그에게 야유를 퍼부었다. 그리고 그 중의 어떤 사람은 예배 도중에 집회 장소를 박차고 나가기도 하였다. 잭 코는 사람들이 보여준 굳고 완고한 마음으로 인해 마음이 상하여 이틀동안 한잠도 자질 못하였다. 그런데 그 설교 후 며칠간 계속해서 비가 내렸다. 그러자 수천 명의 사람들이 천막 집회 장소 안의 진흙 바닥에서 무릎을 꿇으며 죄를 회개하고 예수 그리스도를 구주로 영접하였다.

비가 계속 내리던 어느 날 잭 코는 그의 아내에게, **"내가 오늘 천막을 걷으려고 하는 데 당신 생각은 어때? 나는 오늘 천막을 걷어야 할 것 같은 생각이 자꾸 들어"**라고 말하였다. 그리고 그는 집회 중임에도 불구하고 천막을 걷기로 결정하였다. 그가 천막을 거두려고 하는 데 그의 트럭이 진흙탕에 빠지는 일이 발생하였다. 그는 트럭을 진흙탕에서 꺼내기 위해 트럭에 들어가 시동을 걸려고 하였으나 시동이 걸리지 않았다. 그는 몇몇 사람들과 함께 오후 내내 작업을 하고 나서야 차를 간신히 진흙탕에서 건져낼 수 있었다.

이제 몇 시간 후면 집회를 해야 하지만 그는 집회를 포기하고 천막을 걷기로 작정하였기에 여러 사람들과 함께 천막을 걷기 시작하였다. 집회에 참석하러 몰려 온 사람들이 그를 보고, "아니 왜 이유 없이 천막을 걷지요?" "오늘 밤 집회 없어요?" "강물이 범람해도 이 지역은 무릎까지만 차지요, 천막은 끄떡없어요." "귀신에게 속지 마세요" 라고 말하였다.

저녁 일곱 시 반이 되었는데도 천막이 워낙 커 천막의 반도 못 걷었다. 그는 천막을 걷는 사람들에게 천막을 빨리 걷어야 한다고 재촉하였다. 어느 목사가 그때 잭 코에게 다가와서, "천막을 걷지 마십시오. 하나님께서 다 보호해 주실 것이니 걱정하지 마십시오. 아니 당신은 그런 믿음도 없단 말입니까?"라고 말하였다. 그러자 잭 코는, **"나는 하나님께서 이 천막을 보호주실 것이라는 믿음이 있기 때문에 천막을 걷은 것입니다. 하나님께서 나에게 천막을 걷으라고 말씀하셨습니다"**라고 말하였다.

천막 제거작업을 시작한지 세 시간이 지나서야 그들은 간신히 천막을 거둘 수가 있었다. 천막의 마지막 팩을 땅에서 제거하는 순간 캔자스시티 전체에 큰 사이렌 울려 퍼졌다. 그리곤 곧 강의 제방이 터졌으니 빨리 피신하라는 소리가 들렸다. 그의 주위에 모여 있던 수많은 사람들이 동요하기 시작하였다. 그 장소에 있던 많은 사람들이 피신하려고 한꺼번에 다리가 있는 쪽으로 몰려들었다. 천막은 간신히 거두었으나 그 천막을 트럭엔 아직 싣지 못하고 있었다. 그러자 잭 코는 다리 쪽으로 몰려가는 사람들을 향하여, **"저를 좀 도와주세요. 천막을 차에 좀 실어주세요"**라고 소리 질렀다. 사십 여명의 사람들이 가던 길을 돌아와 천막을 트럭에 올려주었다. 그러자 잭 코와 사역팀들은 그 도시를 빠져 나오기 위해 차를 몰기 시작하였다.

그가 그 도시를 빠져나가려고 차를 몰고 가자 높은 지대에 살고 있는 사람들이 집 밖으로 나와 그에게 "아니, 하나님 믿는다는 사람이 홍수가 무서워 도망을 가네. 성령님을 받았다고 바닥에서 쓰러져 뒹굴 때는 언제고, 저렇게 걸음아 나 살려라 도망가다니, 당신이 믿는 하나님을 우린 도대체 이해 못하겠네"라고 비아냥거렸다. 그러나 그런 말을 들은 잭 코는 **"믿음이 있으니 이렇게 떠나는 겁니다. 하나님께서 나에게 천막을 걷고 떠나라고 하셨습니다"**라고 말하였다. 그러나 나중에 잭 코에게 그렇게 비웃던 사람들의 집들은 비록 고지대에 위치하고 있었지만 범람한 물에 잠기고 말았다.

그 도시를 차를 몰고 급히 빠져나가던 중에 잭 코는 바넷(Barnett) 목사님의 교회를 들려 그 목사님과 함께 그 교회에 있는 가재 도구들을 실어 날라야 되겠다고 생각을 하고 그 교회 쪽으로 차를 돌렸다(이 바넷 목사님은 지금 아리조나 주 피닉스에 있는 미국에서 가장 큰 교회의 담임목사 타미 바넷〔Tommy Barnett〕 목사의 아버지이다). 그러나 그 교회에 도착한 잭 코와 그의 일행은 이미 때가 늦었음을 알았다. 그 교회에는 이미 물이 들어차기 시작하였고 물이 부는 속도가 너무 빨랐기 때문에 교회 가재 도구들을 들어낼 시간이 없었던 것이다. 그래서 잭 코는 가재도구는 포기하고 바넷 목사만 트럭에 태웠다. 그들은 한참을 가다가 뒤를 돌아보았다. 멀리 잭 코의 천막이 있었던 장소는 완전히 물로 덮여져 있었고 바넷의 교회가 있던 자리에는 그 교회의 첨탑조차도 보이지 않았다. 만일 하나님의 말씀을 듣는 대신에 사람들의 말을 듣고 천막을 걷지 않았더라면 잭 코는 천막을 잃었을 뿐 아니라 그 안에서 집회를 하고 있던 사람들 중 다수가 불어난 물에 익사하였을 것이다. 바넷과 잭 코는 자신들을 구해주신 하나님을 찬양하였다.

치유 해랄드와 창조적 기적

1950년에 잭 코는 치유 해랄드(The Herald of Healing)라는 간행물을 발간하기 시작하였다. 그리고 그 간행물은 발간 시작 다음해인 1951년이 되자 무려 삼만 오천 부나 나갔다. 치유 해랄드 발행 담당자는 이 기독교 잡지가 미국에서 가장 빨리 성장하고 있는 잡지라며 기뻐하였다. 이 잡지는 발행 부수는 매년 거의 배가 증가하여 1956년에는 이십 오만 부나 발행되었다.

> 그래서 그는 병자들이 와서 숙식하면서 치유에 대한 가르침도 제대로 받고 치유도 받을 수 있는 치유의 집을 짓기로 결심하였다.

1952년부터 잭 코는 미국 남부를 돌아다니며 대형 전도 치유 기적 집회를 열기 시작하였다. 그리고 그해 팔월이 되자 복음 방송을 시작하였다. 그리고 그후 그는 무려 백여 군데의 도시에 복음 방송국을 세웠다. 그리고 그의 방송 선교를 통하여 수천 수만의 사람들이 구원을 받고 치유를 받았다. 그리고 그 즈음 그의 집회에서는 없어진 몸의 일부가 다시 생기는 놀랍고도 놀라운 창조적인 기적들이 일어나기 시작하였다.

잭 코가 미주리 주 스프링필드에서 집회를 가질 때의 일이었다. 스프링필드에 본부를 두고 있는 하나님의 성회 교단에서 그를 비난하기 시작하였다. 그는 그동안 하나님의 성회 소속 목사로 활동하였었다. 그리고 그는 그의 집회를 통해 하나님의 성회 소속 선교사들을 위해 많은 액수를 모금하여 하나님의 성회 교단에 헌금을 하기도 하였고 그 교단 간행물인 오순절 전도(Pentacostal Evangel)라는 잡지가 잘 되도록 물심양면으로 도와주기도 하였다. 한번은 잭 코가 그의 집회에 참석한 사람들에게 오순절 전도 잡지를 구독하도록 독려하여 백이십 명의 사람들이 그 잡지를 구독하게 된 적도 있었다.

그런데도 불구하고 하나님의 성회에서 그를 비난하였다. 그렇지만 잭 코는 이러한 비난을 꾹 참고 그들과 좋은 관계를 유지하려고 노력하었디. 그러나 그는 매우 화를 잘 내는 사람이었다. 그런데 하나님의 기적이 현재에도 일어날 수 있다고 믿지 않는 사람들이 하나님의 성회 지도자들이 되자 그와 교단과의 갈등이 증폭되었다. 그러자 그는 교단 지도자들에게 편지를 써서 기적을 믿지 않는 사람을 교단 지도자들로 인정할 수 없다고 하였다. 교단 지도자들은 잭 코의 이러한 무례한 편지를 받고 분노하여 그를 교단에서 축출하여 버렸다.

> 이곳 치유의 집에 입소하는 환자는 그 어떤 약도 먹을 수 없었고 매일 밤 달라스 부흥 센터에서 열리는 치유 집회에 반드시 참석하여야만 하였다. 그리고 치유의 집 입소 환자들은 치유에 대한 교육과 치유 기도를 훈련된 사역자를 통해 매일 받았다.

이때가 1953년이었다. 잭 코는 하

나님의 성회 교단에서 쫓겨나자 많은 사람들이 그의 편이 되었다. 한때 잭 코는 하나님의 성회의 자신에 대한 부적절한 조치에 대당하여 하나님의 성회 근본 교단(Fundamental Assemblies of God)이라는 교단을 만들까 하고 생각하였다. 그러나 그는 그 계획을 취소하고 하나님의 자기를 향한 부르심만을 묵묵히 따라갔다.

새 교회, 새 집, 새로운 계시

하나님의 성회 교단에서 축출된 잭 코는 독립 교회에 대한 계획을 구체화시키기 시작하였다. 그는 부흥센터를 만들어 훌륭한 사역자들이 와서 집회를 인도하고 그 집회에 참석한 사람들이 그 자리에서 바로 숙식까지 해결할 수 있도록 하는 꿈을 가지고 있었다. 그리고 그 후에 여러 부흥센터들을 미국의 큰 도시들에 계속적으로 세워 나간다는 원대한 계획을 세워두었다. 그는 이런 계획을 실행해 나갈 때 많은 반대와 핍박이 있을 것도 미리 염두에 두었다. 그리고 잭 코는 드디어 1953년 첫 부흥센터를 텍사스 주 달라스라는 도시에 세우고 그 센타의 이름을 달라스 부흥센타(Dallas Revival Center)라고 지었다.

잭 코는 그가 치유 사역을 해 나가는 동안 하나의 의문을 가졌다. 그것은 왜 어떤 사람은 치유 기도를 받아도 낫지 않는지에 대한 의문이었다. 그의 사역을 통해 수많은 사람들이 치유 받았으나 또한 수많은 사람들이 치유받지를 못하였던 것을 그는 그동안 안타깝게 생각하였던 것이었다. 그가 이런 의문을 놓고 하나님께 계속 기도를 드리자 하나님께서는 그에게 더 많은 사람들이 치유를 받기 위해서는 성경에 입각하여 병자들에게 치유에 대한 올바른 가르침을 주는 것이 매우 중요하다는 사실을 계시해 주셨다. 이 말은 성경의 가르침으로 치유에 대한 마음이 열려 치유에 대한 믿음이 증가해야 치유받기가 더 쉬워진다는 하나님의 계시적 가르침을 잭 코가 받았다는 말이다. 이 계시는 그의 사역에 지대한 영향을 미쳤다. 그 당시까지만 해도 대부분의 치유 사역자들은 그들이 받은 치유 은사만을 가지고 사역하였지 치유에 대한 성격적인 지식을 가지고 사람들에게 올바른 가르침을 주며 치유 사역을 하는 사람들은 거의 없었다.

그는 하나님의 치유에 관한 이러한 계시에 입각하여, 더 많은 치유가 일어나도록 하기 위해서는 병자들이 치유에 대한 올바른 성경적인 가르침을 받아 치유에 대한 확신을 갖은 것이 급선무라는 결론을 내렸다. 그래서 그는 병자들이 와서 숙식하면서 치유에 대한 가르침도 제대로 받고 치유도 받을 수 있는 치유의 집을 짓기로 결심하였다. 그러자 그는 시 당국과 치유의 집을 세우는 문제를 놓고 얼마간 줄다리기를 하였다. 그리고 1954년 여름 그는 마침내 그가 운영하는 고아원 옆에 치유의 집을 짓고 새로운 차원의 치유 사역을 시작하였다. 그해 가을 새로 건설한 치유의 집에 첫 숙식 환자가 들어왔다. 그리고 그 후 그 수가 점점 늘어났다. 이곳 치유의 집에 입소하는 환자는 그 어떤 약도 먹을 수 없었고 매일 밤 달라스 부흥센터에서 열리는 치유 집회에 반드시 참석하여야만 하였다. 그리고 치유의 집 입소 환자들은 치유에 대한 교육과 치유 기도를 훈련된 사역자를 통해 매일 받았다.

1954년은 잭 코의 치유 사역을 통하여 가장 많은 기적이 일어난 해였다. 특히 펜실바니아 주의 피츠버그에서 약 한달 동안 계속된 그의 집회에서는 무려 삼만 명의 사람들이 예수 그리스도를 영접하였다. 그리고 어느 날 하루는 절름발이만을 위한 치유의 밤이라고 명명하여 다리가 아파 걷지 못하는 사람들만 특별히 기도 받는 날을 만들었다. 이날 밤 다리를 절거나 움직일 수 없는 사람들이 많이 참석하였는데 참석한 절름발이들의 약 사분지 삼이 걷게 되는 놀라운 일이 일어났다. 그리고 피츠버그의 텔레비전 방송국에서는 이 치유 장면들을 생방송 하였다. 그러자 텔레비전을 통해 놀라운 기적을 본 수많은 사람들이 그의 집회에 몰려들었다. 이 기간 동안 그의 가장 큰 천막이 바람에 의해 파손되는 일이 일어났지만 집회는 오히려 더 성황이었다.

1953년 한해 동안 달라스 부흥센타는 많은 성장을 이룩하였다. 그러자 그는 하는 수 없이 극장 하나를 구입한 뒤 개조하여 몰려오는 사람들을 수용하였다. 또한 그는 어린이들을 특별히 좋아하고 사랑했기에 어린이들에게 올바른 기독교 교육을 해줄 수 있는 학교를 세우고자 하였다. 이러한 계획을 세우지 얼마 되지 않아 달라스 부흥센타 소속으로 기독교 학교가 세워졌다. 그리고 어린이를 위한 이 기독교 학교에서는 성령 충만한 우수한 교사들만을 선생님으로 선발하였다.

> 그 당시 활동하던 미국의 그 저명한 치유 사역자들의 대부분이 남들의 몸은 많이 고쳐준 반면 자기의 몸들은 소홀히 관리하는 바람에 병에 걸려 단명하였거나 병으로 고생하였다는 것은 정말로 아이로니컬한 사실이다.

그리고 극장을 개조한 뒤 문을 연 달라스 부흥센타에는 매일 밤 너무도 많은 사람들이 몰려와 이층 발코니는 말할 것도 없고 심지어는 통로에도 사람들로 가득 들어찼다. 그러자 잭 코는 하는 수 없이 더 큰 달라스 부흥센타를 짓기로 결정하였다.

1954년 정월에 잭 코는 그의 생각대로 새 달라스 부흥센타를 세웠다. 그리고 그는 이 센타를 달라스 부흥센타 교회라고 이름하였다. 이 교회는 아름다우면서도 단순한 형태를 가지고 있었다. 이 교회를 멀리서 바라보면 교회 건물에서 하얀빛이 났다. 그 달라스 부흥센타 교회에서는 매일 밤 집회가 열렸고 멀리에서 사는 사람들을 실어오기 위하여 버스도 구입하여 운영하였다. 그리고 병원과 집에 있는 환자들도 그 집회에 참석하도록 하기 위해 앰뷸런스도 구입하여 운영하였다.

시련을 겪다

잭 코는 이제 기독교 방송국 설립을 위한 모금 운동에 뛰어들기 시작하였다. 그러던 중 그는 무면허 약사 혐의로 1956년 플로리다 주 마이애미에서 체포되었다.

이 당시 마이애미 시 당국은 신적 치유를 설교하거나 가르치는 사람들을 체포하였기 때문에 치유 사역자들은 이 도시에서 집회하는 것을 꺼려하였다. 그리고 이러한 시 당국의 조치가 처음으로 시작되었을 때 그 도시에서 집회를 열고 있었던 모든 치유 사역자들이 그 도시를 떠났다. 그러나 잭 코만은 떠나지 않고 계속 치유 집회를 열다가 결국 마이애미 경찰에 체포되었다. 잭 코는 투쟁하기를 즐겨하였던 사람이었기에 끝까지 버티다 결국 감옥에 들어갔다. 그는 그후 오천 불의 보석금을 지불하고 나서 잠시 석방되었다.

그는 감옥에 갇혀 있는 동안 동료 복음 전도 치유 사역자들에게 시 당국의 핍박에 굴하지 말고 자기편에 서서 그들의 치유에 대한 믿음대로 계속 행동할 것과 마이애미 시에 와서 집회를 열 것을 촉구하였다. 그의 촉구에 힘을 얻은 여러 치유 사역자들이 그가 재판을 받는 날 그를 변호하기 위해 법정에 섰다. 그런데 놀라운 일이 벌어졌다. 바로 잭 코를 위해 변호하는 동안 재판을 참관하기 위해 재판정에서 들어왔던 사람들 중에서 몸이 아픈 사람들이 치유를 받는 기적이 일어난 것이다. 하나님께서는 심지어 재판정에서도 역사하셔서 잭 코를 도우셨던 것이다. 이에 할말이 없어진 재판관은 그 재판을 증거 불충분으로 기각하고 잭 코를 풀어주었다.

마이애미에서의 승리에 고무된 잭 코는 힘을 얻어 계속 그 도시에서 집회를 계속 하였다. 그러나 그해 12월 아칸소 주 핫스프링에서 집회를 인도하던 그는 병으로 몸져눕고 말았다. 잭 코가 병에 걸린 이유는 자신의 몸을 돌보지 않고 사역에만 메어 달렸기 때문이었다. 그는 꽉 잡힌 스케줄 때문에 쉴 시간이 거의 없었다. 한 두달간 계속해서 하루에 보통 세 번씩 집회를 인도해 나가던 그는 극심한 스트레스와 과로를 견딜수 없게 되자 결국 쓰러진 것이다. 쓰러진 그의 몸을 진찰하던 의사는 그의 몸은 95세 노인의 몸과 같이 연약하여 졌다고 말하였다.

우리의 몸은 우리의 영을 담고 있는 그릇에 불과하다. 우리가 식사 조절 및 마음 조절 그리고 절절한 휴식을 통해 우리의 몸을 잘 관리하지 못한다면 우리의 몸은 아무리 영력이 뛰어나도 여지없지 병에 걸린다.

최근에 잭 코의 가족이 밝힌 바에 의하면 잭 코가 죽기 일년 전에 하나님께서 잭 코에게 직접 그가 곧 죽을 것이라는 말씀을 하셨다고 한다. 또 그의 가족이 밝힌 또 하나의 사실은 잭 코는 자신이 죽고 나면 바로 예수그리스도께서 재림할 것이라고 믿고 있었다는 것이다. 이런 이유 때문에 잭 코는 죽기 전에 어떻게 해서라도 더 많은 사람들을 구원하기 위해 자신의 몸을 혹사하면서 까지 사역에 임했고 그 결과 그는 병으로 쓰러질 수밖엔 없었던 것이었다.

그리고 꽉 차여진 스케줄 외에도 그의 건강을 위협하였던 것은 그의 불규칙한 식사 습관이었다. 그는 어떤 때는 집회가 끝나고 나서 밤 세시에 많은 양의 식사를 한꺼번에 하였다. 그 결과 그는 체중이 많이 불어나 있었다.

그 당시 활동하던 미국의 그 저명한 치유 사역자들의 대부분이 남들의 몸은 많이 고쳐준 반면 자기의 몸들은 소홀히 관리하는 바람에 병에 걸려 단명하였거나 병으로 고생하였다는 것은 정말로 아이로니컬한 사실이다.

여러분은 죽은 사람이 치유 사역하는 것을 보았는가? 치유 사역을 잘해나가기 원하는 사람은 반드시 자신의 몸을 잘 관리하여야 한다. 치유의 능력이 나타난다고 몸을 함부로 다루지 말아야 한다는 사실을 명심하라.

우리의 몸은 우리의 영을 담고 있는 그릇에 불과하다. 우리가 식사 조절 및 마음 조절 그리고 절절한 휴식을 통해 우리의 몸을 잘 관리하지 못한다면 우리의 몸은 아무리 영력이 뛰어나도 여지없지 병에 걸린다. 이는 마치 깨진 그릇에 물이 담길 수 없는 이치와 마찬가지이다. 병난 몸이라는 그릇에 영이 담길 수는 없다. 왜냐하면 병이 나면 죽게되기 때문이다.

몸은 우주복에 비유해 볼 수 있다. 만일 우리가 달에 간다면 반드시 우주복을 착용해야만 한다. 그 우주복을 통해서 산소가 공급되어야 달에서 활동할 수 있다. 그런데 만일 우주복에 고장이 나면 산소 공급이 끊기게 된다. 그래서 고장난 우주복을 벗어버리면 우리는 달 표면에 붙어 있지 못하고 둥둥 떠다니다 달 밖으로 나가게 되는 것이다. 우주복이 달에서 활동할 수 있도록 해주듯이 우리의 몸이 우리가 지구에서 활동하게 해주므로, 우리는 우리의 우주복인 몸을 잘 관리해 주어야한다.

아무리 사역에 성공하여도 몸이 망가지면 소용이 없다. 아무리 달에서 잘 날고 뛰어도 우주복이 망가지면 달에서의 사역은 끝이다. 많은 치유 사역자들이 자신의 사역은 잘 관리해도 자신의 몸은 잘 관리하지 못해 일찍 세상을 하직하였다. 세상을 빨리 하직하고 싶은가? 그러면 몸 관리를 하지 말아라.

너무 빨리 찾아온 죽음

처음 잭 코의 몸에 이상이 왔을 때 그는 별 것 아니라고 생각하였다. 담당 의사는 그가 소아마비 균에 감염된 것이라고 진단하였다. 그의 아내는 그에게 입원하라고 재촉하였다. 잭 코는 아내의 의견을 존중하여 병원에 입원하여 마음의 안정을 되찾아보려고 하였다.

> 잭 코의 가장 뛰어난 점은 그의 과거가 그의 사역의 걸림돌이 되도록 허락하지 않았다는 데에 있다. 보통 사람들 같았으면 자신의 힘들었던 과거로 인해 자신의 사역을 포기하였을 터이지만 잭 코는 그렇지 않았던 것이다.

그러나 병원에 입원하자 잭 코는 혼수상태에 들어갔다. 그 후 그는 몇 번 정신이 들어 입을 움직여 말을 한 적도 있긴 있었지만 입원 기간 내내 혼수상태에서 깨어나지 못하였다. 그의 아내의 말에 의하면 하나님께서 그에게 나타나 그를 하늘나라로 데리고 가겠다고 말씀하셨다는 것이다. 그리고 잭 코는 1957년 초에 주님의 품으로 돌아가고 말았다.

잭 코가 세상을 떠난 후 많은 치유 사역자들은 잭 코의 아내 쟈니타가 사람들이 잭 코를 위해 치유 기도 해주는 것을 허락하지 않은 것에 대해 매우 분노하였다. 그러나 고든 린세이는 그가 죽은 것은 하나님의 뜻이라고 말하며 이들의 불만을 무마하였다.

잭 코가 죽기 전에 그의 건강을 염려하는 사람들이 그에게 쉴 것과 식사 습관을 잘 조정할 것을 여러 차례나 충고하였다. 전해지는 이야기에 의하면 하나님께서 한 사역자에게 잭 코에게 가서 그가 범하고 있는 세 가지 문제점을 놓고 회개할 것을 말하라고 하였다는 것이다. 그래서 이 사역자는 잭 코에게 가서 자신이 하나님으로부터 받은 그에 대한 세 가지의 문제에 대한 경고의 메시지를 전하였다는 것이다.

그 사역자가 잭 코에게 전한 하나님의 세 가지 경고 중 첫째는 그가 사람들을 너무 좋아한다는 것이요. 두 번째는 그가 너무 체중이 많이 나간다는 것이요. 세 번째는 그가 돈을 너무 사랑한다는 것이었다. 그리고 그 사역자는 잭 코에게 만일 이 세 가지를 돌이키지 않으면 하나님께서 그의 생명을 곧 데리고 갈 것이라고 말하였다는 것이다. 그리고 그 사역자의 말에 따르면 그 세가지 경고를 잭 코가 받아들이지 않자 하나님께서 서른 여덟 살의 젊은 잭 코를 데리고 가셨다는 것이다. 그러나 잭 코의 가족은 이 사역자의 주장이 허무맹랑하다며 반발하였다. 그리고 잭 코의 가족들은 이 사역자가 한번도 잭 코에게 와서 그런 경고의 예언을 한 적이 없다고 말하였다. 한번은 잭 코의 가족들이 이 사역자를 만나 그 문제에 대해 따지고 들었다. 그러자 그 사역자는 자신은 한번도 잭 코를 만난 적은 없는 것이 사실이긴 하지만 하나님께서 자신에게 잭 코에 대한 그런 세 가지 문제에 대해 예언적인 메시지를 주신 것만은 확실하다고 말을 슬쩍 바꿨다.

사역은 계속되다

잭 코가 죽은 후 그의 아내 쟈니타와 달라스 부흥센타 교회의 지도자들은 잭 코가 하던 것을 그대로 이어받아 치유 집회를 계속적으로 열었다. 잭 코가 죽은 후에도 쟈니타는 달라스 부흥센타 교회의 부목사로서의 활동을 계속 하였다. 그러나 얼마 있다가 쟈니타는 치유 사역은 접어두고 고아원 사역과 선교 사역에만 몰두하였다.

잭 코가 죽고 나서도 얼마동안 그의 인기는 식을 줄을 몰랐다. 그가 발행했던 치유 해랄드 잡지도 계속 삼십만 부나 발간하였다. 그러다가 쟈니타가 치유사역을 접어두고 고아원 사역과 선교 사역에만 관심을 기울이자 잭 코의 사후 얼마간 지속되었던 그에 대한 인기도 점차 식어가기 시작하였다.

오늘날 잭 코의 두 아들 잭 주니어와 스티브는 목회자가 되어 아버지가 하였던 치유 사역을 계속하고 있다. 그리고 잭 코의 아내 쟈니타는 아직도 왕성하게 교회에서 활동하고 있다. 잭 코의 가족들은 이 세대와 다음 세대를 위해 예수 그리스의 복음을 전하고 가르침으로 하나님께서 그들을 부르신 목적을 충실히 수행하고 있다.

교훈

잭 코의 가장 뛰어난 점은 그의 과거가 그의 사역의 걸림돌이 되도록 허락하지 않았다는 데에 있다. 보통 사람들 같았으면 자신의 힘들었던 과거로 인해 자신의 사역을 포기하였을 터이지만 잭 코는 그렇지 않았던 것이다.

어린 시절 그는 아주 혹독한 상황에서 자라났다. 그러나 그는 자신의 과거를 비관하거나 자책하며 혼자 구석에 외롭게 쳐박혀 사는 삶을 거절하였다. 그는 그러한 고난의 시절을 오히려 그의 사역을 위한 발전과 도전의 계기로 삼았던 것이다. 그는 아무도 그의 삶을 대신 살아줄 수 없고, 아무도 그를 진정으로 도와줄 수 없다는 사실을 어렸을 적부터 뼈저리게 알고 체험하였던 사람이었다.

그런 그였기에 그에게 투쟁적인 기질이 있는 것은 어찌보면 당연한 일인지도 모른다. 그는 고난과 장애를 뚫고 나가는 의지의 사람이었다. 그는 자신의 영적 갈급함을 채우기 위해 그 어떤 난관도 뚫었던 사람이었다. 그는 그의 험난했던 어린 시절이 그의 미래를 묶어버리도록 허락하지 않았다. 그는 오히려 그의 비참했던 어린 시절을 묶어버렸던 것이다.

그 결과 잭 코는 그 당시 풍미하던 치유의 소리 사역 분야에서 가장 우뚝 선 존재가 되었다. 그는 독립성이 누구보다도 뛰어났다. 그는 혼자 벼랑에 서 있는 것을 결코 두려워하지 않았다. 사람들은 대개의 경우 과거에 경험했던 아픈 기억 때문에 현재와 미래를 망치며 살아가거나 자신을 스스로 패배자라고 미리 결정지은 후 인생을 패배자로서 살아간다. 그러나 우리는 그렇게 살지 말자. 우리는 우리 마음 속에 있는 영의 갈급함을 따라 계속 그리고 묵묵히 전진하자. 그러면 여러분을 통하여 하나님의 영광이 세상에 비추어지게 된다.

잭 코의 사역을 통해 배울 수 있는 또 다른 교훈이 있다. 그것은 남들과 경쟁하지 말고 자신과 자신의 사역을 과장하지 말라는 것이다. 잭 코의 사역의 단 하나의 단점이 있다면 그는 이런 면에서 실패했다는 것이다.

자존감이 낮고 안정감이 없는 사람이 사역자가 되면 많은 경우 자신의 사역을 거품 부풀리듯이 한껏 부풀려 선전하고 자신이 다른 사람보다 더 나은 사역자라는 사실을 증명하기 위해 귀한 시간을 보낸다. 그러다 결국 헛발을 딛거나 건강을 잃고 잭 코처럼 쓰러진다. 자신의 육을 자랑하고 자신의 육의 힘을 의지하는 자는 결국 빨리 지치거나, 빨리 병들어 죽거나, 빨리 망한다.

그리고 마지막으로 말한다. 당신의 병들고 힘들었던 과거가 결코 당신을 지배하도록 허락하지 말라. 의지적으로 그렇게 되지 않는다고 선포하라. 그리고 그렇게 되지 않도록 노력하라. 미래에 대한 희망을 가지고 믿음으로 전진하라. 오직 하나님을 더 알고 그분과 친밀한 교제를 하고자 하는 하나의 목적만을 가지고 전진하라. 그러면 당신의 마음에 하나님께서 주시는 소원이 생기고 그 소원 또한 반드시 이루어질 것이다.

참고도서

1. Jack Coe, *The Story of Jack Coe* (Dallas, TX: Herald of Healing, Inc., 1955)
2. David Harrell Jr., *All Things Are Possible* (Bloomington: Indiana University Press, 1975)

CHAPTER TWELVE

A. A. Allen

"The Miracle Man"

기적을 일으키는 사람 (The Miracle Man)

- 에이 에이 알랜 -

에이 에이 알랜의 삶과 그의 사역 사역에 대해 읽어나가기 전에 나는 독자 여러분이 그리스도인들마다 서로 다른 점이 있다는 사실을 꼭 알기를 원한다. 가령 그리스도인마다 자기가 좋아하는 사역 분야가 다르다. 또한 사역자들마다 사역이 다르다. 설사 동일한 사역을 한다고 하더라도 사역자의 스타일이나 독특성은 서로 다르다.

그리고 사역자들마다 하나님께서 주신 사역을 위한 은사가 다르다. 그래서 사역자들마다 자신이 선호하는 사역이 서로 틀리다. 또한 거의 대부분의 사역자들은 자신이 선호하는 사역을 다른 사람의 사역보다 훨씬 더 중요하게 생각하는 경향이 있다. 이러한 사실을 알고 사역에 임하면 다른 사역자들의 사역을 존중할 수 있게 되고 다른 사역들을 자신의 사역 아래에다 넣으려는 실수를 덜 범하게 된다.

사역에 대한 인간의 생각과 방법은 하나님의 생각과 방법이 아닌 경우가 대부분이다. 다시 말하면 어떤 사역을 다른 사역보다 귀하게 생각하는 개인적인 취향은 개인의 생각에 불과하지 하나님의 생각이 아니기가 십상이라는 말이다.

사역에 대한 개인적인 선호도는 개인적인 취향에 따라 좌우된다. 그러므로 어떤 사역자의 사역에 대한 취향은 우리가 반드시 따라야할 원칙이 아닌 것이다. 그러므로 자신의 사역에 대한 취향을 마치 불변의 잣대로 생각하여 다른 사람의 사역과 은사를 판단하는 것은 잘못하는 것이다. 그리고 만약에 당신이 좋아하는 사역만 제일이라고 생각하고 그 사역에만 신경을 쓴다면 하나님의 매우 중요한 것들을 놓칠 수가 얼마든지 있다. 이러한 사실들을 알고서 사역을 펼쳐 나간다면 당신은 훌륭한 사역자로 성장할 수 있다.

나는 개인적으로 에이 에이 알랜에 대해 불쌍히 여기는 마음을 가지고 있다. 하나님의 장군들의 대부분이 그랬던 것처럼 그도 실수를 한 사람이다. 앞으로 이 지구상에 나타날 하나님의 장군들도 분명히 실수를 할 것이다. 나는 에이 에이 알랜이 자신의 육적인 것을 성령님이라고 주장하는 실수를 범했다고 생각한다.

그러나 그의 극도로 불행하였던 어렸을 적 환경을 고려에 넣고 볼 때 그가 세상에 끼친 영향은 실로 대단함을 쉽게 알 수 있다. 그린 면에서 그는 참으로 큰 승리자라 아니할 수 없다. 이 세상에서 하나님의 부르심에 순종하기 위하여 그처럼 험한 역경을 딛고 일어설 사람은 그리 많지 않다. 인간은 역사를 통해 교훈을 배우는 존재이다. 나는 여러분께서 이점을 염두에 두고 에이 에이 알랜의 이야기를 읽어주길 바란다.

우유는 조금, 위스키는 많이

에이 에이 알랜(Asa Alonzo Allen; 아사 알론조 알랜)은 1911년

적지 않은 사람들이 그의 과장된 행동과 감정주의에 불만을 표시하였고 특히 그의 어떤 습관을 놓고는 더욱 더 그러하였다.

3월 27일 비바람이 몰아치던 부활절 아침에 태어났다. 그의 부모들은 장로교 목사였던 그의 삼촌과 아버지의 이름을 각각 따서 새로 태어난 아들의 이름을 아사 알론조 알랜이라고 지었다. 그의 부모는 신실한 신앙인이 아니었기에 알랜이 나중에 커서 훌륭한 사역자나 목사가 되리라고는 꿈에도 생각하질 못하였다. 그러나 유황온천으로 알려진 아칸소 주의 한 작은 마을에서 태어난 에이 에이 알랜은 부모의 생각과는 전혀 무관하게 그 시대를 풍미했던 저명한 부흥 치유 사역자가 되었다.

다른 부흥 치유 사역자들에 비해 알랜은 사역자로서 사람들의 비난을 특히 많이 받았다. 적지 않은 사람들이 그의 과장된 행동과 감정주의에 불만을 표시하였고 특히 그의 어떤 습관을 놓고는 더욱 더 그러하였다. 신문도 그에게 등을 돌렸다. 그리고 교단 지도자들은 사람들에게 그를 조심하라고 말하였고 결국 그를 교단에서 추방시켰다.

그럼에도 불구하고 적지 않은 수의 사람들이 알랜이 그 당시 활동하던 치유의 소리 사역자들 중에서 가장 훌륭한 사역자라는 사실에 동의를 하였다. 사역 면에서 알랜보다 훨씬 못한 사람들이 알랜를 심하게 비판하였다는 것은 흥미로운 사실이다.

그럼에도 불구하고 적지 않은 수의 사람들이 알랜이 그 당시 활동하던 치유의 소리 사역자들 중에서 가장 훌륭한 사역자라는 사실에 동의를 하였다.

알랜의 어린 시절은 그야말로 처절한 고난의 연속이었다. 그가 태어났을 당시 그의 위로 두 명의 형들과 네 명의 누나들이 있었다. 그의 누나들은 그를 잘 돌보아 주었고 그를 귀하게 여겨주었다. 그러나 그의 아버지와 어머니는 모두 알콜 중독자였다. 그는 너무 가난하게 살았기에 신을 신발도 없어서 어린 시절을 종일 맨발로 지냈다. 한번은 지나가던 사람이 맨발로 다니는 알랜을 불쌍히 여겨 그에게 신발을 구해준 적도 있었다.

알랜의 부모들은 그들이 기거하는 조그만 통나무 집 뒤쪽에서 조그만 양조시설을 만들어 술을 만들어 마셨다. 알랜의 어머니는 알랜을 임신하고 있는 기간 동안에도 계속 술을 마셨다. 이런 좋지 않은 환경 가운데 자라난 그였기에 그는 어린 시절에 대한 즐거웠던 기억을 전혀 가지고 있지 않았다.

알랜이 기억하는 한 그의 어린 시절 중 가장 기뻤던 경우는 부모들이 마시다 남긴 술을 그의 누나와 형들과 함께 나누어 마셨던 경우였다. 같이 술을 나눠 마신 후 술에 취한 누나와 형들과 함께 더러운 진흙 구덩이에서 정신없이 놀다 곯아 떨어져 잠들었던 기억이 가장 좋은 기억이었다. 알랜이 갓난 아기였을 때 밤에 자지 않고 울면 알랜의 어머니는 알랜에게 젖을 먹이는 대신 술을 먹여 알랜을 재우곤 하였다. 물론 알랜의 어머니가 어린 알랜에게 일부로 그런 것이 아니라 젖도 안 나오고 아기가 먹을 것이라고는 술밖에 없었기 때문에 그런 것이었다.

그러나 그렇게도 가난한 알랜의 집이었지만 잎담배는 많았다. 이 잎담배는 알랜의 집 근처 땅에서 부모가 직접 재배한 것이어서 보통 사람들이 피우기에는 너무 독했다. 알랜은 초등학교에 다니기 훨씬 전부터 잎담배를 피우기 시작하였다. 그의 어머니가 어린 알랜에게 잎담배에 불을 부쳐달라곤 부탁하면 알랜은 엄마의 담배를 자신의 입에 물고 불을 당기면서 담배 연기를 빨곤 하였는데, 그러면서 그는 자연스럽게 담배를 배우게 된 것이었다.

알랜의 아버지는 음악적인 재능이 많은 사람이었다. 비록 그는 크리스챤은 아니었지만 집 근처의 교회에서 그의 음악적인 재능을 인정하고 그에게 성가대를 지도해 달라고 부탁하였다. 이 요청을 수락한 후, 알랜의 아버지는 가끔 입에 술 냄새를 풍기면서 그 교회의 성가대를 지도하기도 하였다. 어린 알랜도 그런 아버지를 닮아서인지 어렸을 적부터 음악적인 재능을 나타내었다. 어린 알랜은 길거리에 모인 사람들 앞에서 자주 노래를 불렀다. 물론 그가 사람들 앞에서 부른 노래는 술취한 아버지가 흥얼거리는 것을 옆에서 듣고 따라 배운 노래에 불과하였다. 그가 길거리에서, 아버지에게서 배운 찬송가 노래를 계속하여 부르면 지나가던 사람들은 그에게 모여들어 그의 노래를 듣고 나서 그에게 동전을 던져주곤 하였다. 고로 어떻게 보면 그는 아주 어렸을 때부터 누가 가르쳐 준 적도 없이, 자연스럽게 연기하는 법을 배웠다고 할 수 있다.

술로 망해 가는 가정

알랜의 부모들은 자주 부부 싸움을 하였다. 때론 부부끼리 접시나 의자를 던지고 심한 경우는 칼이나 총으로 서로를 죽이겠다고 위협하기도 하였다. 알랜은 아주 어렸을 때부터 부모가 심하게 싸우는 것을 자주 목격하면서 자라났다. 알랜이 네 살이 되었을 때 엄마는 도저히 같이 못살겠다고 아버지만을 남겨둔 채 자녀들을 데리고 미주리 주 카싸지라는 곳으로 갔다.

아버지 곁을 떠난 후 어머니는 바로 다른 남자와 재혼을 하였다. 그러나 행복은 거기에도 없었다. 술에 취한 어머니와 의붓아버지가 너무도 극심하게 싸우는 바람에 알랜을 포함한 어머니의 여러 자녀들은 집에 들어가지도 못하고 집 밖에서 두려움에 떨었던 적이 비일비재하였다. 알랜이 여섯 살이 되었을 때 알랜은 아버지의 심부름으로 한 통의 맥주를 술집에서 사서 집으로 가지고 온 적이 있었다. 훗날 알랜은 이 당시를 회상하며 다음과 같은 말을 하였다.

"우리 모두는 술맛을 보며 자라났지요. 나에게는 두 형이 있었는데 그 중 하나는 내가 너무 어렸을 때 죽어서 그 형에 대한 기억은 내 머리 속에 전혀 없습니다. 그리고 남아 있는 형마저도 술을 마시다가 죽었습니다. 나의 아버지도 술 때문에 돌아가셨습니다. 나의 어머니는 내가 성인이 되기 전에 술을 끊으셨습니다. 그러나 나의 네 명의 누이들과 나는 계속 술을 마시며 죽음의 길로 향하는 삶을 살고 있었지요."

그의 어머니는 알콜 중독자이었을 뿐 아니라 질투심이 하늘을 찌를 듯한 여자였다. 그녀는 자신보다 연하인 남자와 재혼하였는데, 그 연하의 남편이 일하러 나가면 그녀는 남편의 뒷모습을 망원경으로 쳐다보며 혹시 남편이 일하러 가는 길에 다른 여자들에게 말을 거는지를 감시하곤 하였다. 알랜의 의붓아버지는 집 근처가 일터이어서 어머니는 항상 그의 일거수 일투족을 감시하곤 하였고 월급날 자신이 생각한 액수보다 적게 받아오면 어머니는 돈을 어느 여자에게 써버렸느냐며 의붓아버지를 구박하였다. 이러한 심한 질투와 구박에 견디다 못한 알랜의 의붓아버지는 어느 날 아예 집을 나가버리고 말았다.

알랜은 열 한살이 되던 어느 날 친아버지를 찾겠다며 옛날에 살던 아칸소 주로 떠났다. 그러나 그는 가는 길도 몰랐을 뿐 아니라 날씨도 나빠져 가던 길을 중단하고 다시 집으로 되돌아왔다. 집에 돌아온 그는 이번에는 비록 실패하였지만 나중에 기회가 오면 다시 친아버지를 찾아야겠다고 굳게 결심하였다.

몸이 어른처럼 커진 열 네 살 되던 어느 날 알랜은 무작정 집을 나왔다. 그는 차를 몰래 타기도 하고 화물칸에 몸을 실기도 하며 부랑아들과 함께 미국 남부를 돌아다니는 생활을 하기 시작하였다. 때론 목화밭에서 목화를 따거나 양조장에서 일하였으며 또 어느 때는 막노동을 해가며 숙식을 해결하였다. 한번은 너무 배가 고파서 옥수수를 훔쳐먹다 들키는 바람에 유치장에 갇힌 적도 있었다.

"그를 쫓아내시던지 데려가 주세요!"

알랜은 노래를 잘 불렀는데 특히 리듬 감각이 탁월하였다. 리듬을 잘 타는 고음의 아름다운 알랜의 테너 목소리는 듣는 사람들의 간장을 살살 녹였다. 그래서 그가 술집에서 얼큰하게 한잔 걸치고 신나게 한 곡조 뽑기라도 하면 술집에 있는 사람들이 하나 둘씩 그의 앞으로 모여들곤 하였다. 그러자 사람들 사이에서 알랜은 파티를 좋아하는 사람이라는 소문이 나돌기 시작하였다. 그는 항상 술을 마시고 노래를 불렀고 춤을 추었고 담배를 피웠다. 겉으론 그가 즐거운 것처럼 보였으나 그의 내면은 공허하기 그지없었다. 그는 술 파티를 끝내고 나면 혼자 숲으로 걸어 들어가 허전한 속마음을 스스로 달래며 한참동안 서럽게 울곤 하였다.

스물 한살이 되었을 때 알랜은 술로 인한 수전증이라는 병에 걸려 손을 떨기 시작하였다. 그는 수전증은 하도 심해 담배에 불을 붙이기 위해서는 떠는 손을 다른 손으로 꼭 잡고 있어야만 하였다. 그리고 또한 커피를 마시기 위해 손으로 커피 잔을 들다가 손이 떨려 커피를 쏟은 적도 여러 번 있었다. 가슴에 통증을 심하게 느꼈고 기침을 심하게 하였으며 기억력은 자꾸 무디어졌다. 청년 때에 이미 그의 몸은 죽어가고 있었던 것이다.

병들어 이제는 그를 반기는 술친구도 없고 갈곳도 없어진 그는 아픈 몸을 이끌고 어머니가 계신 곳으로 갔다. 그는 그곳에 가서 술을 자제하고 일을 하면 건강이 회복될 것이라는 막연한 생각을 가졌던 것이다. 그러나 그는 어머니가 계신 곳에 가서도 혼자 계속해서 술을 마시며 방탕한 생활을 하였다. 그는 거기서 어머니와 함께 술 만드는 일을 계속하였다. 그리고 그는 그의 조그만 집에 밤이면 술손님들을 받았다. 그랬기에 그의 집은 매일 밤이면 막 사는 사람들의 술 먹는 장소가 되었다.

> 스물 한살이 되었을 때 알랜은 술로 인한 수전증이라는 병에 걸려 손을 떨기 시작하였다. 그는 수전증이 하도 심해 담배에 불을 붙이기 위해서는 떠는 손을 다른 손으로 꼭 잡고 있어야만 하였다.

그가 그렇게 살아가는 사이에 그곳 바로 근처의 한 집에서는 이와는 정반대의 일이 벌어지고 있었다. 믿은 사람들 사이에 헌터 형제(Brother Hunter)라고 불리는 사람은 거듭난 그리스도인으로 성령으로 충만한 사람이었다. 그는 자기의 집에 사람들을 불러모은 후 복음을 전하고 나서 사람들과 같이 가정에서 예배를 드렸다. 헌터 형제는 알랜의 집에서 매일 밤마다 나오는 시끄러운 소리가 나자 이 소리가 그에게는 영적인 부담을 주었다. 헌터 형제는 알랜의 집에서 모여서 술을 먹는 사람들에 대해 불쌍한 마음을 가지게 되었던 것이다.

헌터 형제는 알랜의 집에 모여있는 사람들에게로 가서 복음을 전해 보았으나 아무도 그에 이야기에 귀를 기울여주지 않았다. 그는 만일 이 마을에 하나님의 부흥이 떨어지면 알랜의 술집이 문을 닫을 수 밖엔 없을 것이라고 믿고, 뜻이 맞는 사람들과 함께 모여 하나님께 울부짖으며 다음과 같이 기도하였다.

> "하나님 아버지, 알랜이 운영하는 술집이 문을 닫게 해주세요. 알랜을 불쌍히 여기셔서 그를 구원해 주세요. 만일 알랜이 구원받기를 거절하면 그를 이 마을에 쫓아내 주세요. 그것도 안되면 그를 이 세상에서 데려가 주세요."

그런데 고맙게도 하나님은 이런 헌터 형제의 기도를 들어주셨다.

하얀 드레스를 입은 여인

1934년 6월 알랜은 그의 친구들과 감리교회 앞을 우연히 지나게 되었다. 그때 알랜의 귀에는 사람들의 노래 소리와 즐겁게 춤을 추며 손뼉치는 소리가 들렸다. 그는 그 소리가 나는 쪽을 바라보았다. 그런데 그 소리는 바로 교회에서 나는 소리였다.

그전에 알랜은 교회란 목에 힘을 주고 슬픈 얼굴을 한 사람들이 모이는 곳으로 알고 있었다. 그런데 교회에서 즐거운 노래 소리가 나자 깜짝 놀란 알랜은 친구들과 함께 교회 안으로 들어가 보았다. 교회 안으로 들어간 그는 하얀 드레스를 입은 여자가 설교단을 벗어나 사람들 사이를 왔다 갔다 하며 설교를 하고 있는 것을 보고 다시 한번 깜짝 놀랐다. 왜냐하면 그는 설교란 남자만 하는 것으로 생각하고 있었기 때문이었다. 교회로 들어간 알랜은 교회의 난로 옆에 자리를 잡고 앉았다. 그 여자의 설교는 듣고 있는 알랜의 눈에게 그 여자가 성결한 천사처럼 보였다. 그는 그 설교하는 여자가 자기에게로 가까이 다가올 때마다 자신의 추한 꼴이 그 여자에게 드러나는 것이 싫어서 난로 뒤에 자기의 몸을 숨기곤 하였다. 그녀의 설교를 듣고 있던 그는 어느덧 자신이 죄인이라는 사실을 생전 처음으로 깨닫기 시작하였다. 그러나 그는 그날 거기서 예수님을 영접하지 않고 설교만 듣고 친구들과 함께 교회를 빠져 나왔다.

그날밤과 그리고 그 다음날 내내 그는 그 교회에서 들은 하나님에 대해서 생각하였다. 그는 그 교회에서 본 사람들의 얼굴 표정에 나타나 있던 기쁨과 평강을 자신도 경험해 보고 싶은 마음이 간절해졌다. 그래서 그는 한참을 망설인 끝에 그 다음날 밤에 그 교회의 밤 예배에 참석을 하여야겠다고 내심 굳게 다짐 하였다.

알랜은 저녁 설교가 시작되기 전에 사람들이 부른 찬송과 사람들이 나와서 한 간증들을 마음 속 깊숙이 담아놓았다. 그날밤 설교는 예수님의 피가 어떻게 사람들의 죄를 씻어 낼 수 있는지에 대한 것이었다. 설교가 끝난 후 예수님을 구주로 영접할 사람은 일어서라고 하자 그는 지체없이 자리에서 일어났다.

그러자 그 여자 설교자는 일어난 알랜을 보고 그가 예배를 방해하려고 일부로 일어서는 줄을 알고 겁을 먹었다. 그러나 그녀는 이내 평정을 되찾고 일어선 사람들 중에 정말로 예수님을 믿고 싶은 사람만 앞으로 나오라고 하였다. 그 말을 들은 알랜은 설교단 앞에 나가 섰다. 그 여자 설교자는 앞으로 나온 단 하나의 사람인 알랜이 혹시 장난치는 것인지 어쩐지를 알아보기 위해 정말로 구원받고 싶으냐고 알랜에게 진지하게 물었다. 그러자 알랜은, **"나는 예수님을 영접하고자 이 자리에 나와 서 있습니다"**라고 대답하였다.

그날밤 그는 나와 선 자리에서 무릎을 꿇고 예수님을 자신의 삶의 구원자와 주인으로 영접하였다. 이제 그는 새사람이 되었다. 새로운 에이 에이 알랜이 탄생한 것이다. 예수님을 영접한 그 날부터 그는 술을 일절 입에도 대지 않았고 그렇게 좋아하던 춤도 일절 추지 않았다. 그러자 그의 술친구들이 그런 그를 비웃기 시작하였다. 그러나 그는 절대로 옛 생활로 다시 돌아가지 않았다. 그는 정말로 새사람이 된 것이다.

"그건 귀신이 준거야!"

그러던 어느 날 알랜은 다락방에서 그의 누나가 언젠가 어디에서 상으로 받아온 작은 성경책 하나를 발견하였다. 그래서 그는 그 성경책을 들고 생전 처음으로 읽기 시작하였다. 그는 그 성경을 들에 나가서 일할 때도 읽었고 밥 먹기 전에도 읽었다. 그러나 그는 아무리 아무리 성경을 읽어도 결코 지치는 법이 없었다.

그가 성경을 읽고 있는 기간 동안 그의 집 근처에 있는 헌터 형제의 오순절 교회에서는 사람들이 매우 기뻐하며, "그 망나니 알랜이 구원 받았다네. 하나님께서 우리의 기도를 들어주셨어"라고 말하였다. 얼마 후 알랜의 술친구들도 교회에서 나오는 즐거운 노래 소리와 춤에 흥미를 느껴 하나 둘씩 교회에 다니기 시작하였다. 그러던 어느 날 알랜이 헌터 형제의 교회 예배에 나타나 예배를 드리곤 슬쩍 사라졌다. 그가 떠나자 기쁨에 들뜬 그 오순절 교회 교인들은 그가 성령에 충만한 사람이 되어 많은 영혼을 구하게 해달라고 하나님께 합심하여 간절히 기도하였다.

헌터 형제의 오순절 교회의 예배에 참석한 알랜은 그 다음날 아침에 자신이 다니던 감리교회의 목사님을 만났다. 알랜을 만난 목사님은 알랜에게 그 오순절 교회는 방언을 하는 교회이고 방언하는 교회는 귀신의 교회이므로 그 교회는 근처에도 가지 말라고 충고하였다.

그러나 알랜은 그들의 방언 소리가 하도 신기하기도 하고 다시 듣고 싶기도 하여 헌터 형제의 교회의 예배에 다시 참석하였다. 몇 번에 걸쳐 그 교회의 예배에 참석하면서 그들이 하는 방언과 방언 통역을 유심히 관찰한 알랜은 그 방언은 하나님으로부터 온 것이라고 확신하게 되었다. 그러자 그에게도 방언을 사모하는 마음이 생겼다.

어느 날 알랜은 감리교회 목사님을 만나 성경을 펴가며 방언은 성경적이라면 방언에 대해 변호하였다. 그러자 그 감리교 목사님은 초대교회에 있었던 방언은 오늘날엔 더 이상 존재하지 않는다고 하였다. 그러자 알랜은 그 목사님에게 담대하게 **"나는 방언하기를 사모합니다. 나는 목사님도 방언하시길 원합니다"**라고 말하였다. 그러자 그 목사님은 버럭 화를 내며 밖으로 나가버렸다. 그후 알랜은 그 목사님의 교회에 출석하지 않았다.

이런 일이 있고 나서 얼마 되지 않아 알랜의 누이들이 구원을 받았다. 그리고 알랜의 누이들이 구원받은 지 얼마 지나지 않아 알랜은 그의 누이들과 함께 오클라호마 주에서 있었던 오순절 캠프에 참석하였는데, 그는 그 집회 참석 도중에 성령세례를 받아 방언을 말하기 시작하였다.

알랜은 그 다음날 아침에 자신이 다니던 감리교회의 목사님을 만났다. 알랜을 만난 목사님은 알랜에게 그 오순절 교회는 방언을 하는 교회이고 방언하는 교회는 귀신의 교회이므로 그 교회는 근처에도 가지 말라고 충고하였다.

그 오순절 캠프 기간동안 그는 마치

자신이 천국에 있는 듯한 느낌을 받았다. 어느 날 밤 그는 그 캠프에서 성령에 충만하여 쓰러졌다. 그는 그때 흰색 티셔츠와 흰색 반바지만 입고 있었는데 성령님의 권능에 의해 흙바닥에 쓰러진 것이었다. 그러나 그는 하나님만 간절히 원했기 때문에 흙바닥에 쓰러진 것에 대해서는 전혀 개의치 않았다. 이때 전기 같은 것이 그의 머리에서부터 손끝으로 전해지는 것을 느꼈다. 그리고 조금 지나자 그의 온몸이 찌릿찌릿해졌다. 이순간 그는 하나님의 임재를 체험하였다. 쓰러졌던 그는 얼마 후에 일어나더니 방언으로 말하기 시작하였다. 이미 그의 흰색의 셔츠와 반바지는 진흙이 묻어 엉망이 되어있었다. 비록 그의 더러워진 옷과 얼굴은 남들이 보기에는 흉했을지 모르지만 그의 영혼은 하나님의 영광으로 가득 찼다.

콜로라도와 렉씨

1934년에 미주리 주에 심한 가뭄이 들이닥쳤다. 이때 많은 사람들이 일자리를 잃었다. 그러던 어느 날 그의 옛 친구 중 한 사람이 콜로라도 주에 있는 어느 목장에서 일해보지 않겠느냐는 내용의 편지를 알랜에게 보냈다.

그 편지를 받은 그는 그곳에서 일해보기로 마음을 먹었다. 그해 9월 알랜은 정들었던 오순절 교회의 교우들과 아쉬운 작별의 인사를 하고 콜로라도 주로 길을 떠났다. 그는 걸어서 그곳까지 갈 작정이었다. 집을 떠난 그는 어느 날 목은 마르고 몸은 기운을 거의 다 소진한 채 홀로 콜로라도의 대평원을 걸어가고 있었다. 그는 콜로라도의 농장에 가면 주위에 자신과 같은 믿음 생활을 하고있는 사람이 있을지를 걱정하며 걸어가고 있었던 것이다. 그때 흙먼지 바람이 불더니 그의 앞에 한 얇은 책이 한 권 떨어졌다. 허리를 굽혀 그 책을 주워 읽던 그의 얼굴에는 미소가 번졌다. 그 책은 포스퀘어(Foursquare) 교단에서 발간하는 브리달 콜(Bridal Call, 신부로 부르심)이라는 간행물이었다. 이 간행물을 통해 콜로라도에도 자신과 같은 믿음의 사람들이 있다는 사실을 알게되자 그는 무척 안심이 되었다.

알랜은 자신이 일하기로 한 목장에 도착하자마자 사람들에게 포스퀘어 교회에 다니는 사람이 이 근처의 어디에서 살고 있는지 물어보았다. 그러자 어느 사람이 길 건너편에 살고 있는 소녀가 아마도 그 교회에 다닐 것이라고 말해주면서, "그 소녀는 하나님께서 자신을 설교자로 불렀다고 생각하는 모양이야"라고 말하였다.

그 소녀의 이름은 렉씨 스크리븐(Lexie Scriven)이었다. 얼마 후 알랜은 렉씨 스크리븐을 만날 수 있게 되었다. 렉씨는 자신의 친구들과 함께 전도여행을 마치고 막 집으로 돌아온 터였다. 만난지 얼마 후 알랜과 렉씨는 서로 친한 사이가 되었다. 이제 이 두 사람은 성경을 같이 공부하였고, 성경을 읽다가 의문이 나는 점은 서로 물어보고 또한 가르쳐 주었다. 렉씨는 경험을 통하여 깨달은 전통적인 교회의 잘못된 점에 대해서 자신의 반대 의사를 분명하게 알랜에게 말하였다. 이러한 렉씨의 용감성에 대해 알랜은 큰 감동을 받았다. 그러나 알랜은 한번도 전통적인 종교 생활을 한 적이 없었기에 교회의 잘못된 점에 대해 렉씨가 보는 것을 자신은 볼 수가 없었다. 그러나 그 반면 알랜은 성경을 백지 상태에서 보기 시작하였으므로 렉씨가 성경에서 보지 못하는 점을 알랜은 쉽게 볼 수 있었다. 그 결과 알랜의 영향으로 렉씨는 성경을 자기 나름대로 볼 수 있는 힘이 생겼다. 얼마 후 이 둘은 같은 교회에 같이 다니기 시작하였다. 그 둘은 항상 같이 지냈지만 친구 이상의 관계로 발전하지는 않았다.

얼마 후 알랜은 어머니가 아이다호 주로 이사하는 것을 돕기 위해 콜로라도 농장을 떠나 다시 미주리 주로 돌아갔다. 그리고 얼마 후 렉씨도 콜로라도를 떠나 미주리 주 스프링필드에 있는 중앙 성경 학교(Central Bible Institute)로 들어갔다. 그러나 이동안 알랜과 렉씨는 편지로 왕래를 계속하였다. 그러다가 이 둘은 어느 덧 서로 사랑에 빠지게 되었다. 그러던 어느 날 알랜은 청혼하는 내용을 담은 편지를 렉씨에게 보냈다. 그리고 1936년 9월 16일 이 둘은 콜로라도 주에서 결혼하였다. 그후 알랜과 렉씨는 하나님의 축복으로 세 명의 아들과 한 명의 딸을 자녀로 갖게 되었다.

추수감사절 흰 물쥐

알랜 부부는 단돈 백 달러로 결혼 생활을 시작하였다. 그들이 가지고 있는 것이라고는 약간의 돈과 몇 가지 결혼 선물들과 낡은 포드 자동차 한대가 전부였다. 결혼 당시 알랜 부부는 마땅한 직업이 없었었다. 그러나 이 두 사람은 하나님께서 자신들을 설교자로 부르셨다는 사실만은 굳게 믿고 있었다.

결혼하던 해 9월 그들은 중앙 성경 학교에 같이 다니기 위해 가능한 한 돈을 아꼈다. 결혼 후 그들은 콜로라도 주를 떠나 미주리 주로 이사하게 되었는데 이사하는 도중 알랜의 어머니의 집에 들렀다. 그 당시 알랜의 어머니는 병에 걸려있었는데도 불구하고 아무도 돌보아 줄 사람이 없어서 오랫동안 병석에 혼자 누워만 있었다. 그래서 그들은 알랜의 어머니를 위해 필요한 음식과 물품들을 사드리느라고 그나마 가지고 있던 돈을 거의 다 써버렸다. 그래서 같이 다니고자 계획했던 중앙 성경 학교에 다닐 수가 없게 되었다.

병든 어머니를 정성껏 돌보던 알랜과 렉씨 부부는 알랜의 어머니의 건강이 좀 나아지자 어머니에게 작별인사를 하고 무작정 집을 나섰다. 그들은 길을 가는 도중에 기회가 닿는대로 일거리를 찾아 보았다. 그러던 중 어느 시골 가정집에서 모인 몇 사람 앞에서 복음을 전할 기회를 갖게 되었다. 그곳에서의 경험을 통해 용기를 얻은 알랜과 렉씨는 앞으로 기회만 주어진다면 부흥 집회를 인도해야 되겠다는 생각을 하게 되었다.

> 알랜 부부는 단돈 백 달러로 결혼 생활을 시작하였다. 그들이 가지고 있는 것이라고는 약간의 돈과 몇 가지 결혼 선물들과 낡은 포드 자동차 한대가 전부였다. 결혼 당시 알랜 부부는 마땅한 직업이 없었었다. 그러나 이 두 사람은 하나님께서 자신들을 설교자로 부르셨다는 사실만은 굳게 믿고 있었다.

그러나 문제는 그들에게 가진 돈이 한 푼 없다는 것이었다. 그래서 그들은 낮에는 통나무를 베는 일을 하여 돈을 벌고 저녁에는 하나님 말씀을 전하는 자비량 복음 전도 여행을 하기로 계획하였다. 그러자 알랜은 이주일간 일을 하면서 짬짬이 하나님께서 주시는 설교 제목들과 내용을 받아 적었다. 그리곤 이주일 후 어느 가난한 시골 교회에서 첫 설교를 하게 되었다. 알랜은 드와이트 엘 무디(Dwight L. Moody)나 챨스 피니(Charles Finney)와 같은 훌륭한 설교가가 되고 싶었다. 그래서 알랜은 이 두 사람의 설교에 기초하여 생전 처음으로 설교를 하였다.

알랜이 생전 처음으로 설교를 한 가난한 시골 교회의 교인들이 예배가 끝나자 알랜 부부에게 흰 물쥐를 선물하였다. 알랜의 아내 렉씨는 부활절날 그 흰 물쥐를 정성껏 요리하여 맛있게 먹었다. 그 교회에서의 집회가 모두 끝났을 때 교인들은 알랜에게 35 센트를 헌금으로 주었다.

콩과 벽지

그곳에서의 집회가 끝나자 신기하게도 다른 곳에서 또 집회 요청이 들어왔다. 다음 집회 장소 근처에 머물러야 하였지만 마땅히 머물 장소가 없었다. 그런데 때마침 어떤 사람의 주선으로 집회가 열릴 장소 근처에 있는 통나무로 만든 조그만 곡물 창고를 쓸 수 있다는 연락을 받았다. 그래서 그들은 그 곡물 창고에서 숙식을 하며 그곳에서의 집회를 인도하였다. 곡물 창고의 주인은 고맙게도 쌓아놓았던 곡물들을 알랜 부부를 위하여 말끔히 치워주었다. 그 곡물 창고 마루 바닥에 난 큰 구멍은 널빤지로 적당히 때웠고 깨어진 유리창은 담요로 가려 들어오는 황소바람을 간신히 막을 수 있었다. 그리고 그 두 부부는 차에서 꺼낸 방석을 둘둘 말아 베개로 사용하고 잠을 잤다. 그들은 이렇게 수주간을 그 곡물 창고에서 머물며 집회를 인도하였다. 그동안 그들은 콩과 옥수수 빵으로 연명하였다. 그들이 기록한 그 당시의 일기장을 보면 어떤 때는 헌금이 오센트가 들어오기도 하였던 것을 알 수가 있다. 그러나 그들은 헌금에 의지하지 않고 하나님을 의지하면서 열심히 하나님의 말씀을 전하였던 것이다.

이 집회 기간동안 알랜 부부는 기도의 효력을 다음과 같이 체험하였다. 그들이 한번은 집회 전에 집회 참석자들이 구원을 받게 해달라고 하나님께 집중적으로 중보기도를 한 후 집회 참석자들에게 복음을 전하였다. 그러자 참석자 서른 명 모두가 구원받는 일이 일어났다. 구원받은 사람들 중 대부분은 그의 집회에 참석하기 위하여 육 마일이 넘는 거리를 걸어온 사람들이었다. 알랜 부부는 구원받은 그들에게 세례를 준 후 기쁜 마음으로 다시 다른 곳을 향해 정처 없이 길을 떠났다.

그는 그런 전도 여행을 하는 동안 일자리를 구해보려고 애썼으나 구할 수가 없었다. 그래서 그는 사람들을 찾아가 그들을 위해 기도해 주는 외에는 대부분의 시간을 성경을 읽고 공부하는데 썼다.

"바람소리와 같은 그분의 목소리를 들었습니다."

1930년대 말에 알랜의 첫 아들이 태어났다. 이즈음 콜로라도 주의 홀리에 있는 타워 메모리알 하나님의 성회 교회(Tower Memorial Assembly of God)에서 그를 담임 목회자로 청빙하였다. 알랜이 그 교회에서 담임을 맡아 목회를 하는 도중에 그는 하나님의 성회 교단에서 정식으로 목사 안수를 받았다.

그러던 중 알랜은 하나님의 능력의 비밀에 대해 알고싶어 하나님의 얼굴을 구하며 금식하기를 시작하였다. 그러나 금식에 대해 별 지식이 없던 그는 의욕만으로는 금식을 마칠 수 없다는 사실을 깨달았다. 그가 금식을 하겠노라고 선포하고 방에 들어가 있으면 아내가 만드는 음식 냄새를 견딜수가 없어 중간에 금식을 포기하고 아내가 먹는 마루로 가서 음식을 먹곤 하였다. 여는 인간과 마찬가지로 그도 마음은 원이로되 육신이 약하였던 것이다.

그러던 어느 날 알랜은 음식을 먹다가 갑자기 무엇을 깨달은 듯 숟가락을 식탁에 탁 내려놓고는 아내에게 지금 자신은 골방에 들어갈 터인데 하나님의 음성을 들을 때까지는 그 골방에서 나오지 않을 것이므로 그리 알라고 말하고는 골방으로 들어가 버렸다. 그리곤 아내보고 골방문을 밖에서 아주 잠가 버리라고 말하였다. 골방으로 들어가는 알랜을 쳐다보며 그의 아내는 아마도 한시간이 안되어 열어 달라고 문을 두드릴 것이라고 웃으며 말하였다.

그러나 몇 시간이 지나도 그는 그곳에서 나오지 않았다. 그는 그곳에서 기도하며 육과의 전쟁을 치르기 시작하였다. 나중에 그는 그 골방에서 한 놀라운 경험을 회상하며 다음과 같은 말을 하였다.

"갑자기 하나님의 영광의 빛이 내가 기도하고 있는 깜깜한 골방에 비추기 시작하였습니다. 그때 그 골방에 임한 하나님의 임재는 너무도 강해서 나는 그 자리에서 무릎을 꿇은 채 이대로 죽는구나 라고 생각하였습니다. 그때 갑자기 바람 소리 같은 소리가 들리더니 연이어 어떤 음성이 들렸습니다. 그것은 바로 하나님의 음성이었습니다. 하나님께서 나에게 말씀하시다니! 내가 23살 때 주님을 영접한 후로 내가 그렇게도 알고 싶어서 하나님께 질문 드렸던 것에 대해 하나님께서는 나에게 음성으로 대답을 해 주신 것입니다. 하나님께서 말씀하시는 속도는 그 어떤 인간의 말보다 빨랐습니다. 그리고 심지어는 나의 생각보다 빨랐습니다. 하나님께서는 나에게 능력을 주겠는데 받은 능력을 계속 유지시키고 나타나기 위해서 내가 반드시 지켜야할 열 세 가지가 있다고 말씀하셨습니다. 그리곤 그분은 그 열 세 가지를 한가지씩 차례대로 나에게 말씀해 주시기 시작하셨습니다. 하나님께서 한가지씩 나에게 말씀해 주실 때 그것에 대한 깨달음이 그냥 찾아왔습니다. 그리고 하나님께서는 나에게 주시겠다고 말씀하신 능력들의 각각이 왜 중요한지를 설명해 주셨습니다. 나는 하나님께서 말씀하시는 열 세 가지 목록을 다 받아 적었습니다."

기적 사역을 위한 희생 목록

"마지막 열 세번째 목록을 적자 하나님께서는 나에게 다음과 같이 말씀하셨습니다. '열쇠는 바로 이것이다. 네가 적은 열 세 가지를 다 순종하면 나는 너에게 병자를 낫게하고 나의 이름으로 귀신을 쫓아내는 능력을 줄 것이고, 네가 나의 이름으로 말씀을 전할 때에 기적이 일어나게 되는 것을 너는 목격하게 될 것이다. 보라, 내가 너에게 대적들을 이길 능력을 주노라.'

"하나님께서 말씀하시는 속도는 그 어떤 인간의 말보다 빨랐습니다. 그리고 심지어는 나의 생각보다 빨랐습니다. 하나님께서는 나에게 능력을 주겠는데 받은 능력을 계속 유지시키고 나타나기 위해서 내가 반드시 지켜야할 열 세가지가 있다고 말씀하셨습니다. 그리곤 그분은 그 열 세 가지를 한가지씩 차례대로 나에게 말씀해 주시기 시작하셨습니다."

"그리고 하나님께서는 나에게 수없이 많은 사람들을 힘들게 했던 그것이 또한 너를 힘들게 할 것이니 각별히 조심하라는 말씀도 하셨습니다.

"여기에 하나님께서 나의 삶과 사역에 하나님의 능력이 나타나도록 하기 위해서 내가 지켜야할 열 세가지의 목록이 있습니다. 하나님께서는 이 목록들은 내가 사람들에게 기적을 나타내는 능력을 유지하고 발전시키기 위해 내가 반드시 치러야할 나의 희생 목록들이라고 말씀하셨습니다."

여기에 알랜이 하나님으로부터 받았다는 열 세가지 중에서 열 한가지 목록을 적어보았다. 하나님께서는 이 목록을 그가 스스로 지키면 그에게 하나님의 기적을 일으키는 능력이 임한다고 말씀하셨던 것이다.

1. 예수 보다 더 큰 기적은 일으킬 수는 없다는 것을 깨달아야 한다.
2. 예수님께서 걸어갔던 그 길을 걸어갈 수 있어야 한다.
3. 하나님처럼 거룩한 삶을 살아야 한다.
4. 예수님이라는 잣대로만 자신을 평가해야 한다.
5. 금식으로 자신의 육적인 욕망을 물리쳐야 한다.
6. 자기 자신을 부인한 후 예수님을 일주일 칠일을 휴일 없이 매일 따라야 한다.
7. 하나님 없이 스스로 할 수 있는 일은 아무것도 없음을 알아야 한다.
8. 몸에 죄가 없어야 한다.
9. 천박하고 목적 없는 논쟁은 하지 않아야 한다.
10. 몸을 하나님께 거룩하게 드려야 한다.
11. 하나님께서 말씀하신 모든 약속을 믿어야 한다.

하나님께서 알랜에게 말씀하셨던 열 세 가지 중에서 나머지 두 개는 그가 하지 않아야 할 두 가지 것이었는데 알랜은 이 마지막 두 가지를 별 것 아니라며 끝끝내 밝히기를 꺼려하였다.

하나님의 방문 후 첫 기적

알랜이 아내에게 골방의 문을 열어달라고 두들겼다. 아내가 알랜에게 골방문을 열어주면서 "드디어 답을 찾으셨군요"라고 말하자 그는, "그야 물론이지, 하나님을 만났어. 하나님께서 하늘 나라에서부터 내려오셔서 나에게 답을 주셨어. 이게 바로 그 답이야"라고 말하며 과일상자 종이에 적어 놓은 목록 열 세 가지를 그의 아내에게 보여주었다. 그리고 알랜 부부는 서로를 끌어안고 기뻐서 울고 또 울었다. 한참을 울던 알랜 부부는 울음을 그치고 목록 하나 하나를 읽어나가기 시작하였다.

하나님을 만난 알랜은 하나님께서 자신과 아내 렉씨를 복음 전도 사역으로 불렀다고 확신하고 담임하고 있던 교회를 사임하고 미주리 주를 시작으로 복음 전도 집회를 열기 시작하였다. 그런데 놀랍게도 첫 복음 전도 집회에서부터 기적이 일어났다.

광산 폭발 사고로 눈의 시력을 잃은 한 늙은 광부가 알랜이 연 첫 집회에 참석하여 그가 전하는 복음을 열심히 들었다. 치유를 받고 싶은 사람은 앞으로 나오라고 알랜이 말하자 그 눈먼 노인은 앞으로 나갔다.

에이 에이 알랜

그 눈먼 노인이 앞으로 나가자 알랜 부부는 깜짝 놀랐다. 도저히 고칠 것 같이 보이지 않는 두 눈의 시력을 모두 잃은 노인이 알랜의 말에 자신의 눈이 떠질 줄로 믿고 나온 것에 깜짝 놀란 것이었다. 알랜은 자신들의 기도를 받고도 이 노인의 눈이 안 떠지면 어떡하나 걱정이 되었다. 그래서 알랜은 그 눈먼 노인을 길게 늘어선 줄의 맨 끝에 세운 후 맨 앞 사람부터 한사람씩 기도해 주기 시작하였다. 알랜의 기도를 받은 두통 환자, 감기 걸린 사람들이 고침받기 시작했다. 그리고 귀머거리 몇 사람이 고침을 받았다. 이제 그 눈먼 노인만 남았다.

알랜은 이 눈먼 노인을 앞에 세워놓고 사람들에게 이 봉사가 치유받을 수 있다는 믿음을 가진 사람은 앞으로 나와 그를 위해 기도해 달라고 요청하였다. 그러자 여러 사람이 그 봉사 앞에 나와 섰다. 그러자 알랜은 "지금 이 자리에 이 봉사는 절대로 고침을 받을 수 없다라고 생각하는 사람이 있습니다"라고 말하였다. 알랜이 그 말을 하자 어떤 사람이 일어나 밖으로 나가 버렸다.

이제 알랜은 앞에 나와 있는 사람들과 함께 그 노인의 눈이 떠지게 해달라고 기도하였다. 기도를 마치자 그 노인은 눈이 보이기 시작한다고 말하면서 알랜이 매고 있는 넥타이 색깔이 무슨 색깔인지를 정확히 말하였고 교회 안에 있는 여러 가지 여러 물건들의 이름을 정확히 대며 그 물건들이 놓인 위치를 자신의 손가락으로 가리켰다. 하나님께서는 알랜과 그들의 기도에 즉각적으로 응답하신 것이다.

자녀들과 렉씨

이 일이 있고 나서 4년 반 동안 알랜은 하나님의 성회 소속의 부흥사로 전국을 돌아다니며 치유 전도 집회를 열었다. 그의 명성은 이제 어느 정도 상승 곡선을 그려나가고 있었지만 그는 여전히 가난한 상태에 머물러 있었다. 그가 걷은 헌금 수입으로서는 아내와 네 명의 자녀들을 먹여 살릴 수가 없었다. 그런 이유로 해서 1940년대의 전반부에 그와 그의 가족들은 경제적으로 풍요롭지 못한 삶을 살 수밖엔 없었다. 그동안 알랜의 아내 렉씨는 아이들을 돌보며 집안 일만 하였다. 그 당시 알랜은 한번 집을 비우면 심한 경우에는 석 달 후에나 집에 다시 돌아오기도 하였다. 렉씨는 남편이 집을 오랫동안 비우자 이에 대해 마음이 편치 않았지만 어쩔 도리가 없었다. 그 외에도 그녀는 혼자 가정을 이끌어 나가야 한다는 가외의 부담감을 가지고 살았다.

그럼에도 렉씨는 가정을 우선으로 하였다. 물론 그녀는 하나님께서 자신을 하나님의 사역자로 불렀다고 믿고 있었지만 하나님께서 자신을 아이들의 어머니로도 불렀다는 사실도 잘 알고 있었다. 그리고 그녀는 사역은 언제든지 할 수 있지만 아이들 키우는 것은 정해진 시기가 있다는 것도 잘 이해하고 있었다. 그래서 그녀는 자녀들을 돌보며 하나님께서 자신을 사용하실 하나님의 때를 묵묵히 기다렸다.

렉씨는 남편이 집을 오랫동안 비우자 이에 대해 마음이 편치 않았지만 어쩔 도리가 없었다. 그 외에도 그녀는 혼자 가정을 이끌어 나가야 한다는 가외의 부담감을 가지고 살았다.

이제 아이들이 성장하자 렉씨는 자신의 동네에 순복음 교회(Full Gospel church)가 하나도 없는 것을 알고 순복음 교회를 개척하여 담임 목회를 하기 시작하였다. 그러다가 알랜의 사역이 커지고 온 가족이 같이 전도 집회를 열 경제적 여건도 어느 정도 갖추어지자, 렉씨는 자신이 개척한 교회를 다른 목회자에게 넘겨주고 남편과 같이 치유 전도 집회를 다니기 시작하였다.

땅위의 천국 텍사스

1947년이 되자 렉씨는 남편 알랜으로부터 텍사스 주 코푸스크리스티로 이사갈 준비를 하라는 전화를 받았다. 이 때 알랜의 전화 목소리는 매우 흥분된 목소리였다. 알랜이 코푸스크리스티 지역에서 가장 큰 하나님의 성회 교회의 담임 목회자로 초청 받은 것이었다. 이 전화를 받자 렉씨는 이제야 경제적으로 안정된 가정을 꾸려나갈 수가 있겠다 라고 생각하였다. 전화 대화에서 알랜은 렉씨에게 자신들은 아마도 예수님 재림 때까지 그 교회가 있는 동네에서 살게될 것이라고 말하였다.

코푸스크리스티로 이사 간 알랜 부부는 그 동네와 교회가 너무도 마음에 들었다. 코푸스크리스티에는 약 십만 명의 사람들이 살고 있었지만 순복음 교회는 몇 개 되지 않았다.

코푸스크리스티에 도착할 당시 그가 담당할 순복음 교회는 새 건물을 지를 계획을 하고 있었다. 영적으로 충만하였던 알랜은 그 교회에 가서 설교를 하였는데 그의 설교를 들은 교인들은 이주 후에 그를 그 교회의 정식 담임 목사로 초청하였던 것이다. 알랜은 이 교회에 대한 꿈을 가지고 있었다. 그는 이 교회를 성령님의 은사가 왕성히 나타나고 전 교인이 복음을 전파하는 교회로 만들 생각이었다.

그는 이 지역을 복음화 할 생각을 하고 그 교회에 부임한 이후 열심을 내어 목회를 하기 시작하였다. 그리고 그는 교인들 중에서 일꾼들을 뽑아 특수 훈련을 시켰다. 그러자 교회의 출석 인원수가 점점 늘어났다. 그리고 급기야 얼마 후 더 이상 교인들을 수용할 수 없을 정도가 되었다.

강펀치를 한방 맞다

이제 그 교회의 교인이 수백 명으로 불어나자 알랜은 그 도시를 복음화 하는데 라디오 방송을 이용하여야겠다는 계획을 세웠다. 그리고 그는 미주리 주에서 개최된 효과적인 복음 선교 방송을 위한 세미나에도 참석하면서 이 계획을 점점 구체화 시켜나가기 시작하였다.

그 세미나에 참석한 그는 방송 선교에 대한 열정으로 가득 차서 집으로 돌아왔다. 그리고 그는 교회의 일꾼들이 그의 계획을 지지해 줄 것으로 기대를 하며 이 문제를 교회 당회원들과 토의하기 위해 당회를 열었다.

알랜은 하나님의 그에 대한 큰 부르심을 저버리고 한 교회의 목회자가 되어서 교회에서 주는 봉급으로 일생을 편안히 살려고 자신을 제한하는 잘못을 범했던 것이다. 그에게는 자신의 아이들도 남의 집 아이들처럼 잘 먹이고 잘 입혀 주고 싶은 생각이 있었던 것이 사실이었다.

당회가 열리자 당회원 중의 유독 한 명이 그의 계획에 반대하였다. 그러더니 다른 당회원들도 합세하여 그의 계획에 반대의사를 표시하기 시작하였다. 그리고 결국에는 모든 당회원들이 한 목소리가 되어 그동안 교회를 짓는데 너무 많은 돈을 지출하였으므로 방송 선교는 할 수 없다고 만장일치로 결정하였다. 그들은 또한 방송 선교에 들어갈 엄청난 예산을 빌미로 알랜을 물고 늘어졌다. 그리고 당회원 전부가 교회가 이정도 성장했으면 되었으니 이제 쉬면서 천천히 가자고 하였다. 너무도 실망한 알랜은 급히 당회를 미무리 지었다.

여기서 하나 집고 넘어가야할 것이 있다. 하나님께서는 알랜을 일개 교회의 목회자로 부르시지 않으셨다. 하나님께서는 그를 전국을 복음화 하는 사람으로 부르셨다. 하나님께서는 알랜에게 전국을 복음화 할 열정적인 마음도 주셨다. 그러나 평신도들과 당회원들은 그렇지가 않았다. 나는 당회가 그렇게 결정한 것이 잘못되었다고 말하는 것이 아니다. 하나님은 우리 각자에게 오중사역을 위한 사역 은사들을 주셨다. 그러므로 각자는 하나님의 부르심에 맡는 사역을 하여야 한다. 우리는 평신도도 필요하고 목사들도 필요하다. 그러나 우리는 하나님의 나라가 이땅에 온전하게 건설되도록 하기 위해서 사역자 모두가 반드시 목사가 되어야 할 필요는 없다. 하나님의 부름심에 따라야 한다. 이 세상의 전 우주적 교회는 하나님의 부르심을 받아 기름부음의 힘으로 사역하는 선지자, 교사, 복음 전하는 자, 사도, 목사가 다 필요한 것이다.

그러나 알랜은 불행하게도 하나님의 이러한 부름심을 저버리고 한 교회의 목회에 자신을 국한시키는 잘못을 범하였다. 여러분은 하나님의 부름심을 제한할 때 닥치는 불행을 알고 있는가? 당회가 알랜의 제안을 부결시켰을 때 일개 교회의 당회가 하나님께서 알랜에게 주신 전국을 향한 전도자의 비전을 죽이는 잘못을 범하였다.

또한 알랜은 하나님의 그에 대한 큰 부르심을 저버리고 한 교회의 목회자가 되어서 교회에서 주는 봉급으로 일생을 편안히 살려고 자신을 제한하는 잘못을 범했던 것이다. 그에게는 자신의 아이들도 남의 집 아이들처럼 잘 먹이고 잘 입혀주고 싶은 생각이 있었던 것이 사실이었다. 그가 하나님의 부르심을 왜곡하여 받아들인 결과는 그에게 너무도 쓴 열매를 가져다 주었다.

고난, 지옥 그리고 무너짐

당회를 끝내고 집으로 돌아온 알랜은 아내에게 당회에서 있었던 일은 전혀 꺼내지 않고 그저 단 둘이서 여행을 떠나고 싶다는 말만 하였다. 밤중에 렉씨는 알랜이 흐느껴 우는 바람에 알랜의 아내 렉씨는 잠에서 깨어났다. 처음엔 알랜이 사람들을 위해 중보기도를 하고 있는 줄로만 생각하였다. 그러나 울음소리가 심상치 않음을 안 렉씨는 알랜에게 왜 우느냐고 물었다. 그때서야 그는 당회에서 일어났던 일을 아내에게 다 털어놓았다. 알랜이 고통스러워하며 그가 당회에서 겪었던 바를 설명하자 렉씨는 그가 큰 아픔과 좌절을 겪었다는 사실을 눈치채었다. 그렇다고 알랜이 당회원들에 대해 어떤 분노를 표출하였거나 당회원들을 비방한 것이 아니었다. 그는 단지 마음이 크게 상했을 뿐이었다.

이 일이 일어난 후 알랜은 교회에 사표를 제출하였다. 그는 자신이 이제 다시 설교를 할 수 없으리라고 생각하게 되었다. 그러나 교회의 사람들은 그를 진정으로 사랑했기에 몇 달간의 유급 휴가를 그에게 제의하였다. 그리고 월 사례비 외에도 별도의 여행 경비를 추가로 제공하겠다고 하였다.

알랜의 마음이 무너져 내린 것만은 확실하였다. 교회측은 그가 일을 과도하게 수행하다 잠시 탈진한 것뿐이라고 판단하였다. 그러나 그의 아내 렉씨는 그가 이제는 소망을 완전히 상실하였다고 판단하였다. 알랜 자신은 그의 존재 일부가 무너져 내렸다고 생각하였고 이제는 자신의 잃어버린 능력이 다시 소생하는 것은 불가능하다고 판단하였다.

렉씨는 알랜과 같이 휴가를 떠났다. 그러나 휴가 기간 동안에도 알랜은 계속 괴로워하였고 오히려 알랜의 상태는 점점 더 악화될 뿐이었다. 더 이상의 휴식은 오히려 정신 건강에 해롭다고 판단한 렉씨는 일주일만에 산에서의 휴가를 중단하고 알랜과 같이 집으로 돌아가기로 결정하였다. 이제 알랜은 모든 것이 끝났다고 생각하였다.

"귀신아 나올지어다!"

렉씨는 지금의 극한 상황에서 남편이 탈출하게 해달라고 하나님께

메어 달리며 기도하기 시작하였다. 기도를 하던 어느 순간 렉씨는 지금은 알랜이 좌절을 하고 있지만 하나님의 알랜에 대한 부르심은 결코 끝이 나지 않았다는 생각을 갖게 되었다. 그러자 그녀는 사단이 이러한 상황을 이용하여 하나님께서 알랜을 통해 이루려고 하는 계획을 파괴시키려고 한다는 생각이 들었다. 그러자 렉씨는 알랜에게 좌절감을 가져다주는 마귀를 대적하는 기도를 하기 시작하였다. 알랜 자신도 마귀가 자신의 마음에 상처를 주어 자신을 좌절시킨다고 생각하였다. 그래서 알랜도 자신을 괴롭히는 마귀를 대적하는 기도를 하기 시작하였다.

알랜은 텍사스의 집으로 차를 몰고 가다가 차를 길 옆에 세운 뒤 아내에게 자신에게 손을 얹고 기도해 달라고 부탁하였다. 알랜의 말에 의하면 렉씨가 알랜에게 손을 얹고 "내가 마귀에게 명한다. 흑암의 세력아 내 남편에게서 나오라"라고 말하는 순간 알랜을 묶고 있던 귀신이 떠났다고 한다. 알랜은 아내의 이런 기도를 받고 나서 자신의 상태가 매우 호전된 것을 즉각 느낄 수가 있었고 억누르고 있던 그 어떤 마음의 억압감이 금새 사라졌으며 무거웠던 몸이 가벼워진 것을 느낄 수가 있었다. 이에 알랜 부부는 너무 기뻐 서로를 포옹을 하였다. 그러자 갑자기 알랜이 차 안에서 자기 시작하였다. 그래서 할 수 없이 렉씨가 알랜 대신 차를 몰고 집으로 왔다. 집으로 오는 도중 알랜은 깨어날 줄을 몰랐고 집에 도착해서도 그는 잠만 잤다. 이렇게 그는 삼일동안 계속해서 잠만 자더니 삼일만에 그는 아무 일 없었다는 듯이 건강한 모습으로 일어났다. 축사 기도를 받은 후 그는 완전히 회복된 것이다.

"너는 희생의 값을 치르지 않았구나"

1949년 가을이 되자 알랜은 어떤 치유 사역자들이 연합하여 인도하는 복음 전도 치유 집회에서 기적적인 치유가 일어난다는 이야기를 들었다. 그런 기적 치유가 일어나는 집회를 인도하는 사역자들은 별로 유명한 사람들이 아니었다. 알랜은 그런 치유 사역자들의 이름을 듣자 그에게는 그들보다 더 훌륭하게 치유 복음 사역을 하는 사람들이 많은데 왜 하필이면 그런 무명 사역자들에게서 치유 기적들이 셀 수 없을 정도로 많이 일어날까 라는 질문이 생겼다. 그러나 그는 한번 속는 셈치고 그들의 집회에 참석하여 진위를 한 번 가려 보기로 결심하였다.

> 알랜은 그런 치유 사역자들의 이름을 듣자 그는 그들보다 더 훌륭하게 치유 복음 사역을 하는 사람들이 많은데 왜 하필이면 그런 무명 사역자들에게서 치유 기적들이 셀 수 없을 정도로 많이 일어날까 라는 질문이 생겼다.

그러던 어느 날 그의 한 친구가 알랜에게 치유의 소리(The Voice of Healing)라는 치유 관련 간행물 한 부를 그에게 건네주었다. 그 간행물을 읽던 그는 이 잡지는 광신자들이 쓴 잡지라고 판단하여 다 읽지 않고 그의 서재 한쪽 구석에 그 간행물을 던져버렸다. 그 즈음 그의 교인 몇 명이 치유의 소리 관련 사역자들이 주관하는 치유 집회에 참석하여 보고 느꼈던 놀라운 경험을 그에게 보고하였다. 그러나 그는 그 치유 사역자들이 광신자들이라고 생각하여 교인들의 이야기를 귀담아 듣지 아니하였다.

나는 개인적으로 이런 치유 소식들을 접한 알랜이 겉으로는 관심없는 척 행동했을지라도 그의 마음 속에는 어떤 동요가 일었고 그런 치유 사역자들에 대한 관심이 싹 텄을 것이라고 생각한다. 그도 그럴 것이 그 스스로 자신을 하나님께서 부른 치유 사역자라고 생각하고 있었기 때문이었다. 그러나 그는 그의 부르심에 한번 큰 낭패를 본 후라 하나님에 대한 부르심을 먼 옛 추억 쯤으로 생각하고 있었을지도 모른다. 어쩌면 그렇기 때문에 그가 치유 사역자들에 대해 그토록 부정적인 반응을 나타내었을 수도 있다.

이런 일이 있고 나서 얼마 지나지 않아 그의 친구 목회자들이 그에게 달라스에서 열리는 오랄 로버츠의 천막 부흥 집회에 한번 같이 참석해 보자고 하였다. 알랜은 그 의견에 찬성을 하여 친구 목회자들과 같이 길을 나섰다. 알랜은 친구 목회자들과 함께 달라스로 가면서 삼년 전 그가 골방에서 금식하며 기도하고 있을 때 하나님께서 자신에게 말씀해 주셨던 열 세가지 목록에 대해서 곰곰이 생각해 보았다. 그러자 그는 자신이 하나님의 부르심을 떠나 개 교회 목회를 하면서부터 하나님께서 자신에게 주신 비전이 온데 간데 없이 사라져버렸다는 사실을 비로소 깨닫게 되었다.

그들이 탄 차가 달라스로 가까이 갈수록 알랜은 이번 기회에 하나님의 그에 대한 부르심의 분야로 다시 돌아가 보리라고 마음속으로 굳게 다짐하고 또 다짐하였다. 그리고 그는, **"하나님께서 나를 치유 전도 사역자로 부르셨음에도 나는 이제껏 한번도 그 부르심에 나를 희생시켜본 적이 없구나"**라며 혼자말로 중얼거렸다.

그는 달라스에 도착한 후 그 천막 집회에서 열심히 참석하여 큰 은혜를 받았다. 그는 오랄 로버츠가 나타내는 하나님의 능력을 보고 마치 자신이 초대 교회 시대의 첫 오순절 기적이 나타난 현장에 와있는 것과 같은 착각을 일으키기도 하였다. 그의 눈 앞에서 기적이 연속적으로 나타나는 것을 그는 그의 눈으로 분명히 목격하였던 것이다. 그것은 자신이 생각하고 비판했던 광신이 절대로 아니었다. 그것은 바로 하나님의 기적이었던 것이다.

오랄 로버츠로부터 기도를 받기 위해 길게 줄을 선 사람들을 쳐다보고 있을 때, 알랜은 하나님께서 말씀하시는 다음과 같은 소리를 들었다.

"내 아들아 너는 11년 전에 내 얼굴을 간절히 구한 적이 있었지. 그리고 나는 7년 전에 네가 지금 보고있는 그런 사역을 하도록 너를 불렀었지. 그러나 너는 나의 부르심에 대해 그 어떤 희생도 치르지도 않았구나. 너를 통해 하고자 하였던 그 일을 너는 하지 않았단 말이다."

이러한 하나님의 음성을 듣자 그의 뺨에는 눈물이 하염없이 흘러내렸다. 그러자 그는 두 손을 하늘 높이 치켜들며 소리쳤다. **"주님, 이제는 순종하겠습니다."**

계속 전진하다

오랄 로버츠의 집회에서 돌아온 알랜은 아내와 상의를 한 후 바로 교회에 사표를 제출할 계획이었다. 그러나 그의 계획을 들은 아내는 교회를 사임하는 것이 하나님의 뜻인 것은 확실하지만 그래도 며칠만 더 기다리며 기도해 본 후 최종결정을 내리 것이 좋겠다고 말하였다. 알랜은 그의 말을 타당하게 여겨 두 주일을 더 기다렸다. 그리고 알랜은 오랄 로버츠의 기적 치유 집회에서 돌아온 지 두 주일만에 자신이 담임하고 있는 교회를 사임하였다.

그런데 그가 사임을 하자마자 신기하게도 여러 곳에서 그에게 집회를 열어 달라는 요청을 하기 시작하였다. 그리고 알랜이 담임하고 있었던 코르푸스크리스티의 후임자도 금방 결정되었다. 그리고 알랜 부부는 이제 코르푸스크리스티 교회를 본부로 하여 치유 전도 집회를 다닐 수 있게 되었다. 알랜 부부는 알랜이 큰 좌절을 경험한지 삼 개월만에 이동식 집이 있는 차에 자신들의 세간을 싣고 텍사스 주를 힘차게 출발하였다.

알랜은 하나님께서 자신에게 주신 열 세 가지의 목록을 하나씩 점검하면서 자신이 11년이라는 긴 세월을 잃어버린 것에 대해 믿을 수가 없다는 표정을 지었다. 그리고 그는 그 열 세 가지 목록 중에서 마지막 두 가지는 아직도 그의 삶에서 이루어지지 않고 있음을 깨달았다. 그리고 처음 열 한가지 목록에 대해서는 그의 삶에서 대부분 이루어지고 있음도 확인할 수 있었다. 그리고 그는 얼마 후 마침내 마지막 두 가지 문제마저도 해결하였다. 그러자 바로 그의 집회에서 기적들이 나타나기 시작하였다.

1950년 5월 알랜은 치유의 소리 잡지사에 자신이 열었던 집회에 관한 첫 번째 보고서를 제출하였다. 이 보고서에는 캘리포니아 주의 오클랜드에서 열렸던 알랜의 집회에 관한 다음과 같은 이야기가 실려 있다.

"많은 사람들이 이 집회를 두고 오클랜드에서 일어났던 부흥 집회 중에서 가장 큰 부흥 집회라고 말하였습니다. 매일 밤마다 집회 장소에는 하나님의 영광의 파도가 몰아쳤습니다. 그 결과 그냥

의자에 앉아 있기만 하였는데도 병이 낫는 일이 많은 사람들에게서 일어났습니다."

1951년이 되자 알랜은 그의 사역에 있어서 큰 도약을 경험하였다. 그 해에 그는 어느 날 팔천 오백 불이라는 싼값에 의자와 단상과 주소까지 달린 초대형 천막을 판다는 광고를 보았다. 이즈음 알랜은 사람들에게 자신을 기적 치유 부흥사로 알리며 그의 집회를 홍보하고 있었다.

그 광고를 보았을 당시 알랜은 수중에 천 오백 불밖엔 없었다. 그래서 그는 천막 주인에게 연락을 하여 먼저 천 오백 불을 지불하고 나머지는 천천히 분할로 갚겠다고 하였다. 그러나 그 천막 주인은 다른 목사가 일시불로 그 천막을 구입하겠노라고 방금 전에 이야기했기 때문에 그런 조건으로는 그 천막을 팔기가 불가능하다고 말하면서 그렇지만 자신이 기도해 보고 그 다음날 전화를 해주겠다고 말하였다.

그런데 그 다음날 천막 주인이 알랜에게 전화를 걸어 알랜의 제안대로 천 오백 불을 먼저 내고 나머지 칠천 불은 돈이 생길 때마다 백 불 씩 갚아 나가라고 하였다. 그 천막이 알랜의 생각대로 그의 수중에 들어온 것이었다.

그는 1951년 7월 4일 이 큰 천막을 가지고 워싱톤 주 야키마를 시작으로 큰 집회를 열기 시작하였다.

마침내 라디오 방송을 시작하다

1953년 11월 알랜은 마침내 두 개의 주요 방송국과 아홉 개의 지방 방송국을 통해 알랜의 부흥 시간(Allen Revival Hour)이라는 이름의 라디오 방송을 시작하였다. 그의 꿈이 마침내 이루어진 것이다.

알랜은 핍박을 받을수록 힘이 솟아나는 강한 사역자였다. 그가 단상에서 소리를 치며 설교를 할 때면 그의 얼굴은 험악한 사람처럼 보였다. 그러다가는 갑자기 목소리를 부드럽게 낮춰 속삭이듯이 설교하곤 하였다.

그리고 1955년이 되자 그의 방송 프로그램은 중남미의 17개의 방송국과 18개의 미국 방송국에서 전파를 타기 시작하였다. 그리고 그는 쇄도하는 편지들을 잘 관리하기 위하여 자신만의 사무실도 갖게 되었다. 그리고 그는 쿠바와 멕시코에까지 가서 집회를 인도하였다. 그리고 거기서 많은 사람들이 예배 중에 자신이 섬기던 우상을 가지고 나와 사람들이 보는 앞에서 그 우상들을 부시고 무당 점쟁이와 귀신들에게 절하였던 것을 하나님께 회개하였다. 쿠바와 멕시코에서의 집회는 1955년에 시작되어 1959년 카스트로가 쿠바의 정권을 잡을 때까지 계속되었다.

알랜은 핍박을 받을수록 힘이 솟아나는 강한 사역자였다. 그가 단상에서 소리를 치며 설교를 할 때면 그의 얼굴은 험악한 사람처럼 보였다. 그러다가는 갑자기 목소리를 부드럽게 낮춰 속삭이듯이 설교하곤 하였다. 그는 마치 구세대 설교자처럼 옛날 스타일로 발을 동동 구르기도 하면서 설교하였다. 그러나가 어떤 때는 훌쩍거리고 울면서 **"하나님께 영광을 돌립시다, 여러분!"**이라며 소리를 질렀다. 그리고 그는 간혹 가다가 춤을 추며 설교를 하였다. 그가 설교하는 모습을 보고 있노라면 마치 야생마 같다는 생각이 들었다. 때때로 그는 마치 작은 수레를 끌고 비탈길을 달리면서 내려가는 사람처럼 단상에서 탬버린을 치며 뛰었다.

그가 이렇게 한 것은 누구의 흉내를 낸 것이 전혀 아니었다. 그는 이것이 그에게 맞는 설교 스타일이었기에 그렇게 한 것뿐이었다. 그는 절대로 거룩한 체 하거나 점잖을 빼는 듯한 목소리로 설교하지 않았다. 그는 자신의 단점을 장점으로 바꾸는 재주를 가지고 있었다. 그는 자신의 생각을 숨기지 않고 사람들에게 솔직하게 이야기했고 이러한 그의 솔직한 설교를 들으려고 사람들이 몰려들었던 것이다.

녹스빌에서 당한 어려움

1955년이 되자 일부의 사람들이 그를 비난하기 시작하였는데 비난의 강도가 날이 갈수록 더 세어져서 알랜은 이 비난 때문에 꽤 애를 먹었다.

그 비난은 바로 그가 술을 계속 먹고 있다는 비난이었다. 사람들은 그 소문을 믿기도 하고 믿지 않기도 하였다. 어떤 사람들은 그가 가난했던 어린 시절 먹을 양식이 없어서 술을 주로 먹고 자랐다는 사실을 알고, 그에게 있어서 술은 밥과도 같다라고 생각하며 그를 이해하려는 사람들도 더러 있었다.

> 알랜은 사람들에게 자신은 음주운전을 한 것이 아니라 사람들이 자신을 납치하여 구타하자 의식을 잃었는데, 자신이 의식을 잃자 온 사람들이 자신의 몸에 술을 부어 연기가 가득한 방에 감금하였다고 말하였다. 그런 후 풀려나 운전을 하고 돌아가다가 교통 경찰에 걸린 것이라고 그는 주장하였다.

1955년 가을에 알랜이 테네시 주에서 집회를 인도하고 있는 동안 그는 음주운전에 걸려 법정에 출두하라는 통보를 받았다. 그러나 그는 지정된 시간에 법정에 나타나지 않았다. 그래서 그는 천불이라는 벌금을 물고 테네시 주를 떠나야만 하였다. 이 사건은 그의 사역에 많은 지장을 초래하는 결과를 낳았다.

이 사건을 두고 사람들 사이에 말들이 많았다. 알랜 자신은 이 사건을 보도한 녹스빌의 대중 매체들을 비난하면서 일단의 설교가들이 방송국 사람들을 매수하여 자신에 대한 비방 기사를 내보내게 하였다고 주장하였다. 그리고 또한 알랜은 사람들에게 자신은 음주운전을 한 것이 아니라 사람들이 자신을 납치하여 구타하자 의식을 잃었는데, 자신이 의식을 잃자 온 사람들이 자신의 몸에 술을 부어 연기가 가득한 방에 감금하였다고 말하였다. 그런 후 풀려나 운전을 하고 돌아가다가 교통경찰에 걸린 것이라고 그는 주장하였다. 그러나 그가 그렇게 자신의 결백을 주장하였음에도 일각에선 녹스빌의 저명한 목회자들 앞에서 알랜은 자신의 음주가 사실임을 시인하였다는 소문이 파다하게 돌고있었다.

물러나라고? 안 돼!

1956년에 하나님의 성회 총회장이었던 랄프 엠 리그스(Ralph M. Riggs)는 알랜에 대한 좋지 않은 이야기들이 자신의 귀에 자꾸 들리자 알랜에게 편지를 보내 그에게 모든 일이 정리될 때까지 대중 집회를 중지해 달라고 요청하였다. 이 편지를 받은 알랜은 자신이 가장 힘들 이 시기에 자신이 몸담아 왔던 교단 측에서 자신을 도와주지는 못할 망정 교단의 위신을 세우기 위해 자신의 사역에 제약을 가하는 것은 잘못되었다며 이러한 편지에 대해 못마땅해 하였다. 그래서 알랜은 총회장에게 편지를 보내 자신이 교단에 몸담았던 18년 동안 자신은 한번도 문제를 일으킨 적이 없다는 사실과 자신은 그동안 자신의 사역을 통해 교단의 교세가 커지는데 일조하였다는 사실을 주지시켰다. 그리고 만일 자신이 사역을 일시적이라도 접을 경우에는 사람들이 자신에 대해 지금보다 더 심한 오해를 하게 될 것이고 그렇게 되면 자신의 사역이 치명타를 입을 것이라는 점을 명시하였다.

알랜에 대한 좋지 않은 소문들이 치유의 소리 단체 관계자들의 귀에 들어가자, 알랜의 아내 렉씨는 자신의 남편은 아무런 잘못이 없다는 사실을 알리기 위해 치유의 소리 관계자들을 직접 찾아갔다. 그러나 치유의 소리의 임원이었던 고든 린세이는 자신의 단체의 도덕성이 추락하게 될 것을 걱정하여 알랜의 이 문제에 대해서만은 확고한 입장을 굳건히 하였다. 그러자 알랜은 그 단체에서도 나올 수밖에 없었다.

이에 알랜의 딸은 치유의 소리는 단지 하나님의 성회 소속의 사역자들로 구성되어 있고 이 교단을 위해 일하는 하나의 부속 기관에 불과하다며 치유의 소리 단체를 맹 비난하였다. 그 당시 치유의 소리 관계자들이 하나님의 성회 교단과 좋은 관계를 유지하지 않을 수 없었던 것은 사실이었다.

알 더블유 슈암바하의 연설

우리 세대에서 가장 훌륭한 전도 사역자 중 하나는 알 더블유 슈암바하(R. W. Schambach)이다. 슈암바하는 텍사스 주 틸러 출신으로 그는 사역의 초기에 알랜의 사역팀에 들어와 알랜의 오른팔 역할을 하며 알랜의 사역을 도왔던 사람이었다. 그는 도덕적인 면에서 매우 깨끗하였고 여러 가지 방면에서 뛰어난 자질과 좋은 평판을 유지했던 사람이었다. 그는 또한 알랜의 팀원으로 일하면서 알랜이 당하는 이런 모든 고초를 옆에서 직접 지켜보면서, 훌륭한 사역자가 되기 위해서는 반드시 치러야 할 희생이 있음을 직접 보며 깨닫게 되었다.

최근에 어느 집회에서 나는 슈암바하를 개인적으로 만난 적이 있다. 그를 만난 자리에서 나는 올 세대들을 위하여 역사적으로 과거에 크게 활동하였던 치유 사역자의 삶과 사역에 대해 정리하고 발표할 필요가 있음을 그에게 피력하였다.

나의 말을 다 들은 슈암바하는 나의 이러한 의견에 동의를 하면서 녹스빌에서 알랜의 음주운전 사건이 있기 바로 전날 밤에 자기가 알랜의 사역팀에 합류하게 되었다고 말하면서 그는 우리가 알고 있는 것과는 다른 새로운 사실을 나에게 이야기해 주었다.

슈암바하는 음주사고가 났다는 날 밤 바로 그 시간에 알랜과 함께 차에 같이 있었는데 그는 술이 전혀 취하지 않는 상태였다고 말하였다. 그리고 알랜에 대한 음주운전 고소 이야기는 그의 사역을 망쳐놓기 위한 사람들의 음모였다고 주장하였다. 그러면서 그는 그 음모 때문에 알랜이 당하여야만 하였던 엄청난 고난을 자기 자신이 처음부터 끝까지 옆에서 몸소 지켜보았노라고 피력하였다. 이러한 간접 경험을 통하여 슈암바하는 훌륭한 사역자가 되기 위해서는 사람들의 고소를 이겨내야 한다는 사실을 배우게 되었다고 말하였다. 그리고 슈암바하는 알랜과 항상 같이 있었던 사람이었기에 사람들의 그에 대한 고소가 잘못되었음을 누구보다 더 확실히 알 수 있는 사람이었다. 그러기에 그는 더욱 더 알랜을 지지하게 되었다. 그후 그는 육 년 동안 알랜이 가는 곳이면 어디든지 따라다니면서 그의 사역을 적극적으로 도왔다.

슈암바하는 "알랜은 진정 하나님의 사람이었지요. 나는 마치 그의 손에 끼어진 장갑처럼 항상 그와 같이 다녔습니다. 그리고 전도 여행 중에는 나는 그와 같은 방에서 잠을 잤습니다. 나는 그동안 그가 하나님의 말씀의 원칙에 위배되는 행동과 말을 하는 것을 한번도 본적이 없습니다. 그는 정말로 기도의 사람이었고 기적의 사람이었습니다. 이것이 바로 내가 아는 알랜입니다"라고 나에게 말하였다.

> 슈암바하는 이어서, "알랜은 누구나 쉽게 사귈수 있는 사람이었습니다. 그에겐 질투라는 것이 없었습니다. 가령 내가 깨달은 영적 진리를 사람들에 전하고 싶은 것을 알아채기라도 하면 그는 나에게, '그것에 대해 설교하게나'라고 말하며 자신의 설교 자리를 나에게 내어주고 자신은 언제나 뒤로 물러가 앉았습니다"라고 웃으며 말하였다.

슈암바하는 이어서, "알랜은 누구나 쉽게 사귈수 있는 사람이었습니다. 그에겐 질투라는 것이 없었습니다. 가령 내가 깨달은 영적 진리를 사람들에 전하고 싶은 것을 알아채기라도 하면 그는 나에게, **'그것에 대해 설교하게나'** 라고 말하며 자신의 설교 자리를 나에게 내어주고 자신은 언제나 뒤로 물러가 앉았습니다"라고 웃으며 말하였다. 그리고 그는 알랜의 성품을 제임스 카그네이(James Cagney)와 스파이크 존스(Spike Jones)를 합쳐놓은 성품과 비슷하다며 알랜을 극찬하는 말을 하였다.

나는 슈암바하와 호텔 밖 길거리를 한동안 거닐면서 알랜에 대한 이런 저런 이야기들을 나누었다. 그리고 그때 우리는 마침 한 주차장 옆을 지나가고 있었다. 이때 슈암바하는 주차장에 서있는 소방차를 보더니, "저 소방차를 보니 생각하는 것이 있네요"라고 말하며 알랜에 관한 흥미 있는 이야기 몇 가지를 다음과 같이 들려주었다.

한 번은 로스앤젤레스에서 알랜이 천막 집회를 인도하고 있었을 때 천막 꼭대기 부분에 연기가 솟아오르는 것을 소방서에서 발견하였다. 불이 난 줄 알고 출동한 소방차들은 천막 주위를 돌아다니며 불이

난 곳을 찾아내려고 야단법석을 떨기 시작하였다. 그러나 소방대원들은 불이 나는 곳을 발견할 수 없었다. 얼마 후 그들은 마침내 알랜이 쳐 논 대형 천막의 꼭대기에서 연기가 올라오는 것을 발견하고는 소방 사닥다리를 타고 그 꼭대기에 올라가 보았다. 그러나 거기에는 불이 난 흔적이 적혀 없었다.

이런 사실에 대해 말하던 슈암바하는, "하나님께서는 우리의 집회가 그 도시에서 열린다는 사실을 알리기 위해 그런 방법을 동원하셨던 겁니다"라고 말하며 얼굴에 미소를 가득 머금었다. 이때 나는 그에게, "소문에 의하면 알랜의 집회 때에 사람들 손에서 기름이 생기는 기적이 일어났다고 하던데, 그 소문이 사실입니까?"라고 물어보았다. 그러자 슈암바하는 나의 이런 질문에 대해, "사실입니다. 나의 손에도 그런 기적이 일어났었지요"라고 대답하였다.

그리고 그는 "로스앤젤레스 집회 때 한번은 참석자 모두의 손바닥에 기름이 생기는 기적이 일어났었는데, 재미있는 것은 이때 단 한 명만이 손바닥에 기름이 안 생겼는데, 그 사람이 바로 알랜이었답니다. 이런 기적이 정말로 하나님께서 주시는 기적이라는 사실을 우리에게 주지 시켜주시기 위해 하나님께서는 일부러 알랜을 제외시킨 것이지요"라고 말하였다.

1961년이 되자 슈암바하는 자기 자신의 사역을 시작하기 위해 알랜의 곁을 떠났다. 그러나 그는 평생 알랜의 지지자가 되었다. 만일 어떤 사람이 이 세상에 알랜의 사역과 가장 흡사한 사역을 한 사람을 한 분 추천하라고 나에게 요청한다면 나는 주저 없이 슈암바하를 추천할 것이다.

한동안 전진하다

알랜은 하나님의 성회 교단과 결별하자 독자적으로 사역을 펼쳐나갔다. 이 일에 대해 역사학자들은 알랜이 그렇게 한 것은 올바른 조치였다고 이구동성으로 이야기 하였다.

모 교회나 교단에 대해 자신의 사역에 대해 성서적으로 올바로 관계하고 사람들에게 성경에 기반을 둔 바른 설교를 할 수 있다면 누구든지 교단의 간섭을 받지 않는 독립 사역을 해도 괜찮다고 나는 생각한다. 그런 독립 사역을 함으로 성공을 거두고 있는 사역자들이 미국엔 상당수가 있다. 하나님께 영광을 돌리도록 하는 일이 많이 일어나도록 하기 위해서는 사역자가 소속된 교회나 교단이 사역자들에게 많은 전권을 위임하고 지나치게 그들을 간섭하거나 조직과 교리로 사역자들을 묶지 말아야한다. 특히 복음 전도자나 부흥사 또는 치유 사역자들은 일반적으로 교단의 교리나 조직의 지침과는 다르게 말하고 행동하는 경우가 있다는 섯을 교단 지도자들이 알고 이러한 사역자들을 넓은 아량을 가지고 받아들일 필요가 있다. 가령 예를 들자면 일반적으로 복음 전도자들은 행동이 거칠며 말이 과장되어 있다. 교단 지도자들이나 개 교회 목회자들이 이들의 이런 속성을 이해하고 받아들인다면 복음 전도자들과 교단 지도자들이 협력적으로 사역하여 하나님을 위하여 보다 더 큰 열매를 맺을 수 있는 것이다. 그러나 교단 지도자들이나 개 교회 목회자들이 이들의 이런 행동과 말을 못마땅하게 여겨 이를 지나치게 제지하려 하거나 조정하려 한다면 이들과의 관계에서 불협화음이 발생하여 결국 교단에 해를 끼치는 일이 일어날 것이다.

1956년에 많은 치유 복음 전도자들이 자신들이 하고 있던 사역을 접게 되었다. 그러나 알랜은 자신에게 닥친 고소로 인한 아픔에도 불구하고 자신이 하던 치유 복음 전도 사역을 접지 않고 오히려 그는 많은 후원금을 모금한 후 계속 앞으로 전진해 나갔다. 이어 그는 발행인이 되어 기적 잡지(Miracle Magazine)라는 간행물을 발간하기 시작하였다. 이 잡지에는 치유와 축사에 관한 알랜의 설교문과 그의 사역을 통하여 고침을 받거나 기적을 체험한 사람들의 간증이 주로 실렸다. 1956년 말이 되자 돈을 지불하고 이 잡지를 정기 구독하는 사람의 수가 이십만 명에 이르렀다.

이뿐 아니라 1956년 가을에 알랜은 사역자들과 선교사들을 돕기 위한 독립 단체인 기적 부흥 교제 모임(Miracle Revival Fellowship)이라는 단체를 창립하였다. 그는 이 단체가 그 어떤 교단의 조정이나 영향도 받지 않는 단체가 되도록 특별히 신경을 썼다. 일부의 사람들은 이 단체가 새로운 교단이 아니냐고 알랜을 물고 늘어졌다. 그러자 알랜은 절대로 그렇지 않다고 말하며 그런 사람들의 일시적 비난을 일축하였다. 그리고 나서 알랜은 이 단체의 이름으로 첫 안수식을 거행하여 오백 명의 사람들을 사역자로 안수하였다.

감정주의, 비난 그리고 기적

녹스빌에서 음주운전 사건으로 어려움을 겪은 후, 알랜은 신문과 방송의 추적 대상이 되었다. 그래서 방송과 신문 기자들은 항상 그를 따라 다녔다. 이렇게 그를 따라다녔던 기자들은 그의 사역과 집회가 너무 과격하고 감정주의에 치우쳐 있다는 비난의 기사를 자주 내어보냈다. 알랜의 아내 렉씨는 이런 일들을 지켜보면서 알랜을 괴롭게 하는 사람들은 어찌하던지 그의 사역을 파멸시키기 위해서 수단과 방법을 가리지 않고 있다며 그런 그들에 대해 몹시도 못마땅해 하였다. 그런데 놀랍게도 알랜에 대한 나쁜 보도가 나갈 쯤이면 비난성 기사가 근거 없는 것이라는 것을 증명하기라도 하듯 놀라울 정도의 기사와 이적들이 그의 집회에서 쏟아져 나오곤 하였다.

로스앤젤레스에서 집회를 하였을 당시, 알랜의 이마에 십자가가 생기는 기적이 일어났다는 소문과, 좀전에도 슈암바하의 이야기를 통해 알았듯이, 그의 천막 꼭대기에서 하나님의 연기가 솟아나는 기적이 일어났다는 소문이 돌았다. 알랜 자신은 천사가 하늘에서 내려와 하나님께 부르짖는 사람들의 이마에 표식을 한다는 에스겔서 9장 4절을 근거로 자신의 이마에 십자가가 생기는 기적은 결코 헛소문이 아니었다고 주장하였다. 신문과 방송에서는 이런 이마 십자가 표적의 기적과 천막지붕 연기 기적을 사실대로 기사화하여 전국에 내어보냈다.

로스앤젤레스에서 집회를 하였을 당시, 알랜의 이마에 십자가가 생기는 기적이 일어났다는 소문과, 좀전에도 슈암바하의 이야기를 통해 알았듯이, 그의 천막 꼭대기에서 하나님의 연기가 올라가는 기적이 일어났다는 소문이 돌았다.

한번은 어떤 사람의 손에 못 자국이 생기는 기적이 일어났다. 알랜이 고용한 촬영기사 알 이 케메리(R. E. Kemery)가 못자국이 나타난 사람의 손을 찍었다. 한번은 집회 참석자들의 손에 기름이 흘러나오는 기적이 생기자 알랜은 이런 기적에 대해 히브리서 1장 9절의 말씀을 근거로 악을 미워하고 선을 사랑하는 사람들에게 하나님께서 즐거움의 기름을 부으신다고 약속하셨는데 이런 일이 자신의 집회에 일어나는 것이라고 주장하였다.

이렇게 사람의 이성으로서는 생각도 할 수 없는 기적들이 그의 집회에서 자주 일어나자 그를 싫어하는 일부의 사람들은 알랜이 귀신 들린 여인의 괴성이 담긴 녹음 테이프를 사람들에 판매하였고 귀신 들린 화가가 그린 열 여덟 장의 귀신 그림이 실린 소책자를 팔았다며 알랜을 심하게 비난하였다.

한번은 놀라운 기적이 일어났는데 그 기적은 알랜이 오백 파운드나 나가는 비대한 여인의 머리에 자신의 손을 얹자 말자 사람들이 보는 앞에서 그녀의 몸의 살이 눈에 보이는 속도로 없어지며 금새 삼백 파운드가 되는 기적이었다. 이 때 많은 사람들이 그녀의 몸이 줄어드는 것을 자신의 눈으로 직접 보았다고 간증하였다.

또 한번은 자신의 오른팔에 악어 문신이 있어서 항상 긴소매의 옷을 입고 다녔던 하나님의 성회 소속 목사는 알랜의 집회에 참석하여 알랜이 앉은 자리 바로 뒷자리에 앉아 있다가 집에 가보니 자신의 팔에 있던 악어 문신이 없어진 것을 발견하였다고 간증하였다.

한번은 어떤 사람이 알랜의 라디오 시간(Allen Radio Hour)이라는 라디오 방송에 다이얼을 고정시킨 후 알랜의 설교를 들으며 고속도로를 운전하며 가고 있었다. 그런데 방송에서 알랜이 몸에 이상이 있는 사람들을 위해 기도해주겠다고 하자 그는 차를 도로 옆에 세우고 자신의 손을 라디오에 갖다 댄 채 알랜의 치유 기도에 동참하였다. 이 사람은 그전에 어떤 사고를 당하여 오른쪽 폐와 세 개의 갈비뼈와 한 개의 가슴뼈 제거 수술을 받은 적이 있었고 병으로 오른쪽 발의 두 번째 발가락이 없던 사람이었다. 그런데 이 사람이 라디오 방송을 통해 알랜의 치유 기도를 받은 후 집에가 보니 그의 두 번째 발가락이 온전하게 다시 생겨난 것이었다. 그래서 너무도 놀란 이 사람이 병원에 가서 엑스레이를 찍어보았다. 그랬더니 담당 의사는 그에게 엑스

레이 사진을 보여주면서 그의 없어졌던 가슴의 여러 부분들이 다시 생겼다는 사실을 말해주었다.

1957년에 알랜이 애크론 저널(Akron Journal)에 자신의 집회를 광고해 달라고 요청을 하였다. 그러나 이 저널은 그의 요청을 묵살하고 오히려 저널 첫면 전체에 그의 사역을 비방하는 기사를 실었다. 알랜은 이에 대해 너털웃음을 지으며 이 잡지사가 이만 오천 불에 해당하는 광고를 공짜로 해주었다며 여유만만해 하였다.

1950년대 중반에 알랜은 교단주의와 인간 전통에 의해 더렵혀진 종교성이 강한 교회 지도자들에 대해 신랄한 비판을 가하였다. 그가 교단들과 종교 지도자들에게 대한 비난의 말들은 분명한 사실에 근거한 비판이었다. 그렇지만 그가 기독교계의 지도자들에 그런 비난의 말들은 한 진짜 이유는 그가 그런 사람들로부터 상처를 받았기 때문이었다. 알랜의 말해 의하면 알랜이 한번은 하나님의 성회 교단 지도자에게 화해를 하지고 요청한 적이 있는데 일언지하에 거절당하였다고 한다. 하나님의 성회 총회에서는 얼마 후 알랜에 대한 비난이 전혀 근거 없다며 알랜에게 유리한 판결을 내렸다. 그러나 그럼에도 불구하고 교단 지도자들은 아직은 알랜의 사역이 사람들을 오도시킬 수 있는 여지가 남아있기 때문에 그와는 당분간 접촉하지 말 것을 교단 소속 목회자들에게 촉구하였던 과거의 결정을 철회하지 않았다.

골짜기에서 일어난 기적들

알랜에 관한 수많은 비난에도 불구하고 그의 사역은 점점 커져만 갔다. 그리고 그는 드디어 사역자들을 위한 국제 기적 부흥 훈련 캠프

(the International Miracle Revival Training Camp for ministers)를 세웠다. 그리고 그는 기적 치유 사역자들을 양성하기 위하여 이 캠프에 등록하는 사역자들에게 번영의 원칙, 축사의 원칙, 치유의 원칙을 위시한 여러 가지 사역 원칙들과 기적 사역자가 되기 위한 여러 가지 원칙에 대해 심도있게 가르쳤다.

> 그는 그 어떤 계층의 사람에게도 동일한 열경을 가지고 가르쳤으며 참석하는 사람의 부류가 다르다고 말하는 목소리나 가르치는 내용이 바뀌지 않았다.

1958년 1월에 애리조나 주 피닉스에서 부흥 집회를 인도하고 있던 중 어느 날 새벽에 그는 그곳에 성경 학교를 세우라는 성령님의 감동을 받았다. 앨랜이 그러한 성령님의 감동을 받은 날 오전 어느 사람이 그에게 나타나 애리조나 주 툼스톤이라는 곳 가까이에 있는 자신의 땅 천 이백 오십 에이커를 그에게 헌납하겠다고 하였다. 알랜은 그 땅을 헌납받은 후 그 땅을 "기적의 골짜기(Miracle Valley)"라고 명명하고 그곳에 사역 본부와 훈련 센타를 짓기 시작하였다. 그리고 그 후 알랜은 그 땅의 면적을 두 배로 확장하였다. 이로 인해 그 지역에 살고 있던 많은 인디언들이 예수님을 구주로 영접하는 일들이 일어났다. 그리고 1960년이 되자 그 지역은 경제적으로 번영하는 지역이 되었다.

1958년에 치유의 소리 사역은 위기를 맞았지만 알랜의 사역만은 끄떡없었다. 그 해에 알랜은 기적의 골짜기에서 수행할 다섯 개의 핵심 프로잭트를 선정하여 발표하였다. 그 다섯 개의 핵심 프로잭트는 천막 집회 프로잭트, 알랜 부흥 시간이라는 라디오 치유 전도 프로잭트, 해외 선교 프로잭트, 기적 골짜기 훈련 센타 프로잭트 그리고 마지막으로 출판 프로젝트였다. 그리고 그는 이때부터 성경을 기초로 하여 사람들에게 번영에 대하여 가르치기 시작하였다. 사실 그는 무엇을 가르치든지 재정의 번영과 연관시켜 가르쳤다.

그의 집회에는 모든 사회 계층의 사람들이 골고루 참여하였다. 그는 그 어떤 계층의 사람에게도 동일한 열정을 가지고 가르쳤으며, 참석하는 사람의 부류가 다르다고 말하는 목소리나 가르치는 내용이 바뀌지 않았다. 그의 집회에는 밍크 코트에 다이어 반지를 낀 귀부인도 참석하였고 맨발로 웃옷만 걸친 거지도 참석하였다. 그의 집회 장소에 딸린 주차장에는 캐딜락 차도 있었고 다 찌그러진 고물차도 있었다.

그러나 그에게 좋은 일만 일어났던 것은 아니었다. 1960년이 되자 케이 케이 케이 단(Ku Klux Klan)에서 그가 흑인과 백인을 가리지 않고 받아들이는 것에 대해 불만을 품고 그의 집회를 조직적으로 방해하기 시작하였다. 그들은 알랜을 위협하는 한편 알랜의 집회를 방해하기 위하여 집회 장소 근처에 있는 다리를 집회시간에 맞추어 폭파하기도 하였다. 그러나 알랜은 이러한 케이 케이 케이 단의 다리 폭파라는 극심한 방해 공작에도 굴하지 않고 거행하고 있었던 세례식과 예배를 계속 진행하였다.

그리고 그 해 알랜은 기적의 골짜기에 사천 석 규모의 교회를 지어 완공하였다. 그는 이제 이 골짜기가 있는 넓은 지역에 수많은 집들과 휴양 시설들과 대중 매체 시설들이 들어서는 도시를 건설할 원대한 계획을 세웠다.

에이 에이 알랜이 한 절음발이를 일으키는 일련의 사진들

"하나님께서 당신을 치유하시기 위해 지금 여기 계십니다."

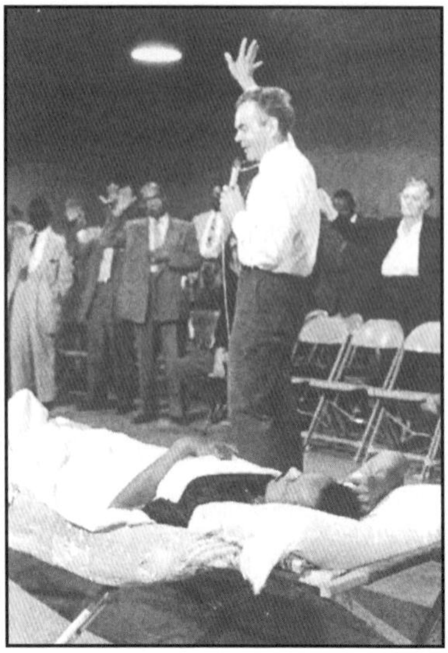

"하나님 이 누워있는 사람을 치유하소서."

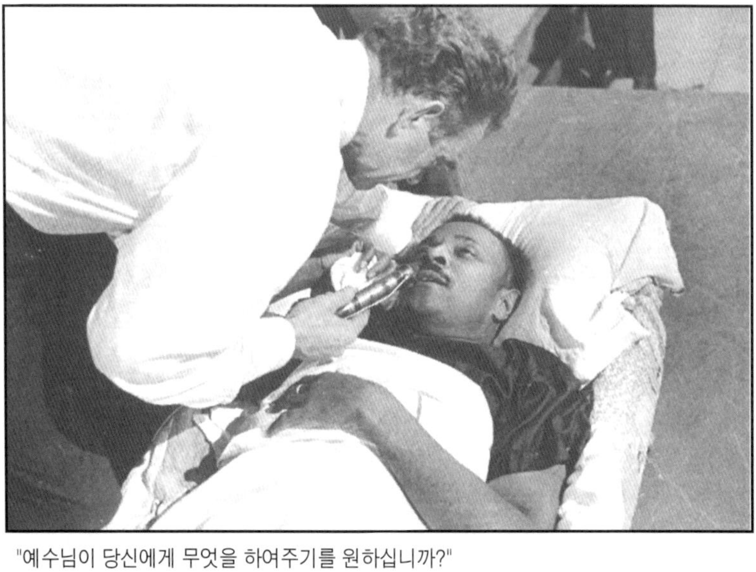

"예수님이 당신에게 무엇을 하여주기를 원하십니까?"

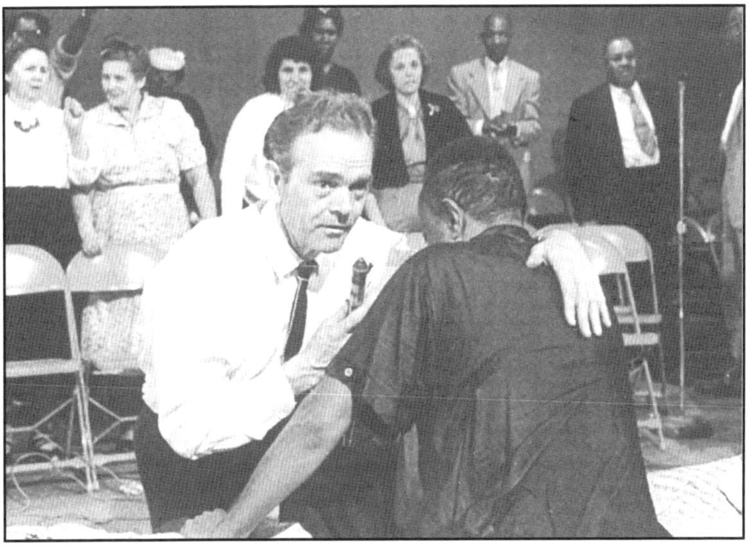

"하나님께서 지금 당신을 고쳐주고 계시는 것을 믿으면 믿음으로 일어나십시오."

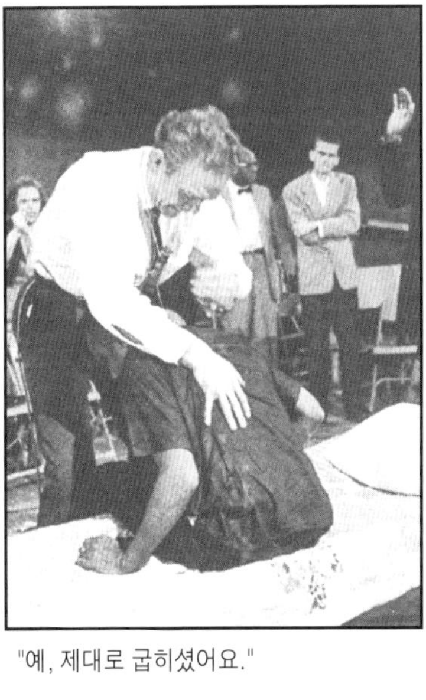

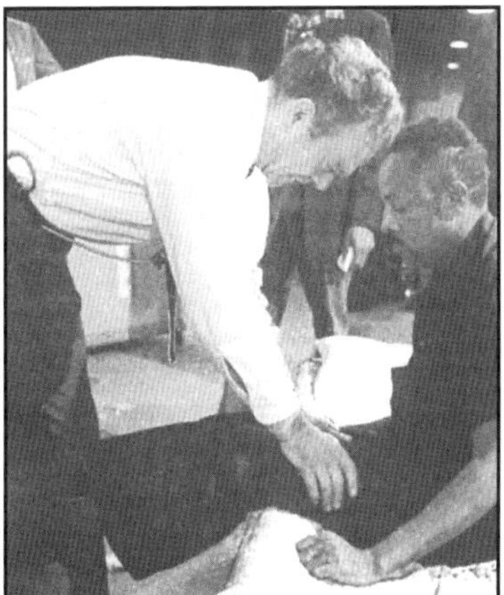

"이제 다리를 굽혀보세요."

"예, 제대로 굽히셨어요."

"예수의 이름으로 명하노니, 걸으라!"

"계속 걸어보세"

비극적 종말

알랜의 삶과 사역의 마지막 몇 년 동안에 일어난 일들이 몇 가지가 있다. 구체적인 이유와 과정은 밝혀지지 않았지만 알랜은 세금과 관련된 삼십 만 불 사건에 연루되어 고발되었다. 그리고 1967년에 알랜과 그의 아내 렉씨는 서로 갈라섰다. 이 사건에 대한 구체적인 이유는 아직도 밝혀지고 있지 않다. 그러나 알랜 부부와 친분이 있었던 사람들에 말에 따르면 알랜 부부는 서로 헤어지기는 하였지만 이혼한 것을 아니라고 한다.

알려진 바에 의하면 알랜 부부는 서로 헤어지기 전에 이 둘은 각자 따로 하나님의 일에 몰두하였는데 알랜은 너무나 바쁘게 전국을 돌아다니면서 거의 집에 들르지 않았고 그동안 집을 지키고 있던 렉씨는 저널리스트로 왕성한 활동을 하였다고 한다. 이 두 사람이 헤어진 지 얼마 되지 않아 알랜이 사망하였다. 만일 알랜이 사망하지 않았더라면 이 둘은 서로 금방 합쳤을 것이라고 생각하는 사람들이 적지 않았다. 알랜이 사망한 후 얼마 뒤 렉씨가 사망하자 렉씨의 시신은 알랜이 묻힌 무덤 옆에 안장되었다. 이 둘은 기적의 계곡의 땅에 같은 비석을 앞에 두고 나란히 묻힌 것이다.

알랜은 1969년에 무릎에 심한 관절염 증세가 나타나 무척 고생하였다. 이때 그는 그의 사역의 초기를 회상하며 초심으로 되돌아가 겸허한 마음을 다시 회복하였다. 알랜의 주장에 따르면 1969년에 기적의 잡지(Miracle Magazine)는 무려 삼십만 부나 발행되어 90개국에 발송되었다.

그러나 그의 무릎 관절염은 갈수록 심해져서 그는 결국 관절염 수술을 받았다. 그가 관절염으로 인하여 고통을 받고 있을 동안 돈 스튜어트(Don Stewart)라는 야망에 찬 한 젊은 사역자가 알랜의 전국 순회 집회에 팀 사역자로서 합류하게 되었다.

그리고 1970년 6월 11일 알랜은 샌프란시스코를 향해 가던 도중 지금은 케써랄 힐 퀄리티 호텔(Catheral Hill Quality Hotel)로 불리고 있는 잭타 호텔(Jack Tar Hotel)에 낮 12시 56분에 여장을 풀었다. 그는 그 다음날 샌프란시스코에 있는 남가주 대학 병원에서 무릎 관절 재수술 여부를 놓고 의사와 상담을 하기 위해 오전 9시에 담당의사와 만날 약속이었다.

호텔에 들어온 날 저녁 아홉 시에 알랜은 자신의 친한 친구 버나드 슈바르츠(Burnard Schwarz)에게 전화를 걸었다. 이 두 사람이 전화로 무슨 대화를 나누었는지에 대해서는 알려진 바가 없다. 그러나 슈바르츠는 알랜과의 전화 대화에서 알랜의 상태가 좋은 것 같지 않다는 예감을 받었다. 그래서 슈바르츠는 수화기를 놓자마자 바로 알랜이 묶고 있는 호텔로 달려갔다. 호텔에 도착한 슈바르츠는 알랜이 있는 방으로 달려가 문을 열려고 하였으나 문이 열리지가 않았다. 문을 아무리 두드려도 인기척이 없었다. 당황한 그는 호텔 측의 도움으로 호텔 부지배인과 같이 알랜의 방으로 들어갔다. 그러나 알랜은 이미 죽어있었다. 이때가 저녁 9시 15분이었다.

알랜의 시체를 검시한 검시관의 공식 보고서에 따르면 에이 에이 알랜은 텔레비전을 향하여 의자에 앉은 채 1970년 6월 11일 밤 11시 23분에 사망하였다고 한다.

검시관의 보고서에 의한 사망 원인

에이 에이 알랜의 사인에 대해 더 구체적으로 들어가 보자. 사람들의 말에 의하면 그 당시 알랜의 관절염은 매우 중증이어서 그는 이로 인한 통증으로 잠을 잘 수가 없을 정도였다.

그래서 그 당시 그의 주치의였던 세이모 화버(Seymour Faber)박사는 그가 통증 없이 잘 잘수 있도록 수면제와 진통제가 포함된 퍼코단, 쎄코날 및 발리움을 처방하였다.

호텔에 도착한 슈바르츠는 알랜이 있는 방으로 달려가 문을 열려고 하였으나 문이 열리지가 않았다. 문을 아무리 두드려도 인기척이 없었다.

검시관이 사건 1151호로 명시한 알랜에 대한 시신 검시 보고서에 따르면 알랜의 사망 원인은 급성 알콜 증가로 인한 지방간 손상이란 병 때문인 것으로 밝혀졌고 알랜의 사망 당시 그의 피 속 알콜 농도는 매우 높은 편인 0.036 퍼센트이었다.

이 보고서만 보면 알랜은 오랫동안 술을 마셔와서 알콜 중독으로 죽은 것 같이 보인다. 그러나 더 깊이 따져 보면 그렇지 않다는 것이 나의 견해이다. 이에 나는 이제 그의 사망에 대한 나의 견해를 피력하고자 한다.

자세한 조사

일반 사람들은 검시관의 보고서만 보고 알랜은 만성 알콜 중독이라는 병으로 사망하였다고 단정을 내릴 것이다. 그러나 전문가 특히 알랜의 치료를 담당했던 알랜의 주치의 화버 박사는 그러한 검시관의 보고서를 믿지 않았다. 알랜을 여러 번이나 진찰하였던 화버 박사가 알랜이 알콜 중독자였다면 그 사실을 알고 있었을 것이다. 그랬다면 그는 알콜 중독자에게 치명적인 그런 진정제와 마취제를 절대로 알랜에게 처방하지 않았을 것이다. 알랜의 시체를 검시하였던 검찰의 독성검사 조사결과에 따르면 그가 죽은 방에서는 의사의 처방약이 발견되었던 반면 그의 피에서는 의사의 처방약 성분들이 검출되지 않았다고 한다.

그리고 알랜의 친한 친구들의 증언에 따르면 알랜은 생전에 의사가 처방한 약을 복용하기를 매우 싫어하였다고 한다. 그는 의사의 처방약을 먹고 나서는 정신이 몽롱하여 설교하기가 매우 힘들었기에 의식적으로 처방약을 회피하였던 것이다.

관절염 환자들을 많이 다루어 보았던 병원 관계자들의 말에 따르면 관절염 환자들은 자신의 고통을 경감시키기 위해 자주 술을 복용하곤 한다고 한다. 관절염 환자들이 약 대신에 술을 마시는 이유는 약 중독으로 인한 후유증을 두려워하기 때문이라고 하였다. 나는 알랜을 두둔하기 위하여서가 아니라 그의 사인을 정확히 밝히려는 의도에서 이런 말들을 하고 있는 것이다.

> 그가 사역자로서 장기간 알코올 중독자였다는 보고는 전혀 없었다. 고로 그는 죽기 얼마 전부터 그의 관절염으로 인한 극심한 고통을 경감시키기 위하여 단기간에 걸쳐 과량의 술을 마셨음이 분명하다.

검시관의 보고서에 따르면 알랜은 만성 알콜 중독증으로 사망한 것이 아니라 급성 알콜 증가증으로 사망한 것으로 나와 있다. 급성과 만성은 분명히 다르다. 급성이란 말은 짧은 시간 내에 급히 일어났다는 말이고 만성이란 말은 장기간에 걸쳐 일어났다는 말이다. 그러므로 검시관의 보고서에 따르면 알랜은 만성 알콜 중독으로 죽은 것이 아니라 단시간 과량의 술을 마심으로 사망한 것이 분명하다.

그리고 알랜의 시체 부검 보고서에 따르면 단기간 알콜 섭취에 의해 그의 간에는 지방이 쌓였던 것이다. 의학적으로 만성 알콜 중독과 습관성 알콜 중독증은 분명히 다르다. 만성 알콜 중독은 몇 년 또는 수 십 년간의 장기간에 걸쳐 발생한 것이고 습관성 알콜 중독증은 단기간 가령 몇 주간에 걸쳐 발생한 것이다.

알랜의 부검 보고서를 놓고 토론을 벌인 국내의 저명한 의사들은 알랜이 간경화로 죽은 것이 아니라고 나에게 말해주었다. 간경화는 만성 알콜 중독 환자에게 많이 일어난다. 즉 오랜 기간동안 과음하면 간에 쌓인 지방이 경화되기 때문에 간경화가 되는 것이다.

그러나 습관성 알콜 중독증 환자는 술을 끊기만 하면 간에 쌓였던 지방이 없어지기 때문에 습관성 알콜 중독증 환자가 간경화로 죽는 법은 거의 없다. 알랜의 경우 수주 또는 수개월간 술을 마셨기 때문에 그의 간엔 지방이 쌓여 지방간이긴 하였지만 간경화로 진척된 상태는 아니었다.

알랜에 관한 부검 보고서는 주로 알랜의 관절염에 대해 이야기하고 있고 그의 혈중 알코올 농도에 관한 이야기는 몇 줄에 불과하다. 그리고 그가 사역자로서 장기간 알코올 중독자였다는 보고는 전혀 없었다. 고로 그는 죽기 얼마 전부터 그의 관절염으로 인한 극심한 고통을 경감시키기 위하여 단기간에 걸쳐 과량의 술을 마셨음이 분명하다.

나는 알랜이 술 중독자가 아니었음을 분명히 믿는다. 그리고 그가 의사가 처방해 준 약을 사역과 설교에 지장을 초래한다는 이유로 기피하였다는 사실을 고려할 때, 그가 죽기 전 최소 몇 주에 걸쳐 관절 통증을 줄여보기 위해 약 대신 술을 마셨다고 생각한다. 그리고 의사를 만나기로 예정하였던 전날인 1970년 6월 11일 호텔에 투숙한 알랜은 극심한 고통을 참기 위해 다량의 술을 마셨고, 이로 인해 그는 그날 밤 사망한 것이다.

음침한 골짜기

비록 그의 사역 말기에 관한 구체적인 이야기들이 많이 알려져 있지는 않지만 그의 사역의 은행 담당자였던 헬랜 맥매인스 부인(Mrs. Helen MacMaines)에 따르면 알랜은 돈에 관한 한 매우 정직한 사람이었다고 한다.

맥매인스 부인의 말에 따르면 알랜은 집회에서 사람들이 헌금한 헌금 보따리를 그녀의 앞에 내려놓으며, **"이 모든 헌금은 하나님의 사역을 위해서 도로 써야합니다. 헬랜 맥매인스 부인, 이 모든 헌금은 하나님의 것이지요"**라고 말하였다고 한다. 또한 그녀는 알랜이 밤낮을 가리지 않고 아픈 사람들을 위해 열심히 사역하였다고 한다.

맥매인스 부인은 또한, "그 어떤 것도 알랜의 이름으로 되어 있는 것은 없었지요. 집도 그렇고 기적 골짜기의 그렇고, 그 어떤 것도 그의 소유로 된 것은 없었답니다"라고 말하면서 알랜과 같은 사람은 이 세상에 없을 것이라며 알랜을 극구 칭찬하였다. 그녀는 또한, "알랜은 마귀와 싸우기를 주저하지 않았습니다. 만일 어떤 사람이 마귀와 싸우기를 주저하지 않는다면 마귀들은 사람을 동원해 그 사람을 공격하지요. 그런 일이 알랜에게도 일어났습니다"라고 말하였다. 맥매인스 부부는 좋고 정직한 부부로서 아직도 알랜의 아들 제임스와 좋은 관계를 유지하고 있다. 이들 부부의 말에 따르면 알랜의 아들 제임스 알랜은 부모의 사역을 매우 존중하고 존경하였다고 한다.

알랜은 사역 말기에 그가 지닌 카리스마와 능력과 힘을 치유와 기적 사역에 쓰기보다는 물질 축복에 관한 설교 쪽에 많이 썼다. 그가 그렇게 한 주된 이유는 그가 교단 사람들의 수없는 공격과 배신을 통해 받은 아픔에 대한 반작용인 것 같다. 만일 그런 이유가 아니라면 하나님께서 그의 사역의 방향을 그의 말기에 바꾸도록 하셨기 때문일 수도 있다. 그러나 그럴 가능성은 그리 많지 않다. 이유야 어쨌든 간에 그의 사역은 존 알렉산더 도위의 그것과 같이 슬프게 끝이 났다.

도위의 시온 시 건립 계획이 방향성을 잃고 유명무실하게 끝이 났듯이 알랜의 기적의 골짜기 도시 계획도 그가 사망하자 그 방향성을 잃고 말았다. 오늘날 기적의 골짜기 지역은 천 이백 오십 에이커에 불과하다. 최근에 한 농부가 농사의 목적으로 그 전체의 땅을 매수하였다는 말을 들었다. 그리고 그곳에 있던 가옥들은 다른 사람들에게 세를 주었거나 허물어 뜨렸다고 한다.

나는 최근 몇 명으로 구성된 조사단을 기적의 골짜기로 보내 알랜에 대한 유적이나 유품 또는 새로운 사실이 있는지를 조사해 보도록 하였다. 그러자 그 조사단은 기적의 골짜기에서 놀라운 것들을 발견하였다.

기적의 골짜기에 위치한 한 건물 옆에 있는 쓰레기 더미에서 조사단은 수백 통의 간증 편지들과 개인 공책들과 편지들, 재정 장부들, 사역 사진들, 그리고 기적의 소리 잡지들, 영화 필름들, 미현상 필름들 그리고 치유 간증들이 적힌 노트들과 사진들을 발견하였다. 거기에 발견된 노트와 편지들에 기록된 치유 간증문들을 읽어보면 수많은 사람들의 귀가 열리고, 두통이 사라지고, 폐병들과 위궤양, 암, 관절염, 골다공증 등이 낫고 봉사가 시력을 회복한 것을 알 수 있다. 이런 것들이 이런 쓰레기 더미에서 발견되었다는 사실로 보아 그 어떤 사람들이 오래 전에 알랜의 사역의 잔재들을 하나도 남기지 않고 다 버리려고 하였음을 알수 있다.

그러나 하나님의 인도하심으로 말미암아 이 모든 귀한 물건들은 지금은 캘리포니아 주 어바인 시에 있는 개혁자와 부흥사 역사 도서 박물관(the historical museum of the Reformers and Revivalists Library)에 잘 보관되어 있다. 이 물건들은 이 세대와 앞으로의 세대를 위해 귀한 자료로 사용될 것이다. 그러므로 누구든지 그곳에 가면 알랜의 역사적 사역의 유물들을 눈으로 직접 볼 수 있다.

당신을 위한 심도 있는 조언

알랜이 실수하였다는 사실은 나도 인정한다. 그러나 알랜은 자신의 실수에도 불구하고 하나님의 영적인 능력이 자신을 통하여 이 땅에 풍성하게 나타나도록 하기 위해 자신을 온전히 희생하였던 사람이었다. 그러기에 알 더블유 슈암바하는 알랜의 이러한 희생적인 삶을 직접 보고 그로부터 귀한 교훈을 배웠던 것이다.

알랜은 어린 시절의 역경을 잘 극복하고 하나님의 부르심을 온전히 받아들여 하나님을 성공시켜 드린 훌륭한 인물이다. 그러나 그는 더 이상 성공할 수도 있었다. 우리는 그로부터 귀한 교훈을 배워 그보다 더 하나님을 성공시키는 사람이 되자.

그러면 하나님을 성공시켜 드리기 위해서는 어떻게 해야 하는가? 나는 그렇게 되길 원하는 사역자들에게 "하나님의 부르심의 영역을 결코 벗어나지 말고 한 우물을 파십시오"라고 말하고 싶다. 나는 여러분에게 다른 사람의 사역을 따라가지 말고, 자기가 하고 싶은 사역을 하지 말고, 핍박과 환난과 비난을 두려워하지 말고, 하나님께서 하라고 지시하신 사역을 하라고 말하고 싶다.

그러면 하나님을 성공시켜 드리기 위해서는 어떻게 해야 하는가? 나는 그렇게 되길 원하는 사역자들에게 "하나님의 부르심의 영역을 결코 벗어나지 말고 한 우물을 파십시오" 라고 말하고 싶다.

그리고 사람들의 비난에 대한 면역성을 키우라. 그렇게 되기 위해서는 심장 강화 훈련을 해야한다. 그리고 사람들의 비난에 대한 겁먹음이 없어질 때까지, 그리고 자기 도취라는 것이 없어질 때까지 묵묵히 그리고 과감히 전진하라. 그러면 더 이상 당신은 사람들의 비난에 좌충우돌하지 않고 당신의 사역을 키워 나갈 수 있게 된다. 그리고 당신의 사역이 커질 때 다시 쏟아지는 비난에 대해서는 동일한 방법으로 즉 묵묵히 그리고 과감히 나아가기만 하면 되는 것이다. 그리고 성경에서 당신의 사역의 분야에 관계되는 모든 성경 구절을 씹어 먹으라. 그리고 그 구절들이 당신의 심령 골수에 박히도록 하고 당신의 피와 살이 되게 하라. 그 말씀들이 당신의 존재가 되게 되라. 그렇게 될수록 당신은 당신에 대한 비난을 잘 이겨 나갈 수 있다. 그리고 비난이 당신을 향해 다가오면 무서워 피하지 말고 정면 돌파하라. 이때 당신의 심령 골수에 박혔고 당신의 살과 피가 되어버린 하나님의 말씀이 당신을 보호해 주는 역할을 할 것이다. 그러면 당신은 그때에야 비로소 그 분야에서 성공할 수 있는 힘을 가지게 될 뿐 아니라 하나님을 성공시켜 드리는 사역자가 되는 것이다.

그리고 매일 매일 성령 충만함을 받으라. 성령님의 충만함 받아 매 순간 마다 당신의 영혼에 기쁨과 즐거움의 기름 부으심이 흘러내리도록 하라. 바로 이 기쁨이 당신의 사역에 성공을 가져다주는 열쇠이다.

그리고 절대로 혼자 있지 말라. 항상 당신 주위에 당신의 사역을 인정하고 도와주는 사람들이 있도록 하라. 그리고 항상 말씀과 성령님으로부터 힘을 공급 받으라. 만일 당신 주위에 그런 사람들이 없다면 하나님께 그런 사람들을 만나게 해달라고 기도하라. 그러나 그런 사람을 만나게 되더라도 그 사람들이 당신의 생각과 결정에 다 도움을 주고 지지해 줄 것으로는 기대하지 말라. 그러나 그들과 하나님 안에서의 좋은 관계를 계속 유지하도록 애를 써라. 특히 성령 안에서 어떻게 강한 자로 계속 설 수 있는지를 잘 알고 있는 사람들과 좋은 관계를 지속하라. 만일 그 사람들과 계속해서 좋고 올바른 관계를 유지해 간다면 어느 날 당신에게 위기가 닥쳐올 때 그들은 당신을 위기에서 건져내줄 좋은 조언과 역할을 담당할 것이다.

그리고 중요한 말을 하겠다. 절대로 당신의 대적들에게 멋진 복수를 하기 위한 목적으로 또는 변명하기 위한 목적으로 그들을 납작하게 할 적절한 성경 구절을 찾는 데 귀한 시간을 낭비하지 말라. 만일 당신이 그렇게 한다면 당신의 사역에는 분노와 복수의 쓴 뿌리가 자라기 시작할 것이다. 때로는 그렇게 하고 싶어 못 견딜 때도 있지만, 그럴 때일수록 하나님은 당신 편인 것을 확실히 믿고 모든 것을 그분에게 맡겨드려라. 그리고 당신은 당신의 일에만 몰두하라. 그러면 하나님은 당신을 위해 일을 하실 것이다.

당신이 비난을 받을 때 당신을 위해서라도 먼저 성경을 찾아 읽으라. 그러면 당신이 찾은 그 말씀이 어느새인가 당신을 치유하고 새롭게 할 것이다. 그리고 또한 그 성경 말씀으로 인하여 당신 속에 사람들의 공격과 비난에 대항할 수 있는 내면의 힘이 증가할 것이다. 그리고 동시에 성령 충만함을 받으라. 그러면 당신의 사역은 반드시 다음 단계로 올라갈 것이다.

그러나 만일 사람들의 비난을 극복하지 못하고 한 수준에 너무 오래 동안 머물러 있다면 당신의 사역은 정체되게 되고 이에 낙심한 당신은 아마도 다른 사역에 눈을 돌리게 될지도 모른다. 아니면 당신이 현재 하고 있는 일 중에서 금방 효과가 나타나는 좋은 것만 쫓아가게 될지도 모른다. 어떤 사람들은 사역의 한 수준에서 너무 오랫동안 머물러 있어서 진퇴양난에 빠진 채 그 수준에서 가만히 있기만 한다. 그러나 그래서는 안 된다. 사역의 다음 수준으로 올라가야 한다.

성경에 명백히 기록되어 있듯이 해 아래 새것이란 없다. 이 책에 기록된 열두 명의 위대한 하나님의 장군들에게 일어났던 성공과 실수들이 현재와 미래의 사역자들에게도 역시 동일하게 일어날 것이다. 그러나 적어도 그들에게 일어났던 실수가 당신과 당신의 사역에서만큼은 일어나지 않도록 하기 위하여 적극적인 자세로 그들의 삶과 실수로부터 교훈을 배우라. 그리고 이러한 배움을 통하여 당신의 속 사람을 강건하게 키워나가라. 당신을 통한 하나님의 뜻이 성취되기 위해서는 영적인 힘이 있어야 한다. 하나님의 영광을 위하여 당신의 사역이 하늘에서 그리고 땅에서도 모두 성공하는 삶을 살도록 결단하고 정진하라.

참고도서

1. David Harrell Jr., *All Things Are Possible* (Bloomington: Indiana University Press, 1975)
2. Lexie E. Allen, *God' s Man of Faith and Power* (Hereford, AZ: A. A. Allen Publications, 1954)
3. A. A. Allen, *Price of God' s Miracle-Working Power* (Miracle Valley, AZ: A. A. Allen Revivals Inc., 1950)

당신은 지도자이십니까?

믿음의 선한 싸움을 싸우고 싶으십니까?

그렇다면 먼저 하나님을 위하여 위대한 삶을 살았던 영성과 능력 사역자의 삶을 공부해 보십시오! 이 책의 저자인 목사요, 기독교 역사가인 로버츠 리아돈이 심혈을 기울여 연구한 20세기에 미국과 유럽에서 활동한 열두 명의 위대한 영성 사역자는 다음과 같습니다.

- **"치유의 사도"** 죤 알렉산더 도위
- **"성령님의 증명자"** 마리아 우드워스-에터
- **"웨일즈 부흥의 주역"** 에반 로버츠
- **"오순절의 아버지"** 찰스 에프 파햄
- **"오순절의 촉매자"** 윌리암 제이 세이모
- **"치유의 사람"** 죤 지 레이크
- **"성취의 여인"** 애미 샘플 맥퍼슨
- **"믿음의 사도"** 스미스 위글스워스
- **"놀라운 이적과 기사의 사람"** 윌리암 브랜햄
- **"담대한 믿음의 사람"** 잭 코
- **"기적을 일으키는 사람"** 에이 에이 알랜
- **"기적을 믿은 여인"** 캐더린 쿨만

이 책을 통하여 이들의 삶과 사역을 접함으로 인해 당신은 이들이 어떻게 사역에 성공하였고 왜 이들 중 어떤 분들은 실패하였는지를 알 수 있을 것입니다. 이들이 주는 교훈을 통해 당신은 하나님을 위한 성공적인 사역자로 한 발자국 더 다가설 수 있습니다.

:: 저자

로버츠 리아든 (Roberts Liardon)

로버츠 리아돈 사역 단체의 총재이며 캘리포니아 주 어바인에 위치한 엠버씨 크리스천 센타 교회의 담임목사이다. 그리고 그는 또한 어바인 소재 성령 생명 성경 학교(Spirit Life Bible College)와 생명 사역 협의회(Life Ministerial Association)의 설립자이다. 그는 여덟 살 때 하나님의 사역자로 불림받은 후로 지금까지 유럽과 아시아와 아프리카의 팔십여 나라들에서 하나님의 말씀을 전하고 가르치고 있다.

베스트 셀러 작가이기도 한 그의 저작들은 현재 27개국에서 번역되어 읽히고 있다. 하나님의 말씀과 성령님의 역사를 통해 그리스도의 교회에 하나님의 부흥이 일어나게 할 목적으로 그는 많은 책들을 저술하였다. 역사학자이기도 한 그는 지금까지 오순절 운동과 신적 치유운동과 은사운동에 관한 방대한 연구를 행해왔다. 그는 이러한 연구를 열 넷이란 어린 나이에 시작하였던 것이다. 그의 이러한 연구는 캘리포니아에 그가 세운 종교 개혁가 및 부흥사 역사 박물관을 통해 지속적으로 이루어지고 있다. 이번에 그가 내 놓은 "치유사역의 거장들"이라는 책과 비디오는 여러분들에게 귀중한 자료가 될 것이다.

:: 역자

박미경 (태경)

연세대 생화학과를 졸업하고 미국 미조리 주립대에서 생화학 박사를 받은 후 풀러신학 대학에서 교육학 석사를 받았다. 미국 남침례교단에서 목사 안수를 받은 후 캔자스 한인 침례교회를 담임하였다. 아내 권경남 사모 사이에 딸 민성과 아들 요한을 두고 있는 그는 아버지 마음 사역자로 활동하고 있으며 세계 아버지 마음 사역자들의 모임인 아버지 마음 포름의 아시아 대표를 맡고 있고 아가페 신학교에서 하나님의 나라, 아버지의 마음, 영적 도해 등을 가르치고 있다.

역서 : 하나님 나라의 복음, 열린 하늘을 통하여 하나님을 경험하라

:: 시리즈 도서 소개

치유사역의 거장들

로버츠 리아든 | 신국판 | 736면 | 값 40,000원

19-20세기의 미국과 유럽을 하나님의 성령님으로 뒤흔들어 놓았던 열두 명의 위대한 복음 치유 영성 사역자들의 삶과 사역에 나타난 수많은 기적과 이적은 오늘날 살아계신 하나님의 놀라운 역사를 소망하는 모든 성도들에게 큰 도전과 열망을 심어줄 것이다.

종교개혁의 거장들

로버츠 리아든 | 신국판 | 632면 | 값 40,000원

영적 암흑기에 죽은 종교의 틀을 뛰어넘어 예수 그리스도의 순전한 복음을 전파하기를 원했던 6명의 위대한 종교개혁자들(위클리프, 후스, 루터, 칼빈, 녹스, 폭스)의 사역과 활동은 우리에게 영혼들을 향한 불타는 열정과 그리스도의 위대한 증인으로 거듭나고자 하는 열망을 발견하게 할 것이다.

부흥운동의 거장들

로버츠 리아든 | 신국판 | 576면 | 값 40,000원

본서는 고난과 장애를 극복하고 복음의 부흥을 위해 헌신한 사역자들의 감동적인 이야기이다. 성령의 강권적인 역사를 사모하며, 죽어가는 세상에 복음의 기쁜 소식을 전하기를 원하는 모든 분께, 그리고 다시금 성령의 놀라운 부흥 소식을 소망하는 모든 분께 도움이 될 책이다.

왜 그들은 성공할 수 있었고 또 어떤 이들은 실패하였는가?

치유사역의 거장들

수정발행일 2004년 10월 30일
수정6쇄 2025년 04월 10일

지은이 로버츠 리아돈
옮긴이 박미가
펴낸이 장사경

펴낸곳 Grace Publisher(은혜출판사)

주소 서울 종로구 숭인 2동 178-94
전화 (02) 744-4029 팩스 744-6578
출판등록 제 1-618호(1988. 1. 7)

ISBN 89-7917-519-1 03230